2010年度学术年会主题

上海·中国·世界：新挑战与新发展

上海市社会科学界联合会　编

中国的实践与展望
社会转型与制度建设

东方学术
文库

第三十一卷
上海市社会科学界第八届学术年会文集
（2010年度）
政治·法律·社会学科卷

上海人民出版社

上海市社会科学界第八届(2010)学术年会
组织委员会

主　　任：杨振武
副 主 任：秦绍德　潘世伟　沈国明
委　　员：（按姓氏笔画排列）

丁荣生　王国平　王　忠　冯　俊　左学金
刘世军　吕　贵　何勤华　张济顺　李友梅
李　进　李　琪　杨洁勉　陈　昕　周振华
郑成良　胡　伟　桑玉成　莫负春　谈　敏
彭希哲　童世骏　裘　新

组委会秘书处：

秘 书 长：刘世军
副秘书长：生键红　徐中振
学 术 组：徐中振　田卫平　郝德良　王克梅
会 务 组：吴伟余　俞　融　朱杏娟

上海市社会科学界第八届(2010)学术年会
学 术 委 员 会

前　言

　　上海市社会科学界学术年会由上海市社会科学界联合会于 2003 年发起创办,至今已是第八届。八年来,年会一直秉承这样的宗旨:聚焦经典学术,构筑交流平台,展示文化魅力,繁荣社会科学,营造公正、开放、活跃、民主的学术氛围,为上海市社会科学界构筑高层次、权威性、品牌化的学术文化公共平台。八年来,年会充分发挥大型学术论坛参与广泛、学术规范、形式多样的特色和优势,在繁荣发展上海城市文化、促进社会科学界的交流融合以及服务专家学者的理论研讨等方面,发挥了积极作用。

　　今年年会的主题是"上海·中国·世界:新挑战与新发展"。我们之所以选择这一主题,是基于这样的认识:今天,我国的现代化建设正在中国特色社会主义道路上阔步前进,这是在改革开放 30 年、新中国 60 年之后的又一新起点、新征程。这一新的征程,既前景广阔、充满机遇,也面临着全新的挑战和困难。所以,特别需要社科界对变化中的世界、前进中的中国、发展中的上海进行研究,学术年会以此为题,也表达了上海社科界关心天下的忧患意识和经世致用的报国情怀。加强对国家重大发展问题的战略思考和研究,不断创新指导中国发展的学术思想和理论,加强对上海关键瓶颈问题的思考和研究,不断提供实现科学发展的独到见解和智力支撑,加强对世界最新前沿问题的思考和研究,努力提高我们学术研究的国际对话和服务国家发展的能力,是专家学者的光荣使命和职责所在。

　　本届学术年会在继承以往年会举办经验的基础上有所创新,由大会学术活动、学科专场学术活动、学会学术活动和主题专场四大系列组成。其中,大会学术活动主要内容有主题学术报告、名家学术讲演等。学科专场共有六个,分别为:马克思主义研究学科专场,主题为"马克思主义视野下的公平与正义";哲学·历史·文学学科专场,主题为"城市发展:科学精神与人文精神"；政治·法律·社会学科专场，主题为"中国的实践与展望：社会转型与制度建设"；经济·管理学科专场，主题为"转型·公平·发展"；世界经济·国际政治·国际关系学科专场，主题为"未来十年的世界：对话·改革·治理"；青年学者专场，主题为"世界舞台的中国角色"。各专场学术活动由上海市社联和中共上海市委党校、上海大学、华东师范大学、上海师范大学、上海社会科学院、上海财经大学、复旦大学等联合主办。学会学术活动由本市社科界各学会具体组织承担。主题专场是本届年会的重要创新，得到上海社科界的积极响应，共收到各学术机构和专家学者共 57 个选题申请，本年度遴选了10 个主题专场纳入学术年会并给予重点资助。

本届年会共收到应征论文 1 410 篇，征文规模和质量均比往届有明显提高。呈现在读者面前的年会文集，就是从中遴选出的优秀论文和摘要论文的汇编，共设六卷，即马克思主义研究学科卷、哲学·历史·文学学科卷、政治·法律·社会学科卷、经济·管理学科卷、世界经济·国际政治·国际关系学科卷和青年学者文集。所收论文，几乎涵盖哲学、历史、文学、教育、法律、政治、社会、经济、管理、国际关系等人文社会科学各个领域。在一个共同的主题下，汇集如此众多的学科进行交流和研讨，可谓蔚为壮观。

最后，真诚感谢在学术年会筹备过程中给予大力支持的本市有关学会和各高校社科科研单位，感谢所有关心、支持和参与学术年会工作的各位领导和专家学者。同时，感谢上海人民出版社的同志为文集出版工作所付出的辛勤劳动！

目　　录

·入选论文摘要·

CONTENTS

Thesis Make a summary

上海市社会科学界第八届学术年会文集（2010年度）政治·法律·社会学科卷

中国特色社会主义历史条件下的"新工人阶级"及其可塑性研究[*]

Research on the Plasticity of the New Working class under the Historical
Conditions of Socialism with Chinese Characteristics

李国荣

[内容提要] 在中国特色社会主义建设的历史条件下,私营企业的"新工人阶级"的形成和成长是具有动态可塑性的。通过完善社会主义经济、文化、政治制度和社会环境因素,构建私营企业和谐劳资关系的企业环境,以及加强教育帮助使"新工人阶级"形成建立在共同理想基础上的阶级意识,就能促使"新工人阶级"按照中国特色社会主义建设的要求,形成和成长起来。

改革开放 30 多年来,我国社会结构发生了巨大变化,其中最突出的变化是出现了建立在私有制基础上的私营企业主阶层以及由私营企业雇工构成的"新工人阶级",私营企业的"新工人阶级"已成为我国当代工人阶级的重要组成部分。因此,怎样看待私营企业的"新工人阶级"的形成及其成长趋势,是关系到能否正确把握我国现阶段社会结构状况,正确处理和协调私营企业雇工与私营企业主阶层的关系,构建和谐劳资关系的一个重要问题。本文就此作一个初步探讨。

一、私营企业雇工是正在形成中的"新工人阶级"

目前,我国私营企业雇工主要由两部分人员构成:首先是农民工。据国家统计局调查,2004 年全国进城务工和在乡镇企业就业的农民工总数超过 2 亿,其中进城务工人员 1.2 亿左右。[①]农村乡镇企业基本上都是私营企业,而进城务工的农民工也主要在私营

---

* 本文为 2007 年上海市哲学社会科学规划课题"民营经济在和谐社会建设中的双重作用及其可塑性研究"(2007BJL007)的部分成果。国务院研究室课题组:《中国农民工调研报告》,中国言实出版社 2006 年版,第 2 页。

① 国务院研究室课题组:《中国农民工调研报告》,中国言实出版社 2006 年版,第 2 页。

企业就业。全国农民工在加工制造业中占从业人员的 68％，在建筑业、采掘业中接近 80％，在环卫、家政、餐饮等服务业中达到 50％以上。①另据全国总工会第五次全国职工队伍状况调查数据显示，到 2003 年底，第二、三产业的国有和集体企业的工人分别为6 621 万人和950 万人，二者合计为 7 571 万人。可见，农民工在人数上已经大大超过二、三产业中公有制企业的职工。私营企业的另一部分雇工是城镇的就业人员，这部分雇工不同于国有经济系统中的工人阶级，也应属于"新工人阶级"。

2003 年 9 月召开的中国工会十四大提出："农民工已经成为我国工人阶级的新成员和重要组成部分"，农民工加入工会也被首次写入这次大会的报告。2004 年初的 1 号文件《中共中央国务院关于促进农民增加收入若干政策的意见》，第一次明确认定"进城就业的农民工已经成为产业工人的重要组成部分"。农民工也被有许多学者称为"新工人阶级"。由此可见，在我国现阶段的社会结构分层中，私营企业的"新工人阶级"无疑是我国工人阶级的一个重要组成部分。

但是，私营企业雇工只是一个正在形成中的"新工人阶级"，还没有完全定型。为什么这样说呢？从马克思主义的阶级形成理论和西方学者相关的研究中，我们可以得到有益的启示。

马克思在《哲学的贫困》一文中指出，工人阶级的形成是一个从"自在阶级"转向"自为阶级"的过程。②工人阶级是资本主义生产方式扩张的产物，他们的阶级角色是由资本主义的生产关系体制所决定的，但如果他们没有形成共同的关系和意识，没有形成任何一种政治组织，就只能是自在的阶级。当工人阶级不但在客观层面上，而且在主观上对自身所处的阶级关系有了明确的认识，确立了自己作为所归属的工人阶级成员的角色感即阶级意识，并建立了自己的政治组织，从而产生阶级意识驱动下的阶级行动，去完成工人阶级的历史使命时，工人阶级就从自在阶级转向自为阶级，因此，工人阶级的形成是一个从历史过程的客体变成自觉活动的主体的过程。

马克思关于工人阶级从自在阶级转向自为阶级的模式，为后来的西方学者关于工人阶级形成的研究提供了最基本的范畴。英国著名学者汤普森在《英国工人阶级的形成》这一名著中给"阶级"下了一个定义："当一批人从共同的经历中得出结论（不管这种经历是从前辈那里得来还是亲身体验），感到并明确说出他们之间有共同利益，他们的利益与其他人不同（而且常常对立）时，阶级就产生了。"③从这个定义可以看出，汤普森从"文化马克思主义"倾向出发，把"阶级"的概念与阶级觉悟紧密地联系起来，当很多人"从共同的经历中得出结论"，感到他们的利益与其他人不同并时常对立时，他们就感到了共同的"存在"，也就是产生了集体的"觉悟"，只有在共同的"觉悟"产生之时候，阶级才终于"形成"。阶级的"存在"和阶级"觉悟"是同一的，觉悟本身就是"存在"的一个必

---

① 国务院研究室课题组：《中国农民工调研报告》，中国言实出版社 2006 年版，第 2 页。
② 马克思恩格斯选集（第 1 卷），人民出版社 1995 年版，第 159 页。
③ ［英］E. P. 汤普森：《英国工人阶级的形成》，译林出版社 2001 年版，前言。

要组成部分。阶级经历则主要由生产关系所决定,工人们在生产关系中的地位导致了他们的共同利益,但在他们还没能从共同的经历中得出结论并明确说出他们之间有共同利益,即还没有产生共同的"觉悟"时,并且不能说阶级已经"形成"。在汤普森看来,阶级意识的成长,即各个不同群体的劳动人民之间的利益认同以及它与其他阶级利益对立的意识,是工人阶级形成的必要条件。西方学者舍庞也认为,阶级形成实际上是客观与主观两个双重的过程,客观的过程包括既存的生产模式以及人们被安排到不同经济实践中的过程;主观的过程则包含着人们发展出对自身与生产资料关系的理解,创造出对世界变迁的反应方式与发展出一系列共有的意识形态和政治实践。①

马克思的工人阶级形成理论和西方学者相关的研究告诉我们:工人阶级的形成与阶级意识密不可分。如果说私营企业雇工属于"新工人阶级",那么从工人阶级形成与阶级意识之间的关系来看,它还只是一个正在形成中的"新工人阶级",还没有完全定型,因为其阶级意识还没有成熟,这在作为私营企业雇工主要组成部分的农民工身上表现得最为典型。对此,我国学者作了一些有价值的研究。一些学者认为,农民工还只是农民阶级和工人阶级之间的过渡阶级。因为虽然农民工已经具备了工人阶级的一般属性,但从局部特别是从个体来看,农民工与作为先进阶级的工人阶级还有很大差距。这首先表现为他们还没形成工人阶级的阶级意识。其一,做产业工人的思想准备不足。农民工是自发进城务工的农村剩余劳动力,他们原本是农民,只是由于农村劳动力剩余、思富求进才被吸引到城市来的。进城就业前,他们想的只是如何打工赚钱,并没有做产业工人的思想准备。其二,农民思想意识尚未消除。农民工没有受到有组织的培训和教育,因为社会意识的相对独立性、头脑里纯粹的农民思想意识不可能通过短暂的非农业劳动而改变和消除。他们对工人阶级的阶级性质和历史使命等还没有什么认识,在短时间内不可能形成工人阶级的阶级意识。这决定了他们还不具备现代产业工人的基本素质和应当具备的严格的组织性和纪律性,还没有工人阶级的历史使命感和主人翁责任感。其三,阶级归属感尚未确立。农民工与城市职工群体在政治地位和经济福利待遇上存在较大差距,使得农民工对自己的阶级归属以及地位、利益和价值缺乏自觉的认同感,没有明确的阶级意识,阶层结构处在一种隐性化状态。②

总之,目前农民工在阶级属性、社会经济地位和阶级意识与认同等各个方面还不具有与作为市民的产业工人相同的特质,仍然是一种处于农民到工人之间的过渡性中间阶层,③还没有真正成为完整意义上的工人阶级。从总体上看,尽管农民工已进入工人阶级队伍,但还未摆脱原有的农民思想意识,尚不具备为实现本阶级的利益而组织和行动起来的整体自觉意识。如果说农民工进入工人阶级队伍已成为"自在阶级"的话,那

---

① Therbom Goran 1983, "Why Some Classes Are More Successful than others." New Left Review 138.
② 滕丽娟:《促进农民工向工人阶级转化的途径探析》,《前沿》2006 年第 10 期;田良玉、刘华兰:《要对农民工进行工人阶级意识教育》,《天津市工会管理干部学院学报》2006 年第 2 期。
③ 莫艳清、万建新:《城市农民工目前还不是工人阶级的新成员》,《农村农业农民》2006 年第 5 期。

么要成熟为具有共同阶级意识的"自为阶级",或者在社会学上说从客观阶级转向主观阶级,真正实现向工人阶级的转化还有待时日。此外,目前我国形成的现代化社会阶层结构还只是一个雏形,许多人的职业、身份经常变动,他们在不同所有制、不同行业、不同地域之间频繁流动,使现阶段的中国社会阶级阶层结构仍处在不稳定状态,这种流动性、不稳定性和界限的模糊,而且还正在发展变化之中。私营企业雇工作为一个还没有完全定型、正在形成中的"新工人阶级",也必然会经历一个继续发展变化的过程。因此,对"新工人阶级"的成长和发展过程,我们需要作进一步的观察和研究。

二、"新工人阶级"问题上的两极思维方法是不可取的

怎样看待私营企业中的"新工人阶级"？学术界存在两种值得注意的对立观点。把私营经济看作是资本主义经济,认为私营企业劳资关系是剥削与被剥削的对立关系的学者,把"新工人阶级"视为与私营企业主相对立的一个阶级,而按照私营企业主阶层是资产阶级的观点,"新工人阶级"则已经是与资产阶级相对立的一个阶级。与此相反,有的学者认为,私营企业主阶层与国家的利益、与广大人民群众的利益、与工人阶级的利益是完全一致的,不存在冲突关系。其理由是,在市场经济中,按照等量劳动相交换的原则,私营企业主得到经营收入,劳动者得到劳动收入,因此私营企业主和劳动者之间是一种等量劳动相交换的平等的经济关系。[①]我们认为,在如何看待"新工人阶级"问题上的这种两极思维方法是不可取的。

在马克思主义的阶级理论中,工人阶级与资产阶级两者是共生的,并且是资本主义社会两大对立的阶级。据此,有些学者把我国现阶段私营企业雇工与私营企业主之间的关系等同于 100 多年前马克思和恩格斯所揭示的资本主义"血汗工厂"中对立的劳资关系,其结果必定是雇工将成长为与资产阶级对立的一个阶级。我们认为,我国现阶段的私营企业雇工是在中国特色社会主义建设条件下正在形成中的一个"新工人阶级",所以不能不顾历史条件把它定性为与资产阶级相对立的一个阶级。

从理论逻辑上看,由于我国现阶段的私营企业主阶层在性质上是中国特色社会主义建设者,不是资产阶级,即不存在一个资产阶级,所以不能把私营企业雇工视为与资产阶级相对立的一个阶级。更重要的是,考察雇工与私营企业主之间的关系,不能仅局限于生产过程,而应该联系现实经济文化政治等历史条件。汤普森在研究工人阶级形成时,强调了文化与社会制度在阶级意识形成过程中的重要作用。20 世纪 80 年代后期及 90 年代,受汤普森的影响,有学者开始利用研究西欧与美国工人阶级形成理论的方法来研究 20 世纪中期新兴的、非西方资本主义国家工人阶级的形成历史,研究从殖民

---

① 关柏春:《论劳动价值论的创新——从解决阶级之间的利益冲突问题到解决劳动者之间的利益差别问题》,《经济评论》2006 年第 6 期。

地、半殖民地的前资本主义国家向资本主义国家转型过程中工人阶级形成的历史。这些研究强调了决定阶级倾向和阶级行动的制度和文化因素,即阶级利益并非由其结构地位直接决定的,并且它转化为政治行动的可能依制度和政治过程而定。他们都强调,并不是有了资本主义生产关系就一定能带来如西方资本主义国家的工人阶级的意识与行动,在分析工人阶级的形成与阶级意识时应该把特定社会的结构与文化、政治因素考虑进去。①如西方学者斯波恩在总结 20 世纪 60—90 年代马克思主义阶级形成理论时指出,经过近 30 年的发展,工人阶级形成理论已从原来的自在阶级——自为阶级的单一模型转向了多元的、复杂的,以及国家、地区间的多样性的研究,研究兴趣涉及工人阶级在形成过程中经济、社会结构以及文化等因素的影响。通过认识工人阶级的形成过程不仅是工人阶级内部的发展过程,而且也是依赖工人阶级与不同社会背景之间特殊关系的、变化着的过程,工人阶级的形成过程与社会背景的关系问题也被更加系统地加以考察。②

因此,考察我国现阶段私营企业的"新工人阶级"的形成和成长,必须把它置于中国特色社会主义建设的社会背景和现实经济文化政治制度下进行。

其一是中国特色社会主义建设的社会背景。马克思主义的阶级理论特别凸显社会制度对于社会阶级形成的决定作用。马克思在资本主义的背景下分析工人阶级的形成和成长,认为是资本主义的生产资料私有制和资本雇佣劳动的生产关系体制造就了工人阶级,并形成工人阶级和资产阶级这两大对立的社会阶级。与此不同,我国现阶段私营企业的"新工人阶级"形成和成长于中国特色社会主义建设的社会背景下,我国实行的是公有制为主体、多种所有制经济共同发展的基本经济制度,生产资料公有制的主体地位和国有经济的主导作用,奠定了我国人民根本利益一致性的经济基础。到 21 世纪中叶基本实现现代化,把我国建成富强民主文明和谐的社会主义国家,是我国包括各阶级阶层在内的全体人民的根本利益和共同利益,这决定了私营企业的劳资关系具有一致性,这是占主导地位的方面;当然在具体利益上也存在矛盾性,但在社会主义国家经济和法律等手段的调节下,可以得到正确处理和协调。因此,不能简单地把我国现阶段的私营企业劳资关系等同于资本主义社会那种实质上体现阶级对立的劳资关系。

其二是中国特色社会主义政治制度的重要影响。汤普森指出,利益认同以及它与其他阶级利益对立的意识,是工人阶级形成的必要条件,而政治环境对工人阶级意识和组织形式的形成具有最重要的影响。如英国工人阶级在形成年代同时从属于两种关系的加强,这两种关系都是无法忍受的,一种是经济剥削关系的加强,另一种是政治压迫关系的加强……他们在力图抵抗剥削的斗争中前进的每一步都与雇主或国家的力量相遇,而且通常是同时遇到两者的力量。③而在我国,社会主义政治制度决定了雇工与私营

① 吴清军:《西方工人阶级形成理论述评——立足中国转型时期的思考》,《社会学研究》2006 年第 2 期。
② Spohn, Willfried 1998, "Toward a Historical Sociology of Working-class Formation." Theory and Society 42.
③ [英]E. P. 汤普森:《英国工人阶级的形成》,译林出版社 2001 年版,第 216 页。

企业主在政治上是平等的,两者都是社会主义国家的主人,都是中国特色社会主义事业的建设者。私营企业主的政治参与被有序地纳入社会主义政治制度的运行中,私营企业主没有在政治上压迫雇工的条件,在法律上也不允许超经济的过度剥削。农民工的政治地位则不断提高,参政议政的现象不断出现,如朱雪芹等三位农民工当选为全国人大代表,出席2008年第十一届全国人大一次会议;在地方人大换届中,也有部分农民工当选为人大代表。可见,中国特色社会主义政治制度对我国现阶段私营企业的"新工人阶级"的形成和成长具有重要影响。

其三是中国特色社会主义文化和意识形态的重要影响。在中国特色社会主义条件下,由马克思主义指导思想、中国特色社会主义共同理想、以爱国主义为核心的民族精神和以改革创新为核心的时代精神、社会主义荣辱观所构成的社会主义核心价值体系是社会主义初级阶段占主导地位的意识形态。社会主义核心价值体系对私营经济健康发展和构建和谐劳资关系具有引领作用。如建设中国特色社会主义这个全社会的共同理想,把国家、民族与个人紧紧地联系在一起,集中代表了我国工人、农民、知识分子和其他劳动者、建设者、爱国者的利益和愿望,具有很强的广泛性和包容性。在共同理想的感召下,私营企业雇工完全可以与私营企业主一起为国家基本实现现代化、民族实现伟大复兴、人民过上宽裕的小康生活而共同奋斗。再如以"八荣八耻"为主要内容的社会主义荣辱观,确立了人人皆知、普遍奉行的价值准则和行为规范,有利于形成维系社会和谐的人际关系和道德风尚。社会主义荣辱观是民营企业判断行为得失,确定价值取向,作出道德选择的基本准则和行为规范,它引导民营企业主做一个知荣辱、明善恶、辨美丑的合格企业家。社会主义核心价值体系对民营经济的发展导向、力量凝聚、精神支柱和行为规范作用,奠定了构建和谐民营经济的思想道德基础。

总之,在中国特色社会主义建设社会背景下考察私营企业的"新工人阶级"形成和成长,不能不顾历史条件把它定性为与资产阶级相对立的工人阶级。

但是,我们也不能由此走到另一极端,无视甚至否认私营企业雇工与私营企业主之间客观存在的矛盾。我们必须看到雇工与私营企业主之间的关系具有两重性:首先要肯定根本利益的一致性,合作得好,劳资两利;同时也应该高度重视所存在的具体利益的矛盾及其冲突性,忽视甚至否认这一点,也不符合唯物辩证法和历史唯物主义。

从私营企业的农民工来看,由于种种原因,这些年来农民工一直作为边缘化的特殊群体而工作和生活着,他们的基本权利和合法权益没有得到充分而有效的保障。2006年3月发布的《国务院关于解决农民工问题的若干意见》指出了农民工生存境况的主要问题是:"工资偏低,被拖欠现象严重;劳动时间长,安全条件差;缺乏社会保障,职业病和工伤事故多;培训就业、子女上学、生活居住等方面也存在诸多困难,经济、政治、文化权益得不到有效保障。这些问题引发了不少社会矛盾和纠纷。"近年来,对农民工人身权利侵害的问题较突出,恶性事件频发。作为"新工人阶级"重要组成部分的农民工,处于城市的最底层,是城市中的"边缘群体"和弱势群体,他们并没有真正融入城市中间,因而孕育出一种新的所谓"城市二元结构"。[①]

西方学者帕尔金等人指出,在西方社会,工人阶级一方面接受了由占统治地位的价值系统所界定的现行规则框架,同时又对现存的分配系统的道德以及由此而产生的不平等提出了有限的挑战,并保留着一种潜在的发展阶级意识和阶级行动的可能性。[②]当然,由于我国目前劳动力市场上的激烈竞争,农民工能够找到工作的难度很大,对私营企业的自我选择能力较小,因此即使与私营企业主存在严重的利益冲突,他们也会在心理上接受冲突之后的不利结果。[③]但如果长期积累的压抑心理一旦爆发,其社会后果将是十分严重的。

农民阶级向工人阶级的转化,工人阶级人口数量前所未有的增长,是建国以来最大规模的工人阶级队伍的壮大与更新,也是改革开放以来我国阶级与阶层分化的一个最大特征。因此,私营企业的"新工人阶级"怎样形成和成长,他们形成什么样的阶级意识,将会影响"新工人阶级"的发展趋向、"新工人阶级"和私营企业主阶层的关系,以及未来我国社会结构的性质。对此,我们必须予以高度重视。

三、"新工人阶级"的形成和成长具有可塑性

我们不赞同脱离现阶段中国实际,简单套用传统的阶级模式把雇工视为与私营企业主相对立的一个阶级,也不赞同忽视甚至否认雇工与私营企业主之间存在的具体利益的矛盾及其冲突性的观点。这种两极思维方法都没有全面科学地把握"新工人阶级"与私营企业主之间的对立统一关系,前者只看到对立性,后者则只看到同一性。正确的做法是辩证地把握两者的关系,既要看到同一性,又要看到对立性;同一性是矛盾的主要方面,对立性是矛盾的次要方面。而且,不能用静止的眼光而应该用发展的眼光看待二者的关系。在中国特色社会主义建设的历史条件下,私营企业的"新工人阶级"的形成和成长是具有可塑性的。

第一,中国特色社会主义经济文化政治制度是"新工人阶级"可塑性的社会环境因素。

在西方资本主义发展史上,农民向工人阶级转化主要是通过两种不同的手段和方式实现的:在资本原始积累时期,主要是通过圈地运动等暴力手段和非市场的方式实现的;在产业革命之后,主要是通过市场竞争和两极分化等市场的方式实现的。

而在我国现阶段,农民向工人阶级转化是在中国特色社会主义建设的历史大背景

① 朱四倍:《城市边缘人和新二元社会结构》,《解放日报》2007 年 4 月 3 日。
② David Rosel: Social Stratification and Economic Change, Hutchinson, 1988, p. 101.
③ 沈原:《社会转型与工人阶级的再形成》,《社会学研究》2006 年第 2 期。

下进行的,因此,"新工人阶级"的形成和成长势必受到社会主义经济文化政治制度的影响。2006年国务院发布了《关于解决农民工问题的若干意见》,这个文件明确了做好农民工工作的指导思想、基本原则和政策措施,是全面系统地解决农民工问题的重要指导性文件。近年来党和政府从经济文化政治各个方面出台了不少维护农民工权益的政策。2003年9月,全国总工会要求依法组织进城务工人员加入工会,最大限度地把他们组织到工会中;2004年1月建议采取"六项措施"保护农民工合法权益。教育部正着力解决农民工培训和其子女入托入学的问题。劳动和社会保障部宣布用人单位为农民工上工伤保险。司法部等单位发出通知,要求为解决拖欠民工工资提供法律援助。各地方政府也采取有力措施做了不少维护农民工权益的实事。总之,各级政府正在积极推动农民工工作,着力完善政策和管理,推进体制改革和制度创新,逐步建立城乡统一的劳动力市场和公平竞争的就业制度,建立保障农民工合法权益的政策体系和执法监督机制,建立惠及农民工的城乡公共服务体制和制度,拓宽农村劳动力转移就业渠道。

中央关心和解决农民工问题的大政方针逐步深入人心,农民工的重大作用和贡献得到普遍认同,农民外出务工的环境和条件逐步改善,输出输入地、各有关部门协调配合的工作机制已经建立,全社会理解、关心、保护农民工合法权益的大环境正在形成。农民工的经济政治地位正在逐步提高,他们的处境已经有了可喜的改善。因此,充分发挥社会主义经济文化政治制度的力量,不断完善"新工人阶级"形成和成长的社会环境,是塑造"新工人阶级"的一个重要任务。

第二,构建私营企业和谐的劳资关系是"新工人阶级"可塑性的企业环境因素。

工人阶级是在具体的生产过程中形成和成长起来的,劳资关系是塑造工人阶级的企业环境因素。在资本主义发展史上,建立在雇佣劳动制度上的对立的劳资关系造成工人阶级与资产阶级这两大对立阶级。我国实行以公有制为主体、多种所有制经济共同发展的基本经济制度,决定了我国私营企业的劳资关系不同于资本主义社会那种实质上体现阶级对立的劳资关系。如果把私营企业的劳资关系看作是一个矛盾统一体的话,那么就总体而言,在国家基本实现现代化、民族实现伟大复兴、人民过上宽裕的小康生活这一根本利益上劳资是两利的,因而劳资关系的一致性是矛盾的主要方面。但我们也应该清醒地看到,作为一种建立在私有制基础上的经济,我国私营经济也不可避免地带有雇佣劳动的因素,因此,不能忽视甚至否认雇工与私营企业主之间存在的具体利益的矛盾及其冲突性,尽管目前这是矛盾的次要方面,但是如果解决不好,矛盾的主次方面也是会转化的。因此,"新工人阶级"的形成和成长,他们与私营企业主阶层形成何种关系,在很大程度上也取决于企业内部的劳资关系,这就需要大力构建私营企业的和谐劳资关系。

《中共中央关于构建社会主义和谐社会若干重大问题的决定》把"发展和谐劳动关系"作为构建社会主义和谐社会的一个重要任务,提出"完善劳动关系协调机制"的要求,政府也出台了一系列维护私营企业雇工权益,引导私营企业构建和谐劳资关系的政策措施,协调劳资关系的法律化和制度化机制正在形成。越来越多的私营企业主也认识到自己所承担的社会责任,按照"爱国、敬业、诚信、守法"的基本要求,树立社会主义道德观和义利观,诚实劳动,合法经营,关心和保障职工权益,促进企业的发展壮大,努力改善劳资关系,争当合格的中国特色社会主义事业的建设者。如慧聪资讯有限公司实行了全员劳动股份制,即在进行成果分配时,投入知识和劳动的员工有权和投入资本的企业所有者与董事们一起分享合理的利润;其分配制度中有一条规定是将年终 70% 的分红分给不持股的普通员工。[1]再如正大集团实行了股份合作制,使管理者和职工既获得工资,又分享利润,以充分调动职工的积极性。[2]重庆力帆集团则依靠员工将企业做大做强,做到"老板厚道,员工地道,和谐企业,生财有道"。这表明,只要劳资关系协调和处理得当,就可以使两者的共同根本利益最大化,而两者的利益冲突最小化,就可以避免劳资关系发生不可调和的利益对立关系,从而避免雇工产生与私营企业主阶层利益对立的阶级意识。

如果说西方国家的劳资关系在不断的矛盾斗争和调整中历经多年的演变,逐渐形成了一整套比较健全规范的劳资关系调整体系,劳资关系由激烈对抗趋向缓和的话,那么在中国特色社会主义建设的社会背景下,我们更有条件强化私营企业的劳资关系在根本利益和共同利益上的一致性,正确处理和协调具体利益上的矛盾性,构建起"劳资两利"的和谐劳资关系。因此,必须大力构建私营企业的和谐劳资关系,以形成"新工人阶级"与私营企业主阶层之间的互利合作关系,从而优化"新工人阶级"形成和成长的企业环境。

第三,加强教育帮助,使私营企业雇工形成建立在共同理想基础上的阶级意识,是塑造"新工人阶级"的一个重要任务。

在资本主义社会,工人阶级从自在阶级走向自为阶级的标志是具有了阶级意识,认识到了工人阶级的历史使命,与资产阶级的对立表现为工人阶级反抗资产阶级的阶级斗争,工人运动的目的是为推翻资产阶级的统治。

而在我国现阶段,工人阶级始终坚持是推动中国先进生产力发展的基本力量,中国共产党必须始终坚持工人阶级先锋队性质,始终全心全意依靠工人阶级,团结和带领其他劳动者、建设者、爱国者一起为国家基本实现现代化、民族实现伟大复兴、人民过上小康生活的共同理想而共同奋斗。如前所述,农民工还只是一个正在形成中的"新工人阶级",要成熟为具有共同阶级意识的"自为阶级",真正实现向工人阶级的转化还有待时日。所以,除完善"新工人阶级"形成和成长的外部社会环境和内部企业环境外,还应通过广开教育途径、丰富教育内容,加强"新工人阶级"特别是农民工的工人阶级意识教育,在以下几个方面促使他们形成建立在共同理想基础上的阶级意识,尽快具备工人阶级的优良品质和素质。

---

① 刘伟萍:《中国民营企业管理制度与发展模式案例精评》,机械工业出版社 2003 年版,第 23—29 页。
② 刘伟萍:《中国民营企业管理制度与发展模式案例精评》,机械工业出版社 2003 年版,第 16—23 页。

其一，认清工人阶级所肩负的历史使命。通过先进思想、先进文化、优良传统、历史使命和法律知识的教育，提高农民工的思想道德和科学文化素质，使他们意识到自己的工人阶级身份，逐步抛弃小农意识，增强工人阶级意识、法律意识与参政意识，接受城市文明和工业文明的洗礼，实现由农民向市民、农民向工人的转变，使自己真正成为合格的工人阶级新成员。

其二，树立建功立业的主人翁责任感。通过党和国家的路线、方针、政策教育，增强农民工坚持党的领导，为建设中国特色社会主义建功立业的主人翁责任感，充分展现主人翁的风采，积极发挥主力军作用，努力为全面建设小康社会建功立业。自2004年山西省的鲍先锋成为第一位获得全国"五一"劳动奖章的农民工后，一批又一批农民工成为劳模。他们是"新工人阶级"的典型，代表着"新工人阶级"的成长方向。

其三，增强维权意识。要在农民工中开展普法宣传教育，引导他们增强法制观念，知法守法，明确自己应该享有的各种权利，应该履行的各项义务，学会运用法律、通过合法渠道维护自身权益，在构建和谐的劳资关系中发挥积极作用。

其四，提高思想道德和科学文化素质。农民工的政治思想、科学文化和生产技能水平，直接关系到新时期我国工人阶级的整体素质，也关系到我国产业素质、竞争力和现代化水平，因此必须把全面提高农民工素质放在重要地位。要开展职业道德和社会公德教育，引导他们爱岗敬业、诚实守信，遵守职业行为准则和社会公共道德，努力适应城市工作、生活的新要求，遵守城市公共秩序和管理规定。引导和组织他们自觉接受就业和创业培训，接受职业技术教育，提高科学技术文化水平，以适应现代化大生产对产业工人的要求。

综上所述，我国现阶段私营企业的雇工只是一个正在形成中的"新工人阶级"，还没有完全定型，既不能简单套用传统的阶级模式把雇工视为与私营企业主相对立的一个阶级，也不能忽视甚至否认雇工与私营企业主之间存在的具体利益的矛盾及其冲突性。我们必须全面科学地把握"新工人阶级"与私营企业主之间的对立统一关系，充分认识在中国特色社会主义建设的历史条件下私营企业的"新工人阶级"的形成和成长是具有动态可塑性的。通过完善社会主义经济文化政治制度社会环境因素和构建私营企业和谐劳资关系的企业环境，以及加强教育帮助，促使私营企业雇工形成建立在共同理想基础上的阶级意识，那么，就能促使"新工人阶级"按照中国特色社会主义建设的要求形成和成长起来，与私营企业主阶层形成互利合作关系，从而为国家基本实现现代化、民族实现伟大复兴、人民过上小康生活的共同理想而共同奋斗。

参考文献

《国务院关于解决农民工问题的若干意见》，人民出版社1995年版。

[英]E. P. 汤普森：《英国工人阶级的形成》，译林出版社2001年版。

吴清军：《西方工人阶级形成理论述评——立足中国转型时期的思考》，《社会学研究》2006年第2期。

顾辉、汪璇:《工厂政体下的农民工生存境遇——劳动过程视角下的当代"新工人阶级"》,《安徽电气工程职业技术学院学报》2008年第4期。

石晓天:《农民工向工人阶级的转化:路径、特征和障碍》,《天津市工会管理干部学院学报》2006年第4期。

田良玉、刘华兰:《要对农民工进行工人阶级意识教育》,《天津市工会管理干部学院学报》2006年第2期。

李国荣:《民营之路》,上海财经大学出版社2006年版。

（作者为上海电力学院党委副书记、教授,上海市民营经济研究会秘书长）

政党类型与党内民主:比较与思考

Comparing and Thinking about the Relations between Types of
Party and Democracy of Inner-Party

刘红凛

[内容提要] 在不同国家、不同阶段,政党类型不同,党内关系与党内民主有所不同。以党内集权度作为党内民主的衡量标准,当代主流政党可划分为寡头集权型、中央集权型、有限集权型、分权型四类;比较而言,英国保守党属于寡头集权型、工党属于有限集权型,美国两大政党属于分权型,德国两大政党属于有限集权型,"统一俄罗斯党"属于寡头集权型、俄共属于中央集权型。而且,不同国家的政党观念不同,党内民主与国家民主的关系、国家法律对党内民主的要求也不同;概括说,战后各国法律对党内民主的规范可归纳为四种类型:法律默认型、抽象规范型、择要规范型、全面规范型。对政党类型与党内民主的比较分析,有利于正确认识党内民主的本质、价值、目标以及党内民主与国家民主的关系。

从一般意义上讲,政党是近现代民主政治的产物;发展与推动民主,理应成为政党的基本功能与价值所向。但在不同国家、不同历史时期,由于政治传统、政党—国家—社会关系、政党观念与政党类型不同,对党内民主的看法与实践也有所不同。大致说,中外主要存在三种不同的观点:一种观点认为,寡头统治是政党政治铁律,政党内部不可能实行民主。这一观点由米歇尔斯提出,影响至今。另一观点认为,政党纪律是政党凝聚力、战斗力的保证,党内民主应控制在有限或较小范围内。如熊彼特等认为,如果一个政党要有责任和内聚力,就应该大大缩小党内民主的范围,否则党的凝聚力可能会受到影响。这一观点在西方竞争性政党体制下有一定政治市场。第三种观点认为,党内民主是党的生命,党内民主对人民民主起着引领作用,没有党内民主难以实现人民民主。这一观点在当今中国占据主导地位。尽管上述三种观点迥异,在五彩缤纷的政党政治世界各有一定的政治市场;因为在不同国家、不同发展阶段,不同类型的政党的组织原则、内部关系与党内民主情况有所差异,政党民主与国家民主的关系也有所不同。要正确认识党内民主问题,必须对政党历史发展与类型变化,不同类型政党的组织特点、内部关系等进行比较分析,以此为基础,才能进一步认识政党民主与国家民主的关系。

一、政党类型特点与党内关系

学界一般认为,政党最早产生于英、美,1679 年英国的"辉格党"和"托利党"可谓现代政党的雏形。如此算来,政党已有 300 多年的历史。德国学者韦伯在 20 世纪 50 年代指出:政党的发展进程可以分为三个阶段:第一阶段的政党,完全是贵族的随从;第二阶段是权要的政党,政党是知名人士的结合:在地方是有产者和知识名流的非正式结合,在中央是议员的结合;第三阶段,是现代的群众组织的政党,即大众型政党,这是选举权普及的产物。①实际上,韦伯描绘的只是二战以前西方政党的发展史,今天看来有一定的历史或政治局限:一方面,19 世纪在欧洲产生的共产主义者同盟、社会民主党等工人阶级政党,是工人阶级与资产阶级斗争、在争取合法权益与政治地位的过程中产生的,并非所谓的"选举权普及的产物"。另一方面,在 19 世纪末、20 世纪初,政党政治从欧美向亚非拉等发展中国家传播,一大批工人阶级政党、民族主义政党在发展中国家相继建立,它们是争取民族独立的产物,而非选举政治的产物。再者,无法涵盖 20 世纪 50 年代以后政党政治新现象。借鉴有关研究成果、结合战后政党政治发展的新情况,我们以选举权的普及程度与政党内部组织结构为标准对政党历史发展与类型变化进行划分。之所以如此,一方面是因为,选举权的普及程度是衡量民主政治发展的一个重要指标,也是影响政党政治发展的一个关键因素;另一方面,政党之所以为政党,之所以能够与派别、利益集团等区别开来,就是因为政党具有一定的组织特性。以此为据,我们将政党历史发展划分为三个历史时期,即近代政党时期、现代政党时期、当代政党时期。其中,近代政党时期的时间跨度从 1679 年"辉格党"和"托利党"的诞生到 19 世纪末;现代政党时期,即通常所说的"大众型政党"时期,时间跨度大约从 19 世纪末到 20 世纪中期或到二战结束。当代政党时期,时间跨度大约从 20 世纪 50 年代至今,这一时期又可细分为两个阶段:一是冷战时期(二次世界大战结束到 20 世纪 90 年代苏东剧变);二是苏东剧变、冷战结束以后至今。

现代政党作为一个由众多成员组成、具有内在组织层级的正式政治组织,它是一个复杂的组织系统、存在复杂的内部关系,这是不争的事实。对于党内关系,从构成要素与组织结构角度看,现代政党一般包括党员个体与各级组织;从党内整体与部分关系看,现代政党既是一个复杂的组织体,也是一个权力与利益矛盾体,不同组成部分具有不同的权力要求与利益追求。综合以上两因素,我们认为,现代政党既是一个复杂的组织体、矛盾统一体,更是一个复杂的关系体;党内关系,表面上看是一种政治关系或组织关系,但政治是经济的集中表现、各种社会关系归根到底是一种利益关系;从一定意义

---

① From Max Weber: Essays in Sociology. by Max Weber, H. H. Gerth, C. Wright Mills, Oxford University Press, 1958. pp. 100—144.

上说,"政党不仅是其成员工具性利益的来源,而且也是表达性利益的来源。所以说,政党是其成员的工具,不过政党成员在一定程度上也是政党的工具。"①因此,要深刻理解党内关系,必须从政治与利益、权利与义务、权力与责任相统一角度来分析。从这一角度分析,党内关系主要包括三个方面:一是权利与义务关系,这主要是对普通党员而言的;在党内,党员的权利与义务是统一的,但政党文化是一种义务优先、纪律优先的文化,党员只有先履行义务才有权利可言。二是权力与责任关系,这主要是针对党的各级组织、领导干部而言的;权力与责任相统一,这是现代民主法治的基本要求。三是党内利益关系,这渗透到党内关系的各个方面;在利益政治时代,党内利益关系是一个无法回避的客观现实。具体而言,在不同国家、政党发展的不同历史时期,政党类型不同、特点不同,党内关系必然有所不同。

近代权贵型政党处于政党的初级阶段,与朋党和宗派有一定相似性,是权贵、政治精英等少数人的不固定的松散结合,规模小、人数少、精英化;除了选举所必需的"选民登记社"外,既无正式的中央组织,也无健全的地方组织;权贵型政党以个人资源为依托、以争取特权为目标、以不固定的"谈话会"为活动方式,它植根于体制内、与大众缺乏联系。因此,近代权贵型政党的党内关系比较简单、非常松散,带有明显的个人色彩,政见相投、情感所向、利益所驱是其内在约束的主要来源。

现代大众型政党则是多数人争夺政治权力的正式组织,具备完整的组织结构是现代政党与近代政党的根本区别。总而言之,现代大众型政党意识形态色彩比较浓、奉行"原则政治",与广大民众、公民社会有着密切的联系,具有较强的民意代表与政治沟通功能、较强的政治动员力和社会代表力,党内精英注重联系普通党员。以阶级基础或意识形态为标准,现代大众型政党可细分为内部关系有所不同的三种类型:一是无产阶级大众型政党,主要包括社会党与共产党;其发源于既有政治体制之外,以改革或推翻既有的政治体制为目标、以下层民众特别是工人阶级为基础,具有较强的意识形态和理想追求。无产阶级大众型政党一般组织严密、纪律严格、党内规章制度健全、日常活动较多,注重发展党员、人力密集、规模庞大,党内均质化、精英对广大党员负责,入党以政治认同为前提,有一定的条件限制,需要交纳党费,党员一般为劳苦大众,组织纪律性、党内凝聚力比较强;他们与广大民众有着密切联系,具有政治动员的优势。二是资产阶级大众型政党,其植根于既有政治体制内,由近代"权贵党"转化而来,以赢得选举为主要目标,以维护既有政治体制为基本价值取向。为适应现代选举需要,资产阶级大众型政党也以支部(或选区委员会、区委员会)为基层组织;但由于其成员以资产阶级为主、个人独立性比较强、以选举为主要目的,其基层党组织的日常活动与参加者都比较少,政党经费主要依靠政治捐款而非党费;而且,内部规章制度不够完善,纪律比较松懈,对党员的约束力比较弱。三是民族主义大众型政党,它们主要存在于第三世界、以争取民族

---

① 〔法〕让·布隆代尔等:《政党政府的性质》,北京大学出版社2006年版,第50页。

独立为主要目标,其成员广泛、甚至涵盖到各个社会阶层。

当代政党包括二战以后的所有政党,但我们的注意力在于主流政党。二战以后,西方主流政党从现代大众型政党发展演变为"全方位党"、"卡特尔"党。柯什海默认为,"全方位党"的主要特征为:政党意识形态色彩明显减弱;政党内部上层领导集团的地位加强、党员作用下降,政党的阶级特征降低,转而谋求更广泛更多的选民支持;减少对某一特定社会集团的倚重,力图与各种利益集团保持联系。①梅尔认为,卡特尔党具有以下特点:在政治目标方面,政党之间不再是以前的意识形态或政策之争、社会改革或改良之争,而变成谁能提供更有效、有利的管理之辩;在选举竞争方面,政党间不再为争抢选民、巩固选民基础而苦斗,而是以理性为支配,在保证对方组织生存的前提下进行有限竞争,各享应有部分;在行为方面,政党活动不再主要依靠党费与党员支持,不再谋求独立的政治传播组织和手段,转而依赖国家补贴和专业选举组织进行选举活动,依赖国家提供的特权分享大众传媒,进行政治宣传;主流政党之间差别缩小,交替执政,排挤打压与其争权夺利的小党新党;政党国家化,成为"半"国家机构或"准"国家机构,政党与国家相互分离的状态不复存在。②"全方位党"和"卡特尔"党的这种组织特点深刻影响着党内关系,使得政党精英化、职业化、官僚化;政党领袖大权独揽、实行寡头统治,主要依靠党内精英及其组织获得合法性,主要借助大众传媒、依靠专业选举组织及选民认同获得执政权;政党精英不再为原则而战,而是为权位与利益而战,政党精英不再为基层党员负责,与普通党员的关系弱化;政党上层领导集团的地位加强,基层组织联系民众、进行政治动员的作用降低,普通党员作用下降;普通党员权利与义务淡化,党员与非党员界限模糊,党员与组织关系松散,政党组织的凝聚力向心力降低,普通党员对政党的政治认同降低。另外,社会主义、民族主义国家的政党在从"革命党"向"执政党"的转型过程中,也不可避免、或多或少地存在上述现象,这使得一党执政面临合法性危机。

二、党内集权度与党内民主

党内民主与党内关系息息相关,其核心问题是党内治理问题,其实质是正确处理党内权利与义务、权力与责任、利益矛盾等各种关系,其目的在于增强党的活力与战斗力、维护党的统一。从民主价值与原则要求看,党内民主要求政党内部的组织设置、内部运作、制度安排等要坚持民主原则,坚持"多数决定",实行民主选举;但对不同政党类型而言,其政治传统、内部组织原则与党内关系不同,党内民主状况存在很大差异。迪韦尔

① Otto Kirchheimer, *The Transformation of Western Europeans Party Systems*, in Joseph La Palombara and My-ron Weiner, eds: Political Parties and Political Development, Princeton University Press, 1966, pp. 177—183.

② R. S. Katz and P. Mair, *Changing Models of Party Organization and Party Democracy: The Emergence of Cartel Party*, Party Politics, 1995(Ⅰ), pp. 17—21.

热根据政党成员参与度,将政党划分为极权政党与有限政党,二者的区别主要是看政党成员控制及动员的程度。[1]兰尼根据政党权力集中程度,将政党划分为集权型政党与分权型政党;根据政党团结度,将政党划分为团结度高的政党与团结度低的政党。[2]尽管党内参与度、团结度能够反映党内关系,但与党内民主并无必然的逻辑关系,极权政党甚至比有限政党具有更高的参与度、团结度。比较而言,党内集权度是衡量党内是否民主的一个重要指标,党内参与度、团结度也与此密切相关;而且,以党内集权度分析党内民主,能够摆脱意识形态或价值倾向的干扰,因为任何政党类型、任何意识形态的政党都有可能成为集权型政党。按照党内集权度,当代主流政党可划分为寡头集权型政党、中央集权型政党、有限集权型政党、分权型政党四种类型,各种类型的政党关系具有不同的特点,详见下表:政党集权度与党内民主。

政党集权度与党内民主

政党集权度 有关衡量指标	寡头集权型政党	中央集权型政党	有限集权型政党	分权型政党
意识形态重要性	低	高	一般	低
党内领导体制	寡头制	委员位制	委员位制	分权制
政党组织原则	个人专制	民主集中制	民主制	中央与地方分权
政党组织结构严密度	比较松散	严密	比较严密	松散
基层组织单位	选区	支部	分部	选区
上下级组织关系	领导关系	领导关系	指导	相互尊重
领袖领导方式	寡头式	权威式	民主或同意式	缺乏权威
政党骨干作用	强	强	一般	弱
党员阶级属性	资产阶级	劳动阶级	中下层或混合型	选民
党员人数	较少	多	较多	不固定
党员参与度	较低	较高	高	低
纪律性	基层弱、议会内强	严格	比较严格	松散
活动范围	限于政治	政治与社会	政治与社会	限于选举
活动平台	议会	议会与社会	议会与社会	议会
活动时间	间歇性	经常性	经常性	选举期间
政党性质与功能	捐客型	整合型	整合型	选举工具
党内团结度或结合度	低	高	比较高	低
党内民主状况	较低	一般	较高	无所谓党内民主

[1]　Maurice Duverger, *Political Parties—Their Organization & Active in the Modern States*, Trans. from the French. London: Methuen & Co., 1967, pp. xiv—40.

[2]　Austin Ranney, *Governing: An Introduction to Political Science*, 6thed. New Jersey: Prentice-Hall, Inc. 1993. pp. 219—225.

一般来说,政党组织越严密、内部系统越复杂,党内关系就越复杂,党内民主问题就愈加突出。在当今世界,无论从历史还是现实看,英、美、德、俄四国的政党政治都具有显著代表性。其中,英、美是近现代政党的发源地,政党政治源远流长;德国是战后新兴的"政党国家",也是公认的政党法制最完备的国家;俄罗斯可谓当今世界转型国家的代表。从国家政治制度看,英、德实行的是议会内阁制,美、俄是总统制;从政党制度看,英、美是"两党制"的代表,德国是稳定的"多党制"的代表,俄罗斯可谓转型国家"多党制"的代表。对这四个国家主要政党的党内民主情况进行比较分析,有利于理解党内民主的多样性与差异性。

在英国,从政党集权度看,保守党与工党都奉行中央集权原则,政党地方组织、中间组织均受到中央组织的领导,其权力也受到中央组织的约束,两党党员均需注册登记、政党属于封闭型。比较而言,保守党更加集权、具备寡头式集权型政党的特征:议会党作为保守党核心、控制着中央党部与政党外围组织;议会党领袖即政党领袖,由议会党团选举产生,具有几乎不受制约的权力,国会党的党务机构主席、中央总部工作人员等由领袖指派,并对其负责。工党则比较民主、具备有限集权型政党的特征:工党内部坚持民主原则,工党议会党团受到国会外政党组织的控制与影响,工党领袖由工会、议会工党、选区代表等从全党选出;而且,工党内部规章制度比较健全、组织纪律性比较强,注重按党内规章制度办事。

在美国,政党是选举的工具与政治标签,民主党与共和党属于典型的分权型政党,政党中央与地方分权、且权力下移,地方党组织具有较大自由性与自主性,政党中央组织松散、功能甚弱。美国两大政党内部组织关系松懈、无固定党员;党员只是登记注册支持本党的选民而已,无须党内登记,无须交纳党费,无入党退党之说,政党对党员无纪律约束。对美国两大政党而言,政党提名是其核心政治功能;尽管美国法律对党内民主无明确规定,但视政党提名为国家事务或州政府行为,初选由州法规定,两大政党严格按照州法办理,不能自决。

在德国,国家法律全面介入政党内部事务。不但《基本法》第21条要求:政党内部组织必须符合民主原则,政党必须公开说明经费来源;凡由于政党的宗旨或党员的行为,企图损害或废除自由民主的基本秩序或企图危及德意志联邦共和国的存在的政党,都是违反宪法的;政党违宪问题由联邦宪法法院裁决。[①]而且,德国《政党法》对政党内部机构设置、活动程序、自下而上的选举、党员权利与义务关系等有明确规定,甚至对不得强迫入党脱党、不得设置入党障碍、党内要设仲裁法庭等也有明确规定。德国法律对政党民主的严格规定,使得德国社会党、联盟党两大政党必须贯彻国家民主原则,实行法律要求下的自下而上的党内民主;但政党民主与政党权威并不矛盾,德国两大政党内部也有比较严密的组织纪律性,党员入党需经党组织许可,政党中央具有较大权力与权

---

① 参见姜士林等主编:《世界宪法全书》,青岛出版社1998年版,第793页。

威。总的来说,德国两大政党具备有限集权型政党的特征。

在俄罗斯,尽管宪法与《政党法》对政党都有明确的规定,形式上与德国类似;但俄罗斯宪法重在规范政党对外活动,强调"禁止建立其目的或活动在于用暴力手段改变根本的宪法制度,破坏俄罗斯联邦的完整,危害国家安全,成立武装组织,煽动社会、种族、民族和宗教纠纷的社会团体,并不允许其活动";①对党内民主问题并没有明确规定。俄罗斯《政党法》对党内民主的规定也比较模糊,强调"政党的活动建立在自愿、权利平等、自主管理、合法性和公开性原则的基础上。除本联邦法规定的限制外,政党可以自由确定自己的内部结构、目标、活动的形式和方法。"在此意义上说,在俄罗斯,党内民主问题主要取决于政党自身。其中,统一俄罗斯人数众多、成分复杂,其主要社会支柱是不同权力层次的政府官员;②在此意义上说,它属于干部型政党,具备寡头集权型政党的特征。俄共前身是苏联共产党,无论从历史还是现实看,它都属于群众型政党,坚持民主集中制原则;尽管少数有发表自己意见的权利,"但决议通过后,少数要服从多数,下级机关要服从上级机关。这是党的纪律。"③在此意义上说,俄共属于中央集权型政党。

通过对政党历史发展、政党类型、党内关系与党内民主的考察,可得出如下基本结论:在不同国家、不同历史时期,政党类型不同、内部关系不同,党内民主状况差别很大;党内民主的关键并非政党中央与地方分权问题,而是如何理顺权力来源、加强对权力的监督与制约问题。从政党自身看,党内民主与政党类型、政党组织原则、党内集权度密切相关,并受制于政党自身传统的影响。从世界政党现状看,在政党内部实行中央集权是一个普遍现象,是一个由政党组织特点所决定的"铁律";但从政党历史发展看,政党精英化、官僚化、行政化的趋势,则使当代政党面临着合法性危机。

三、政党民主与国家民主的关系

对一个国家和社会而言,政党是民主政治工具。然而,党内民主与国家民主之间具有什么样的关系,政党内部民主与国家民主是否一致,政党内部民主能否促进国家民主? 从历史逻辑看,国家民主与党内民主并非相伴而生,而是先有现代民主政治与国家民主,后有现代政党与党内民主。从当代政党政治理论与实践看,关于政党民主与国家民主的关系,大致可以归纳为三种观点:一种观点认为,党内所要遵循的民主与国家所要遵循的民主完全相同;政党内部民主是一个国家与社会民主的前提,没有政党内部民主就不可能有国家民主。这一观点的必然结论是,政党内部民主理所当然地能够促进国家民主。在政党政治世界,德国堪称此类典范。另一种观点认为,政党内部民主与国

---

① 姜士林等主编:《世界宪法全书》,青岛出版社 1998 年版,第 826 页。
② [俄]罗伊·麦德维杰夫:《普京——克里姆林宫四年时光》,社会科学文献出版社 2005 年版,第 432 页。
③ 参见俞邃主编:《外国政党概要》,江苏人民出版社 2001 年版,第 189—190 页。

家民主有所区别,党内民主无法效仿或复制国家民主;甚至认为,政党内部民主与国家民主是两个性质不同的民主。其主要理论依据在于,政党组织与国家权力机关性质不同、政治功能不同,政党内部组织结构与国家组织结构也有所区别;政党内部民主与国家民主在原则、内容、实现机制与表现形式上具有很大的不同。这一观点的必然结论是,党内民主与国家民主无必然关系。在实践中,英国可谓此类案例,人们主要关注的不是党内民主,而是通过政党之间的民主竞争促进国家民主。第三种观点即"修正适用说",认为政党内部民主理念根本上源于国家民主理念,政党内部民主原则与国家民主原则具有一致性;但民主原则必须考虑到政党的特性与组织功能,国家民主原则必须有所修改才能在政党内部适用。这一观点的必然结论是,政党内部民主与国家民主具有一定的联动关系。在实践中,多数政党政治国家属于此类。

可以说,在不同的国家,党内民主与国家民主的关系受一个国家的政治传统、政党观念的影响。一般而言,若国家视政党为国家机构的一部分或准国家机构,则倾向于对党内民主进行法律规定;若视政党为民间组织或社会组织,则法律一般不具体干涉政党内部事务,党内民主问题往往取决于政党自身存在与发展的考量。一个国家的法律对党内民主的规定情况,在一定程度上反映了党内民主与国家民主的关系。通过对战后世界各国法律对党内民主的要求的分析,我们发现,从战后世界各国法律对党内民主的规范情况看,大致可以划分为四种类型,即法律默认型、抽象规范型、择要规范型、全面规范型。

法律默认型,即国家宪法与其他法律对政党组织原则、内部活动原则、内部行为等均不加干涉,政党内部事务完全由政党自主、自决。可以说,英国属于这一类型的典型代表。在英国,视政党为私人组织,法律对政党党纲、政纲的制定,对组织原则、机构设置、党员资格、党员的权利与义务、政党提名与内部选举、党费收支等均无法律规定,政府与法律不干涉政党内部行为,完全由政党自主。但对政党候选人的政治捐款与国家补助有所规定,但针对的是公职候选人而不是政党。

抽象规范型,即国家宪法对政党组织原则或活动原则仅作原则性的规定,如要求政党民主,但对政党内部活动不作具体规定,政党纲领制定、机构设置、党员资格、党员的权利与义务、政党提名与内部选举、决策程序、纪律要求、党员活动等党内关系与党内行为,由政党按照民主原则行事,国家法律与国家机关也不干涉政党内部事务。这类国家一般为成文法国家,但没有专门的政党法,如法国、意大利等,其宪法对党内民主的规定非常原则、非常简略,而且只有一条。如法国1958年宪法第4条规定:各政党及政治团体协助选举表达意见,它们可以自由地组织并进行活动。政党必须遵守国家主权原则和民主原则。[1]意大利1948年宪法第49条规定:为了以民主的方式参与国家政治决策,公民有自由组织政党的权利。[2]总的来说,这些国家的法律对一般性政党的规定只是原

---

① 姜士林等主编:《世界宪法全书》,青岛出版社1998年版,第885页。
② 姜士林等主编:《世界宪法全书》,青岛出版社1998年版,第1250页。

则性、抽象性的。

择要规范型，即对政党主要行为用法律加以规范，而不及其余。美国可以说是这一类型的典型代表、甚至是特例。在美国，两大政党只是选举的工具与政治标签，政党提名是政党的主要功能与主要活动。但美国视政党提名公职候选人为国家事务，实行初选与政党大会相结合的混合提名制，初选由州法规定，两大政党严格按照州法办理初选，政党不能自决；而且，初选提名结果无须政党中央审核，政党大会尊重初选结果。而且，美国将宪法基本权利中的平等权扩大适用到政党内部，对政党侵犯政党基本权利的行为可以由法院裁决。另外，尽管有关政党法律规范很少，但具有很强的针对性，除了用法律严格规范政党提名与政党经费外，还通过《1954年共产党管制法》对共产党活动实行全面管制与压迫、限制或禁止。

全面规范型，即国家法律不仅对政党组织原则、内部活动原则等有原则性规定，而且对政党内部机构设置、活动程序、权利与义务关系等也有比较明确的规定；可以说，是国家法律全面介入政党内部事务。这类国家一般为大陆法系国家，而且有专门的政党法；一般是在宪法中对政党组织原则、内部活动原则等予以明确规定，在政党法中对政党内部行为作具体规定，涉及政党意识形态、政党纲领与目标、内部机构设置、党员资格、党员权利与义务、内部决策程序与选举程序、党员与组织分布、领袖与政党关系、上下级组织关系等各个方面。德国、俄罗斯可谓此类典型代表。这一点，在前文已有所论述。

从世界有关国家对政党内部活动的法律规范情况看，各国存在很大的差异，并没有统一的做法。比较而言，大多数国家属于抽象规范型，只是在宪法中对政党作简单的、原则性规定，政党内部活动一般由政党自决；而60多个有《政党法》的国家，一般属于全面规范型，但有关各国对政党内部行为的规定繁简不一、粗细不一，德国可谓严格规范的代表。法律默认型以英国为典型，英联邦国家基本情况相同；择要规范型的实例并不多见。国家法律对政党民主与党内行为的规范，显然对党内关系与党内民主具有重大影响；但法律对政党内部活动的规定只是确定行为边界，政党内部运转还需政党自身努力，党内规章制度具有法律不可替代的作用；在宪法和法律范围内，政党自由活动，政党具有一定自主权；若法律对政党内部行为规定过于细致，则容易导致政党国家化或行政化，必然会影响到政党民主政治功能、特别是社会功能的发挥，有悖于政党政治的本质。进一步而言，对党内民主、党内民主与国家民主关系的多样性的认识，有助于正确理解一般与特殊的关系，避免在党内民主问题上的绝对化。但值得注意的是，在竞争性政党体制下，党内是否民主并不能从根本上影响国家与社会民主；但在一党执政体制下，党内民主事关国家民主与社会民主。

（作者为中共上海市委党校政党研究所副教授、政治学博士）

转型政治信任的现实
特征及其建构理路

The Real Characteristics and Building Theory of
Transformation Political Trust

上官酒瑞

[内容提要] 政治信任是民众对政治体系相信、托付和期待的一种政治心理。谁信任、信任谁、为什么信任和怎样信任是政治信任的构成要素,它们在不同时空格局中动态整合所展现的整体面貌,为政治信任形态。在历时态上,政治信任可区析为传统、过渡和现代三种形态,人格与制度信任是传统与现代政治信任的根本分野。在当代中国,与改革开放前整体性社会契合的是一种具有浓厚传统色彩的政治人格信任,而与十一届三中全会以来转型社会匹配的是政治信任的现代性成长,其基本图景为:人格信任大幅消解,制度信任初露端倪。在转型政治信任形态规定下,民众政治信任和不信任的现实特征为:高度政治信任与低度政治信任共存;政治信任流失呈强化趋势,不信任压力增强;政治不信任表达总体具有可协调性,处于可控范围;政治信任和不信任的表达形式日益多样化;政治不信任内含极大的政治隐患。现代政治信任是中国政治信任建构的目标,这需要树立新思维,形成新理路:高度信任的政治并非"至善"的政治;民众表达政治不信任并非洪水猛兽;经济发展与政治信任水平提升并非总是正相关;制度化不信任不具有普适性,但需根据其精神建构一套制度体系,建立健全民众释放政治不信任的制度化通道。

一、政治信任及其转型的中国图景

政治关系的现实状态可概括为三种:冲突态、合作态与竞争态。①从经验看,由于缺乏信任而产生的政治冲突司空见惯,但它并非人类趋向的良善生活;政治合作需以互信为条件,合作态无疑是一种信任态;政治竞争是现代政治关系的主流,但富有成效的竞

---

① 钱永详:《民粹政治、选举政治与公民政治》,许纪霖主编:《公民性与公民观》,江苏人民出版社 2006 年版,第 233—234 页。钱永详认为政治观念有三种类型:"敌我的政治观"、对手型政治关系、合作型政治观。

争必须以对竞争规则的信任和遵循为前提,否则竞争就会演化为冲突。由此可认为,和谐有序的政治生活往往是浸润着信任的公共生活。如果将政治视为一种博弈,那么缺少信任的博弈必将为零和,甚至其和为负,人类因此将永远无法走出"囚徒困境"。政治领域中的信任本质上指向政治权力,是一种政治信任。在历史上,政治权力无论"在神"、"在君",还是"在民",都必须赢得广大民众的信任与支持,其差异只在于,传统政治权力和现代公共权力获取政治信任之逻辑和基础不同。

从内涵看,政治信任是指在直接或间接互动的基础上,民众对政治体系相信、托付和期待的一种政治心理。由此可概括政治信任的构成要素为:信任主体即施信者,是处于特定政治关系和政治系统中的民众;信任客体即受信者,是以公共权力为轴心构建起来的包括政治制度、价值、过程、组织和行动者在内的互动体系;信任基础是指民众与政治体系直接或间接的互动关系或环境场;信任表达体现为政治心理、话语和行动三种方式。这四方面共同构成了政治信任的基本结构和认知框架。作为一种嵌入社会形态的政治心理现象,政治信任各要素在不同历史坐标上与时空格局中的动态整合所展现出来的整体面貌,是为政治信任形态。

在历时态上,用现代化理论可将政治信任区析为传统、过渡和现代三种形态。Cleary 和 Stokes 提出了人格信任和制度信任的分析架构。[1]总体而言,人格信任是传统政治信任的要核,民众对政治的信任与期待主要指向政治行动者的政治人格;制度信任是现代政治信任的根本,民众对政治的相信与托付主要仰赖于制度的规范和约束;过渡形态的政治信任则体现为人格信任与制度信任权重不同的交融状态。人格信任与制度信任由此构成了传统与现代政治信任形态的根本分野。当然,这种区分是相对的。事实上,无论在传统伦理社会还是现代法治社会,或从前者走向后者的社会,客观上都存在程度与范围不同的制度信任,是人格与制度信任的混合结构。如果说,现代化是包括政治现代化的复合过程,那么政治现代化的重要意涵即为政治信任的现代化。随着现代化的启动与推进,政治信任各构成要素由传统走向现代,集中体现为人格信任日益消解,制度信任渐次成熟。当政治信任内核完成了人格信任向制度信任的转换,或实现了人格信任的制度化,现代政治信任就应运而生。

在当代中国,可以十一届三中全会为分水岭,将政治信任结构形态的嬗变分为前后两个阶段。与改革开放前整体性社会相契合的是一种具有浓厚传统色彩的政治人格信任,其特征有三:其一,从运行内核看,广大民众把对政治制度、过程和组织的信任几乎完全置换为对政治领袖,特别是领袖个人的人格化信任。虽然那时的政治权力体系中也存在由宪法规定的一些制度化结构,并曾发挥了对人格权力进行规限的重要作用,但人格化结构渗透于现实政治运行的各个层次和方位,经常占据主导地位,大面积地挤压了制度化结构,甚至每一亚体系或次体系中都是如此。人格化结构规定了民众的政治

---

[1]　Matthew R. Cleary and Susan C. Stokes. Democracy and the Culture of Skepticism: Political Trust in Argentina and Mexico, Russell Sage Foundation, 2006. p. 14.

信任直指实际拥有最高权力的政治行动者及其人格，人们对政治生活的期待很难依靠制度结构而产生，只能凭借政治人格而形成。其二，从发展历程看，表现为建国后的政治领袖信任和20世纪50年代末开始的民众对毛泽东人格"信任"的不断升级，"文革"时发展至登峰造极的地步，实属一种政治盲信、迷信，与封建专制下的愚忠相比有过之而无不及。如果说人格信任或领袖崇拜在特定条件下具有历史必然性和某些进步意义，但当其走向极端时则蕴藏了极大的政治危机，对政治进步形成了釜底抽薪式的破坏，导致政治形态严重病变。其三，从生成逻辑看，以文化和意识形态运动为主导机制，而非经济绩效或制度理性。尽管在那个"集体无意识"的时代，也有一些社会或政治精英觉察到了该政治信任模式的脆弱性，普通民众也不同程度地表达了不信任，但很快就被意识形态运动的狂潮所淹没，或被领袖的政治人格所"折服"。

改革开放以来的社会转型深刻改写了中国政治生活的逻辑，政治信任结构要素的嬗变遵循了现代政治信任成长的一般规律，展现的图景为：人格信任大幅消解，制度信任初见端倪，属于一种转型（过渡）形态。具体体现如下：其一，体制改革推动了政治信任的结构转换，即在权力转移的政治改革行动中，政治信任对象已由政治领袖逐步转变为政治制度、政治价值、公共政策、公共组织和政治行动者等多个层面，新型政治信任框架基本形成。其二，政治制度化建设推动制度信任生成，即以制度化为取向的政治建设特别是依法治国方略的实施，使得政治权力的公共性日益凸显，其运行的确定性、可控性、可信性日渐增强，民众开始把对政治体系的信任和支持指向政治制度。其三，市场经济发展培育了民众的制度信任品格，即在集权政治解体的进程中，国家不能再随意主宰式控制社会，社会的自主性日益增强，中国式公民社会开始催生，民众的政治人格发生了重大转变，他们不再盲目迷信权力，而是越来越用批判的眼光看待公共权力，并懂得了依法"治官"、依法维权，利益实现、权利保障、正义维系等构成了政治信任选择的根本向量。

二、转型政治信任的现实特征

人格信任日益式微、制度信任逐步成长，是转型社会政治信任的概貌，也规定着政治信任的现实特征。但人们对此的认识存在很大差异，有人指明政治信任水平很高，有人则认为政治信任感较低。[①]截然不同的两种判定其原因可能是多样的。而且作为一个超大国家，政治信任状况令人难以捉摸也属正常。但必须明确，任何关于中国社会政治信任水平或高、或低的简单判断，都会失之偏颇而难以形成符合事实的结论。分析近些

① 参见马得勇：《政治信任及其起源——对亚洲8个国家和地区的比较研究》，《经济社会体制比较》2007年第5期；李艳丽：《影响当前中国政治发展的政治心理因素分析》，《武汉理工大学学报》（社会科学版）2006年第6期。

年民众表达政治信任和不信任的现实蓝本,可发现中国社会的政治信任体现了社会转型与政治信任过渡形态的鲜明特色,具有以下五个特征:

1. 高度政治信任与低度政治信任共存。社会转型推动了资源的自由流动与思想的自由表达,利益结构、阶层结构和行动结构等出现了前所未有的多元化取向。人们与政治权威之间的互动关系以及建立在这一基础上的政治信任也发生了很大变化,呈现为政治信任与不信任、高度信任和低度信任的彼此交织。这表现为:不同群体间的政治信任差异增大,甚至他们对同一对象的信任偏离较远;公民对不同公共权力部门的政治信任投入水平高低有别;一些民众通过外在的政治不信任表达其内在的政治信任和期待;政治信任的心理、话语和行动表达存在严重不对称;等等。其中,民众对中央政府、地方和基层政府的信任度差异很大,政治信任度随着政府层级提高逐级上移,政治不信任处于下位。国内学者胡荣把农民对不同层次政府的信任分为两个因子,即对党中央、国务院和省委省政府信任的“高层政府信任因子”和对市委市政府、县委县政府以及乡党委乡政府信任的“基层政府信任因子”,通过对调查数据的多元回归分析表明,除性别、年龄、政治效能感等因素对政治信任的影响具有显著性外,上访对政治信任的流失具有很大影响:上访者到达政府层次每提高一级,其对政府的信任就减少一个档次。[1]从比较政治的视野看,民众的政治信任往往首先指向为其直接提供公共产品的基层政府,但在中国则恰恰相反。这种“颠倒”的政治信任链条构成了当下中国政治信任生态的独特景观。

2. 政治信任流失呈强化趋势,不信任压力增强。政治信任流失往往会造成不同程度的社会失序、社会整合困境等“病症”。有研究指出,1978年以来中国的“社会秩序指数”和“社会稳定指数”均为负增长。[2]如果将社会失范完全归结为政治不信任流失肯定是不恰当的。但问题在于,近年来频发的群体性事件构成了社会无序的重要表征,而很多事件直接或间接地指向地方和基层政府,是民众释放政治不信任的重要形式。据《瞭望》新闻周刊报道:“有关部门统计显示,1993年我国发生社会群体性事件0.87万起,2005年上升为8.7万起,2006年超过9万起,并一直保持上升势头。”[3]2008年无疑是群体性事件的多发之秋,贵州的瓮安事件、云南的孟连事件、甘肃省陇南事件,以及重庆、广东等地接连发生的群体性事件,被视为群体性“标本事件”。在这些频发的事件中,参与人数众多,行为激烈、对抗性强,组织化程度明显提高,造成的影响显著扩大,形成了民众与警力直接冲突、与政府强力对抗的局面,集中传递了政治信任流失风险增强的信号。政治不信任的压力由此可见一斑。

3. 政治不信任表达总体具有可协调性,处于可控范围。政治信任的本质指向公共权力,但公共权力在现实中对象化为政治共同体、政治价值、政治制度、公共政策、政治

---

① 胡荣:《农民上访与政治信任的流失》,《社会学研究》2007年第3期。
② 参见汝信等主编:《2007年:中国社会形势分析与预测》,社会科学文献出版社2006年版,第321—339页。
③ 赵鹏等:《“典型群体性事件”的警号》,《瞭望》2008年第36期。

组织和政治行动者等不同层面。尽管它们都是政治信任心理所指,但地位和作用不尽相同。根据科学哲学关于自然科学研究纲领结构"硬核"与"保护带"的划分,可视政治信任包括硬核与保护带双重结构。其中,政治共同体、政治制度和政治价值属于政治信任的硬核,而公共政策、政治组织和政治行动者则构成政治信任的保护带。总体而言,当前中国社会民众政治不满的释放具有明显的社会转型特征,在很多情况下都是就事论事,即对基层政府及其公职人员执政能力的否定和怀疑,属于非对抗性的人民内部矛盾。换言之,民众政治不信任表达主要指向政治信任的保护带结构,具有可协调性。就政治体系而言,这种处于保护带层面的不信任并不可怕,当然这取决于不信任表达的方式与性质。如果是一种制度化表达,那么它对政治体系的优化就具有推动作用;如果民众频繁地以暴力行动表达不信任,那么就会突破政治信任的保护带而波及硬核结构,导致政治生活陷入困境。社会学家将社会冲突分为现实性和非现实性两种,其中非现实性冲突是由价值观念和信仰不一致所导致的,它源于"社会合法性的撤销","指人们对现有的制度怀疑并缺乏信心,不再接受现有制度为合理合法。"①在中国,诸如法轮功,西藏、新疆等民族分裂主义行动,或者一些激进知识分子所展现的政治诉求,涉及政治价值、政治制度,甚至政治共同体层面的信任问题,主要指向政治信任的硬核结构,不占主导地位,不是矛盾的主要方面。因此说,政治不信任表达处于可控范围。但应清醒地看到,对一些社会影响大的不信任表达事件如果处置不当就可能促使其性质转化。特别是,"一些地区的社会矛盾事件中出现'无直接利益冲突'的苗头,不少参与群体事件的群众,本身并没有直接利益诉求,而是因曾经遭受过不公平对待,长期积累下不满情绪,借机宣泄,其隐藏的风险不小,必须探索经济手段以外消解社会对立情绪的途径"。②这说明,社会机体中蓄积的不满已经很深,应高度重视。

4. 政治信任和不信任的表达形式日益多样化。作为一种政治心理,政治信任或不信任的表达包括政治心理、政治话语、政治行动三种形式。时下的中国社会,民众的政治不信任表达已不只是以往那种冷漠无奈、忍气吞声等消极的心理表示,其形式日益多样化,特别体现为政治话语和政治行动。从政治话语看,人们通常利用民间歌谣、顺口溜、政治笑话、小道消息等来传播怨恨;也有通过正规的大众传媒如报纸、电视、杂志等发表自己的政治见解和主张。从政治行动看,既有人大代表投反对票、公民联名弹劾人大代表、行政诉讼等制度和法律化的方式,也有冲击政府组织等非制度化的表达;既有到政府上访、请愿、静坐、示威,或以自我摧残进行要挟的较为温和的方式,又有打、砸、抢、烧等暴力反抗行为。需要指出的是,手机短信、网络等新兴媒体在中国的兴起和普及,拓宽了人们释放政治不信任的渠道。这些媒体传播速度快、影响大,有助于民众宣泄不满和愤慨的情绪,推动形成具有社会行动能力的心理群体,甚至催生暴力性政治行动。传媒世界中遍布各大网站的"论坛",其内容既有政治制度、政治价值、公共政策,又

---

① 贾春增:《外国社会学史》(修订版),中国人民大学出版社 2000 年版,第 265 页。
② 钟玉明、郭奔胜:《社会矛盾新警号》,《瞭望》2006 年第 42 期。

有权利保障、利益博弈、政治诉求等;既有学术性的理论评价和民意调查,又有一般网民的意见表达和博文写作等栏目。网络政治凭借其开放性、互动性和匿名性等特征,已成为中国公共领域的重要构成,为中国民众参与政治生活、表达政治观点、提出政治期待、释放政治不满搭建了重要平台。而且,现代传媒在相当程度上推动了民众政治效能的增强,如果高效能与高信任交织一起时,就会带来政治遵从和认同;但如果高效能与低信任耦合时,暴力性表达就成为必然。

5. 政治不信任表达内含政治隐患。常言道:政无信必衰。尽管时下中国民众的政治不信任表达仍处于可控范围,具有可协调性。但政治不信任的频繁发生则隐含了很大的政治风险。这表现为:其一,民众只信任中央政府可能导致政治信任的整体恶化。这是因为,民众对基层政府信任度偏低,不仅会危及中央政府的政策执行力,而且会影响民众对政府公正性的评判,降低政府的合法性基础。长此以往,民众对中央政府的信任也会受到影响,并最终导致政治体系信任状况的整体恶化。其二,政治不信任表达具有示范效应,成为弱者的武器。通常,理性的个体在诉求利益时会考虑成本收益比而选择交易成本较小的方式,选择集体行动。在现实中,很多群体性事件的解决满足了"闹事"群体的利益,但客观上产生了社会负向示范效应,使得"小闹小解决,大闹大解决,不闹不解决"成为一些人的生存逻辑。政治不信任的非制度化表达由此被视为一种行之有效的方式自发扩散,开始演化为弱者的武器。这对于政治生活的制度化建设大大不利,与现代制度信任的培育格格不入。其三,政治不信任频发导致政权软化。政治信任流失会出现一种功能替代现象,即在已有政治权威之外形成新的权威体,成为民众利益和权利的"庇护所"。如意大利西西里的"黑手党"就是这种状况的最佳写照。根据于建嵘对农民维权运动的研究,基层政权整合能力差,政权软化现象严重。这表现为:基层政府及干部的行为出现强制的暴力趋向;黑恶势力盛行,并在通过各种途径和方式侵入农村基层政权;农村政治参与的多样性与规范性发生冲突,在国家政权体制之外形成了新的社会权力组织。①这与基层政府公信力低下不无关系。前些年有学者告诫:中国社会中黑社会势力猖獗现象,已经发展到了相当严重的地步,必须防止社会生活"西西里化"或"那不勒斯化"。②这绝非危言耸听,因为诸现象隐含着极大的政治风险。近年来在中央政府力促下一些地方政府打黑除恶的果敢行动有助于改善政府形象,增强政治信任。

三、政治信任现代性建构的基本理路

政治信任确实与历史传统、民族心理等有着密切关系,具有历史延展性,但在根本上政治信任是建构物而非长成物。在中国,与社会转型相携而行的是政治信任的结构

---

①　于建嵘:《我国现阶段农村群体性事件的主要原因》,《中国农村经济》2003 年第 6 期。
②　孙立平:《信任的缺失与以不信任为基础的结构》,《博览群书》2002 年第 5 期。

嬗变与形态转换,这需要树立新的理论思维,形成现代政治信任建构的基本理路。这是政治信任现代性建构政策选择的基础,可以现实地转化为以下四个问题的解答:

1. 高度信任的政治一定是"至善"的吗? 从基本功能看,中国共产党的历史上,大凡在社会转折时期、发展关键时刻,民众的高度政治信任都体现了抗御风险、化解矛盾之政治功效,构筑高度的政治信任因此构成了中国共产党执政兴国的重要经验。不过作为两种不同的信任形式,政治信任与社会信任(人际信任)具有重大差异。尽管随着现代匿名社会、"脱域"社会的到来,社会信任开始大面积式微,但其在功能上始终是正向的,是值得追求的社会之"善"。可以说,高度的人际信任是社会和谐与文明的重要标尺,而社会信任危机则可能意味着一定程度的社会失范。但无论如何,不能把社会信任与政治信任相混淆,更不能从社会信任的正功能直接推论式地认为,高度信任的政治内含了全部"真理",是一种"至善"的政治。有人指出:"对政府的信任和对他人信任可以类比吗? 或者说那是切实不同的概念吗? 很明显,在大多时候政府信任与人际信任是不能类比的(Hardin 1998a)。"①确实如此,现代政治信任是一种有限的信任,民众科学适度的信任是必要的,是政府合法性生成的重要条件,但并非民众施予的政治信任越多越好,信任度越高越好。事实上,如果政治信任超越了一定限度,特别是指向政治行动者时,就可能转化为政治盲信、迷信,甚至愚忠,形成信任心理定势和刚性,成为助长政治腐化、阻碍政治变革之根源。总而言之,高度信任的政治并非"至善"的政治,政治信任既有正功能,也有负效应。"文革"时期中国老百姓狂跳"忠字舞"、高唱"忠字歌"就是一种高度的政治信任或迷信,严重阻碍了社会主义民主和法制建设的进程,其摆脱不了虚弱的本性,被其他形态的政治信任取而代之是不可逆转的历史趋势。因此,在推动政治信任现代性成长的过程中,执政党和政府必须理性对待高政治信任度。

2. 政治不信任表达必定是政治之"恶"吗? 公众对政府表达不满不是新鲜之物,也并非可怕之事,政治信任的衰微并不意味着民众要推翻政府。或者说,政治不信任并非洪水猛兽,民众释放政治不满常见于任何社会,是现代政治生活的常态。现代公共政治生活的一条准则是:只有挑剔的顾客,才有优质的商品。如果民众的政治不信任以制度化的方式表达,并指向保护带结构,特别是公共权力的执掌者,那就应该提倡。这是因为,唯有民众的怀疑和不信任存在,政府公职人员才具有危机感,才能更好运行公共权力,为民众服务。如果民众的政治不满以非制度化的方式表现出来,政府也应持宽容态度,不能一概加以否定甚至动用国家暴力机器进行打击,而应通过制度化的方式进行规范和引导。当然,那些危及政治信任硬核结构,或者以暴力方式否定根本政治制度、政治价值,甚至搞国家分裂的政治不信任行为,应该采取果断的措施加以解决。既然中国民众的政治不信任表达总体可控,那么政府的理性选择应当是:不能漠视也无需慌乱,而应有区别地对待,宽容大多数公众对政府的怀疑、监督和善意的不信任表达,同时充

---

① Russell Hardin. The Public Trust. In Disaffected Democracies:What's Troubling the Trilateral Countries? edited by Susan J. Pharr and Robert D. Putnam. Princeton University Press, 2000. p. 31.

分认识信任缺失带来的危害,积极作为,改善和提升政治形象。

3. 经济发展了政治信任水平就提高了吗? 经济绩效直接或间接地构成了政治信任现代性成长的重要资源,但绝非唯一,而且经济增长还会带来亨廷顿所说的合法性困局和政治信任困境,这通常发生于发展中国家。通常而言,发达民主国家政治统治的合法性虽然依赖于选民的政绩期望,但更多以法理程序为基础。如果当政者做不出政绩而失去合法性,也就是选举中被击败而被新的执政者所替代,而新的当政者同样承认肯定法理程序。但对大多发展中国家而言,"由于它们的合法性是建立在政绩的标准之上,领导者如果不能有好的政绩,将失去合法性,如果政绩好了,也将失去合法性。"①换言之,现实中的经济绩效与政治信任难以保持长期的正比关系。如果过分夸大经济绩效的作用,特别是把它作为政治信任的唯一资源时,很容易出现"困局"。改革开放以来,党和政府虽然把经济发展作为执政兴国的第一要务,但从来都不认为,经济发展能够解决一切问题,更没有将经济发展简单地等同于经济指标即 GDP 的增长。邓小平曾多次强调:"现代化建设的任务是多方面的,各个方面需要综合平衡,不能单打一。"②但现实中确实有这样一种倾向,即很多地方、行业,甚至政府的领导人认为,经济发展了,民众的政治信任水平就提升了,政治合法性就增强了。这种认识导致了不同个体、不同群体、不同地域,经济、政治和文化等方面的非均衡发展,特别是社会利益格局失衡引发了严重的贫富分化,一些人的相对剥夺感甚至是绝对剥夺感开始产生,生活幸福指数下降。特别是对于有着"不患寡而患不均"文化传统和平均主义大锅饭历史传统的中国来说,贫富"鸿沟"为民众客观认知和评价政府,形成政治信任心理设置了难以超越的障碍。这就是为什么改革开放富裕起来的人们,其政治信任感甚至远不如普遍贫困时期的原因所在。因此,执政党及其政府应该创造绩效,满足社会成员的物质需求,同时也要优化经济绩效,做大"蛋糕"并公正分配之。以此为基础向社会拓展正义,努力开发和整合其他政治信任资源。

4. 制度化不信任具有普适性吗? 改革开放前的整体性社会中,以传统方式建构了传统式的高政治信任,确实发挥了预期功效。但在今天转型社会中还经常能听到"要相信党! 要相信政府!"的呼喊,这在事实上不仅不能起到理想效果,而且对于自主意识觉醒的民众来说,往往会产生一种逆反心理。再如,执政党所倡导的马克思主义的信仰、共产主义理想的信念、中国特色社会主义道路的信心和党的领导的信任"四信"教育,如果就意识形态宣传而言,可能具有必要性,但一味运用抽象意识形态教育来建构现代政治信任,可能成效并不明显。政治信任现代性建设中出现这种状况的原因,根本上源于对传统与现代政治信任的混淆。现代政治是一种相对理性的、还俗的政治,现代政治信任也被注入了理性和世俗化的因素,它不同于传统政治信任的最大特征,在于它是一种内含了制度化不信任的信任形态。制度化不信任(Institutionalizing Distrust)是指现代

---

① [美]亨廷顿:《第三波——20世纪后期民主化浪潮》,刘军宁译,三联书店1998年版,第64页。
② 《邓小平文选》(第二卷),人民出版社1994年版,第250页。

政治制度体系中一些内化了不信任的政制形式,它们为那些愿意施予信任的人提供了保障,为那些试图背叛信任的人设置了障碍,并为背信行为安排了矫正机制。奥弗认为:"一种政治制度,如果不信任在其中容易被表达和听到,而且其假定的理由容易被公平地评价为有效或者被驳倒,那么由于这种透明性给公民们提供的保证,它值得信任。"①什扎姆普卡将此表述为:制度化不信任越多,自发政治信任越多。其中,制度化不信任是前提,自发政治信任是结果。应当承认,诸如定期选举和任期制度、司法审查、权力制衡等制度化不信任代表了人类政治文明的制度结晶。不过米尔恩看来,"西方文明在科学、技术以及工业、商业方面也许卓越不凡,但是,这并不能证明将西方的某些价值和制度连同其权利树立成一个普遍标准是正当的。西方对西方人来说也许是最好的,但以为它对人类的大多数来说是最好的,则没有根据。"②由此可认为,契合于西方自由民主政治的制度化不信任没有普适性模式,其成长和运行受制于特定社会或国家政治环境、历史传统、民族性格等,具有鲜明的民族性。因此,任何国家的政府推动政治信任现代性成长的主要使命是,根据制度化不信任的精神和理念建构一套制度体系,建立健全民众释放政治不满和表达政治不信任的制度化通道。但是,这些制度必须适合于历史国情、契合于社情民智、植根于文化传统。比如,三权分立制度、竞争型政党制度等体现西方政治特色的制度化不信任政制形式就不适合中国的国情、社情与民情。这已被历史反复证明。中国现代政治信任的建构应该对制度化不信任有一个清醒认识,必须明确把握政治领域变革的底线,即不搞竞争型政党政治、不搞三权分立。当然,在坚持政治发展自主性的同时,也应该具有开放性,在根本政治制度不变的前提下,不断吸收人类政治文明发展进程中所形成的一些价值、程序、机制,甚至引入一些重要制度,将这些政治元素与中国政治发展实践结合起来创新制度体系,建构一套适合国情的制度化不信任体系。这是推动政治信任现代性成长的根本理路。

(作者为中共上海市委党校科学社会主义教研部讲师)

上海市社会科学界第八届学术年会文集(2010年度)政治·法律·社会学科卷

① [美]马克·沃伦编:《民主与信任》,吴辉译,华夏出版社2004年版,第72页。
② [英]米尔恩:《人的权利与人的多样性——人权哲学》,夏勇、张志铭译,中国大百科全书出版社1995年版,第4页。

突显人大财政权

——城市化进程中消解二元社会结构的财政民主进路

Highlight the NPC Financial Rights—The Financial Democracy Way to Dispel the Dual Social Structure in the Process of Urbanization

张雪梅

[内容提要] 财政民主是我国城市化进程中整合城乡分化利益的现实诉求,而突显人大财政权,则是当前关键的关键。人大财政权的民主化改革进路在于:应通过提高税法合法性层级,从根本上保证城乡地区公平竞争;要合理收缩授权立法权力边界,切实提高人大自身财政立法力度和质量;要提高人大民主决策能力,特别是对预算的审议决策能力;要提高财政监督水平,统筹城乡发展利益,确保财政民主目标的实现。

城市化进程中的二元社会结构问题,表面上看是一个社会制度安排问题,其背后却是一个城乡分化利益博弈问题。在社会主义市场经济体制下,政府作为分化利益的权威整合者,能否用国家钱袋做好宏观领域的补位、进位工作,是事关社会分化利益最终博弈结果,进而消解二元社会结构,实现社会和谐稳定发展的重要问题。尤其近几年,我国政府为加速城市化进程,尽快缩小城乡发展差距,不断加大财政转移支付力度,大量资金流向地方,流向"三农"等民生领域。如何确保这些钱真正取之于民而惠之于民,就更加彰显财政民主的必要性和紧迫性。而在政府、人大与司法三方权力构成的财政民主框架中,本文认为,突显人大财政权,是影响甚至决定着当下中国二元社会结构消解成败的财政民主进路。

一、财政民主是当下中国城市化进程中整合城乡分化利益的必然诉求

众所周知,从利益角度而言,城乡二元社会结构的鲜明特点是城乡利益发展有落差,无论是城乡居民个人利益,还是城乡公共事业发展利益均是如此。因此要想消解二元社会结构,关键是要整合好城乡分化利益,通过利益整合来统筹城乡和谐发展。一直以来,财政政策导向与城乡利益发展是否协调具有紧密关联。有学者通过实证分析发

现,财政收入与城乡收入比率存在正相关关系,财政收入每增加 1%,将导致城乡收入差距扩大 0.154 2%(自从全面取消农业税后,这种现象得到显著改善);财政支出与城乡收入比率则存在负相关关系,财政支出每增加 1%,将使城乡收入差距缩小 0.217 7%,当财政收入与财政支出均衡时,对城乡收入差距影响不明显。[1]在我国,正是长期推行的"重城轻乡、以乡哺城"的二元财政政策加速了城乡利益的分化。因此,20 世纪末,我国作出了构建社会主义公共财政的划时代决策,明确地将公共财政作为我国财政改革目标。

"从宪法学的视角来看,公共财政本质是民主财政,而且它只有依托于代议制度的民主形式才能从根本上缓解其中所蕴涵的内在矛盾,并消除这种矛盾可能带来的财政风险、经济风险和政治风险。"[2]从这里我们可以看到财政与民主之间的密切关联,它内蕴了公平正义的民主精神,具有极其有利的社会公平实现优势和功能。一是它能够通过对城乡各区域、各种经济成分一视同仁,为其发展提供良好的宏观经济环境,来确保经济竞争的机会公平。这种公平又可称为经济公平,其作用是提高效率做大蛋糕,在保证经济发展与社会活力兼得的基础上,避免平均主义的"和谐"导致的效率低下、共同贫困局面的出现,这也是当下中国政府强调提高公共财政水平的一个有别于计划经济时代的不同特点。它强调的是在效率更高、起点更高基础上的机会公平,而不是均贫状态下的机会公平。二是通过转移支付、社会保障等政府支出行为保障发展相对均衡的结果公平。如对城乡居民收入进行再分配,对农村基础设施建设进行重点支出等等。由于它是通过政府的政治行为而非市场的经济行为造就的公平状态,所以这是一种政治公平。这种公平不仅是构建社会主义和谐社会所不能缺少的,而且是必须的。从某种意义上而言,政治公平更为重要,它与社会主义性质具有更紧密的内在关联。因为只有政治公平存在,才能够保证社会财富最后分配的相对公平,从而创造社会稳定的基本经济条件,体现社会主义共同富裕的本质特征。

由上可见,公共财政的民主机理即财政民主顺应了整合城乡分化利益,消解二元社会结构的现实要求。加大财政民主建设力度,监督保证城乡互动、工农互促的财政目标实现,是城市化进程中消解二元社会结构的必然要求。

二、突显人大财政权的三重必然性

财政民主的实现有赖于政府、议会和司法三方权力在宪政主义和法治主义之精神指导下,在政治民主和经济民主相统一的框架中,以公共财政为纽带实施有效互动。在

---

① 参见张鹏、严帅、徐鹏:《财政收支对我国城乡收入断裂的影响分析》,《安徽农业科学》2009 年第 15 期。

② 周刚志:《论公共财政与宪政国家——作为财政宪法学的一种理论前言》,北京大学出版社 2005 年版,第 134 页。

这个民主框架中,人大财政权指的是全国人民代表大会及其委员会根据我国宪法规定而拥有的,通过一整套完整的组织体系和一系列规范的运作程序,对政府所有财政收入和财政支出进行审议、批准、监督和控制的权力。西方称之为议会财政权。它的目的是约束政府在财政资源使用过程中的自主性倾向,实现政府使用公共财政资金的公开化和透明化,从而保证国家钱袋的控制权始终掌握在人民的手中,为政府的合法性基础提供物质上的重要保障。①相对于政府审计的"自我"、司法审察的滞后,人大财政权因三个必然性而突显出其关键性地位和作用。

首先,财政民主的人民主权理论基础决定了突显人大财政权的理论必然。我国《宪法》第二条规定:"中华人民共和国的一切权力属于人民。"人民行使国家权力的机关是全国人民代表大会和地方各级人民代表大会。人民依照法律规定,通过各种途径和形式,管理国家事务,管理经济和文化事业,管理社会事务。人民主权理论落实和表现在财政领域,就是人民依法通过一定的程序和方式,行使对国家重大财政事项的决定权,直接表现为重大财政事项必须经过代议机构的同意,或者由其制定法律予以规范。所以财政民主的实质是财政议会主义,评价财政民主的重要标准是国家财政权是否得到合法有效的民意认同和民主监督。而对社会主义民主而言,最大的民主就是得到全国人民代表大会审议和表决。在政府、议会和司法构成的财政民主框架中,政府审计监督是财政自我监督,司法监督是财政事后监督,而唯有人大财政监督是事前、事中与事后的全程监督,而且是最广泛的民意监督,因此,充分发挥人大财政权的作用,财政民主的实质和目的才有根本保障。《立法法》第八条明确规定财政、税收的基本制度只能制定法律,就是这种理论逻辑在形式和程序上的具体体现与保证。

其次,西方议会财政权百年发展经验揭示了现代民主社会突显议会财政权的历史必然。早在 18 世纪,资产阶级启蒙运动的代表人物孟德斯鸠就从权力分立与制衡的角度看到了议会财政权的重要性:"如果行政者有决定国家税收的权力,而不只限于表示同意而已的话,自由就不再存在了,因为这样的行政权力就在立法最重要的关键问题上成为立法性质的权力了。如果立法权不是逐年议定国家的税收,而是一次地作为永久性的决定,立法权便将有丧失自由的危险,因为如果这样则行政权便将不再依赖立法权了。"②此后,约翰·斯图亚特·密尔在其《代议制政府》一书中集中阐述了西方最早的系统化的议会财政权理论:"代议制政体就是,全体人民或一大部分人民通过由他们定期选出的代表行使最后的控制权,这种权力在每一种政体都必定存在于某个地方。他们必须完全握有这个最后的权力。"③"代议制议会的适当职能不是管理——这是它完全不适合的——而是监督和控制政府;把政府的行为公开出来,迫使其对人们认为有问题的一切行为作出充分的说明和辩解;谴责那些该受责备的行为,并且,如果组成政府的人

---

①　参见徐红对议会财政权的内涵界定。参见徐红:《财政民主》,上海复旦大学 2003 级博士论文,第 35 页。

②　[法]孟德斯鸠:《论法的精神》(上),商务印书馆 1961 年版,第 164 页。

③　[英]约翰·斯图亚特·密尔:《代议制政府》,商务印书馆 1982 年版,第 68 页。

员滥用职权,或者履行责任的方式同国民的明显舆论相冲突,就将他们撤职,并明白地或事实上任命其后继人。……议会还有一项职能,其重要性不亚于上述职能:既是国民的诉苦委员会,又是他们表达意见的大会。"①密尔的原则性设想成为后来英国议会财政权成长所遵循的理论思路。而汉密尔顿等人在《联邦党人文集》一书中所表达出的税收立法权是国会最重要的立法权之一的观点,也成为美国国会建立国家财政掌控权极具指导性的重要思想。19 世纪中叶,英国出现了世界上第一个完整的现代意义上的政府预算,这标志着议会对财政权的控制最终得以完成。正是议会财政权的建立和完善,奠定了西方民主制大厦基础,推动着现代西方民主进程的发展。此后,西方议会无论政府多么强势,都始终牢牢抓住财政权不放,甚至演出了政府三度关门的喜剧②。当然,伴随着 20 世纪 30 年代世界经济大危机和二次世界大战发展起来的行政集权民主制日益壮大的声势,一些西方国家的政治权力也在不断向行政部门倾斜,议会在财政方面的传统领地不断遭受政府侵占。但面对这些新挑战,大部分现代西方国家并没有放弃议会财政权,而是针对本国实际情况,改革和创新议会财政权的制度安排,建立更加完善的议会财政掌控机制,使国家预算和整个财政体制的运作更加科学有效。

最后,当下我国行政主导型财政民主存在的不足带来突显人大财政权的现实必然。由于历史和体制等原因,目前我国财政民主呈现出行政主导型特点。其主要表现在两方面:一是财政立法行政主导。据统计,我国税收法律规范中,80%是由国务院以条例、暂行条例的形式颁布的,然后财政部、国家税务总局再根据国务院授权制定实施细则,各省、自治区、直辖市再根据财政部的授权颁行补充规定。在《中华人民共和国常用法律大全》③收录的 31 个现行常用税法规范中,只有《个人所得税法》、《企业所得税法》和《税收征收管理法》三部法律(外加一个《全国人大常委会关于〈中华人民共和国刑法〉有关出口退税、抵扣税款的其他发票规定的解释》)是由全国人大常委会制定,仅占 9.7%。这种行政主导型的财政立法体系特点固然有其产生的宪法依据,对解决具体财政问题也有针对性,但问题是权力过多让渡必然伤及自身,加上国务院立法行为还存在大量层层向下再转让的现象,根据权力制衡理论,我们有理由怀疑,这种集裁判与运动员于一身的立法方式势必从源头上加大了偏离财政立法民主目标的风险,它无法有效地从宏观上、从政治民主与经济民主相统一的前提下保证财政民主目标的实现。

二是财政监督行政主导。比如,2004 年以来,国家审计署屡屡掀起"审计风暴",使

---

① [英]约翰·斯图亚特·密尔:《代议制政府》,商务印书馆 1982 年版,第 80 页。

② 1994 年美国共和党控制的国会与民主党总统在政府预算法案上难以达成妥协,拖到 10 月 1 日新的财政年度开始时,预算仍未通过,联邦政府只能一再要求国会通过临时拨款来维持政府的运转,但双方依然相持不下,结果演出了一场政府被迫三度关门的喜剧。如此局面的出现,固然反映了美国两大资产阶级政党之间的矛盾和斗争,但代表民意的议会对政府财政进行监督和控制的威力也可见一斑。参见张献勇:《从比较法的角度看我国全国人大财政监督制度的完善》,《经济经纬》2003 年第 5 期。

③ 中天法律电子出版社、法律出版社 2009 年版。

许多腐败高官纷纷落马,可是在这一过程中,却几乎听不到本应负有财政监督职能的人大的些许声音。在诸如周正龙、邓玉娇、王帅、"躲猫猫"等重大公共事件中,往往都是政府部门在自我纠错(上级纠下级),却很难看到人大的身影。有文章以"2004 年 12 月 15日,国务院总理温家宝主持召开国务院常务会议,听取 2003 年度中央预算执行和其他财政收支审计查出问题整改情况的汇报,会议指出,国务院高度重视审计查出问题的处理和整改工作,多次强调要坚决纠正存在的问题并切实加以整改,一定要给全国人大和人民群众认真负责、实事求是的答复"为例,来证明"我国政府的财政法治水平正在不断提高,执法力度也在不断增强".①可是字里行间,我们不难体会到人大财政监督在积极的政府行政权面前的被动无力:面对审计查出的问题,是国务院主动给人大一个说法,却不是人大主动要求政府给一个说法。人大财政权的缺位与被动无形中使政府自弹自唱,权力边界无限扩大,这势必带来更多的"审计风暴",审计出更多的腐败。据笔者调查了解,虽然我国自 1998 年起就成立了全国人大常委会预算工作委员会(以下简称"预工委")以加强预算监督,但直到 2008 年,全国 31 个省、自治区、直辖市仅有 11 个省(直辖市)人大或人大常委会在保留财政经济委员会(以下简称"财经委")的基础上单独设置了预工委,3 个省在财经委内部设置了预算处,1 个省将财经委改名为财经预算工作委员会。②结构决定功能。预算监督机构设置的不足与滞后必然会影响人大财政权的有效实施。

综上所述,突显人大财政权是当下中国完善财政民主以统筹城乡协调发展的必然选择。

三、人大财政权的民主化改革进路

首先,应通过提高税法合法性层级,从根本上保证城乡地区公平竞争。宪法作为现代社会最具权威性的权力分配资源方式,从起点上决定着城乡发展机会公平问题。因此,应通过修宪,从宪法高度明确税收法定原则,增加"国家开征新税或进行税制改革须经全国人民代表大会审议通过;每年全国人大审核国家预算时,对现行税法的实施情况一并进行审核,经审议通过方可继续执行"等条款,这不仅利于防止偷税漏税,有利于保护农民私有财产,制止农业税取消后个别地方依然存在的不合理收费与摊派行为,更重要的是有利于增强国家财税权威和影响力,这也是世界许多国家宪法的通行做法。如

---

① 宋惠昌:《法治财政:遏制腐败的利剑》,《上海行政学院学报》2005 年第 3 期。
② 据笔者网上搜索(Google 和上海热线 http://www.dir.online.sh.cn)及到江西省人大法工委、财经委调研,目前全国 31 个省、自治区和直辖市中,已有上海、江苏、黑龙江、湖南、湖北、安徽、河南、重庆、山东、四川和辽宁 11 个省(直辖市)单独设立了预算工作委员,福建、吉林和贵州 3 省在财经委下设了预算处(分别称之为"预算审查监督处"、"计划预算处"和"预算审查处"),天津市将财经委和预工委合称"财经预算工作委员会"。

美国 1787 年宪法仅有 7 个条文,规定税收事项的条文竟有五款之多。早在 1295 年,英国的宪法性文件就明文规定了税收法定主义:"第一章(无承诺不课税法)非经王国之大主教、主教、伯爵、男爵、武士、市民及其他自由民之自愿承诺,则英国君主或其嗣王,均不得向彼等征课租税,或摊派捐款。"希腊为了防止议会把税收立法权不当授予地方政府,还在宪法中明文禁止议会的此项授权。[1]

其次,要在合理收缩授权财政权立法权力边界的基础上,切实提高人大自身财政立法力度和质量。一是应对授权国务院立法及国务院再转授立法的行为从法理和程序两方面予以合理界定和有效监督。如授权立法必须符合法定程序,不得超越授权者的权限和授权法的范围,不得同宪法、法律或授权法相抵触;财政授权立法应有明确的授权依据,在所制定的法规等规范性文件中,必须标明授权法的全称、有关具体条款、生效时间等;财政授权立法应提交全国人大常委会备案,并由其从内容和程序方面审查合宪、合法性。二是在财政立法权力部分让渡的同时,人大应强化自身财政立法权力,切实承担起财政立法职责,提高人大立法质量。从整合城乡分化利益而言,财政收入机制,特别是税收机制的民主化程度,直接关系到农民和居民、农村和城市、农业和工业是否平等拥有追求财富、创造财富和实现富裕的权利,直接关系到城乡和谐共进、稳定发展大局。因此人大应紧抓税收立法权,并加强政府间财政分权立法及转移支付立法,按照公共财政要求,矫正不当资源配置,使各级政府的事权与财权相对应,收入与职责相适应;必须在城乡统一考虑的基础上,重新以法定义公共产品范围,逐步制定城乡基本一致的公共产品服务机制,促使城乡居民都能享受相同的公共产品及服务。

第三,要提高人大民主决策能力,特别是对预算的审议决策能力。一是要以统筹社会发展,保证三农支出等法定增长为目的,对预算内容结构、预算条目设置的科学性和合理性、预算民主功能的发挥进行整体审核与评价,而不是就预算看预算,就数字看数字;二是要制度化、组织化提高人大代表素质,通过会前集中学习、发放知识手册、网络远程教育、重点教育辅导等方式大力普及财政知识,帮助代表看懂预算报告,充分行使代表审议职责和权利;三是要发挥人大财经委或预算工委等专职机构的审议能力,将审议关口前移,在进入法定程序审查前,就要加强与政府财政部门的交流沟通,从年头盯到年尾,力争在"诗外"下功夫,以解决开会时间短、审议时间不足的问题。为此,2009 年云南省人大常委会预算工委已和云南财政厅建立工作协调沟通机制,并制定了《云南省人大常委会预算工委省财政厅关于建立工作协调机制的若干规定》,在制度化加强人大和政府沟通联系上进行了先行探索,值得总结推广。此外,还要改革不合理预算审议程序,制定人大提前介入政府预算机制,以解决人大开会时间滞后于财政年度时间问题,避免预算先执行后审批现象。

第四,要提高财政监督水平,统筹城乡发展利益,确保财政民主目标的实现。一是

---

① 转引自张献勇:《从比较法的角度看我国全国人大财政监督制度的完善》,《经济经纬》2003 年第 5 期。

　　发挥人大法律监督的优势,在推进执政为民、依法行政的法律贯彻实施的检查过程中,加强公共权力运行的监督,切实保护农民等弱势群体利益。针对检查过程中发现的问题,尽快完善保护农民合法权益的法律法规。二是加强预算执行监督,尤其对农业、科技、教育、医疗等民生领域的重大支出行为进行重点监督,并可建立专门的审查批准制度。应加强重大支出变更监督,建立重大支出行为变更报告备案制度,不仅要加强对预算变更数目或类别的具体监督,更重要的是加强预算变更源头的监督,即将预算支出监督延伸至政府的一些抽象或具体行政行为的监督当中。因为往往是这些行政行为导致了支出预算变更。例如为了支持地方经济发展,政府对所谓的上规模企业、骨干企业和纳税大户往往予以财政贴息,或由财政直接奖励;政府在行使其经济职能时,为实现国有资产的保值增值会进行一些重大的投资行为等。人大可以要求政府对这些预算外的财政补贴、财政奖励行为,对经常性预算和建设性预算这样的涉及资本数额大、项目周期长,其使用和管理的专业要求较高,监控难度比较大的支出行为进行报告备案,以便人大随时跟踪监督。

　　此外,人大还应加强土地征收及出让收入监管力度。这是近年来影响房地产市场、征地农民切身利益、政府公信力,直至社会和谐稳定的重大问题。据 2008 年国家审计署对全国 11 个城市及其所辖 28 个县(市、区)2004—2007 年三年度土地出让金的征收、管理、使用等审计调查结果,11 个城市三年度土地出让净收益总额为 2 618.69 亿元,其中 71.18% 未按规定纳入基金预算管理。在上述 11 个城市中有 3 个城市未制定被征地农民社会保障制度,而在制定此政策并执行的 4 个城市中,也只将土地出让净收益的6.68% 用于被征地农民的社会保障,这与 2004—2007 年三年度土地价格年均 50% 的涨幅相比,可谓九牛一毛。①所以,人大应尽快出台有关土地征收、征管、出让收入管理的法律法规,既保证城市化进程的顺利推进,又切实维护征地对象合法权益。

　　在上述监督过程中,人大应大胆运用处置制裁机制,确保监督的严肃性、权威性和有效性。如对一般问题的处理,可组织特定问题调查委员会,开具整改通知书、法律监督书等。问题更严重的,可以运用撤销不当决定和命令,对相关人员采取罢免、撤职、免职、接受辞职等措施。

(作者为南京政治学院上海分院基础系副教授)

---

① 数据参见常兴华:《我国国民收入分配格局的测算结果与调整对策》,中国非税收入网 http://www.chin-afs. org/Newss. asp?NewsID=652。

从包办到购买:政府公共服务供给模式的转变

——以上海市五里桥社区为例

From Monopolizing Everything to Purchasing of Service Contracting: the Change of Government Public Service Supplies Model
—An Example of WuliQiao Community

何海兵　刘　易

【内容提要】 近年来,政府向社会组织购买服务作为政府提供公共服务的一种新理念和新途径,正被日益广泛地实践于社会公共服务的多个领域,逐渐成为政府提高公共服务水平的重要途径。从上海市卢湾区五里桥街道向社会组织购买服务的案例可以看出,购买服务有利于推进政府自身职能转移、推动资源高效整合利用以及支持社会组织又好又快的发展。但目前政府向社会组织购买服务的实践中,还存在很多需要完善的地方,比如观念的问题、购买范围的问题、制度保障的问题等。要达到购买服务的最佳效果,有必要从政府层面、社会组织层面以及政府与社会组织的关系层面不断探索和完善政府购买服务的模式。

一、政府购买公共服务的缘起与发展脉络

所谓"政府购买服务"(Purchase of Service Contracting),是指政府将原来直接提供的公共服务事项,通过直接拨款或公开招标的方式,交给有资质的社会服务机构来完成,最后根据中标者所提供服务的数量和质量,来支付服务费用,是一种新的政府公共服务的供给方式。①政府购买服务源于西方国家的社会福利制度改革,西方国家的社会福利事业经历了"市场失灵—政府干预—政府失灵—福利多元"的发展历程。

19世纪末期,伴随着自由市场经济和工业的高速发展,西方国家出现了贫困、疾病和失业等社会问题,社会矛盾突出。这是"市场失灵"的表现。市场可以提高效率,但其

---

① 田玉荣:《社会福利制度中的"政府购买服务"》,《社区》2005年第7期。

内在缺陷是欠缺社会公平。对于各种社会需求和社会问题,市场自身不能解决,政府必须进行干预,干预的结果是福利国家逐渐兴起。英、德等国家纷纷出台各种社会保障政策,开始承担起为社会成员提供福利的责任。二战以后,凯恩斯经济理论的盛行使政府的福利角色得到了社会各界的广泛认同,政府对经济和社会生活的干预范围和力度不断加强,社会保障的范围不断扩大,公共福利开支大幅上升。到 20 世纪 60—70 年代,西方福利国家进入成熟期,其社会保障和社会服务的内容几乎覆盖所有领域,政府在社会服务方面的开支日益庞大,政府机构从事社会服务的效率日益低下,在石油危机的打击下,西方各国相继发生了严重的经济危机,陷入了"滞胀"的困境,经济危机又引发"福利国家"的危机。从 20 世纪 70 年代中期开始,各国政府纷纷开始大规模地削减福利支出,缩小政府的福利角色。西方国家出现福利危机说明市场有缺陷,政府的行为也有其内在缺陷,即所谓的"政府失灵"的问题。

因此,基于政府直接提供服务所存在的缺陷是被普遍认识到的事实,但将社会服务完全交给私营机构或实行市场化,不仅存在技术方面的问题,更是一个政治问题。在这种情况下,作为一种折中形式的政府购买服务被认为是克服政府直接提供服务所存在的缺陷的一个有效而可行的方法。[①]政府购买服务正是在这样的背景下产生并发展起来,从 20 世纪 80 年代起在欧美等发达国家被广泛实践。我国各级政府自上世纪末开始,也逐步尝试向社会组织购买公共产品和公共服务。

上海是我国内地最早探索政府购买公共服务的城市。早在 1995 年,上海浦东新区社会发展局委托上海基督教青年会管理浦东新区罗山市民会馆,即"罗山会馆"模式,是中国最早阶段出现的政府向社会组织购买公共服务的实践,它打破了以往依靠政府单方面投入和运作的机制。2003 年,由上海政法委牵头,按照"政府主导推动、社团自主运作、社会多方参与"的总体思路,通过政府购买服务的方式,组建了新航、阳光、自强三个民办非企业单位,分别接受市矫正办、市团委和市禁毒委的委托,从事社区矫正人员、"失学、失业、失管"社区青少年和药物滥用人员的相关社会服务工作。[②]2005 年上海浦东新区政府出台《浦东新区关于政府购买公共服务的实施意见(试行)》,2008 年静安区民政局、财政局共同下发《关于静安区社会组织承接政府购买(新增)公共服务项目资质的规定》,政府购买公共服务逐渐提上政策议程。2009 年,上海市开始试行和开展社区公益项目的招投标机制与公益创投活动。市民政局计划用 5 000 万元福利彩票公益金,按照国家有关部门规定的使用范围,以招投标和创投的形式资助社区安老、济困、扶幼、助残等公益服务项目。

从 2003 年以来,北京、深圳、浙江、广东等全国其他地方政府向社会组织购买公共服务的探索也不断增多,形式多样。购买的领域涉及教育、公共卫生和艾滋病防治、扶贫、养老、残疾人服务、社区发展、社区矫正、文化、城市规划、公民教育、环保、政策咨询

---

① 徐月宾:《西方福利国家社会服务发展趋势:政府购买服务》,《民政论坛》1999 年第 6 期。

② 王名、乐园:《中国民间组织参与公共服务购买的模式分析》,《中共浙江省委党校学报》2008 年第 4 期。

等诸多方面。①

二、五里桥社区购买公共服务的实践探索

五里桥社区位于上海市卢湾区南部,一直是上海社区建设的排头兵,总结了很多成功的经验,比如"三会"制度②、社区事务受理服务中心、社区信息服务平台等都是全市首创。在上海新一轮社区建设的过程中,五里桥社区在公共服务供给上积极探索了购买服务的新模式。

(一) 五里桥社区探索购买公共服务的起因

1. 公共服务需求的急剧增长

五里桥社区面积 3.09 平方公里,常住人口近 10 万人。社区人口老龄化程度较高,60 岁以上的老人约占总人口的 23%,超过上海市的平均水平。社区贫困人口较多,截至 2008 年底,低保人数达到 3 748 人,占卢湾区的 31%,也就是说卢湾区近三分之一的低保居民在五里桥社区。这些群体对社区公共服务的需求越来越迫切,单靠政府的力量难以满足。

2. 社会组织的作用显现

五里桥社区探索向社会组织购买公共服务的思路不是突发异想产生的,而是来自于社会组织的成功实践,引起了政府对社会组织作用的再认识。

第一件事情是在党的十七大召开后,五里桥街道要学习宣传十七大的精神,但师资人手不足,此时已成立两年的社区居民宣讲团主动请缨,组织了以党的十七大代表、卢湾辅读学校校长何金娣同志领衔的,由 25 名老党员、老干部、老模范、老教师组成的五里桥社区十七大精神宣讲报告团,明确分工、精心备课、不计报酬,在 3 个月的时间里,深入各居民区和基层单位,宣讲辅导 38 场,参与居民群众数千人,把十七大精神传递到了社区各个角落,收到了十分明显的社会效果。

第二件事情是在 2008 年春节前夕,上海受到大面积雨雪冰冻灾害天气的不利影响,给社区居民出行、生活等造成了极大的不便。面对这种情况,五里桥社区社会组织

---

① 贾西津,苏明:《中国政府购买公共服务研究终期报告》,亚行对华技术援助项目 TA 4790-PRC:改革支持和能力建设,2009 年 6 月。

② 所谓的"三会"制度,是指"听证会、协调会、评议会"制度。其具体做法是:凡涉及社区居民切身利益的规划建设,群众性、社会性、公益性的重大项目工作等在作出决策前,召开由所在社区的居民代表参加的社区事务听证会;就社区居民间、居民与单位间的利益冲突和矛盾纠纷,召开由当事人、居委会干部、民警、居民代表和有关人员参加的社区事务协调会;对于相关部门工作、社区重大事项等,定期或不定期召开由居民代表、社区成员单位有关人员参加的社区事务评议会。

行动起来,自发组织上千人的扫雪除冰队伍,每天一大早就到岗工作,清除冰雪,扶老携幼,关心看望孤寡老人,除了保证社区道路通行无阻外,还把 54 个小区 179 个弄口清扫干净。社区没有发生一例意外跌倒的人身伤害事故,受到了居民群众的普遍赞誉。

以上两件事情使五里桥街道认识到了社会组织在社区建设中的重要作用,社会组织可以为政府分忧解难。在当前经济社会转型的过程中,如果仍然沿用"单位人"的社会管理思维和方式,是无法满足居民的需求,也无法适应社会发展的需要的。

(二)五里桥社区购买公共服务的实践举措

1. 向谁购买——服务提供者

目前,很多政府部门都认识到了向社会组织购买服务的重要意义,但是向谁购买服务,是个很大的问题。因此,政府首先要考虑以什么手段和方式培育和发展更多的专业化社会组织就显得非常重要。五里桥街道在孕育社会组织方面探索了自身独特的模式——建立了社会组织服务中心,并大力向社会组织购买服务,一方面推动社会组织的发展,另一方面满足社区需求。

2008 年 4 月,五里桥街道投资 40 万元,将原来 800 余平方米用于招商出租的一幢楼改建修缮为社会组织服务中心。8 月份,建立了上海市首家聚集了社区共治自治类、公益服务类和爱心慈善类的社区社会组织服务中心,为整合服务资源、提升服务质量筑起一座"大本营"。首批入驻的社会组织有 13 家,如社区民主自治促进会、老年协会、城市爱心共助会、社工协会、居家养老服务中心等,都是与居民生活密切相关的社会组织。

五里桥社会组织服务中心成立后,为了使各项工作纳入规范化、制度化的轨道,保障各社会组织的健康有序发展,首先建立健全各项职责制度:一是建立社区联席会议制度。由社区委员会①牵头,各社会组织共同参与,定期召开会议,就社区社会组织发展中的重点问题进行分析、研究、协调。二是筹建中心党组织。在社会组织服务中心建立一个联合党支部,加强社会组织党建工作。三是建立受理服务轮值制度。服务中心前台受理窗口除设立一名专职人员外,由各社会组织轮流派人值守,吸引各社会组织共同参与中心的管理服务。四是建立重大活动报告制度,掌握各社会组织发展动态。五是建立定期培训制度。通过讲座、实地考察等学习形式对社会组织负责人及其工作人员进行培训,提高其专业素质和业务水平。六是建立监管制度,对社会组织的管理、项目招标、资金审批等基础性的管理进行引导和规范运作。七是建立激励评估制度,通过专业

---

① 社区委员会是卢湾区五里桥街道设置的社区共治自治平台,由街道党工委书记任社区委员会主任,分管民政社团工作的街道副主任任社区委员会副主任,其他成员来自社区各个方面,包括党代表、人大代表、政协委员、社区单位、"两新"组织、居委会、残障人士等,共 30 名。社区委员会下设决策监督、民意反馈、绩效评估、促进和谐、政风评议等 5 个专业委员会。

化的第三方评估体系,制定具有可操作性的评估标准及程序,对社会组织运行情况进行评估,并采取相应的表彰和惩戒措施。八是建立专项资金支撑制度。街道建立社会组织服务发展专项资金,其预算纳入街道发展预算,为社会组织管理发展提供经济支撑,保障各组织日常工作活动的正常开展。通过这些制度的建立和实施,五里桥街道努力提高社会组织承接政府部分职能的能力。

2. 购买什么——公共服务项目

根据社区居民的需求和实际情况,五里桥街道将"为老服务"、慈善服务和社区文化服务作为购买服务的重点内容。

其一,购买"为老服务"。

针对社区老龄化程度日益提高的现状,五里桥街道从日常服务和特色活动两方面入手,向居家养老服务中心和老年协会两个社会组织购买服务。居家养老服务中心作为专业化的社会服务团队,目前已承接3个老年人日间照料站的社会化运作,保洁服务社、助老服务社、夕阳红老人护理服务社3个服务组织的运作,90岁以上老人营养早餐等多个"为老服务"项目。街道老年协会成立于2004年,采取会员制,目前已招收个人会员200余人,企事业团体会员单位13家,以"低龄老人为高龄老人服务"为组织理念,侧重于组织社区老人集体性活动,以"一刊六团一册"为平台("一刊"为《五里晚霞报》,"六团"为五里晚霞艺术团、采访团、劳模团、合唱团、医联团、科技团,"一册"为《助老手册》)。这两个社会组织的项目运作经费大部分来自于政府购买支付。

其二,购买慈善服务。

2003年五里桥街道成立了社区层面承接慈善性帮困工作的社会组织——爱心共助会,整合社区单位和社区志愿者等社会资源,从街道、社会各企事业单位以及个人中募集物资来源,主要服务于社区内一些政策覆盖不了的,或是经过政策救助仍然生活困难的困难群体,尤其倾向于社区内的"三不靠"困难人员(靠不到政府救助政策、靠不到单位、靠不到亲属),以体现出民间慈善的特色。经过6年的运转,目前共助会会员单位已发展到70余家,累计募集资金300余万元,用于各类帮困救助258万元,先后有5 901户困难家庭受益,初步显现出在社会化帮困工作中的独特作用。

其三,购买文化服务。

针对近年来群众精神文化生活日益丰富的现状,五里桥街道2006年建立了社区文体团队联合会并在民政部门登记注册,2008年街道正式与文体团队联合会签约,投入基础设施建设及相关托管费用,委托文体团队联合会承接管理以五里桥社区文化活动中心为主的社区各类文体事业的运作管理。具体托管范围包括:一是五里桥社区文化活动中心日常维护、运作、管理;二是辖区内的各类向社区开放的文体资源设施及其他各类文体设施日常维护、运作、管理;三是社区各类文体团队及文体指导员队伍的培育、建设、指导;四是上级部门组织安排的各类文体赛事、展示、交流、接待的承接及社区各类大型文体活动的组织。

3. 怎么购买——运作流程

首先,确定购买项目。购买项目的确定从供给导向向需求导向转变,主要有四种机制:一是通过社区代表大会等定期或不定期的集中征询机制,对上一年或上半年服务项目进行回顾,增补完善,以契合居民需求;二是通过推行基层调研机制,深入掌握需求信息和项目开发条件;三是通过专家评估机制,对拟开发服务项目的合理性、合法性、专业性及相关实施细则进行论证评定,以保证购买服务的科学与有效;四是通过试行运转机制,在限定范围内,以较小的投入推进部分可行性较高的服务项目,检测其短期内实际效果,在此基础上最终确定是否立项。

其次,明确购买方式。购买公共服务,本质上是一种财政性资金的转移支付方式,街道在购买服务时采取项目委托、契约管理、费随事转的方式,实现了运作的市场化和社会化。其主要有两种类型。一是专项购买。由街道将政府所需购买的公共服务事项及具体要求向全社会公布,以公开招标、定向购买等方式确定服务供应方。服务供应方确定后,由街道与服务供应方签订正式合同。例如,街道将社区社会组织的日常管理、党建工作等职能委托给社会组织服务中心等。二是一揽子购买。由社会组织将所能提供的服务项目合并汇总,以年度预算的方式向街道申报,经审定后签订购买合同。例如,社区文体团队联合会承接社区各项文体事业的管理运作,包括社区文化活动中心、社区艺术节等多个项目。

再次,明确服务供应方资质和能力。对供应服务的社会组织,从资质、能力上严格把关。规定应当具备以下条件:一是具有独立承担法律责任的能力;二是具备提供公共服务所必需的设备和专业技术能力;三是具有健全的财务会计制度;四是参与政府购买服务项目之前无重大违法违纪行为,社会信誉良好;五是供应的服务具有非排他性、非竞争性,体现出公共服务的公益特质。

最后,强化项目监督评估。街道将向社会组织购买服务的费用全部纳入预算管理,实行严格的预算执行制度。同时引入第三方评估机制,由社区委员会绩效评估专委会、相关职能部门会同财务部门,必要时邀请相关管理部门或专家,制定详细的评估标准,对社会组织提供服务质量、成果进行总体计量考核。

(三) 五里桥社区购买公共服务的实施效果

1. 有利于促进政府职能的转变

政府向社会组织购买服务可以使政府从很多具体的事务中逐步解脱出来,促进政府职能的真正转变。政府不再对所有公共服务产品统包统揽,而是从公共服务的直接提供者变为公共服务政策的制定者、购买者和监督者,从"全能政府"向"有限政府"转变。例如,五里桥街道通过与社区文体团队联合会的签约,将上级部门组织安排的各类文体赛事、展示、交流的承接及社区各类大型文体活动的组织等项目内容全权委托文体团队联合会承接。2008 年,社区文体团队联合会共承接上级比赛、展示、演出 8 次,承办大型活动 8 次,接待中外来宾 20 余次,既满足了社区文体活动的需求,也缓解了政府相关部门的压力,降低了行政成本,提高了工作效率。

2. 有利于社会组织的培育和发展

资金是社会组织正常运转的血脉,资金不足必然会制约社会组织的发展壮大与兴旺发达。目前,社会组织面临的最现实的困难就是资金来源渠道不多、数额不足,不仅严重影响和制约社会组织的发展,而且成为社会组织自生自灭的关键所在。[①]通过政府向社会组织购买服务,社会组织可以获得可靠的资金支持和广阔的发展空间,从而可以在社区中充分发挥自身的作用。例如,五里桥街道自从社区文化活动中心交由社区文体团队联合会托管后,参加中心活动的人数有明显增加,社区文体团队联合会的能力也得到锻炼和提高。

3. 有利于社区资源的整合的利用

通过向社会组织购买服务,可以有效的将行政资源和社会资源结合起来并充分利用,造福社区居民。例如,2008 年,五里桥街道重阳节金婚老人庆典活动由社区老年协会承办,老年协会整合了爱心共助会、社工协会、企业家联谊会等资源,请社区企业家提供汽车,载上老人巡游参观,社工协会为老人拍照,爱心共助会送老人唐装,整个活动丰富多彩,老人十分满意。政府向社会组织购买服务,实现了社区资源互动共享和服务效益最大化,满足社区居民日益增长的生活需求。

三、完善政府向社会组织购买公共服务的思考与建议

(一) 当前政府向社会组织购买服务存在的主要问题

1. 购买服务的理念问题

在传统模式下,公共服务主要是由政府直接承担,不仅要投入大量的人力、物力、财力,还导致政府职能越位与缺位并存,造成财政资金的低效率和浪费。因此,迫切需要政府部门转变观念,切实推进政府职能转变,从"政府包办"走向"政府购买",对于那些可以由社会组织承担的公共服务项目要放手放心地让他们去运作;对于那些还没有社会组织可以承担的项目,要尝试培育新的社会组织来承担;对于传统上没有由社会组织承担的项目,可以积极论证。

2. 购买服务的范围问题

公共服务产品种类繁多,政府部门需要明确必须直接提供和可以购买提供的服务

---

① 岳金柱:《解决制约培育和发展社会组织"瓶颈"对策的思考》,《社团管理研究》2009 年第 11 期。

项目。日本地方自治制度的一个基本原则是,凡是直接与居民日常生活相关的行政工作都尽可能由居民身边的地方公共团体来处置,这也是公共管理与服务领域发展的趋势。目前来说,政府部门不能以"卸包袱"的心态来购买项目,要从社会组织自身特点与公共服务要求的匹配度考虑,让服务提供者发挥长处,以更好地满足服务对象的需求。同时,政府的公共服务重心要转移到制定发展规划、确定服务标准、加强监督管理、了解群众需求上来,将公共产品的生产交由社会组织来负责。

3. 购买服务的制度保障问题

要发挥"政府购买"的功能,需要形成完善的制度化保障机制。一是资金(财力)保障。目前社区社会组织提供服务的经费支撑大部分来自政府直接购买,如果没有形成制度化的购买运作体制,社会组织往往会产生"有了上顿没下顿"的顾虑。二是评估制度保障。在项目公开招标、实施、完结的全部过程中,都需要评估与监督,以保证公共服务项目的效果。三是法律法规保障。《中华人民共和国政府采购法》没有将服务项目纳入采购范围,购买的客体也没有社会组织。目前政府向社会组织购买服务所依据的大多是地方政府的红头文件,不仅工作效率低,而且彼此理解的随意性很大。

(二) 完善政府向社会组织购买服务的相关建议

1. 政府层面

(1) 明确政府在购买服务中的角色和职责。政府的主要角色是"购买者"、"监管者"和"制度供给者",其职责是制定好的方针政策、规则和标准;执行法律法规,监管社会组织生产高质量的公共服务产品,履行社会责任;进行制度创新、制度供给和制度实施,营造一个有利的整体环境,促进购买服务的顺利实施。简单而言,其职责就是决定公共服务项目应由谁去做,为谁去做,做到什么程度或何种水平,怎样付费等等。而在购买服务中将涉及成本核算、合同招标、合同制定、成效评估等一系列专业性环节,政府相关人员在谈判技巧、监管能力、评估水平等方面必须进行一定的培训与强化。

(2) 建立政府购买服务的制度化保障机制。一是健全政府向社会组织购买服务的规范制度,理顺政府向社会组织购买服务的流程及公共服务生产者、享有者、评估者之间的关系,对服务双方的行为有清晰的约定,购买的内容、方式及其限定条件明确,购买的效果评价标准科学,购买的行为发生纠纷后的救济途径畅通。① 二是将政府购买公共服务的资金纳入公共财政预算,做到整体规划,使政府购买服务的资金得到切实保证。

(3) 注意政府购买服务的风险防范。购买服务并非是灵丹妙药,公共服务购买也存在一定的风险,通过购买服务的方式并非一定能够达到有效提供公共服务的目的。因此,对于政府购买服务来说,程序十分重要,特别是项目选择和项目评估的环节尤为重

---

① 中共青岛市委党校课题组:《政府向社会组织购买公共服务的制度化保障机制研究》,《中共青岛市委党校学报》2009 年第 12 期。

要。目前,在项目选择上,大多数情况下是由政府部门自己决定,往往出现项目脱离居民需求的现象。在选择服务提供方上,很多情况下政府部门也很无奈,没有更多的社会组织供其选择,导致确定购买的项目在实施的过程中难以保证服务的质量。而在项目评估方面,缺乏有效的评估监督机制,也缺乏统一的标准。对于社会组织提供服务项目的质量,目前主要由政府部门来衡量。美国有专门评估非政府组织或非营利组织的民间机构——Council On Accreditation(简称 COA)①,由 COA 制定标准,对申请的非政府组织或非营利组织进行评估,并将结果提供给政府部门参考。我国现在社会组织发展的外部环境还不够完善,还没有这样的评估机构,导致政府部门在购买服务的过程中面临实际困难。另外,评估监督不仅仅是对社会组织服务质量的评估和监督,同时也包括对政府部门的监督,政府部门要承担自身的责任。②因此,要保证服务的质量,必须完善购买服务的程序,重点是完善服务项目的选择和评估机制。

2. 社会组织层面

(1) 增强专业化水平,提升承接服务的能力。由于我国社会组织的发展还处于初始阶段,提供服务的社会组织专业化水准还不够,有些社会组织的人员多是由社区的下岗、失业和困难人员组成,缺乏服务理念和专业经验。因此,社会组织要注重学习和培训,不断加强专业化水平,提升承接服务的能力,赢得政府的信任,从而能够获得服务项目。

(2) 增强社会影响力,提升社会资源筹集能力。政府之所以要向社会组织购买服务,一个重要的因素是希望发挥社会组织的作用,将行政资源和社会资源结合起来,取得更多的公共服务的效益。因此,社会组织除了能够获得行政资源外,还要有获取社会资源的能力。社会组织可以通过多种方式,立足社区,扩大影响力,赢得社区居民和单位的支持。

(3) 增强社会公信力,提升内部管理能力。在我国社会组织发展的过程中,由于少数社会组织把主要精力集中在营利方面,甚至一些社会组织出现了欺诈或腐败现象,导致民众对社会组织的信任度普遍不高,这对社会组织的发展是极其不利的。因此,社会组织要加强自身管理,完善内部治理结构,努力增强公信力,获取民众的信任。

3. 政府与社会组织的关系层面

(1) 政府要让渡空间给社会组织。一方面,政府认识到社会组织发展的重要性,大力培育社会组织,从资金、场地、政策等方面支持社会组织的发展。但另一方面,政府部门及其工作人员不能把社会组织作为自己的一个工作部门来看待,要有意识地给予社会组织发展的空间,不介入社会组织内部的具体事务,比如社会组织员工的招聘、薪酬的安排和经费的分配等等。③社会组织的舞台有了,才能更好地发挥作用。

---

① 参见 Council On Accreditation 的网站 www.coastandards.org。
② 余晖、秦虹主编:《公私合作制的中国实验》,上海人民出版社,2005 年版。
③ 罗观翠、王军芳:《政府购买服务的香港经验和内地发展探讨》,《学习与实践》2008 年第 9 期。

（2）社会组织要保持相对的独立性。社会组织从政府部门获取资金并不代表一定要依附于政府，如果社会组织把自己的工作简单地定位为完成政府部门交办的任务，过于依赖行政资源开展工作，结果就会变成政府部门的附属机构，这样将不利于社会组织的长远发展，也不利于公共服务项目的实施。社会组织要在政府的支持下保持一定的独立性，坚持社会组织的价值理念和专业化要求，注重提供公共服务的品质。

（第一作者为上海行政学院社会学教研部副教授，
第二作者为上海市卢湾区五里桥街道党工委办公室博士）

反补贴中"政府"和"公共机构"的认定:基于典型案例的国际比较

The Determination of "Government" and "Public Body" in CVD Investigation: An International Comparison

张　斌

[内容提要]　在反补贴调查中,对补贴行为主体"政府"和"公共机构"的界定是确定补贴利益是否存在的前提。由于多边规则缺乏可操作的明确规定,两者的认定主要体现在 WTO 成员方各自的立法和判例中。本文对美国、加拿大、欧盟立法和判例、WTO 争端解决机构相关实践的分析表明,尽管主要成员认定标准的内容和适用略有差异,但内核基本一致、可操作性强,且为争端解决机构所采纳。鉴于此,除非 WTO 争端解决机构对"公共机构"作出新的解释,除非银行、土地和重要投入品部门的中国国有企业在股权多元化改革方面迈出新的实质性步伐,此类企业在国际反补贴争端中被认定为"公共机构"、其行为被视作"政府"行为的局面很难改观。

　　根据 WTO《补贴与反补贴措施协定》第 1 条,补贴的构成要件有两个:一是成员方境内存在由政府或任何公共机构(public body)或受政府委托(entrust)或指示(direct)的私营机构提供的财政资助;二是该财政资助授予一项利益。但这一定义在各国反补贴实践中存在诸多争议,其中之一是对补贴行为主体"政府"和"公共机构"的界定,尤其是国有企业和国有银行是否属"政府"或"公共机构"是确定要件二,即补贴利益是否存在的前提。由于多边规则缺乏可操作的明确规定,两者的认定主要体现在成员方各自的国内立法和判例中。

　　截至 2010 年 8 月,已有美国、加拿大、欧盟、印度、澳大利亚和南非等成员对中国发起了反补贴调查,其中,前四者均未给予中国完全市场经济地位,且前两者已采取了多起反补贴措施。因此,就主要成员相关立法和判例作比较分析和深入研究,将有助于清晰认识经济活动中处于主导地位的我国国有商业银行和国有企业在国际反补贴争端中的地位和待遇。

一、美国的认定

美国是最早(1879年)制定反补贴法的国家,但在《1974年贸易法》之前,很少动用该措施,其间仅有约84起案件征收了反补贴税。[1]20世纪80年代后,其反补贴调查显著加强,现行的规则和判例大多由此形成和发展,其中包括"政府"和"公共机构"的认定。

在美国现行反补贴法中,补贴行为的主体是"当局"(authority),而"当局"指的是"一国政府或一国境内的任何公共实体"(a government of a country or any public entity within the territory of the country)。在20世纪80年代至20世纪90年代间,调查当局形成了判定一实体是否属政府"当局"的两种方法:一是将大多数国有公司视作政府本身;二是采用以下五个指标进行判断:是否为政府所有、政府官员是否担任董事会成员、政府是否控制其活动、是否遵循政府政策或有助于政府的利益和是否由立法设置。

第一种方法由美国商务部基于其司法实践在1998年颁布且沿用至今的反补贴联邦法规(19 CFR Part 351)解释性序言(Preamble)中阐明,第二种方法则主要形成于1987年的荷兰鲜花反补贴案(Certain Fresh Cut Flowers from the Netherlands),而且,从形成过程看,方法二是对方法一的补充。在该起案件中,调查当局需要对一家荷兰政府持股50%的天然气公司是否属"当局"作出认定,由于政府未持绝对多数股权,调查当局便设计了上述五个指标进行判断。[2]这一做法成为日后判例,即一般情况下,政府的多数股权是判断一实体是否为"当局"的首选依据,对于政府非多数股权企业则依据五个指标进行综合分析。

乌拉圭回合后实施第一种方法的早期典型案例有1997年特立尼达和多巴哥、委内瑞拉钢铁盘条(Steel Wire Rod)案,近期的则有2006年以来对中国的一系列反补贴案和2008年对印度热轧碳钢扁材(Hot-Rolled Carbon Steel Flat Products)的行政复审。

特立尼达和多巴哥案涉及调查期内(1996年)该国国家煤气公司和国有房地产开发公司是否为"当局"问题。调查当局作出肯定认定的依据是:前者为政府100%独资;后者在1994年之前政府股份占98%,之后的股权结构是:政府直接持股43%,一政府全资企业持股8%,其余49%股份为2 500个个人和机构股东持有且上市交易。[3]

委内瑞拉案涉及该国国有矿石公司(Ferrominera)向下游涉案企业提供低价铁矿石是否属政府补贴问题。该案中,调查当局未对股权结构作详细调查,仅依据该公司是政府控

---

[1] John H. Jackson, William J. Davey and Alan O. Sykes, *Legal Problems of International Economic Relations*, West Publishing Co., 2002, 4th edition, p. 828.

[2] United States Department of Commerce(USDOC), Final Affirmative CVD Determination: Certain Fresh Cut Flowers from the Netherlands, 52 FR 3301, 〈http://ia.ita.doc.gov〉.

[3] USDOC, Final Affirmative CVD Determination: Steel Wire Rod from Trinidad and Tobago, 62 FR 55003, 〈http://ia.ita.doc.gov〉.

股 CVG 集团成员这一事实便认定其行为等同于政府行为。①同样,在 2008 年印度热轧碳钢扁材行政复审中,调查当局也是在未对该国国有矿产开发公司(National Mineral Development Corporation)股权结构作明确分析的前提下便直接认定其为"当局"。②

对中国的反补贴调查则是在维持其"非市场经济"待遇的前提下展开的。2006 年 11 月首起调查前,美国政府在 5 月至 8 月间对中国的"非市场经济"地位进行了网次评估,并将中国各级政府对银行部门的持续性集体影响和国有企业获得大量银行信贷从而扭曲要素配置作为认定中国"非市场经济"国家的关键因素。③这意味着,美国调查当局从一开始就已从整体上将中国国有商业银行和国有企业视作"当局",并断定银行系统是政府补贴的主要渠道。因此,在首起铜版纸案中,调查当局并未涉及特定机构的认定,而是在对中国政府通过国有商业银行贷款实施造纸业产业政策的调查中,具体论证中国国有商业银行的政府属性,其主要理由是:国家绝对控股、《商业银行法》有关"贷款业务应在国家产业政策指导下满足国民经济和社会发展要求"的规定和银行风险管理体系不健全。④直至第二起环状焊接碳钢管案,调查当局才真正开始对特定国企是否为政府"当局"进行个案认定,并以方法一符合当局一贯实践和中方未能提供充分信息为由拒绝进行方法二评估。⑤

方法二的典型案例当属韩国钢铁产品一系列反补贴案中有关该国最大钢铁制造商浦项制铁(POSCO)是否为"当局"的调查。1999 年 6 月,在对韩国不锈钢板钢带卷材(Stainless Steel Sheet and Strip in Coils)的反补贴仲裁中,调查当局依据上述五个指标最早认定浦项制铁在调查期(1997 年)内是政府控制企业,其行为等同于韩国政府行为:(1)韩国政府是最大股东,其持股数是第二大股东的 10 倍左右;(2)韩国法律和浦项制铁公司章程限制个人股东的投票权,个人持股不得超过 3‰;(3)公司董事会主席由政府任命,调查期内总统曾分别任命副总理和经济计划委员会主任担任该职;(4)公司一半外部董事由政府和国有韩国开发银行任命,其间政府任命的外部董事分别由财政部长、工商部副部长、科技部长和韩国央行货币委员会委员担任;(5)公司是政府指定的三家"公营公司"(Public Company)之一。⑥

① USDOC, Final Affirmative CVD Determination: Steel Wire Rod from Venezuela, 62 FR 55014, 〈http://ia. ita. doc. gov〉.

② USDOC, Certain Hot-Rolled Carbon Steel Flat Products from India: Final Results of CVD Administrative Review, 73 FR 40295, 〈http://ia. ita. doc. gov〉.

③ USDOC, The People's Republic of China Status as a Non-Market Economy, 2006-05-15, p. 7, 〈http://ia. ita. doc. gov〉.

④ USDOC, Issues and Decision Memorandum for the Final Determination in the CVD Investigation of Coated Free Sheet from the PRC, 2007-10-17, pp. 54—61, p. 67, 〈http://ia. ita. doc. gov〉.

⑤ USDOC, Issues and Decision Memorandum for the Final Determination in the CVD Investigation of Certain Appliance Shelving and Racks from the PRC, 2009-07-20, p. 43, 〈http://ia. ita. doc. gov〉; USDOC, Issues and Decision Memorandum for the Final Determination in the CVD Investigation of Certain Oil Country Tubular Goods from the PRC, 2009-11-23, pp. 96—97, 〈http://ia. ita. doc. gov〉.

⑥ USDOC, Final Affirmative CVD Determination: Stainless Steel Sheet and Strip in Coils from the Republic of Korea, 64 FR 30636, 〈http://ia. ita. doc. gov〉.

　　1999 年 12 月,在对韩国定尺碳素不锈钢板(Cut-to-length Carbon-Quality Steel Plate)反补贴仲裁和 2001 年对上述不锈钢板钢带卷材行政复审中,调查当局继续认定浦项制铁在 1998 年和 1999 年属政府控制企业。2002 年 9 月,在对韩国冷轧碳钢扁材(Cold-Rolled Carbon Steel Flat Products)反补贴仲裁中,调查当局虽承认浦项制铁自 1998 年开始的私有化已导致所有权、投票权和董事会成员构成方面的重大变化,但基于以下理由依然认定其在调查期(2000 年)内未脱离政府控制。首先,政府股权由 1997 年的 33% 逐渐减为 1999 年的 15%、2000 年 10 月的 4.12% 和 2001 年 3 月的 3.02%,但政府依然是最大股东;其次,2000 年 9 月政府撤销了对公司"公营公司"的指定,终止了个人股东持股不得超过 3% 的法律规定,但公司章程在调查期内未作修改;第三,董事会主席仍为总统任命的官员担任。[1]

　　直至 2003 年在对上述不锈钢板钢带卷材的再次行政复审中,调查当局才基于以下变化判定浦项制铁在调查期内(2001 年)不再是政府"当局":一是到 2001 年底,公司最大的国有股东韩国实业银行(Industrial Bank of Korea)持有其 3.12% 普通股,是唯一持股超过 1% 的国有实体;二是公司章程在 2001 年 3 月对"公营公司"和个人股东投票权作了修改;三是董事会主席虽仍由原总统任命的官员担任,但是经 2001 年 3 月股东大会推选连任的;四是 8 名外部董事中只有 2 名来自政府,所有常务董事均非政府官员或雇员。[2]

二、加拿大的认定

　　根据加拿大《特别进口措施法》(Special Import Measures Act)第 2 节第(1)段,在其贸易救济调查中,外国"政府"指的是:该国政府,包括(a)该国任何省、州、市或其他地方或地区政府;(b)代表该国或该省、州、市或其他地方或地区政府的,或经其或其法律授权的任何个人、行政机构或社会机构;(c)该国参加的任何主权国家联盟。自该法 1984 年 12 月 1 日生效至 2010 年 8 月,调查当局发起的反补贴调查有 30 起(其中"双反"调查 26 起),涉及美国、欧共体/欧盟、法国、葡萄牙、意大利、巴西、印度、印尼、泰国、中国和中国台湾等国家和地区,除中国外,调查当局在此类案件中一般不对涉案方"政府"另作界定,也不对相关机构进行调查认定。

　　但对中国,调查当局自 2004 年第一起反补贴案开始就依据上述法律将"中国政府"定义为:各级政府,包括中央、省、自治区、直辖市、市、县、镇、村;立法、行政或司法的;单个或

---

①　USDOC, Issues and Decision Memorandum: Final Affirmative CVD Determination: Certain Cold-Rolled Carbon Steel Flat Products from the Republic of Korea, 2002-09-23,〈http://ia. ita. doc. gov〉.

②　USDOC, Preliminary Results of Countervailing Duty Administrative Review: Stainless Steel Sheet and Strip in Coils from the Republic of Korea, 68 FR 53116,〈http://ia. ita. doc. gov〉.

集体的,选举或任命的;也包括代表该国或该省、自治区、直辖市或其他地方或地区政府的,或经其或其法律授权的任何个人、行政机构、国有企业或社会机构。而且,明确规定经营受政府直接或间接控制或影响的国有企业所提供的利益等同于政府提供的利益。①

具体而言,加拿大调查当局判定中国国有企业受政府控制的依据是股权控制、决策控制和运行控制。以 2007 年至 2008 年间发起的对华第五和第六起反补贴调查(油气用无缝碳钢或合金钢套管案和碳钢焊接管案)为例。两案中,调查当局对中国的钢铁产业进行了《特别进口措施法》第 20 节下的调查,以判定中国国内价格是否实质上由政府决定及与市场竞争所决定的价格是否实质上一致。尽管该调查的本意是确定中国涉诉产业是否为"市场经济",从而为反倾销正常价值的计算方法提供依据,但调查当局认为,政府实质上决定国内价格的途径有"直接"和"间接"两种,而间接决定的一种方式是"通过直接财政补贴或提供低价投入品来补贴生产者以维持涉案产品的低价格"。②因此,两案均涉及了中国钢铁产业的国家控制和国有企业问题,并得出了中国钢铁行业国有企业受政府控制、其行为等同于政府行为的结论。其理由如下:

股权控制方面,调查当局首先根据两案调查期内正在实施的中国国务院《企业国有资产监督管理暂行条例》,③确认中国的国有企业均由国家或地方政府设立的国有资产监督管理机构管理。在此基础上,调查当局从国务院国有资产监管委员会 2006 年 12 月 5 日公布的《关于推进国有资本调整和国有企业重组的指导意见》和国资委主任李荣融的相关言论中发现,中国中央政府监管的企业其业务范围大体分布在三个领域:关系国家安全和国民经济命脉的关键领域,基础性和支柱产业领域,其他行业领域。第一个领域主要包括军工、电网电力、石油石化、电信、煤炭、航空运输、航运等行业,国有经济在这一领域保持绝对控制力。第二个领域包括装备制造、汽车、电子信息、建筑、钢铁、有色金属、化工、勘察设计、科技等行业,国有经济对这一领域的重要骨干企业保持较强控制力,行业内有较强影响力和带动力的重要骨干企业由国有资本绝对控股或有条件相对控股。④对以上表述,调查当局根据美国政府的解读,认为在第一个领域所有企业的

---

① Canada Border Services Agency(CBSA), Statement of Reasons Concerning the Termination of an Investigation Regarding the Dumping and Subsidizing of Outdoor Barbeques Originating in or Exported from the PRC, 2004-12-03, para 61, 〈http://cbsa-asfc. gc. ca〉; CBSA, Statement of Reasons Concerning the Making of a Final Determination with Respect to the Dumping of Certain Carbon Steel and Stainless Steel Fasteners Originating in or Exported from the PRC and Chinese Taipei and the Making of a Final Determination with Respect to the Subsidizing of Certain Carbon Steel and Stainless Steel Fasteners Originating in or Exported from the PRC, 2004-12-14, paras 66, 76, 〈http://cbsa-asfc. gc. ca〉.

② CBSA, Statement of Reasons Concerning the Making of Final Determinations of Dumping and Subsidizing of Certain Seamless Carbon or Alloy Steel Oil and Gas Well Casing Originating in or Exported from the PRC, 2008-02-22, p. 87, 〈http://cbsa-asfc. gc. ca〉; CBSA, Statement of Reasons Concerning the Making of Final Determinations with Respect to the Dumping and Subsidizing of Certain Carbon Steel Welded Pipe Originating in or Exported from the PRC, 2008-08-05, p. 34, 〈http://cbsa-asfc. gc. ca〉.

③ 2003 年 5 月 27 日公布并实施,后为 2009 年 5 月 1 日生效的《中华人民共和国企业国有资产法》取代。

④ http://www. gov. cn/jrzg/2006-12/18/content_472256. htm.

上海市社会科学界第八届学术年会文集(2010年度)政治·法律·社会学科卷

政府股权均超过 50%，而在钢铁产业所属的第二领域，政府对骨干企业的股权也超过50%。①

决策控制方面，调查当局的依据主要有二：一是《中国共产党章程》第 32 条有关"国有企业和集体企业中党的基层组织，发挥政治核心作用，围绕企业生产经营开展工作，保证监督党和国家的方针、政策在本企业的贯彻执行"的规定；二是《企业国有资产监督管理暂行条例》第 17 条有关国有资产监督管理机构对国有独资企业、国有独资公司、国有控股公司最高决策层官员（董事长、副董事长、董事、总经理、副总经理、总会计师等）具有任免权、派出权和推荐权的规定。

运营控制方面，调查当局依据的是国家和涉案企业所在省/市"十一五"规划纲要和国家发改委 2005 年 7 月 8 日公布并实施的《钢铁产业发展政策》。如国家"十一五"规划纲要第 13 章第 1 节规定，"严格控制新增钢铁生产能力，加速淘汰落后工艺、装备和产品，提高钢铁产品档次和质量"；第 31 章第 2 节规定，"建立健全国有资本经营预算、企业经营业绩考核和企业重大决策失误追究等制度，落实监管责任，实现国有资产保值增值"。《钢铁产业发展政策》第 22 条则规定，"国家对各类经济类型的投资主体投资国内钢铁行业和国内企业投资境外钢铁领域的经济活动实行必要的管理，投资钢铁项目需按规定报国家发展和改革委员会审批或核准"。

三、欧盟的认定

欧盟现行反补贴法依据 WTO 协定将补贴行为的主体"政府"定义为：原产国或出口国境内的政府或任何公共机构(a government or any public body within the territory of the country of origin or export)。②同样，其对补贴当事国政府或公共机构的具体认定依据也是在个案调查中阐述的。

2002 年 10 月，在诉诸 WTO 争端解决机制的韩国影响商用船舶措施案中，欧盟认为，判断一个公共机构的标准应该有三个：(1)在公共法令的基础上建立并运行，决策受政府控制；(2)追求公共政策目标；(3)可获得国家资源并从中得益。③在该案中，欧盟运用这三个标准认定韩国进出口银行(KEXIM)属公共机构：首先，截至 2002 年底，韩国政府、韩国银行(Bank of Korea)和韩国开发银行(Korea Development Bank)分别持有其 51.6%、42.8%和 5.6%的股份，而后两者本身也由政府全额出资，此外，该银行主要管理人员均由政府任免，其营运和预算也受政府控制，如其年度营运计划就是在政府控

---

① U. S. International Trade Commission(USITC)，China：Descriptions of Selected Practices and Policies Affecting Decision-Making in the Economy，December 2007，p. 27，〈http://www. usitc. gov〉.

② Council Regulation(EC)No. 2026/97.

③ *Korea—Commercial Vessels*，WT/DS273，para 7. 32.

制下制定的。其次,《韩国进出口银行法》第 1 条明确规定,其设立目的是为了促进"国民经济和对外经济合作的健康发展",在 2002 年报年中,韩国进出口银行承认其是一个"特殊的政府融资机构"和"官方出口信贷机构",目的是"为韩国出口商和投资者提供综合出口信贷和项目融资"。第三,韩国政府是该银行亏损的最后担保者,在其经营过程中曾投入大量资金,如在 1998 年全 1999 年间,通过政府控制的韩国银行向其注资 1.6 万亿韩元,2000 年 1 月以后又增资至少 2 700 亿。无限的亏损担保和大量注资均证明其受政府影响和控制。

次年 4 月,在对韩国半导体动态随机存取存储器(DRAMS)的反补贴初裁中,欧盟当局同样依据上述标准认定韩国开发银行为公共机构,[1]8 月,在该案仲裁中将"公共机构"的三个认定标准调整为:政府股权、公共政策目标和政府其他控制权。[2]欧盟当局认为:

首先,政府股权是判定"公共机构"的重要,乃至最重要依据。虽然政府股权,即使 100% 股权也并不意味着一实体必为公共机构,但由政府股权推定公共机构亦非可反驳推定(rebuttable presumption)。通常情况下,政府股权越大,一实体被认定为公共机构的可能性越大。

其次,政府股权并非判定"公共机构"的唯一依据。当政府是最大或控股股东时,还应进一步考察以下两个指标:一是对公共政策目标的追求,如是否要求相关实体考虑国家或地区经济利益、促进社会目标等;二是与股权相关的其他控制权,如官员的任命权、投资和经营决策权、经营目标和结果的评估权等。

第三,股权全额私有或政府为非主要股东时,除非存在明确证据,此类机构通常应认定为私营。

四、WTO 争端解决机构的认定

在成员方诉诸 WTO 争端解决机构的反补贴争端中,直接涉及"公共机构"认定问题的案例并不多,较为典型的即是上述欧盟诉韩国影响商用船舶措施案。在该案中,专家组对"公共机构"的解释是:如果一实体受政府(或其他公共机构)控制,即构成"公共机构"(an entity will constitute a "public body" if it is controlled by the government or other public bodies)。[3]也就是说,一个受政府或其他公共机构控制的实体,其任何行为都具有政府属性,因而属《补贴与反补贴措施协定》第 1.1(a)(1)条的调整范围。专家组进而认为,一实体是否受政府控制可从以下三方面判断:股权控制、最高管理层人事任

---

① Commission Regulation(EC)No. 708/2003,paras 55—59.
② Council Regulation(EC) No. 1480/2003,paras 11—14.
③ *Korea—Commercial Vessels*,WT/DS273,para 7.50.

上海市社会科学界第八届学术年会文集(2010年度)政治·法律·社会学科卷

免权和经营控制。在该案中,一方面,韩国进出口银行的股权 100％为韩国政府和其他公共机构(即韩国银行和韩国开发银行)所拥有;另一方面,《韩国进出口银行法》规定,其经营由行长负责,行长则由总统任免,而副行长和执行董事的任免权归财政和经济部,银行年度经营计划也须经财政和经济部批准。此外,韩国政府在应诉文件中将进出口银行描述为"出口信贷机构"(export credit agency)也是专家组认定其为公共机构的一个原因,因为"agency"一词表明的是委托—代理关系,作为代理机构的进出口银行,其委托方显然是韩国政府。①

当然,要判定韩国进出口银行是否属公共机构还须进一步对韩国银行和韩国开发银行作出认定。由于韩国政府在专家组调查问卷中承认韩国银行为公共机构,因此,无须对之进行认定。对于韩国开发银行,专家组认为,由于其受政府控制,因而也是公共机构。理由是:(1)其股权 100％为政府所有;(2)政府任命其行长、副行长、董事和审计官;(3)年度经营计划由政府审批。②

此外,在该案中,专家组还依据相同的方法认定韩国资产管理公司(Korea Asset Management Corporation)、韩国存款保险公司(Korea Depository Insurance Company)和韩国实业银行(Industrial Bank of Korea)为公共机构。如专家组判定韩国资产管理公司为公共机构的理由是:股权全部为政府所有,管理委员会负责制订经营政策和计划并承担不良资产,其官员由政府任命。③

五、结　　论

与作为企业行为的倾销不同,补贴是一种政府行为,因此,对"政府"的认定是反补贴调查的前提。尽管多边规则对"政府"和"公共机构"并无明确界定,但 WTO 主要成员在各自的反补贴法律实践中已形成判断政府行政部门之外的机构是否为"公共机构"的基本标准,归纳起来,这些标准有如下特征:

首先,内容与适用略有差异。内容上,美国反补贴当局明确将其认定称为"五因素测试"(five-factor test),欧盟和加拿大虽均大致依据三个标准,但内容也不尽相同;适用范围上,美国和欧盟的标准是微观的,加拿大则从行业角度进行认定;适用对象上,美国和欧盟的标准原则上适用所有涉案国家/地区,加拿大则迄今为止一般不对中国以外的

---

① *Korea—Commercial Vessels*,WT/DS273,para 7.54.但是,专家组明确否定了欧盟的第二个认定标准,即追求公共政策目标。专家组认为,公共机构一般均追求公共政策目标,但追求公共政策目标的机构并不一定是公共机构,如私人慈善机构可以追求公共目标,但不应将之视作公共机构。也就是说,追求公共政策目标是判断公共机构的必要条件,但并非充分条件。参见 *Korea—Commercial Vessels*,WT/DS273,para 7.55。

② *Korea—Commercial Vessels*,WT/DS273,para 7.172.

③ *Korea—Commercial Vessels*,WT/DS273,para 7.353.

国家/地区作相关认定,对中国的认定也并不适用所有反补贴案件,仅为《特别进口措施法》第 20 节调查的组成部分。

其次,内核基本一致。尽管存在上述差异,股权、董事会人事任免权和营运控制权是美、加、欧认定标准中的共同指标,其中股权又是首选指标。更重要的是,这一共性已基本为 WTO 争端解决机构采纳。

第三,可操作性强。一方面,这些标准大多可量化或可从涉案国国内法律法规、产业政策、涉案企业公司章程、年报中找到明确的判断依据;另一方面,又具有相当的灵活性,以赋予调查当局一定的自由裁量权,尤其对非政府控股企业,董事会人事任免权和营运控制权两指标的弹性相当大。

截至 2010 年 8 月,美国、加拿大和欧盟分别对中国发起了 25 起、9 起和 1 起反补贴案,除欧盟对华铜版纸案尚处调查阶段外,美国和加拿大已分别结案 16 起和 9 起。在对中国"政府"或"公共实体"的认定问题上,两国的做法有以下特点:

美国采用的是"非市场经济"待遇前提下的单因素股权认定,即对于向涉案企业提供贷款、商品、服务的银行或上游企业,只要有证据表明政府占多数股权,即认定为"当局"。加拿大的认定虽同样与反倾销"非市场经济"待遇有关,但与美国不同的是,它将补贴的基本形式,即政府直接资助和提供低价投入品作为反倾销"非市场经济"产业个案调查(即《特别进口措施法》第 20 节调查)的基本内容,因而是从行业角度的多因素综合分析。

两国的相似之处在于,在对中国的政府或公共实体的认定中,判断依据大多来自中国的法律法规和各级政府、行业协会、相关国有企业的公开信息,包括党的章程。而且,从美国对韩国浦项制铁(以及欧盟对韩国国有银行)的认定实践看,将中国大型国企、国有商业银行视作"政府"或"当局",亦非调查国针对中国的特定做法。鉴于此,除非WTO 争端解决机构对"公共机构"作出新的解释,除非银行、土地和重要投入品部门的中国国有企业在股权多元化改革方面迈出新的实质性步伐,此类企业被认定为"公共机构"、其行为被视作"政府"行为的局面很难改观。这意味着,中国在国际反补贴争端中的处境可能比反倾销争端更为复杂和艰难。

参考文献

张斌:《多哈回合规则谈判中的补贴利益及其计算基准问题评析》,《WTO 动态与研究》2009 年第 7 期。

John H. Jackson, William J. Davey and Alan O. Sykes: *Legal Problems of International Economic Relations*, West Publishing Co., 2002, 4ᵗʰ edition, p. 828.

F. Orlino and E. U. Petersmann: *The WTO Dispute Settlement System 1995—2003*, Kluwer Law International, 2004, pp. 353—379.

(作者为东华大学旭日工商管理学院经济学系副教授)

上海浦东新区公共服务体系：现状、问题与对策

Public Service System in Shanghai Pudong: Status, Problems and Solutions

徐逸伦

[内容提要] 浦东新区在公共服务体系建设方面坚持以人为本，注重公共服务平台建设，促进社会组织发展，加快郊区城市化的进程，推进"城乡一体、共同发展"，公共服务方面凸显"浦东特色"。由于政府职能转变不彻底、社会组织发展滞后等因素的存在，公共服务体系建设还存在一定的漏洞和不足。公共服务体系的建设和完善是一项系统工程，仅就现存的问题进行单方面的改进不能确保公共服务体系整体上质的提高，立足浦东区情，借助国家级综合配套改革试验区优势，合理构建政府、市场与社会的关系，整合政府、非营利组织、企业三者资源，才能有效完善公共服务体系，建成与浦东经济社会发展相适应的公共服务体系。

公共服务体系作为社会服务体系的子系统，即是在一定的社会经济发展条件下，保障一国全体公民基于社会共识基础上平等享受普遍服务的机制安排和系统组合。公共服务体系的主要建构者是政府，提供公共服务的主体包括政府、非营利组织和私人企业，公共服务的对象是全体公民。随着浦东新区经济的发展和城市化进程的加快，公共服务体系成为改革和发展的关键因素。公共服务体系建设加快，将有助于浦东新区新一轮开发，如果体系建设滞后于社会发展要求，将不利于解决进一步发展带来的问题。所以，建设公共服务体系对于浦东新区的发展具有重要意义和作用。

一、上海浦东新区公共服务体系的现状

公共服务体系建设方面浦东新区坚持以人为本，注重公共服务平台建设，促进社会组织发展，加快郊区城市化的进程，推进"城乡一体、共同发展"，凸显"浦东特色"。

（一）公共服务体系建设步伐加快

自从 1990 年 4 月 18 日中央宣布开发开放浦东以来,浦东公共服务体系建设经历了从无到有、从低水平建设向高质量发展的阶段。1993 年浦东新区政府在"小政府、大社会"治理理念的指导下创立了社会发展局,主要负责浦东新区公共服务体系建设,涵盖教育、卫生、文化、体育、民政等七个公共服务领域。90 年代,浦东新区发展刚刚起步,对公共服务的投资仍然保持消费性支出的传统观念。这一时期公共服务体系建设资金投入上并不是很大,但是公共服务体系的发展思路和基本框架已开始确立。

进入 21 世纪,特别是综合配套改革实施以来,浦东新区公共服务体系建设步伐明显加快,政策扶持、资金项目、人力资源等方面的投入得到提高。浦东新区首先加强政策引导力度,出台了一系列推动公共服务体系建设的政府文件,确保了公共服务体系建设的长效机制。同时,浦东新区先后对城建、环卫、市容、园林、绿化等养护作业单位以及机关后勤、投资咨询等 4 000 余名事业编制进行了转制改企等工作,[1]迈出了事业单位改革的第一步,开始把事业单位改造为公共服务体系建设的重要力量。

2005 年以来,浦东新区每年推动的区实事项目计划 10 类左右,涉及几十个具体项目,基本涵盖了公共服务体系的各个方面,其中,就业改善、公共交通改进、居住环境优化、医疗水平提高、公共卫生和安全保障成为每年实事项目计划的重点,使浦东新区公共服务体系建设水平有了大幅度的提高。对于公共服务发展较为落后的农村地区,区级财政加大投入,统一教育、医疗卫生硬件设施、经费投入标准,使优秀人才在城乡间实现双向交流,通过资金支持、政策倾斜等方式缩小城乡公共服务体系建设上的差距。

（二）非营利组织开始参与公共服务

浦东新区政府大力支持非营利组织发展,特别是社区公益性、服务性社会组织的发展,社会组织在提供社会管理和公共服务方面的优势得到了一定的发挥。2005 年 9 月,浦东新区政府出台《关于促进浦东新区社会事业发展的财政扶持意见》,对参与医疗、教育、社会福利等公共服务体系建设的非营利组织从建设、运行等方面进行补贴。2007 年 4 月制定的《关于着力转变政府职能建立新型政社合作关系的指导意见》,明确了非营利组织在"满足社会公共服务、整合社会资源"上的优势,指出了非营利组织的发展方向即"六个分开",[2]重点推动就业指导、环境保护、助残帮困、为老服务等公共服务领域非营

---

① 陆沪根:《浦东综合配套改革试点的总体进展与进一步改革思考》,《上海行政学院学报》,2010 年专辑。

② 《关于着力转变政府职能建立新型政社合作关系的指导意见》中指出建立健全民间组织和社会组织的组织机制,创造条件,逐步实现政府与民间组织和社会组织的"六个分开",即主体、机构、职能、人员、资产、住所分开。

利组织的发展。

2008年5月,新区劳保局与新区财政局合作设立"浦东新区社会组织(NPO)孵化中心项目",针对目前非营利组织不能扩大免税优惠情况下,通过扩大地方财力补贴范围,实施NPO孵化中心项目方案,对办公场所改建,建立浦东新区NPO孵化中心,进驻对象为国家级、市级和浦东新区有影响的行业协会等公益类社会组织,孵化和培育提供支持性服务的公益性组织,并通过制定房租补贴方案给予扶持。

近年来,浦东新区非营利组织每年均以10%以上的速度增长,年发展数、总数均居上海各区县首位,"十一五"末,将达到1 000家。截至2007年11月15日,浦东新区各类社会组织已经从2001年的248家发展到648家,增长了1.6倍,其中社会团体178家,民办非企业单位470家。2004年浦东新区有14个政府职能部门出资2 228.2万元购买民间组织服务;2005年共有15个政府职能部门出资4 197.3万元购买民间组织服务,出资总额比2004年同期增长了88.37%。[①]

(三) 公共服务平台初见规模

浦东新区根据服务对象和服务内容的不同,打造"市民服务中心——社区事务受理服务中心"公共事务办理平台,"市民服务中心——基层政府"公共服务供给平台,形成宏观层面上政社互动,微观层面上企业、社会组织、个人各取所需的服务格局。

2006年,浦东新区建立了上海市第一家区级市民服务中心,主要承担公共服务和政社合作两项工作任务,作为办事服务的综合性平台,各委办局140多条专线与市民服务中心平台连接,提供区级权限的公共服务项目,服务对象主要是企业。作为政府与社会互动的平台,政府在制定重大决策和事项前会征询社会组织和社会公众的意见,先在市民服务中心公示,从2004年起,市民服务中心定期举行"区长网上办公会议",截至2010年3月已经举行60多次,解决政府部门在公共服务中存在的实际问题。涉及居民个人的公共服务项目遵照就近办理原则,在各社区设有社区事务受理服务中心,处理与居民生活息息相关的公共服务事务。从2007年起,浦东新区全面推进社区事务受理服务中心标准化建设,使服务质量和水平得到提升。

同时,浦东新区进一步提高基层政府公共服务职能,把街道社区打造成直接服务居民的公共服务平台。重新调整街道管理职能,改革后街道的工作重心放在社区管理、社区服务、社区党建、社区安全、社会保障和就业、社会事业和城市维护等六个方面,根据街道社区管理与服务方面的职责任务和保障标准,按照"以事定财"的原则由区级财政

---

① 参见《2007年浦东新区推动政社互动、培育社会组织的工作情况》,http://www.sh.gov.cn/shanghai/node2314/node18598/node18599/userobject31ai2258.html。

实施保障公共支出,加大社区公共服务投入,社区公共服务与管理支出比重从过去的31%大幅上升到79%,促使公共服务水平的提高。①

(四) 公共服务方式开始转变

新区政府积极拓展多种形式的公共服务方式,将涉及公共服务事务性较强的部分事项,通过公开招标、项目发包、项目申请、委托管理等方式,由政府购买社会组织的服务,建立起以项目为导向的契约化管理模式。特别是综合配套改革全面实施以后,浦东制定了政府购买公共服务实施意见,政府各职能部门将购买民间组织公共服务的资金列入部门年度预算,购买服务的主要项目包括调查统计、课题研究、项目管理、老年人服务补贴、职业技能培训补贴等。

公共服务方式多元化使得居民享受到了更优质的公共服务。1995年10月,浦东新区组织实施了公交改革方案,以“社会化、市场化、规范化”为目标,将原来独家经营的浦交公司一分为三,以参股方式分别组建了三个股份制公司,彻底改变了过去完全由政府办公交的格局,形成了社会办公交和适度竞争格局。在以公交改革为先导的同时,先后推行了绿化环卫社会化招标、文教体育走产业化道路等一系列改革试点,推动浦东新区公共服务方式多元化,使公共服务的质量和效率得到了极大的提升。

针对公共服务方式转变的新局面,新区创造性地对公共服务流程进行重塑,切分为“管、办、评”三大块,政府更多地“掌舵”,把需要专业技能的“划桨”任务交给有能力的社会组织,并委托第三方专业机构进行绩效评估,以确保公共服务的质量。2005年6月,浦东新区政府将东沟中学委托给上海市成功教育管理咨询中心进行管理,在学校性质、行政隶属关系、政府拨款、学生支出不变的情况下,新区政府每年支付给咨询中心一定的管理费用,一年以后,通过中介评估机构上海浦发教育评估中心的评估,东沟中学教学成果与委托前发生了重大变化,改变了过去陈旧的教学模式、管理方式,输入了先进的教育理念和师资队伍,无记名调查结果显示,教师、学生、家长对学校教育的满意度分别达到92.2%、94.7%、97.7%。②

二、上海浦东新区公共服务体系存在的问题

经过多年的发展,特别是综合配套改革全面推进以后,浦东新区公共服务体系建设取得了巨大成绩,但是由于政府职能转变不彻底、社会组织发展滞后等因素的存在,公

---

① 浦东新区财政局:《浦东新区公共财政建设与绩效预算管理》(内部文稿)。
② 参见《浦东新区民办教育管理建立“管办评”联动机制》,中国教育先锋网 http://www.ep-china.net/content/news/c/20070823104846.htm。

上海市社会科学界第八届学术年会文集(2010年度)政治·法律·社会学科卷

共服务体系建设还存在一定的漏洞和不足,需要在以后的建设过程中不断解决问题。

(一) 公共服务体系建设主体自身转型未能完成

建立优质高效的公共服务体系首先需要打造以公共服务为导向的建设主体,目前浦东新区公共服务体系建设最主要的两类主体即政府和事业单位并未能建成以公共服务为导向的制度机制,导致公共服务体系建设受到一定阻碍。

公共服务体系要求浦东新区政府以人为本、为民服务,在公共服务体系建设过程中,新区政府在行为方式上还多以方便政府管理为出发点,未能贯彻公民本位思想,具体表现为:政府服务侧重于企业,对于公民的服务未能成为公共服务的核心内容。由于政府自身建设不够、定位不清,造成公共服务体系在浦东虽然已经形成,但是作用没有能得到充分发挥,一些公共服务领域获得的政府、民间资源投资不够,公共需求不能得到很好的满足,在浦东社会、经济、文化高速发展的情况下,某些领域公共服务供给和需求矛盾的状况凸显。

浦东新区同时存在大量的事业单位组织,在一定程度上代表政府管理着中介机构及行业组织,这些单位逐渐成为政府自身改革和公共服务体系建设的障碍,中介职能往往由于事业单位严格的控制和管理而得不到充分发挥,对内不能充分实行独立自主的决策、运作,对外则难以开展公正、公开、公平的市场竞争,如在城市环境领域,公共绿地的维护由单一的事业单位负责,在进行"事转企"之后,由于长期的垄断,其他竞争主体仍然无法参与公共服务的竞争,没有起到降低服务成本的作用。

(二) 社会力量参与公共服务体系建设程度有待提升

社会力量在建设公共服务体系过程中可以发挥重要作用,非营利组织、社区居民组织、甚至居民个人都可以提供有效的公共服务,与政府组织相比具有更大的灵活性和针对性。目前,非营利性组织在浦东新区公共服务体系中发挥的作用有限,深度和广度有待提升。

首先,社会力量参与公共服务体系建设往往受困于资金的限制,浦东新区真正用于扶持社会组织的支出水平占 GDP 的比重为 0.04%,远远低于发达国家 7% 的水平,也低于 4.6% 的世界水平和 0.73% 的中国平均水平,资金扶持力度显著不够,[1]发展较为缓慢。深圳市 2009 年一年民间组织数量增加超过 600 家,增长幅度超过 20%。

其次,新区政府对于非营利性组织的管理方式还停留在传统阶段。虽然浦东新区在 2007 年出台《关于着力转变政府职能建立新型政社合作关系的指导意见》作为政社会分开、管理非营利性组织的规范性文件,但是仍然缺乏完善的配套法律制度,亟需通过法律的形式明确规范非营利性组织的性质、管理体制、财产关系、内部制度、参与公

---

[1]　陶希东:《浦东之路:社会建设经验与展望》,上海人民出版社 2010 年版,第 211 页。

服务的资质等。管理方式落后于非营利组织的发展速度,也阻碍了非营利组织进一步参与公共服务体系的建设。

最后,在推进非营利组织发展过程中,政府为了促进地区和区域经济,主要推动行业协会类的非营利组织的发展,主要包括国际会展、金融服务、现代物流等现代服务业和新型产业。对于直接为居民提供公共服务的非营利组织重视不够,在享叉减免税收与人力资源引进问题上,体现不出非营利组织的特性,缺乏力度明显的政策倾斜。截至2008年9月底,浦东新区非营利性组织710家,包括社会团体199家、民办非企业511家,其中213家,致力于养老、社区公益或志愿服务、社会工作等领域,仅占总数的30%,很难满足普通民众的公共需求。

(三) 公共服务体系建设资金亟需增加

公共服务体系建设依赖大量的资金投入,需要坚实的物质保障基础。虽然浦东新区在公共服务体系建设上资金投入每年增幅较大,但是与财政收入的增长速度、占财政收入的比重以及占 GDP 的比重相比仍然较低。

从 2000 年至 2008 年浦东新区地方财政收入支出情况来看,公共教育方面的支出虽然每年增加,但是一直落后于财政收入的增长幅度,只有 2004 年、2005 年、2007 年三年比财政支出增长幅度略微高一点,其他年份的增长速度则大幅度落后,同时占财政支出的比例逐年下降。这意味着浦东新区每年新创造的社会财富在二次分配中没有能够及时投入教育领域。同时,医疗卫生方面的支出在 2002 年、2005 年竟然出现了负增长现象,虽然近两年提高的幅度较大,但仍未达到 2000 年占财政总支出 4% 以上的水平(见表1)。

表 1 2000—2008 年浦东新区地方财政收入和支出情况表

年份	地方财政总收入		地方财政总支出		公 共 教 育			医 疗 卫 生		
	亿元	比上年增长(%)	亿元	比上年增长(%)	亿元	占财政支出比例(%)	比上年增长(%)	亿元	占财政支出比例(%)	比上年增长(%)
2000	103.21		69.60		9.56	13.74		2.99	4.30	
2001	143.53	39.07	88.30	26.87	10.67	12.08	11.61	3.19	3.61	6.69
2002	202.63	41.18	120.92	36.94	12.15	10.05	13.87	3.07	2.54	−3.76
2003	296.12	46.14	160.35	32.61	14.55	9.07	19.75	3.86	2.41	25.73
2004	402.23	35.83	193.58	20.72	17.68	9.13	21.51	4.77	2.46	23.57
2005	494.94	23.05	198.80	2.70	18.85	9.48	6.62	4.49	2.26	−5.87
2006	587.49	18.70	222.58	11.96	20.76	9.33	10.13	5.31	2.39	18.26
2007	854.49	45.45	287.23	29.05	26.93	9.38	29.72	8.20	2.85	54.42
2008	1 042.44	21.99	370.30	28.92	30.90	8.34	14.74	12.18	3.29	48.53

资料来源:吴津:《浦东新政审批制度改革的回顾和思考》,载《上海行政学院学报》,2010 年专辑。

从社会经济发展的角度上看,浦东新区在公共服务体系重要项目上的投入占区域内生产总值的比重过小,不利于持续健康发展。2006 年新区教育、医疗卫生、社会保障和就业、社区管理服务的支出分别是 20.7 亿元、5.3 亿元、23.7 亿元、8.2 亿元,2007 年这四项的财政支出分别增加 21.7%、43.3%、27.9%、125.6%,但是这四项基本公共服务只占 2007 年浦东新区 GDP 的 2.69%,而 1994—1997 年欧盟国家仅教育、社会保障、公共卫生保健三项社会公共服务支出相加,占 GDP 的比重就在 34% 以上。[①]所以,公共服务体系的总投入占 GDP 的比重应该成为衡量公共服务体系建设状况的重要指标,每年在保持绝对资金量增长的情况下,还要在比例份额上有所提高(见表 2)。

表 2　2000—2008 年浦东新区公共教育和医疗卫生支出情况表

年　份	公共教育和医疗卫生支出(亿元)	GDP 总量(亿元)	占 GDP 的比重(%)
2000	12.55	923.51	1.36
2001	13.86	1 082.36	1.28
2002	15.22	1 253.13	1.21
2003	18.41	1 507.44	1.22
2004	22.45	1 852.43	1.21
2005	23.34	2 108.79	1.11
2006	26.07	2 365.33	1.10
2007	35.13	2 750.76	1.28
2008	43.08	3 150.99	1.37

资料来源:根据《上海浦东新区统计年鉴》(2004—2009)整理。

(四) 公共服务体系建设方法手段比较单一

从总体上看,浦东新区公共服务体系建设过程中,公共服务的供给方式手段仍然一元化,政府兼顾生产和供给的模式普遍存在,其他服务方式所占公共服务比例很小,也仅仅以购买服务的方式为主。

购买服务是浦东新区政府利用较多的一种新的公共服务供给方式,从国外经验数据来看,购买服务比政府直接供给降低成本约 20%—30%。浦东新区在推行这一供给方式时,对于原先供给方式成本的核算、购买后成本的变化以及由此带来的民众满意度的变化都没有进行精确的测量,在各部门之间容易造成一种为了购买而购买的盲目举动,具体表现为购买标准流程不规范、没有形成契约化制度化的购买程序。购买服务也为政府官员权力寻租提供了空间,政府对承包商执行合同的进行监督的成本较高也成

---

① 唐铁汉、李军鹏:《国外政府公共服务的做法、经验教训与启示》,《国家行政学院学报》2004 年第 5 期。

为需要解决的难题,如果处理不好,反而增加了成本,降低服务质量,产生腐败等一系列的问题。在公共环境服务领域,城市垃圾清扫处理已经作为政府合同购买服务进行处理,但是在实际运作过程中,由于清洁公司是原来事业单位转轨改制形成,不具有市场竞争力,政府每年不但要出资购买垃圾处理服务,还要承担器械的损耗和购买,包括洒水车、垃圾装运车、垃圾桶等等,提供方式的转变并没有达到降低成本的目的,反而带来了管理体制上的不顺。

三、上海浦东新区公共服务体系建设的路径探析

公共服务体系的建设和完善是一项系统工程,仅就现存的问题进行单方面的改进不能确保公共服务体系整体上质的提高,立足浦东区情,借助国家级综合配套改革试验区优势,合理构建政府、市场与社会的关系,整合政府、非营利组织、企业三者资源,才能有效完善公共服务体系,建成与浦东经济社会发展相适应的公共服务体系。

(一) 确立政府主导社会参与型公共服务体系的建设模式

所谓政府主导社会参与型公共服务体系建设模式,要求政府在公共服务中肩负起"核心供给者"的责任,提供基本的公共物品,最重要的就是政府承担基本公共服务。作为改革开放前沿的浦东新区实现了社会经济的飞速发展,更要让新区居民享受到社会发展的成果,特别是浦东新区的农村村民和外来务工人员,为新区的建设作出了极大的贡献,政府必须承担公共服务体系建设的职责,提供最基本的公共服务,使浦东新区的居民不分城乡、不分户籍都能享受到均等的基本公共服务。

首先,浦东新区政府必须加大在教育和医疗卫生领域的资金投资。发达国家地方政府财政支出中教育和医疗卫生两项公共服务占据40%以上,而浦东新区在2000年一度达到18.04%,以后便逐年下降,直到现在稳定的12%左右。这种低投资的公共服务将不利于浦东新区人口素质的整体提高,影响人才的吸引和培养,必须通过公共财政制度的完善,使教育医疗卫生支出占政府财政支出比例至少恢复到本世纪初的水平。

其次,促进就业保障民生。从浦东新区就业结构上来看,第二、三产业吸引了绝大多数就业人口,特别是第三产业就业人口达到87.7万人,占浦东新区总就业人口的58%,但是从发展水平上看,浦东新区第三产业占全市比重仅为22.4%,低于浦东新区生产总值占全市比例的22.6%。浦东新区作为上海现代服务业的重点发展地区,需要进一步通过政策扶持、就业引导等措施,推动产业结构的调整和发展,增加就业岗位,促进居民就业。

最后,继续完善各类社会保障制度,着力推动外来人员综合保险和农村社会养老保

险的普及。2007 年年末,浦东新区参与外来人员综合保险的人数为 50 万人,比 2006 年增加了近 10 万人,但是仅占外来人员总数的 38.1％,农村地区参加养老保险人口占农村人口数的 46％。政府在公共服务体系建设过程中要更加注意对外来人员和农村地区的投入,使得浦东新区每一位劳动者都能"老有所养,病有所医"。

政府主导社会参与型公共服务体系建设模式,并不是政府主导一切,而是对政府自身的服务方式、职能转变提出更高的要求。从过去行政命令式的管理转变为引导、调控多种主体参与到公共服务当中,创新服务手段和供给方式,"成功的组织是把高层管理和具体操作分开"。①在职能优化精简的基础上,为非营利组织、企业留出空间,使社会力量能够真正参与到公共服务体系的建设中。

(二) 明确市场作用逐步开放公共服务领域

明确政府的责任并不意味着市场不需要参与到公共服务中,相反,市场恰恰能够弥补政府在提供公共物品时能力不足,对于公共服务而言,"主要的区别不在于公营对私营,而在于垄断对竞争"。②引入竞争机制,一方面可以剥离原本不属于政府应该管辖的机构和职能,另一方面促进公共服务供给主体之间的竞争,使用最低的成本购买到最优质的公共服务。这就要求浦东新区政府明确公共服务领域的准入门槛,使国有企业、私营企业、外资企业都能以平等的方式参与市场的竞争,打破"事改企"③企业依靠原先单位垄断公共服务的局面,对于已经实现市场化的行业,在基础设施建设、城市公用事业等领域,一定要引入竞争的方式,降低公共服务成本,吸引优质资源和企业参与公共服务。通过市场机制,将浦西、全国甚至国际优质企业引入浦东新区,进行公共服务的建设。

市场机制也会带来一定弊端,在公共服务过程中同样会出现为了追求利润最大化损害服务对象利益的行为,比如抬高服务收费标准、降低服务质量,这就需要进行加强监督和管理。同时,公共服务领域在逐步向企业开放的过程,必须明确市场经济并不能完全解决公共物品的提供问题,过分依赖市场将导致公共服务丧失公共性,"如果所有的公共物品都可以市场化的话,那么公共性便无从言起了"。④所以,逐步开放公共服务领域,绝不等同于政府的退出,"政府移交的是服务项目的提供,而不是服务责任的转移"。⑤通过引入竞争机制,使浦东新区政府能更好地履行公共服务的责任,并不是当做

---

① 戴维·奥斯本,特德·盖布勒:《改革政府:企业精神如何改革着公营部门》,上海译文出版社 2006 年版,第 9 页。

② 戴维·奥斯本,特德·盖布勒:《改革政府:企业精神如何改革着公营部门》,上海译文出版社 2006 年版,第 45 页。

③ "事改企"把原先的事业单位或者事业单位某一部分转变为企业,前提是改制单位所涉及的领域可以通过市场化进行运作。改制完成的企业一般有三年的过渡期,受到政策上的倾斜和保护,避免被市场竞争冲垮。

④ 程样国、韩艺:《西方公共服务市场化的启示与反思》,《江西社会科学》2004 年第 4 期。

⑤ 戴维·奥斯本,特德·盖布勒:《改革政府:企业精神如何改革着公营部门》,上海译文出版社 2006 年版,第 20 页。

一种推卸责任的方法。

（三）构建公共服务体系供给主体多元化格局

公共服务体系供给主体多元化需要非营利性组织的参与。非营利性组织具有公益性、直接面对民众、服务形式多样、服务手段灵活多样的特点，可以填补信息咨询、行业标准制定、特殊人群服务等公共服务空缺。

随着社会的发展，截至 2008 年年底，浦东新区具有大专及以上学历或中级及以上专业技术职称的人才总量已经达到 48 万，民众有能力组织起来满足自身的需求。浦东新区非营利性组织作为提供公共服务的一支力量，已经吸引了一些高素质人才的参与，比如行业协会组织吸纳了同一行业优秀成员加入。

首先，弱化非营利组织的行政职能。浦东新区行业协会类的非营利组织在很多政府的支持下建立，有些本身就是从政府职能部门转变过来，一些行业协会的法定代表人就是政府官员。这使得行业协会在发展理念、内部管理、活动方式依赖于与其业务相关的政府部门，政府部门也乐于通过支持行业协会的方式对所管辖的领域内相关企业进行管理。这就需要加强行业协会类非营利组织的内部管理和规范，淡化行政色彩，政府部门主要履行监督职责。

其次，强化对民办非企业类非营利组织的支持力度。浦东新区民办非营利组织包括民办学校、民办养老院和民办医疗机构，主要弥补公办教育、医疗的不足，其中承担义务阶段教育的民办教育机构就有 20 多所。这就需要浦东新区政府在税收政策、财政支出上加以支持，推动民办非企业类的非营利组织服务水平、服务质量的提高。

最后，加快推动志愿组织的发展。在浦东新区所有的非营利组织中，志愿服务类非营利组织最少，而志愿组织恰恰是反映一个地区公民社会发展状况、公众参与程度最重要的标志。在目前的情况下，志愿组织发展离不开政府资金的支持，即使是在市场化程度最高的美国，联邦政府在社会服务方面的支出 50％ 以上投向非营利组织。[①]所以，浦东新区政府可以为志愿组织提供日常运转资金和场地的最基本支持，采取政府购买方式推动志愿组织服务项目的实施，从而支持志愿组织参与公共服务。

（四）创新公共服务体系的供给方式

公共服务的生产依据的是成本效率原则，而公共服务的供给则依据公开、公平、参与原则，通过创新多种公共服务的供给方式，让政府、企业、非营利性组织通过不同方式提供公共服务。

---

① 孙倩：《美国的非营利组织》，《社会》2003 年第 7 期。

　　购买服务是浦东新区政府利用较多的一种公共服务供给方式。除了购买服务，浦东新区还可以引入其他比较成熟的供给方式，增强公共服务领域间的竞争，促进多种供给方式的形成。凭单制是政府部门给予有资格消费某种服务的个体发放优惠券，在政府指定的公共服务供给组织中消费者凭借其手中的凭单换取服务，然后政府用现金兑换各组织接收的凭单。浦东新区目前拥有 208 所中小学，其中近 30 所是民办教育机构，承担了一定数量的义务教育的学生，但是却享受不到国家财政的生均教育经费拨款。[1]如果实行凭单制，使所有中小学平等参与竞争，学生家长持教育券自主选择学校，学校凭借接收到的教育券数量从财政部门领取相应的生均教育经费，这样既为民办教育机构创造良好的发展环境，也可以促进教育资源的合理配置。

　　政府还可以通过加强与企业主体、非营利性组织之间的合作，以各种形式吸引企业、非营利性组织参与公共设施建设或提供某项服务，主要包括特许经营和共同生产两种方式。特许经营是政府首先确定服务的生产、提供标准，然后限定提供主体的资质，授权某一主体在一定期限内的生产权或服务权。在垃圾处理、环境保护这类专业性较强、外部正效应较广的公共服务领域，通过设置必要的准入门槛，对优良公共服务的提供者开放。共同生产是指政府部门与企业、非营利组织就公共服务的某一项目形成合作的伙伴关系，相互在资源上取长补短，发挥各自优势，共同推进公共事务服务民众，其中包括一定比例的志愿服务或公民自我服务。2009 年浦东新区约有 1 万名左右的老人需要进行社会化养老，而养老机构才 48 家，近 40 家是民办非企业单位，规模普遍较小，满足不了实际的养老需求。浦东新区可以通过制定优惠政策，吸引和鼓励社会资金、人力资源共同投入养老等供需缺口较大的公共服务中，以弥补政府资源及服务能力的不足。

四、结　　语

　　公共服务体系建设涉及基础教育、就业服务、社会保障等社会各方面，需要政府、社会组织、私人企业多元主体的参与，关系到政府职能转变、社会组织成长、企业社会责任等改革的重大领域和问题。上海浦东新区开发 20 年，综合配套改革已经进行 4 年，取得了巨大的成就，通过公共服务体系的建设和完善，可以调动各方面积极性，为市场经济的发展、政府职能的转变、企业的成长提供有利条件，形成推动综合配套改革的动力源泉，促进综合配套改革目标的实现。

（作者为中共上海市委党校公共管理教研部硕士研究生）

---

① 参见《浦东新区民办非企业单位》，上海社会组织网 http://stj. sh. gov. cn/Info. aspx? ReportId＝416db4ab-2716-4002-b52f-089b92f4d7ae。

论 WTO 法下的中国法制变化

On Changing Chinese Legal System under the WTO Laws

张乃根

[内容提要] 中国加入世界贸易组织后在 WTO 法的约束下,在较短时间内完成了将 WTO 法转化为大量国内法的艰巨任务。中国入世引起了国内法制的直接变化和法制观念的间接变化,对于今后中国法制的发展具有深远的影响。首先,本文论述 WTO 法的含义以及国内转化立法的问题和成就,认为 WTO 法是指对所有 WTO 成员一般适用的有关协定与仅对中国特别适用的议定书等文件,均具国际法约束力。然后,本文分析将 WTO 法转化为国内法的三种具体方式,即对应式转化、归纳式转化和分散式转化,并且在原则上将 WTO 法转化为国内法实施的同时不完全排除在国内直接适用 WTO 法。通过这些国内立法转化,促进了法制透明度的增强与观念变化,尤其从履行国际义务到工作常态的变化,建立了较完整的透明性制度,公开所有履行 WTO 法的国内法律法规及措施,通过各种渠道听取公众对立法的意见。最后,本文从国际法与国内法的关系角度探讨适应 WTO 法的国内法制亟待改进的方面,包括修改宪法的缔约规定、进一步规范 WTO 法在国内的司法解释以及理顺立法解释与司法解释的关系,以期高水平地建设中国法制。

中国加入世界贸易组织(WTO)已近第十个年头。[①]中国入世"是 WTO 和多边贸易体制历史上的最重要事件之一。进而言之,这也是现代中国历史上具有重大意义的事件。"[②]中国入世后变化之显著,莫过于一跃而为全球货物贸易第二大国;[③]且在国际金

---

① 2001 年 11 月 10 日,在多哈召开的 WTO 第四次部长级会议审议并表决通过了中国加入 WTO。时任中国外经贸部部长石广生于 11 月 11 日代表中国政府签署了《中华人民共和国加入议定书》,并根据中国全国人大常委会 2000 年 8 月 25 日授权决定(2001 年 11 月 9 日新华社公布),当即递交批准接受加入书。根据《建立 WTO 协定》第 14 条第 1 款"本协定生效之后的接受应在此接受之日后的第 30 天生效",于 2001 年 12 月 11 日,中国正式成为 WTO 第 143 个成员。

② WTO 总干事拉米在上海世博会的演讲:China's WTO membership is "win-win"(22 July 2010),http://www. wto. org/english/news_e/sppl_e/sppl162_e. htm(2010-7-25),以下访问日期相同,略。

③ 中国进出口总值从 2001 年 5 098 亿美元猛增至 2009 年 22 072 亿美元,其中,全球金融危机前 2008 年进出口总值 25 616 亿美元,为历史最高,参见国家统计局相关年度统计公报:http://www. stats. gov. cn/tjgb/。2010 年 1—6 月进出口总值为 13 548. 8 亿美元,全年可望再创历史新高,参见商务部统计:http://zhs. mofcom. gov. cn/aarticle/Nocategory/201007/20100707016894. html。2009 年美国、德国进出口总值分别为 26 610 亿美元、20 520 亿美元,位居全球货物贸易第一、第三大国,参见 WTO《世界贸易报告》:World Trade Report(23 July 2010),p. 28。

融危机冲击下的 2009 年进口仍呈增长,为全球经济复苏作出了重要贡献。[①]就国际法与国内法的深层次关系而言,中国入世所引起的国内法制变化,不亚于 30 多年前中国重建法制。本文从 WTO 法的国内实施与中国法制变化、WTO 法下中国法制的具体变化、适应 WTO 法与中国法制的亟待变化这三方面,探讨中国入世对国内法制的深刻影响。[②]

一、WTO 法的国内实施与中国法制变化

根据《中国入世议定书》第 1.2 条,中国作为 WTO 成员的权利与义务以如下协定为准:其一,对所有 WTO 成员适用的《建立 WTO 协定》及其附件 1(《货物贸易多边协定》、《服务贸易总协定》和《与贸易有关的知识产权协定》)、附件 2(《关于争端解决规则与程序的谅解》)、附件 3(《贸易政策审议机制》);[③]其二,对中国特别适用的《中国入世议定书》及其附件 1—9 和《中国入世工作组报告》第 342 段所含全部 147 段的义务承诺。[④]这些协定均具国际法约束力,构成本文所说的"WTO 法"。

按照《建立 WTO 协定》第 16.6 条和《中国入世议定书》附则 4,WTO 法的英、法、西班牙文本具有同等效力,而 WTO 没有中文本。中国入世后,全国人大常委会未按《宪法》规定程序批准过上述作为 WTO 法的所有协定,因而也没有通常批准加入国际条约时已有的官方中文本。[⑤]由此产生了国内实施 WTO 法的一系列问题。譬如,2003 年 11 月,我国根据《与贸易有关知识产权协定》(TRIPS 协定)修订了《知识产权海关保护条例》。但是,2009 年 1 月,WTO 争端解决专家组裁决该《条例》关于"海关可以在消除侵权特征后依法拍卖"被没收的侵犯知识产权货物的款项违反 TRIPS 协定第 46 条第 4 款第 4 句。[⑥]我国

[①] 2009 年中国进口增长 2.8%,是全球主要经济体中唯一进口呈现正增长的国家。参见商务部新闻办:《中国与世贸组织:回顾和展望》(2010 年 7 月 22 日):http://www. mofcom. gov. cn/aarticle/ae/ai/201007/20100707037241. html。

[②] 在中国入世前夕与入世 5 周年之际,我先后撰文:《反思 WTO:全球化与中国入世》,《世界贸易组织动态与研究》2002 年第 4 期;《论我国入世对国内体制的影响及反思》,《世界贸易组织动态与研究》2006 年第 12 期。本文旨在进一步探讨 WTO 法与我国国内法制的关系。

[③] 包括这些协定在内的乌拉圭回合谈判成果法律文件的中译本,见汪尧田总编审:《乌拉圭回合多边贸易谈判成果》,复旦大学出版社 1995 年 4 月。这是由当时的关贸总协定上海研究中心受外经贸部国际联络司委托,根据关税贸易总协定秘书处 1994 年出版的英文本翻译。另见外经贸部国际经贸关系司与关贸总协定上海研究中心(编):《乌拉圭回合多边贸易谈判结果最后文件》,法律出版社 1995 年 9 月。后来,外经贸部国际经贸关系司重译,见《世界贸易组织乌拉圭回合多边贸易谈判结果法律文本》(中英文对照),法律出版社 2000 年。

[④] 《中国入世议定书》等 WTO 法律文件中译本,见《中国入世议定书》翻译组译:《中国入世议定书》,上海人民出版社 2001 年 12 月,又见外经贸部组织翻译的《中国加入世界贸易组织法律文件》(中英文对照),法律出版社 2002 年 1 月。参见索必成:《谈中国加入 WTO 法律文件的中文翻译》,载《法律翻译:从实践出发》,香港中华书局 2002 年。新华社于 2002 年 1 月 25 日公布过《中国入世议定书》中译本,其他法律文件未曾公布。

[⑤] 前引外经贸部组织翻译,并由法律出版社于 2000 年、2002 年出版的乌拉圭回合多边贸易谈判结果法律文本及中国入世法律文件,可视作"准官方中文本"。

[⑥] *China-Measures Affecting the Protection and Enforcement of Intellectual Property Rights*, *Report of the Panel* WT/DS362/R, 26 January 2009.

在履行裁决,修改该款项时碰到了文本翻译问题,即,如修改按 TRIPS 协定原文的翻译表述,无须担心有关内容是否符合专家组裁定,但不符合中文表述习惯;如符合了,又与TRIPS 协定的语义表述不完全一致,可能引发新的争议。①最终修改的该《条例》相关条款为:"但对进口假冒商标货物,除特殊情况外,不能仅清除货物上的商标标识即允许其进入商业渠道。"②显然,这是以符合汉语尤其是法律语言的表述习惯,并与 TRIPS 协定的实质一致为原则。以此类推,那些准官方中文本肯定还有许多值得推敲之处。又譬如,根据 2002 年 8 月最高人民法院公布的《关于审理国际贸易行政案件若干问题的规定》第 8 条关于"人民法院审理国际贸易行政案件,适用的法律、法规的具体条文存在两种以上的合理解释的,应当选择与中华人民共和国缔结或者参加的国际条约的有关规定相一致的解释,但依法可以直接适用国际条约或者中华人民共和国声明保留的条款除外"的规定,如选择 WTO 法的规定,究竟以哪一文本作为标准呢? 显然,这是人民法院本身无法解决的,因而迄今尚无任何案件涉及解释没有官方中文本的 WTO 法。③

尽管如此,中国入世后还是通过健全法制,在国内基本实施了 WTO 法。第一,根据WTO 法的要求,清理 3 000 多部法律、法规和规章④,并制定了《立法法》(2003 年)、《行政法规制定程序条例》(2002 年)和《规章制定程序条例》(2002 年),全面规范我国的法律法规制定程序;第二,对贸易体制和政策进行全面的调整,包括修订《对外贸易法》(2004 年),在原有的《反倾销和反补贴条例》基础上分别制定《反倾销条例》(2002 年,2004 年修订)和《反补贴条例》(2002 年,2004 年修订),新制定《保障措施条例》(2002 年、2004 年修订)等;第三,在入世前后修订与进出口相关的法律法规,如《海关法》(2000 年)、《进出口关税条例》(2003 年)、《进出口商品检验法》(2002 年)、《技术进出口管理条例》(2001 年)、《进出口货物原产地条例》(2004 年)、《地理标志保护规定》(2005 年);第四,在贸易有关的投资、服务、知识产权等领域,修订或制定大量法律法规和部门规章,包括《中外合资经营企业法》(2001)、《中外合作经营企业法》(2000 年)、《外资企业法》(2000 年)、《公司法》(2005 年)、《关于外商投资举办投资性公司的规定》(2004 年)、《外商投资矿产勘查企业管理办法》(2008 年)、《关于外国投资者并购境内企业的规定》(2006 年)、《企业所得税法》(2007 年)、《商业银行法》(2003 年)、《证券法》(2004 年)、《保险法》(2009 年)⑤、《电信条例》(2000年)、《外商投资电信企业管理规定》(2008 年)⑥,《专利法》(2008 年)⑦、《商标法》(2001

----

① 见国务院法制办公室关于《国务院关于修改〈中华人民共和国知识产权海关保护条例〉的决定(送审稿)》公开征求意见通知(2009 年 12 月 10 日)。

② 见国务院令第 572 号关于修改《知识产权海关保护条例》的决定(2010 年 3 月 24 日)。

③ 《最高人民法院行政判决书[2007]民三行提字第 2 号》是已公开的适用该规定第 8 条的案件,涉及被纳入TRIPS 协定的《保护工业产权巴黎公约》第 6 条之 7 有关"代理人"的规定,而全国人大常委会于 1984 年 11月 14 日批准该公约时附有正式中文本。

④ 同前引商务部新闻办:《中国与世贸组织:回顾和展望》(2010 年 7 月 22 日)。

⑤ 《保险法》2003 年已修订,2009 年再修订。

⑥ 《外商投资电信企业管理规定》2001 年制定。

⑦ 《专利法》2000 年已修订,2008 年再修订。

年)和《著作权法》(2010年)①,新出台《反垄断法》(2007年)等。至于地方性法规等的修订或制定,更是不计其数。

　　上述从中央到地方的立法或修法数量之多、活动之密集,使中国法制发生了显著的、甚至可以说是质的变化,因为与三十多年前中国全面恢复法制时完全自行立法相比,中国入世后的大规模立法和修法,更多的是根据 WTO 法所要求的国际法优先于国内法的基本原则,②通过国内立法转化而实施 WTO 法。

　　WTO 迄今对中国进行了三次政策评审,③包括对中国入世后通过国内立法转化实施 WTO 法的评估和要求。其中,第三次评审要求中国:"在目前的评估、修改其贸易及贸易相关法律的努力基础上继续改善其贸易和投资政策和做法的透明度;政府有必要继续减少对贸易的管制及其他壁垒,尤其是海关程序、技术法规与标准(包括卫生检疫措施)、颁证做法、进口许可和出口限制(特别是税收和部分增值税退税);加速银行、电信及邮政等服务行业的自由化以使中外服务提供商受益,包括取消外国投资限制与采纳更加国际化的标准;加快加入 WTO 政府采购协定,使得政府采购在中国经济中起到更重要作用;关切中国本地的创新政策以及对外国产品、投资者、技术和知识产权的进入;在 2020 年前进一步推进中国相对高标准的知识产权标准。"④这些评价和要求客观上承认中国已履行了入世承诺,因为其中并无任何明确指出中国未履行承诺之处,⑤只是要求中国做得更好些。这些较高要求客观上反映了发达国家成员方的期望。

　　当然,中国入世以来的国内法制巨变并非意味着不存在抵触 WTO 法之处。以美国为首的少数 WTO 成员针对中国发起的 9 起争端解决案件,⑥除了个别案件与反倾销措施有关,其余均涉及中国体制性问题,包括与进出口有关的国内税制,与贸易有关的

---

① 《著作权法》2001 年已修订,2010 年再修订。

② 《建立 WTO 协定》第 16.4 条规定:"每一成员应保证其法律、法规和行政程序与所附各协定对其规定的义务相一致。"《中国入世工作组报告》第 67、68 和 70 段(属于该报告第 342 段包括的义务性承诺)分别规定:"中国将保证其与贸易有关的或有影响的法律法规符合 WTO 协定及其承诺,从而全面履行其国际义务。""中国将及时公布行政法规、部门规章和其他中央政府的措施以保证中国的承诺在一定时限内得以全面履行。""中国将适时地废止与中国所承担的义务不一致的地方性法规、政府规章和其他地方性法规。"根据上述 WTO 法的相关协定英文文本翻译,并参考前引《世界贸易组织乌拉圭回合多边贸易谈判结果法律文本》、《世界贸易组织乌拉圭回合多边贸易谈判结果法律文本》的中译本。以下引 WTO 法的协定,出处略。

③ 三次评审分别于 2006 年 4 月 19—21 日、2008 年 5 月 21—23 日,2010 年 5 月 31 日—6 月 2 日进行。

④ 见 Trade Policy Review: China-Restructuring and further trade liberalization are keys to sustaining growth, Press/TPRB/330(31 May and 2 June 2010)。

⑤ 中国认为:"截至 2010 年,中国加入 WTO 的所有承诺已全部履行完毕,建立起了符合规则要求的经济贸易体制,成为全球最开放的市场之一。"同前引商务部新闻办:《中国与世贸组织:回顾和展望》(2010 年 7 月 22 日)。

⑥ 美国诉中国集成电路增值税退税案(DS309),美国、欧共体和加拿大诉中国影响汽车零部件进口措施案(DS339\340\342),美国、墨西哥诉中国某些退减免税措施案(DS358\359)、美国诉中国影响知识产权实施案(DS362)、美国诉中国影响某些出版物和音像娱乐产品的贸易权及批发服务措施案(DS363)、美国、欧共体和加拿大诉中国影响金融信息服务和外国金融信息措施案(DS372\373\378)、美国、墨西哥和危地马拉诉中国出口名牌补贴案(DS387\388\390)、美国、欧共体和墨西哥诉中国原材料出口相关措施案(DS394\395\398)、欧盟诉中国对某些来自欧共体的钢铁紧固件临时反倾销税案(DS407)。

知识产权实施、文化产品管理、新闻与信息管理等体制、原材料开发利用和出口体制。其中，集成电路增值税退税、与汽车零部件进口有关税收、与鼓励出口有关某些退减免税、出口名牌补贴、著作权保护和知识产权海关保护的某些规定、文化产品的进口管理及金融信息服务某些体制等存在抵触 WTO 法之处，均经磋商，或 WTO 争端解决专家组及上诉机构裁决后，中国已经或将要消除抵触之处。应该指出，WTO 成立以来数以百计的争端解决案件说明，不仅像新加入的中国，而且美国、欧共体等老成员的国内体制也有许多抵触 WTO 法的问题。从某种意义上说，不同成员对 WTO 法的同一义务规定有不同理解，是产生争端解决的主要原因之一。因此，不能由于发生了这些争端解决而否定中国已全部履行了其入世承诺，并使国内法与 WTO 法保持总体上的一致性。

二、WTO 法下中国法制的具体变化

中国入世后的国内法制巨变，主要是在 WTO 法的约束下发生的。近十年来，我国将 WTO 法转化为大量相关国内法，这是中国法制的直接变化。同时，经由这些国内立法和执法，间接地促进了法制观念的变化，对于今后中国法制的建设和完善，具有深远的意义。

(一) 中国入世后转化 WTO 法的国内立法

在中国入世之前，将我国加入的国际条约转化为国内法的例子不多。譬如，1986 年 9 月 5 日、1990 年 10 月 30 日由全国人大常委会先后通过的《外交特权与豁免条例》、《领事特权与豁免条例》将我国于 1975 年、1979 年加入的《维也纳外交关系公约》和《维也纳领事关系公约》的主要条款转化为国内法，但是，这两项条例的第 27 条包含了几乎相同的规定，即，中国缔结或者参加的国际条约另有规定的，按照国际条约的规定办理，但中国声明保留的条款除外。中国与外国签订的外交或领事特权与豁免协议另有规定的，按照协议的规定执行。因此，这两项条例是在我国实施这两项公约的"补充立法"，[①]而不排除同时直接适用这两项公约以及有关双边条约的"另有规定"（除保留条款）。又譬如，中国在 1982 年 6 月 7 日加入《联合国海洋法公约》前后，分别于 1992 年 2 月 25 日、1998 年 6 月 26 日制定了《领海及毗连区法》、《专属经济区和大陆架法》。根据中国加入公约的声明内容（尤其是限制外国军舰在领海的无害通过）和加入后宣布的保留条款（不接受国际法院和海洋法庭的管辖），以及两部国内法均未明确可直接适用该公约来看，这两部国内法属于转化立法。其他，诸如 1980 年我国加入《消除对妇女一切形式

---

① 参见刘楠来：《条约在国内的适用与我国的法制建设》，载朱晓青、黄列主编：《国际条约与国内法的关系》，世界知识出版社 2000 年版。

歧视公约》后制定的 1992 年《妇女权益保障法》此类转化立法，不一一枚举。

虽然存在上述转化立法的情况，但是，我国对于加入的国际条约在国内的实施或适用，实践中更多地是将之采纳而直接适用。这方面的例子很多，举不胜举。我国国际法学界一般认为："我国与外国所缔结的条约在生效时，就当然被纳入国内法，由我国各主管机关予以适用，而无须另以法律予以转变为国内法。"[①]在中国入世前，我国法学界对于 WTO 法究竟采取纳入国内法而直接适用，抑或转化国内法而间接适用，各持一端。[②]鉴于《建立 WTO 协定》第 16.5 条规定的 WTO 法的不可保留性，即中国入世后应不加保留地在国内实施所有 WTO 法，且 WTO 法没有官方中文本的特点，我国对于 WTO 法采取了原则上转化为国内法的做法。由于 WTO 法包括一系列协定，因此在短时间内大量的转化立法，在我国是史无前例的。

我国将 WTO 法转化国内法的具体方式大致是：其一，对应式转化，即将 WTO 法的某一协定对应地转化为国内法。当然，这没有必要、也不可能是一字不差地照本转化，而是整体上根据某一协定的结构和主要内容，制定或修订我国的相应法律法规。譬如，根据 WTO 的《反倾销协定》、《补贴与反补贴协定》和《保障措施协定》，修订或制定了我国《反倾销条例》、《反补贴条例》和《保障措施条例》。这种方式的好处是有利于根据 WTO 各成员通用的贸易救济手段（包括标准与程序），"以牙还牙"，最大限度地保护我国国家与企业的合法权益，且与 WTO 法的原则一致。中国入世以来已启动了数十起反倾销调查和少量反补贴调查和保障措施的案件。迄今只有欧盟就我国商务部 2009 年第 115 号对欧盟碳钢紧固件反倾销临时措施以及《反倾销条例》第 56 条抵触 WTO 法，在 WTO 提起争端解决，是否抵触由专家组或上诉机构裁决。[③]

其二，归纳式转化，即，将 WTO 法有关协定的内容归纳地转化为国内法。譬如，根据 WTO 法的一系列协定而修订的《外贸法》、《海关法》、《进出口关税条例》等。其中，《外贸法》全面规定了"对外贸易经营者"（《中国入世议定书》第 5 条贸易经营权等）、"货物进出口与技术进出口"（《关贸总协定》第 20 条一般例外等）、"国际服务贸易"（《服务贸易总协定》第 14 条一般例外）、"与对外贸易有关的知识产权保护"（TRIPS 协定第 40 条对协议许可中限制竞争行为的控制等）、"对外贸易秩序、调查和补救"（《关税贸易总协定》有关条款及相应协定）。正如《外贸法》（修订草案）的说明"所指出的，修订现行外贸法是将中国作为 WTO 成员"应当享受的权利、承担的义务转化为国内法的需要"。[④]

其三，分散式转化，即将 WTO 法的某一协定或其条款分散地转化为有关国内法的相关规定，尤其是修订与 WTO 法存在不尽一致之处。譬如，根据 TRIPS 协定，中国入

---

① 李浩培：《条约法概论》，法律出版社 2003 年版，第 317 页。
② 纳入说者，如罗豪才：《经济全球化与法制建设》，《21 世纪论坛 2000 年会议》，2000 年 6 月；转化说者，如刘汉富：《世界贸易组织法在中国法院的直接适用问题》，《人民司法》2000 年第 7 期。参见曹建明主编：《WTO 与中国的司法审判》，法律出版社 2001 年版，第 25 页。
③ 前引欧盟诉中国对某些来自欧共体的钢铁紧固件临时反倾销税案（DS407）。
④ 《关于〈中华人民共和国对外贸易法〉（修订草案）的说明》，《全国人大常委会公报》2004 年第 4 期。

世前后修订的《专利法》(2000年)第11条(增加专利权人的"许诺销售"和"进口"等权利)、《商标法》(2001年)第14条(增加驰名商标的认定)、《著作权法》(2001年)第10.7条(增加著作权人的"出租权")等。这些知识产权法还根据该协定的知识产权实施要求,分别地增加了"临时禁令"制度。又譬如,根据《与贸易有关的投资措施协定》,中国入世前修订的二部外商投资企业法均根据该协定的非歧视待遇原则和解释性清单的"五不"(不要求当地含量、贸易平衡、出口业绩、外汇平衡和国内销售),修改了相关条款。①

我国对于WTO法采取了原则上转化为国内法的上述做法,并没有完全排除在国内直接适用WTO法。譬如《中国入世工作组报告》第68段规定:"如果行政法规、部门规章和其他措施在时限内没有出台,中国仍将履行其在WTO协定及议定书项下义务。"根据上述《关于审理国际贸易行政案件若干问题的规定》第8条,当一个案件的审判,国内法律规定存在两种以上合理解释时,可以选择与WTO规则有关规定相一致的那条解释进行判决。这也就是说,我国人民法院对法律的解释和适用应当尽量避免与WTO规则相冲突,尽管迄今尚无解释没有正式中文本的WTO法的司法判决。

(二) 中国入世后的法制观念变化

随着中国入世后将WTO法转化为大量国内法,从而推进整个法制建设,法制观念也发生了深刻的变化,其中,法制的透明度观念得以树立,尤为突出。

法律的生命在于公开。公开性是法制的基本原则之一,任何法律性文件均应颁布。然而,在中国入世前,仅当时的外经贸部条法司负责清理的法规文件中就有行政法规类的"内部法规"110部,部门规章类的"内部文件"195份。②那么多应该公开的法规文件居然都作为"内部法规"和"内部文件"实施,现在看来简直不可思议,但是,以前人们对于内部"红头文件"秘而不宣,习以为常。这种违背法制基本原则的做法在中国恢复法制多年后依然盛行,很重要的一个原因在于缺乏体制外的约束。中国入世对于改变这种做法,至关重要。根据《中国入世议定书》第2(C)条:"中国承诺只有那些公布的、且为WTO其他成员、个人、企业等能够方便了解的对货物贸易、服务贸易、与贸易有关的知识产权或外汇管制有关或有影响的法律、法规及其他措施才会得到实施。""中国应在实施这些有关的法律、法规及措施前,提供一段合理的时间让有关权威机关听取意见"。于是,公开所有履行WTO法的国内法律法规及措施等,并在立法时听取公众意见,成为中国应尽的国际

---

① 譬如,"关于《中华人民共和国中外合资经营企业法修正案(草案)》的说明"解释:按照《与贸易有关的投资措施协定》第2条及该协议所附解释性清单第1项规定,各成员不得以任何形式限制企业购买、使用当地生产的或者来自于当地的产品。我国政府在入世谈判中,已经作出取消"当地含量要求"的承诺。因此,对中外合资经营企业法中尽先在中国购买的规定加以修改,是必要的。见《全国人大常委会公报》2001年第3期。

② 张玉卿:《应对中国入世:积极清理、修改和制定外经贸法规》,载王贵国、史大伟主编:《WTO与中国:通向自由贸易之路》,法律出版社2002年版,第249页。

义务。据不完全统计,中国入世以来,仅《国务院公报》公开的行政法规和部门规章及行政措施就多达 4 200 多件,①商务部则通过《中国对外经济贸易文告》履行《中国入世议定书》要求公布与贸易有关的部门规章及措施等的义务。此外,全国人大常委会和国务院法制办及商务部条法司等,分别通过"法律草案征求意见系统"、"法规规章草案意见征集系统"、"立法征集意见"等渠道听取公众对法律法规及措施的制定和实施意见。这种从履行国际义务到工作常态的变化,说明透明度观念已开始扎根于中国的法制。诚然,如何将透明度观念渗透到中国法制建设的全面进程中去,让类似 2007 年《政府信息公开条例》界定的所有政府信息,乃至所有立法和司法信息公布于众,还有待努力。

三、适应 WTO 法与中国法制的亟待变化

尽管中国入世以来在 WTO 法的约束下全面推进国内法制建设,取得了举世瞩目的成就,但是,在进一步改革开放的大环境下,我国法制的某些方面仍很不适应中国入世后的形势,亟待改变。下文仅从国际法与国内法的关系角度,就《宪法》的缔约规定、WTO 法在国内的司法解释、国内法的解释,作些初步分析。

(一)《宪法》的缔约规定亟待修改

十多年前,在第三次修宪时,我撰文指出《宪法》缔约规定存在的问题,并结合当时中国将要入世的实际,提出具体的修宪建议。②2001 年 12 月 11 日,中国入世获准后,以难以想象的最快速度正式成为 WTO 成员。其代价是其他 WTO 成员并不关心,而完全属于中国内政的违宪问题,即全国人大常委会以违宪的方式事先授权中国代表递交批准加入书。为此,2004 年第四次修宪前夕,我再次建议纳入有关修宪问题。③但是,法律学人的建议未引起政治家们的重视。如上文所述,由于全国人大常委会未经宪法程序批准 WTO 法,造成迄今在国内尚无正式的 WTO 法中文本,而只有对外经贸主管部门组织翻译,并由法律出版社出版的非正式中译本,因此给 WTO 法的国内实施带来诸多严重问题。2009 年 3 月,外交部条法司在武汉大学举行修订 1990 年《缔结条约程序法》(《缔约法》)研讨会,实务部门与学界讨论在新形势下如何修改《缔约法》。包括我在内的许多与会专家都认为,中国于 1997 年 5 月 9 日加入了《维也纳条约法公约》,应结合履行该公约的义务和 WTO 法的国内实施,修改《缔约法》,并进一步考

---

①　根据对《国务院公报》发文时间(2002 年 1 月至 2010 年 6 月)检索:http://www.gov.cn/gongbao/2010/issue_2035.htm。
②　张乃根:《重视国际法与国内法关系的研究》,《政治与法律》1999 年第 3 期。
③　张乃根:《论条约批准的宪法程序修改》,《政治与法律》2004 年第 1 期。

虑修宪问题。

《宪法》的缔约规定包括第 62 条第 14 款、第 67 条第 14 款和第 18 款、第 81 条和第 89 条第 9 款。根据这些规定,全国人民代表大会缺乏明确的权限批准除"战争与和平的问题"以外的重要条约或特别重要的协定。《缔约法》第 7 条仅规定"条约和重要协定的批准由全国人民代表人会常务委员会决定"。这说明即使将《宪法》第 62 条第 14 款"决定战争和和平的问题"和第 15 款"应当由最高国家权力机关行使的其他职权"解释为包括批准条约权,但是,由于《宪法》未明文规定全国人民代表大会的批准条约权,因此《缔约法》也排除了这一需要宪法解释方可能明确的权限,当然,实际上,全国人民代表大会未曾批准过条约。WTO 法不仅涉及中国国家与人民的重大经济利益,而且其国内实施牵涉转化的国内法之多,应当属于特别重要的协定。如果考虑当初入世谈判的特殊性需要授予中国代表的特别权限,也应有全国人民代表大会根据《宪法》第 62 条第 15 款行使"应当由最高国家权力机关行使的其他职权"予以授权,或根据《宪法》第 67 条第 21 款,授予全国人大常委会在"其他职权"范畴下酌情再授予中国代表特别权限。《宪法》明文规定全国人民代表大会的批准条约权的好处是让全国人民代表充分了解有关重要条约或特别重要协定的内容,代表全国人民的最高意志决定批准或授权,以免再发生像 WTO 法对中国生效后,连全国人民代表或常委会委员都还不太了解究竟 WTO 法对中国规定了哪些权利和义务这种咄咄怪事。此外,《中国入世议定书》是中国与 WTO 这一政府间国际组织,而不是《宪法》第 67 条第 14 款所规定的"与外国"缔结的协定。

为此,《宪法》第 62 条第 14 款后应增加 1 款:全国人民代表大会"决定同外国或政府间国际组织缔结的重要条约或特别重要协定的批准和废除";《宪法》第 67 条第 14 款应修改为:全国人民代表大会常务委员会"决定同外国或政府间国际组织缔结的条约和重要协定的批准和废除"。《缔约法》第 2 条、第 7 条相应地分别修改为"本法适用于中华人民共和国同外国或政府间国际组织缔结的双边和多边条约、协定和其他具有条约、协定性质的文件";"重要条约和特别重要协定的批准由全国人民代表大会决定,条约和重要协定的批准由全国人民代表大会常务委员会决定"。《缔约法》还应对"重要条约和特别重要协定"、"条约和重要协定"做出举例性界定,并增加"有关对外经济贸易重大事项的条约、协定"这一类别,以适应中国入世后可能还会批准加入一些多边贸易谈判达成的特别重要或重要协定这一需要。

(二) WTO 法在国内的司法解释应予进一步规范

如前所述,中国入世后将 WTO 法转化为大量国内法,因此,我国各级人民法院在审判与 WTO 法有关的案件时,原则上均适用国内法。但是,在司法实践中如何解释这些转化的国内法呢? 根据《关于审理国际贸易行政案件若干问题的规定》第 8 条,法院可能面临解释 WTO 法的困难。撇开缺乏 WTO 法的正式中文本这一难题,即便有了可用于解释的正式中文本,法院也会遇到如何解释的一系列棘手问题。

譬如,最高人民法院在适用该规定第 8 条的一起商标行政诉讼案中裁定:该案的争议焦点之一是《商标法》第 15 条规定的"代理人"的范围问题。[①]最高人民法院认为:《商标法》第 15 条规定:"未经授权,代理人或者代表人以自己的名义将被代理人或者被代表人的商标进行注册,被代理人或者被代表人提出异议的,不予注册并禁止使用。"由于在该案中当事人及一、二审判决对于"代理人"的含义具有不同的理解,因此可参照该条规定的立法史、立法意图以及相关的国际条约确定其含义。显然,这涉及对国际条约,即被纳入 TRIPS 协定的《保护工业产权巴黎公约》(《巴黎公约》,有正式中文本)第 6 条之 7 有关"代理人"的含义理解(解释)问题。最高人民法院认为:《巴黎公约》第 6 条之 7 第(1)项规定,"如果本联盟一个国家的商标所有人的代理人或者代表人,未经该所有人授权而以自己的名义向本联盟一个或一个以上的国家申请该商标的注册,该所有人有权反对所申请的注册或要求取消注册"。据该条约的权威性注释、有关成员国的通常做法和我国相关行政执法的一贯态度,《巴黎公约》第 6 条之 7 的"代理人"和"代表人"应当作广义的解释,包括总经销、总代理等特殊销售关系意义上的代理人或者代表人。参照最高人民法院《关于审理国际贸易行政案件若干问题的规定》第 8 条的规定,巴黎公约第 6 条之 7 规定的"代理人"的含义,可以作为解释我国《商标法》第 15 条规定的重要参考依据。

这一判决包含了许多有关条约的国内司法解释问题。首先,该案是否存在关于"代理人"的两种合理解释? 法院如何界定解释的合理性? 其次,为什么说对《巴黎公约》有关规定应作广义解释? 这是依据我国加入的《维也纳条约法公约》的条约解释规则,还是其他规则? 所谓《巴黎公约》的"权威性解释"是谁做出的? 出处何在? 再次,"有关成员国的通常做法"是指国际惯例吗? 如是,有无构成该惯例存在必不可少的相关国家行为证据以及国际社会的法律确信? 最后,我国相关行政执法的一贯态度指的是什么"态度"? 这种"态度"在法律上如何界定? 这些问题不仅应通过个案的充分说理予以解答,而且更需要最高人民法院总结经验,加以规范性的解答。

或许是此类案件屈指可数的缘故,《关于审理国际贸易行政案件若干问题的规定》颁布以来,最高人民法院并未进一步规范 WTO 法的国内司法解释。然而,此类案件的重要性,切不可低估,因为这涉及将 WTO 法转化为大量国内法后如何间接适用国际条约的大问题。

(三) 立法解释与司法解释的关系应予理顺

根据《宪法》第 67 条第 4 款,全国人大常委会行使立法解释权。但是,在该《宪法》

---

① 同前引《最高人民法院行政判决书[2007]民三行提字第 2 号》。以下援引该判决书,出处略。

于 1982 年 12 月 4 日通过之前,全国人大常委会于 1981 年 6 月 10 日通过的《关于加强法律解释工作的决议》授权:"凡属于法院审判工作中具体应用法律、法令的问题,由最高人民法院进行解释。凡属于检察院检察工作中具体应用法律、法令的问题,由最高人民检察院进行解释。最高人民法院和最高人民检察院的解释如果有原则性的分歧,报请全国人民代表大会常务委员会解释或决定。"①这是我国最高人民法院和最高人民检察院制定司法解释的依据。近 30 年来,司法解释之多,难以统计。仅最高人民法院自 2009 年 3 月至 2010 年 5 月的短短 1 年多时间内就制定、颁布了 58 项司法解释。②在我国,司法解释具有法律效力;③在 WTO 争端解决中,司法解释也经常被作为法律援引。④应该说,对于指导或统一司法实践的法律适用,具有中国特色的司法解释,功不可没。但是,《宪法》赋予全国人大常委会的立法解释权行使太少与授权最高司法机关的司法解释太多,形成鲜明对比,很难说是健全的法制。尤其是中国入世后将 WTO 法转化为国内法后的适用,完全依靠司法解释,结果造成最高人民法院适用《关于审理国际贸易行政案件若干问题的规定》时出现了那些亟待解决的问题。从完善我国法制的角度看,应理顺立法解释与司法解释的关系,有必要增加全国人大常委会的立法解释,特别是对事关中国履行国际义务的法律解释,适当限制授权性司法解释。至少 1982 年《宪法》生效之前的那项决议应予以修改了。

中国入世前夕,外界在谈到对中国法制的影响时,曾认为这"将使中国的法律制度面临最严峻的考验",⑤"将会实质性地改变中国的法律状况"。⑥就通过国内立法转化 WTO 法的直接变化和法制观念的间接变化而言,这一前所未有的实践确实是中国恢复法制后规模最大、意义最深远的一次变化,但是,回眸中国入世后的国内法制的变化,展望未来,就适应 WTO 法与国内法制的亟待变化,尤其就完善《宪法》的缔约规定、规范 WTO 法的国内司法解释,乃至理顺立法解释与司法解释的关系而言,中国法制的高水平建设之路,可能还只是刚刚起步。

参考文献

[泰]素帕差·巴尼巴滴:《WTO 总干事解读入世》,机械工业出版社 2002 年版。

[美]弗里德里克·M. 艾博特:《世界贸易体制下的中国》,法律出版社 2001 年版。

---

① 《全国人民代表大会常务委员会关于加强法律解释工作的决议》(1981 年 6 月 10 日第五届全国人民代表大会常务委员会第十九次会议通过)。

② 参见最高人民法院司法解释栏目:http://www. court. gov. cn/qwfb/sfjs/index. html。

③ 《最高人民法院关于司法解释工作的规定》法发(2007)12 号第 5 条规定:"最高人民法院制定并发布的司法解释,具有法律效力。"先前《最高人民法院关于司法解释工作的若干规定》法发(1997)15 号也有同样规定。

④ 譬如,在美国诉中国影响知识产权实施案(DS362)中,2004 年 11 月 24 日最高人民法院和最高人民检察院关于侵犯知识产权罪的法律适用司法解释是引起双方争端的主要法律文件之一。

⑤ [泰]素帕差·巴尼巴滴[美]马克·L. 克利福德:《WTO 总干事解读入世》,机械工业出版社 2002 年版,第 147 页。

⑥ [美]弗里德里克·M. 艾博特主编:《世界贸易体制下的中国》,法律出版社 2001 年版,第 109 页。

王贵国、史大伟主编:《WTO与中国:通向自由贸易之路》,法律出版社2002年版。

曹建明主编:《WTO与中国的司法审判》,法律出版社2001年版。

张玉卿主编:《WTO法律大辞典》,法律出版社2006年版。

曾令良:《世界贸易组织法》,武汉大学出版社1996年版。

赵维田:《世贸组织(WTO)的法律制度》,吉林人民出版社2000年版。

[美]约翰·H.杰克逊:《世界贸易体制:国际经济关系的法律与政策》,复旦大学出版社2001年版。

张乃根:《WTO争端解决机制论》,上海人民出版社2008年版。

David Palmeter, *The WTO as a Legal System*, London: Cameron May, 2003.

Rufus Yerxa and Bruce Wilson, Key Issues in WTO Dispute Settlement, Cambridge: Cambridge University Press, 2005.

John H. Jackson, Sovereignty, the WTO and Changing Fundamentals of International Law, Cambridge: Cambridge University Press, 2006.

（作者为复旦大学法学院教授）

法治在化解社会矛盾中的主导作用研究

On the Leading Role of the Rule of Law in Resolving Social Conflicts

张淑芳

[内容提要] 社会矛盾化解是一国面临的基本问题,社会矛盾化解机制自然成为一国理论与实务界共同关注的热点。从现代国家的实际情形观察,这种机制可以有四者:存在于民间的、存在于权力系统的、存在于专门机构的和存在于法律规范之内的,其在社会矛盾化解中的地位和作用是不可以同日而语的。法治机制以其在化解社会矛盾中的网格性优势、统一性优势、程序性优势和责任性优势,应当居于主导地位。然而,就我国目前状况而言,对法治机制的此种优势却存在诸多误区,我们认为应当将法治作为化解社会矛盾的机制概念化、将法治作为化解社会矛盾的统摄机制、将法治机制的实施过程社会化、将法治机制的推行主动化。以尽快将法治在化解社会矛盾中的主导地位用制度手段予以认可,建立一个有效的实施路径。

社会矛盾化解机制是我国法学界、社会学界乃至于政治学界近年来关注的热点问题之一。学界之所以会普遍关注这一问题自然有着非常深刻的社会原因,其中最为根本的在于我国社会转型期各种各样的社会矛盾日益突出。[①]换言之,该问题的被关注并不是偶然的,这同时决定了在有关化解社会矛盾机制的结论上形成了非常复杂的认识进路。在我国,关于社会矛盾的化解机制有一个总体上的认知进路,这个认知进路并不完全与某一学科或某一研究领域对应起来,而是一种带有综合价值的认识进路。在笔者看来,依这个认识进路,我国社会矛盾的化解机制主要不是法治的进路而是其他方面的进路,包括相当一部分从事法学研究的学者在内,似乎对于法律之外的化解社会矛盾的机制更加偏爱一些。例如,人民调解、来信来访等化解社会矛盾的机制就被作为最为有效和最后的机制来看待。笔者认为,这是我国学界关于社会矛盾化解认识上存在的重大误区,如果不予以澄清,必然会对我国的社会和谐和法治进程产生弊害。基于此,

---

① 正如《中共中央关于构建社会主义和谐社会若干重大问题的决定》指出的:"我国已进入改革发展的关键时期,经济体制深刻变革,社会结构深刻变动,利益格局深刻调整,思想观念深刻变化。这种空前的社会变革,给我国发展进步带来巨大活力,也必然带来这样那样的矛盾和问题。"

笔者撰就本文,似对法治在化解社会矛盾中的主导作用予以研究,并希望引起学界和实践界的重视。

一、法治在化解社会矛盾中非主导作用误读之表现

社会矛盾化解无论从纵向上观察还是从横向上观察,都是国家和社会所面临的基本问题。不论国家处于何种历史形态,社会处于何种历史阶段,其权力主体和社会系统都不希望自己所处在的社会之中充斥着普遍的矛盾和冲突。从这个意义上讲,社会矛盾的化解既是一国权力系统所追求的一个有效的治理指标,也是一国公众所判定的社会是否理性的一个测评指标。正是由于有来自这两个方面的共识,化解社会矛盾的机制在现代国家一般可分为下列四种:一是存在于民间的社会矛盾化解机制。所谓民间的社会矛盾化解机制是指在国家政权体系和法律规范之外存在的能够化解社会纠纷的组织系统,这些系统或者是相对松散的,如存在于我国民间的第三者调解。①或者是相对有序的,如我国过去的家族组织中族长作为纠纷的裁判主体进而化解纠纷的机制。当然,民间的矛盾化解机制大多以松散为主。二是存在于权力系统的社会矛盾化解机制。国家政权体系在对社会进行控制和治理时常常有一些特殊的机制,它们并不完全是现代意义上的法治机制,但常从事着对社会进行似乎法律控制那样的控制活动,它们常常与法治机制没有直接关系,而在进行社会控制中往往起着非常重要的作用,这个机构也是社会矛盾化解的重要机制之一,它们属于正式的机制而同时又不受法律机制的约束,正是这种特殊性使其成为一种独立的社会矛盾化解机制。三是存在于专门机构的社会矛盾化解机制。在现代社会中,这样的社会矛盾化解机制越来越多,例如,在现代市场发达的国家都有一系列的行业协会,它们不同于一般的民间纠纷化解机制,更不同于国家权力系统的社会矛盾控制机制,是一种独立存在的社会矛盾控制机制,其由一定社会群体中的相关成员集合而成,在这个群体之内有非常高的认同度。虽然它们作为一种特殊组织受法律规范的调整,但它们在化解社会矛盾中的具体职能与法律的调控没有直接关系,即法律规范不规定它们的具体职能,尤其社会矛盾的化解职能。四是存在于法律规范之内的社会矛盾化解机制。此类机制是一国宪法和法律专门设立的,其有实体上的有形性和程序上的严格性,即是说,法律在设立它们时就认可了其作为矛盾化解机制的性质并规定了严格的化解矛盾的程序规则,例如,我国的司法系统以及一部分行政系统就属此类。这类机制是现代宪政制度的产物,它们与现代法治的概念紧密联系在一起,对其以法治机制命名是妥当的。

---

① 民间的社会矛盾化解机制不是某一国家所独有的问题,不论法治发达国家还是其他国家都有存在于民间的社会矛盾化解机制。例如,西方国家 20 世纪 70 年代兴起的"ADR(Alternative Dispute Resolution)",即"非诉讼解决程序",由于它没有复杂的法律程序,且不伤当事人之间的合作关系,为诸多西方国家采用。

上列四个机制是现代国家社会矛盾化解的主要机制,这应当说是一个没有太大争议的问题。然而,上列四大机制的关系究竟如何却是一个有巨大争议的问题。一方面,上列四个机制在化解社会矛盾中是否是排他的,从理论上讲,四者之间都依自身的逻辑而运转,此一机制与彼一机制没有关联性和排他性,在一个机制将某一社会矛盾不能化解的情况下不排斥其他机制的化解功能。另一方面,四个机制是否有地位高低上的排序,如把其中的某一机制视为最高或高后机制,这些问题从其外在形式上讲似乎是无需争论的,因为宪法和法律典则所确立的法治机制应当具有最高的地位。但是,在四者关系的实在中却并非如此,至少有相当一部分学者和实务工作者并没有认同法治机制作为化解社会矛盾最高或独尊的地位,理论界对信访权威的高度重视尤其对涉诉信访的重视就是例证。总之,在笔者看来,我国学界和实务部门对法治在化解社会矛盾中的主导作用存在明显误读,我们试对这些误读作如下分析。

第一,将法治与其他机制同等看待的误读。社会矛盾化解如果不用法眼观察,它就仅仅是处理存在于社会中各种利益群体冲突的社会问题,而不是一个法律问题。从这样的视野出发,诸多学者将社会矛盾化解中的所有机制同等看待,即民间的矛盾化解机制、权力系统的矛盾化解机制、行业组织的矛盾化解机制与法律上的矛盾化解机制是相同的,只要能够将存在于社会中的矛盾予以化解,哪一种机制都是可以选择的,这种选择只有实际效果上的合理性而不应有机制性质上的合理性。仅就这个论点的表面看似乎是合理的,因为任何矛盾化解过程的最高价值都在于矛盾的合理解决。但是,我们生活于其中的社会就目前所处的历史阶段而论还应当是一种由法律设定秩序并具有明显法治色彩的社会,若离开了法治来分析社会显然是欠缺合理性的分析过程。换言之,社会矛盾的化解在现代社会中不可能是超法律的,即是说合理的社会矛盾化解机制必然是法律所认可的,一个矛盾的化解过程并不一定是法律过程但其至少不能与法治精神有悖,一个社会矛盾化解的结果无论如何高效都应当是法律所认可的。同时,无论什么样的社会矛盾,在法律上的表现都必然是一种归属于法律上的纠纷,或者是受私法调整的民间纠纷,或者是受公法调整的行政纠纷或其他纠纷等。进一步讲,其他社会矛盾化解机制是被包容在法治之中的,其是法律机制中的一个特殊形态,二者不可能是一种并列关系,也不可能具有排斥性。由此可见,将法治与其他机制在化解社会矛盾中的地位相等同是一个认识上的错误。

第二,将法治没有作为最终手段的误读。社会矛盾的化解有两种不同的含义,而这两种含义也反映了两种不同的化解纠纷的状况。第一种是通过纠纷化解将纠纷主体双方由冲突的意志达到合致的意志,即使双方由原来的对立而达到和谐相处。这可以说是矛盾化解的最高境界,因为在这样的状况下双方主体不会再因同一事由而产生新的纠纷。第二种是通过纠纷化解使引起纠纷的争议予以消除,而这样的消除并没有使主体双方形成共识,在这种状况下,主体双方因同一事态进一步引起纠纷的可能性依然存在。毫无疑问,前者是纠纷化解的最高追求。然而,不幸的是第二种纠纷化解的状况却是不以人们意志为转移的客观状态，①无论用什么样的机制都不可能使第二种社会矛盾化解的情形变为零概率。在这样的情况下，现代法治国家都将社会矛盾的化解机制构建为柔性和刚性两种形态，即是说如果能够用柔性机制达成纠纷主体之间的合致，就运用这样的机制。但是，如果不能运用这个机制达成合致，刚性机制就要发挥作用。现代任何一个法治国家都将这种刚性机制作为最后的机制，因为其认识到第二种形态的纠纷解决是必然的。我国一些学者没有对社会矛盾化解的上列两种类型作深入研究，常常不是把法治作为最终的解决机制。我们知道，在我国纠纷解决机制中就有一个涉诉上访，即对于通过司法解决机制作出最终裁判的纠纷还可以进一步用信访的方式去解决，这样便将信访作为了最终机制。这是对法治在化解社会矛盾中主导作用的第二个误读。

第三，将法治与其他机制混淆的误读。社会矛盾化解机制的四种类型究竟与法律制度是何种关系，这本该是一个非常清楚的问题，即是说，有些机制存在于法律体系之外，它们不是法治的构成部分，不应当给其贴上法治的标签，这里比较典型的是存在于民间的社会矛盾化解机制和专门机构的社会矛盾化解机制。它们不受法律规范的调整，之所以允许这样的法外机构存在，就在于其发挥着法治机制不能发挥或难以发挥的作用。但是，在我国学界和实务部门诸多论者几乎将所有的社会矛盾化解机制都贴上了法治的标签，例如，给人民调解贴上法律制度的标签，给信访制度贴上法律制度的标签等。②人民调解和信访制度可以用法律制度进行设计，甚至也可以用法律规范调整这样的制度。然而，从法律属性上讲，这两个制度还不能与法治之内的社会矛盾化解机制相等同。我们说，某种社会矛盾化解机制是法治机制其必须符合现代法治所要求的主客观要件，如有一套解决纠纷的制度系统，而且构成这个系统的主体具有法律上的人格，而不能仅仅有其他人格。同时，其还应当有一套解决纠纷的程序制度。总之，法治范畴内的社会矛盾化解机制与非法治范畴内的社会矛盾化解机制必须有所区分，既不能将法治降格为其他机制，又不能非常随意地给其他机制贴上法治的标签。我国目前诸多论者将法治与其他机制已经有所混淆，这是对法治在化解社会矛盾中非主导作用的另一个误读。这个误读大大降低了法治手段在化解社会矛盾中的价值。

二、法治在化解社会矛盾中优势地位之表现

近年来，我国学者在社会矛盾化解机制的研究中取得了一系列新的成果，其中比较

---

① 这里存在一个深层次的法律哲学问题，那就是法律究竟是对当事人行为过程的控制还是对心理过程的控制。当然，较为理想的是法律既能够对行为过程进行控制，也能够对心理过程进行控制。然而，从法治的角度来讲，在大多数情况下，法律只能控制行为过程而不太容易控制心理过程。这也正是第二种情况存在的原因。

② 前不久通过了《中华人民共和国人民调解法》，在此之前也制定了有关《信访工作条例》。显然，从国家立法的层面上讲，这两个制度被纳入了法律制度的范畴。那我们是否因此就认为人民调解制度和信访制度是解决纠纷的法治机制呢？显然不能作出这样的回答。我们给这两个制度制定法律典则只是为了使它们的运作有法律上的依据，但从制度构型上来看，这两个制度无论如何都不能被归到法治机制的范畴之中。

引人注目的是多元纠纷解决机制理论的出现。①依照这个理论，我国纠纷解决机制应当是多元的，当然，这个理论的提出具有一定的理论前提。诸多学者从我国社会矛盾的多样化和纠纷的复杂化论证纠纷解决机制的多元性，这从表面上看是正常的、合乎逻辑的。因为依这个推论过程，纠纷的多元化与解决它的方式的多元化是有逻辑关系的，离开了纠纷的状况谈论解决它的方式的状况就难以得出正确结论。然而，在笔者看来，这个推论过程并不是一个严密的逻辑上的推论。之所以这样说，是因为纠纷与纠纷解决机制是两个性质完全不同的东西。纠纷并不是哲学上的第一性的东西，而纠纷的解决机制也不是哲学上的第二性的东西。进一步讲，纠纷的状况并不必然决定解决纠纷的机制的状况。而客观事实是，纠纷是一个不可预测的东西，是一个在客观上讲不可以控制的变量，而纠纷的解决机制则是可以预测的，是一个可以控制的变量，我们完全可以通过对可控变量的主动行为对付不可控变量。如果深一步讲的话，纠纷的控制机制是可以进行设计的，而这种设计是完全可以通过人们的主观认识而达到合理化的，在它的合理化形成以后，纠纷的状况自然而然地可以得到控制。由此可见，将纠纷的多元化用来证明纠纷解决机制的多元化是典型的形而上学。事实上，纠纷解决机制的多元化是一个与客观事实相悖的命题，是一个在学术界称得上伪命题的命题，因为我们完全可以通过从质与量两个方面得出法治在化解社会矛盾方面具有优势地位的结论。从质的方面讲，凡是社会矛盾最终能够导致社会问题的，其最终都要归入法治机制中去。而从量的方面看，一国法治机制所能解决纠纷之相对数必然高于其他机制，也正是由于法治在社会矛盾化解中这种起核心作用的特性，才使各个法治发达国家都尽可能使纠纷的解决最终回归到法治之中。正如托克维尔对美国之状况所作的评价："联邦的安定、繁荣和生存本身，全系于七位联邦法官之手。没有他们，宪法只是一纸空文。行政权也依靠他们去抵制立法机构的侵犯，而立法权则依靠他们使自己不受行政权的进攻。联邦依靠他们使各州服从，而各州则依靠他们抵制联邦的过分要求。公共利益依靠他们去抵制私人利益。而私人利益则依靠他们去抵制公共利益。保守派依靠他们去抵制民主派的放纵，而民主派则依靠他们去抵制保守派的顽固。他们权力是巨大的，但这是受到舆论支持的权力。只要人民同意服从法律，他们就力大无穷；而如果人民忽视法律，他们就无能为力。在目前，舆论的力量是一切力量中最难

---

① 多元化纠纷解决机制是指在一个社会中，多种多样的纠纷解决方式以其特定的功能和运作方式相互协调地共同存在、所结成的一种互补的、满足社会主体的多样需求的程序体系和动态的调整系统。所谓多元化是相对于单一性而言的，其意义在于避免把纠纷的解决单纯寄予某一种程序，如诉讼，并将其绝对化，主张以人类社会价值和手段的多元化为基本理念，不排除来自民间和社会的各种自发的或组织的力量在纠纷解决中的作用；目的在于为人们提供多种选择的可能性（选择权），同时以每一种方式的特定价值（如经济、便利、符合情理等）为当事人提供选择引导。这一机制应包括：由公力救济、社会救济和私力救济构成的多元化制度体系；由协商、调解和裁决及其组合构成的多元化纠纷解决方式；由地域性、行业性、自治共同体及各种专门化机制构成的多元化纠纷解决系统；以及各种机制本身的多元化程序设计，如司法程序的多元化。参见范愉：《以多元化纠纷解决机制保证社会的可持续发展》，《法律适用》2005 年第 2 期；王红：《构建以司法为核心的多元纠纷解决机制》，《中共中央党校学报》2009 年第 1 期。

驾驭的力量。因为无法说清它的界限,而且界限以内的危险,也总是不亚于界限以外的危险。"①综观我国的情况,也不难发现法治在解决社会矛盾中的优势地位。

第一,法治在化解社会矛盾中的网格性优势。法治被西方学者定义为:"意指所有的权威机构,立法、行政、司法及其他机构都要服从于某些原则。这些原则一般被看作是表达了法律的各种特性,如正义的基本原则、道德原则、公平和合理诉讼程序的观念,它含有对个人的至高无上的价值观念和尊严的尊重。在任何法律制度中,法治的内容是对立法权的限制;反对滥用行政权力的保护措施;获得法律的忠告、帮助和保护的大量的和平等的机会;对个人和团体各种权利和自由的正当保护;以及在法律面前人人平等。在超国家的和国际的社会中,法治指对不同社会的不同传统、愿望和要求的承认,以及发展协调权利要求、解决争端和冲突,消除暴力的方法。它不是强调政府要维护和执行法律及秩序,而是说政府本身要服从法律制度,而不能不顾法律或重新制定适应本身利益的法律。"②这个定义非常生动地表明法治与法制是两个不同的东西,如果说法制是认同一个社会机制中一部分人对另一部分人的治理的话,那么,法治则是社会机制中相关社会成员的相互治理。尤其广大社会主体在法治的概念之下也能成为治理国家权力体系之主体,即对国家权力体系中握有权力的人的治理。深而论之,在法治的概念之下,整个社会形成了一个网格化的结构,无论什么样的主体,作为个体的或作为群体的,作为民间的或作为权力系统的,作为此一社会阶级的或作为彼一社会阶层的,他们都存在于法治所设置的网格之下。与之相适应,社会主体中无论何种主体之间发生的纠纷也都要以这样或那样的方式进入这个网格之中,这是我们从理论上对法治作为纠纷解决之网格化的表述。那么,在纠纷解决机制的设置上,法治内之机制基本上形成了一个纠纷解决的网格。一则,民间纠纷与权力系统内之纠纷都要进入法治的网格之中。例如,民事法律制度就将民间纠纷框了进来,而宪法和行政法制度则使权力系统内之纠纷框了进来。现代社会中民间主体与权力系统主体之间的纠纷也越来越多,相关的法律救济制度,尤其公法上的救济制度也将这一部分纠纷框了进来。二则,以说服方式解决纠纷与以强迫方式解决的纠纷都要进入法治的网格之中。通常情况下,人们认为法治之内的纠纷解决都具有强迫性,这实质上是一个层面认识,现代民事纠纷解决中通过调解而结案的并不是少数。而一些因公权行使引起的纠纷也有以柔性方式解决的可能。③当然,其他纠纷类型法治同样也能够有效地将其予以框入。这个优势是其他任何纠纷解决机制所不具备的,可以说其他纠纷解决机制所能解决的纠纷都是有限的,它们具有

---

① 〔法〕托克维尔:《论美国的民主》,董果良译,商务印书馆1988年版,第169页。
② 〔英〕戴维·M.沃克:《牛津法律大辞典》,北京社会与科技发展研究所组织翻译,光明日报出版社1988年版,第790页。
③ 因公共权力行使引起的纠纷究竟采用什么样的方式解决在我国曾经走过一些弯路,例如在制定《中华人民共和国行政诉讼法》时就没有确立以调解方式结案的制度,原因在于因公权力引起的纠纷必须采用刚性方式,即判决的方式。但是从公权力行使的客观情况看,以柔性方式解决纠纷具有非常大的空间。这完全可以运用行政自由裁量权以及行政机关职权处分权的理论予以佐证。

明显的碎片化,将它们与法治机制平行起来并作为一个元来看显然是不妥当的。

第二,法治在化解社会矛盾中的统一性优势。《中华人民共和国宪法》和《中华人民共和国立法法》都将法制统一作为我国法治的一个重大原则确立了下来,依据这个原则,法律在调控社会关系时要做到前与后的一致、此地与彼地的一致、此一行业与彼一行业的一致、此一部门与彼一部门的一致、此一当事人与彼一当事人的一致等等。我国法律之所以要确立法制统一原则,并非单单因为我是单一制国家。当然,单一制国家的国家结构形式是确立法制统一的理论基础之一。但是,最为根本的原因在于法制统一包含着一个非常重要的法治价值,那就是公平或平等的价值。可以设想,一个同一类型的纠纷却在处理中有不大相同的结果,不同的当事人在纠纷解决中不能有相同的待遇,那还有多少社会个体会信奉法治就是一个具有巨大疑问的问题。我们知道,法制统一是我国法律所确立的一个原则,当法律在确立这个原则时,既针对于国家的立法行为,又针对于有关国家机关的执法行为,即只要某一主体从事与法律有关的行为就应该保持法律上的一致性。这就非常深刻地说明,法治范围内的纠纷解决机制所追求的是前与后的连贯性,此与彼的一致性等。当然,法律典则通常是国家立法机关制定的,其一旦成为典则就具有确定性,其自然而然贯彻了统一性,不论何种地方、何种部门这种特性都会有所体现。法治的这个优势,也同时是法治范围内纠纷解决机制的优势。其他纠纷解决机制则没有这样的优势。当然,从理念上讲,其他纠纷解决机制也不一定要追求这样的优势,如果在人民调解和来信来访中强调统一性,那可能使这些制度成为一个非常僵硬的存在物。但是,对于社会矛盾化解而言,最高的价值在于形成一个具有长久意义的社会机制,法治在化解社会矛盾中统一性的优势恰恰体现了这个特性。

第三,法治在化解社会矛盾中的程序性优势。在化解社会矛盾中程序究竟扮演什么样的角色,向来就是一个有争议的问题。重实体的学者认为纠纷解决的最高价值在于将纠纷予以化解,至于用什么样的程序进行这样的化解是无关紧要的。而程序主义者则认为纠纷解决中程序具有非常重要的价值,某种意义上讲它本身是纠纷解决过程的组成部分。上列论点都有一定道理,从效率的观点出发,一个纠纷能够通过简捷的方式解决是最为理想的,从这个角度看,不强调纠纷解决中程序的重要性是有一定道理的。然而,笔者认为,程序在纠纷解决中的意义要根据一个国家的文化传统而定。尽管在学界有一种说法,那就是我国法律制度长期以来重实体而轻程序。但笔者认为,隐含在我国传统文化中的主流意识不是对效率的追求,而是更加看重程序,礼仪之邦的概括就生动地表述了隐含在我国公众中的程序偏爱。同时,约翰·罗尔斯在其《正义论》中赋予了程序以独有的意义,依罗尔斯的认识,程序正义是正义的一种,即是说在一个法律过程中,如果能够做到程序合法就已经体现了正义之精神。不论怎么讲,我国传统文化和现代法治理念中程序都有着与实体不同的价值,这要求在我国的纠纷解决机制中应当给程序留下独立空间,法治之内的纠纷解决机制都有相应的程序设计。例如,民事诉讼法、刑事诉讼法、行政诉讼法、国家赔偿法等解决纠纷的法律都包含了非常严密的程序规则,一旦进入其中的某一个程序之中,纠纷各主体所关注的首要因素是程序上的正当性问题,而其次才是实体上的正当性。同时,合法的程序即便让一方当事人实体上的权益无法实现,其也常常会予以认可。与之相比,其他纠纷解决机制则没有程序上的优势。一是其他纠纷解决机制并不可能有严格的程序设计,二是这些机制无法通过一定的法律行为实现程序的正当性。

第四,法治在化解社会矛盾中的责任性优势。一国进入法治国家以后,基本的制度设计便已基本完成,社会秩序的格局也已经定型化。对于政府行政系统而言,其主要的功能便在于使这个社会保持正常的法律关系形式,使每一个范畴的法律关系主体之间在权利与义务方面达到最大限度的平衡。立法职能、行政职能、司法职能都应当围绕着这个中心而展开。换言之,立法机关、行政机关、司法机关都与已经设定好的法律关系的实现有关。而在法律关系的运作中,如果有主体之间权益的争议便产生了相应纠纷,因此我们可以从广泛意义上推论说,进入法治国家以后的国家政权体系中的诸机关都有排解纠纷和化解社会矛盾的职能。笔者这个论点也许将现代国家的立法职能和行政职能泛化了,但这却是一个不争的事实。以我国为例,近年来我国诸部重要的行政法文件都包含着社会矛盾化解的问题,例如,《中华人民共和国行政复议法》、《中华人民共和国行政处罚法》、《中华人民共和国道路交通安全法》等等。这些法律典则与现代责任政府几乎是一个相辅相成的概念,即这些法律典则为行政系统设置了诸多化解社会矛盾的职责并将这些职责与有关的行政问责一致起来。①笔者认为,纠纷的解决或社会矛盾的化解不是一个走过场的问题,而是必须由相关的责任主体承担起能够将纠纷快刀斩乱麻式的予以解决的职能。凡在法律范畴内的纠纷解决机制都与一定的责任有关,例如,在司法制度中有错案追究制,在行政制度中有行政问责制等,其根本点在于将纠纷解决作为一个理性的法律行为范畴,而不是仅仅作为一个简单的行为过程。其他机制的纠纷解决恰恰没有相统一的责任制度,即一个纠纷的解决可能是暂时的,其在当事人反悔的情况下还会进入其他机制之中,因为没有人能够对此承担法律上的责任,而法治内的纠纷解决机制则没有这样的劣势。

三、法治在化解社会矛盾中主导作用的实施路径

社会矛盾化解与法治国家建设的关系在理论界鲜有学者进行研究,我国有关重要

---

① 如《中华人民共和国行政处罚法》第 5 条规定:"实施行政处罚,纠正违法行为,应当坚持处罚与教育相结合,教育公民、法人或者其他组织自觉守法。"第 62 条规定:"执法人员玩忽职守,对应当予以制止和处罚的违法行为不予制止、处罚,致使公民、法人或者其他组织的合法权益、公共利益和社会秩序遭受损害的,对直接负责的主管人员和其他直接责任人员依法给予行政处分;情节严重构成犯罪的,依法追究刑事责任。"

的官方文件以及法律典则对二者的关系更是没有作出正面回答。上列两个方面的缺失使学者们常常将二者的关系予以割裂。割裂二者关系的具体表现有：一是在强调建设法治国家时没有将社会矛盾化解作为其中的构成部分。其实，法治国家与社会矛盾化解是不可以分割的，之所以这样说，是因为在我国目前情势下，对法治国家造成最大威胁的是社会矛盾的多样化和日益增长的势头，即是说方方面面、形形色色的社会矛盾已经成为阻滞法治国家建设的主要因素。二是在谈论社会矛盾化解时总乐意强调化解机制的多元化，正如上文所说纠纷化解的多元化是一个伪命题，因为它将法治机制和其他机制予以等同。显然，诸多关于社会矛盾化解的多元论者都将这种多元中的元从法律机制中游离出来了，如有学者突出民间纠纷调解机制的功能，有的提出了用大调解完善纠纷解决机制的制度构想，有的则给信访制度过高的地位。总之，多元纠纷解决机制的最终结果是冲淡法治机制的作用。上列两种割裂法治国家与社会矛盾化解关系的表现使二者在我国几乎成为两张皮，严重制约了我国在法治国家建设中对社会矛盾的有效化解。上列认识上的滞后性已经渗透到法治实践和社会治理的实践中。从某种意义上讲，这也成为我国近年来社会矛盾得不到有效控制甚至与日俱增的原因之一。因此，笔者认为，我们必须尽快将法治在化解社会矛盾中的主导地位用制度手段予以认可，建立一个有效的实施路径。笔者试对这些实施路径作如下设想。

（1）将法治作为化解社会矛盾的机制概念化。社会矛盾化解机制是我们对化解社会矛盾的相关制度形态、方式与方法等的一个总称，这个称谓是理论上的而不是法治实践中的，即是说，我国法律典则和有关的政府文件并没有给社会矛盾化解机制下一个定义。但是，在我国社会矛盾化解的诸多制度和方式方法中，存在于法律之外的相关机制倒是有比较清晰的概念，或者说，它们在化解社会矛盾的实践中已经被概念化了，例如，关于人民调解的社会矛盾化解机制、关于来信来访的社会矛盾化解机制基本上都有一个相对概念化的东西。更为重要的是我国制定了有关人民调解的法律典则，其对人民调解的概念作了界定，对人民调解的主体、程序等都作了规定。[①]通过这些规定使人民调解在理论界和实务部门都形成了属于自己的清晰概念，随着我国前些年对信访条例的颁布，信访制度有同样的概念系统。但是，法治范畴的社会矛盾化解机制则没有明晰的概念系统，当然，法治范围内的社会矛盾化解机制的形式在我国有诸多个，而它们在社会矛盾化解中扮演什么角色等问题并不清晰，尤其化解社会矛盾的法治机制的概念以及它的构成并没有从理论与实践上予以解决。基于此，笔者认为，我们应当尽快通过相应的法律典则将化解社会矛盾的法治机制概念化。在这里有一个问题是需要予以强调的，化解社会矛盾的法治机制是一种正式的机制，其与法外的相关机

---

① 如《中华人民共和国人民调解法》第 2 条规定："本法所称人民调解，是指人民调解委员会通过说服、疏导等方法，促使当事人在平等协商基础上自愿达成调解协议，解决民间纠纷的活动。"第 22 条规定："人民调解员根据纠纷的不同情况，可以采取多种方式调解民间纠纷，充分听取当事人的陈述，讲解有关法律、法规和国家政策，耐心疏导，在当事人平等协商、互谅互让的基础上提出纠纷解决方案，帮助当事人自愿达成调解协议。"

制在概念、本质、特点等方面都有非常大的区别，我们不能够在给法外机制贴上法治的标签以后就将这些本来属于法外的机制当作法内机制来看待。近年来我国学界有一种倾向，就是将所有化解社会矛盾的机制都用法治取代。虽然，给法外的机制贴上法治的标签并不能改变这些机制的性质。法治机制形成一个概念系统是其进一步完善的前提，如果我们不能尽快将这个概念予以厘清，法治机制就难以发挥其在化解社会矛盾中的作用。

（2）将法治作为化解社会矛盾的统摄机制。化解社会矛盾的机制多元论的提出是有理论与实践缺陷的，笔者上文已经对此提出了批评。那么，一国化解社会矛盾的机制究竟应当是一个什么样的格局呢？当然，我们首先可以用分类的方法将化解社会矛盾的机制分为正式机制与非正式机制，分为程序化的机制与实体化的机制，分为法内机制与法外机制，分为民间机制与官方机制等等。这样分类是为了厘清各个机制作为一种客观存在而作的学理上的考察。就一个主权国家而言，化解社会矛盾的所有机制应当是一个统一体，这在哲学层面上讲也是合理的。具体地讲，化解社会矛盾的机制对于一个国家的政权体系来讲是一个完整的事物，即是说不论这个机制存在于官方还是存在于民间，不论这个机制是正式的还是非正式的，它们都存在于社会矛盾化解这样一个总的概念和体系之下。而且，有关国家机关应当通过相关的手段对它们予以整合。笔者认为我国制定人民调解法律典则，制定来信来访法律典则的行为正体现了我们用规则整合存在于民间的社会矛盾化解机制这一事实。但是，目前我们似乎没有将法治机制与法外之机制整合起来，[①]这就使纠纷解决机制多元化的理论和实践认识占了上风。基于此，笔者认为我们应当将法内的社会矛盾化解机制与法外的社会矛盾化解机制放置在一个统一体中进行整合，将它们作为不同的支系统看待，而且要确立它们在整个机制中的层级化和结构化。如果说社会矛盾化解机制作为一个整的事物有分层的话，那么这其中的高层就是法治机制，而相对较低层就是其他机制。作为高层的法治机制对其他机制有统摄作用。即是说，一国法治机制在化解社会矛盾中形成了自己的逻辑，这个逻辑也必然能够对其他机制起到参照作用。同时，某种社会矛盾通过其他机制无法化解时，法治机制就可以起到最后机制的作用，这样的定位是必需的。

（3）将法治机制的实施过程社会化。社会矛盾化解的法治机制是一种正式机制，主体的特定性、规则的严格性、程序的明确性以及结果的责任性都是其作为正式机制的表现。法治机制作为正式机制的特性很容易使人们将其作为一个封闭系统来看待。事实上，法治机制内部诸纠纷解决路径在运行中其程序上的封闭性都要强于其他社会机制。以人民法院在民事纠纷解决中的程序化行为为例，其就有严格的程序运行过程，而这个

---

① 在法治国家，社会矛盾的化解最终必须归结到法律制度中去，如果这个观念不明确，那我们在社会矛盾的化解上就会犯较大错误，甚至会在公众中形成相信行政权威、相信其他而不相信法律权威的格局。我国涉诉信访长期存在的事实就证明了这一点。

过程是相对闭合的,介入主体也是相对确定的。这些特性很容易使法治机制在运行中仅仅存在于国家权力系统之中,而不是存在于社会过程之中。而不争的事实是不论任何机制在社会矛盾的化解中,矛盾的主要方面是存在于社会中的纠纷,而不是存在于权力系统中的权力运作。进一步讲,矛盾本身归属于社会,而矛盾的化解也必须回归到社会中去。法治机制在化解社会矛盾中亦应当回归到社会中去,此点我们必须特别强调,原因在于现代社会中法内的社会矛盾化解机制越来越正式,其刻板性、封闭性也越来越明显,其结果是把本来应当归属于社会系统中的运作机制人为地与社会分离了。与目前我国法治机制的运作相比,我国在革命根据地时期就创立了一整套将法内机制社会化的纠纷处理模式,这个模式是由著名法律人士马锡五创立的,后来人们便将此模式称之为马锡五模式。①这个模式的主要特点是将本来属于法治之内的纠纷化解模式运用于社会过程之中,使一个纠纷的解决以法内运行为主,同时,其他社会主体也有机会予以参与,至于其他社会主体参与的深度和广度则要根据纠纷的内容来决定。那么,我国目前能否再推广这样的模式呢? 笔者认为是完全可以的,只要纠纷属于社会范畴的,只要化解纠纷时处理社会关系中之不和谐,就完全可以将法内的运作机制社会化,作为社会过程的组成部分。

（4）将法治机制的推行主动化。诚然,法治机制是社会矛盾化解中的最后一道防线是一个正确的判断。然而,对这个判断作形而上学的理解同样是不可取的。在笔者看来,我国学界和实务部门都将法治机制在化解社会矛盾中的作用消极化了。一方面,人们常常用不告不理的原则指导法治机制,事实上,除了刑事案件处理中法治机制不受不告不理原则的限制外,几乎法治机制中的任何一个化解社会矛盾的制度都受到了这一原则的限制。例如,人民法院明明知道两个平等主体之间发生了权益争执,但在双方当事人没有行使诉权的情况下,其常常坐山观虎斗。明明知道行政主体的行政行为侵犯了行政相对人的权益,而在原告不起诉的情况下也常常予以默认。在这里有一个理论上的误区,即在当事人没有启动司法程序的情况下,相关主体便不认为有纠纷发生,这样的认识是绝对不正确的。我们知道,当事人是否起诉是其诉权,作为诉权其是一种私权,而人民法院和其他纠纷解决机构的权力是一种公权,公权的行使在绝大多数情况下应当是主动的,而非被动的。换言之,法律范畴内的纠纷解决机制不应当以当事人享有的诉权为转移,而应当以国家赋予的公权力为转移。另一方面,理论界还有一种论点,认为国家行政权是一种主动性的权力,而纠纷解决的权力是被动的,即人们常说的事后救济的权力,即是说在没有发生事情,甚至事情没有一定后果的情况下,纠纷解决机制就不要启动。那么,上列这种论点究竟有多大的合理性呢? 在笔者看来,只有极小一

---

① 所谓马锡五审判方式,是指"抗日战争时期在陕甘宁边区实行的一套便利人民群众的审判制度。由陕甘宁边区陇东分区专员兼边区高等法院分庭庭长马锡五首创。主要特点:(1)深入群众,调查研究,实事求是;(2)手续简单,不拘形式,方便人民;(3)审判与调解相结合;(4)采用座谈式而非坐堂式审判。这种审判方式既坚持原则,又方便群众,维护了群众的根本利益,在人民司法审判史上产生了重要影响。"参见邹瑜等主编:《法学大辞典》,中国政法大学出版社1991年版,第83页。

部分合理性，即只有在个别纠纷的情况下，如纠纷解决机制是在相对被动的情况下启动的，而对于绝大多数纠纷而言，法律机制都可以将整个过程予以前移，甚至扮演防御者的角色。总之，由不作为到积极作为、由消极到积极、由事后处理到事前防御应当成为法治纠纷解决机制在新的历史条件下的运行逻辑，这其中包含的法学原理是非常清楚的。

（作者为华东师范大学法律系教授、博士生导师）

我国劳动争议仲裁与司法诉讼的关系探析[*]

A Probe into the Relationship between Arbitration and Judicial Proceedings of Labor Disputes

谢文哲

[内容提要]《劳动争议调解仲裁法》对劳动争议仲裁与司法诉讼之间的关系仅在个别条款上作了衔接性的表述,二者关系需要结合其他法律和司法解释的规定才能给以准确定位和理解。在劳动争议处理过程中,仲裁与司法诉讼的关系主要为"横向性"的,即仲裁是诉讼前的法定必经处理方式,诉讼是仲裁后的重新处理方式,二者既相互联系,又彼此独立。此外,司法还对劳动争议仲裁进行着某些必要的制度上保障和监督。

《劳动争议调解仲裁法》(以下简称新法)是我国劳动保障法律体系中的第一部程序法,也是我国第一部劳动权利救济的专门法。新法将原来实行的"一调一裁两审"的劳动争议处理体制完善和改造为"协商→调解→部分案件有限一裁终局/其他案件一裁两审"的处理体制。在新的体制下,劳动争议仲裁与司法诉讼之间是什么样的关系?^① 新法仅在个别条款上对之作了衔接性的表述。学界和实务界对于二者的关系的理解和认识很不统一。有人认为二者之间只是环节或次序上的先后关系;也有人跳出现行法的框架,认为二者之间应该形成监督和被监督的审级关系;还有人认为二者之间实际上并无联系,各自不过是劳动争议处理的独立环节和方式。这些看法均存在偏颇之处。理论认识不清进而影响到劳动争议处理实践,实务界指出或抱怨的所谓仲裁和诉讼的衔接不畅等问题均与理论上对二者关系的界定和阐释不到位、不全面有关。因此,思考实践中的问题所在,依据新法并结合其他法律、司法解释之规定,对劳动争议仲裁与司法诉讼之间的关系作出系统梳理、全面概括和深层解读,是本文写作的目的所在,并具有重要现实意义。

---

* 本文为 2009 年度司法部国家法治与法学理论研究项目《我国社会主义纠纷预防与治理机制整合问题研究》(批准编号 09SFB2031)、2008 年度华东政法大学科学研究项目《公司相关非讼案件程序研究》(项目编号 JY200815)的部分成果。

① 关于二者的关系,宜作多层面的、较为宽泛的理解,可指劳动争议仲裁程序与诉讼程序的关系,也可指劳动争议仲裁机构与法院之间的关系,还可指劳动争议仲裁权与司法审判权之间的关系。

一、相互衔接：劳动争议仲裁是劳动争议诉讼的前置程序

我国自 1987 年恢复劳动争议仲裁制度以来，①先后通过颁布《企业劳动争议处理条例》和《劳动法》，明确了以调解、仲裁、诉讼为主要环节的劳动争议处理制度。新法继承了这一制度，并将这种"一调一裁两审"制度完善和改造为"协商→调解→部分案件有限一裁终局/其他案件一裁两审"的处理体制。根据新法第 5 条②以及最高人民法院《关于审理劳动争议案件适用法律若干问题的解释》（法释〔2001〕14 号，以下简称《劳动争议案件解释一》）第 1 条的规定，发生劳动争议后，当事人可以向劳动争议仲裁机构申请仲裁；当事人对仲裁裁决不服的，除法定的部分案件外，可以向法院提起诉讼；当事人依法向法院起诉的，法院应当受理。由此看来，现行法规定劳动争议处理按"裁、审"依次进行，首尾相接，事实上重新明确了仲裁前置原则。也就是说，劳动争议案件经过仲裁程序，方可向法院提起诉讼，否则未经仲裁而直接起诉的，法院不予受理。在这里，"劳动争议案件经过仲裁程序"包括以下两种情形：一是确实经过仲裁程序的情形，即劳动争议仲裁机构在实体上作出仲裁裁决；二是视为经过仲裁程序的情形，即劳动争议仲裁机构在程序上作出不予受理的书面通知或者劳动争议仲裁机构收到仲裁申请后超过 5 日未作出决定的（新法第 29 条），或者劳动争议仲裁机构受理仲裁申请后超过仲裁审理期限未作出仲裁裁决的（新法第 43 条）。劳动争议仲裁作为诉讼的前置程序，也就意味着当事人不服仲裁裁决或者经过仲裁程序被视为了劳动争议案件的起诉条件之一。

劳动争议仲裁作为诉讼的前置程序，是由劳动争议的特殊性所决定的。因为劳动争议是劳动者与用人单位之间在劳动过程中发生的，而劳动争议仲裁机构是由劳动行政主管部门的代表、工会的代表和用人单位方面的代表组成的，③对争议所涉及的问题及争议发生的情况更清楚，由劳动争议仲裁机构仲裁，便于争议的及时解决，既有利于保护双方当事人的合法权益，又有利于减轻法院的负担。

仲裁前置是一个连接劳动争议仲裁与诉讼的原则要求，在这一原则要求之下实际上存在着例外情形。一是一裁终局的情形。新法第 47 条针对部分案件特别设计了"有

---

① 实际上早在 1980 年，为了解决中外合资经营企业的劳动管理问题，国务院发布了《中外合资企业劳动管理规定》，规定合资经营企业发生的劳动争议，首先由争议双方协商解决，协商不成的，可以由争议的一方或双方向所在省、自治区、直辖市人民政府劳动管理部门请求仲裁，对仲裁裁决不服的，还可以向人民法院起诉。但该规定的适用范围有限。

② 《劳动争议调解仲裁法》第 5 条："发生劳动争议，当事人……可以向劳动争议仲裁委员会申请仲裁；对仲裁裁决不服的，除本法另有规定的外，可以向人民法院提起诉讼。"

③ 我国《工会法》第 34 条、《劳动合同法》第 5 条、《劳动争议调解仲裁法》第 8 条均规定劳动争议处理机构由官方、劳方、资方三方代表组成。正是通过这些法律所规定的方式，我国着力落实了劳动关系三方原则——在劳动标准的确定和劳动关系的处理上，由政府、工人和雇主的代表在平等的基础上协商解决。该原则由国际劳工组织 1976 年 144 号《三方协商促进国际劳工标准公约》正式确立。

限的一裁终局"制度,即对因追索劳动报酬、工伤医疗费、经济补偿或赔偿金,不超过当地月最低工资标准12个月金额的争议,以及因执行国家劳动标准在工作时间、休息休假、社会保险等方面发生的争议等案件的裁决,在劳动者于法定期限内不向法院提起诉讼、用人单位向法院提起撤销仲裁裁决的申请被驳回的情况下,仲裁裁决为终局裁决,裁决书自作出之日起发生法律效力。因为这部分案件实行有条件的一裁终局,没有后续诉讼环节,也无所谓仲裁前置的问题,所以可理解为仲裁前置原则的例外,或者说这部分案件在程序上一定程度实现了对仲裁前置原则的突破。这种带有原创性的制度设计,一方面可以在最短的时间内快速处理争议,恢复、稳定劳动关系,减少程序滥用现象;另一方面又保留了必要的救济渠道,实现了劳动争议处理的效率与公平的对立统一。

二是按普通民事纠纷受理的情形。新法采用列举劳动争议处理之适用范围的方式具体限定了哪些劳动争议适用仲裁前置原则。据此推断,立法者并不认为任何的劳动争议都有必要适用仲裁前置。这一态度在一定意义上总结和回应了我国长期沿袭的司法处理劳动争议的某些实践作法。根据最高人民法院《关于审理劳动争议案件适用法律若干问题的解释(二)》(法释〔2006〕6号)的规定(也仅仅是以该司法解释为例),以下案件属于劳动争议但传统上由法院直接诉讼,而不必经过申请仲裁的程序:(1)劳动者以用人单位的工资欠条为证据直接向法院起诉,诉讼请求不涉及劳动关系其他争议的,视为拖欠劳动报酬争议,按照普通民事纠纷受理。(2)劳动者与用人单位因住房制度改革产生的公有住房转让纠纷、家庭或者个人与家政服务人员之间的纠纷、个体工匠与帮工学徒之间的纠纷、农村承包经营户与受雇人之间的纠纷等涉及劳动关系争议却不视为劳动争议案件,当事人可以直接向法院起诉,按照普通民事纠纷受理。(3)当事人在劳动争议调解委员会主持下仅就劳动报酬争议达成调解协议,用人单位不履行调解协议确定的给付义务,劳动者直接向法院起诉的,法院可以按照普通民事纠纷受理。这些案件作为仲裁前置原则的例外增加了当事人直接启动诉讼程序可能性,缩短了劳动争议的处理时间,节约了权利救济的成本。

社会上对于集中体现劳动争议仲裁与诉讼衔接关系的仲裁前置原则的批评之声向来不绝于耳,[①]但不容置疑和否认的是:第一,造成我国劳动争议处理实践中问题和劳资关系社会问题的原因主要不是仲裁程序与诉讼程序之间的衔接规定不明或运行不畅,

---

① 批评观点诸如:仲裁前置导致了当事人不能直接寻求诉讼程序救济其受害之权利,当事人的诉权被仲裁申请权所取代;仲裁前置给法院审理劳动争议案件凭空增添了程序障碍;仲裁前置原则与我国仲裁基本法规定的自愿仲裁原则不符,造成了法律之间的相互冲突;仲裁前置的设计增加了劳动争议的处理环节,周期长,当事人维权成本加大,浪费了国家司法资源;劳动争议仲裁的总体质量较低,应废除仲裁;法院是按普通民事案件的审理方式来处理劳动争议,多数法官熟悉民事法律法规,但不熟悉劳动争议的特点以及相应的劳动法律法规,应取消劳动争议诉讼;等等。批评者要么从超越现行法或否定现行制度的预设立场出发进行提问和做答,要么以现行制度的某方面在实践中未被遵守或落实好而发生的问题甚至是执行制度中出现的个别人为错误为靶子导出否定制度的观点。很多批评观点就是论者自己的误解或偏见,而且批评者的最终结论都惊人地相似,即对我国劳动争议仲裁与诉讼的关系进行重新定位,改造或重构我国劳动争议处理体制或模式。

更不是仲裁前置这一制度本身,而是多方面的;第二,仲裁前置程序的设立,并通过数以万计的仲裁员和其他仲裁工作者的辛勤工作,使我国逐年增多的大部分劳动争议案件在仲裁阶段得以解决,相应地减轻了法院的工作压力;第三,先裁后审的做法在实践中具有明显优越性,特别是对分流劳动争议案件的解决途径,保证准确、及时解决劳动争议发挥了积极的作用。

二、相互独立:仲裁、诉讼各为处理劳动争议的不同方式

新法第 5 条不仅规定了仲裁与诉讼作为劳动权利救济机制在处理劳动争议上的适用次序和环节上的衔接,而且也明确了仲裁与诉讼各为处理劳动争议的不同方式、不同制度、不同程序,相互独立。二者之间的此种关系定位,可以追溯到 20 年前发布并至今仍然有效的一个司法解释文件上,即最高人民法院《对劳动部〈关于人民法院审理劳动争议案件几个问题的函〉的答复》(1989 年 8 月 10 日法(经)函〔1989〕53 号)。该答复规定:"劳动争议当事人对仲裁决定不服,向人民法院起诉的,人民法院仍应以争议的双方为诉讼当事人,不应将劳动争议仲裁委员会列为被告或第三人。在判决书、裁定书、调解书中不应含有撤销或维持仲裁决定的内容。"

依据上述规定,辅之以其他司法解释的规定,就二者之间的相互独立关系,可以得到以下认识:(1)劳动争议的双方当事人只要一方在法定期间起诉,仲裁裁决书不发生法律效力,双方的权利义务关系受法院的判决书、裁定书及调解书约束。其中,所谓仲裁裁决书不发生法律效力,是指当事人不服劳动争议仲裁裁决而起诉,这一行为或手段具有防止裁决确定的效果,裁决不发生执行力。但应注意有例外:一是当事人不服劳动争议仲裁裁决向法院起诉后又申请撤诉,经法院审查准予撤诉的,原仲裁裁决自法院裁定送达当事人之日起发生法律效力;二是当事人因超过起诉期间而被法院裁定驳回起诉的,原仲裁裁决自起诉期间届满之次日起恢复法律效力。①(2)而且,不论法院的裁判对仲裁裁决肯定与否,形式上不与仲裁裁决挂钩,即法院裁判文书中不得出现"撤销或维持仲裁决定"的字眼。(3)进一步说,当事人起诉后,由法院对同一劳动争议案件"重新"审理。所谓"重新"审理,是指法院按照民事诉讼程序、标准对经过仲裁程序的劳动争议案件进行审查立案、实施送达、开庭审理、调查证据、认定事实、选择法律的适用、作出裁判等。"重新"审理如同民事诉讼法上规定的原审法院对经上诉审发回重审的案件的重新审理一样,法院审理劳动争议案件不以仲裁程序的资料和审理活动为基础,仲裁裁决认定的事实对诉讼程序不产生实质影响。劳动争议案件的诉讼审理具有很强的特殊性,这种特殊性集中体现在法院应当对劳动争议进行全面审理上。不服仲裁裁决而

---

① 这些例子参见最高人民法院《关于人民法院对经劳动争议仲裁裁决的纠纷准予撤诉或驳回起诉后劳动争议仲裁裁决从何时起生效的解释》(法释〔2000〕18 号)。

诉至法院的当事人往往都是仲裁程序中败诉的一方。这里所称"败诉方",一般有两类:一是在仲裁程序中实体权利未得到保护或未得到充分保护的当事人一方;二是在仲裁程序中被裁决承担责任的当事人一方。对于以第一类"败诉方"作为原告起诉的,其诉讼请求的核心就是保护实体权利,其起诉的目的与诉讼请求之间具有一致性。对于以第二类"败诉方"作为原告起诉的,其起诉在实质上并没有什么具体的诉讼请求,其起诉之目的就是不服仲裁裁决而通过起诉使其不生效。对于后一种情况,依照有关司法解释的规定,①法官有积极阐明的义务促使可能的并且与实体的法律和请求权相宜的陈述的变更或者诉讼请求的变更,甚至法官还得处理原告未请求的事项,不告不理的司法原则在劳动争议诉讼中应当受到抑制。当然,如果当事人没有照已阐明的行事,则必须让他坚持他的(欠缺的)请求和主张。特别对于增加诉讼请求的问题,《劳动争议案件解释一》第 6 条又规定,法院受理劳动争议案件后,当事人增加诉讼请求的,如该诉讼请求与讼争的劳动争议具有不可分性,应当合并审理;如属独立的劳动争议,应当告知当事人向劳动争议仲裁机构申请仲裁。

法院"重新"审理劳动争议案件,不以原仲裁程序及裁决为基础,但这绝不意味着否定劳动争议仲裁的存在价值和所发挥的作用。在现行的劳动争议处理体制中,劳动仲裁制度最具影响力,覆盖范围最广,居于无可争议的核心地位,它必须承接不愿经过调解程序或未能通过调解程序所解决的所有劳动争议案件,同时化解和终结了绝大部分劳动争议案件。从一定程度上说,劳动仲裁程序的有效运行是现行劳动争议处理制度存在的基础。当然,还必须指出,劳动争议仲裁与诉讼之间的相互独立关系也是相对的。这一方面是说,劳动争议仲裁是法院受理案件的依据和要件;另一方面,特别是新法颁行以后,二者从价值追求到具体的制度安排都存在很多相似性,二者有机贯通的表征也越来越明显。

三、司法对劳动争议仲裁的保障

司法对劳动争议仲裁的保障或协助在新法中集中体现于强制执行方面,包括先予执行、终局执行。②

先予执行是民事诉讼程序设置的制度,这是一项考虑生活困难的当事人在期待权利保障过程中的救急性措施,追索劳动报酬案件被列入其中,可见先予执行制度在劳动争议处理程序中的必要性。劳动争议仲裁机构审理劳动争议案件,从受理到作出仲裁

① 有关司法解释主要参见最高人民法院《关于民事诉讼证据的若干规定》(法释〔2001〕33 号)第 35 条。该条规定了法院应当向当事人就可以变更诉讼请求时的告知。

② 强制执行权是国家司法审判权的重要组成部分,专属于法院行使。我国已在《民事诉讼法》第 213 条中确定人民法院对依法设立的仲裁机构的裁决负责强制执行。《劳动争议调解仲裁法》自然要落实民事程序基本法中的规定。

裁决,从裁决生效到当事人自动履行或终局执行需要一个过程。在这段时间里,个别劳动者可能因为经济困难,难以维持正常的生活或者生产经营活动,先予执行制度就是为了解决当事人的燃眉之急,在最终裁决前让被申请人先给付劳动者一定数额的款项或者财物,以维持原告正常的生活或者生产。先予执行措施带有强制性,只能由法院采取,劳动争议仲裁机构不能直接采取先予执行措施,但可以裁决先予执行,移送法院执行。新法第44条所规定的先予执行,有两点需要注意:一是仅对特定类型案件可以申请先予执行。这些特定类型案件是指追索劳动报酬、工伤医疗费、经济补偿或者赔偿金的案件。二是必须根据当事人的申请。劳动争议仲裁机构裁决先予执行的,应当符合两个条件:一是当事人之间权利义务关系明确,即该案件的事实十分清楚,当事人之间的是非责任显而易见。二是不先予执行将严重影响申请人的生活,即申请人是依靠被申请人履行义务而维持正常生活的,在劳动争议仲裁机构作出终局裁决前,如果不裁定先予执行,申请人将难以维持正常的生活。劳动者申请先予执行的,可以不提供担保。

依据新法第51条的规定,使劳动争议仲裁机构作出的有关当事人劳动权利义务关系的调解书和裁决书的内容得以实现的执行即终局执行。其中,调解书经双方当事人签收后,发生法律效力;“一裁终局”的裁决,裁决书自作出之日起发生法律效力;其他劳动争议案件的仲裁裁决,裁决书自当事人收到之日起满15日不起诉的,发生法律效力。发生法律效力的包含给付内容的调解书、裁决书具有执行力,当事人应当依照指定的期限全面履行。一方当事人逾期不履行的,另一方当事人可以依照《民事诉讼法》的有关规定向法院申请执行。受理申请的法院应当对于劳动争议仲裁机构的调解书、裁决书同法院自身所作出的调解书和判决书一视同仁,积极地依法给予执行。依据《民事诉讼法》的规定,由法院执行的调解书、裁决书,由被执行人住所地或者被执行的财产所在地法院执行。

此外,在劳动争议仲裁过程中,可能出现因一方当事人的行为或其他原因致使将来发生法律效力的裁决不能执行或难以执行的情形,或者发生证据可能灭失或者以后难以取得的情况,这就客观上需要采取必要的措施,对财产和证据进行保全。①新法、《劳动法》及《民事诉讼法》均未对此作出规定。从性质上看,劳动争议仲裁委员会是由国家授权、依法独立处理劳动争议的实体化的专门机构,应没有财产保全和证据保全的实施权力。关于仲裁程序中的财产保全和证据保全问题,《仲裁法》第28条、第46条有相关规定。尽管劳动争议仲裁不适用《仲裁法》,但笔者认为,上述规定明确法院应当给予仲裁机构财产保全、证据保全协助的职责权限,劳动争议仲裁机构在劳动争议处理中认为确需进行财产保全或证据保全的,法院也应予以协助。为此,建议通过司法解释形式对劳动争议仲裁程序中适用财产保全和证据保全制度的有关问题给以明确。至于在调查取

---

① 即使劳动争议仲裁程序中有先行裁决制度和先予执行制度的存在,仍有适用财产保全制度的空间。这是因为先行裁决需要劳动争议仲裁机构依职权积极作为,当事人无权申请启动和进行监督;而先予执行,则只能请求先行给付劳动者一定(部分)数额的款项或者财物,尚不可承担保全当事人权利的全部使命。

证、传唤证人和鉴定人以及送达法律文书等方面,法院应否和如何协助劳动争议仲裁机构的问题,也有待进一步研究确定。

四、司法对劳动争议仲裁的监督

司法与劳动争议仲裁的关系还体现在监督上。这种监督关系主要表现为法院对劳动争议仲裁裁决的司法审查。即在一方当事人向法院申请撤销仲裁裁决时,或者一方当事人向法院申请执行仲裁裁决而另一方请求法院不予执行时,仲裁裁决就面临着法院的司法审查。不过,这里进行司法审查的法院,不是基于先裁后审制度安排接受不服仲裁裁决当事人的起诉而对劳动争议案件"重新"审理的那个法院,而是基于法律规定的仲裁裁决撤销制度和强制执行制度享有监督权的法院。

首先,申请撤销裁决。为了使劳动争议仲裁实现便捷高效,新法第47条规定,四种小额劳动争议和部分劳动标准争议的仲裁案件实行一裁终局制。一裁终局的裁决发生法律效力后,用人单位不得就同一争议事项再向劳动争议仲裁机构申请仲裁或向法院起诉。为了保护用人单位的救济权利,该法第49条又规定用人单位可以向法院申请撤销仲裁裁决。申请撤销裁决有以下特点:(1)撤销裁决的申请人是用人单位;(2)申请撤销的是已经生效的裁决;(3)申请撤销裁决,不影响用人单位对仲裁裁决的履行。申请撤销裁决的条件包括:(1)必须有证据证明一裁终局的仲裁裁决有下述法定应予撤销情形之一:适用法律、法规确有错误的,劳动争议仲裁机构无管辖权的,违反法定程序的,裁决所根据的证据是伪造的,对方当事人隐瞒了足以影响公正裁决的证据的,或者仲裁员在仲裁该案时有索贿受贿、徇私舞弊、枉法裁决行为的;(2)应当在收到裁决书之日起30日内提出申请;(3)应当向劳动争议仲裁机构所在地的中级人民法院申请撤销裁决。法院经组成合议庭审查核实裁决有上述规定情形之一的,应当裁定撤销。仲裁裁决被法院裁定撤销的,当事人可以自收到裁定书之日起15日内就该劳动争议事项向有管辖权法院提起诉讼。与国内民商事仲裁上的撤销制度,即各方当事人均可以依法申请撤销任何仲裁案件的裁决相比,劳动争议仲裁上的撤销制度被限制在一个狭小的范围内:撤销对象仅为法定实行一裁终局的案件之裁决,撤销裁决的申请人只能是用人单位一方,撤销事由亦相对较少。

其次,不予执行。根据《劳动争议案件解释一》第21条规定,当事人申请人民法院执行劳动争议仲裁机构作出的发生法律效力的裁决书、调解书,被申请人提出证据证明劳动争议仲裁裁决书、调解书有下列情形之一,并经法院组成合议庭审查核实的,法院可以根据《民事诉讼法》第213条之规定,裁定不予执行:(1)裁决的事项不属于劳动争议仲裁范围,或者劳动争议仲裁机构无权仲裁的;(2)适用法律确有错误的;(3)仲裁员仲裁该案时,有徇私舞弊、枉法裁决行为的;(4)法院认定执行该劳动争议仲裁裁决违背社会公共利益的。法院在不予执行的裁定书中,应当告知当事人在收到裁定书之次日起 30 日内,可以就该劳动争议事项向有管辖权法院起诉。这一司法解释文件在新法施行后仍然有效,正是由它明确了针对劳动争议仲裁裁决的不予执行制度,增加了对劳动争议仲裁裁决违法审查的方式和环节,使法院可通过执行程序阶段的审查对劳动争议仲裁裁决进行监督。

法律之所以作出有关申请撤销裁决和不予执行的规定,目的在于保持法律适用的一致性,保证劳动争议仲裁裁决的公正,保障当事人的合法权益。因此,司法和劳动争议仲裁之间的监督关系具有明确的法定性。法院通过对劳动争议仲裁裁决进行司法审查,认为有撤销裁决或不予执行的情况,在作出相应裁定之前可建议劳动争议仲裁机构重新作出裁决,或者在作出相应裁定之时告知当事人可就该劳动争议事项向有管辖权法院提起诉讼,从而达到监督之目的。

此外,从更广泛意义上分析司法与劳动争议仲裁的监督关系,还一定程度地体现在先裁后审的制度安排上。新法规定,当事人对一裁终局以外的其他劳动争议案件的仲裁裁决不服的,可以自收到仲裁裁决书之日起 15 日内向法院提起诉讼。虽说法院在劳动争议案件的审理过程中,对仲裁裁决本身不予审查,既不考虑仲裁裁决的正确与否,也不审查仲裁程序是否合法,而是对劳动争议的实体权利义务关系进行"重新"审理。但是,我们必须看到,诉讼方式是文明社会用来解决当事人之间争议的最终和最重要的法律程序,没有诉讼程序制度,诉讼外解决争议的方式也就失去了依靠,同样当事人权利救济的程序就有可能支离破碎,而实体权利的受害也会因程序的缺漏得不到相应救治。劳动争议诉讼程序的"后置"存在,必然对劳动争议仲裁程序构成体制、舆论、心理上的所谓监督、指引或威慑。诉讼程序作为当事人不服仲裁程序的司法补救程序,从一定意义上说,这种诉讼程序的心理补救比现实补救更为充分。

五、结　　语

综上所述,根据新法并结合其他法律和司法解释的规定进行分析和判断,我国的劳动争议处理体制采用的是"先裁后审,一裁两审"的单轨制,在劳动争议处理过程中,仲裁与诉讼的关系主要为"横向性"的,即仲裁是诉讼前的法定必经处理方式,诉讼是仲裁后的重新处理方式,二者既相互联系又彼此独立;但是这并不是二者关系的全貌,实际上,司法还对劳动争议仲裁进行着某些必要的保障和监督。这四个方面配合一起,确定了我国劳动争议处理中的仲裁与司法诉讼之间的基本关系。过去和当前劳动争议解决实践中暴露出的不少问题,尤其是仲裁和诉讼衔接方面的问题,多跟人们对二者关系的理解不到位、对法律规定误用有关。

参考文献

闫庆霞:《劳动争议仲裁与诉讼的程序冲突及解决》,《社会科学研究》2007 年第 3 期;范跃如:《劳动争议诉讼与劳动争议仲裁关系的重构》,《河南师范大学学报(哲学社会科学版)》2008 年第 5 期。

章群、牛忠红:《劳动争议仲裁与司法诉讼之衔接分析——基于"公平"与"效率"的价值展开》,《财经科学》2008 年第 11 期。

谢文哲:《论我国法官阐明行使之范围》,《甘肃政法学院学报》2006 年第 2 期。

叶青主编:《中国仲裁制度研究》,上海社会科学院出版社 2009 年版,第 368 页。

全国人大常委会法制工作委员会编:《中华人民共和国劳动争议调解仲裁法释义》,北京法律出版社 2008 年版,第 84 页。

（作者为华东政法大学法律学院副教授）

论建构理性化的量刑原则
与刑罚目的的关系

The Relationship between the Rational Principle of Sentencing
and the Purpose of Punishment

孙立红

[内容提要]　理性的量刑原则的确立依赖刑罚目的的价值引导,不同的刑罚目的会导致刑罚效果的不同。在我国刑罚目的的选择中,报应主义和特殊预防应成为必要的内容。从报应主义的刑罚目的可以引导出罪刑均衡的量刑原则,而从特殊预防的刑罚目的中则可以得出量刑经济的量刑原则,前者使我国的刑罚的裁量具有了正当的根据,后者则使刑罚产生出积极的社会效益。

量刑是刑事司法审判活动中的重要部分,它发生在定罪之后,其最主要的功能是对已经确定犯罪的人根据其罪行的轻重确定轻重不同的刑期,以期使犯罪者受到与其罪行相适应的惩罚和改造。量刑与定罪同属刑事司法审判活动必不可少的两大步骤,定罪能够确定犯罪嫌疑人是否应受到惩罚,而量刑则实际决定了惩罚的期限和方式。尽管定罪能够明确犯罪人的刑事责任的类型,但实际决定了犯罪人受到惩罚的量的多少,则要依赖量刑的适用,也因此量刑可以说是定罪后的法律效果,是犯罪人接受惩罚的最主要表现。

但在实际适用中,量刑的重要性却往往被定罪所掩盖或忽视。我国是成文法国家,在关于出入罪的问题上,无论刑法总则还是分则都有大量严格的规定。然而在量刑的问题上,法官在具体裁量刑罚时,则需要在宽泛的刑罚幅度内选择适当的刑罚加以判处,因此法官享有一定自由裁量的权力,来决定一定幅度范围内刑罚的轻重。自由裁量权的适用是必需的,但由于地区的差异以及法官素质的不同,它也会导致大量量刑失衡现象的出现,因此对于法官裁量刑罚的权力,刑法条文应给予必要的约束和限制。但与此相对,刑法在量刑规则上的规定却比较笼统,仅在刑法典第5条和第61条做了简略的规定。①

---

①　刑法第5条是关于量刑基本原则的规定:"刑罚的轻重,应与犯罪分子所犯罪行和承担的刑事责任相适应。"刑法第61条则具体规定了较为具体的量刑基准:"对犯罪分子决定刑罚的时候,应当根据犯罪的事实、犯罪的性质、情节和对社会的危害程度,依照本法的有关规定判处。"

按照这一规定，量刑主要根据犯罪的事实、性质、情节来决定。但从更深的层面而言，惩罚的方式、惩罚量的多少，无一不与现代刑罚设立的目的相关。量刑不外乎是一国刑罚目的最终体现。我国当前刑罚体制存在着很大的问题，而问题的产生，恰恰是由于不能充分理解刑罚设立的目的而导致的。从刑罚设立的目的上看，不同的刑罚目的会导致刑罚效果的不同，报应主义注重刑罚的必然性和对应性，使刑罚务必建立在公正公平的基础上，这也为刑罚的存在找到了正当的依据。而预防主义中的特殊预防，注重刑法的效益问题，因此也更侧重刑罚的针对性和个别化。由报应主义与特殊预防的刑罚目的引导出量刑准则，也从而获得了这样的性质和功效。

一、刑罚目的与量刑原则的关系

量刑要依赖什么原则来开展？这一直是古今中外法学家所争论和探讨的问题。所谓量刑原则，应该是指决定法官在司法审判过程中是否适用刑罚以及如何适用刑罚的基本原则和准则。有学者认为量刑原则与量刑基准应该加以区分①，其理由是，同基准相比，量刑原则更为抽象、概括，而基准则是依据原则而提供一些可参考的对象。笔者同意这样的看法。其实所谓基准或者原则是一种人为的区分，因为对于量刑的轻重来说，法官在裁断的时候势必要借助一些具有倾向性的价值观念加以考量，例如从报应主义的价值考虑，对于犯罪人的量刑应更侧重犯罪事实和情节的严重程度，根据罪刑法定原则，重罪重刑，轻罪轻刑。而从预防主义的角度出发，则在量刑时更应侧重犯罪人的个人情况，例如其智力水平、年龄情况，当时的刑事政策等，具体和个别地决定犯罪人的刑罚轻重。这些能够对法官量刑时产生倾向性的价值原则，本身比较抽象，也并不直接决定法官量刑的参照物，即属于所谓的量刑原则。但在具体刑罚裁量中仅有抽象的原则指导是不够的，还必须根据不同的原则决定量刑时应注意的具体事项。这些依照量刑原则而选取出来的在量刑时应特别考虑，对量刑轻重产生影响的要素，就属于所谓量刑基准，或者量刑的要素。

量刑原则的设立取决于人们对于合理量刑的要求。如何看待合理量刑？回答这一问题必然涉及刑罚设立的目的。在我国，刑罚目的也就是刑罚设置的目的，其最根本是要解决对犯罪人是否施加刑罚以及施加什么刑罚的问题。最近有些学者提出，刑罚目的也同样对定罪起到决定性的作用。②刑罚的目的决定了刑罚的裁量应该遵循理性的方

---

① 比如我国有学者认为，"因为量刑的基准主要解决在量刑时哪些事项应作为考虑的对象，而量刑原则则是从法律规定的量刑基准中抽象、归纳出来的，法官在进行刑罚的量定中应遵循的准则。"参见韩轶：《论刑罚目的与量刑原则》，《安徽大学学报》（哲学社会科学版）2006 年第 4 期。

② 如我国学者王世洲指出，"在刑法学理论中，刑罚目的理论不仅会直接在刑罚论中影响刑罚体系、种类，乃至量刑和执行等方方面面的工作，而且会对犯罪论的结构和内容发生重大影响。例如，在选择绝对报应的情况下，在犯罪论中重视的就是犯人'做了什么'，贯彻的是客观责任，行为人主观上的罪过状况对于刑事责任的成立要素来说并不是绝对重要的，而客观上的损害状况才是刑事责任的基本根据；在选择绝对预防的观点的情况下，在犯罪论中首先强调的就会是人对社会的'危险状态'，'应受惩罚的不是行为，而是行为者'，甚至可能出现在刑法上使用'危险状态'来代替'被禁止的一定行为'的犯罪构成要件这样极端的做法"。参见王世洲：《现代刑罚目的的理论与中国的选择》，《法学研究》2003 年第 3 期。

式,应主要以具有刑法价值的观念来指导量刑过程。

以理性的方式指导刑罚的裁量是有重要意义的,这是因为,量刑过程是一个比较复杂的过程,法官决定刑罚的执行,刑期的长短,常常会受到一些社会因素和个人因素的影响。例如在审判期间正逢严打时期,或者受到行政部门干涉。此外,法官的个人情况也会造成量刑的不理性。有学者指出,法官的量刑行为受到法官人格的影响,如法官的性格、年龄、情绪、经历等,都会对犯罪人的刑罚轻重产生影响。[①]正因为在量刑过程中存在诸多不确定因素,所以法官的量刑有必要以一种可遵循规律的,相对公平合理的规则为指导,从而尽可能减少量刑中出现的偏差和失衡。

但是,以刑罚目的为量刑原则的指导,也是备受争议的,这是因为刑罚目的本身的内容由于各国的刑法理论对此理解不一,采取不同的刑罚目的也会对量刑产生不同的影响。

二、预防主义与量刑原则

在我国刑法通说中,刑罚目的被最多的表述为特殊预防与一般预防。所谓特殊预防是指刑罚的适用与否及其方式其主要目的是为了矫正已经实施犯罪的特定犯罪人,防止他们再次危害社会,因此刑罚应针对已经实施犯罪的人,并对犯罪人具有教育改造和隔离处理的功能。而一般预防则主张刑罚的目的主要是为了威慑和制止那些社会中的可能的犯罪人实施犯罪,因此刑罚主要应针对那些尚未犯罪但具有犯罪危险的人而实施,而刑罚也应产生震慑的功效。特殊预防和一般预防都以功利主义为理论基础。功利主义关于刑罚的基本论点,我国有学者总结认为"犯罪行为是违背社会利益的行为,是对他人或整个社会追求最大利益、最大幸福的侵害,而刑罚作为维护社会秩序的工具,具有功利性,即具有防止犯罪、减少犯罪的功能。"[②]功利主义的哲学起源于19世纪英国的哲学思潮,早期代表人物有大卫·休谟和杰里米·边沁等,其原理最根本的是要追求"最大多数人的最大利益",为达到这一目的,就要根据经济学的原理,用最小的成本换取最大的利益。功利主义哲学主张所有社会生活的政策都应采用这一原理来规制,其目的是为了实现幸福的最大化和代价的最小化。

虽然预防主义是我国刑罚目的的通说理论,但最近也有学者认为,我国刑罚目的应该是一般预防,而不是特殊预防。其理由在于,该论者认为刑罚的目的在于保障包括犯罪人在内的全体公民的基本人权,而为了实现这种目的就必须要求犯罪的成本刚刚大

---

① 参见吴卫兵、刘文起:《法官量刑失当之检讨》,《江西公安专科学院学报》2006年第6期。
② 钟安惠:《西方刑罚功能论》,中国方正出版社2001年版,第31页。

于犯罪的收益,而这是典型的一般预防的观念。①虽然这种观点有一定的合理性,但该论者自己也认为,其所倡导的一般预防,实则是对报应主义和特殊预防观念的一种修正。笔者认为,评价一般预防是否能够成为我国现行刑罚目的的选择,有必要考虑一般预防所产生的法律效果是否具有积极、独特的意义。从前者角度来看,一般预防所产生的意义无外乎是对未来的可能犯罪者给予威吓,以防止其实施犯罪行为。但与此同时,注重威吓的一般预防也会产生重刑主义倾向,因为为了实现威吓的功能,对于轻罪用重刑,或先前不认为是犯罪的而给予犯罪化处理,都是能够达到这种效果的。因此,一般预防在威吓功能上所产生的作用,并不能取消其产生的负面效果,甚至其负面效果要超过其积极效果的作用。从后者的角度来看,如果一般预防所产生的威吓功能是其他刑罚目的无法取代的,那么尽管其具有负面作用,也必须加以保留。但问题在于,刑罚的威吓效果是否因其一般预防的目的而产生? 笔者认为,刑罚之所以能够对未来可能的犯罪人产生威吓震慑的效果,主要在于刑罚之于犯罪的痛苦性和必然性。刑罚的痛苦性来源于刑罚的本质,而刑罚的必然性则来源于刑罚的报应性。也就是说,由一般预防所产生的效果,完全可以由刑罚的本质和刑罚的报应目的所产生,而不必要由一般预防的目的而引出。因此,笔者认为,我国刑罚目的的内容中,不应包含一般预防的内容。

以功利主义为基础的刑罚目的,认为量刑的合理性在于实现预防,这种预防应该是特殊预防。法官在裁量刑罚时必须考虑刑罚的预防效果,能否通过具体的刑罚来达到纠正犯罪人的犯罪常习,如果刑罚缺乏这样的效果,就不能成为合理的量刑。因此,也有学者将之称为结果主义。②

三、报应主义与量刑原则

报应主义是否属于我国的刑罚目的,是一直存在争议的问题。所谓报应主义,乃是认为刑罚的本质在于报应,刑罚并非是为达到预防犯罪的目的而设置,相反,刑罚之所以存在是为了以施与痛苦的方式作为犯罪的回报,即以眼还眼,以牙还牙。

---

① 具体而言,该论者解释认为,"要实现刑罚目的——保护包括犯罪人在内的全体公民基本人权,就只能确立量刑基准是犯罪的成本刚刚大于收益。由于这种理论的核心是以预防犯罪为中心,预防的对象包括犯罪人、被害人和社会的一般人,预防这些人犯罪的主要方法是认定这些人中的大部分人是理性的功利人,是以根据犯罪的成本与收益相比较之后做出是否犯罪的选择为基础。这种理论的思维方式是典型的一般预防的观点,因此,笔者认为自己的观点也可以称之为'一般预防论';但是笔者的'一般预防论'是经过改造的一般预防论,与传统的只考虑遏制潜在的犯罪人犯罪的一般预防论有天壤之别,是一种同时兼顾了报应(即正义)和特殊预防的内容为核心的'一般预防论'。"肖洪:《刑罚目的应该是"一般预防"》,《现代法学》2007 年第 3 期。

② 我国学者董淑君指出,"结果主义认为,刑罚正当性的基本要求是刑罚有许多明确的而不是模糊的目的,国家的刑罚权,建立在对适用刑罚所带来的良好结果的预测之上。国家适用刑罚,不是出于对犯罪行为的报应,刑罚的效果才是国家发动刑罚的正当理由。刑罚的正当理由,是其能够带来社会利益,能够预防和减少犯罪。"参见董淑君:《刑罚的要义》,人民出版社 2004 年版,第 11—12 页。

报应主义的观念来自西方哲学思想对复仇观念的演绎。"复仇是一种发泄,非要使残暴的感情得到满足不可;而报应性刑罚则有一种可以推定的客观上限。更为重要的是,虽然复仇和刑罚,两者都可能包含对作恶者的敌意,但是复仇的目的在于个人满足,刑罚则至少部分地、也许是全部地表现在道德义愤。当然,两者都可能用之不当,但报应论者坚持的是,刑罚只应适用于应受惩罚之罪的人,否则对受到这种罪行伤害的人太不公正了。尽管对恶劣行为作出反应时需要谨慎从事,对它的谴责性反应,也还是可以与一种公认的道德态度联系起来。"①报应体现了一种国家复仇的思想,而且通过法律的手段将复仇的性质加以限定,因此,报应主义刑罚观念不可避免地带有复仇的某些特征,例如报应主义强调刑罚是犯罪的恶报,对犯罪人实施刑罚乃是通过施加痛苦使犯罪人承受自身的恶。而且报应主义由于以法律作为基础,因此在施加刑罚的质与量上必须以公平和正义为原则,这在一定程度上也是等量和等质复仇的投射。

但刑罚的目的是报应犯罪是否能够成为我国刑罚目的理论的通说,是备受争议的。在我国传统的刑罚目的观念中,报应主义不是刑罚目的,其理由不一。一是认为报应主义容易导致刑罚是给予痛苦和惩罚的观念。二是认为报应主义本身并非刑罚之目的,而是刑罚的本质或刑罚的属性,因此将报应视为刑罚目的的观点,犯了逻辑上的错误。这些观点很长时间在我国刑法理论中占据着通说的位置,但目前也有学者提出反驳,认为我国刑罚目的应当是报应主义,或者我国刑罚目的应包括报应主义。

笔者认为,报应主义不应被排除在我国刑罚目的的内容之外。首先,否定说的第一个观念认为报应主义容易与惩罚主义相混同,笔者认为是不妥当的。报应主义虽然起源于复仇观念,但并非是简单的复仇,它与惩罚主义最大的区别在于,惩罚主义仅强调对犯罪人给予痛苦,但报应主义则强调对犯罪人给予公平的惩罚。强调公平性是报应主义刑罚观最重要的观念,其以正义为基础,以公正为衡量的尺度,因此绝对不是简单的复仇主义。关于第二种观点,笔者认为,刑罚属性是其与其他社会处理方式的区别,而这种独特的区别体现在以刑罚的方式给犯罪人带来痛苦。其他社会处理方式例如矫正治疗,行政处罚也给人以痛苦,但并不能产生主要以长期或短期剥夺人的自由或剥夺生命而导致的痛苦。此外,认为报应乃刑罚本质的观念,无非认为报应主义是反对目的性的哲学观念,因此认为报应主义不能体现刑罚目的。但笔者认为报应主义是否应列入刑罚目的内容之中,有必要考察刑罚目的设立的原由以及其对犯罪所产生的功能。刑罚目的的设立其根本原由是要为刑罚的存在寻找合理的根据,也即刑罚正当性的问题。刑罚只有足够正当才能够存在,欠缺了正当性的刑罚不论具有其他任何积极的社会价值,也不能存在。也因此,只要能够有助于确立刑罚正当性的价值观念,都有作为刑罚目的存在的必要。报应主义以其客观性的特征,主张刑罚应主要针对犯罪已然的事实而开展,对于确立刑罚的正当性提出了有价值的参考,因此不能简单地以刑罚本质

---

① ［美］戈尔丁:《法律哲学》,三联书店1987年版,第172页。

或属性为标签,否定报应主义在刑罚正当性确立的意义。

以报应主义为刑罚目的,以此来指导量刑,就必然要求量刑的合理性在于公平的对待和必然的对待。而且由于报应必须针对已然的犯罪事实,而不能针对还未发生的情况,因此犯罪人再犯可能和其他人初犯的可能就没有必要反映在量刑之中。量刑的合理性体现为报应主义的刑罚观念,这需要针对犯罪人的犯罪事实、犯罪性质和情节进行确认,并根据类似的情况进行类似处理。

四、刑罚目的指导下的我国量刑原则

笔者认为,我国刑罚目的既包含预防主义,也包含报应主义,因此,以其为指导,我国量刑原则应包含以下几项内容。

(一) 罪刑均衡原则

罪刑均衡原则是刑法的基本原则,但同时也是刑罚的基本原则。罪刑均衡的内容是犯罪与刑罚之间的适当性,也就是说要罪当其罚、罚当其罪。这种罪刑之间的适当性就体现为一种合理的按照犯罪性质、程度等来分配刑罚的问题。

罪刑均衡原则在立法和司法层面都有体现,但更主要的它是一项指导司法的准则。我国学者指出,罪刑均衡在立法上体现为两个方面。"第一,是重罪与轻罪的区分。多数国家的刑法明确采用了轻罪与重罪的分类。这种分类,形式上以法定刑轻重为标准,实质是以刑法保护的法益的重大程度为基准的。区分罪行轻重,是实现重罪重刑,轻罪轻刑的前提条件,也是罪刑均衡主导刑事立法的直接表现。第二,刑罚梯度设计,即根据刑罚的严厉程度,设计出一套主次分明、轻重有别、各具特色的刑罚体系。这是实现罪刑均衡的必然要求。"[1]然而,立法对罪刑均衡的设计最终必然要求体现在司法之中。

罪刑均衡原则在司法中的作用,主要体现为其能够作为法官具体裁量刑罚的指导。虽然立法上,区分重罪与轻罪,设立不同的刑罚阶梯,但现实中将不同罪行与不同阶梯的刑罚相互对应结合,则必须援引罪刑均衡原则要求的"重罪重刑、轻罪轻刑、相似罪行相似处理"的内容。具体来说,重罪重刑与轻罪轻刑,指的是犯罪的性质和程度必须与刑罚的严厉程度一一对应,不允许出现量刑过重或过轻的现象。笔者认为,在这一点上,罪刑均衡原则最好的体现了报应主义刑罚目的的要求。报应主义刑罚目的要求犯罪事实与刑罚之间的对等性,这种对等体现为以犯罪的性质、情节、数额、手段等体现犯

---

① 刘守芬、方文军:《罪刑均衡的司法考察》,《政法论坛》2003 年第 2 期。

罪危害程度的内容,与刑罚阶梯之间的对应关系。也因此,报应主义的刑罚目的观往往指已经发生的犯罪事实的情节与刑罚之间的对应。除了这一特征之外,罪刑均衡又体现出一种基于公平和公正的报应主义的均衡性,也就是说,刑罚对犯罪的报应必须建立在与犯罪所产生的痛苦大体相对应的情况下,因此也必须考虑到被害人的感受,被害人是否能够谅解、被害人是否能够重新参与社会生活,这些情况也会对量刑产生不同的轻重程度的影响。

罪刑均衡原则的另外一个要求是相似情况相似处理,这也可以说是基于报应主义思想而产生的量刑原则。报应主义要求刑罚必须与犯罪建立一种对应性的关系,而这种关系的基础是有多严重的罪行就要求多严重的刑罚,因此类似严重程度的罪行也必然要对应类似严重程度的刑罚。类似罪行类似处理的规则需要统一不同地区不同时期的法官的量刑行为。由于我国是成文法国家,尚未出现遵循先例的制度,因此各地区以及不同阶段的量刑之间缺乏案件间的相互参照对比的习惯,再加上我国刑法条文中法定刑的幅度都比较大,法官享有较高的自由裁量权,这样很可能相似的案件在不同的法官那里会判处不相类似的刑罚。为了解决这种问题,在我国现行条件下先建立准判例制度是值得推崇的方法。对于其合理性,我国有学者指出,"对于中国的法律体系,某种形式的遵循先例制度尤其必要,因为中国的法律被普遍认为用词抽象,关键术语并没有获得准确的定义,因而必须在适用中予以确定,且由于法院至今无权审查抽象立法规范,不同法律规范之间的冲突(即所谓立法打架现象)普遍存在。在这个程度上,司法机构在解释中具有一定的自由裁量的余地,而如果我们说的法律不仅是指写在纸条上的条文,而且是指在具体适用过程中获得确定含义的立法规范,那么在个案审判中形成的司法解释必然构成法律的一部分。"①

如何确立判例制度,我国学者一般认为,目前由最高人民法院、高级人民法院制作的典型案例的判决书,以其中规则的形式指导下级人民法院的判决是可行的方法。②也有学者认为,不光是最高人民法院和高级人民法院的判决,甚至中级和基层人民法院的判决,都可以成为先例。③但笔者认为,我国的先例制度的确立需要两个基本条件的完成,并非所有法院的所有判决都可以成为定罪量刑的先例。首先是法院上下级间拘束力的存在。也就是说,只有有效的上级人民法院判决才能够成为下级人民法院判决的先例,而同级人民法院之间的判决并不能以法定的方式成为先例,而只能起到一个相互参考的作用。这是因为先例本身应具有一定拘束力,如果缺乏这种拘束力,先例制度的运行就会受到质疑。也因此,基层人民法院的判决,除非得到最高和高级人民法院的认可,否则不能当然地成为其他法院援引的先例。其次,先例的存在也要求法院的判决书应具有标准的说理要求。我国刑事司法判决书在说理部分的缺乏是非常明显的,说理

---

① 张千帆:《先例与理性——也为中国的司法判例制度辩护》,《河南社会科学》2004年第2期。
② 参见张明楷:《法治、罪刑法定与刑事判例法》,《法学》2006年第6期。
③ 刘守芬、方文军:《罪刑均衡的司法考察》,《政法论坛》2003年第2期。

的缺乏在成文法的情况下弊端尚不明显,但一旦引用判例制度,缺乏丰富说理的判决其作为先例的效力就会受到批评和质疑。因此,先例制度的出现,对法官的整体素质是一个严格的考验,不管是判决的格式,还是说理的方式,都应该至少获得高级人民法院的认可后,才能作为先例而生效。

(二) 量刑经济原则

量刑经济原则,是建立在功利主义刑罚观上的量刑观念,它要求"以最小的付出——少用甚至不用刑罚——获得最大的社会效益,有效地预防和控制犯罪"。[①]这种量刑观念认为刑罚的适用除了必要的公平与公正之外,也必须考虑所适用的刑罚是否能够收到良好的社会效果和个人效果,如果不必要采取更大的刑罚就能够促使犯罪人悔过,那么就应适用达到悔过程度的基本刑罚,如果采取某种刑罚能够更有效地使具体的犯罪人悔罪,那么就应采取具体的刑罚类型,而不是千篇一律地运用同一种刑罚。

量刑经济的原则,是预防主义刑罚观的体现,它要求刑罚并不单纯是对犯罪的回报,而且更要起到一定的防卫社会的效果,产生一定的收益,而不是单纯的一味投入刑罚成本。那么在预防主义刑罚观中,究竟是一般预防还是特殊预防能够导致量刑经济的效果呢? 笔者认为,应该是后者。

首先,一般预防的观念容易导致重刑主义的倾向。一般预防以威慑和震慑潜在的犯罪分子为目的,通过刑罚的公开实施,使那些可能或有倾向犯罪的人,不敢于实施犯罪行为,从而达到了防止初犯的效果。但一般预防的负面效果在于其容易导致重刑主义倾向,即为了达到震慑可能犯罪人的目的而加重刑罚的惩罚力度,而这恰好与量刑经济的原则背道而驰。一般预防的观念在于通过加重刑罚成本从而刺激刑罚效果的增殖,这一观念虽然重视刑罚的产出,但由于缺乏对刑罚成本的控制,往往导致刑罚资源的浪费。[②]

其次,特殊预防所引发的教育刑观念,是符合量刑经济的原则的。教育刑强调刑罚的目的在于对犯罪人的教育和改造,通过对犯罪人进行有针对性的教育,促使对方放弃再次犯罪的思想及培养其复归社会的能力。同一般预防不同,教育刑重视因人而异实施刑罚,因此其更重视刑罚的效益价值。

此外,目前有许多学者认为,我国的量刑原则应该包含所谓刑罚个别化的原则。所

---

① 胡学相:《量刑的基本理论研究》,武汉大学出版社 1998 年版,第 50 页。
② 对此我国有学者也进行过类似的阐述:"因此,刑罚目的取向注重效益性,也就成为历史的必然选择。而一般预防在刑罚的配置上,并不符合刑罚经济性的要求,罪刑作为一种交换关系,其相适应并非严格等价,刑罚不同于以无差异和风险等价为基础的损害赔偿。'刑罚是社会对罪行的要价,加重刑罚或加重判刑可能因提高犯罪价格而减少犯罪。'但为了威慑作用,增加刑罚成本的投入,随之而来的是刑罚效益的降低。"汪永智:《刑罚·效益·刑罚目的——从刑罚的经济性看我国刑罚目的的取向》,《许昌师专学报》(哲学社会科学版)1998 年第 4 期。

谓刑罚个别化,一般是指法官在裁量刑罚时,不仅仅依据已然的犯罪事实对犯罪人加以判处,而且也应该结合犯罪人的具体情况,如年龄、性别、教育程度、家庭状况等与人身危险性相关的因素来裁量刑罚。①刑罚个别化原则是特殊预防的刑罚目的的直接体现,但其是否应该作为量刑原则来确定呢? 笔者认为是值得商榷的。不可否认,刑罚个别化在某种程度上指导量刑是有意义的,例如在裁量刑罚轻重时应依据犯罪人的年龄、精神状态来给予加重或减轻,这体现出量刑的具体化和针对性。但值得思考的是,刑罚个别化原则中所包含的某些内容,是否应成为量刑的主要依据呢? 显然不是,例如犯罪人的性别,犯罪人的家庭状况,犯罪人的受教育程度,实质上只能作为量刑时的参考,如果法官在量刑时必须以这些与案件事实没有直接关联的因素来作为量刑依据的话,则必然会导致量刑的失衡。

因此,笔者认为,在量刑原则上,用量刑经济原则代替刑罚个别化原则,是现实而且妥当的,而我国很多学者所倡导的刑罚个别化原则,则应主要体现在刑罚的执行上。这是因为,作为量刑准则,必须是以犯罪事实具有直接联系的要素,从特殊预防的角度而言,也必须是那些足以直接影响犯罪性质和程度的要素,如犯罪人的年龄、犯罪时的精神状况、累犯、惯犯等,而其他一些非直接因素如家庭状况、婚姻状况、受教育情况等则只能作为量刑参考。因其影响犯罪事实的程度不够明显,而且与犯罪事实本身的联系也不够明确,如一概将其作为量刑的依据,显然是失当的。在刑罚个别化原则中,这些因素的存在直接导致不能过分强调刑罚个别化在量刑中的作用,其所倡导的个别对待和必要的刑罚,完全可以由量刑经济原则来取代。而刑罚个别化原则,则可以作为刑罚执行中的准则,来对在刑罚具体执行过程中,可能影响犯罪人改造的因素加以判断,这时由于具体刑罚已经确定,而此外犯人的人身危险性相关要素,可以作为执行中加重或减轻刑罚的参考。

参考文献

韩轶:《论刑罚目的与量刑原则》,《安徽大学学报》(哲学社会科学版)2006年第4期。

王世洲:《现代刑罚目的的理论与中国的选择》,《法学研究》2003年第3期。

肖洪:《刑罚目的应该是"一般预防"》,《现代法学》2007年第3期。

刘守芬、方文军:《罪刑均衡的司法考察》,《政法论坛》2003年第2期。

胡学相:《量刑的基本理论研究》,武汉大学出版社1998年版。

钟安惠:《西方刑罚功能论》,中国方正出版社2001年版。

---

① 刑罚个别化也是很多欧美国家量刑的指导原则。例如我国有学者指出:"量刑时以刑罚个别化为原则就是从犯罪人的年龄、性格、经历和环境、犯罪的动机、方法、结果及对社会的影响、犯罪后犯人的态度及其他情况考虑适当的刑罚。在美国刑罚中可以将这些事由分别归为减轻因素和加重因素。前者是指量刑中的从宽事由,如行为人的年龄、精神状态、认罪答辩、家庭环境、无前科、悔意等等。而后者则是指量刑中的从严事由,如前科、暴力等等。"王秀梅、杜晓君、朱本欣、吴玉梅:《美国刑法规则与实证解析》,中国法制出版社2007年版,第302页。

董淑君:《刑罚的要义》,人民出版社 2004 年版。

蒋明:《量刑情节研究》,中国方正出版社 2004 年版。

王在魁:《法官裁量权研究——以刑事司法为视角》,法律出版社 2006 年版。

[美]戈尔丁:《法律哲学》,三联书店 1987 年版。

[美]哈伯特·I 帕克:《刑事制裁的界限》,梁根林等译,法律出版社 2008 年版。

（作者为华东师范大学法律系讲师）

提高初任法官法律
专业水平之我见

Raise the Level of Newly Appointed Judges of the Legal Profession My Opinion

顾伟强　周立平

[内容提要]　国家统一司法考试被认为是我国法律职业资格走上同质化之路的标志。本文以 2002 年首届国家统一司法考试后,上海某基层法院择优遴选的 25 名初任法官的审判质量与效率数据为样本,对初任法官的法律专业水平进行了实证分析。从分析情况看,法律职业资格实现同质化后,初任法官的法律专业水平基本略低于全体法官的整体水平,初任法官间法律专业水平也参差不齐。结合对初任法官被改判发回重审案件的分析,本文认为初任法官从普通人转变为法律人,从自然理性转变为技术理性的过程,遵循着借助时间,不断研究,积累经验的规律。根据这一规律,应当从完善遴选标准,完善任前培训,完善任后"带教"三方面,消除初任法官法律专业水平的差异,培养一批具有共同法律素养、共同法律信仰和共同职业道德的职业法律家,保障司法的统一。

《法官法》修订后,法官职业准入标准提高为严格考核,德才兼备,通过国家统一司法考试取得资格,具备法官条件。其中,国家统一司法考试被认为"是以培养一批具有共同法律素养、共同法律信仰和共同职业道德感的高素质的法律职业人才为其价值目标,"[1]是我国法律职业资格走上同质化之路的标志。本文以 2002 年首届国家统一司法考试后,上海某基层法院择优遴选的 25 名初任法官的审判质量与效率数据为样本,就法律职业资格实现同质化后,初任法官的法律专业水平作一分析。需要说明的是:为行文方便,本文将国家统一司法考试后任命的法官统称为初任法官。

一、初任法官法律专业水平的现状分析

所谓法律专业水平,"主要指把法律规定和案件联系起来进行理性思维的能力"。[2]

---

① 李翔:《中国法律职业资格同质化质疑》,《诉讼法学、司法制度》2007 年第 10 期。
② 李昌道:《司法公正与法官职业化》,《中国法学》2003 年第 1 期。

为客观反映初任法官法律专业水平现状,笔者汇总了 25 名初任法官的审判质量、效率数据,将其与上海法院系统整体数据进行了比较。通过比较,笔者发现法律职业资格实现同质化后,初任法官的法律专业水平基本略低于全体法官的整体水平,初任法官间法律专业水平也参差不齐。

(一) 整体比较

在汇总了 25 名初任法官审判质量与效率数据后[①],我们将它们与上海法院系统相关数据进行了比较,发现初任法官的法律专业水平基本落后于上海法院系统全体法官的整体水平。

1. 关于平均审理天数。图 1 显示,2002 年至 2009 年,上海法院系统平均审理天数基本呈减少趋势,但初任法官平均审理天数在 2005 年后却呈增加态势。2007 年后初任法官平均审理天数基本落后于上海法院系统全体法官的整体水平。

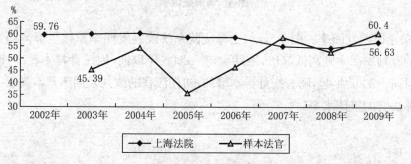

图 1 平均审理天数

2. 关于上诉率。图 2 显示,2002 年来上海法院系统上诉率基本呈小幅持续上升态势。而从 2004 年起,对于初任法官的初审判决的上诉率基本高于上海法院系统全体法官的对类似情况的处理后的整体水平。如果按"上诉率高,证明诉讼当事人对初审判

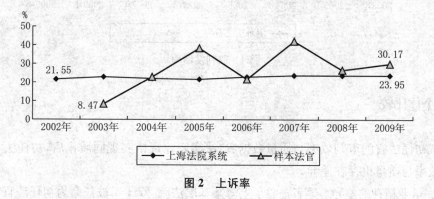

图 2 上诉率

---

① 作为统计样本的 25 位初任法官系陆续任命。2003 年、2004 年的统计数据,仅由 2 位初任法官的数据构成。2005 年至 2009 年的数据,分别由 4 名、7 名、10 名、19 名、25 名法官构成。

决满意度低,上诉率低,证明诉讼当事人对初审判决满意度高"①的标准衡量,可以认为,对于初任法官初审判决的相对较高的上诉率,反映了当事人对其判决的满意度较低。

3. 关于调撤率。从图 3 看,上海法院系统的调撤率基本维持在 56% 至 59% 之间,说明上海法院息讼止争能力基本稳定。而初任法官的调撤率则高低起伏,很不稳定。从 2007 年起初任法官的调撤率接近并开始略高于上海法院系统全体法官的整体水平。

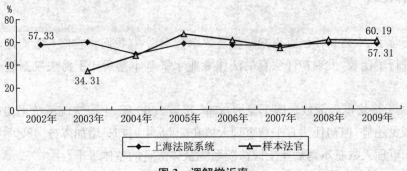

图 3 调解撤诉率

4. 关于改判发回率。图 4 显示,上海法院系统改判发回率总体呈下降趋势。但初任法官的改判发回率则高低起伏,不甚稳定。2006 年以前,因统计样本较少,改判发回率时低时高。2007 年起,随着统计样本增加,初任法官的改判发回率基本高于上海法院系统全体法官的整体水平。

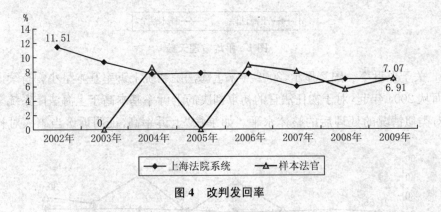

图 4 改判发回率

(二) 个体比较

从初任法官的审判效率与质量数据看,法律职业资格实现同质化后,初任法官间的审判效率与质量也存在差异。

1. 敬业精神的差异。笔者汇总了上海某基层法院 2003 年被任命为初任法官的 2 位

---

① 参见苏力:《送法下乡:中国基层司法制度研究》,中国政法大学出版社 2000 年版,第 391—415 页。

法官的 7 年审判质量与效率数据和 2005 年被任命为初任法官的 2 位法官的 5 年审判质量与效率数据。发现这四位法官年龄、性别、学历、经历、从事的审判工作相仿,但审判质量与效率却有高下之分。表 1 显示,A 法官年均结案数为每年 215 件,高于 B 法官 79%,高于 C、D 法官 144%,B、C、D 法官中任何两位的工作量之和均不及 A 法官一人。另一方面,D 法官调撤率、上诉率、改判发回率、平均审理天数虽处于最佳状态,但年均结案数却不佳。换言之,D 法官有能力做好息讼止争工作,提高调撤率,降低上诉率;有能力保障审判质量,降低改判发回率;有能力使当事人尽快摆脱诉累,减少平均审理天数;却未发挥应有能力,年均结案数明显落后。A、D 法官年均结案数的差异,反映了两人敬业精神的差异,揭示了法官职业准入标准的提高,并不能保证初任法官都具有高度的敬业精神。

表 1　敬业精神的差异

	年均结案数	判决率(%)	调撤率(%)	上诉率(%)	改判发回率(%)	平均审理天数
A	215	41.79	55.7	53.09	4.1	55.92
B	120	56.24	41.5	22.62	4.85	55.85
C	88	43.57	54.85	35.75	12.7	56.57
D	88	38.83	57.56	16.28	3.7	45.53

2. 审判质量的差异。笔者以"当年改判发回数超过全体初任法官人均改判发回数 2 倍,且当年改发率高于全体初任法官改判发回率"作为"改判发回数相对较高"的标准,统计了存在这一情况的初任法官人数。从表 2 看出:2007 年、2008 年、2009 年,"改判发回数相对较高"的初任法官占初任法官总数的 30%、21%、8%;连续两年存在"改判发回数相对较高"现象的初任法官占 2008 年、2009 年初任法官总数的 16%、4%。由此显示,法律职业资格实现同质化后,初任法官的法律专业水平仍有高下之分,部分初任法官的审判质量明显逊色于其他初任法官。

表 2　审判质量的差异

年度	办案的初任法官数(名)	改判发回数相对较高的初任法官构成情况						连续 2 年改判发回数相对较高的初任法官构成情况				
		任职时间				合计(名)	占总数之比	任职时间			合计(名)	占总数之比
		1年(名)	2年(名)	3年(名)	4年(名)			2年(名)	3年(名)	4年(名)		
2003	2											
2004	2											
2005	4											
2006	7											
2007	10		2	1		3	30%					
2008	19	1		2	1	4	21%	2	1		3	16%
2009	25		1	1		2	8%	1			1	4%

上海市社会科学界第八届学术年会文集(2010年度)政治·法律·社会学科卷

3. 基本职业技能的差异。进一步分析"改判发回数相对较高"的初任法官的改判发回重审案件,我们立刻意识到,法官职业准入标准的提高,绝不意味着所有初任法官在任职之初都能够自然掌握法官职业应当具备的基本职业技能,有的初任法官在这方面的表现并不尽如人意。其表现为:第一,缺乏基本程序意识。有的初任法官在被告要求鉴定原告民事行为能力时,凭自身观察对原告民事行为能力作出认定。第二,缺乏基本证据意识。有的初任法官在认定承租人是否支付租金时,不将举证责任分配给负有给付义务的承租人,仅依据自身"推理",认定事实。第三,缺乏在法律框架内解决纠纷的基本意识。有的初任法官以老年人迁出承租房屋后无处居住为由,对出租人要求老年人返还系争房屋的合法请求,简单不予支持,忽略了案外人根据合同应当承担的帮助老年人解决居住问题的义务。第四,缺乏文书制作的基本要领。有的初任法官在追加原告后,判决主文遗漏了对其诉讼请求是否支持的内容,等等。

二、提高初任法官法律专业水平的规律探寻

表现在敬业精神,审判质量,基本职业技能方面的差异,不得不让我们思考在法律职业资格实现同质化后,为何初任法官的法律专业水平仍存在如此大的差异。一位英国上诉法院首席大法官指出:"法官具有的是技术理性,而普通人具有的是自然理性,……对法律的这种认识是有赖于在长年的研究和经验中才得以获得的技术。"[①]同样,初任法官提高法律专业水平也有赖于长年的研究和经验,需要借助时间,不断研究,积累经验。

(一) 借助时间

如果以改判发回数衡量各初任法官职业技能的差异,那么技能差异是有期限的。当经历1—4年职业生涯后,初任法官的基本职业技能趋于接近。以表2为例,2007年、2008年连续两年改判发回数相对较高的初任法官,2009年就不存在这一问题,可见"改判发回数相对较高"只是阶段现象。表3统计了25位初任法官任命当年至2009年的改判发回数与上诉案件数之比,从中可以看出,该比例与任职时间成反比,任职时间越长,比例数越低。其中,任职4年是一个分界线,4年后该比例开始明显下降。[②]初任法官犹如璞玉,未经岁月和人工磨练的璞玉只是含玉的石头。唯有经过琢磨,玉才成器。当初任法官经历一定的职业生涯,审理了一定数量案件,其职业技能才趋于相同。

---

① 转引自刘力:《裁判方法论纲》,《上海审判实践》2005年第8期。
② 该表不足之处在于任职第7年的数据出现反弹,其原因可能与2003年任命的初任法官仅2名,统计样本过少有关。

表3　初任法官改判发回重审数与同期上诉案件数之比

任职年限	改判发回重审数	同期上诉案件数	改判发回重审数与同期上诉案件数之比（%）
第 1 年	10	111	9.01
第 2 年	23	957	0.44
第 3 年	14	190	7.37
第 4 年	11	139	7.91
第 5 年	6	186	3.23
第 6 年	1	80	1.25
第 7 年	4	80	5

　　需要指出，《法官法》也非常重视时间的作用。其第九条将从事法律工作满一定期限，作为担任法官必须具备的条件。但是，本文所谓的时间是指担任初任法官的时间，而非《法官法》第九条所指的遴选为初任法官前从事法律工作的时间。担任初任法官者，好比主刀医师，其技艺随着不断实践以及"人命关天"的责任，趋于精湛；而遴选为初任法官之前的法律工作经历，只是如同医师边的实习者，没有亲身实践，没有责任压力，难以掌握将法律知识妥帖地适用于每一个案件的专业技艺。

(二) 不断研究

　　所谓研究包括两层含义：一是掌握系统的法律知识，准确理解和运用各种制度语言，拥有知识理性。孔子说："学而不思则罔，思而不学则殆。"同样，如果单纯强调时间积累，不研究法律，不拥有知识理性，初任法官也难以实现自然理性向技术理性的转化。二是掌握将"法律规定和案件联系起来进行理性思维"的方法。这一方法法学院难以传授，国家统一司法考试难以涉及，需要初任法官在实践中不断研究。

　　1. 法学院难以传授。在我国目前的教育体制下，法学教育与法律职业之间存在一个空档。"虽然法学院在教学生像律师那样思考以及理解众多法学理论方面功勋卓著，但法学院却很少教学生如何找到合适的法律。"[①]所以，接受过正规本科教育的学生，进入法院以后往往感到原有的知识结构不能满足法院工作需要。

　　2. 国家统一司法考试难以考察。以上文提到的缺乏基本程序意识案例、缺乏基本证据意识案例和缺乏文书制作基本要领案例为例，国家统一司法考试可以考察民事行为能力的规定、举证责任分配的规定、判决书的制作格式，但难以考察参加国家统一司法考试者是否掌握了正确的法律思维方法，是否能够应对法律适用时千变万化的情况，

---

① 〔美〕沙伦·E.桑尼特，萨宾娜·克洛芬尼，王娟译，《蜕变——从学生到律师》，中信出版社 2007 年版，第61页。

以及在这些情况下是否拥有将"法律规定和案件联系起来进行理性思维"的能力。而这却是法官必备的职业技能,是法律专业水平的核心。

3. 需要法官在实践中不断研究。法律是一门以经验为根据的学问,"属于实践智慧的范畴"①。"在法律适用的诸要素中,法律、法官、案件构成法律适用的基本要素。法律要素和案件要素都属于'死'的东西,它们的'灵性'只能凭借法官这个活的要素激发出来。"②而法官能否激发法律要素和案件要素的"灵性",取决于其能否正确运用经验法则,裁量证据的证明力,正确认定事实;取决于其能否根据自身经历、感受、信念,去体会案情、理解法律,进行利益取舍和价值衡量,将法律公正体现为个案公正。③所以,将"法律规定和案件联系起来进行理性思维",不仅依赖法律知识,更依赖法律智慧。"有位智者曾说:人类探求知识,追求智慧,其实两者实在有极大的分别。知识能使人懂得某些事,智慧却是将所掌握的知识应用在人生中。"④作为实践智慧,将"法律规定和案件联系起来进行理性思维"的能力需要在司法实践中不断实践,认真研究才能获得,"智慧永远不能被教。它没有地方可以被教。"⑤

(三) 积累经验

在往返于法律规范与具体事实间寻找个案公正的过程中,我们很快获知在司法活动中总有"法律不明确"的身影。面对"法律不明确"所出现的法律空白、法律冲突、法律漏洞,"司法经验能使我们发现有关法律所具有的便利之处或不便之处,而这一点恰恰是最富智慧的立法机构在制定某项法律时亦无力预见的。那些经由聪颖博学的人士根据各种各样的经验而对法律做出的修正和补充,一定会比人们根据机智所做出的最佳发明更好地适合于法律的便利运行。"⑥因而,对美国司法有重大影响的大法官霍姆斯指出:"法律的生命从来不是逻辑,而是经验。"在霍姆斯看来:法律"永远从生活中汲取新的原则,并总是从历史中保留那些未被删除或未被汲取的东西"⑦。所以,有学者指出:"'经验',乃是现实生活中的'活水',它要求法官们根据社会生活的不断变化,在遵循先例的原则下,推陈出新,赋予先例以新的生命。"⑧

从司法实践看,经验对审判工作的作用主要有两类。一是在证据采信上,用于裁量证据证明力的经验法则;二是在法律适用中,用于根据不断变化的社会生活,赋予先例

---

① 何柏主:《论法律与经验》,载《法律科学》1999年第4期,第3页。
② 董皞:《法律适用中的法官及其能动性》,载《法律适用》2001年第8期。
③ 参见韩朝炜:《规范法官行使自由裁量权机制研究》,载潘福仁主编《审判机制的构建与完善》,上海交通大学出版社2009年版,第93—94页。
④ 赵文英:《论法官的法律思维》,《政治与法律》2005年第2期。
⑤ [印度]奥修:《生命的真意》,金晖、王建伟译,东方出版中心1996年7月版,第213页。
⑥ [英]弗里德里希·冯·哈耶克:《自由秩序原理》(上册),邓正来译,三联书店1997年版,第66页。
⑦ 转引自冯玉军、邱婷:《法律的生命不在于逻辑,而在于经验》,《人民法院报》2010年8月13日第7版。
⑧ 冯玉军、邱婷:《法律的生命不在于逻辑,而在于经验》,《人民法院报》2010年8月13日第7版。

以新生命的创新性司法经验。此外，在长期的司法实践中，法院还积累了一些常规的、公认的程序性司法经验。从初任法官角度看，其尤其缺乏根据不断变化的社会生活，赋予先例以新生命的经验。以上文提及的缺乏在法律框架内解决纠纷意识的案例为例，它需要根据个别案件的情形，依据某种法律原则、法理念、法的整体秩序等对一般的法律规范进行某种变通以适用于具体的案件，避免因法律的一般性而不公平的分配利益。由于缺乏创新性司法经验，在面临案件的法律效果与社会效果相冲突时，该案初任法官无力根据不断变化的社会生活，推陈出新；只能简单照搬过往案例，选择回避法律规定，追求"社会效果"的纠纷解决方案，最终导致法律效果与社会效果难以统一。

三、提高初任法官法律专业水平的制度构想

《最高人民法院关于加强法官队伍职业化建设的若干意见》将法官职业化建设的基本内容表述为强化法官的职业意识，培养法官的职业道德，提高法官的职业技能，树立法官的职业形象，加强法官的职业保障。对于职业意识、职业道德、职业技能、职业形象、职业保障等命题，笔者无力一一涉及。以下仅就提高初任法官法律专业水平，培养一批具有共同法律素养、共同法律信仰和共同职业道德的职业法律家，保障司法统一，作一制度构想，希望对加强初任法官职业化建设有所借鉴。

(一) 完善遴选标准

法律专业水平是把法律规定和案件联系起来进行理性思维的能力。从国家统一司法考试看，它已考察了法律从业人员掌握"法律规定"的能力。因此，初任法官的遴选标准应适当弱化掌握"法律规定"能力的考察，将考察标准集中于体现参加初任法官遴选者把法律规定和案件联系起来进行理性思维的能力。

1. 参与一定数量的案件审判。通过国家统一司法考试的法院工作人员中，有一个不容忽略的事实是有些同志长期在非审判部门工作，根本没有审判经历。如在上文提到的四起案例中，就存在这种现象。这些同志被遴选为初任法官后，有的因为缺乏审判经历而影响了审判质量。因此，应当明确，只有参与审判了一定数量的案件，才能参加初任法官遴选。

2. 担当法官助理。目前担任初任法官的基本要件是通过国家统一司法考试，预备法官培训合格。笔者认为，以上要件还应增加一项，即担当过法官助理。从实践看，多数参加初任法官遴选者只有书记员工作的经历，没有担当法官必须具备的从事过阅卷、开庭、讯问、指挥诉讼、撰写裁判文书的经历。即便在任命为初任法官之前进行了一年的预备法官培训，也无助于帮助他们积累起足以应对各类矛盾纠纷的经验。因此，要求

参加初任法官遴选者拥有法官助理的经历,既便于他们积累担当法官所必需的司法经验,又能将法官助理设置为担当法官的前置条件,以便在法官助理岗位上考察参加初任法官遴选者是否具有把法律规定和案件联系起来进行理性思维的能力。

从上文的分析中可以看出,把法律规定和案件联系起来进行理性思维的能力既依赖不断实践,也依赖对法律精神的领悟。在有的情况下,通过国家统一司法考试者可能很长时间甚至终身都难以拥有这一能力。对于他们,应当待其拥有把法律规定和案件联系起来进行理性思维的能力后才能遴选为初任法官。缺乏这一能力的,应当在担任初任法官前予以弥补;难以弥补的,不能担当初任法官。因此,法官助理的岗位应当有助于培养和甄别参加初任法官遴选者是否具有把法律规定和案件联系起来进行理性思维的能力,岗位内容应当包括:负责庭前准备,归纳争议焦点;主持经双方当事人同意的调解活动,审核调解协议合法性;提出判决意见,制作裁判文书。其中,调解协议的审核能力,判决意见能否为法官采用,能否为上诉审理认可应当成为判断法官助理是否具有把法律规定和案件联系起来进行理性思维能力的重要依据。需要指出,鉴于各级法院定纷止争的任务各不相同,法官需要积累的经验类型也各不相同;加之,中国绝大多数地区城乡差异明显,所以要做到上级法院所需法官完全从下级法院选任在近期来看也不现实,故中级以上法院在其法官助理中选任初任法官在当下有其合理性。

3. 实绩选人。《法官法》第十二条规定“初任法官采用严格考核的办法,按照德才兼备的标准,从通过国家统一司法考试取得资格,并且具备法官条件的人员中择优提出人选”。所谓“择优”,不宜单纯以国家统一司法考试成绩后预备法官的培训成绩为标准,更应突出参加初任法官遴选者在担当法官助理时的工作实绩,以激励法官助理不断进取,全面提高把法律规定和案件联系起来进行理性思维的能力。同时,为了鼓励更多的审判人员参加到初任法官的遴选中,在法官助理的任职条件上,不必强求必须通过国家统一司法考试,但应要求属于书记员工作的佼佼者。这样,能够保证参加初任法官遴选者始终属于工作实绩的突出者,而非仅仅是应试成绩的佼佼者。

(二) 完善任前培训

提高法律专业水平需要依赖初任法官自身经验积累,也需要依赖成熟司法经验的有效传承。但是,过去延续的“师傅带徒弟”的培训模式,决定了“师傅”传承的司法经验有时具有个别性、或然性、不稳定性,“师傅带徒弟”的口传心授培训模式已难以适应初任法官任前培训的需要。因此,从 2007 年起,上海法院根据《法官培训条例》有关“预备法官培训应注重岗位规范、职业道德和审判实务的培训,培训时间不少于一年”的规定,对拟提升初任法官者开展为期一年的法官职业素养和审判技能的脱产培训,并从培训合格的人员中提任法官。以上制度对于提高初任法官法律专业水平发挥了积极作用,应当坚持。同时,可以从以下方面进一步增强任前培训的针对性。

1. 加强程序性司法经验的培训。抽样分析发现,改判、发回重审案件中有 15.9% 因程序性差错引起。有的是在被告未放弃答辩期的情况下作出判决;有的是未经质证的证据被作为认定案件事实的依据;有的是裁判金额计算失误或裁判主文不严谨。从上文提及的缺乏基本职业技能的案例看,初任法官也存在着因程序不当或低级差错的情况。由此可见,程序性司法经验虽然属于"应知应会"的基本职业技能,但这些"应知应会"内容一旦被违反,将严重损害司法公正,严重影响司法权威。因此,应将它们作为任前培训的重中之重。

2. 加强解决难点问题的司法经验培训。抽样统计发现,改判、发回重审案件中,15.9% 为涉及不动产买卖的纠纷,14.9% 为租赁合同纠纷,8.5% 为财产权属类纠纷,8.5% 为人身损害类纠纷,7.4% 为建设工程施工合同纠纷,这些案件占改判发回重审案件的比例为 55.2%。这说明在一定时间段内,制约审判质量的难点问题往往集中于特定案由的案件或特定问题,需要我们及时总结正反两方面司法经验,形成有助于解决难点问题的执法意见,在任前培训中加以传授。另一方面,在从自然理性向技术理性转型的过程中,初任法官中容易出现事实认定能力不强,纠纷解决方案设计不合理的问题,也需要在培训中强化案例教育,帮助预备法官从他人的改判发回重审案件中,汲取教训,掌握认定事实,解决纠纷的基本规律。

3. 加强创新型司法经验的培训。法律难题一般包括三种情形:一是普遍性规范被合理排除在特殊个案的法律适用中;二是合理清除成文法的缺陷;三是弥补法律滞后产生的漏洞。通过分析历年来入选《人民法院公报》、《中国审判案例要览》的案例可以发现,这些案例在填补法律空白和法律滞后,解决法条规定含义不明或相互冲突时所秉持的价值取向和利益衡量方法,虽历经岁月沧桑,至今仍闪烁着智慧的光芒。这些创新型的司法经验是法官们根据不断变化的社会生活,推陈出新,赋予先例以新的生命的心路历程,是霍姆斯眼中的"经验",它们值得在预备法官培训中不断强化,以帮助预备法官掌握根据不断变化的社会生活,推陈出新的规律,肩负起他们应当承担的赋予先例以新生命的历史使命。

(三) 完善任后"带教"

初任法官职业化建设中,应当重视初任法官任职后的"带教"。"法律体现了一个民族诸世纪以来的发展历程,不能将它视作似乎包含了公理以及一本数学书中的定理。"[①] 资深法官积蓄的几十年司法经历是一项宝贵的资源,应当用以帮助初任法官把条文的法律转化为生活的法律,把抽象的法律转化为具体的法律,帮助初任法官度过任职之初艰难的成长期。

---

① ［美］本杰明·N.卡多佐:《演讲录法律与文学》,董炯、彭冰译,中国法治出版社 2005 年版,第 75 页。

上海市社会科学界第八届学术年会文集(2010年度)政治·法律·社会学科卷

1. 由特定的资深法官担当初任法官的"带教"老师。提高初任法官法律专业水平应当采取制度化的任前培训与"师傅带徒弟"的任后"带教"相结合的模式。初任法官任职后，应设立一定的带教期，由特定的资深法官作为"带教"老师，结合事实认定、法律适用中的具体问题，向初任法官口传心授成熟和先进的司法经验，将初任法官扶上马，送一程。在这段时期内，初任法官不宜拥有独立的裁判文书签发权，其裁判文书应当由"带教"老师签发。

2. "带教"老师应当着重帮助初任法官提高审判质量和效果。"带教"老师应当通过与初任法官共同组成合议庭的方式，在具体实践中帮助初任法官克服分析问题容易片面，调解能力不强，纠纷解决方案合理性差，处理突发矛盾办法不多等问题。在合议庭分工中，更多地承担确定办案思路，确定矛盾化解路径，决定案件方向的工作。借助"带教"老师的指点，初任法官可以迅速积累解决疑难复杂案件的经验。

四、结　语

初任法官提高法律专业水平的过程中，面临着太多的自由心证、道德判断、价值取舍、利益衡量。本文希望能够通过机制建设，帮助初任法官加快以上进程。"法律好比一所房子，应随时加以修理，加以洗刷；漏的地方应弥补，旧的地方应调换，每日黎明即起，洒扫庭除，这样才始不负祖宗置产的苦心。法官的任务，一方面要保守，一方面也要创造；既不能太过保守，致蹈墨守成规，胶柱鼓瑟之讥，又不可太过创造，致涉捣乱纲纪的嫌疑；增一分则太长，减一分则太短。"[①]这等高深、奥妙的艺术却永远没有地方可以被教，需要依赖初任法官自身对比不断研究，积累经验才能获得。

（第一作者为上海市杨浦区人民法院院长，
第二作者为上海市杨浦区人民法院研究室审判员）

---

① 吴经熊：《法律哲学研究》，清华大学出版社 2005 年版，第 227 页。

上海检察机关办理商业贿赂
案件情况的专题调研

The Special Investigation and Study of Handling Cases of
Commercial Bribery by Shanghai Procuratorial Authority

龚培华　万海富　李菁蓉

[内容提要] 本文通过对新刑法实施以来本市各级检察机关办理的涉及医疗、教育、建筑等行业的商业贿赂疑难案件进行调研分析,发现商业贿赂案件具有涉及罪名多、窝案串案多、从宽处理情节多、判处缓刑多、法律适用分歧较大等特点,检察机关在对商业贿赂案件的处理中,遇到了各种各样的难题和障碍,包括商业贿赂犯罪的内涵及外延概念不统一、相关法律条文释义不够明确、缺乏科学的证据标准、刑事司法机关与行政执法部门衔接不顺、办案成本与效果不成正比、存在部门保护主义及社会的"潜规则"等问题,影响了检察机关对商业贿赂的惩治。对此,应当正确认识商业贿赂的危害性、治理的重要性和工作的特殊性,准确界定商业贿赂违法行为与商业贿赂犯罪性质,完善立法修改与司法解释并明确相关证据标准,加快构建刑事司法与行政执法相衔接的工作平台,实现检察机关查办案件与社会预防监督的交流,以遏制商业贿赂案件高发现象,为社会主义市场经济有序发展营造良好环境。

2005年年底,中共中央政治局召开会议研究部署党风廉政建设和反腐败工作,决定将治理商业贿赂作为2006年反腐工作的重点。2006年3月5日,温家宝总理在政府工作报告中重申:"今年要集中开展治理商业贿赂专项工作"。3月11日,最高人民检察院检察长贾春旺在作最高人民检察院工作报告部署2006年任务时,明确要求检察机关加大打击严重破坏市场经济秩序犯罪,积极参与商业贿赂专项治理行动。由此可见,治理商业贿赂是党和政府的一项重要工作。研究和打击商业贿赂犯罪,具有重大的现实意义和深远的历史意义。

随着市场经济的发展,商业贿赂作为一种负面产物,不断融入并渗透到商业经济活动中。其表现形式日趋复杂,手段不断翻新,并常与正常的经济行为交织在一起,更具隐蔽性。其对市场经济的健康发展,带来很大的危害。由于现有的法律法规对此类犯罪规定较为笼统,且有许多空白点,因而,司法部门处理此类案件存有许多困惑和难点。

为此,我们对新刑法实施以来本市各级检察机关办理的涉及医疗、教育、建筑等行业的商业贿赂疑难案件进行调研分析,多次召开了有反贪、侦监、公诉和研究室等部门人员参加的座谈研讨会,形成了专题调研报告。

一、商业贿赂案件的基本特点

商业贿赂是经营交往、经济发展中出现的一种产物。其案件无论从法律视角还是从社会的认知角度,较其他案件来说,都有其不同的特点。我们对 19 个区、县院办理的265 起商业贿赂相关案件进行了调研。据统计,其中受贿案件为 229 件,行贿案件为 36件;在这些案件中,不捕案件 21 件,不诉案件 8 件、撤案 15 件、抗诉案件 1 件。其主要特点是:

1. 在行为特征上,往往涉及多种罪名。我们在调查中发现,许多商业贿赂型犯罪常常与其他的犯罪以"牵连"的方式交织在一起。有的形成数罪,有的则是在非商业贿赂的罪行中,含有商业贿赂的犯罪情节。例如某区院办理的贾某受贿、挪用公款案。犯罪嫌疑人于 1994 年 6 月至 1995 年收受行贿人马某人民币 26 550 元。1996 年至 2000 年10 月间先后三次将本单位资金共计人民币 72 万元借给马某用于营利活动。还有既受贿又贪污、因受贿而玩忽职守、因受贿而导致履行合同失职被骗等。

2. 在案件类型上,窝案串案多。贪污贿赂案件中的窝案、串案由于其危害性大、隐蔽性强,多年来一直都是检察机关打击、预防职务犯罪的重点。在商业贿赂案件中此类案件也占有很大的比例。以闸北区院为例,2003 年至 2005 年办理的建筑工程行业贿赂案 13 件共涉及 17 名犯罪嫌疑人,其中有 8 名犯罪嫌疑人来自上海某机械施工公司;有2 名来自该公司第一分公司;另有 2 名来自该公司第五分公司;80%是窝案。

3. 在人员构成上,存在"三多"现象。即受过高等教育多、单位骨干多、专门人才多。商业贿赂的实质就是"权"与"利"的交换,犯罪嫌疑人大多为单位中掌握一定实权者,或是单位紧缺的人才、重点培养的对象。如杨浦区院办理的医疗、教育、卫生系统的商业贿赂犯罪案件中,涉案的 19 名犯罪嫌疑人有大学以上学历的占 11 人,其中有 1 人是博士、3 人为硕士。

4. 在犯罪事实上,具有较多的从宽处理情节。与一般刑事案件相比,商业贿赂案件中的犯罪嫌疑人其主观恶性相对不深,涉案数额较小,认罪态度也较好。我们在相关的法律文书中发现,这些商业贿赂案件的犯罪嫌疑人到案后,几乎都具有自首、退赃或主动交待侦查机关没有掌握的具有从轻处理情节的犯罪事实等的情况。

5. 在法律适用上,认识分歧大。我们在调查中发现,许多单位对商业贿赂案件如何适用法律存有疑难。同时,公安、检察、法院在对于如何认识此类案件犯罪上分歧较大。一是主体身份。如医生、教师既有行政职务,又有专业技术职称,或仅有技术职称,是否可以成为商业受贿犯罪的主体,是适用刑法第 163 条"公司、企业人员受贿罪"还是刑法第 385 条受贿罪?二是行贿罪中的"谋取不正当利益"。在司法实践中,何谓不正当利益?正当与不正当利益如何区分、认定?对此办案中存在着许多困惑。三是对单位行贿受贿的认定问题。在司法实践中,单位将受贿的钱款放入单位大账中,一般是不作为犯罪认定的。加之单位犯罪取证困难,对单位主体的认识又不尽统一,因此,在司法实践中,对单位行贿、受贿犯罪处理极少。四是对具体数额的认定。对除金钱以外的其他利益如何认定,抵扣券、抽奖等如何计算数额,旅游、请吃以及其他服务是否属于应当认定的"利益"。这些问题在实际操作中都存有不同的认识。这种情况也导致了商业贿赂案件撤案、不捕、不诉以及提交检委会讨论的比例较普通刑事案件高出许多。相比较而言,更多的认识不统一问题出现在行贿罪中,对行贿罪的认识分歧更大,处理上也更宽。因此,行贿案要比受贿案少得多。

6. 在立案侦查阶段,存在重受贿、轻行贿现象。从案件的数量上看,受贿案件远高于行贿案。但在撤销案件中大部分却为行贿案。调查中,我们发现一些区院在办理行贿案件中存在这样两种情况:一是对于行贿犯罪,情节一般又能主动交待犯罪事实的一般不予立案;二是为突破其他案件,对行贿人先立案最后撤案或不诉。

7. 在批捕、起诉阶段,存在"三少一高"的现象。一是公安机关移送商业贿赂案件少。调查中,检察机关的侦监、公诉部门普遍反映公安机关报捕或移送起诉商业贿赂案件少,有些单位甚至近年来没有此类案件。某区院近 5 年来,侦监、公诉部门办理的商业贿赂案件均为本院反贪局自行侦查的贿赂案件。2006 年 1 至 5 月,该院立案侦查商业贿赂案 10 件,于去年同比增长 43%。其中大案率达到 100%,处级以上的要案率达到 40%。二是追捕、追诉、立案监督少,与"窝案串案多"的情况不成正比。三是抗诉少。从我们收集到的材料来看,检察机关抗诉的案件只有 1 件。一高是不捕、不诉率较高。从我们调查的情况看,不捕率为 7.9%、不诉率为 3%,明显超出了一般刑事案件的不捕、不诉率。且这些不捕、不诉案件,大多为行贿案件。如浦东新区院 2003—2005 年共受理行贿案件 7 件,其中不捕为 6 件 6 人。另外,不诉的案件中均为相对不起诉案件,且多为因证据、数额、主体等认识不一,从而引起定性变化等而作相对不诉。

8. 在审判阶段,判处缓刑案件较多。在我们调查的案件中,案件处理结果为缓刑的占了绝大多数。如奉贤区院办理的 13 起商业贿赂案件中,2 件为撤销案件,1 件为免刑案件,1 件为移送不起诉案件,其余均为缓刑案件。崇明县院调研的相关案件判决结果全部为缓刑。其他院的相关案件,判决为缓刑的也均在一半以上。

9. 在结案之后,相关机关对此类案件的综合治理力度不大。在中央提出对商业贿赂集中治理之前,相关机关并未将工作重点放在这一问题的处理上。对于如何认识、如何解决商业贿赂中存在的各类问题并无系统的调研。此外,在预防和打击腐败的宣传上,有关机关也只是将大部分的注意力放在了对贪污、挪用、渎职等案件上,而对如何预防、打击商业贿赂犯罪则宣传不够。

10. 在社会认知上,许多人对此类案件的犯罪嫌疑人较为宽容。这种宽容主要表现在:一是证人怠于履行作证义务。有的时候,甚至是犯罪嫌疑人已经交待,但由于没有证人的指证导致了证据上无法形成锁链而不能定案。二是上级说情、为犯罪嫌疑人开脱的情况比较普遍。如某区院办理的李某受贿一案,被告人所在单位表示:李某系部门的科研及业务骨干,请司法机关予以从轻处理。三是社会整体对商业贿赂行为持较为宽容的态度。据某网站的调查显示,社会公众对商业贿赂有 7% 的人表示"可以接受",有 20% 的人态度不明确,甚至认为"绝大多数企业都是靠回扣来销售,一两家想拒绝也没用"。早些年,商业贿赂曾被一些经济学家称作"市场经济的润滑剂"。

二、检察机关办理商业贿赂案件遇到的难题及原因

毋需讳言,商业贿赂在一些行业、领域的蔓延已成为经济生活中一个突出的问题。近年来,检察机关在对商业贿赂案件的处理中,遇到了各种各样的难题和障碍,主要表现为以下几个方面。

1. 商业贿赂犯罪的内涵及外延尚未形成统一概念,难以正确、高效地处理此类案件。严格来说,"商业贿赂犯罪"并非一个法律上的概念,刑法中也并无"商业贿赂罪"这一罪名。迄今为止,不论是刑法理论界还是司法实务部门,对何谓"商业贿赂"尚无明确统一的认识。此外,由于商业贿赂犯罪源于不正常的市场交易行为,因此具有复杂性和多变性。其在行为和数额上常与正常市场交易中的"返利行为"、违反行政法规的不正当竞争行为交织在一起。认识的不统一,给正确和高效地处理此类问题造成了相当大的困难。这种不统一在侦查、批捕环节造成了案件的频繁退回补充侦查、不予逮捕与撤案;在起诉环节造成了大量的案件相对不起诉和提请检委会讨论;在审判阶段则造成了缓刑案件的增多。

2. 相关法律条文释义不够明确,办理商业贿赂案件障碍重重。一是犯罪主体不明确。我国刑诉法将国家工作人员商业贿赂案件交由检察机关管辖,而将公司企业工作人员商业贿赂案件交由公安机关管辖。但随着市场经济的发展,出现了一些新的主体。如改制过程中的企业管理人员,同时具有技术职称和行政职务的专业人员,兼有事业性和营利性的企业、单位的管理人员等等。由于对此类案件在管辖设定上并无明确界线,导致了目前案件管辖上的空白与错位。检察机关、公安机关对是否应当承办此类主体的案件以及由谁承办有时感到无所适从,因而导致了这类案件办理效率的低下。二是犯罪构成不明确。目前刑法理论界、司法实务部门对相关法条中"谋取不正当利益"、"非财产性利益是否应当认定、如何认定"等问题存在激烈的争论。这些定罪量刑的关键问题悬而未决,无疑给司法实践办案带来了困难。

3. 缺乏科学的证据标准,商业贿赂案件证据收集和成案困难。其问题主要体现在

以下两个方面：一是由于没有清晰的证据标准，侦查人员的取证全凭经验。一旦下一道程序的承办人与侦查人员对个案的认识上有所不同，那么发生问题则在所难免。二是商业贿赂案件大多为"一对一"的"交易"行为，因此在证据上对言词证据的依赖性很强。言词证据本身具有多变性，由此对初审的要求较一般案件更高。由于没有完善的证据标准，承办人员的初审便没有明确的方向，难以制定针对性的审讯对策和有效的取证、固证。随着侦查的深入，犯罪嫌疑人的反侦查能力不断提高，原本可以获取的言词证据逐渐流失。许多案件就是因为难以获得有力的口供来固证，才造成在办理的流程中只能不断的"降数额"、"做减法"，最终导致大案变小案，甚至无法成案。

4. 刑事司法机关与行政执法部门衔接不顺，案件的流转和处理存在障碍。一是管辖问题。商业贿赂行为在"不正当竞争"这一层面上受工商等行政部门管辖，达到了犯罪程度时则受刑事司法管辖。目前，在行政执法程序向刑事司法程序转化的问题上，双方尚未形成良好的工作机制。第一，双方对处于行政执法与刑事司法临界点的案件，缺乏必要而有效的信息沟通机制，使许多应当进入刑事程序的案件"漏网"；第二，由于我国将国家工作人员商业贿赂与公司企业工作人员商业贿赂案件的管辖分别交给了检察机关和公安机关，而刑法及其司法解释对商业贿赂主体又没有细化的规定，因此在各方缺乏有效沟通的情况下，一旦案件主体身份不甚明确时，正确移送案件就变得非常困难；第三，根据法律规定，我国的公司企业工作人员商业贿赂案件是归属于公安机关管辖，但检察机关具有法律监督的职能，对公安机关有"立案监督"权。但目前没有有效的机制保证检察机关得到相关的案件信息，使检察机关很难有效的行使立案监督权。

二是证据认定问题。在办理商业贿赂案件时有关公司性质、运作情况、主体身份等证据，都源自于相关行政机关的行政公文。我们在调查过程中发现，有些案件由于侦查机关与相关行政部门间的配合不够协调，导致了案件的关键证据存在欠缺，造成了不良的后果。如某区院办理的方某案，该院以贪污罪、受贿罪提起公诉后，法院以职务侵占罪、公司、企业人员受贿罪判决。其原因就是对犯罪嫌疑人方某所在的某国际贸易公司的性质存在认识上的不一致。在该案案发后，检察机关向工商部门取证，工商部门对该公司的登记为集体企业。但工商机关称其对该公司的登记存在错误，该公司应为国有企业，并同时改变了公司的定性，检察机关便据此提起了公诉。但由于定性的改变是在立案后，且这种变更在程序上存在一定的欠缺，法院采纳了辩护人的意见，以公司、企业人员受贿罪定案。如果检察机关在取证过程中，进一步取证工商部门认定该公司为国有企业的理由，加强与工商部门的沟通，进一步规范取证程序和证据形式，则本案会处理得更好。

5. 办案成本与效果不成正比，导致对商业贿赂案件较多适用"酌定情节"。在认识不统一、缺乏明确证据标准的情况下，商业贿赂案件的成案本身就十分的困难。再由于商业贿赂案件的犯罪嫌疑人主观恶性不深、数额不大、认罪态度较好等原因，致使商业贿赂案件大案不多。在这种情况下，承办人员往往会选择适用一些酌定情节，由此对犯罪嫌疑人能够免予刑事处罚的方式进行处理。因此,一些承办人员往往会适用一些允许取保候审以及相对不诉来交换犯罪嫌疑人对其他案件、其他犯罪嫌疑人的指认。审判阶段也有类似的情况存在。即只要被告人如实供述、认罪态度好、积极退赔所有赃款,则按酌定情节从轻判处缓刑等。

除了不合理适用之外,我们在调查中也发现了一些"随意适用"裁量的情况。一种是存在"做减法"的情况。即一旦犯罪嫌疑人有其他的罪名足以起诉或审判的,则不再追究商业贿赂犯罪一节。如某区院办理的费某贪污、受贿一案,其向一非国有公司行贿60万元,由于公安机关认为无法确定商业贿赂主体而未予以追究。另一种是对缓刑的随意适用。如某县院办理的施某受贿案,犯罪嫌疑人先后7次收受贿赂数额达7万元,又伙同他人共同受贿并私分,情节较为严重。但该法院仍认为其"情节较轻、认罪态度较好"而判处了缓刑。

我们认为,商业贿赂犯罪侵犯的客体主要是市场公平竞争秩序,其造成的后果不是靠简单的退赔、或者是如实供述所犯罪行就可以有效弥补的。因此在处理商业贿赂案件时,适当的适用从轻情节本无可厚非,但如果对大多数,甚至是近乎所有的商业贿赂案件均采取这种措施的话,不利于抑制和改变影响市场正常发展的潜规则。

6. 部门保护主义及社会的"潜规则",影响了商业贿赂案件的打击力度。由于商业贿赂犯罪的主体多为有一定能力和职位的人员,因此,存在部门保护、行政干预的情况,给有效打击商业贿赂犯罪造成了一定的困难。而另一方面,从刑事政策的角度,对这些人如何恰当处理有时感到难以把握。这些案件中,有不少被告人是企业单位专门引进的人才,而且对于商业贿赂也自认为仅仅是"辛苦费"、正常回扣,不存在主观上的犯罪故意。对这些人如处理不当,对单位工作的正常运转、甚至对地区经济的发展,可能会产生一定的影响。因此,这也成为处理这类案件的一大难点。

此外,社会公众对商业贿赂犯罪的不正确认识也是查办此类案件的一大障碍。此类案件没有明确的被害人,行贿人与受贿人双方又是利益共同体。在社会"潜规则"的作用下,举报人往往不愿公开作证,相关企业和知情人也会对犯罪嫌疑人网开一面,三缄其口。这样一来,司法机关打击商业贿赂的犯罪也就更加艰难了。

三、遏制商业贿赂案件高发,为社会主义市场经济有序发展营造良好环境

1. 正确认识商业贿赂的危害性、治理的重要性和工作的特殊性。一是要深刻认识商业贿赂案件的社会危害性,对商业贿赂案件作出正确评估。在办理案件时应当改变以往纯以实际损失、涉案金额来衡量社会危害性的观念。二是要明确预防和打击商业贿赂案件目的,建立整治商业贿赂工作的长效机制。执法人员和有关机构应始终将整

治商业贿赂作为工作重点常抓不懈,工作落到实处,形成机制,成为市场诚信体系的有效保障。三是要充分认识商业贿赂治理工作的特殊性。刑法手段在治理商业贿赂工作中毕竟有其局限性。应注重执法与行政、执法与综合治理、执法与社会预防等的结合,保证整治工作的灵活性与整体性。

2. 准确界定商业贿赂违法行为与商业贿赂犯罪性质。从这次调查情况来看,具有一定技术职称的涉案人员为数不少。一些案件违法行为与犯罪行为往往难以界定。因此,有关法律的制定需有一定的超前性,相关司法解释也应有一定的及时性。如对公务与劳务的解释与界定,尤其要合理解决技术人员职务范围内的必要业务、技术指导与非职务范围内的业务咨询、技术服务指导之间的行为区别。如医生收受"红包"之类的问题。

3. 完善立法修改与司法解释并明确相关证据标准。应当通过立法与司法活动,消除错位与空白点,并保证法与法之间的合理衔接,形成体系,同时细化案件办理在实体和程序上的各项要件,通过这种方式来实现对商业贿赂犯罪的有效整治与打击。

一是根据需要进行立法修改与司法解释,填补空白、消除错位,将刑事司法、行政执法、民事法律合理衔接。第一,填补国家工作人员商业贿赂(第三百八十五至三百九十三条)与公司企业工作人员商业贿赂(第一百六十三、一百六十四条)在主体上的空白;第二,对单位贿赂犯罪作出明确界定;第三,对贿额的计算方法。主要是对金钱以外的贿赂是否应当认定和如何认定以及对存在"礼尚往来"贿额的认定作出规定;第四,增加对罚金刑的适用。

二是细化查办商业贿赂案件的证据标准与证据规则。第一是强化对证据固定的要求;第二是细化对犯罪嫌疑人不认罪案件的证据设置;第三是建立排除性证据标准。通过这种方式建立灵活科学的证据体系,并保证商业贿赂犯罪与其他相关罪名的有机联系、合理转化。

三是对司法机关的"裁量"权监督、限制并设置相应的救济制度。第一,在作出上述的决定时必须在侦查终结报告、起诉意见书,以及判决书中详细说明理由;第二,在对当事人不作刑事处理后,必须跟踪之后的处理情况,并做好备案;第三,检察机关对审判机关畸轻畸重的案件应当提起抗诉等等。

四是在相关法律和制度的建设中将有关治理商业贿赂的内容纳入其中。第一,在设立相关法律如"反垄断法"时,可将有关商业贿赂的内容纳入其中;第二,在相关涉外法律中对商业贿赂行为作必要的规定;第三,在对"公益诉讼"制度建设的过程中将治理商业贿赂的内容列入其中;第四,在设立捕诉联动机制中为商业贿赂的捕诉联动设立专章;第五,完善举报制度,建立商业贿赂举报绿色通道。

4. 加快构建刑事司法与行政执法相衔接的工作平台。第一要建立同工商、审计、卫生等各相关行政执法部门的信息交流与沟通,实行对刑事定性、行政处理案件的通报制度;第二要建立案件流转的工作机制。这一工作机制应当具有双向性,不仅包括行政案件向刑事司法程序流转,也应当包括从刑事司法程序向行政执法的转化;第三要实现行政执法部门与刑事司法部门查办案件在认识上的衔接:(1)要保证检察机关办对有关行政部门处理相关案件中的数额认定、价值计算等关键证据标准的知情,以保证通报案件的质量;(2)要保证对提供证据的行政机关证据形式要件、程序要件的知情;(3)建立检察机关对立案案件向相关行政部门通报制度,防止出现因缺乏同行政机关的沟通,忽略了重大证据变化而导致案件发生或消失的问题。

5.实现检察机关查办案件与社会预防监督的交流。建立检察机关同重点部门、行业协会以及企业内部党委纪委合作交流机制。要积极发挥检察预防部门的作用,通过宣传、教育、检察建议书、设立企业廉政联络员、签订行业协议等方式,切实保证各项预防工作落到实处,实现社会预防与检察预防的有效联动。

(第一作者为上海市金山区人民检察院检察长,
第二作者为上海市人民检察院研究室调研科科长,
第三作者为上海市闸北区人民检察院侦监科检察官)

身份转换、权威认同与财产观念[*]

——建国初期的农民社会心理变动

The Social Psychology Alteration of the Peasants during Land Reform in PRC

张一平

[内容提要] 新中国土改不仅改变了原有的土地所有权关系，而且对农民的社会心理产生了深刻影响。特别是在苏南农村，农民的身份特征由乡民转向阶级，日常生活中新的权威话语开始树立，私有财产观念受到冲击，由此导致了国家——农民关系的重构。

土地是传统中国最稀缺的生产要素和社会权力再生产的基础，土地分配和围绕土地的利益冲突是 20 世纪中国乡村动员与结构变迁的重要动力。在前承清末与民国、后继改革开放的建国初期，全国的土地制度改革结束了传统的统治秩序，成为农业合作化、人民公社形成的前奏，并对农民的社会心理变动产生了深刻影响。本文试以 1949—1952 年苏南土地改革为个案，从身份转换、权威认同和财产观念的视角来考察这一变化及其影响。

一、身份转换：由乡民到阶级

梁漱溟曾把中国传统的乡村社会称之为"伦理社会"，而费孝通则将其特征表述为"差序格局"，在这种"差序格局"中，人们之间社会关系的远近、亲疏，受到血缘和地缘，尤其是血缘的影响。[①]然而，形成中国传统社会关系差序格局的基础，实际反映了一种中国农村社会中对稀缺资源进行配置的方式或格局。[②]尽管伦理本位给日常乡村生活罩上了一层温情脉脉的薄纱，村民之间存在着从农业生产、砌房造屋到婚丧嫁娶的广泛的互惠合作，甚至平素的食物也礼尚往来，但是乡村资源的稀缺极易造成利益冲突，往往鸡毛蒜皮之事即可成为邻里纷争的导火线，礼尚往来的背后往往是还礼过头，两不相欠。

* 本文系 2009 年教育部人文社会科学研究项目（编号：09YJC790181）的阶段性成果。
① 费孝通：《乡土中国　生育制度》，北京大学出版社 1998 年版，第 26 页。
② 孙立平：《"关系"、社会关系与社会结构》，《社会学研究》1996 年第 5 期。

由于生存空间的约束,村落内部构成了一种紧张而又微妙的平衡。

土地改革正是在这些特征中找到了契机——生存伦理——强调经济利益的不平等,从而打破了原先的"和谐"。通过把阶级划分当作改造农村的出发点,中国共产党人成功地摧毁了原有精英的社会和经济基础。[①]特别在诉苦运动中,通过把"自然状态的'苦难'和'苦难意识'加以凝聚和提炼",使其"穿越日常生活的层面",建立起与"国家的框架"的联系。[②]诉苦中注意进行农民与地主的对比教育,使农民"找到穷是如何来的原因,认识到两个阶级到底是谁养活谁"的道理。通过这样一种道德色彩浓厚的经济挖根,阶级划分给中国农村社会打上了长达几十年的政治烙印。[③]

首先,这次成分划分,改变了农村社会原来的权力结构、阶级与身份地位的认知评价。阶级身份被固化并成为判定每个人政治态度、社会地位及各种权利的标尺,那么这种理论上的阶级概念就会在实践中出现"符号化"的趋向。[④]甚至还会出现对于"身份符号"的竞争,譬如过去农民认为,兵是保镖和刽子手,不愿当兵,土改后则抢着当兵。松江专区在土改结束后抗美援朝的参军热潮中,报名参军的超过原定名额六倍以上。征兵审查时非常严格,以至于农民反映:"国民党抓丁抓不到,共产党领导了,参军像考秀才。"又如"劳动"一词,过去农民没有自觉认识到劳动的光荣,土改后便完全明白了,而且对主要劳动与附带劳动、有劳动与没有劳动,有了新的理解。[⑤]无锡县江溪乡军属普遍受到尊敬,逢年过节均受到慰劳与慰问。[⑥]

其次,经过阶级划分重新厘定了乡村中国家与社会的关系,并使国家权力在新中国成立后再次下移。这种新的国家—社会关系和政治结构的出现,完全不同于旧的国家、士绅和村庄的三角关系。阶级划分"增加了国家(和共产党)的直接影响,扫除基于财产和地方积累起来的权力之上的权威,把对血亲的忠诚转向对新发展起来的法人团体即集体的忠诚"。[⑦]同时,大批积极分子进入政权系统,他们具有联系大多数农民的能力,也能坚决执行党的政策。

再者,这种阶级划分的理论,可以追溯到 1925 年毛泽东的《中国社会各阶级的分析》,它"主要根据占有社会财富的多少即生活富裕的程度来划分。评定这些阶级的历史作用,也主要不是看他们维护何种社会生产力、何种生产方式,而是根据他们的富裕和贫穷程度,判定他们分别为反革命、半反革命、对革命守中立、参加革命、革命主力军"。如果仅仅局限于分配份额和分配方式的改观,而不强调农民主体性的"个性自由、

---

①　詹姆斯·R.汤森、布兰特利·沃马克:《中国政治》,顾速等译,江苏人民出版社 2003 年版,第 267 页。
②　郭于华、孙立平:《诉苦:一种农民国家观念形成的中介机制》,载《中国学术》第 12 辑,商务印书馆 2002 年版,第 133 页。
③　参见陈益元:《建国初期农村基层政权建设研究 1949—1957:以湖南省醴陵县为个案》,上海社会科学院出版社 2006 年版,第 156—159 页。
④　詹姆斯·R.汤森、布兰特利·沃马克:《中国政治》,顾速等译,江苏人民出版社 2003 年版,第 122 页。
⑤　《我所见到的苏南土地改革运动》,1951 年 9 月,第 152、154 页。
⑥　无锡县江溪乡土改后农村阶级经济情况变化调查报告,1951 年 10 月 20 日,锡山区档案馆档案:B1-1-13。
⑦　罗兹曼主编:《中国的现代化》,"比较现代化"课题组译,江苏人民出版社 1998 年版,第 488 页。

个性解放",不注重生产力的发展,那么,只会造成"越穷就越富有革命性"观念的复制和不断强化,从而导致贫穷的普遍化和全部陈腐的东西死灰复燃。①因此农民虽然打破了传统的宗法枷锁,获取了发展的机会,但这种发展是由身份界定为出发点的。辅仁大学教授叶苍岑在苏南察觉到了农民的这种话语变化:"你是地主!你是地主!"而当叶教授问一个10岁左右的小女孩:"你喜欢做啥个样的人?"小女孩答道:"雇农。"②从此,阶级身份"广泛的政治和社会内涵","通过男性血统带给妻子和子孙。那些划为地主和富农的儿孙们面临着折磨和当替罪羊,而阶级成分越低微(贫农、雇农),则其新的政治和社会地位就越高。"③这种主观性和政治色彩较浓的社会分层模式,奠定了此后几十年的中国社会结构的基础。

　　阶级划分还给地主家庭出身的青年带来了巨大的心理震动。一些学生为了表明自己的进步,不惜与家庭决裂。新苏师范一个地主家庭的学生"和平"如此表白:"我知道我家的财产、土地和房屋是以农民的白骨堆成的;就是我自己的身体也是以农民的血泪哺育起来的!我的祖父是家乡的地主,我父亲是中国人民的叛徒,日本帝国主义的走狗;他们对农民进行了残酷的剥削,而不断增加了自己的财富和土地。……我要做一个地主家庭的叛徒。"④金坛县白塔区化龙乡的大地主夏朝鼎逃往无锡后,在复兴路上被其女儿夏梅君——钟荣庚诊所的医学生——碰见并扭送至派出所。⑤

　　土改后地主与农民的心理对立长期存在,并随着政治形势而变化。如苏州唯亭镇朱益稔、勤辛大队王阿惠让其子女牢记斗争苦头,将来要"翻本"。尤其在1962年夏天蒋介石企图侵扰东南沿海时,有的地主威吓干部:"蒋介石过去,先杀大干部,后杀小干部。"新民大队大队长吴根寿(党员)还特地请地主马纪康为自己兄弟写分家书,把土改时自家38亩田写上,并对其兄弟讲:"现在毛主席领导,我是大队长,你们靠我,如果蒋介石过来,我们也有了后路,不用怕。"⑥浙江临海县有个地主,带上儿子去认土改时被分掉的土地、房屋,有的地主则保留着"变天账"、"冤仇登记簿",传给子孙报仇。⑦江宁县东山公社共有成年地富子女306人,社会主义教育运动以前,"72.9%的人和家庭划不清界限,同党和贫下中农存在隔阂;9.2%的人本人受毒较深,'站在家庭的反动立场上',仇视党、仇视贫下中农;17.9%的人思想比较进步,拥护社会主义,跟党和贫下中农比较靠拢,但他们不少人对自己的前途也有苦闷。"不少干部群众则称地富子女为"小地主"、"小富农"。⑧

① 姜义华:《理性缺位的启蒙》,上海三联书店2000年版,第215、376页。
② 《我所见到的苏南土地改革运动》,1951年9月,第152、154页。
③ 弗里曼、毕克伟、赛尔登:《中国乡村,社会主义国家》,陶鹤山译,社会科学文献出版社2002年版,第147页。
④ 《地主家庭的罪恶》,《新苏州报》1950年10月25日。
⑤ 《夏梅君检举了逃亡的地主父亲》,《晓报》(无锡)1951年5月21日。
⑥ 吴县唯亭公社社会主义教育运动试点工作总结——储江同志在工作队全体干部会议上的总结报告,1963年9月17日,载于中共苏州地委办公室编印:《农村社会主义教育运动资料》,1963年10月15日。
⑦ 柳荣昌、佘边编:《地主是怎样剥削和压迫农民的》,中国青年出版社1963年版,第76页。
⑧ 中共江苏省委办公厅编印:《江苏社教运动简报》,第141期,1965年10月7日。

周晓虹指出,土改之后地主、富农,以及与此相应的雇农、贫农和中农,实际上只是历史遗留下来的一种阶级身份符号,已不具备原来的意义。"实事求是地说,在一定的历史阶段,为了巩固新的基层政权和维护土改的积极成果,防止已被推翻的地主及富农阶级的反抗和破坏,继续使用这一阶级身份符号体系原本具有一定的积极意义。"①但是这种阶级身份符号体系的使用不仅延续了 30 年,并且被夸大到了令人难以置信的地步。

二、权威认同:日常生活中的话语建构

马克思在《路易·波拿巴的雾月十八日》中这样描述法国的小农:"他们不能代表自己,一定要别人来代表他们。他们的代表一定要同时是他们的主宰,是高高站在他们上面的权威,是不受限制的政府权力,这种权力保护他们不受其他阶级侵犯,并从上面赐给他们雨水和阳光。"②神授力量和官府权威是传统农民日常生活的主宰,由于缺乏政治参与实践和主体意识,他们对于命运的迷信、神的崇拜和政权的感知主要就是"权力保护"、"雨水和阳光",实利主义的生存需求很大程度上规定着农民的行为方式。

随着土改对传统乡村利益格局的打破,农民的敬仰对象发生改变,新的权威性话语开始广泛建立。吴江一带的农民原来烧香拜佛的风气很盛,震泽镇的香店经常满堆着香和纸箔。土改后香店生意逐渐清淡下来,许多农民自动退出道、会门,不再烧香拜佛供灶神,而改为敬奉毛主席像。③因此,苏南"坊间印行的毛主席像,销路好极了!"④在太仓县双凤区的庆祝大会上,新毛乡贫农朱小狗说:"毛主席是我伲亲大人,把我伲穷人从地狱救到天堂。"一位张姓农民说:"从前年卅晚,讨债逼租,弄得家里一粒米都呒没,今年年卅分到了多余粮食,手忙脚呒放处,真是翻身,今朝我要谢谢毛主席。"即对着毛主席恭敬地鞠了几个躬。妇女代表金妮大说:"毛主席来了,我伲男女全翻了身,第一得到了土地和财产,第二,我伲穷人得到了天下。"军属代表江老太说:"我伲到区里县里开会,县长区长都来迎接我伲,献花敬酒,像做喜事一样,真是到处受人欢迎。"⑤南汇县新建乡农民说:"不是毛主席订的政策好,我们哪里能分得到?"60 多岁的季余氏甚至表示:"这次我分到分不到东西无所谓,反正我已翻了身了。"⑥这真切地反映了农民在新政权下得益后的满足心理。

金坛县直溪区自 1951 年 1 月中旬结束土地分配工作后,提出"想想过去,比比今

---

① 周晓虹:《传统与变迁——江浙农民的社会心理及其近代以来的嬗变》,三联书店 1998 年版,第 159 页。
② 《马克思恩格斯选集》第 4 卷,人民出版社 1972 年版,第 295 页。
③ 《我所见到的苏南土地改革运动》,1951 年 9 月,第 152、154 页。
④ 潘光旦、全慰天:《苏南土地改革访问记》,三联书店 1952 年版,第 114 页。
⑤ 《苏南土改情况》第 36 期,1951 年 3 月 19 日。
⑥ 《苏南土改情况》第 33 期,1951 年 3 月 8 日。

天,认识将来"的口号,引导农民诉苦,"干部群众对于日汪蒋的滔天罪行,激起了无限悲愤,参加会议的都痛哭流泪,普遍的进一步的提高了阶级觉悟,这样群众一面对今天翻身表示喜悦,感谢共产党、毛主席,感谢解放军,一面对美蒋表示万分痛恨(均表示态度),愿意参军拥军优属,加紧生产支前,管制好地主阶级。"①昆山花溪乡贫农在土地分配后说:"以前我们这种人有钱也买不到田,今天靠毛主席领导,分到田了。"对于政策,群众相信"毛主席的政策总是为人民打算的。"太仓庆丰乡分田中,农民到田里去看田时,把毛主席像扎上彩抬到田里说:"叫毛主席看看我侬分田。"该乡先分户高培良分田后对儿子说:"阿小,记牢,你大了可对你后代说现在我侬是怎样翻了身。"西郊镇一老头分了5亩田后领着孩子去田里看了三次,对孩子说:"这块田是我侬每年出力耕种给地主交租,今天毛主席领导分给我侬,你可不要忘了毛主席。"②

普通农民的交往圈极为狭小,他们了解的多是自己身边的情况,知识的匮乏和模糊的感知使农民难以辨识阶级的概念,外界信息的传播很大程度上塑造了他们的认知。打倒阶级敌人的言说,其实质是从日常生活来提升农民对党和毛主席的认知,进而认同国家的合法性。不过,农民的国家观念与民主意识并非同步发展,而是仍旧受到权力运作的影响。翻身感的树立,目标是获得反对旧秩序的集体共识。这要求每个人的参与和一致表态而不能保持沉默,构成了农民心理集体化的前奏。

在此话语环境下,农民顺势还学会了把增产归功于新政权。无锡县怀五乡浦文兴互助组1952年小麦获得丰收后,组员笑眯眯地说:"这都是听了毛主席的话:多垄了肥料,多花了功夫,开沟排水做得好,不然,小麦哪能丰收!"③无锡西漳区老农刘秋宝对记者说:"自从解放后,分得了土地,在人民政府正确领导下所以生产量大大提高,人民政府为了维护我们的利益,提高农业品的价格,不使我们吃亏。……你想想,要不是毛主席来了,要不是共产党来了,我们能过到这样好日子吗?"④显然这是一种追随主流话语的感恩表态,表明农民的政治参与度在扩大,但其主体性尚未真正构建。

不仅如此,对毛主席的感恩宣传还借助报刊话语来凸显农民的心理反应。1951年在苏州市虎丘镇安乐村农民致毛泽东的信中说:"由于中国共产党和您(毛主席)的英明领导,由于中国人民解放军的英勇奋斗,消灭了中国大陆上的蒋匪帮,打垮了封建势力,消灭了地主阶级,把我侬穷人从苦海中救了出来,得到了自由解放,现在我侬当了家,作了主,这全是您的英明领导得来的。……现在,我侬已分得了土地,从此不会再受压迫、剥削了,种出来的东西,可以快快乐乐地自己享受了。"⑤

苏州城东区娄东乡合心村第四组农民在给毛泽东信中谈到解放前受地主剥削压迫,解放及土改后生产提高时说:"毛主席,我们一想到您,我们的心就特别兴奋,手头就特别有劲。您和在共产党领导下的人民政府太关心我们了,您比我们的爷娘还要亲。"①农民用近乎奉承的话来表达自己的忠诚,这仍是国家与农民"庇护"关系的某种延续。新政权还圆了农民的清官梦。太仓利民乡长泾村农民吕阿福、吕阿祖兄弟俩解放前为争一分竹园,被抓去吃官司。土改中通过村长和村民帮助协商,强调这是旧社会的祸根,国民党政府不但不为农民做事,反而小事弄大,敲诈勒索,于是双方互让一半解决。农民因此反映几代弄不清的事,毛主席来了,一句话就弄得清清爽爽。伍胥乡农民则说过去事情弄到衙门里,越弄越大,钱先到者先胜,现在毛主席是青天,一文钱不花就解决了大事情。②

程歗先生指出,农民具有普遍的权力崇拜意识,如依赖心理、畏官心理和趋权心理。③解放军长驱南下的壮举,新政权一系列雷厉风行的行动,土改带来的翻天覆地的变化,这些都给苏南老百姓留下了深刻印象,而面对领袖毛主席这样一个至高无上的权威,向其表示敬畏和忠诚,正符合农民寻求保护和日常社会调节的需要。

农民也开始表现出积极参与政治的姿态。如新泾乡召开人民代表会时,代表蒋福全在儿子将死的情况下仍去参加会议,直至会议结束。另一代表冯全根第一天结婚,第二天就出席代表会议,并说:"我今天能这样还不是靠毛主席,开会讨论大家事情,怎能不去?"怀西乡一个常缺席会议的农民闵金元说:"我靠毛主席靠住了,分到了四亩田,毛主席靠我没靠住,土改后我开会也不到,我对不起毛主席,对不住自己的良心。以后开会我第一个到。"④不过对于这种权威崇拜,仍需利益诱导,否则农民有可能采取实用主义的疏远态度。如武进县鸣凤区雅田乡农民在土改后认为"土地回了家,农会不参加","干部要换换干","开会老一套"。同时还抱怨:"人民政府一百样九十九样好,就是公粮重。""解放军创家当是对的,不过做得太急!""毛主席当老板,我们当雇工,吃饭做工。"⑤江阴利港乡在土地分配基本结束时,农民对参加组织的认识仍很模糊,如九村贫农张山林等说:"我们穷人一天不做,一天就没饭吃,参加农会要常常开会,不去还不是一样分田"。⑥正如戴慕珍所言,在当代中国农村的政治发展中,"有意义的政治参与的正式渠道"是很弱的。⑦

作为一个巨大的社会变革和利益调整过程,土地改革在改变着农村经济秩序的同时,也在建立着一种新的社会政治秩序。⑧农民敏感地调节自己并迅速适应着新权威,但

---

① 《毛主席比爷娘还要亲 共产党的恩情说不完——娄东乡合心村第四组全体农民给毛主席的信》,《新苏州报》,1951 年 6 月 29 日。

② 《苏南土改情况》第 50 期,1951 年 5 月 29 日。

③ 程歗:《晚清乡土意识》,中国人民大学出版社 1990 年版,第 50—51 页。

④ 苏南第二批十一个乡民主建政典型试验工作综合材料,1951 年 12 月,江苏省档案馆档案:3006-长-264。

⑤ 武进县鸣凤区雅田乡民主建政工作初步总结,1951 年 12 月 12 日,武进区档案馆档案:1-1-26-19。

⑥ 《苏南土改情况》第 33 期,1951 年 3 月 8 日。这种搭便车(free-ride)的现象,反映了农民在政治参与中的利益取向。

⑦ Oi, Jean C. State and Peasant in Contemporary China: The Political Economy of Village Government, Berkeley: University of California Press, 1989.

⑧ 黄道炫:《洗脸:1946 年至 1948 年农村土改中的干部整改》,《历史研究》2007 年第 4 期。

他们对认识和改造旧秩序的思索是有限的,更多是受到无形的"政治正确性"的压力,这种权力的幻觉决定了农民是被动而非真正的自主参与。

三、财产观念:求富抑或均平

苏南土地改革完成后,在国家行政权力的主导下,农村的生产资料进行了重新分配,农民又站在一个更加均衡的起跑线上开始了新的竞争。基于原有的基础和新的政策影响,各阶层在生产态度上发生了异变,这正反映了他们对财产分配的认识。

中农　青浦县盈中乡南安村中农不买田、不放债、不做生意,怕升为地主富农,作为自耕农主要是"怕负担"、"怕冒尖"、"怕共产",余粮大多用于生活生产和培养子弟。[①]吴县富裕中农在思想上有顾虑,觉得"富裕"两字不好,认为和富农差不多。[②]太仓县新建乡大同村部分中农抱着种种吃吃的思想,生产技术上不图改进。[③]又如青浦县砂碛乡周家村唐福根土改后连续索还债米 12 石,经常坐茶馆大吃大用。中农在互助合作中怕给贫雇农占便宜。[④]常熟县扶海乡中农普遍存在怕富、怕算剥削心理。[⑤]再如宜兴县前红乡孙宝章叫穷,谎称麦种吃光却没拿出来晒,结果全蛀坏了。邵天喜、邵玉才在评丰产时实收 600 多斤,却自报 450 斤,其妻说只有 400 斤。杨老三三年来卖掉了半条牛、两把大铁耙、一只新甩桶,生活较浪费,生产上很少施肥。周盘生、邵金才听说组织农业生产合作社,土地要并家,1952 年比 1951 年少追肥一半。同时向往富农的经营方式,认为参加互助组没好处,一样出工资,还是雇短工称心。参加了互助组的,又往往抬高耕牛工资,压低人工工资,或以占有生产工具换取贫雇农劳力,有的暗中放债,出租土地,想做生意。[⑥]

地主　在吴县,一种是老老实实学种田的地主,他们大多没有什么社会关系,不种田没有其他出路,又不会做生意。一种是外边有办法活动,用点资本做小生意,不愿从事农业劳动。还有些地主不想做别的事,也不愿种田。[⑦]常熟县扶海乡地主一般是被迫参加劳动改造,如杨同豪妻子以前照料小孩也要请女佣人,现已学会种田和推车。个别的地主还存在着消极抗拒思想。[⑧]青浦县盈中乡南安村地主一种是劳动改造,求得温饱;另一种是荒废生产,听凭摆布。如石牛村地主俞仲鱼,拒绝修圩,积肥要政府命令。[⑨]宜兴县前红乡良庄村三户地主,均系村组干部门房氏族,有二户地主出租土地

---

①⑨　《江苏省农村经济情况调查资料》,1953 年 2 月 20 日,第 150 页。

②⑦　吴县各阶层生产思想动态,1951 年,江苏省档案馆档案:3070-短-93。

③　《江苏省农村经济情况调查资料》,1953 年 2 月 20 日,第 213 页。

④　《江苏省农村经济情况调查资料》,1953 年 2 月 20 日,第 240 页。

⑤⑧　常熟县南丰区扶海乡土改后农村阶级经济情况变化调查,1951 年 10 月 20 日,江苏省档案馆档案:3006-短-331。

⑥　《江苏省农村经济情况调查资料》,1953 年 2 月 20 日,第 114—115 页。

10.81亩,由互助组包种,另一户以畜工换互助组人工,生活水平高于中农,思想上均不愿接受劳动改造。①

富农　一种是相信政策的富农,生产比较积极,如浒关东桥乡富农王福根垩肥比往年多,他说:"多收政府并不多要,为什么不多花点本钱呢?"一种是对政策还有怀疑,认为生产发财将来要升地主,如唯亭区湖南乡富农周竹山生产不起劲,怕多收了缴粮重和二次土改,陆墓区徐庄乡富农朱阿三不肯罱泥,每天都坐半天茶馆。部分富农则认为:"共产党喜欢劳动,不劳动是不行的,将来成会分会评为地主。"甪直明镜乡富农朱寿清有两条牛,因谣传分田就想把牛卖掉。②常熟县扶海乡少数富农还存在"怕富"、"怕算剥削"、"怕提升成分"、"怕吃大锅饭",如包荃贵在参加互助组后,因雇请的人工较多,顾虑"政府知道了,要当我不劳动的";沙鸿模、陈金元则少请了人工,造成田间草多,影响了生产。③

青浦县盈中乡南安村富农浦永先担心"迟早要共产,土地要归公",因此上城学簿记,预备转行;有的甚至减少让雇工带病劳动,认为"现在不剥削,将来也许要好一些"。还有一种是拉拢互助组,如浦焕文送船借车给王吉祥互助组,希望在政治上取得地位。④太仓县新建乡大同村富农周秀甫在调查时说:"我伲土改中分进田(租田变自田)还算富农呢?"并少报历年雇请人工。该村富农龚家藏哭穷:"家里空空的,评我富农真冤枉。"⑤奉贤县砂碛乡周家村富农土改中送田 22.6 亩,怕评为地主和公粮负担,同时不敢借贷,囤积了多余棉、粮,不卖给政府。⑥

贫农　相对于富农、中农的怕冒尖,部分贫农则盼望"社会主义"的到来,如太仓县新建乡大同村贫农龚二官说:"希望社会主义早些来,到了社会主义大家可以一样了。"经济未上升的贫农,由于底子亏,生产资金不足,生产、生活较困难,想依赖政府贷款。⑦奉贤县砂碛乡、青浦县盈中乡也有这种情况,部分还存在着单纯依赖救济的思想。⑧个别贫农无发家要求,生产不够积极,如宜兴县前红乡良庄村万富根过去一贯好赌懒做,土改后生产仍不够积极,产量很低,生活水平没有提高。⑨吴县少数贫农因分得的是远路田,不高兴种,不大到田里去做工,要把田还给政府。还有嫌田不好就不肯出力种,如陆墓区胡巷乡顾家华分得 7 亩田,村长要他放垩壅,他说:"肚皮都吃勿饱,还垩什么壅!"还有一些得田户实在缺乏肥料、种籽、农具,对种田没信心。此外还有一些二流子得到田不想种,如甪直湖东乡二流子曹阿水分了田自己不种要放出去,湖北乡二流子张道立不肯罱河泥。⑩奉贤县砂碛乡生活困难户周寿均不安心农业生产,想改行做生意,已两次贩柴到上海出售。⑪

①⑨　《江苏省农村经济情况调查资料》,1953 年 2 月 20 日,第 115 页。
②⑩　吴县各阶层生产思想动态,1951 年,江苏省档案馆档案:3070-短-93。
③　常熟县南丰区扶海乡土改后农村阶级经济情况变化调查,1951 年 10 月 20 日,江苏省档案馆档案:3006-短-331。
④　《江苏省农村经济情况调查资料》,1953 年 2 月 20 日,第 150—151 页。
⑤⑦　《江苏省农村经济情况调查资料》,1953 年 2 月 20 日,第 213 页。
⑥　《江苏省农村经济情况调查资料》,1953 年 2 月 20 日,第 240—241 页。
⑧　《江苏省农村经济情况调查资料》,1953 年 2 月 20 日,第 240、151 页。
⑪　《江苏省农村经济情况调查资料》,1953 年 2 月 20 日,第 240 页。

小土地出租者 希望参加互助组,解决缺乏劳力、农具的困难,因达不到目的而发愁。如宜兴县前红乡良庄村蔡秀英说:"就愁人家能到社会主义,我不能到社会主义。"个别的年老垂死,无嫡系亲属,肥料不愿多垩,怕生产了自己却享受不到。①

由此可见,熔铸了国家意志的财产分配动摇了土地产权的边界,冲击着农民的私有观念,导致了他们极为矛盾的生存心态。土改后农民的发家求富心理的侧重点是"发家",这与互助合作的共同富裕取向是矛盾的。这一矛盾表现在对生产关系变革的态度上,即是农民对单干感兴趣,而对"组织起来"十分苦恼。②一般得田户都愿努力生产,如吴县黄埭区倪会乡贫农尤良四,一家四口分得9亩多田,打麦压土,麦田上了9船白河泥的肥,菜籽田也上了粪,开好灰潭,修好农具,和人合买了一条耕牛,积极进行生产。③据苏南11个乡调查,土改后干群较多地存在"麻痹松懈"、埋头生产、不问政治的思想。农民反映:"毛主席领导我们分了土地是为了生产,不生产要饿死,不开会不要紧。"④太仓县新建乡大同村农会主任贫农龚守元,1951年辞去干部后埋头生产,兼做杀羊副业。奉贤县砂碛乡周家村汤涌泉原系乡委员,土改后连会议都不参加。⑤经济上升的贫农,要求发家致富享受生活。如宜兴县前红乡良庄村邵寿洪土改后,农、副业生产提高,新造了房屋,买了轧稻机,参加互助组怕吃亏,退组单干,干部动员几次,仍不肯参加,娶媳妇铺张用去稻3 000斤。⑥

农民在土改后无论是埋首生产还是态度消极怕冒尖,往往会被视为重视眼前利益的自私性或平均主义,尤其强调农民具有平均主义的思想特征。周晓虹认为,尽管土地改革彻底摧毁了封建的土地占有制度,实现了"耕者有其田",但土改以后以土地为主的农村社会的经济条件比以往要更为平均,而更为重要的是土改还强化了农民的平均主义思想;土地改革弱化了乡村社会的血缘关系,却通过平分土地将一部分流出土地的农民又拉回到土地上,强化了广大农民对私有土地的依附性,强化了他们的平均主义的"乌托邦"理想,因而地缘关系又得到了强化。⑦他还指出,如果从社会心态的角度来剖析平均主义的内涵的话,那么,可以说是重视"有限资源"。表面上的平均分配只是平均主义的一个方面,它的另一个方面则表现为非常嫉妒他人发财。⑧

卢晖临也认为,在正常秩序下,对财产的敬畏和尊重是明面,平均主义是暗面,后者潜伏在农民心理的角落,即或表现,也是在日常生活中的一些细节中。但是在暴力打破正常秩序的特殊情况下,平均主义就可能陡然像决堤的洪水一样泛滥。像暴动中的杀

---

①⑥ 《江苏省农村经济情况调查资料》,1953年2月20日,第115页。

② 李立志:《土地改革与农民社会心理变迁》,《中共党史研究》2002年第4期。

③ 吴县各阶层生产思想动态,1951年,江苏省档案馆档案:3070-短-93。

④ 苏南第二批十一个乡民主建政典型试验工作综合材料,1951年12月,江苏省档案馆档案:3006-长-264。

⑤ 《江苏省农村经济情况调查资料》,1953年2月20日,第213、240页。

⑦ 周晓虹:《传统与变迁——江浙农民的社会心理及其近代以来的嬗变》,第154、156、160—162页。

⑧ 周晓虹:《传统与变迁——江浙农民的社会心理及其近代以来的嬗变》,第69页。

富济贫一样,土改运动也体现了农民的这种平均主义。[1]

这些观点看似辩证,实则忽视了农村不同阶层的内部差别,尤其是土改后步入正常生产阶段的情形。其实农民个体小生产者与平均主义本质上处于对立的地位。私有财产是个体农民的本质属性,诚如毛泽东所说,"私有"是农民的"天性"。[2]而这种私有"天性"却正是"公有"与"共有"的对立物。列宁指出,在商品经济的作用下,"小生产是经常地、每日每时地、自发地和大批地产生着资本主义的和资产阶级的"。[3]个体小农经济产生之后,它作为一个生产单位,一方面将劳动好坏与劳动报酬紧密相联,另一方面则与商品经济共存,自身就具有自发的竞争激励功能、求富向上的欲望和市场基因。农民作为小生产者,生性决定了它与平均主义的根本对立。[4]

同时,所谓的平均主义是与生存状态相关联的。当部分农民濒临生存危机的边缘时,均富贫的动机特别强烈,或较富有的农民出于自身的安全考虑也会帮助和救济穷人。在日常的生产生活中,个体小农作为一个生产单位,绝不是追求平均,他们追求的是一家一户的发财(正如崇拜赵公元帅),贫农希望成为中农,中农再想成为富农,发财致富才是他们的"天性",只不过方式有正当与不正当之别。他们既不轻易允许别人来分享自己的财产(从家产继承的纠纷可见一斑),也不敢随意侵犯别人的财产。如在陕北骥村土改时,勤劳致富的女劳模巩兰对村里有人到地主家抢东西表示不屑:"这斗地主那阵,咱不跟那(地主们)要什么,咱自己下来挣下(钱)就对了。(那些人)背人家(地主)的那,人家挣的嘛,咱把人家抢了去?!"[5]相反在集体化过程中,农民对"一大二公"的生产分配方式是一次次的抵制。这是一种生存伦理,而非平均主义所能概括。[6]我们对农民财产观念的评价,必须从他们的生存状况来考察,简单地以平均主义概括既不公正,也容易陷入"进步"或"落后"的主观评价。

(作者为上海财经大学人文学院讲师)

---

[1] 卢晖临:《革命前后中国乡村社会分化模式及其变迁:社区研究的发现》,《中国乡村研究》(第一辑),商务印书馆 2003 年版,第 161 页。

[2] 毛泽东:《土地问题与反富农策略》,载中国社会科学院经济研究所中国现代经济史组:《第一、二次国内革命战争时期土地斗争史料选编》,人民出版社 1981 年版,第 492 页。

[3] 列宁:《共产主义运动中的"左派"幼稚病》,《列宁选集》第 4 卷,人民出版社 1960 年版,第 181 页。

[4] 参见温锐:《理想·历史·现实——毛泽东与中国农村经济变革》,山西高校联合出版社 1995 年版,第 180—186 页。

[5] 李放春:《北方土改中的"翻身"与"生产"——中国革命现代性的一个话语—历史矛盾溯考》,载《中国乡村研究》(第三辑),社会科学文献出版社 2005 年版,第 271 页。

[6] 或许平均主义更符合农业经济时代国家对稳定的考虑,因此,在封建社会中,伴随着王朝重建的往往是自耕农的复兴。

网络集体行动的探索性研究[*]

——以 2008 年网络事件为例

An Exploratory Study on Network Collective Action
—Case Study of the Network Events in 2008

李婷玉

[内容提要]　网络时代的来临使得网络集体行动成为社会科学界研究的一个新焦点。本文尝试对网络集体行动进行定义,并从网络集体行动的场域、主体和客体三方面描述其特征。在借鉴集体行动发生机制的西方理论解释框架和本土解释模型的基础上,探索性地以 2008 年的五个网络热点事件为例,运用价值累加理论、建构主义理论取向以及本土解释模型中的怨恨变量、动员变量和理性变量对事件的发生机制进行了剖析。

社会运动和集体行动是社会科学界一个长盛不衰的研究领域。自 20 世纪 90 年代中期以来,伴随着中国社会的急剧转型,伴随着新的社会身份和社会认同群体的诞生,社会行动者的种种政治表达和利益保卫活动,重新浮上了台面。具体来看,无论是以小型熟人共同体为组织基础的集体性抗争活动,还是以更大型的地理区域为组织空间的群体性突发事件,在全国各地都时有发生[①]。近年来,随着互联网技术的迅速发展,网络消弭了时间和空间的隔阂,全面介入人类社会生活,并成为社会结构中具有重要影响的要素,以网络为中介的群体事件层出不穷,网络集体行动因此成为学术界研究的新焦点。

一、网络集体行动的内涵及其特征

当前某些新闻媒体使用诸如"群体性突发事件"、"集体抗争"、"集体维权"等术语来指称正在发生的集体性抗争活动时,社会学研究者更愿意使用价值无涉的"集体行

---

* 本文为国家社科基金项目"网络群体事件的社会学研究"的阶段性成果。

① 刘能:《当代中国群体性集体行动的几点理论思考——建立在经验案例之上的观察》,《开放时代》2008 年第 3 期。

动"这一概念。所谓集体行动是指由有相互关联的个体、群体或组织按某一方式所组成的集合体,采取某些策略与技术,为达到某一特定的共同目标而作出的努力。网络集体行动是集体行动在信息时代的一种特殊类型,旨在凸显互联网这一新的传媒技术的普遍应用与发展对集体行动所带来的影响。因此,本文将网络集体行动界定为"经由互联网而相互关联的个体、群体或组织,按某一方式组成集合体,采取在线或离线的某些策略与技术,为达到某一特定的共同目标而作出的努力"。网络集体行动具有以下特征:

第一,网络集体行动的场域——网络公共领域。以网络为中介是网络集体行动的最重要的一个特性,表现为集体行动发生的时空网络化,即去时空化。这意味着固定的时间和地点不再是网络集体行动发生的前提条件,"身体不在场"使得不在同一时空下的成员能够共同参与同一行动。网络突破了传统信息传输媒介造成的时空障碍,为民众表达利益诉求和意愿、参与决策提供了快捷渠道,正是由于网络所具有的便捷性、开放性和平等性特点,极大地激发了民众的政治参与热情,使得网络被视为新生的公共领域。需要注意的是,网络虽然使行动者获得了话语权和编辑权(指参与者不经过审查就可以发布自己的信息或者对现有信息进行再阐释),虚拟的网络空间也并非就是一个理想的公共领域,事实上,不少在线互动是发生在持有相似观点的个人之间,这种互动将导致虚拟空间的碎片化。因此,网络公共领域中的政治讨论是否是反思性的还有待考察,而未通过权威审查机制的信息的不准确性如果经过碎片化的虚拟空间会被进一步强化,其结果可能导致集体行动的激进化。

第二,网络集体行动的主体——网民群体。过去30年间我国经历了三次集体行动浪潮:在20世纪80年代中后期,集体行动参与者的主导形象是以传统精英(知识分子和大学生)为代表的社会类别群体(social categories)或身份共同体(status groups),集体行动参与者的需求保卫,是围绕着路线合法性资源和一个更为公平的经济分配秩序而展开的;20世纪90年代中后期,集体行动参与者的主导形象,转而代之为以下岗工人和抗税农民为代表的首属社会弱势群体(primary minority groups),集体行动参与者的需求保卫,转移到更为具体的层面,即支撑产业转型的人力资本以及与此相关的福利资格、农村宝贵的财政资源和现金收入等;进入21世纪,集体行动的爆发一直维持着较高的频率,其在地域上的扩散程度,也突破了传统的都市空间/乡村空间的界限,集体行动参与者的主导形象,已经转变为地域共同体(spatial communities)——为保卫居住环境、土地房屋产权和各类经济收益权的地方性居民,这一阶段的需求保卫,针对的是空间权益和财产权之类的稀缺资源①。从时间序列来看,网络集体行动隶属于第三次集体行动浪潮的范畴,从理论上推导,其行动主体同样应为地域共同体,但网络集体行动的独特性恰恰是打破了时空的限制,因此令我们很难描

---

① 刘能:《当代中国转型社会中的集体行动:对过去三十年间三次集体行动浪潮的一个回顾》,《学海》,2009年第4期。

述出网络集体行动参与者的清晰形象,但我们可以假设,积极参与传统集体行动的地域共同体在网络时代,极有可能充分利用网络作为动员结构、政治机会或框架化(framing)工具①而成为网络集体行动的主体。当然了解我国网民群体的概貌也有利于形成集体行动参与者的模糊形象,根据中国互联网络信息中心(CNNIC)的调查:我国男性网民比女性网民多出近 10 个百分点;低龄网民比例大,30 岁以上网民占 41%;学历结构呈低端化变动趋势,高中学历网民占 40.1%,大专及以上占 23.3%;近 1/3 网民为学生群体,城市网民占 72.6%②。另外,由于网络集体行动是参与者自发的、偶然的、在突发因素激发下非连续和非常规互动而产生的社会现象,因此网络集体行动参与者之间往往各自独立,缺乏人际互动,较少了解对方信息,关系松散,人际关系呈现出颗粒化特征。

第三,网络集体行动的客体——以政府为核心的多元化呈现。当前中国社会面临众多的结构性风险与挑战,如环境危机、食品安全、快速城市化过程中的管理体制、腐败和地方治理危机、贫富两极分化、福利不足等等,成为诱发当代中国社会集体行动的最主要因素。网络集体行动的目标可能涉及道德情感、经济正义、生存性等诸多方面,但各类集体性抗争活动最终都不可避免地要走上和各级政府机构打交道的环节——无论政府是以仲裁者和调节者的面目出现,还是政府及其相关部门本身就是抗议的目标物——因此,政府成了当代中国社会"对抗性政治"③场景中不可或缺的重要行动主体。具体来说,网络集体行动的客体既包括党和政府的全国性和地方性机构,也包括商界、媒体、有组织犯罪团伙或危害社会的行为及其实施者。

二、网络集体行动的发生机制:以 2008 年网络热点事件为例

所谓发生机制也可以表述为动力机制,也即解答网络集体行动是如何能够发生的问题。准确了解和把握网络集体行动的发生机制是了解网络集体行动具体发展过程真实图景的关键环节,是社会控制机制进行针对性的调整和有效发挥控制功能的前提。

---

① Garrett 在对现有文献梳理的基础上,将互联网对抗争行为的影响区分为三种类型,即"互联网作为动员结构"、"互联网作为政治机会"以及"互联网作为框架化工具"。参见 Garrett, R. Kelly. 2006. "Protest in an Information Society: A Review of Literature on Social Movements and New ICTs." Information, Communication Society 9(2):202—224.

② 数据截至 2010 年 6 月 30 日,参见 CNNIC 第 26 次互联网报告。

③ "对抗性政治"这一概念是主流社会运动/集体行动理论家们最新的提法:"对抗政治指的是权利声称者(makers of claims)与其抗争对手之间发生的一幕幕公开的和集体性的互动活动,在这一类互动活动中,(1)至少会涉及某个政府行动主体,它或者作为权利声称者出现,或者作为权利声称的目标对象出现,或者作为第三方出现;(2)一旦该权利声言得以实现,将至少影响到其中某一方的利益"(McAdam, Tarrow and Tilly, 2001)。

（一）集体行动发生机制的理论回顾

社会科学界对集体行动的动力机制研究由来已久，大致可以概括为心理取向、理性取向、结构取向和文化取向四种类型。

心理取向关注情感和情绪对集体行动的影响。从微观上关注行动者的日常体验，将行动参与者看作是非理性的，将集体行动视为一种反文化或社会失范现象，强调了不满情绪、挫折、相对剥夺感、怨恨等心理因素是激发集体行动的动力来源。代表人物包括勒庞（感染论）、布鲁默（循环反应理论）、特纳（紧急规范理论）、斯梅尔赛（价值累加理论）。理性取向关注个体对行动成本与收益的得失，计算对集体行动的影响。从中观上关注集体行动的动员过程，将社会运动的参与者看作是理性行动者，强调集体行动组织和社会网络是集体行动的关键，资源在行动的发起和发展中起到了重要的作用。代表人物包括奥尔森（资源动员）、康豪瑟（大众社会理论）、麦克亚当与梯利（社会网络）。结构取向关注宏观社会结构和社会变迁对个体行动决策的影响。从宏观上关注国家与集体行动的互动关系，重点探究政府的行为是如何影响集体行动的。代表人物包括塔罗（政治机会结构）、梯利（政体模型和动员模型）、麦克亚当（政治过程论）。文化取向关注个体对现实世界的"意义建构"对行动决策的影响。从微观上关注共同信念、集体认同的产生过程，特别关注话语、符号性行动和情感在社会运动中的作用。代表人物包括汤普森和伦布克（文化马克思主义）、科恩（文化建构论）、斯诺（框架分析论）。[①]

在心理取向、理性取向、结构取向和文化取向关于集体行动中个体行动选择的解释框架中，理论的分歧不在于肯定某种因素而否认其他，争论的焦点在于心理、理性、结构与文化四者何为集体行动的原动力。但是撇开事件发生的具体情境而在一个无限时空中来追溯谁为集体行动的本源必然是没有答案的。因为心理、理性、结构与文化意识四者之间本身难以泾渭分明，结构在很大程度上形塑着心理、理性与文化意识，反过来，心理、理性与文化意识所共同支配的社会行动又在建构与改变着结构。而集体行动的主体是生活于特定社会结构之中，继承了特定的文化意识，行动有可能随时在理性与非理性之间摇摆的复杂体，因此只能在特定的时空背景中，具体事件具体分析才不至于陷于主观臆断的陷阱。

（二）集体行动发生机制的本土解释框架

国内学者刘能在对集体行动这个领域的国外最新理论综合借鉴和吸收的基础上，结合中国转型时期都市社会的特定社会情境，建立了一个本土化的集体行动理论解释

---

① 参见冯建华、周林刚：《西方集体行动理论的四种取向》，《国外社会科学》2008 年第 4 期；王国勤：《当前中国"集体行动"研究述评》，《学术界》2007 年第 5 期；赵鼎新：《社会与政治运动讲义》，社会科学文献出版社，2006 年版。

框架,用函数表示为：F(P) = f(G，A，C)，其含义如图 1 所示。

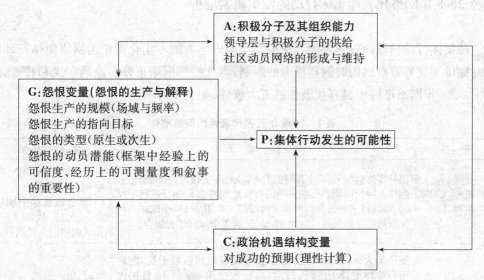

图 1　关于集体行动发生可能性的本土模型

在这个解释框架中,怨恨变量(怨恨的生产和解释)、动员结构变量(积极分子及其组织能力)、潜在参与者的理性计算被视为影响集体行动发生可能性的核心变量。怨恨变量中,怨恨的生产是指对社会问题和社会不公正的关注或个体(或群体)的苦难体验或对潜在社会危机的担忧和关心,怨恨的生产是利益表达和需求保卫的导火索;怨恨的解释就是集体行动框架的建构,它对社会问题是什么? 问题的根源在哪里? 为什么必须采取集体行动等一系列疑问作出解释,怨恨解释对集体行动产生催化作用。这个核心变量又可分解成三个次级自变量:怨恨生产的规模(包括怨恨生产的场域和频率)、怨恨所指向的目标对象的不同属性或所处的不同层级、怨恨解释的特性(包括怨恨的类型和怨恨的动员潜能)。怨恨的类型主要有对原生怨恨的认知和标定和对次生怨恨的认知和标定;怨恨的动员潜能受三个次级自变量的影响:该框架的经验上的可信度、经历上的可测量度和叙事的重要性。动员结构变量可分解成两个层面:一是领导层和积极分子的供给;二是都市内初级社区以及社区内潜在的动员网络的形成和维持。领导层和积极分子的供给受到政治机遇结构的遏制效应和精英知识分子角色形象和角色意识转变的影响。动员网络的形成和维持与怨恨生产的共同性、空间分布上的集中度以及群体社会特征的可辨识性的影响。"潜在参与者的理性计算"变量受到"政治机遇结构变量"和"对成功的预期"变量的制约,"政治机遇结构"变量指示了参与所可能付出的成本的界限,而"对成功的预期"变量则指示了集体行动带来预期收益的可能性。[1]

---

[1]　参见刘能:《怨恨解释、动员结构和理性选择——有关中国都市地区集体行动发生可能性的分析》,《开放时代》2004 年第 4 期;曾鹏、罗观翠:《集体行动何以可能? ——关于集体行动动力机制的文献综述》,《开放时代》2006 年第 1 期。

(三) 2008 年网络代表性集体行动的发生机制剖析

在集体行动领域西方学者的理论模型与国内学者的本土化理论为网络集体行动的研究提供了良好范本。因时间和精力的限制,本文按照网络集体行动的定义和特征,选取了 2008 年网络事件中具有代表性的五大事件,如表 1 所示。

表 1　2008 年我国代表性的网络事件

事 件	具 体 情 形	事件结果
1. 抵制 CNN 事件	国外媒体对"3·14"事件(拉萨骚乱)的失实报道,在网络上引起华人网民的剧烈反响。网民自发地通过多种途径进行了反击,并通过多种语言向世界发声辟谣。4 月 19 日,全球华人网民从网里走向网外,通过网络动员,实现全球同步大集会。	外交部要求 CNN 向中国人民道歉;CNN 总裁致函中国驻美国大使,代表 CNN 正式向中国人民道歉。
2. 抵制家乐福事件	奥运圣火的海外传递活动在法国站遭遇到强烈干扰,国内所有媒体展开了广泛、持续、高密度报道。4 月 10 日国内主要论坛出现第一版抵制"动员令";4 月 13 日前后,一场民间抵制法国超市品牌"家乐福"的行动,以人们已经熟悉的渠道和方式——即时通讯工具或手机短信,在网上开始策划和串联。短短一天之间,光是深圳地区,就构建了 10 个用于信息交流发布的 QQ 群。根据各地网友发布的信息,至少有 6 个城市发生了现场抵制家乐福的事件。	家乐福总部表明立场,并紧急取消"五一"大规模促销活动。
3. "范跑跑"事件	5 月 22 日,都江堰光亚中学的教师范美忠在地震后发表了一篇《那一刻,地动山摇——"5·12"汶川地震亲历记》,清楚讲述了自己身为老师在地震后所做的一切,以及心路历程,其中一些看法和言论具备争议性。文中表明自己作为一名老师,在地震发生时,没有提醒学生马上跑,而是自己先跑出教室,并发表了一句"连母亲都不顾"的言论。文章一发表,立即引起中国网民和媒体的强烈回响,网络口水论战不止,评论文章无数,许多网友形容他为本次大地震中"最无耻的教师",还送了他"范跑跑"这样一个明显带着讥讽的绰号。	教育部取消了"范跑跑"的教师资格,所在学校解除聘用(又引发了网民支持/反对解聘的新一轮论战)。
4. 网络举报区委书记事件	7 月 6 日,董锋原配妻子多年举报未果后,委托维权人士、中国矿业大学副教授王培荣,开始在网络论坛发帖,揭发"全国最荒淫无耻的区委书记和全国最牛的黑恶势力"。7 日,一网站站长看到举报材料,遂编发文章《江苏徐州:区委书记演绎荒唐"一夫二妻"制》,一些网站予以转发,引发网友热议。	8 日,徐州市纪委工作人员上门调查。11 日,董锋被免职;17 日,董锋被正式"双规";29 日,涉嫌"严重犯罪",被正式逮捕。
5. 人肉搜索猥亵女童事件	10 月 30 日,一篇网络文章引起轰动。文章说,深圳一家酒楼,一个 11 岁女孩热心帮一位 50 来岁的男子指路,却被卡住脖子强行往男厕所里拖。有人将酒楼内的监控录像发布上网,录像显示,该男子面对女童父母责问时,叫嚣:"我是交通部派来的,敢跟我斗,你们这些人算个屁呀!"这种跋扈态度激起网民义愤,迅速对其展开人肉搜索。搜索结果这个男子是深圳海事局副局长林嘉祥。	10 月 31 日下午,深圳海事局紧急召开新闻发布会,林嘉祥被交通运输部海事局停职调查,并将根据调查结果严肃处理。

2008 年 1 月 18 日,中国互联网络信息中心(CNNIC)发布信息称,中国网民数量已经达到 2.1 亿,即将超过美国成为世界第一。这一信息,揭开了 2008 年全球华人网络世界新的序幕。等到 12 月 1 日,据工信部的消息,中国网民已飙升至 2.9 亿。对于全球华人网民来说,2006 年的互联网,也许还是娱乐至上;2007 年,则已告别单纯的娱乐,网络开始引领众多公共话题,而 2008 年,网络已经真正渗入到社会的方方面面。这正是本文选取 2008 年的代表性网络事件为例来剖析网络集体行动发生机制的原因所在。表 1 中的五大事件,皆由网络引发,即网络是事件发展的源头,并藉由网民的点击、跟帖、回帖、转发、搜索等,推动事件成为全国性热点事件。

抵制 CNN 和抵制家乐福事件的发生起源于爱国主义情感的激发,其发生机制可以通过斯梅尔赛的价值累加理论[①]做出阐释。(1)结构性助长,指有利于产生集体行动的社会结构或周围环境。在这主要指的是全球化的社会进程使得世界成为平的,世界各国之间相互关注,密切往来,包括媒体的互动非常频繁。特别是互联网的发达使得信息发布与获取的成本大大降低,信息流大大增加。(2)结构性压抑,指任何使人感到压抑的社会状态刺激着人们通过集体行动来解决问题。在这里主要指中国作为迅速崛起的社会主义国家,在西方发达国家及其主流媒体中的形象始终不佳,经常因"集权统治"和"人权问题"被诟病,中国威胁论也大有市场,这让许多中国民众一直存在紧张感,希望通过多种方式(如提升国家软实力)来改变这一局面。(3)普遍的信条,即人们通过对自己所处环境中的问题的认定,形成对问题的看法和信念。在此表现为民众对西藏自古是中国的领土,是中国不可分割的重要组成部分这样一种强烈的认同,以及对于中国办好奥运会的强烈期盼所积聚的爱国热情。(4)突发因素,这是集体行动的点火器,通常是一个戏剧性的事件,创造了集体行动的具体环境,加速了集群行为的爆发。在此则是国外媒体对"3·14"事件(拉萨骚乱)的失实报道,以及奥运圣火的海外传递活动在法国站遭遇到强烈干扰。(5)行动动员,指群体内的领袖人物或鼓动者的鼓励和口号,标志着集体行动的开始。在抵制 CNN 事件中表现为全球华人网民搜集西方媒体涉嫌恶意栽赃、因果颠倒、图片造假等等的证据,一面突破信息封锁,一面抨击西方媒体放弃专业道德标准的肆意抹黑,甚至专门制作了 anti-cnn 的网站等行为。在抵制家乐福事件中表现为抵制"动员令"在网络上的张贴与网友的转帖。(6)社会控制机制,即防止、抑制和疏导前 5 个因素的累积力量,集体行动最后是否发生就看这种控制手段是否成功。通常来讲,社会控制机制包括法律控制机制、道德控制机制和组织控制机制。在这两例抵制事件中,首先网络法律控制机制非常薄弱,其次抵制事件具有爱国主义的表征而表现为正义性,道德控制机制不发生作用,其三网络参与群体的广泛性和匿名性使得组织控制难以有效,因此抵制事件顺利进行。事实上,网络上大量网民的"回应性"意见表达已经可以被视为网络集体行动的开展。随着网络在线行动转化为有组织、有明确目的、有一定结构的线下行动,并获得预期的结果,群体情绪得以释放后,该群体随之自然解体。

---

① 价值累加理论是属于心理取向的力量框架范畴,参见周晓虹:《现代社会心理学》,上海人民出版社 1997 年版,第 405 页。

"范跑跑事件"可以用建构主义即文化取向的理论框架来解释。"范跑跑事件"的发生并不是教师范美忠在地震发生时，没有提醒学生马上跑，而是自己先跑出教室的事实本身引起的，而是教师范美忠在网文中描述自己在地震中弃学生之不顾独自逃命后的心路历程的"出格言论"，诸如："我从来不是一个勇于献身的人，只关心自己的生命"；"我是一个追求自由和公正的人，却不是先人后己勇于牺牲自我的人！在这种生死抉择的瞬间，只有为了我的女儿我才可能考虑牺牲自我，其他的人，哪怕是我的母亲，在这种情况下我也不会管的"；"这或许是我的自我开脱，但我没有丝毫道德负疚感，我还告诉学生：我也决不会是勇斗持刀歹徒的人"；"牺牲生命不是底线道德，而是神圣道德，我不够神圣，我敬畏那些神圣的人，但我有不忏悔的自由"等等，被网民重新阐释所引发的。因此，是人们对现实的解释，而非现实本身，引发了集体行动。"范跑跑事件"中，可以清晰的看到文化取向，即意义建构对集体行动发生的制约。所谓意义建构，就是对集体行动的情境定义。斯诺和本福特将集体行动的意义建构称之为"集体行动框架"，并把它界定为"正在形成中的行动导向的一系列信仰和意义，它们激发了社会运动的行动和战役并使之合法化"[1]。"范跑跑事件"中，网民通过激烈的网络讨论建构了对于一名教师应该遵守的道德和职责准则的共同意识，形成了一种集体认同感。

网络举报区委书记事件和人肉搜索猥亵女童事件则更适合用刘能所建立的本土化的集体行动理论框架来阐释。首先，是怨恨变量：当代中国社会所面临的结构性风险和挑战诸如快速城市化过程中的管理体制、腐败和地方治理危机、贫富两极分化和福利不足等等，都使得政府官员成为社会群体尤其是弱势群体的怨恨对象，即怨恨所指向的目标对象；政府官员在社会变迁与转型过程中的非法利益汲取，以及过度膨胀的官本位意识与特权意识激发了原生怨恨；近年来一些政府高官的落马又增加了怨恨解释框架的动员潜能，因为怨恨解释框架所标定的怨恨源泉在经验上是可信的，有存在的证据。其次，是积极分子及其组织能力变量：由于领导层和积极分子所承担的风险和成本高于一般参与者，政治机遇结构对领导层和积极分子具有明显的遏制效应，这使得在当前我国都市集体行动中领导层的供给不足，但网络集体行动由于其参与的便利性与网络的隐蔽性，使得民众参与的积极性大为提升，而且大量的介入者是"非直接利益相关者"[2]，正

---

① Bert Klandermans. 1989a. Organizing for Change: Social Movement Organizations in Europe and the United States. International Social Movement Research. Vol. 2. Greenwich, Conn. JAI Press. 123—126.
② 网络集体行动中大量利益无涉的个体加入行动的行列是值得深思的。解释之一是这些个体被网络构建的现场参与感所诱惑，现场激发了义愤，或者是长期压抑的借机发作。从情感上而言，参与者体验的是正义感，可能也夹杂秩序颠覆的欣快感。解释之二是"威胁移情"的作用。"威胁移情"指的是这样一种状态：由于空间控制权和空间福利和每一个社会成员都直接相关，因此，即使引发目标集体行动的直接起因与旁观者无关，但旁观者有可能想象，同样的命运很有可能在不远的将来，降临在自己的头上，从而产生一种"想象的威胁"，激发起了旁观者参与的情绪和意愿。另一方面，"威胁移情"还有可能起源于"移植的怨恨"：由于地方政府和社会权势者（如房地产公司、污染企业、因行为不端引起公愤的暴发户）在这一类集体行动中成为利益相关者，因此，对地方政府和社会权势者的泛化的社会怨恨，也有可能被引入到行动动员的场景中来。这也是解释非直接利益相关者之所以出现在这一类集体行动场景中的一个主要社会机制。参见刘能，2008，同 p. 139 注①。

如举报某演绎"一夫两妻"制的区委书记中的维权人士、中国矿业大学副教授王培荣,以及在一起猥亵女童事件中发布监视录像的网民。其三,是政治机遇结构①变量和对成功的预期变量。当前我国政体正由封闭逐步走向开放,但是"稳定压倒一切"依然是主流话语,政府拥有处理突发事件的绝对合法性,集体行动的发动者与参与者依然没有相应的法律地位,而且,无论是历史上还是现阶段,集体行动,尤其是冲突性的集体行动,大部分都以参与者付出巨大的成本而最终被政府合法地处理收场,因此政治机遇结构对集体行动的抑制作用非常明显。但是,网络集体行动的独特性或许打开了一个缺口,因为其成本相对要低得多,或者很多时候,行动者是处于一种"假想的无成本"状态,这激发了网络集体行动的发生,正如猥亵女童事件中,网民并没有为其"人肉搜索"行为承担成本。由此,集体行动成为了可能,这两大事件也才会进入研究者的视野成为 2008 年的代表性网络事件。

三、结　语

"自力救济"是网络集体行动的发生的法律和意识渊源,但政治、经济、宗教、民族、种族等问题仍是网络集体行动发生的主要诱因。在政治机遇结构完全开放或完全封闭的状态下,网络集体行动不会发生,正是由于政治机遇结构处于从封闭逐步走向开放的过程中,社会公众的利益表达和需求通过保卫制度化渠道来进行依然艰难,使得网络集体行动频发。法律不适应社会发展则是事件频发的深层原因。因此,围绕网络集体行动的形成和发展,实际上指向了十分重要的政策问题,在此提出一点建议:网络集体行动是冲突的特殊表现形式,但并不一定具有破坏性和侵略性的反功能后果。从科塞的冲突论看,冲突促成整合与新结构:网络作为一种公共空间,使得普通民众享有话语权,有利于促进我国的民主进程。而网络集体行动也可以增加社会结构的灵活性,提高社会系统的适应能力,促进新群体与社会的形成,激发新规范和制度的建立。因此,社会管理者在应对网络集体行动应尽量避免使用政治性高压手段,以免造成危机和冲突的升级。无论是网络维权行为、网络抗议行为、网络民族主义行为,还是简单的网络愤怒,都缘于社会某种习以为常但却并不合情合理的逻辑,反映了社会生活负面的日常状态,例如权益的损害、权力的非正义性、秩序的压抑性、国民教育的非理性、意识形态的顽固化等。因此,对于网络集体行动的规范或应对,关键点可能不在于事件本身,而在于使非事件状态下的日常生活保持公正、道义和愤

---

① 政治机遇结构被操作化为"政体的开放性或封闭性"的多个指标,实际上代表了促进或阻碍集体行动的动员努力的几乎所有外部政治环境,可以通过诸如"一个政体对集体行动是否采取镇压手段"、"精英阶层对抗议活动的容忍程度"、"同盟力量或支持团体的存在或缺失"、"一个政治体系应对挑战者的非正式程序和首要策略"等指标来进行测量。

怒纾解。这就是说,通过法律手段和法律程序来直接处理参与者受到损害的经济利益或其他重要民事权益,就排除了网络集体行动发生的可能性,直接解决了引发网络集体行动的根源问题。

（作者为中共上海市委党校现代人力资源测评研究中心讲师）

家庭地位、文化资本与教育分层

——以上海居民为例

Family Status、Cultural Capital and Educational Stratification
—Based on Shanghai Residents

孙远太

[内容提要] 本研究在"地位优势是如何传递的"这一主题下,延续教育分层的研究脉络,在家庭地位和教育分层之间引入文化资本变量,探讨教育过程中 MMI 假设形成的深层机制问题。通过对上海居民的经验分析发现:文化资本在教育转换中的作用得到支持,但文化资本作用具有变动性特征;在较高阶段的教育转换中,文化资本作用有减弱的趋势;文化资本的价值是由社会环境决定的,在不同时期传递代际优势的文化资本是不同的。因此,文化资本不是一个抽象的概念,它是在一定的社会环境内发生作用的;文化资本也不是一项整体性的资源,其亚分布结构也决定着在教育过程中的效用。

一、问题的提出

教育和阶层之间的关系是社会结构研究中的一个传统议题。来自西方工业社会的经验表明,教育既促进了社会平等化,也在某种程度上维持着社会不平等。即使那些认为社会背景对教育的影响在逐渐下降的学者,也难以否认先赋性社会背景在教育获得中有着或多或少的影响。教育获得研究关注的是家庭背景对子女教育获得怎样的作用,这种作用的机制是什么。在教育机会均等的条件下,由于家庭出身不同,个人可能在教育程度上出现差异,进而形成教育分层[①]。学者们在工业化逻辑下,认为随着工业化程度的提高,家庭背景在教育获得中的作用降低,而教育的重要性增强。一些跨国性的比较研究在某种程度上证明了这些假设,但同时发现,一些地区社会背景因素在教育不平等中的影响也会扩大[②]。

以往的分析是把教育年限作为教育获得的因变量,随着工业化过程中的教育扩张,

---

① 郝大海:《中国城市教育分层研究(1949—2003)》,《中国社会科学》2007 年第 6 期。
② Shavit Yossi & Blossfeld 1993, *Persistent Inequality：Changing Educational Attainment in Thirteen Countries*, Boulder Co：Westview Press.

人们受教育的年限普遍提高,因而家庭社会地位的解释力在降低。Mare 提出了教育转换的研究模型,尽管教育年限代表了人们受教育的最终程度,但在不同的教育阶段,不同家庭地位的子女受教育机会仍然存在着差异[1]。因此,教育转换研究揭示的是在某一特定阶段,家庭地位的影响是维持、上升还是下降,以及在哪一个阶段,由家庭地位造成的教育不平等最为严重。MMI 假设在不同的国家进行了检验,证明了其一定程度上的普适性[2]。

在一些学者关于教育过程中家庭影响是否变化及其程度争论的同时,另一些学者则关注教育过程中家庭地位优势是如何传递的。在这样的背景下,关于教育与阶层的研究开始转向对教育过程本身的研究。文化资本作为中介机制被纳入到教育获得研究中,并出现了大量关于文化资本和教育成就的研究[3]。

当前国内已有研究发现,家庭地位影响着子女的教育获得,MMI 假设在中国的适用性得到验证[4]。由于教育过程中家庭地位因素的存在,教育获得成为优势地位传递的一种途径,即一种不平等的生产机制。有研究发现中国社会中不同阶级间文化资本占有的"不均衡性"特征[5]。这种特征是否影响到不同家庭子女的教育分层是需要经验研究来回答的问题。本研究在"地位优势是如何传递的"这一主题下,延续关于教育分层的研究脉络,探讨家庭地位是如何影响子女教育分层的,即在教育过程中 MMI 假设形成的深层机制问题。

二、文 献 综 述

(一) 教育分层中的 MMI 假设

基于教育转换的 MMI 假设是根据再生产理论而提出的。MMI 假设具体如下:

---

① Mare R. D. 1980, "Social Background and School Continuation Decisions", *Journal of the American Statistical Association*, Vol. 75, No. 370.

② Shavit Yossi & Blossfeld 1993, *Persistent Inequality: Changing Educational Attainment in Thirteen Countries*, Boulder Co: Westview Press;郝大海:《中国城市教育分层研究(1949—2003)》,《中国社会科学》2007 年第 6 期。

③ DiMaggio P. 1982, "Cultural Capital and School Success: The Impact of Status Cultural Participation on the Grades of U. S. High School Students", *American Sociological Review*, Vol 47; DiMaggio P. & Mohr J. 1985, "Cultural Capital, Educational Attainment, and Marital selection", *American Journal of Sociology*, 90(6); Teachman J. D. 1987, "Family Background Educational Resources and Educational Attainment", *American Sociological Review*, Vol. 52; De Graaf Nan Dirk, De Graaf Paul M, Gerbert Kraaykamp 2000, "Parental Cultural Capital and Educational Attainment in the Netherlands: A Refinement of the Cultural Capital Perspective", *Sociology of Education*, Vol. 73, No. 2, pp. 92—111; Sullivan Alice. 2001, "Cultural Capital and Educational Attainment", *Sociology*, Vol. 35, No. 4.

④ 郝大海:《中国城市教育分层研究(1949—2003)》,《中国社会科学》2007 年第 6 期。

⑤ Shaoguang Wang, Deborah Davis & Yanjie Bian 2006, "The Uneven Distribution of Cultural Capital: Book Reading in Urban China", *Modern China*, Vol. 32, No. 3.

（1）在其他条件相同的情况下，中、高等教育容量的增加，将反映出人口增长和随时间逐渐上升的社会阶层结构对教育需求的增加。在这种情况下，特定阶层的入学转换率随时间保持不变。（2）如果入学扩张比社会阶层结构重新分布产生的需求快，那么所有社会阶层的入学转换率都会增加，但在所有转换中各阶层间的优比保持不变。（3）如果较高阶层对某个给定教育层次的需求饱和了，即它的升学转换率接近或者达到了100%，那么该教育层次各阶层间的优比将下降。不过只有在入学扩张没有以任何其他方式出现时，这种情形才会降低机会不平等。（4）平等化也可能逆转。假使某个同期群中较低阶层的青年较多地申请了高等教育，会使得成功实现高等教育入学的条件概率下降，进而导致社会阶层对高等教育入学的影响增大①。

针对以往都是在单个国别进行教育获得研究，沙威特等人组织了在 13 个国家和地区进行的比较研究。研究得出结论认为，与以往对于教育分层得出有争议的结论不同，这次研究的结论较为一致：除了瑞典和荷兰出现了教育平等化的趋势，社会背景在教育获得中的影响在其他国家是稳定的②。

国内学者的研究指出，1978 年之前，由于国家教育政策干预对较高社会阶层、特别是专业技术阶层教育需求的抑制一定程度上缩小了各个教育阶段之间的阶层差距；1978 年以后，中国教育机会总量的增加特别是高等教育机会的扩大并未如人们所预期的那样明显地缩小教育获得的阶层差距。中国教育分层显现出 MMI 假设的诸项特征：较高阶层在高中入学阶段具有稳定的优势，其中专业技术阶层在大学入学阶段保持着较明显的优势。这表明，当前通过抑制较高阶层的教育诉求来实现教育分层最小化的政策干预已经终结。但是，在教育领域内实行"补偿原则"向中下阶层倾斜教育资源的发展思路也未能如人所愿，它并未改变中下阶层在较高教育阶段的不利状况③。

（二）教育过程中的文化资本研究

文化资本的概念最早是在研究过程中作为一种理论假设而出现的，这一假设试图通过学术上的成就来解释出身于不同社会阶级的孩子所取得学术成就的差别。也就是说，出身于不同阶级的孩子在学术市场上所能获得的特殊利益是如何与阶级之间的资本分布状况相对应的。布迪厄分析了文化资本传承和积累的规律。首先，这种文化资本的传承和积累主要取决于家庭所拥有的文化资本。其次，某个个体能够延长其获取资本的时间长度，依赖于他的家庭能够给他提供的自由时间的长度。最后，能力在这种

---

① Raftery Adrian E. & Michael Hout 1993, "Maximally Maintained Inequality: Expansion, Reform, and Opportunity in Irish Education", *Sociology of Education*, Vol. 66, No. 1.

② Shavit Yossi & Blossfeld 1993, *Persistent Inequality: Changing Educational Attainment in Thirteen Countries*, Boulder Co: Westview Press.

③ 郝大海:《中国城市教育分层研究(1949—2003)》,《中国社会科学》2007 年第 6 期。

文化资本的传承和积累当中起了重要的作用①。

拉鲁关于家庭—学校关系的研究表明，在学校教育范畴内，社会阶级地位和阶级文化是一种形式的文化资本。虽然工人阶级和中产阶级的父母在一、二年级孩子的教育成就方面有着共同的愿望，但是，不同的社会地位导致他们为实现这种成功建立了不同的途径。在家庭—学校关系中，并非所有的文化资源在满足学校的要求方面都有同样的价值。与社会阶级直接相关的资源（如教育、威望、收入等）和特定的家庭生活模式（如亲属联系、社会交往模式、休闲活动等）在促进父母参与学校教育方面起着十分重要的作用。在家庭—学校关系中，阶级和阶级文化的其他方面，包括宗教，在音乐、艺术、食物和家具等方面的品味，在父母、孩子和教师的行为的形成过程中起的作用较小②。

De Graaf 等人认为以往的文化资本和教育获得研究，都是测量子女的文化兴趣，而对父辈文化资本没有进行测量。这种测量无法区分子女的文化资本是来自家庭还是学校。一个较为合适的方式是通过父辈们的文化品位和偏好来测量文化资本。De Graaf 等人对高雅文化参与和阅读活动进行了区分，作为测量文化资本的两项指标。对荷兰的经验研究发现：父辈的阅读活动比高雅文化参与在子女教育中发挥着更大的作用，阅读活动能够使家庭具有更好的学习氛围；父辈的文化资本，以布迪厄测量的经典指标或者父辈的阅读习惯来测量，对于那些来自中低家庭的孩子更为重要③。

Farkas 将文化资本概念扩大，以学生的学习习惯和风格（包括旷课日数、作业习惯以及外表等）作为"文化资源"指标，再加上学生的基础技能以及作业成就这两个因素，研究其与学生学业成就的关系。结果发现老师对学生外表的评判，不但会影响学生的作业成绩，而且对学生的学业成就也具有预测力④。

Sullivan 在梳理了以往的文化资本文献后，对布迪厄文化资本理论的验证提出质疑。她通过对伦敦附近四所中学学生的问卷调查，测量了学生自身和他们父母的文化资本。结果发现，文化资本在家庭内转换以及确实对中学一般证书考试的表现有显著影响。但是，在控制文化资本后，社会阶级一些直接影响仍然存在。因此，文化再生产只能是教育获得中社会阶级差异的部分解释⑤。

① P. 布尔迪厄：《资本的形式》，载薛晓源、曹荣湘主编：《全球化与文化资本》，社会科学文献出版社 2005 年版，第 6 页。

② 安妮特·拉鲁：《家庭—学校关系中的社会阶级差异：析文化资本的重要性》，载薛晓源、曹荣湘主编：《全球化与文化资本》，社会科学文献出版社 2005 年版，第 392 页。

③ De Graaf Nan Dirk, De Graaf Paul M & Gerbert Kraaykamp. 2000, "Parental Cultural Capital and Educational Attainment in the Netherlands: A Refinement of the Cultural Capital Perspective", *Sociology of Education*, Vol. 73, No. 2.

④ Farkas George, Grobe Robert P. & Sheehan Daniel 1990, "Cultural Resources and School Success: Gender, Ethnicity, and Poverty Groups within an Urban School District", *American Sociological Review*, Vol. 55, No. 7.

⑤ Sullivan Alice. 2001, "Cultural Capital and Educational Attainment", *Sociology*, Vol. 35, No. 4.

总之,以往对于 MMI 假设的评估,都是揭示在子女教育转换中,家庭地位的作用是否得到维持。更进一步的问题是,这些家庭地位是如何得到维持的,即家庭地位优势传递的机制是什么。因此,在家庭地位与教育转换关系研究中,引入文化资本的概念,探讨文化资本在家庭地位和教育分层之间的中介作用成为需要关注的问题。

三、研究假设与分析策略

(一) 研究假设

MMI 假设关注的问题是家庭地位优势是否在教育分层中得到维持。即使 MMI 假设得到验证的情况下,并没有回答这种维持是如何发生的。也就是说,进一步需要回答的问题是,家庭地位优势是如何传递到子女教育转换中的。因此,我们把检验 MMI 假设与文化资本分析结合起来,探讨文化资本在家庭地位和教育转换之间的中介作用。

假设一:那些文化资本丰富的家庭,有助于子女向更高教育阶段的转换。

假设一 a:家庭文化资本越丰富,子女越能实现由初中向高中的转换。

假设一 b:家庭文化资本越丰富,子女越能实现由高中向大学的转换。

文化资本具有稳定性的特征。这一方面是指文化资本在不同历史时期所发挥的作用是不变的,另一方面也是指文化资本在不同教育转换阶段所发挥的作用是相同的。

假设二:文化资本在不同时期出生居民教育转换中的作用是一致的。

假设三:在小学向初中、初中向高中、高中向大学的教育转换中,文化资本发挥的作用是相同的。

(二) 经验数据

作为一项经验研究,分析使用数据来自上海大学社会学系 2008 年"上海市民生活现状综合调查"。在调查中,根据教育社会学研究的常用方法,测量了被访者 14 岁时的家庭地位,以及当时的文化活动。在具体的访问中,访问对象限于 20—65 周岁的住户,共完成问卷 5 000 份。在分析中,排除了 496 个出生在外地的样本,实际使用样本 4 506 个。

(三) 主要变量

教育转换:主要研究小学升初中、初中升高中(中专)、高中(中专)升大学的转换。如果小学升入初中、初中升入高中(中专)、高中(中专)升入大学,则为教育转换成功。

其中,根据二元响应变量的要求,转换成功记为"1",转换不成功则记为"0"。

父亲职业地位:包括管理人员、专业技术人员、办事人员、商业服务业人员(后面简称商服人员)、一般工人和农业劳动者。

父母教育程度:包括小学及以下、初中、高中(中专)、大专及以上。由于父母教育程度在大专以上的较少,在分析时进行了重新编码,分为小学及以下、初中、高中及以上三类。

家庭学习资源:14岁以前家中有无地图(地图册、地球仪)、英文字典(电子字典)、少儿读物。

文化活动参与:14岁以前观看童话剧;参观艺术展览;参观博物馆。

课外文化培训:14岁以前参加各类艺术班;参加各类补习班或请补习老师;参加各类兴趣班活动。

家庭文化氛围:14岁以前父母看书或阅报;父母在桌子上写字;本人听音乐。

文化资本的四个指标都是根据因子分析的因素得分,得分越高,表明家庭文化资本越丰富。

性别:男=1、女=0。

上海居住地:市区=1、郊区=0。

出生组[1]:根据1949年后教育发展受国家宏观政治进程及政策影响所发生的变化,定义了5个同期群:1943—1946年;1947—1957年;1958—1965年;1966—1973年;1974—1986年。

(四) 分析方法

为了测量家庭地位对教育分层的影响,本研究采用了摩尔(Mare)提出的logistic模型,该模型将教育获得处理成一系列入学转换,而不是累积受教育年数,每次入学转换都有自己独立的量值和影响模式[2]。模型的表达式如下:

---

[1] 借鉴郝大海的分组方式,与大多数中国教育分层研究不同,本研究没有采用历史时期而是沿用雷夫特里和霍特研究使用的出生同期群方法。关于采用出生同期群方法,以往中国教育分层研究的主要批评是认为在变动的社会环境中,有时同期群的方法会错误地界定个人完成教育的时间。应该说这一问题在中国"文革"时期的确存在,由于很多教育机构(特别是大学)在此期间关闭了,致使此时从初、高中毕业的学生延迟了进一步接受教育的时间。但在"文革"前(1966年前)和"文革"后(1977年后),这个问题并不明显,学生基本还是按正常年龄入学的。由此看来,能否控制住"文革"对学生接受教育时间的延迟影响,是应用同期群方法的关键。对此,一种处理方式是在划分同期群时,尽可能将那些入学时间受"文革"延迟影响较大的人划分在同一个同期群中,以此将"文革"影响"屏蔽"在某一人群内。由于"文革"对高等教育的影响最大,因此在划分与此相关的同期群时,应将大学入学年龄作为一项重点考虑的因素。参见郝大海:《中国城市教育分层研究(1949—2003)》,《中国社会科学》2007年第6期。

[2] Mare R. D. 1980, "Social Background and School Continuation Decisions", *Journal of the American Statistical Association*, Vol. 75, No. 370.

$$y_{ik} = \ln \frac{p_{ik}}{1 - p_{ik}} = \beta_{0k} + \sum_j \beta_{jk} X_{ijk}$$

其中,p_{ik} 是学生 i 从某个 $k-1$ 个教育水平成功转换(入学)到 k 级教育水平的概率。因变量 y_{ik} 是 p_{ik} 的 logistic 转换,X_{ijk} 是一组自变量,这一组自变量通过一组回归系数 β_{jk} 同 y_{ik} 线性相关,β_{0k} 是截距项。在本研究中,因变量包括小学升入初中[①]、初中升入高中和高中升入大学三次教育转换,自变量主要包括控制变量(性别、出生时期、出生地)、家庭地位变量(家庭职业地位和家庭教育地位)、文化资本变量(文化活动参与、家庭文化氛围、家庭学习资源和课外补习培训)。控制变量和家庭地位变量都为类别变量,进入模式时建立了相应的虚拟变量,文化资本变量为定距变量,直接进入回归模型。

四、研 究 发 现

(一) 文化资本在教育转换中的作用

本研究的目的是分析 MMI 假设的生成机制而不是评估 MMI 假设,限于篇幅我们省略了使用数据分析家庭地位对教育转换的影响[②]。下面直接列出加入文化资本前后模型决定系数的变化情况,以便于验证文化资本在教育转换中的效力。

表 1　各个时期出生居民加入文化资本后模型伪决定系数的变化

	1943—1946 年	1947—1957 年	1958—1965 年	1966—1973 年	1974—1986 年
升入初中模型	0.059	0.042	0.061	0.054	0.091
升入高中模型	0.034	0.027	0.041	0.031	0.033
升入大学模型	0.018	0.028	0.026	0.016	0.012

如表 1 所示,在加入文化资本后,模型的伪决定系数都有所提高,说明文化资本在解释教育转换差异中的功能得到支持[③]。对于小学向初中的入学转换,文化资本的解释里都是较高的,均高于同一时期出生居民向高中和大学入学转换的解释力。其中,文化资本带来的模型伪决定系数增加幅度在第五时期出生的居民中最大。在第二个时期出生的居民中幅度最小。对于初中向高中的入学转换,文化资本带来的模型决定系数增加幅度在第三个时期出生的居民中最大,在第二个时期出生的居民中幅度最小。对于高中向大学的转换,文化资本带来的模型决定系数增加幅度在第二个时期和第三个时期

---

① 其中,由于上海较早地普及了初中教育,初中入学接近饱和,小学升入初中不是本文的分析重点。
② 在具体的研究者我们也发现 MMI 假设在初中升入高中的教育转换中是成立的,即使在高中升入大学的教育转换中也没有发现偏离 MMI 假设。
③ 使用伪决定系数分析模型的解释力在研究中有争议,但目前没有更好的方法的情况下,伪决定系数可以给我们提供一种参考。

出生的居民中较大,在第五个时期出生的居民中幅度最小。

　　文化资本在不同时期出生居民教育转换中的作用变化情况,说明文化资本在教育过程中的作用具有变化的特征。但是,这种变化的幅度又是很小的,文化资本在地位优势传递中的作用也具有稳定性特征。文化资本也随着教育阶段的升高,作用逐渐降低。这说明在教育过程中的早期,文化资本的作用较为显著,但在较高的教育阶段,学校教育超过了家庭早期教育的作用。文化资本尽管可以持续到大学入学教育转换中,但其作用已经大幅度减弱。

　　通过对加入文化资本后,模型伪决定系数变化情况的分析,只能揭示文化资本发挥作用的大致特征。对于文化资本作用于教育转换的具体机制,则需要进一步分析文化资本指标在模型中的系数,以便于显示文化资本传递代际优势的机制和途径。

(二) 文化资本与高中教育转换

　　对于出生于第一个时期的居民,文化活动参与和课外补习培训有助于他们完成教育转换。这一时期出生的居民,14 岁时正处于"大跃进"时期,但那些家庭文化活动参与多,以及为子女提供较多课外补习培训机会的家庭,仍能够促进他们的子女向高中阶段的教育转换。

　　第二个时期出生的居民,文化资本的四项指标都达到了显著性。家庭学习资源在这一时期出生的居民教育转换中发挥着重要作用,而文化活动参与和课外补习培训有不同程度的降低。受外部社会政治环境的冲击,这一时期家庭外部的文化资源减少,而家庭内部的文化氛围和学习资源成为文化传递的机制。

　　第三个时期出生的居民,课外补习培训没有达到显著性。家庭学习资源在这一时期出生的居民教育转换中发挥着重要作用,而文化活动参与和家庭文化氛围的作用较上一时期也有所上升。这一时期出生的居民 14 岁时处于 20 世纪 70 年代,当时正处于"文革"后期的恢复调整阶段,社会上的课外补习和艺术培训现象较少,限制了这些文化资源在教育转换中的功能。

　　第四个时期出生的居民,家庭文化氛围没有达到显著性。课外补习培训在这一时期出生的居民教育转换中的作用上升,成为教育转换中家庭地位优势传递的机制。这一时期出生的居民 14 岁时正处于 20 世纪 80 年代前期,在商品经济大潮的冲击下,家庭的文化氛围可能有所降低,减弱了其在教育转换中的功能。

　　第五个时期出生的居民,家庭学习资源没有达到显著性。这一时期出生的居民 14 岁时家庭学习资源的占有程度已经较为普遍化①,家庭学习资源占有的差异无法影响教育转换。

---

　　① 在本次调查中,1974 年至 1986 年出生居民在 14 岁时,拥有地图、地图册和地球仪的比例为 66.9%,拥有英文字典的比例为 66.7%,拥有少儿读物的比例为 86.4%。

表2　家庭地位、文化资本和高中教育转换 logistic 回归分析

	1943—1946 年	1947—1957 年	1958—1965 年	1966—1973 年	1974—1986 年
	(1)	(2)	(3)	(4)	(5)
男性[a]	0.483	0.265*	−0.194	−0.424!	−0.247
	(0.303)	(0.125)	(0.170)	(0.311)	(0.319)
市区[b]	0.779*	0.031	0.872***	0.784**	0.049
	(0.368)	(0.174)	(0.202)	(0.295)	(0.395)
家庭职业地位[c]					
管理人员	−0.256	1.424***	1.325*	1.045	−0.382
	(0.744)	(0.339)	(0.532)	(0.817)	(0.718)
技术人员	1.196	1.288***	0.756*	0.370	1.319
	(0.746)	(0.285)	(0.366)	(0.458)	(1.098)
办事人员	−0.004	1.109***	0.403	−0.111	−0.046
	(0.614)	(0.270)	(0.311)	(0.466)	(0.566)
商服人员	−0.407	0.850**	1.041**	−0.980!	1.031
	(0.481)	(0.256)	(0.367)	(0.568)	(0.838)
一般工人	−0.326	0.929***	0.629**	−0.035	0.182
	(0.436)	(0.217)	(0.229)	(0.311)	(0.401)
父亲教育程度[d]					
初中	0.637	0.089	0.164	0.444	−0.360
	(0.551)	(0.156)	(0.233)	(0.315)	(0.433)
高中及以上	0.679	0.375!	0.531	0.562	−0.330
	(0.597)	(0.221)	(0.353)	(0.436)	(0.556)
母亲教育程度[e]					
初中	−0.494	0.154	0.340	0.617!	0.754!
	(0.596)	(0.200)	(0.286)	(0.337)	(0.401)
高中及以上	0.346	0.233	0.810	0.512	2.524**
	(1.339)	(0.301)	(0.495)	(0.468)	(0.842)
文化活动参与	0.017*	0.012***	0.017***	0.013*	0.017*
	(0.007)	(0.003)	(0.004)	(0.006)	(0.007)
家庭文化氛围	0.010	0.007***	0.014***	0.004	0.019*
	(0.006)	(0.003)	(0.004)	(0.005)	(0.008)
家庭学习资源	0.009	0.017**	0.020***	0.016**	0.008
	(0.009)	(0.003)	(0.004)	(0.006)	(0.008)
课外补习培训	0.029*	0.016***	0.005	0.018*	0.019*
	(0.014)	(0.004)	(0.005)	(0.009)	(0.008)
常数项	−2.675***	−3.241***	−2.891***	−2.122***	−1.462
	(0.798)	(0.339)	(0.413)	(0.649)	(0.907)
样本数	244	1 372	1 016	397	569
卡方	41.26	188.4	285.4	92.06	67.55
Pseudo-R2	0.124	0.099 1	0.233	0.177	0.194
自由度	15	15	15	15	15
−2ll	−145.8	−856.0	−469.4	−213.4	−140.2
显著度	P<0.001	P<0.001	P<0.001	P<0.001	P<0.001

注：因变量为"是否升入高中"，是＝1，否＝0。P<0.1　* P<0.05　** P<0.01　*** P<0.001

a：参照组为女性；b：参照组为出生在郊区的居民；c：参照组为农业劳动者；d：参照组为小学及以下；e：参照组为小学及以下。

(三) 文化资本与大学教育转换

总体而言,文化资本对于不同时期出生的居民进入大学的影响较弱。尽管如此,我们仍可以通过具体的分析,揭示不同时期出生的居民在进入大学过程中家庭地位传递的文化资本机制。

第一个时期出生的居民,在控制住其他变量后,仅有课外补习培训有助于他们完成大学教育转换。这一时期出生的居民,14岁时正处于"大跃进"时期,但那些为子女提供较多的课外补习培训机会的家庭,仍能够促进他们子女向大学阶段教育的转换。

第二个时期出生的居民,文化资本的四项指标中只有家庭学习资源达到了显著性。家庭学习资源在这一时期出生的居民大学教育转换中发挥着重要作用。

第三个时期出生的居民,文化活动的参与和家庭学习资源达到显著性。家庭学习资源在这一时期出生居民大学教育转换中发挥着重要作用,而文化活动参与作用较上一时期也有所上升。

第四个时期出生的居民,只有课外补习培训达到显著性。课外补习培训在这一时期出生的居民教育转换中的作用上升,成为教育转换中家庭地位优势传递的机制。

第五个时期出生的居民,家庭文化资本的各项指标都没有达到显著性。家庭文化资本在这一时期出生的居民进入大学的教育转换中不再发挥作用。这些居民基本上是在1993年以后进入大学的,可能的原因是随着教育发展和教育扩张,进入大学的教育机会大幅度增加,降低了家庭地位在其中所发挥的作用,文化资本的作用也不再显著。

表3　家庭地位、文化资本和大学教育转换 logistic 回归分析

	1943—1946年	1947—1957年	1958—1965年	1966—1973年	1974—1986年
	(1)	(2)	(3)	(4)	(5)
男性[a]	0.770!	1.066***	0.753**	0.074	−0.431*
	(0.410)	(0.218)	(0.242)	(0.291)	(0.208)
市区[b]	0.661	−0.140	−0.659*	−0.850*	0.089
	(0.543)	(0.344)	(0.312)	(0.372)	(0.254)
家庭职业地位[c]					
管理人员	0.803	−0.021	−0.312	−0.933	0.118
	(1.021)	(0.635)	(0.599)	(0.703)	(0.551)
技术人员	0.579	0.380	−0.198	0.693	0.448
	(0.795)	(0.564)	(0.514)	(0.538)	(0.484)
办事人员	−0.065	0.860	0.032	0.221	0.485
	(0.823)	(0.558)	(0.485)	(0.540)	(0.417)
商服人员	−0.126	0.363	−0.059	−1.106	−0.836!
	(0.711)	(0.561)	(0.524)	(0.918)	(0.455)
一般工人	0.391	−0.018	−0.304	−0.460	−0.261
	(0.641)	(0.509)	(0.432)	(0.423)	(0.322)

	1943—1946 年	1947—1957 年	1958—1965 年	1966—1973 年	1974—1986 年
	(1)	(2)	(3)	(4)	(5)
父亲教育程度[d]					
初中	0.207	−0.110	0.029	−0.203	−0.180
	(0.608)	(0.296)	(0.333)	(0.419)	(0.346)
高中及以上	0.906	0.188	0.414	−0.070	0.177
	(0.663)	(0.337)	(0.378)	(0.512)	(0.395)
母亲教育程度[e]					
初中	0.540	0.712*	0.598!	0.308	0.334
	(0.715)	(0.304)	(0.321)	(0.384)	(0.312)
高中及以上	−2.178!	1.092**	0.152	1.238**	1.014**
	(1.143)	(0.382)	(0.412)	(0.478)	(0.381)
文化活动参与	0.002	0.005	0.011*	0.006	0.003
	(0.008)	(0.005)	(0.006)	(0.007)	(0.005)
家庭文化氛围	0.010	−0.005	0.006	−0.001	−0.002
	(0.008)	(0.005)	(0.006)	(0.007)	(0.006)
家庭学习资源	0.008	0.016**	0.018**	0.008	0.008
	(0.012)	(0.006)	(0.006)	(0.007)	(0.008)
课外补习培训	0.022!	−0.004	0.004	0.017*	0.004
	(0.013)	(0.006)	(0.006)	(0.008)	(0.004)
常数项	−2.952***	−3.162***	−4.053***	−1.028	−0.146
	(1.053)	(0.661)	(0.738)	(0.783)	(0.741)
样本数	140	710	721	254	517
卡方	20.65	61.47	37.60	42.89	58.19
Pseudo-R2	0.108	0.091 3	0.067 8	0.122	0.093 4
自由度	15	15	15	15	15
−211	−85.55	−305.8	−258.4	−154.3	−282.3
显著度	P>0.1	P<0.001	P<0.01	P<0.001	P<0.001

注:因变量为"是否升入大学",是＝1,否＝0。P<0.1　* P<0.05　** P<0.01　*** P<0.001
a:参照组为女性;b:参照组为出生在郊区的居民;c:参照组为农业劳动者;d:参照组为小学及以下;e:参照组为小学及以下。

五、结论与讨论

在经验分析中,我们延续教育分层的研究脉络,在家庭地位和教育分层之间引入了文化资本变量,使其作为家庭地位影响教育分层的具体机制。研究发现,文化资本有助于在居民初中升入高中和高中升入大学的教育转换中成功,文化资本实现着家庭优势地位的代际传递。

　　首先,文化资本在教育转换中的作用得到支持,但文化资本的作用有具体变动性特征。建国以来,中国经历的多次社会政治变迁为我们检验文化资本的作用提供了较好经验。研究显示,文化资本在不同的出生群中都有助于实现向较高阶段的教育转换,但在不同的时期以及不同的转换阶段,文化资本的作用是不同的。之所以出现这种差异,是与文化资本发挥作用的外部环境有关。文化资本在第二个时期出生的居民向初中和高中转换中作用较小,这一阶段的居民教育转换正处于"文革"期间,在以政治为标准的社会选择中,文化资本的作用较低,家庭地位更有助于实现向上转换。文化资本在第二个时期和第三个时期居民向大学入学转换中的作用较大,这一时期出生的居民基本上是在改革开放初期进入大学的,"文革"期间教育受到破坏,影响了他们早年接受正规的学校教育,因而家庭文化资本在提供升入大学的机会中贡献更大。

　　其次,在较高阶段的教育转换中,文化资本的作用有减弱的趋势。在小学向初中、初中向高中、高中向大学的教育转换中,文化资本的作用呈现出逐渐降低的趋势。对于小学向初中的入学转换,文化资本的解释里都是较高的,均高于同一时期出生的居民向高中和大学转换的解释力。而初中向高中的入学转换中,文化资本的解释力又高于同时期出生居民向大学的转换。文化资本在不同阶级教育转换中的作用变化情况,说明文化资本在教育过程中的作用具有变化性特征。在教育过程中的早期,文化资本的作用较为显著,但在较高的教育阶段,学校教育超过了家庭早期教育的作用[1]。这一发现比较符合布迪厄的观点,"社会出身主要是通过最初的导向(六年级的学校或班)预先决定了人们的学习前途,即由此而产生了一系列的学业选择及成功或失败的不同机会。幸存者的结构不断地随支配淘汰的标准变化,其结果是逐步弱化了社会出生与语言能力(或其他学习成功指标)之间的直接关系。"[2]在较高阶段的教育选择中,社会出身与学业成就之间的联系已经被层层的选拔遮蔽了。与此同时,由于前期阶段教育选择的不平等,较低家庭的子女只有在学习成绩更优秀的情况下,才能被选择,这样他们在与优势地位家庭的后代竞争中不至于处于劣势,甚至会超过后者。

　　最后,文化资本的价值也是由社会环境决定的,在不同时期传递代际优势的文化资本是不同的。以往的研究都是把文化资本作为一项单一指标纳入分析中。但是,文化资本是由多项指标构成的,作为资本存在的一种形式,文化资本的价值是嵌入在一定社会内部的,其价值随着社会对文化资本的界定而变化。文化资本作用的发挥,一方面由当时社会内部不同家庭间文化资本分布的差异决定的,当一种文化资本的分布差异较大的时候,这类文化资本就会成为竞争教育机会的工具,当一种文化资本在所有的家庭中分布较为均衡的时候,则不再具有这种功能;另一方面文化资本作用的发挥也与其在一定社会时期的总量有关,当一种类型的文化资本在社会上的总量很少的时候,这种文

---

① Yuxiao Wu 2008, "Cultural Capital, the State and Educational Inequality in China: 1949—1996", *Sociological Perspectives*, Vol. 51, NO. 1.

② 布尔迪厄,帕斯隆:《再生产——一种教育系统理论的要点》,商务印书馆 2002 年版,第 95 页。

化资本并不能充当社会区分的指标，自然也不会成为教育竞争的工具。在我们的研究中，课外补习培训在第三个时期出生的居民中不再显著，是因为这个时期出生的居民14岁时正处于"文革"后期和"文革"结束后初期(1972—1979年)，课外补习培训的现象较为少见；家庭文化氛围和家庭学习资源在第一个时期出生的居民中不显著家庭文化氛围在第四个时期出生的居民中不显著，也属于这类情况。在第五个时期出生的居民中，家庭学习资源的拥有已经较为普遍，因而也不再在教育转换中发挥作用。

布迪厄的文化资本概念和再生产理论是基于法国经验提出的。法国是一个相对稳定的发达工业社会，其阶级结构已经相对固化，不同阶级之间的代际流动和代内流动都大大减少。文化资本不是一个抽象的概念，它是在一定的社会环境内发生作用的。依据主要制度之间的关系状况以及社会群体之间的斗争状况不同，对于作为文化资本的特定符号性质的价值评价是随历史而变化的①。本研究使用同期群的方法发现了文化资本作用的变动性特征，与此同时，也发现文化资本不是一项整体性的资源，其亚分布结构也决定着文化资本在教育过程中的效用。

（作者为上海大学文学院博士研究生、
郑州大学公共管理学院讲师）

---

① 柯林斯·汤普森：《家庭、学校和文化资本》，载胡森、波斯尔维斯特编：《教育大百科全书》，西南师范大学出版社、海南出版社2006年版，第263页。

维权行为中农民工
与企业的博弈分析

Game Analysis of Migrant Workers and Enterprise in the Right Maintenance

刘萍萍

[内容提要]　农民工是我国城市发展中的特殊群体,他们是中国户籍制度和城市化进程的产物。他们从事着城市里最辛苦的工作,但自身的合法权益常常被损害,是城市中的"弱势群体"。本文通过对位于上海市郊西南的新浜工业园区的部分农民工进行实证调研,了解上海市农民工的权益现状;并通过对维权行为中农民工与企业的博弈分析,发现农民工在面对侵权行为时往往由于个人的维权成本过高而选择放弃维权;再从博弈角度分析,发现建立一个强有力的农民工维权组织,可以有效地减少农民工权益受损的几率和降低农民工的维权成本;最后从建立农民工维权组织、加大对用人单位的监管、提高工作人员业务素质等角度提出完善农民工权益保护机制的对策建议。

一、引　言

随着我国经济结构的转型和城市化进程的加快,越来越多的农民工进入到城市。农民工对城市的发展起到了巨大的作用,但他们的合法利益却常常受到不法侵害。面对侵权行为,绝大多数农民工却选择了沉默和忍受,没有一个强大的组织,仅仅依靠个人力量,农民工维权的道路是很被动的。

二、农民工的内涵及权益现状

(一) 农民工的内涵

郑功成认为"农民工是指具有农村户口却在城镇务工的劳动者。"[①]杨思远认为:"农

---

① 郑功成:《农民工的权益与社会保障》,《中国党政干部论坛》2002 年第 8 期。

民工是指拥有农业户口但离开土地从事非农经济活动的雇佣劳动者。"[1]国务院研究室课题组在《中国农民工调研报告》(2006)中指出,农民工是指户籍身份还是农民、有承包土地、但主要从事非农产业、以工资收入为主要来源的人员。但顾益康认为,农民工不应包括"自己投资营业的个体工商户和企业主",其依据是它不符合"以工资收入为主要来源"这一标准。[②]可见,学术界对农民工的定义有广义和狭义之分。狭义的农民工,一般是指跨地区流动的进城务工人员。广义农民工,既包括跨地区外出务工人员,也包括在县域内二、三产业就业的农村劳动力。[③]本文所指的农民工是狭义的农民工。

(二) 农民工的权益现状

为了解农民工权利受损现状,笔者通过对位于上海市郊西南的新浜工业园区的部分农民工进行了抽样调查。调查采用了问卷调查法与深度访谈法相结合的调查方式,共发放调查问卷 112 份,回收有效问卷 96 份,有效回收率为 85.71%。

表 1 反映的是农民工最近一个的月休息天数,其中休息 4 天的比例为 29.2%,一天没有休息的比例为 8.3%,休息 8 天的比例为 5.2%。农民工超时工作严重,而且通过访谈得知,他们的超时工作没有得到任何加班费。

表 1 最近一个月休息天数(性别)

	0	1	2	3	4	5	6	8	10	合计
男	7	15	7	10	22	3	3	3	3	73
	7.3%	15.6%	7.3%	10.4%	22.9%	3.1%	3.1%	3.1%	3.1%	76.0%
女	1	0	3	6	6	3	1	2	1	23
	1.0%	0.0%	3.1%	6.2%	6.2%	3.1%	1.0%	2.1%	1.0%	24.0%
合计	8	15	10	16	28	6	4	5	4	96
	8.3%	15.6%	10.4%	16.7%	29.2%	6.2%	4.2%	5.2%	4.2%	100.0%

图 1 和表 2 反映的是农民工的工作环境情况,有 49.0% 的农民工从事过危险、有毒、有害的工作或岗位,其中女性比例为 12.5%。单位是否定期进行健康检查这一项数据显示,71.3% 的农民工没有享受到这一权利;在单位是否提供必要的劳动卫生用品这一项目,有 48.9% 的农民工没有享受到这一权利;单位女性农民工在孕期产期、哺乳期是否受过帮助这一项目,中有 53.2% 的农民工没有享受到这一权利;在是否接受过劳动安全卫生教育这一项目,高达 70.2% 的农民工没有接受过安全卫生教育。

---

① 杨思远:《中国农民工的政治经济学考察》,中国经济出版社 2005 年版,第 1 页。
② 国务院研究室课题组:《中国农民工调研报告》,中国言实出版社 2006 年版,第 493 页。
③ 陈为峰:《农民工问题研究综述》,《内蒙古农业科技》2006 年第 4 期。

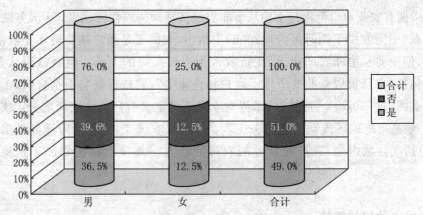

图1 是否从事危险、有毒、有害的工作或岗位(性别)

表2 企业劳动安全保障情况(性别)

	单位是否定期进行健康检查			单位是否提供必要的劳动卫生用品			单位女性农民工在孕期产期、哺乳期是否依法享有特殊保护			是否接受过劳动安全卫生教育		
	是	否	合计	是	否	合计	是	否	合计	是	否	合计
男	21	50	71	38	33	71	28	43	71	20	51	71
	22.3%	53.2%	75.5%	40.4%	35.1%	75.5%	29.8%	45.7%	75.5%	21.3%	54.3%	75.5%
女	6	17	23	10	13	23	16	7	23	8	15	23
	6.4%	18.1%	24.5%	10.6%	13.8%	24.5%	17.0%	7.4%	24.5%	8.5%	16.0%	24.5%
合计	27	67	94	48	46	94	44	50	94	28	66	94
	28.7%	71.3%	100.0%	51.1%	48.9%	100.0%	46.8%	53.2%	100.0%	29.8%	70.2%	100.0%

　　图2反映的是农民工是否参加失业保险的情况,从图中可以看出,64%的农民工都没有参加失业保险,有30%的农民工对单位是否为自己缴纳商业保险并不知情。

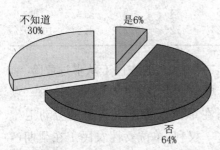

图2 农民工是否参加失业保险情况

　　通过调研和相关数据的收集,我们可以看出,农民工的权益被侵犯是不争的事实。那么,在面对侵权事件上,农民工会怎么处理呢?通过访谈得知,几乎所有的农民工都选择了放弃维权,原因包括维权成本太高、不知道怎样维权、怕耽误继续找工作、害怕打击报复等有很多方面。其中,最主要的原因就是维权的时间成本和经济成本太高,所以选择"沉默"。

　　企业与农民工是农民工维权问题中的最重要主体,下面,笔者将在完全信息静态博弈角度下对农民工在权益遭受侵犯时的行为选择做一个分析,并根据博弈论中的序贯博弈对破解农民工"不维权"困境再次分析,提出相关对策建议。

三、农民工与企业的博弈分析

(一) 假定条件

假定农民工和企业都是理性的"经济人",都以追求最大经济效用为目标,假定博弈只在农民工和企业之间进行。农民工在利益受到侵害时,可选择的途径有两种:维权和不维权。农民工选择维权,意味着当其合法权益受到损害时,他将会寻找途径和相关手段表达和维护自己的利益,此时农民工维权需要增加的成本 C_1。企业的选择也有两种:改进和不改进。企业选择"改进",意味着企业将改进安全生产措施和自觉遵守劳动保障制度,注意对农民工的保护,不侵害农民工的合法权益;此时,企业将增加成本 C_2。

(二) 构建模型

1. 企业选择"改进"

如果企业选择"改进",那么企业将配备相关的劳动生产安全保护设备及措施,注意加大对农民工的保护,并且自觉遵守劳动制度,不侵害农民工的合法权益,那么农民工不需要为维权付出任何成本,而企业则需要为改进增加成本 C_2。当企业改进了安全设备后,企业的劳动生产效率将会得到提高,企业和农民工的收益都会增加,假设农民工新增的收益为 U_1,企业新增的收益为 U_2。从经济规模角度分析,$U_1 < U_2$。所以,可以得出,农民工和企业的收益组合为 $(U_1, U_2 - C_2)$。

2. 企业选择"不改进"

如果企业选择"不改进",意味着企业将不配备保护农民工的安全生产措施,或是没有自觉遵守劳动保障制度,侵害农民工利益。这时,如果农民工选择"维权",那么他将会增加维权成本 C_1;而企业无需付出任何改进成本。从经济学角度看,企业选择"不改进",企业和农民工还是会获得一定的经济收益,只是这时所获得的经济效益会比企业选择"改进"时在设备完善、生产安全、效率更高的情况下获得的经济收益有所减少,假设在这种情况下,农民工新增收益为 U_3,企业的新增收益为 U_4,$U_3 < U_4$。另外,从长远来看,企业"不改进"必然带来生产效益降低,所以 $U_3 < U_1$,$U_4 < U_2$。在此情况下,农民工和企业的收益组合为 $(U_3 - C_1, U_4)$。

如果农民工选择"不维权",那么农民工和企业都不需要付出任何成本,同时,农民工和企业获得的经济效益较之"改进"时也会下降,假设农民工新增收益为 U_5,企业新增收益为 U_6,此时农民工和企业的收益组合为 (U_5, U_6),且 $U_5 < U_6$,因为农民工和企业的"不作为"将会造成宏观经济环境的恶化,那么可知,$U_6 < U_3 < U_1$,$U_6 < U_4 < U_2$。

上海市社会科学界第八届学术年会文集(2010年度)政治·法律·社会学科卷

于是,可构建出农民工与企业的博弈矩阵(见图3)。

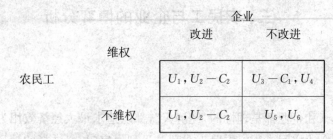

图 3　农民工个人与企业的博弈矩阵

(三) 分析模型

1. 农民工选择"维权"

当农民工选择"维权"时,当 $U_2 - C_2 > U_4$,企业才会选择"改进",否则,企业会选择"不改进"。企业选择"改进",保护了农民工的权益,提高了劳动生产的效率,既带来了额外的经济效益,也付出了一定的成本。企业的选择取决于其所获得的效益和所付出的成本的大小。如果企业选择"改进"后,所带来的收益与"不改进"时所获得的收益之差大于企业"改进"时所要付出的成本,企业就会选择"改进"。反之,企业就会选择"不改进"。由于企业改进后的收益有时间的滞后性, U_2 短时间内难以精确的计算,而改进所需的成本 C_2 却是一个非常明确的数值,所以企业会选择"不改进"。

2. 农民工选择"不维权"

当农民工选择"不维权"时,如果 $U_2 - C_2 > U_6$,企业会选择"改进",否则,企业会选择"不改进"。由于农民工选择"不维权",一方面,企业无论是否"改进"都不会引发由于农民工"维权"所造成的企业经济损失,这时,企业会倾向于选择"不改进"。但另一方面,企业必须承受由于"不改进"而带来的安全措施隐患和生产效率降低导致的经济收益减少。企业需要比较"改进"带来的成本究竟是大于还是小于由于"不改进"带来的经济利益的减少。在经济收益方面,这关键要考虑企业的性质和其经济增长对劳动安全设备和农民工劳动效率的依赖程度;在成本方面,主要考虑农民工维权成功的可能性以及"改进成本",如果农民工维权成功,企业需要为对农民工造成的利益侵犯付出成本,企业成本会增加;如果农民工维权不成功,那么企业将不需要付出任何成本。如果劳动安全设备和对劳动效率对企业影响较为明显, $U_2 - U_6$ 那么会是一个较大的数值。但是劳动效率对企业的影响有一定的滞后性,所以在短期内, $U_2 - U_6$ 不会是一个明显的、较大的数值。如果改进和不改进的经济收益之差大于企业的改进成本,那么企业会选择"改进",这种决策需要企业有长远的眼光和可持续发展的思维。因为从可持续发展和长远的眼光来看,企业"改进"无疑会带来社会总体生产效率的提高和经济的发展,宏观经济环境的优化给企业带来的效用增长无疑会大大增加企业的收益。但绝大多数企业更关注眼前和短期的最优经济利益,由于企业对于"改进"所带来的经济效益短期内较难预料,同时对于"不改进"带来的经济收益的减少会有一定的时间滞后性,所以 $U_2 - U_6$ 短时间看来不是一个巨大的数值,且难以准确估量,而"改进"所花费的成本 C_2 对于企业来说却是十分清晰而明确的,所以企业还是会选择"不改进"。

3. 当企业选择"不改进"

当企业选择"不改进"时,农民工是否选择"维权"取决于 $U_3 - C_1$ 和 U_5 的值。只有在 $U_3 - C_1 > U_5$ 时,农民工才会选择"维权"。否则,农民工会选择"不维权"。对于绝大多数农民工来说,一方面,企业"不改进"劳动安全设备所造成的隐患并不是显而易见的,它同样有一定的时滞性,安全事故没发生之前很多人会有侥幸心理,纵使安全事故真的发生了,或是由于企业"不改进"以加大劳动量超时劳动而不增加加班工资等情况侵害农民工利益,这些权益受到损害所造成的经济损失难以估量;另一方面,由于法律不完善、制度不成熟,选择"维权"所要付出的经济和时间成本都巨大,"维权"成功的可能性并不大,农民工还要承担维权失败的风险。另外,由于自身工作的可替代性较高,其误工成本也很大,这几方面成本相加起来,维权的成本 C_1 对于农民工来说是个巨大的数值,所以农民工会选择"不维权"。

(四) 分析结论

根据以上分析可以看出,企业的行为选择主要受企业"改进"后获利程度大小的影响,农民工的行为主要受维权成本的影响,而且,当农民工选择"维权"时,对维权成功的可能性有较大的不确定性。所以,在现行的经济、社会环境和相关的政策环境下,企业一般会选择"不改进",农民工会选择"不维权",这已经形成了一个企业与农民工博弈策略中的"纳什均衡"。其实,仔细分析博弈矩阵我们可以发现,企业选择"不改进"和农民工选择"不维权"虽然是个博弈组合的"纳什均衡",但它并不是一个"帕累托最优",而且是所有组合中受益最小的。企业过于关注短期经济利益的行为,选择"不改进",这虽然不需要为改进安全生产设备、增加安全生产设施付出成本,但长此以往,农民工权益受到的侵害会加大,企业的长期利益也会因"不改进"、生产效率不高、宏观经济环境恶化而减少,而农民工迫于无奈和短期经济利益的考虑选择"不维权"无疑又助长了企业选择"不改进"的可能性。这说明在个体理性选择下的"纳什均衡",很难达到集体理性选择的"帕累托最优"。

四、破解维权困境

(一) 破解维权困境的博弈分析

如何破解这种致使农民工"理性弃权"的困境呢? 最好的办法就是完善农民工的权

益维护机制,建立一个由总工会领导的、非营利性的第三方组织——农民工维权组织。有了农民工维权组织,可以将农民工的维权行动从一种"单打独斗"式的个人行动变为一种有组织的、合法化的、制度化的集体行动,那么农民工的选择就会发生变化。换言之,可以采用序贯博弈来破解。序贯博弈,也叫动态博弈,是指在博弈中,一个参与者先于另一个参与者行动。值得注意的是,后者必须至少能获得先发者的部分行为信息,否则行为时间的先后就不会有任何效果。

再次从"博弈论"角度分析,我们假定维权组织代表农民工维权或农民工加入了维权组织,维权组织的利益与它的社会影响力成正比。企业也知道农民工维权组织的存在和性质。可以假定,不管是在企业选择"不改进"的情况下,维权组织为农民工进行维权;或是组织维权还不需为农民工进行维权时,企业就已经作出了"改进",维权组织的收益均为假定为 U_8,这两种情况都一定程度上提高了维权组织的社会影响力。

因为序贯博弈是个动态博弈,如果在有限次的重复博弈中,如果维权组织经过交涉维护了农民工的权利,企业选择"改进",那么此时因为维权组织只是做到社会上每个人对他的平均期望,并不能提高其社会影响力,假定其获得的收益为 U_7。由此可知, $U_7 < U_8$。

如果维权组织选择"不维权",企业也"不改进",则维权组织的收益就会损失,假设在此种情况下维权组织的收益为 U_9,那么 $U_9 < U_7$。因为这表明维权组织没有起到维权的效果而使得社会影响力下降。

因此,可以构建出破解农民工维权困境的序贯博弈图(见图4)。

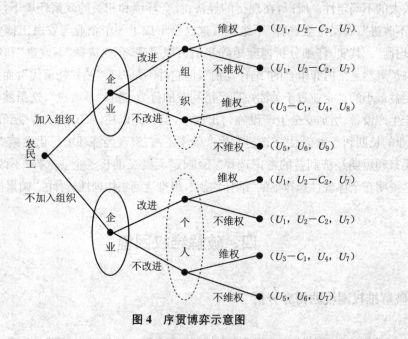

图4　序贯博弈示意图

由此可知，$U_9 < U_7 < U_8$。所以，当企业选择"改进"时，维权组织会选择"不维权"，当企业选择"不改进"时，维权组织会选择"维权"。通过上面的博弈矩阵和序贯博弈图可以知道，农民工在加入维权组织后，其作为理性的"经济人"所做的选择和获得的收益与不参加维权组织时相比有很大不同，农民工由理性放弃维权转变为理性维权，获得的收益也比不参加维权组织时明显增多。因此在理性人的假设条件下，维权组织的建立对农民工的维权起着至关重要的作用。

（二）农民工加入维权组织的意愿分析

维权组织的存在可以化解单个个体与企业博弈的困境，那么，农民工对于一些类似的维权组织的接受和认可度如何呢？根据笔者的问卷调查，对于是否愿意加入企业内部工会，有51%的农民工表示没考虑过这个问题，有42.7%的农民工想过加入企业工会组织，从整体数据上来看超过一半的农民工没有将企业内部工会列入自己维权的途径。通过性别分层分析，男性农民工想参加工会的比例明显比女性高。通过年龄分层可以看出，21—30岁的农民工加入工会的愿望最强烈，较年轻的农民工大部分选择"没有考虑过"，对是否能加入工会表示不关心，年龄较大的农民工想加入工会的愿望相对强烈一些。（见表3）

表3　是否想加入企业工会组织(性别、年龄)

	是否想加入工会组织			
	想	不想	没有考虑过	总　计
男	34 35.40%	4 4.20%	35 36.50%	73 76.00%
女	7 7.30%	2 2.10%	14 14.60%	23 24.00%
总计	41 42.70%	6 6.20%	49 51.00%	96 100.00%
18—20岁	2 2.10%	0 0.00%	11 11.50%	13 13.50%
21—30岁	28 29.17%	2 2.08%	27 28.13%	57 59.38%
31—40岁	7 7.29%	3 3.13%	10 10.42%	20 20.83%
41—50岁	4 4.17%	1 1.04%	1 1.04%	6 6.25%
总计	41 42.70%	6 6.20%	49 51.00%	96 100.00%

对于加入同乡会的意愿，有14.6%的农民工曾经参加过同乡会，并且68.8%的农

民工表示愿意参加同乡会,只有6.20%的农民工表示不愿意参加同乡会,25%的农民工表示不知道或从未想过。调查发现更多的男性农民工希望能参加同乡会的意愿比女性强烈。21—30岁的农民工希望参加同乡会的意愿比其他年龄段要强烈。总体来说,没有参加过同乡会的农民工占绝大多数,也有很多农民工没听说过同乡会。但大部分农民工有意愿参加同乡会。(见图5、表4)

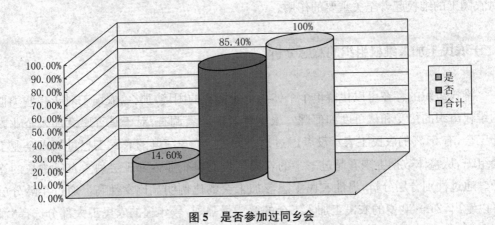

图5　是否参加过同乡会

表4　参加同乡会的意愿(性别、年龄)

	愿意	不愿意	不知道/未决定	总计
男	52	3	18	73
	54.20%	3.10%	18.80%	76.00%
女	14	3	6	23
	14.60%	3.10%	6.20%	24.00%
总计	66	6	24	96
	68.80%	6.20%	25.00%	100.00%
18—20岁	8	1	4	13
	8.30%	1.00%	4.20%	13.50%
21—30岁	46	1	10	57
	47.92%	1.00%	5.20%	36.50%
31—40岁	10	3	7	20
	10.42%	3.13%	7.29%	20.83%
41—50岁	2	1	3	6
	2.08%	1.04%	3.13%	6.25%
总计	66	6	24	96
	68.75%	6.25%	25.00%	100.00%

除工会、同乡会外,对于参加其他组织的意愿总体来看,接近70%的农民工表示愿

意参加民工组织。数据显示,男性农民工加入维权组织的愿望更强烈。(见图6)

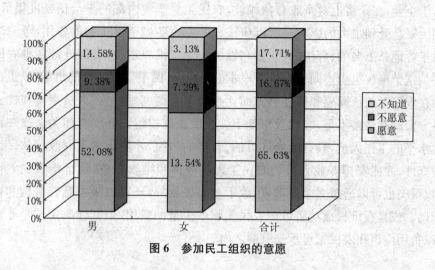

图6　参加民工组织的意愿

根据以上图表和我们对农民工的深入访谈,可以总结出农民工对于维权组织的几点看法:

(1) 绝大多数农民工对于参加维权组织意愿比较强烈,男性农民工参加维权组织的意愿比女性更强烈。从年龄角度看,21—30岁的农民工参加组织的意愿最强,其次是较年长的农民工。这有可能是因为,对于一般较危险的工作,男性农民工从事的几率比女性大,被侵权的几率也更大。21—30岁的农民工在城市工作过一段时间,其维权意识比刚刚开始进城务工的农民工要强。

(2) 农民工对于维权组织的作用很看重,企业内的工会由于其对企业的从属地位,在维护农民工的权益方面,难免会受到企业施加的压力影响,发挥维权作用的效益有限,农民工对其信任度不高;农民工对于同乡会比对企业工会有更大的亲切感和认同感,但由于这种组织非正式性、自身成员素质专业性不高等导致其社会影响力不足,农民工对于同乡会的维权作用大多持观望态度,但即使如此,大多数农民工还是十分愿意参加同乡会。

五、对于完善农民工维权体制的对策建议

(一) 建立强有力的农民工维权组织

建立强大的农民工维权组织可以避免农民工在现实社会环境下个人维权行为的力不从心,提高维权效率。农民工维权组织的维权行为是合法的、有组织的集体行动,它可以改变农民工被侵权时由于维权的成本高于维权的收益而放弃维权的行为。另外,

根据调研数据分析,农民工维权组织的效用与其自身性质有很大的关系。由于企业工会从属于企业,在经济上对企业有依赖性,农民工对企业内部的工会信任度很低,其维权作用无疑会受到很大的影响。所以应该充分发挥各城市总工会的作用,考虑建立一个隶属于各地总工会的、合法的、非营利性的农民工维权组织,专门处理各种农民工侵权事件。这个维权组织不同于同乡会等非正式性的、民工自发结合的组织,民工自发组织虽然在农民工的认同感和信任感方面比企业工会要高,但是在人员素质和社会影响力等各方面却有诸多不足,维权效率低下。农民工维权组织需要有相关法律知识和一定文化水平的工作人员,只有政府认可的、合法的组织,才能由国家财政拨款保证其经济的独立性,才能安排专业人员为农民工提供咨询和维权服务,保证维权的效率。同时,维权组织也可以通过多渠道筹资,除了政府拨款外,还可以吸引慈善机构和社会人士的捐助。或是在维权成功后可向农民工收取少量的费用,但其性质定位是非营利机构,所以费用应该在农民工可承受范围之内。

(二) 加大对用人单位的监管,相关部门要严格执法

事前预防的作用远远大于事后维权。政府应当及时出台相关法律,保证农民工的权益有法律保护。另外,更重要的是在执法方面,要考虑到农民工的合法利益和相关福利,加强对用人单位的监管,同时地方劳动行政监察和执法部门要加强与公安、工商等部门的协调,严格执法。执法部门要加大平时的检查和执法力度,就能从源头上减少侵权行为。政府要规范企业用工行为,执法部门加大平时的监督检查工作,一旦发现用工单位不与农民工签订劳动合同、不履行劳动合同、签约不及时或是周末不安排休息时间又没有加班工资的超长用工等侵犯农民工合法权益的行为,要坚决查处;规定农民工工资不得低于本市最低工资标准,监督用工单位的工资支付制度,一旦发现用工单位以各种借口任意辞退农民工,克扣或拖欠农民工工资,要对其进行处罚;规定用工单位在农民工就业保障时应履行的义务,督促企业为农民工缴纳基本的社会保险;监督用工单位在安全生产和安全卫生、对农民工的工作环境定期进行检查,如果存在安全隐患要责令企业整改。对于在对农民工的基本利益保护方面做得比较好的企业给予政策优惠,激发企业自觉履行法律义务。

(三) 提高工作人员业务素质,树立维权组织的威信

一方面,通过法律知识的宣传使农民工了解到维权组织的合法地位和法定职责。另一方面,要提高维权组织工作人员的服务精神和业务素质,提高办事效率。工作人员必须了解维权组织的基本职责是维护农民工的合法权益。如果农民工的合法权益受到不法侵害时,维权组织要通过集体的、合法的力量为农民工说话,决不能由于招商引资

或是经济发展需要牺牲农民工的利益,对不法企业采取姑息的态度。在面对农民工被侵权时间时,维权组织要坚决捍卫农民工的利益,增加农民工的安全感和对维权组织的认同感、信任感,使他们更认同和支持维权组织的工作。

根据调查数据显示,农民工在进入城市寻找工作时,主要依靠亲朋好友、老乡等来自相同地区的其他农民工的介绍,当面对由于政府对用人单位监管的缺失、相关法律法规缺乏事实有效性、社会舆论监督乏力、某些用人单位道德缺失等原因而遭遇侵权行为和遇到困难时也会首先考虑从有地缘关系的朋友、老乡处得到帮助。

所以,只有切实提高维权组织工作人员的业务素质和服务精神,才能保证维权组织的维权效率,使农民工充分信任和认同维权组织的工作。这样,维权组织和农民工才能互相信任,团结起来,依靠合法力量解决农民工被侵权事件,真正维护农民工的合法权益。

六、结　　语

农民工作为我国经济转型和社会结构调整中一个新兴劳动群体,已成为工业化和城市化进程中不可或缺的重要力量。对于社会中的"弱势群体",全社会的尊重、政府的关注、强大的维权组织等是减少侵权行为发生、降低农民工维权的成本和提高其维权效率的有力保证。维护农民工的正当利益,完善农民工的权益保护机制,是我国社会保障制度可持续发展和构建和谐社会的必要选择。

参考文献

郑功成:《农民工的权益与社会保障》,《中国党政干部论坛》2002 年第 8 期。

杨思远:《中国农民工的政治经济学考察》,中国经济出版社 2005 年版,第 1 页。

国务院研究室课题组:《中国农民工调研报告》,中国言实出版社 2006 年版,第 493 页。

陈为峰:《农民工问题研究综述》,《内蒙古农业科技》2006 年第 4 期。

张长温:《博弈混合战略的非完全信息解》,《山东科学》2004 年第 3 期。

郑茜:《基于博弈论视角下中国农民工职业培训问题研究》,《知识经济》2009 年第 14 期。

路静:《我国地方政府间博弈与基本养老保险关系转移研究》,《科技创业》2008 年第 10 期。

海云志:《农民工政治参与缺失的成因与对策分析》,《玉溪师范学院学报》2005 年第 8 期。

郭昌盛:《中国农民工的农民权力现状》,《天津市工会管理干部学院学报》2005 年第 3 期。

范仲文:《农民工培训中的难点问题》,《农村经济》2006 年第 10 期。

杨秀琴,江华:《论农民工权益缺失与保障》,《生产力研究》2007 年第 13 期。

丁胜如:《农民工权益保障机制的缺失与健全》,《理论建设》2004 年第 3 期。

王文祥:《建立底层社会的利益表达机制》,《甘肃行政学院学报》2005 年第 6 期。

(作者为上海工程技术大学管理学院社会保障专业研究生)

中国民营企业政治关联的
内在机理、渠道与模式

The Mechnisim, Chunnel and Model of Political Connection in
China's Private Enterprises

张祥建　郭　岚

[内容提要]　在中国转型背景和关系主导型社会结构下,民营企业的政治关联广泛存在,并对民营企业的经营和发展产生非常深刻的影响。本文主要研究了民营企业建立政治关联的内在机理、渠道,以及政治关联模式的差异性。本文的研究有助于理性地认识民营企业的政治关联问题、成长途径及行为特征,促进学术探索、民营企业经营和政府政策制定。

一、引　言

随着全球经济一体化趋势的加剧和政治经济的融合,企业已经步入政治竞争时代。Faccio(2005)从全球视角研究了政治关联问题,发现企业的政治关联在很多国家都广泛存在,特别是产权保护度较弱的国家和地区更为突出①。在许多产业,政治上的成功与经济上的成功同等重要,因此企业往往将政治战略作为其整体战略的一部分,政治关联已成为企业取得成功的基础。许多企业在制定市场竞争策略去战胜对手的同时,无不重视政治策略的制定与实施,它们通过影响政府政策的决策过程,从而获得各种政府资源,提高企业经营绩效水平。企业越具有长远发展意识,越会重视政治策略的制定与实施,这已成为企业战略管理的重要内容。

政治关联对企业绩效具有决定性的影响效应,一些学者研究了企业从政治关联中获得的经济利益,发现许多政治领导人利用他们的权力为具有政治关系的企业提供方便,从而使这些企业受益(Claessens et al. , 2008; Bunkanwanicha and Wiwattanakan-

---

① 在全球范围内,有3%的上市公司具有一定程度的政治联系,而这部分公司代表了资本市场8%的份额,它们的大股东或高层管理者通常是议会、政府官员,或与政治家及政府团体具有直接或间接的从属关系(Faccio, 2004)。

tang，2008；Faccio，2006；Fisman，2001）。然而，政治关联也可以为整个社会和单个企业带来明显的成本。通过控制企业的决策行为，政府官员能够把企业当做取得所谓较高政府目标的工具（如就业最大化、地区发展、产业政策等），并且政府官员也可能通过对企业的控制来谋取私人目标（如增加政治升迁机会、攫取财富等）。因此，政治关联可能造成政府官员的寻租行为和腐败行为，从而损害企业价值和绩效（Faccio，2006；Cheung et al.，2006，2009）。

随着中国民营经济的发展，民营企业家不但在经济领域内扮演着重要角色，而且也在社会政治领域发挥着越来越大的影响作用。在中国转型背景和关系主导型社会结构下，民营企业的政治关联广泛存在①。民营企业通过不同渠道拥有政府资源，与不同层级的政府部门建立紧密的联系，从而与政府官员的沟通更为有效，并带来政治利益和经济效益（周黎安和陶婧，2009；Li et al.，2006）。因此，政治关联作为一种竞争工具能拓展民营企业的外部生存空间，为民营企业创造有利的竞争环境。然而，政治关联也增加了民营企业的成本，从而损害企业绩效。Fan等（2007）研究发现，政治关联造成了政府对企业的侵害，导致了企业绩效下降。很多案例也表明，一些地方政府对民营企业存在侵害行为。可见，政治关联是一个中性的概念，并不必然与腐败联系在一起，它对民营企业的生存既能够发挥正面的促进作用，也能够产生负面的影响效应。

政治关联已经成为民营企业必须面对的现实问题，甚至决定着民营企业经营的成败，因此，如何处理与政府的关系也就构成了民营企业战略决策和经营行为的重要方面。目前，民营企业所面临的最大不确定性不是来自于市场，而是来自于政府，政府不仅在体制方面给企业带来巨大影响，而且通过政府行为直接影响着企业的运营。在民营企业蓬勃发展的背景下，民营企业的政治参与有着复杂的动机，随着企业经营活动中政治意识的加强，政治关联策略的运用越来越受到企业界的关注。

本文的目的并不是提倡民营企业通过建立与政府及其官员的密切关系而谋取利益，而是主要研究中国民营企业政治关联的作用、本质、渠道和模式，从而理性地认识民营企业的政治关联问题。该研究不仅有利于促进学术界对民营企业政治关联的深入探讨，而且有助于民营企业更深刻地了解中国的政治环境和市场环境，并制定更有效的政治策略，以促进企业绩效和竞争能力的提升。同时，本文的研究也有助于监管部门限制和约束政府及其官员对民营企业的侵权行为，从而提高政府治理效率，建立公平的企业生存环境，以提高中国民营企业的整体竞争能力和经济效益，支撑中国经济的快速健康发展。

---

① 我国自古就有重视"关系"的文化传统。改革开放以来，由于转轨经济的特殊性，关系更成为正式制度的一种替代机制来保证商业交易的进行。而在各种关系中，与政府的关系则是重中之重。

二、中国民营企业政治关联的内在机理

(一) 政治关联的作用：扶持之手、无为之手或掠夺之手

从政府与企业之间的关系看，政府扮演的角色可分为"扶持之手"、"无为之手"与"掠夺之手"。"扶持之手假说"认为，当企业遇到危机时可以得到政府的支持。"无为之手假说"认为，政府是缺乏效率的，并不关心企业价值的最大化。而"掠夺之手假说"认为，由于履行社会目标或腐败行为，政府可以从企业掠夺资源和财富。从外部投资者利益保护的角度看，政府的"扶持之手"有利于保护外部投资者的利益，约束企业内部人对公司现金流的侵权，而政府的"掠夺之手"往往损害了企业内部人和外部投资者的利益。中国迅速成为全球第三大经济体和国外投资的首选目的地，日益受到全球的瞩目。然而，众多的新闻报道表明，中国的法律体系不完善，政府行政效率比较低，并且存在一定的腐败行为①。

随着中国政治经济的发展，政府对民营企业影响和干预的动机和能力不断增强，政治关联能够发挥有益的支持作用。在过去 30 年的改革进程中，中国推行的财政分权制度客观上改变了中央政府对地方政府的激励机制，使政府参与社会经济活动的行为发生了根本性改变，也导致了中国的所有制结构、市场化、对外开放和社会投资等经济领域的深刻变革。财政分权制度允许地方政府拥有一定的受制度保障的地方财政收益，允许它们在一定程度上支配这些收入并承担相应的责任，这在客观上使地方政府成为具有相对独立的经济主体，并对地方政府产生了强烈的财政竞争激励②。为了获得更多的政治利益，各地政府对民营企业的发展都给予了充分的重视，积极发展本地经济，并制定了相应的促进政策，从而发挥了政府"扶持之手"的作用。

由于中国社会处于转型阶段，经济体制深刻变革，社会结构深刻变动，利益格局深刻调整，思想观念深刻变化，社会价值取向日趋多元化，民营企业与政府的关系表现出加强的趋势。Li 等(2006)的研究表明，在金融发展越落后、政府管制越多、非正式的税收负担越严重、法律体系越弱的地区，民营企业家越可能建立政治关系。政治关联能够

---

① 传统基金会(Heritage Foundation)和华尔街日报(Wall Street Journal)联合发布了经济自由度指数(Index of Economic Freedom)，主要涉及包括腐败惩治、法律制度、合同执行等在内的 50 个独立的指标，在 161 个国家中中国排名第 128 位。

② 1994 年实行的分税制改革，彻底改变了原先统收统支的财税制度。分税制改革的重要内容包括两个方面：一是调整和明确了中央与地方政府的收入划分，将同经济发展直接相关的主要税种划为中央税，而将适合地方征管的税种划为地方税；二是确立税收返还制度，中央政府对地方净上划收入以 1993 年为基数向地方政府返还，并在 1993 年基数上逐年递增。分税制改革使中央和地方的财政分配关系发生了重大的变化。在财政收入的分成比例上，中央从原来的不到 25% 上升到 55%，同时，地方的财政收入也出现了相应的下降；而在财政支出中，大约 70% 发生在地方，55% 是发生在省级以下政府。

为民营企业带来资源、利益和机会,同时也可能为民营企业带来很大的成本,形成"扶持之手"和"掠夺之手"共存的局面(见图1)。因此,政治关联可以为民营企业带来"扶持效应"和"掠夺效应",两种利益相反的效应在中国政企关系中可能同时存在,形成动态演化和相互作用特征,并在一系列约束条件下达到动态均衡。

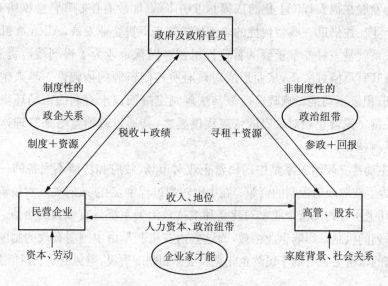

图1 民营企业、政府及政府官员、管理层之间的关联性和利益链

(二) 政治关联的本质:对政府控制资源的依赖性

中国民营企业不仅遭受到政治歧视和社会歧视,而且要应对不友好的生存环境。政府仍然控制着大部分资源,国有企业仍然在获得贷款和其他关键投入方面享有优越地位。民营企业往往受到一些政府官员的干预和刁难,商业和产权方面的法律得不到有效执行。因此,政府是民营企业生存环境不确定性的主要来源,政府对核心资源的掌控影响到民营企业的生存和发展。政府对资源的控制意味着政府不仅给企业带来不确定性,通过许多手段提高企业的交易成本,而且也可以为某些企业创造商业机会以改变其收益水平。因为政府作为国家权力执行机构,拥有各种可用资源,而民营企业的许多经营活动都要借助于政府,所以民营企业必须获得相应的政府资源。政府资源主要分为三类:(1)有形资源。指企业在经营活动中采取政治策略所获得的资金、政策、土地、人才等各种有形的经济要素。(2)无形资源。指企业在经营活动中采取政治策略所带来的政治声誉、荣誉头衔、商标保护等各种无形的经济要素,从执照、许可证的颁发,到工商、税务、技术监督、劳工标准、环境保护等。(3)关系资源。指企业之间、企业和政府之间、政府和银行之间的各种关系的经济要素,这些软性的关系资源对民营企业的发展能够发挥十分关键的作用。通常情况下,无形资源可以间接提高民营企业政治形象,而有形资源和关系资源可以直接给民营企业带来经济效益。

在政府主导型的政企关系下,相当部分的社会公共资源依然掌控在政府各部门手中,政企关系存在严重的模式缺陷,不正当的权力关系就会掺杂其间,合同关系就会为权力关系所笼罩甚至取代。在中国的转型经济中,虽然市场机制发挥着一定作用,但是民营企业的发展在很大程度上仍然依赖非市场体系(如政府控制和社会网络等)获取资源。民营企业往往借助一些替代性的非正规机制来促进企业发展(Allen et al.,2005),其中政治关系就是一种非常重要的替代性机制。民营企业为了得到政府资源,必须努力与政府及其官员搞好关系,从而形成对政府所控制资源的依赖性。越来越多的民营企业认识到,积极主动地影响政府政策与法规制定进而谋求有利的市场环境是赢得竞争优势的关键。民营企业对政府的依赖程度越大,其通过政治策略来管理这种依赖关系的可能性就越大。

因此,主动建立政治关系是中国民营企业对市场、政府和法律不完备的一种积极反应,主要是为了获取政府控制的资源。在中国转型过程中,建立政府关系对民营企业是非常重要的,几乎所有的民营企业家对建立和维持政治关系都具有极大的热情。政治关联会通过一系列的机制来影响企业绩效,而这些内在机制是由中国弱有效的制度环境决定的。与政府的紧密关系有助于民营企业克服法律和制度失灵,避免遭受意识形态歧视。

三、中国民营企业政治关联的渠道

在法律执行效力较弱和缺乏透明度的环境下,民营企业具有强烈的动力来建立政治关联,以获得企业发展所需要的资源。民营企业的高层管理者无不具备某种形式的政治关联,或亲戚中有国家领导特殊政治身份,或自身具有丰富从政经验,再或具有全国两会代表等政治身份。胡润曾对 2005 年的中国 100 位富豪作过所谓的"政治地位解析",其中有全国人大代表 9 位,全国政协委员 16 位,占总量的 25%。陈钊等(2008)研究显示,民营企业家正在凭借经济实力及个人的政治身份与家庭背景来获得政治权力。总体来看,根据政治关联的属性,民营企业的政治关联渠道可以分为显性和隐性两种类型;而根据政治关联层次的高低,民营企业的政治关联渠道可以分为高层次渠道和低层次渠道(见图 2)。在现实中,民营企业的不同属性和层次的政治关联渠道往往交织在一起,形成错综复杂的政治关联网络。

(一)显性与隐性政治关联渠道

1. 显性政治关联
显性政治关联是指民营企业家拥有一定的政治地位和身份或使政府拥有股权,从而与政府建立外显的联系。显性政治关联渠道是建立在法律和制度的基础上,政府和民营企业可以形成稳定的制度性联系。一般来说,中国的民营企业正式参与政治的渠道与方式主要有:(1)进入不同级别的人大、政协,成为人大代表或政协委员,这是建立政治关联最直接的方式;(2)在工商联、青联、妇联等社团组织担任一定职务,从而与政府部门接触;(3)加入中国共产党或民主党派,如中共十六大修改党章允许民营企业家阶层的优秀分子入党。成为中共党员意味着具有一定的政治地位,在充满了对民营企业怀疑、低信任和歧视的环境中,与执政党建立关系可以增强民营企业的可靠性和可信赖性。作为党员来与政府、银行和国有企业打交道,民营企业家可以建立与核心政治和经济人物之间的稳定关系。而且,成为中共党员有助于结交其他党员和政府官员,从而为获得更高的政治地位提供了机会(Li et al.,2006)。民营企业家通过获得政治身份可以更方便地获取政府资源和政治保护,以提高企业价值和业绩表现。

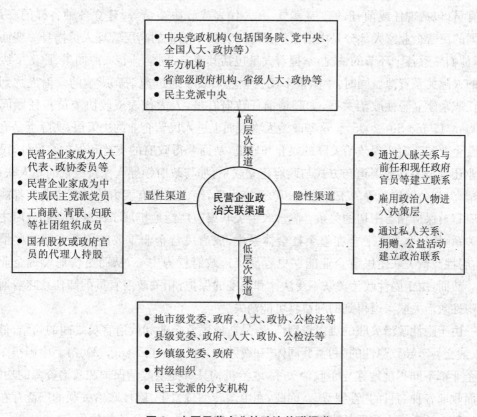

图 2　中国民营企业的政治关联渠道

　　另一个政治关联的显性渠道是通过政府股权建立的。在很多情况下,民营企业努力使政府、官员及国有企业拥有一定的股权,使民营企业带上一个"红帽子",从而实现民营企业和政府利益在某种程度上的一致性。这种类型的政治关系建立在书面合同的基础上,具有较高的制度稳定性。在法律和制度保护下,民营企业可以通过股权来建立与政府及其官员之间的关系。政府可以通过行政力量来保护他们在民营企业的利益。

因此,股权安排可以促进共同利益的产生,打造紧密的利益共同体,从而建立相对稳定和紧密的政治关联。

通过这些显性政治关联渠道,民营企业可以接近政治权力中心,从而谋求利益和寻求保护。民营企业通过参与政治活动,可以在很大程度上提高自己的声誉和地位,不仅有利于获得政府资源,而且能够促进市场竞争力的提升,以实现企业利益和价值的最大化。

2. 隐性政治关联

隐性政治关联不是建立在法律和制度的基础上,而是建立在私人关系基础上,形成民营企业和政府之间非正式的柔性关系。这种政治关联属于非官方性质的,没有外在的合同来确立该关系,超出了制度保护的范围。

在中国,民营企业主要通过亲戚关系、朋友关系、同学关系和老乡关系等与政府及其官员(包括现任或前任的政府官员、人大代表或政协委员等)建立各种各样的联系。中国的民营企业家大部分是由国家产经部门官员和国企的高层管理人员摇身一变而成的,他们熟悉各个环节的情况,掌握着大量包括其亲友、同学、同乡、原同事、原上下级在内的人际关系资源。同时,中国很多民营企业热衷于通过邀请有影响的政治人物到企业任职来建立隐性政治关联,如聘请前任政府官员、人大代表或政协委员担任顾问等(Chen, Li and Su, 2005)。这些政治人物表面上进入民营企业的决策层,实际上是充当民营企业和政府实现政治关联的媒介和通道,从而获得政府的支持和保护。另外,民营企业还有很多其他渠道与方式与政府建立联系,如与政府领导人保持经常的私人联系、捐赠、参与公益事业等。王晓燕(2007)研究发现,绝大部分有实力的民营企业家都能与政府官员保持相当密切的关系。隐性政治关联渠道广泛地扩展了民营企业和政府之间的关系,使政企关系融合在整个社会体系中,成为民营企业重要的资源。在某些情况下,隐性政治关联使民营企业能够更容易接近政府权力中心,从而更快地实现企业目标。然而,由于隐性政治关联不受法律和制度的保护,相关政府官员的卸任意味着通过该隐性政治关联渠道得到的利益将可能消失。

由于隐性政治关联的难以辨别性,容易造成民营企业和政府官员之间的勾结,催生"权钱交易",导致隐性的"利益共同体"和腐败行为(Li and Zhang, 2007)。中国很多民营企业都不同程度地建立了政治关系,政治机构具有提供政治保护和政治资源的功能,从而收取各种名目的"管理费"。因此,在中国转型背景下,隐性政治关联的广泛存在不利于整个社会资本配置效率的提升,也不利于民营企业生存环境的优化。

(二) 政治关联渠道的层次性

由于中国政府机构存在层次性,从中央到地方表现出等级次序和不同的利益划分,从而对民营企业的政治关联产生深刻的影响。中国民营企业的政治关联可以划分为两个层次:高层次政治关联和低层次政治关联①。高层次政治关联是指民营企业与中央和区域的政府及其官员(包括中央党政机构、军方机构、省部级政府、民主党派中央等)建立政治关系,而低层次政治关联是指民营企业与地方性政府及其官员(包括地市级、县级、乡镇级和村级)形成密切的关系。这两种政治关联渠道具有明显的差异性,并对民营企业的生存和发展产生不同的影响效应。

高层次政治关联能够在更大的范围内和更深的层次上为民营企业提供便利和支持,因为高层次的政府机构掌握着更多的资源和商业机会。具有较高层次政治关联(如中央和省级政府等)的民营企业将有可能得到更多的政治保护和特权,如获得进出口许可证、充足的银行贷款和利润丰厚的公共产品合同等。一般大型的民营企业倾向于通过各种途径建立高层次政治关联,以在更广泛的范围内调动资源,促进民营企业的快速发展。

然而,尽管低层次政治关联(如地方政府)对民营企业的保护能力相对较弱,但对民营企业支持的动力比较充足,依然有利于提高民营企业的运营效率和利润水平(Cheung et al., 2008)。这是因为,在中国财政联邦主义制度下,地方政府不存在下级政府分享税收,它们的利益往往与民营企业的利益具有一致性,因此地方政府具有更强的动力来支持民营企业的发展。为了促进地方经济的发展,地方政府具有扶持民营企业的强大动力,从而制定了相对灵活和优惠的政策措施,吸引民营资本到其辖区内投资。特别是在当前对政府官员以 GDP 为核心指标的考核体系和官员晋升制度下,地方政府对发展民营经济的热情和支持力度有增无减。但需要指出的是,由于地方制度环境和法律体系不完善,市场化程度较低,政府权力受到的监督有限,民营企业也往往会受到地方政府及其官员的利益侵害。

从权距的角度看,拥有高层次政治关联民营企业与政府的权距要远大于拥有低层次政治关联民营企业与政府的权距。因此,地方政府与民营企业的紧密程度要大于中央政府与民营企业的联系,民营企业通过与地方政府建立密切的关系可以形成稳定的利益集团。由于民营企业追求政治关联的内在动因是为了寻求利益和政治庇护,民营企业具有强烈的积极性来发展各层次政治关联关系,包括党派、中央政府、地方政府和军方等,以营造有利于自身发展的外部环境。

四、中国民营企业政治关联的模式

民营企业在发展与政府的关系时通常采用不同的手段和模式,有的民营企业采用严重违法的手段,最终导致民营企业行为的败露和经营的失败,而有些民营企业将政治

① 一般而言,民营企业的政治关联可以分为 5 个细分等级,即中央级、省级、地市级、县级和乡镇级。

关联手段控制在一定范围内,甚至游走在法律的边沿,不仅获得了政治庇护和利益,而且取得了经营的成功(见图3)。由于民营企业所处的外部环境和支配的资源禀赋存在很大的差异,因此不同民营企业的政治关联模式也表现出极大的差异性。

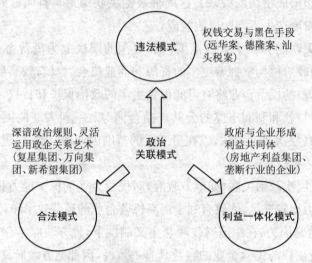

图3　中国民营企业的政治关联模式

(一) 违法的政治关联模式

在中国法律体系不健全的情况下,缺乏对公共权力的有效监督和约束,许多民营企业为了获得政府控制的资源,往往通过违法的手段(甚至黑色手段)来建立政治关系。这些民营企业除了发展与政府部门之间的关系之外,重点培养与关键官员之间的关系,因此通常会涉及行贿等非法手段,进行权钱交易。这种政治关联模式虽然能够使民营企业获得暂时的利益,甚至很大的利益,但当其所依附的政府官员或他们的利益链出现问题时,将会受到法律的制裁,民营企业将会最终丧失其所获得的利益。

大量的案例证明,违法的政治关联模式容易导致民营企业经营的失败。尽管如此,仍然有很多民营企业家通过违法的手段来建立政治关系,主要是因为这些民营企业家存在不会被发现的侥幸心理,并且受到民营企业不良生存环境和不良政府生态的极大影响。

(二) 合法的政治关联模式

然而,也有很多民营企业通过合法的手段与政府部门和官员建立一定程度的政治关系,从而获得政府控制的资源和经济利益。这些民营企业(家)非常熟悉中国经济、社会和政治规则,具有很高的协调各种关系的能力,深谙处理政企关系的艺术,能够在不违法的情况下建立与政府及其官员的密切关系。

中国有众多的民营企业在处理与政府关系方面堪称典范,如复星集团、万向集团、新希望集团等,它们不仅能够建立良好的政治关系,而且获得了持久的成功。复星集团创建于1992年,在公司创始人郭广昌的带领下逐步发展成为中国最大的综合类民营企业,其核心业务横跨医药、房地产、钢铁、矿业、零售、金融服务及战略投资等七大领域。目前,复星已稳居中国企业前50强,旗下产业业绩稳定增长,在行业内也基本进入国内前10强。近几年,复星集团凭借娴熟的资本运作手法,通过并购整合多个行业的国有企业之后迅速崛起,其高层管理者无不具备某种形式的政治关联。万向集团的创始人鲁冠球具有较高的政治影响力,是党的十三大、十四大代表和九届全国人大代表、十届全国人大主席团成员。他们与政府部门建立了良好的关系,甚至企业家本身就直接参与政治活动,提升了民营企业的形象,扩展了民营企业的资源和影响力,推动了民营企业走向成功。

民营企业(家)通过合法的方式建立政治关系对民营企业的发展具有十分重要的作用。第一,企业家一方面可以以个人代表的身份参政、议政,与政府保持良好的沟通,并向政府反映和表达他们的想法。第二,民营企业家可以通过相应的行业协会和企业家协会,比如民间商会、工商业联合会等,集体向政府反映他们的诉求。第三,民营企业家可以在各级人代会、政协会议等正式场合与各级政府官员保持接触,建立和维持良好的关系。可见,民营企业家通过政治身份与政府保持良好的关系减少了来自于地方政府方面的利益侵害,并获得企业发展所需要的外部环境和各种资源。

(三) 政企利益一体化模式

政企利益一体化模式是民营企业与政府为了共同的利益,形成稳定的利益集团。在某些行业,地方政府与民营企业往往结成利益共同体,从而形成紧密的政治关系。这种政企关系的基础是政府控制和政府利益,即政府通过控制产业发展和资源可以获得巨大的经济利益和政治利益,而民营企业为了追逐经济利益和获得政府控制的资源,就会积极地发展与政府及其官员的关系。

政企利益一体化模式在中国房地产界表现得最为突出。在中国房地产这个令人眼热心跳的巨大游戏中,地方政府无疑是头号受益者。在许多地方,土地出让收入已经占到地方财政收入的一半以上。地方政府在土地上的财政收益不仅表现在巨大的土地收益上,也同样表现在房地产的交易过程中。由于地方政府与开发商形成利益共同体,一些房地产开发商汲汲于囤积居奇、捂盘惜售、违规认购、哄抬房价等,进一步造成房价畸高。在中国房地产的长期牛市中,地产商与地方政府一直坐在同一条船上,形成了一种"一荣俱荣,一损俱损"的伙伴关系。政府与地产商的合作基础是房地产商对当地财政收入及GDP的贡献,这一直是房地产商与政府博弈时的一张强有力的"底牌"。

在中国经济转型过程中,造成了社会利益与权利的再分配与再调整,即"利益重组",随着资产规模增加开始出现以利益为依归的聚集群。从计划经济到市场经济,中国社会也从单一性的同质社会向多样性的异质社会转型。转型过程中一个令人瞩目的现象是:整个社会利益结构发生了分化与重组,原有的社会利益格局被打破,新的利益群体和利益阶层逐步形成,分化组合成特定的"利益集团",并不同程度地对地方政府决策施加影响。从长远角度讲,应对社会利益集团,政府还要从利益集团的政治性影响和政府行政能力的提高方面着眼:一方面要建立制度化、规范化、程序化、公开、透明、公正的利益表达机制和决策参与机制,将利益集团行为纳入制度化轨道;另一方面要实现利益调控制度化、制度建设民主化、民主制度程序化、民主程序法制化,同时要提高政府在利益集团中的自主性,防止软政权化。

五、结　　论

政治行为和政治策略对企业的竞争优势和生存发展有着非常重要的影响,而对民营企业发展的影响又有着更特别的意义。由于过去长期的政治和意识形态上的歧视等原因,民营企业的生存和发展在很大程度上受到政治因素及其与当地政府关系的影响。中国市场与西方市场最大的不同是,中国市场是由政府主导的,所以中国企业的行为是面向政府的,而不是面向市场的(张维迎,2001)。在这些背景下,本文主要研究了民营企业建立政治关联的内在机理、渠道,以及政治关联模式的差异性。本文研究的主要结论是:(1)在中国转型背景下,政治关联能够为民营企业带来一定的利益和规避风险等积极的作用,同时也能够增加民营企业的成本,政治关联的收益和成本处于动态的演化过程中。(2)民营企业热衷于建立政治关系的原因在于政府对众多资源的垄断性,民营企业通过政治关联可能获得有用的信息、攫取稀缺的资源、争取风险小获利大的生产项目,从而在愈来愈激烈的竞争中立于不败之地。(3)民营企业的政治关联渠道可以分为显性渠道和隐性渠道,并且表现出高低不同的层次,不同属性和层次的政治关联渠道往往交织在一起,形成错综复杂的政治关联网络。(4)中国民营企业政治关联的模式包括违法模式、合法模式和政企利益一体化模式,明智的民营企业经营者应该避免违法的模式,而要充分借助合法模式和政企利益一体化模式来取得企业经营的成功。本文的研究有利于理性地认识民营企业的政治关联问题、成长途径及行为特征,促进学术界对民营企业政治关联的深入探讨,而且有助于民营企业更深刻地了解中国的政治环境和市场环境,并制定更有效的政治战略,以促进企业绩效和竞争能力的提升。

参考文献

Berkman, H., Cole, R. A., Fu, L. J., 2009, "Expropriation through loan guarantees to related parties: Evidence from China", Journal of Banking & Finance 33, 141—156.

Boubakri, N., Cosset, J., and Saffar, W., 2008, "Political Connections of Newly Privatized Firms", Journal of Corporate Finance 14, 654—673.

Claessens, S., Feijen, E. and Laeven, L., 2008, "Political Connections and Preferential Access to Finance: the Role of Campaign Contributions", Journal of Financial Economics 88, 554—580.

Li, H. and Zhang, Y., 2007, "The Role of Managers' Political Networking and Functional Experience in New Venture Performance: Evidence from China's Transition Economy", Strategic Management Journal 28, 791—804.

Li, H., Meng, L., Wang, Q., and Zhou, L., 2008, "Political Connections, Financing and Firm Performance: Evidence from Chinese Private Firms", Journal of Development Economics 87, 283—299.

Li, M., Xia, L., Yu, V. and Zhang, Y., 2008, "Ownership Types, CEO and Chairman Political Connections and Long-Run Post-IPO Performance: Evidence from China", SSRN Working paper.

陈钊、陆铭、何俊志:《权势与企业家参政议政》,《世界经济》2008 年第 6 期。

罗党论、唐清泉:《中国民营上市公司制度环境与绩效问题研究》,《经济研究》2009 年第 2 期。

罗党论、唐清泉:《政治关系、社会资本与政策资源获取:来自中国民营上市公司的经验证据》,《世界经济》2009 年第 7 期。

潘越、戴亦以、吴超鹏、刘建亮:《社会资本、政治关系与公司投资决策》,《经济研究》2009 年第 11 期。

王文剑、覃成林:《地方政府行为与财政分权增长效应的地区性差异》,《管理世界》2008 年第 1 期。

巫景飞等:《高层管理者政治网络与企业多元化战略:社会资本视角》,《管理世界》2008 年第 8 期。

吴文锋等:《中国民营上市公司高管的政府背景与公司价值》,《经济研究》2008 年第 7 期。

周黎安:《晋升博弈中政府官员的激励与合作》,《经济研究》2004 年第 6 期。

（第一作者为上海财经大学副教授，
第二作者为上海社会科学院助理研究员）

我国城乡社会保障差异与居民消费差距的实证分析[*]

An Empirical Study on the Relationship between Urban-Rural Social
Security and Consumption Disparity in China

纪江明

[内容提要]　本文在建立协整分析模型的基础上,对城乡居民人均消费支出差距与城乡居民人均社会保障差距(1995—2008 年)进行了协整检验、Granger 因果关系分析。结果表明,把城乡居民人均可支配收入差距(GINI 系数)作为控制变量的情况下,我国城乡社会保障不但没有缩小城乡居民消费差距,反而加剧了城乡居民消费差距。而且,城乡居民人均消费支出差距与城乡居民人均社会保障差距之间存在着单向的因果关系,即我国城乡居民人均社会保障差距是导致城乡居民人均消费支出差距的格兰杰因果原因。

改革开放以来,随着经济社会体制改革的不断深化、社会主义市场经济体制的建立和完善,构筑在城乡分割基础上的二元经济结构导致城乡居民的社会差距不断扩大,已经影响到经济社会的协调发展(王国华,2003)。作为城乡居民收入差距的最终反映,城乡居民生活消费水平的分化已引起广泛关注。很多学者(郑永奎,2002;何建华,2004)从收入差距、公共服务等不同角度对城乡居民消费差距的现状、形成原因和不良影响等进行了广泛和深入的研究。本文将首先对城乡居民社会保障差异与消费差距的关系进行实证研究。

一、问题的提出

改革开放以来,中国城乡经济社会发展水平得到大力发展,居民收入都有大幅度增长,但城乡经济社会发展差距也在不断扩大。孙立平(2003)的"断裂论"认为,20 世纪

---

[*]　本研究受国家自然科学基金(批号:70832001)资助。

90 年代以来中国社会已经发生了一些非常重要的、根本性的变化,这些变化是在"资源重新聚集"的基础上形成的,是政治、经济和技术精英结盟的结果,它导致了政治、经济和权力的高度集中以及大量社会成员的边缘化;在我国从生活必需品时代向耐用品时代转变之际,社会的不同部门之间出现了结构的断裂,这种断裂表现为地区断裂、城乡断裂、城市不同部分之间的断裂。

就中国城乡二元社会结构来说,上述变化反映在生活方式上,就是城乡居民之间的消费分化。从现实情况来看,1978 年至 2007 年间,中国城镇居民人均实际可支配收入增加了 7.5 倍,农村居民人均纯收入增加了 7.3 倍,但 1990 年以来农民收入的增幅明显低于城镇居民,二者之间绝对额的差距逐年扩大。2007 年城乡居民人均收入比达到 5∶1,绝对额相差达到 9 646 元,比 1990 年城乡居民收入绝对额差距增加了近 12 倍。2008 年,我国城乡居民初次收入分配的基尼系数已经达到 0.45 左右(李实,2008),超过了安全警戒线。

可见,中国城乡居民之间存在明显的收入分化,而收入的分化在很大程度上是通过消费的分化体现出来的,消费分化比收入分化更能体现城乡居民的社会差别,更能体现当前社会的结构变化。据《农村经济绿皮书》(2009)报告,目前中国农村居民生活消费水平只相当于 20 世纪 90 年代初城市居民的消费水平,落后城镇居民至少十年,并且城乡居民生活消费水平差距一直处于扩大状态。2008 年,城镇居民人均生活消费支出为 11 243 元,而农村居民该项支出只有 3 661 元。据统计,城乡居民名义消费支出比从 1978 年的 2.11∶1 扩大到了 2008 年的 3.07∶1,城乡居民实际消费支出比从 1978 年的 2.11∶1 扩大到了 2008 年的 2.87∶1(见图 1),城乡居民消费水平比值处于不断扩大的阶段。

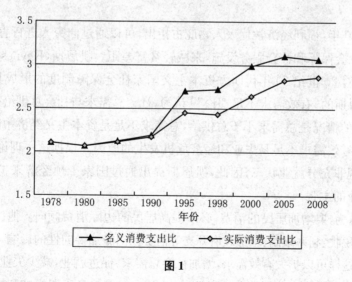

图 1

数据来源:历年《国家统计年鉴》。

恩格尔系数是国际上通行的反映城乡居民生活水平差距的重要指标。从 1989 年开始,城乡居民的恩格尔系数都在降低,表明我国城乡居民的生活水平在逐步提高。但是,通过城乡居民恩格尔系数的对比可以发现,城乡居民消费差距呈现出不断扩大的趋势,如 1989 年城乡居民恩格尔系数差为 0.3%,1979 年为 4.5%,2003 年为 8.5%,2004年为 9.5%。2008 年城镇居民恩格尔系数为 37.9%,而农村为 47.7%,农村比城市要高出近 10 个百分点。

城乡居民在消费差距上的问题,宏观上表现为城乡居民贫富分化严重、社会差距拉大,导致人们利益冲突与社会矛盾不断加剧,成为关乎国家经济社会发展的重要问题。

这一城乡有别的二元分治结构,反映在公共服务资源分配方面,就是城乡居民在享受教育、医疗、卫生及社会保障体制等方面的悬殊差异。从目前社会保障体系覆盖结构上看,迄今为止,我国农村仍未能建立一套像城市那样的社会保障体系,城市的社会保障覆盖率是 88% 以上,农村覆盖率只有 3.3%,城乡社会保障率的比例为 22∶1,城乡人均社会保障费的比例为 24∶1。我国的失业救济制度仍限于城市居民,将农民排除在外。2003 年城镇居民最低生活保障人数每万人中有 2 247 人,农村居民最低生活保障人数每万人中只有 367 人。在扶贫救助方面,据民政部统计,2008 年,城市低保已基本实现应保尽保,保障面占城镇人口的 5.4% 左右,而农村低保在一些地区还没有做到应保尽保,保障面占农村人口的 4.4%。农村养老依然是以家庭养老、土地保障为主,并辅之五保制度及社会救济。

二、文献回顾与述评

早在 1920 年,福利经济学代表人物庇古指出,可以通过向穷人进行直接转移收入,如举办一些社会保障和社会服务设施,来减轻贫富差距。凯恩斯(Keynes,1936)的"国家干预理论"对 20 世纪 30 年代西方资本主义国家社会保障制度的形成具有重要的促进作用。凯恩斯的"有效需求不足理论"[①]认为,社会总需求与社会总供给往往是不相等的,经常出现的情况是总需求小于总供给,总需求不足是资本主义经济中时常出现的现象。他认为,有效需求不足是失业和经济危机发生的原因。根据这一理论,经济运行中自然就会出现非充分就业状态,因此,凯恩斯提出通过国家干预经济来扩大有效需求、实现充分就业的主张。

凯恩斯认为,要增加居民的消费,必须提高居民的边际消费倾向。他认为,通过国家干预经济,以税收、利率限制、增加政府开支等消费倾向施加导向性的影响,刺激平均消费倾向的提高,这样可以扩大有效需求,增加社会总需求,促进就业,减少失业率。他还主张通过国家立法、财政赤字政策等非市场调节方式,大幅度提高工资标准和扩大社会福利,

---

① 凯恩斯:《就业、利息和货币通论》,商务印书馆 1977 年版。

增加职工收入，这样就可以抑制经济危机。凯恩斯的"有效需求不足理论"和"国家干预理论"成为罗斯福政府公共福利制度形成和社会保障制度建立的重要理论基础，也成为二战后许多国家和地区建立社会保障制度、拉动国内消费、促进经济发展的理论基础。

二次大战结束以后，社会保障制度在西方得到迅速发展。其中，北欧多数国家以"福利国家"著称，为国民提供了"从摇篮到坟墓"的福利计划。福利政策的推行极大地刺激了这些国家消费需求的增长，对经济发展起到了重要的促进作用。西方国家的经验表明，在市场机制下，一个国家在实现工业化、城市化、现代化的过程中，国家不可能仅仅承担"守夜人"的责任，还必须在一定程度上承担公民的福利职责，这就是公共福利。即使像美国这样重视个人自由、个人责任的国家，在工业化、城市化的过程中，州和联邦政府也不得不增加公共福利支出。1965 年，美国的国防支出占联邦政府预算的43%，社会福利支出（社会保险、健康和公共救助等）占 24%；而到了 1975 年，国防支出只占联邦预算的 26%，而社会福利支出占到了预算的 42%（戴安娜，2007）。

贝利（Bailey，1971）提出，政府部分加大公共物品和公共服务支出，能促进私人消费。菲尔德斯坦（Martin Feldstein，1974）在《社会保障、引致退休、总资本积累》一文中，提出养老社会保障对居民储蓄的两种效应，即替代效应（Substitution Effect）和引致退休效应（Induced Retirement Effect），并运用扩展的生命周期假说模型，选取 1929—1971 年美国的总量数据，考察了美国养老社会保障与居民消费之间的关系，实证结果表明，没有社会保障体系与存在社会保障的情况相比，居民储蓄将增加 50%—100%。财富替代效应相对于退休效应和遗赠效应来说居于主导地位（Rosen，1995）。芒内尔（Munnell，1970）和丹齐格、哈夫曼和普洛特尼科（Danzig，Haveman&Plotnick，1981）的研究支持了费尔德斯坦的结论，但认为社会保障对消费的正效应并没有费尔德斯坦估计的那么大。达杰克（Djajic，1987）和井堀利宏（Ihori，1990）分别通过实证研究，分析了政府支出的临时性增加和持久性增加对促进私人消费的不同影响。哈伯德（Hubbard，1995）的研究也表明，社会保障制度的引入降低了居民的不确定性预期，增加了居民的消费。

我国学者对社会保障的地区差异或居民消费差距进行了研究。林治芬（2002）就全国各地区社会保障支出占 GDP 的比重、财政社会保障补助支出占财政支出的比重、财政全部社会保障支出占财政支出的比重、养老社会保险基金收支比例及缺口、替代率、抚养比率等指标，分析了中国社会保障的地区差异，但该研究的统计指标都比较简单；刘志英（2006）对社会保障与贫富差距关系进行了系统研究；刘树成（1994）、魏后凯（1996）等人应用基尼系数、泰尔系数、变异系数和 Atkinsno 指数法，测算省际之间的经济社会发展、社会福利差距；桂勇等人（1999）使用 SPSS 统计软件对上海市 550 名大学生进行了问卷调查，结果显示独生子女与非独生子女在消费水平、消费能力、消费态度等方面存在显著差异；林毅夫（1998）、周国富（2001）等人使用国家统计局有关城市、农村居民家庭收入、消费调查的数据，测算城市与农村、城市与城市以及农村与农村之间的收入差距、消费差距，但是他们均未将城乡社会保障差异与居民消费差距联系起来进行研究。

三、研 究 设 计

(一) 命题(假设)

根据以上分析,提出如下命题:长期以来,城乡二元分治结构导致城乡居民收入差距迅速拉大,收入差距的拉大导致了消费的迅速分化。而再分配制度本应起到调节收入、缩小差距的作用,但是作为再分配制度的重要组成部分,社会保障制度不但缩小城乡收入差距,反而继续拉大了城乡之间的收入差距(贫富差距),使城乡之间居民消费分化趋势越来越严重。

(二) 变量及其定义(主要变量的统计性描述见表1)

城乡居民人均消费支出差距(因变量 Y)。城镇(农村)居民人均消费性支出是指城镇中平均每一位居民在一个年度内用于消费性事务方面花费的金钱,包括商品性消费支出、服务性消费支出、教育费用支出、文化娱乐费用支出等诸多方面。本文用泰尔指数来衡量城乡居民人均消费支出差距(计算过程略)。

表 1　主要变量的统计性描述

变　量	平均值	标准差	最小值	中位数	最大值	样本数
因变量 Y	0.140 8	0.022 7	0.182 4	0.147 7	0.103 2	14
自变量 X	0.344 4	0.049 2	0.256 2	0.354 6	0.428 9	14
控制变量 I	0.420 9	0.034 9	0.359 8	0.437 5	0.466 0	14

城乡居民人均社会保障差距(自变量 X),是指社会成员享受社会保障待遇的高低程度,一般用人均转移性收入数据来衡量(刘志英,2006)。本文用泰尔指数来衡量城乡居民人均社会保障差距(计算过程略)。

城乡居民人均可支配收入差距(控制变量 I),本文用 GINI 系数来衡量城乡居民人均可支配收入差距。

(三) 数据来源

中国城镇居民人均消费支出数据、农村居民人均消费支出数据,以及城镇居民人均转移性收入数据、农村居民人均转移性收入数据,城乡居民人均可支配收入 GINI 系数,均来自《国家统计年鉴》(1996—2009 年度),均以 1995 年的价格指数为 100。

(四) 城乡居民人均消费支出差距(人均社会保障差距)计算方法

Theil Index(Theil, H, 1967)原先是西方经济学中用来衡量收入分布公平性的一种方法,主要通过考察人口和其相应的收入是否匹配来判断资源分布的公平性。20 世纪 80 年代以来,很多学者(Cowell, F. A, 1980; Shorrocks, A. F, 1980; Andrés Rodríguez—Pose and Vassilis Tselios, 2007)将 Theil 指数用于衡量地区经济差距、卫生资源、教育资源配置公平性等方面的研究上,这些为本研究运用 Theil 指数测算城乡居民人均消费支出差距(人均社会保障差距)提供了充分依据。

Theil 指数计算方法:

当只考虑有两个组:富裕组和贫困组的时候,TI 的具体计算公式如下:

$$T = w_{rich}[\log(w_{rich}/n_{rich})] + w_{poor}[\log(w_{poor}/n_{poor})]$$

T=Theil index;

W_{rich}=富裕组所占的收入比例;

n_{rich}=富裕组所占的人口比例;

W_{poor}=贫困组所占的收入比例;

n_{poor}=贫困组所占的人口比例。

从 TI 的公式中,也可以看出,当各组所占的收入比例和人口比例相同时,T 的值为 0,表示绝对公平状况。当组中所占收入比例大于其人口比例时,w/n 的值大于 1,取对数后变为正数,则表明这组人群对 TI 的贡献表现为正值;而当组中所占收入比例小于人口比例时,w/n 的值小于 1,取对数后变负数,表明这组人群对 TI 的贡献表现为负值。TI 的最终大小,取决于这两组人群一正一负的综合结果。由于取对数后还乘了该人群所占收入的比例,因此,最终 TI 的值,总是大于 0 的。

(五) 构建协整分析模型

为了验证本研究提出的命题(假设),现构建协整分析模型验证 X、Y 之间是否存在长期均衡关系,以及是否存在因果关系。

设 Y、X、I 的函数关系为:$Y = \beta_0 + \beta_1 X + \beta_2 I + U_t$ (1)

式中,Y 为城乡居民人均消费支出差距,X 为城乡居民人均社会保障差距,I 为城乡居民人均收入差距(GINI 系数),β_0 为常数项,β_1、β_2 为回归系数;u_t 是均衡误差,且 $u_t \sim iid(0, \sigma^2)$。

如果 Y、X、I 都是同阶单整的,且三者之间的线性组合 $U_t = Y - \beta_0 - \beta_1 X - \beta_2 I$ 是平稳时间序列,则模型(1)反映 Y 与 X、I 的长期均衡关系。

对 Y 与 X、I 的关系进行协整分析至少有两方面的重要意义:一是避免伪回归。城乡居民消费、转移性收入和可支配收入的时间序列通常是非平稳的,如果在样本期内三者不存在协整关系,则这一组变量构造的回归模型就是伪回归模型。因此,对变量之间的关系进行协整分析是正确建立经济计量模型的先决条件。二是提供可靠的政策依据。协整反映的是一种长期均衡关系,如果 Y 扩大是由 X、I 扩大引起的,仅在短期内对农村居民进行社会保障补贴方面的作用就十分有限。

四、实 证 分 析

(一) 变量的单位根检验

本文采用 ADF 检验(Augmentec Dickey Fuller test)方法对 X、Y、I 变量进行平稳性(Sationary)检验。检验结果如表 2 所示,结果分析可知 X、Y、I 均是一阶单整序列。

表 2 单位根检验结果

变 量	(C, t, q)	ADF 检验值	1%临界值	5%临界值	平稳性
Y	$(C, t, 2)$	−0.946 314	−4.057 910	−3.119 910	不平稳
ΔY	$(C, t, 2)$	−4.573 805	−4.021 990	−3.014 920	平稳
X	$(C, t, 2)$	−0.135 057	−4.057 910	−3.119 910	不平稳
ΔX	$(C, t, 2)$	−3.031 764	−4.021 990	−3.014 920	平稳
I	$(C, t, 2)$	−0.605 110	−4.057 910	−3.119 910	不平稳
ΔI	$(C, t, 2)$	−3.923 951	−4.121 990	−3.144 920	平稳

注:(C, t, q) 表示(常数项、趋势项、滞后期)的取值。

(二) 变量的协整检验

在上节单位根检验的基础上,对变量 Y 与 X、I 进行协整分析,运用 Johansen 协整检验法对 X、Y、I 关系进行检验,检验结果如表 3 所示。由结果可知,在 5% 的置信水平上,我国城乡居民人均消费支出差距与城乡居民人均社会保障差距、城乡居民可支配收入差距(GINI 系数)人均之间存在协整关系。

表 3 Johansen 极大似然检验结果

协整关系个数	特征值	迹统计量	5%临界值	伴随概率
无[***]	0.988 311	56.250 21	15.494 71	0.000 0
最多 1	0.485 483	7.309 793	3.841 466	0.069 2

注:*** 表示 0.01 的水平下显著。

(三) 估计误差修正模型

在确认了 Y 与 X、I 具有协整关系后,便可以通过误差修正模型来分析三者之间的数量关系。对于三个具有一阶协整关系的变量,Engle 和 Granger(1987)建议使用两阶段回归分析法来解决时间序列的非平稳性。

第一步,估计两变量线性回归方程。由于它们具有协整关系,所以排除了伪回归的可能性。采用 1995 年至 2007 年经验数据对式(1)进行 LS(Least Squares)回归,得到如下估计结果:

$$Y = -0.111\,324 + 0.543\,466X + 0.154\,408I + 0.005\,147$$

$$R^2 = 0.956\,405 \quad F \text{ 值} = 120.662\,7 \tag{2}$$

估计结果显示,在估计方程中 X、I 的系数为正,且在 5% 的显著性水平上显著,这说明当前我国城乡社会保障不但没有缩小城乡居民消费差距,反而加剧了城乡居民消费差距,即从长期看,当城乡社会保障差距每扩大 1 个单位,城乡居民消费差距扩大 0.54 个单位。

第二步,建立误差修正模型。随着各个解释变量变化的短期波动,描述城乡居民人均消费差距与人均社会保障差距之间向长期均衡调整的误差修正模型为:

$$\Delta Y = \beta_0 + \beta_1 \Delta X + \beta_2 \Delta I + \alpha U_{t-1} + U_t \tag{3}$$

根据 HENDRY 一般到特殊的建模方法,本文首先选定 3 阶的滞后变量然后逐步排除一些不显著的变量,得到估计后的误差修正模型,如表 4 和方程(4)。

表 4 误差修正模型的回归结果

解释变量	C	$Y(-2)$	X	$I(-1)$	U_{t-1}
系数	0.104 198	−0.585 575	0.356 869	0.263 958	−0.518 4
T 值	2.296 388	−1.643 550	3.048 464	0.111 460	−0.376 3
P	0.008 3	0.017 5	0.036 2	0.040 8	0.042 1

$$R^2 = 0.984\,384 \quad F \text{ 值} = 101.057\,1$$

$$DY = 0.104\,2 + 0.356\,9DX + 0.264\,0DI(-1) - 0.585\,6DY(-2) - 0.518\,4U_{t-1} + 0.002\,5 \tag{4}$$

从检验结果可以看出,误差修正模型的所有系数在 5% 的显著性水平下都通过了 t 检验,R^2 为 0.984 4 也说明误差修正模型的拟合优度很好。其中,U_{t-1} 是误差修正项,该项系数反映了误差修正模型自身修正偏离均衡误差的作用机制。

(四) Granger 因果关系检验

协整检验显示变量之间存在长期均衡关系,但是否构成因果关系,还需要进一步检验。由于 Granger 因果关系检验对滞后阶数非常敏感,通常可以依次多滞后几阶,看结果是否具有同一性。

表5　Y 与 X、I 之间的因果检验结果

原　假　设	滞后期	F 统计量	P 值	结　　论
X 不是 Y 的 Granger 原因	3	7.778 31	0.038 13**	X 是 Y 的 Granger 原因
Y 不是 X 的 Granger 原因	3	0.927 10	0.504 93	Y 不是 X 的 Granger 原因
I 不是 Y 的 Granger 原因	3	4.095 16	0.043 8**	I 是 Y 的 Granger 原因
Y 不是 I 的 Granger 原因	3	0.267 59	0.846 29	Y 不是 I 的 Granger 原因

注：** 表示 0.05 的水平下显著。

由表5可知,在滞后期分别为3时,在5%的概率下接受了"Y 不是 X 的 Granger 原因"、"Y 不是 I 的 Granger 原因"的原假设,而否定了"X 不是 Y 的 Granger 原因"、"I 不是 Y 的 Granger 原因"的原假设,这说明 Y 与 X、I 之间存在着单向的因果关系,即我国城乡居民人均社会保障差距、城乡居民人均可支配收入差距是导致城乡居民人均消费支出差距的格兰杰因果原因,反之,则不成立。

五、结 论 与 讨 论

本研究表明,在 1995—2008 年间,我国城乡居民人均消费支出差距(泰尔指数)与城乡居民人均社会保障差距(泰尔指数)、城乡居民人均可支配收入差距(GINI 系数)之间存在长期动态均衡稳定关系。解释变量城乡社会保障差距(泰尔指数)、城乡居民人均可支配收入差距(GINI 系数)的回归系数分别为 0.543 5、0.154 4,即从长期看,把城乡居民人均可支配收入差距(GINI 系数)作为控制变量的情况下,当城乡社会保障差距每扩大 1 个单位,城乡居民消费差距扩大 0.543 5 个单位。这说明当前我国城乡社会保障不但没有缩小城乡居民消费差距,反而加剧了城乡居民消费差距。

从短期来看,我国城乡居民人均消费支出差距(泰尔指数)除受城乡社会保障差距(泰尔指数)、城乡居民人均可支配收入差距(GINI 系数)的影响之外,还受到其本身滞后 2 期值的影响。误差修正项系数在 5% 的显著性水平下通过了检验,充分表明我国城乡居民人均社会保障差距(泰尔指数)和城乡人均社会保障差距(泰尔指数)、城乡居民人均可支配收入差距(GINI 系数)的长期均衡关系对当期非均衡误差调整的自身修正能力较强。

　　上述表明,建立在城乡分治的行政建制基础上、由一系列靠政府强制性的制度维系的二元社会保障制度,不仅没起到缩小城乡收入差距的作用,反而是一种逆向调节,进一步拉大了城乡居民收入差距,使我国城市居民和农村居民日益分化为两个根本不同的收入群体和消费群体。可见,转型期城乡居民收入差距的拉人导致了城乡居民消费的迅速分化,而再分配制度(含公共服务)本应起到调节收入、缩小差距的作用,但是作为再分配制度的重要组成部分,社会保障制度不但没有起到调节收入、缩小差距的作用,反而继续拉大了城乡之间的贫富差距,使城乡之间居民消费分化趋势越来越严重。

参考文献

王国华,李克强:《农村公共产品供给与农民收入问题研究》,《财政研究》2003 年第 1 期。

郑永奎:《消费正义与人的存在和发展》,《东北师大学报(哲社版)》2002 年第 4 期。

何建华:《经济正义论》,上海人民出版社 2004 年版,第 383—394 页。

孙立平:《断裂:20 世纪 90 年代以来的中国社会》,社会科学文献出版社 2003 年版。

戴安娜·M. 迪尼托:《社会福利:政治与公共政策》,中国人民大学出版社 2007 年版。

Bailey, Martin J: *National Income and the Price Level*, New York: McGraw-Hill, 1962.

Martin Feldstein: "Social Security, Induced Retirement and Aggregate Capital Accumulation", *Journal of Political Economy*, 1974, 82(5):905—926.

R. Glenn Hubbard and Jonathan Skinner: "Precautionary saving and social insurance", *Journal of Political Economy*, 1995(2):360.

Djajic, Slobodan: "Government Spending and the Optimal Rates of Consumption and Capital accumulation", *The Canadian Journal of Economics*, 1987(8):544—554.

Ihori, Toshihiro: "Government Spending and Private Consumption", *The Canadian Journal of Economics*, 1990(2):60—69.

林治芬:《中国社会保障的地区差异及其转移支付》,《财经研究》2005 年第 2 期。

刘志英:《社会保障与贫富差距研究》,中国劳动社会保障出版社 2006 年版。

刘树成等:《中国地区经济发展研究》,中国统计出版社 1994 年版。

魏后凯:《中国地区间居民收入差异及其分解》,《经济研究》1996 年第 11 期。

桂勇,朱永安:《经济消费的差异——对当代独生子女大学生的一次调查》,《社会》1999 年第 2 期。

林毅夫等:《中国转型时期的地区差距分析》,《经济研究》1998 年第 6 期。

Theil, H: *Economics and Information Theory*, Chicago: Rand McNally and Company, 1967.

Andrés Rodríguez—Pose and Vassilis Tselios: *Education and Income Inequality in the Regions of the European Union. SERC DISCUSSION PAPER 11*, 2008(11).

(作者为复旦大学社会发展与公共政策学院博士生)

小村大事:皖南×村山林纠纷[*]
——以实践逻辑角度进行分析

Village Events: Mountain Forest Disputes of × Village in South Anhui Province
—By the Point of View of Practical Logic

杨丽丽

[内容提要] 本文以实践逻辑的研究方式来阐释"×村山林纠纷"的全过程,以"上访—抗争—山林搁置"作为一种分析实践的逻辑。试图理解事件中,行动者的行为动机及其行为背后所蕴含的价值取向。走出"国家—社会"二分方法,探讨"山林纠纷"实践过程中的问题,借此来透视中国底层社会中关于"利益如何分配"问题,折射出现代社会底层农民的生存策略及实践逻辑。

一、问题的提出

近些年,中国基层组织建设之所以成为学术界、政府关注的主要问题,很大程度上是因为中国农民颇具"中国特色"的"上访",让政府、村干部、农民三方都深感疲惫,各种各样的冲突和纠纷在这片热土上时时刻刻的上演着。从关注底层的视角来看,城市化进程中的社会问题的焦点依然集中在农民身上。"林地纠纷"也越来越成为×村不可摸的"老虎屁股",×村曾因为"山林纠纷"而上访所产生的影响后果而受到上至中央,下至地方各级政府的关注。饱受越级上访压力下的地方政府、垂涎于村里集体资产的村干部、心里面各自打着"如意算盘"的村民之间的纠纷错综复杂的交织在一起,让这个远离城市的小村变得不再平静。

"山林纠纷"何以让远离城市的纯朴村民层层上访?这中间"无奈的"地方政府做着怎样的"夹塞者"?普通的村民又是如何推动着事件的发展?"山林到底应该怎么分?"这一问题是如何被农民在实践中构建出来的?村民又是如何利用《村民委员会组织法》中的"权利"和村干部进行博弈争权?在经过与承包方"斗争—妥协—达成协议"后,村民拿到了林木的所有权,可以正常进行经营,获得收益,可是为什么山林又被重新封山

* 本研究受到中国城乡发展研究中心资助。笔者感谢熊万胜副教授对本次调研的支持。文中所使用的调研资料来自于笔者和冷文娟同学在 L 镇的调研。

了,现在连做饭烧火的柴火都没有? 本文以实践逻辑的角度,采用人类学深描的方式,对以上问题进行了回答。

二、研究方法及文献综述

(一) 研究方法

本文主要采用了田野调查法,调研期间我们通过镇领导的分配,住在了村里面的农户 Y 家里,在与村民看似平常的聊天、拉家常的过程中我们掌握了很多的访谈资料。村民们的记忆,帮助我们构建出了一个比较清晰的脉络。为了保持研究的"价值的中立",除了村里面的村民外,我们访谈的对象还包括依然生活在村里面的历届村干部、L 镇的政府领导,在对这三方的访谈时,都试图保持一种中立的态度,通过不同的话语体系,对整个事件进行客观的分析。

当然,本次调研,仅仅有一周的时间,笔者缺乏对当地村民生活进行长时间细致的观察,而文章呈现出来的,仅仅是笔者所努力构建出来的看似符合逻辑的"故事",并在此基础上进行"是什么"的阐释。

(二) 文献综述

国外相关研究:"实践"从自希腊时候就受到关注,苏格拉底说"只要一息尚存,我永不停止哲学的实践";而亚里士多德则把"实践"界定为"以自身为目的的合乎道德的行为";康德的"实践理性"则是与"自由"相联系;到了费尔巴哈时期把"实践"与生活相联系;马克思把"实践"提升为哲学的根本原则;萨特所强调的是实践是"个人的实践"而非"社会的实践";布迪厄视域下的"实践"则是指"人类一般的日常生活活动",实践理论就是关注行动者的实践过程,关注实践中未经表达和阐明的逻辑。斯科特通过"实践"的角度考察了东南亚国家与农民的关系,从农民的角度来理解农民以自己的方式来对抗统治秩序,并提出了"弱者的武器"、"公开性文本"、"隐藏性文本"等概念(斯科特,2007)。

国内相关研究:孙立平运用"过程—事件分析"的研究方法,将国家与农民的关系看作是动态的实践过程(孙立平,2000)。[①]近年来,"过程—事件"的研究方式受到批评,认为该方法缺乏对问题深层次的思考(谈卫军,2008)。折晓叶(2008)通过对中国发达地区村庄的研究,提出了"韧武器"的概念。张佩国(2007)针对山东鲁西南地区"乡村房产

---

① 孙立平:《"过程—事件分析"与当代中国国家—农民关系的实践》,《清华社会学评论》(第一辑),2000 年 6 月。

中的纠纷的实践逻辑"从法律社会学的视角进行了分析。而以苏力(1997)为核心的一批法律工作者,针对中国农村基层司法实践中存在的一些问题进行了调研,开辟了法律社会学研究的新路径,尤其是以其学生赵晓力为代表的"关系/事件"分析方法具有一定的创新性①。申静、王汉生(2005)则通过对四川中部的村庄的实地研究,指出产权关系是个体行为者与其所处的社会环境不断互动的过程,其权利结构关系表现为一个动态的均衡过程。②应星(2001,2002)则运用讲故事的方式,叙述了弱者通过"问题化"的方式集体上访和不断"闹事",来展现了农民与国家的行动策略与边界。③于建嵘(2004)则认为1998年后农民的抗争已进入了"有组织抗争"或"以法抗争"阶段。④翁定军(2005)则提出了"沉默的抗争"概念。

三、×村相关背景

(一) ×村概况

　　×村是一自然村,属行政村 XFC 村管辖。XFC 村辖 9 个自然村,编入 7 个村民组。总人口 2 220 人,总计 640 户。面积 15.49 km²,耕地 1 574 亩,其中水田面积 1 425 亩,旱地 149 亩。山场面积 16 775 亩,集体林场面积 3 017 亩。×村现在主要有 3 个小组,即 9 组、10 组、11 组。

　　由于时间比较久远和文字资料的贫乏,村民们对村里的历史都比较模糊。我们无从得知×村这个自然村落的形成,到底有多少年的历史。据村里老人说,×村原称大吴村。在太平天国时期有两张姓兄弟迁入。兄弟俩习武,为了争取能留在村里生活,与吴姓人相约武斗,闹到官府。县令最终下令允许他们留下,并将村名改为"×村"。后来哥哥在回乡途中被杀害。弟弟则在村中生了四个儿子,从此张家在村中得到了繁衍。太平天国期间由于战乱和瘟疫的发生,村里人死的死,逃的逃,最后村里剩下的"土著"只剩一家姓吴的,现在村里的人大多为"湖北下江南"时期迁入到这里来的,这段迁移史大约有 160 年左右。因此×村是一个典型的"移民村"。⑤

---

①　赵晓力:《关系/事件、行动策略和法律的叙事》,《乡土社会的秩序、公正与权威》,中国政法大学出版社1997 年版,第 525—530 页。

②　申静、王汉生:《集体产权在中国乡村生活中的实践逻辑——社会学视角下的产权建构过程》,《社会学研究》2005 年第 1 期。

③　应星:《集体上访中的"问题化"过程:西南一个水电站的移民的故事》,《清华社会学评论》(第一辑),2000年版,第 80 页。

④　于建嵘:《当前农民维权的一个解释性框架》,《社会学研究》2004 年第 2 期。

⑤　由没有文字资料为证,以上村里面的历史,大多是由村里面的老人访谈时得到的。而这段历史是否真实,还有待考证。但是村民里老人的记忆,大体都是这样一个脉络。

(二) ×村现状

×村是一个有 700 多人的自然村落,曾经是 XFC 村里面比较富裕的村庄。×村人均水出大约有 6 分,旱地有 2—3 分左右,相对于其他村来说是生活条件比较好的村庄。随着城镇化速度的发展,×村的村民更多的选择了外出打工,30—50 岁左右的男子由于自身学历较低,大多选择做建筑工人,村里面有很多瓦匠、泥水匠。之所以选择做建筑工人,是因为是体力活,对文化程度要求低,但收入相对较高,每天有 80—100 元的工资。结婚后的女性大多数是在家务农,同时照顾着孩子。少数女性结婚前有过外出打工的经历,30 岁左右的女性有的会选择去 L 镇上的玻璃厂上班。村里面的人很少有"做生意"的,村里面仅有三间小卖店和一家馒头店,其他的人要么务农,要么给人打工,要么自己种地。很少有动脑筋自己去做点"小生意"的,这和其他村相比是一个比较独特的现象,是什么原因没有让这个村子萌发出"工商"气息呢? 大概是这个村的村民都盯着山林该怎么分这个问题,而无暇去动脑筋思考如何去赚钱。

四、实践逻辑建构的过程

(一) ×村山林产权归属历史脉络逻辑

要想清楚地了解×村的山林纠纷产生的原因及其实践逻辑,首先要有相应的历史脉络作为背景进行了解。

(1) 1981 年"林业三定":1981 年 5 月,根据中共中央、国务院《关于保护森林发展林业若干问题的决定》,实行稳定山林权、划定自留山和确定林业生产责任制,×村开展"林业三定"工作。在落实山林权中,规定了对自留山的归属,分山到了组。现在村民手中依然有《A 省 B 县山林所有权执证》,当时签发的日期是 1982 年 3 月 22 日。当时集体山林改革的特点是以林地经营权由集体向农民手中转移。但是林业上的分林到户并没有像农业那么彻底,有的地方甚至把已经分下去的林地又收了回来。[①] 由于林业改革的速度大于林业生产周期,村民出于对政策的不信任,大量的砍伐森林,因此 1987 年,中共中央,国务院颁布的《关于加强南方集体林区森林资源管理,坚决制止乱砍滥伐的指示》,文件中强调"集体林中凡未分配到户不得分配"正是这一条的规定为以后的×村的林权纠纷埋下了伏笔。

(2) 1995 年"林业二创":1990 年 A 省实施"五八"造林规划,强调"消灭荒山"政策,实现了林业建设的第一次创业,1995 年林业二创期间,×村有人承包村里面的林地,协

---

① 乔方彬、黄季焜、罗泽尔:《林地产权和林业的发展》,《农业经济问题》1998 年第 7 期。

上海市社会科学界第八届学术年会文集(2010年度)政治·法律·社会学科卷

议承包 30 年,当时协议规定:采取二八分成,即承包人拿 8 成,村民拿 2 成,为了维持村民日常生活中的需求,当时承包方同意给予部分林地供应生活,但是事实上,承包方并未按协议办,也没有分给老百姓钱,这正是日后矛盾激化的一个重要原因。当时承包方并没有交全部的承包费,而只是交了四五千元的押金,当然这些押金也仅是象征性的交,主要是怕承包方承包不起。

(3) 2000 年,国家颁布《森林法实施条例》规定:防护林、特种用途林的经营者有获得森林生态效益补偿的权利。2001 年,A 省被列入全国 11 个森林生态效益补助资金试点省之一。当时,×村的上报面积为 1 300 亩,实际面积为 850 亩。国家的公益林补偿标准为每亩 5 元(2010 年 3 月调整为每亩 10 元),因此,×村每年可以得到大约 6 500 元的补偿。公益林补偿金的出现,引发了村民对山林承包经营方的种种不满,因此,村里面有人开始领头闹事,借口当时合同不完善,当时村民代表大会,出席的并没有超过村民总数的三分之二,而只是部分村干部决定的,村民个人都有林产证,因此村民认为合同是无效合同。闹了一年多之后,村里面开始调解,后来打官司,要求把东西退回来。

(二) ×村林权纠纷产生的原因

1. 法律层面:产权边界的模糊性

第一,林地所有权主体的模糊性。虽然《土地管理法》第八章规定:"集体所有的土地依照法律属于村农民集体所有,由村农业合作社等农业集体经济组织或村民委员会经营、管理。已经属于乡镇农民集体经济组织所有的,可以属于乡镇农民集体所有。"然而,对土地所有权究竟属于哪一级集体经济组织,却没有明确规定到底是由谁来行使所有权。第二,林地所有权与使用权之间边界的模糊性。林业生产责任制后,农户得到了林地使用权,使得林地的所有权和使用权相分离。但法律对于所有权和使用权的边界并没有明确规定。第三,制度运作的缺陷。集体林区的林地产权运作暗含的前提是以乡村集体内部利益一致为基础的。然而,林农与集体有可能有着不一样的利益,而且可能相差甚远。这是制度在设计之初就存在的缺陷。

2. 文化层面:宗族关系的弱化,社会整合力量不足

×村历史仅为 160 年左右,是一个典型的"移民村"。在×村中缺乏一个可以把村民聚集起来并把大家的意见统一起来的"宗族权威"。村民对祖先和宗族的"敬畏"和认同相对其他宗族力量发达地区相对较弱。在信仰方面,村里面只有一个"祖师庙",而且大多是妇女们在逢年过节的时候才去烧香。虽然一般都信奉佛教,但是出现一种"信仰但不认同"[①]的局面。×村中无法依靠习惯法中的"乡村精英"的"权威"去协调在现代化进程中出现的种种矛盾和利益冲突。

---

① 李向平:《信仰但不认同——当代中国信仰的社会学诠释》,社会科学出版社 2010 年版,第 14 页。

3. 实践的层面:缺乏沟通与信任

村民对村干部的不信任,导致了现在什么事情都无法沟通。村民们之所以对村干部的如此不信任,是因为村干部们是有过几次"前科"的。在1995年林业二创的时候,村干部在没有经过村民同意,也没有召开村民代表大会的情况下,几个村干部擅自决定把村里面的山承包给了5个人;在2003年村民集体上诉,几个承包方竟通过私人关系,让L镇政府的官员把当初的承包合同给篡改了,这更增加了村民对"政府"的不信任。后来,现任XFC村H主任被拉入承包经营方之一,村民更加不信任"村干部"所做出的种种事情。有些村民认为村里面财务状况不够透明,针对"村里面钱是怎么花的"这个问题的质疑很多。

"村里财务状况一直都不透明。西气东输时在我们村山上为建大铁架子砍树,赔了多少钱? 哪个村民清楚? 他们村干部也没有公开。还有就是,我们这几年新农村建设修路到底花了多少钱? 也没有人清楚! L镇政府补了多少钱? 村干部们也没有公开过。原先村里面有什么好事的时候,村干部从来没有想到过我们,现有村里有事了才找我们,哪里有这么好的事情啊。"(T,×村11组)

另一方,村干部们也是干着急,很想解决村里面被长久搁置的"山林"。

"原先我们村里面的收入来源主要是依靠山林的收入,现在我们的工资都好长时间没有发了,已经欠了好几个月了,山上林场工人的钱也好几个月没有发了。我们现在村里面的财政开支都是向镇里面贷的款。这日子也不好过啊,但是村民就是不愿意开会解决这个问题。"

一直以来,矛盾的双方都不愿意直接的"正面"接触,也没有第三方介入,因此山林问题一直被搁置。

五、"沉默与抗争"——山林搁置

2003年,经过漫长的打官司与不断上访,村民们终于拥有了山林的经营权,按说村民可以很好的进行经营,并获得相应的收益,但是事实并非如此,虽然解决了村民与承包方之间的矛盾,但村民内部对如何分配山林问题却产生了不一样的观点。因此,村民们刚收回来山林没有两年,却再一次由于2005年XFC村ZZ村的"老太太堵路事件"作为一个导火索,而把村山里面的山林搁置下来。可能说,在这次纠纷中,地方政府、村干部、村民三方行动者,采用了不同的策略,让这个小村里面的山林纠纷显得异常热闹。

(一) 山林怎么分?

1. "平均主义"的逻辑

基于山林到底怎么分,村里面基本可以达成共识,即在"平均"的原则下进行分配。

因为中国乡村社会历来的行动逻辑便是按"平均主义"原则进行分配。按周晓虹的说法,从社会心态的角度剖析平均主义的内涵可以说是重视"资源有限"。"表面上的平均分配只是平均主义的一个方面,它的另一个方面则表现为非常嫉妒他人发财。因为在一个封闭的圈子里,他人发财常常意味着自己的损失。所谓'一家发财,千家倒灶'。"①

在×村的山林纠纷中,我们可以看出村民对这一原则的运用。不管是上访前山林被承包方经营,还是虽然村民取得山林的经营权,山林却依然搁置。×村里面的村民的逻辑就是:"山林是村里面的,大家都得分点";"既然山林是村里面的,那么不动话大家都不能动。"虽然"封山"即意味着村民本身利益的受损,但是却没有人否认"平均分配"这一基本性的原则。

2. 在"平均主义"逻辑下形成的不同分配准则

虽然村民同意是在"平均"的逻辑下进行分配,但是对"哪部分"人享有分配的权利却产生了分歧。总结起来主要有三种原则进行分配:第一,以 1982 年期间划定的山林时的人口进行分配。第二,以现有人口进行分配。第三,以"打官司"交钱的"人头"为依据进行分配。

在这个过程中,我们看到了一个很有意思的事情,就是村民对什么是"社会事实"②的建构过程。×村的村民们会按自己的需求构建符合自己利益的"社会事实"。因此,在社会实践中,我们不仅要重视法律制度,而且还要注重国家法在乡土村落中运用时的"失灵"状况,也就是一个村在没有传统的"宗族"力量的约束下,村民是如何按照习惯法办事的逻辑思维过程。而山林产权的建构是伴随着实践而不断发展的一个动态过程,因而要理解各个时期村民的不同思维逻辑,以及各个时期村民们认定的"社会事实"是什么。申静、王汉生(2008)认为,"最为复杂的实践逻辑仍然是集体产权在成员内部的分配,行动者策略性的主观建构也体现得最为明显⋯⋯集体产权在成员内得以实现的复杂性就在于,行动者对这一基本准则并不是被动的遵从,相反,他们会从自身的理性计算出发,在认同成员权原则的基础上,巧妙地引入其他原则,从而在集体内的权利分配中取得最大限度的利益。"

(二) L 镇政府——"谁也不能乱动山林!"

在"稳定压倒一切"的政治社会中,地方政府已无法容忍一个小村庄频频出现上访事件,因为×村上访的"道路"已从基层政府"上诉"到国家信访局、最高人民法院、最高人民检查院,而×村的每次"上访"都会被记录在案,这会给 A 省的地方官员的升迁之路,埋下了种种不良印记。于是,省政府到市政府再到 L 镇开始逐级向下施压,要求村干部要本着"稳定"的原则,不可以"轻举妄动"。村民们通过不断的上访的策

---

① 周晓虹:《传统与变迁》,生活・读书・新知三联书店 1998 年版,第 70 页。
② E.迪尔凯姆:《社会学方法准则》,商务印书馆 1995 年版,第 34 页。

略,把事件"问题化"(应星,2000),以试图达到引起"上面"的重视,借此来遏制村干部滥用职权的行为。

×村的山林之所以被封,这与当时 XFC 村里面的另一个山林纠纷有着密切联系。ZZ 村与×村一样是一个自然村,同属 XFC 行政村。在 1964 年,由于 ZZ 村田地较少,很多村民吃不饱饭,于是 XFC 村将集体所有的山林借给 ZZ 村、YY 村经营管理,并约定上交收入的 20% 交给 XFC 村。可是直到 1976 年,ZZ 村也没交给过 XFC 村钱。因此,XFC 村就开会讨论把 ZZ 村的山林收了回来。但是大约在 2003 年,随着竹子开始涨价,山林的收益日益增多,还有公益林补贴,ZZ 村村民开始上诉,想要回之前的林地。直至最高人民法院,判决依然是"XFC 村集体所有"。可事情并没有因此结束,ZZ 村村民不服判决,村里面的老太太们开始以自己的方式进行抗争,她们坐在送竹子下山的"必经之路"制止村林场上山砍竹、运竹,村里面的干部对这些老太太没有办法,因此山林只能搁置。

对于村民采取的种种"上访"、"闹事"行为,L 镇政府的官员们也是"不堪其扰"。×村所属市政府专门召开工作组会议讨论这件事情,最后的结果就是"一切以稳定为重",同时安抚村民和村干部,把山林给搁置了。

(三) 村民——"我就不去开会!"

折晓叶在探讨经济发达地区农民面对城市化进程,所采取的维护自己的合法权益的策略时,针对斯科特"弱者的武器"这一概念,提出了"韧武器",即借助"集合力"来获得行动的合法性。因此,我们可以把山林纠纷中,村民手中的一票作为一种"韧武器"。

自 2005 年以来,山林一直被搁置,这就愁坏了村里面的一些干部,因为村里面的绝大部分收入都来自于山林收入,村干部一直想把村民集合起来,以开会进行"民主"讨论的形式,来决定山林如何分配,或是由村里面进行经营,然后分红给村民。但是,每次开会,村民总以种种借口不去开会。村民知道,假如我不参加村民会议,那么通过的决议就是无效的。

因此,每个村民手中都拥有一票作为"韧武器",并试图依赖这一武器,来实现建立符合自己利益的分山林规则。斯科特用"弱者的武器"来解释农民反抗的日常形式,这些日常形式包括:偷懒,装糊涂,开小差,假装顺从,偷盗,装傻卖呆,诽谤,纵火,怠工。×村民不去开村民委员会和任由山林搁置,事实上就是一种"沉默的抗争",用无言的行动诉说着对利益分配的"不满"。斯科特(2007)指出,"隐藏性文本",表现的是"在统治者背后说出的对于权力的批评"这是"千百万人生存智慧的重要部分",这有利于理解底层群体难以捉摸的政治行为和复杂情境中的权力关系。这种"沉默的抗争"是适合弱者的一种利益索求方式,是弱者以消极方式在争取或保护利益[1](翁定军,2005)。

---

① 翁定军:《冲突的策略:以 S 市三峡移民的生活适应为例》,《社会》2005 年第 2 期。

上海市社会科学界第八届学术年会文集(2010年度)政治·法律·社会学科卷

(四) 村干部——"我们要感化你!"

村干部针对村民这种沉默的抗争所采取的策略是试图借"新农村建设"的春风,进一步"感化"村民,进而解决一直搁置的山林。具体的事件就是 2008 年×村里面开始搞新农村建设,一家收 100 元修路,方便村里面的人生活。村干部希望通过新农村建设"感化"村里面的一些年纪比较大的老人,能采取"大多数人同意"的"民主"形式把问题解决了。

现在村干部采取的形式就是通过干"实事"以感化村里面的一些老人,希望可以采取集体经营的方式,把山林纠纷解决掉。村里面的年轻人都能理解这个道理,同意集体经营,但有些老人就是绕不开这个弯,非得把山林分产到户。但是,按哪个标准分又没有办法确定。

我们村自打 2008 年搞新农村建设以后,采取向镇贷款的形式为村民修路,还在后面建了一个小花园,原先村里面的道路特别难走,现在我们基本上都实现了"户户通",每家每户都是水泥路。这样就方便了村民的生活,大家对这个也都挺满意的。我们就打算采取这样的方式,一步步"感化"村里面的人,这样才能解决这场纠纷。因为村里面的干部工资都好长时间没有发了,都是向镇里面贷的款。(XFC 村 H 主任)

(五) 共识与沉默——"那就这样拖着吧!"

村民采取观望的态度。尽管山林的收入每年能有 30 多万元,但是事实上,村里面的收入主要用于村干部的工资支出、村公共基础设施的建设、还有公益事业的支出(例如对五保户、困难户的帮助)。2004 年左右×村修林场向山下运输竹子的山路花了 15 万元左右,这项开支是从村集体收入中支付的。也就是说,即使正常经营山林,山林收入分到老百姓手中的钱也是很少的,这样对普通老百姓的生活影响不大,山林的搁置对村民也就是一件"无关痛痒"的事情。因此,村民脑中有这样一个逻辑:"就这样拖着吧"。

而地方政府基于"稳定"的理念,也不希望村里面搞出什么"事件",本着"不出事就好"的原则也就看着山林被搁置,毕竟"拖着"是政府部门对于无法解决的事情采取的"习惯性策略"。

另一方面,虽然村里面想解决这件事情,但是怎么采取"和平过渡"并且可以让"大多数人同意",村干部头脑中也没有什么好办法,迫于上边的压力,村干部们也只能看着干着急。因为国家法律政策在这方面也没有明确或强制性的规定,他们想要重新开发山林,却没有什么"依据"。

六、结　论

×村山林纠纷的实践过程,基本上是全部呈现出来了。从村民的不断上访,到政府对整个事件的处理,经历了非常复杂的互动过程,在行动者多方博弈的情境下,村民终于拿到了山林的经营权,却因为"分配标准"的不一致性而把山林搁置了。

×村的村民在实践中建构着符合自己利益的生存空间,依靠着"弱位强攻"的策略,挤压国家权力的政治运作空间。用村民手中的神圣一票,作为"韧武器"来争夺符合自己利益的话语权。但是当排挤出国家权力运作的空间后,村民内部对如何分配却又无法达成一致的意见,于是这一"韧武器"又成为阻碍村民获得收益的"烫手山芋"。

政府采取的各种"安抚"的措施,在一定程度上预防了冲突的发生,但是事实上却只是把冲突暂时的缓解,并没有有效的解决矛盾。地方政府的行为逻辑就是要严格地依据各种"法律法规"等规则办事。

而村干部由于原先存在着"前科",所以做什么事情,在村民眼中都是"摆样子",并无法获得村民的信任,而且村民与村干部之间也缺乏沟通与对话的机制。大家碍于"面子"都把事情"憋在心里",双方谁也不说,因此事情就一直搁置。

在×村,村民试图通过诉讼来解决纠纷,在这个过程中展现了国家法与民间法的多元互动,但在特定的地方社会时空,其背后却蕴含了更加丰富的"地方秩序"[①](张佩国,2007)。因此,围绕山林纠纷产生的一系列矛盾与冲突,是在实践过程中不断变化的一个动态过程,要理解行动者各方的逻辑,借此来透视纠纷背后产生的内部逻辑,进而寻求解决纠纷的方法。

参考文献

布迪厄:《实践感》,译林出版社 2003 年版,第 130—143 页。

谈卫军:《"过程—事件分析"之缘起、现状以及前景》,《社会科学论坛》,2008 年第 6 期。

郭于华:《"弱者的武器"与"隐藏的文本"——研究农民反抗的底层视角》,《读书》,2002 年第 7 期。

应星:《大河移民上访的故事:从"讨过说法"到"摆平理顺"》,生活·读书·新知三联书店 2002 年版,第 70—81 页。

詹姆斯·斯科特:《农民的道义经济学》,译林出版社 2001 年版,第 250—262 页。

于建嵘:《农民维权与底层政治》,《南风窗》,2008 年第 5 期。

詹姆斯·斯科特:《弱者的武器》,译林出版社 2007 年版,第 2 页,第 310—350 页。

折晓叶:《合作与非对抗性抵制——弱者的"韧武器"》,《社会学研究》,2008 年第 3 期。

孙立平:《迈向实践的社会学》,《江海学刊》2002 年第 3 期。

---

① 张佩国:《财产关系与乡村法秩序》,学林出版社 2007 年版,第 143 页。

李培林:《巨变:村落的终结——都市里的村庄研究》,《中国社会科学》2002年第1期。

苏力:《送法下乡——中国基层司法制度研究》,中国政法大学出版社2000年版,第230—260页。

张佩国:《财产关系与乡村法秩序》,学林出版社2007年版,第140—148页。

翁定军:《冲突的策略:以S市三峡移民的生活适应为例》,《社会》2005年第2期。

（作者为华东理工大学人文科学研究院在读硕士研究生）

社会资本对新生代农民工就业质量的影响分析

——基于上海市的调查数据

The Effects of Social Capital on Employment Quality of the New Generation
of Migrant Workers—Based on the Survey Data in Shanghai

杨彩云

[内容提要] 在日趋严峻的就业形势下,社会资本对新生代农民工就业质量的影响作用愈发凸显。本文通过统计调查和实地研究相结合的研究方法,利用问卷法、观察法、访谈法、文献法手段获取具体的资料,并在此基础上进行实证分析,以为充实农民工社会资本存量的措施制定提供经验基础和实践指南。

一、前　言

随着城市化进程的加速推进,大规模的农民工群体向城市流动寻找就业机会,以获得更大的发展。然而脱离熟人社会的城市农民工的社会资本存量明显下降已成为一种普遍现象,这在我国社会注重人际关系的传统观念下势必进一步影响其就业质量。现今,新一代农民工正逐渐代替第一代农民工而成为农村流动人口的主力军。与第一代农民工相比,他们具有年纪轻、受教育程度较高、更向往追求城市生活方式等特点。中共十七大报告指出:"要坚持实施积极的就业政策,加强政府引导,完善市场就业机制,扩大就业规模,改善就业结构……规范和协调劳动关系,完善和落实国家对青年农民工的政策,依法维护劳动者权益。[①]"鉴于此,探讨社会资本对新生代农民工就业质量的影响研究具有重大的理论与现实意义。

迄今为止,已有的研究大多只限于社会资本对各群体就业状况的作用,其重点在于研究是否获得就业及获得就业的过程,关注的是就业数量的层面,而对就业质量的深入探究较少。本文通过统计调查和实地研究相结合的研究方法,利用问卷法、访谈法、文

---

① 参见胡锦涛在党的十七大上的报告[EB/OL]. http://news. sina. com. cn/c/2007-10-24/205814157282. shtml.

献法等手段获取具体的资料,运用社会网络分析法,借鉴对个体层次社会资本的测量,具体分析新生代农民工社会资本对就业质量的影响。

二、研 究 设 计

(一) 核心概念界定及操作化

新生代农民工是那些出生于 1980 年以后、年龄在 16～30 周岁之间(算至 2010年)、1990 年前后接受基本教育、90 年代中后期外出务工的农村青年群体。

社会资本:是指嵌入个人社会网络之中,可以为个人所调用的具有生产性与增值性的资源。具体操作化为三个维度:网络规模(测量个体的借贷网规模)、网络紧密度(网络中彼此经常交往人数的比例)、网络质量(网络成员的阶层差异)。本文网络规模与网络密度的测量所使用的网络类型为借贷网测量方法,而根据位置生成法来测量网络成员阶层的差异性。

就业质量:是反映整个就业过程中劳动者与生产资料结合并取得报酬或收入的具体状况之优劣程度的综合性范畴。[1]依据新生代农民工群体就业大多属于非正规就业,具有不稳定、收入少、福利低等特点,遵循主客观相结合的原则,将就业质量评估指标定位为:工作收入,社会保险,劳动合同,工作满意度,心理契约。

(二) 研究的主要问题及假设

本文的研究思路围绕三个问题展开:一是新生代农民工社会资本总体状况如何?二是新生代农民工就业质量状况如何? 三是新生代农民工的社会资本对其就业质量到底产生了怎样的影响? (见图 1)下面我们围绕着这三个问题,提出具体的研究假设。(见表 1)

(三) 样本概况与变量设定

文中选用的数据来源于 2008 年国家大学生创新实验项目《社会融合视角下农民工就业能力提升研究》(S0844)抽样调查中的部分数据[2],对所获得的调查问卷资料利用统

---

[1] 刘素华:《就业质量:概念、内容及其就业数量的影响》,《人口与计划生育》2005 年第 7 期。

[2] 2008 年国家大学生创新实验计划项目《社会融合视角下农民工就业能力提升问题研究》的总数据是包括对城市外来人口调查的 300 份问卷数据,剔除无效问卷之后,样本剩余 242 份,有效率 80.67%。采用配额抽样法对上海市除崇明县以外的所有地区进行调查,所纳入样本为在沪居住外来人口(不具有上海市户籍)。本论文中使用的数据即在项目总数据中挑选出 20 世纪 80 年代后出生的样本。

计软件 SPSS11.5 进行了相关分析。以下是符合要求的样本的基本概况见表 2,以及相关主要变量的说明见表 3。

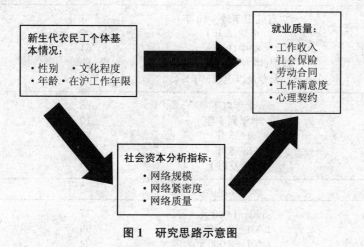

图 1　研究思路示意图

表 1　研究假设

社会资本	就　业　质　量				
	工作收入	社会保险	劳动合同	工作满意度	心理契约
网络规模	(1)规模越大,收入越高	(4)规模越大,参保机会越大	(7)规模越大,签约机会越大	(10)规模越大,签约机会越大	(13)规模越大,与雇主的心理契约状况更佳
网络紧密度	(2)紧密度越高,收入越高	(5)紧密度越高,参保机会越大	(8)紧密度越高,签约机会越大	(11)紧密度越高,签约机会越大	(14)紧密度越高,契约状况更佳
网络质量	(3)阶层分布越广,收入越高	(6)阶层分布越广,参保机会越大	(9)阶层分布越广,签约机会越大	(12)阶层分布越广,工作满意越高	(15)阶层分布越广,与雇主的心理契约状况更佳

表 2　样本基本情况的描述性统计①

样本情况	类　别	有效频数	百分比
性别 N=159	男	106	66.7
	女	53	33.3
年龄 N=159	16—20 岁	41	25.8
	21—25 岁	69	43.4
	26—30 岁	49	30.8

---

① 表 1 中月平均收入包括工资、奖金和各种补贴。

上海市社会科学界第八届学术年会文集(2010年度)政治·法律·社会学科卷

（续表）

样本情况	类　别	有效频数	百分比
教育 年数 N＝159	文盲或识字较少(0 年)	1	0.6
	小学(5 年)	7	4.4
	初中(9 年)	64	40.3
	高中、中专、职高(12 年)	50	31.4
	大专及以上(15 年)	37	23.3
在沪 工作 年限 N＝159	半年以下	8	5.0
	半年到 1 年	10	6.3
	1—3 年	64	40.3
	3—5 年	38	23.9
	5 年及以上	39	24.5
月平均 收入 N＝159	500 元以下	2	1.3
	500—1 000 元	17	10.7
	1 001—2 000 元	99	62.3
	2 001—3 000 元	24	15.1
	3 001—4 000 元	12	7.5
	4 000 元以上	5	3.1

表 3　主要变量的表述统计表①

	特　征	描　述	变量类别
个 体 情 况 （控制变量）	性别	1＝男　0＝女	虚拟
	年龄		定距
	＊年龄平方		定距
	教育年数	文盲或识字较少(0 年)	定距
		小学(5 年)	
		初中(9 年)	
		高中、中专、职高(12 年)	
		大专及以上(15 年)	
	在沪工作年限		定距

---

① 对表 2 做以下说明：

1) 根据过往研究对变量转换的惯例，在模型中纳入年龄时应加上其平方项，因为通常的情况是：在进入劳动力市场的初期，随着年龄的增加，劳动者的工资先会有一段上升期，到达一个峰值后，逐渐稳定并缓慢下降，一直持续到其退休。年龄的增加有助于农民工发展更广泛的社会网络。

2) 本文网络规模具体指新生代农民工的借贷网，包括了本市及本市以外与之发生借贷关系的人数总和，有亲属、亲戚、邻居、同学、同事、朋友等。

3) 本文网络紧密度是指在上述网络规模内成员间的亲密程度。

4) 网络质量的计算方法是：问卷中将农民工可能交往人群的社会阶层差异举例列出分别是农民、建筑工人、服务员、保安、个体工商户、知识分子、警察、企业老总、政府官员 9 项，认识的人随阶层差异递增赋分增大，网络中有农民或建筑工人加 1 分，有服务员、保安加 2 分，有个体工商户加 3 分，有知识分子或警察加 4 分，有企业老板加 5 分，有政府官员加 6 分，把以上得分相加总，以得分高低判断其网络质量。其值的范围是 0—28 分。

5) 根据过往研究对变量转换的惯例，对工资做取自然对数的变换，使之更符合多元线性回归的条件。

特　征	描　述	变量类别
社会 资本 （自变量）	＊网络规模 ＊网络紧密度 ＊网络质量	定距 定距 定距
就 业 质 量 （因变量）	＊工作收入 社会保险　　1＝参保　0＝未参保 劳动合同　　1＝已签　0＝未签 工作满意度　3＝满意 2＝一般 1＝不满意 心理契约　　1＝达成　0＝未达成	定距 虚拟 虚拟 定距 虚拟

三、实证结果与分析

（一）新生代农民工社会资本的分布状况

如前所述，新生代农民工的社会资本状况，笔者用网络规模、网络紧密度、网络质量三个变量加以测量，将调查问卷中的数据整理后绘制成表 4 和表 5。

表 4　新生代农民工的社会网络规模（借贷网）

特　征	频　数	有效百分比
网络规模 N＝159		
10 人及以下	64	40.3％
11—30 人	68	42.8％
31—50 人	15	9.4％
51—70 人	7	4.4％
71—90 人	3	1.9％
90 人以上	2	1.2％

表 5　新生代农民工的社会资本状况

	最低值	最高值	平均数	标准差
网络规模 N＝159	0	106	19.11	18.75
网络紧密度 N＝159	0	1.00	0.56	0.33
网络质量 N＝159	1	26	8.59	5.81

从表 4 可以看出，调查对象的社会网络规模在 10 人以下、11—30 人、31—50 人三个区间者居多，分别为 40.3％、42.8％、9.4％，三者共计 92.5％。而网络规模在 50 人以上者为少数，共仅占 7.5％；从表 5 中，我们也可以直观地了解新生代农民工社会资本的整体情况，被调查的新生代农民工的社会网络规模平均水平为 19.11 人，网络紧密度平均值为 55.85％，网络质量的均值为 8.59（网络质量的分值范围是 0—28 分）。

与已有的调查数据相比,胡荣依据 1999 年在厦门市进行的"就业过程与社会网络"调查数据进行分析,计算出受访者的社会网络规模(在春节间相互拜年、交往的亲属、朋友以及相识的人数)均值达 41.5 人,网络密度(互相拜年交往的对象中亲属所占的比例)平均为 43.52%,[1]可以看出,本研究中新生代农民工的网络规模较小,网络紧密度较大。从社会网络的质量看,新生代农民工网络质量的平均得分(8.591 2),属于中下水平(网络质量的分值范围是 0—28 分)。

总体而言,新生代农民工的网络规模较小,网络紧密度较高,而网络质量偏低。

(二) 新生代农民工的就业质量状况

就业质量主要从客观评价指标和主观评价指标两方面来衡量。问卷中的数据经整理列于表 6。

表 6　新生代农民工就业质量状况统计表　　　　　　　　　　　N = 159

特　征	描　述	比　率	平均值	标准差
客观指标　工作收入	500 元以下	1.3%		
	500—1 000 元	10.7%		
	1 001—2 000 元	62.3%	2 006.79	1 213.72
	2 001—3 000 元	15.1%		
	3 001—4 000 元	7.5%		
	4 000 元以上	3.1%		
社会保险	参保	46.54%		
	未参保	53.46%		
劳动合同	已签	57.86%		
	未签	42.14%		
主观指标　工作满意度	满意	3.8%		
	一般	27.0%	1.36	0.56
	不满意	64.8%		
心理契约	达成	42.77%		
	未达成	57.23%		

调查结果表明,新生代农民工的收入水平普遍比较低。其中,月工资水平在 2 000 元以上的仅占 25.7%,有 74.3% 的新生代农民工没有达到个人所得税起征点(2 000 元),12% 的新生代农民工月收入低于 1 000 元,特别是还有 1.3% 的新生代农民工月收入在 500 元以下,远远低于 2010 年上海市政府规定的最低工资标准(1 120 元)。[2]过低的收入水平制约着新生代农民工的消费能力,并进而影响到其生活质量的提高。

社会保险的参与比率是为了衡量新生代农民工在福利待遇方面的享受程度如何。

---

①　胡荣:《社会经济地位与网络资源》,社会学研究,2003.5。
②　参见上海市人力资源与社会保障网关于调整 2010 年最低工资标准的规定[EB/OL]. http://www. 12333sh. gov. cn/200912333/2009bmfw/dzyls/dzsb/dzbz/wz/201004/t20100407_1116495. shtml.

表 6 中数据显示,新生代农民工的参保比率不容乐观,仅为 46.54%,还未达到一半人数。可见,新生代农民工劳动保障和劳动关系受保护状况不佳。

劳动合同的签约比率则是为了度量与评估新生代农民工所获得就业的正规性与稳定性。以上表 6 数据表明,新生代农民工的劳动合同的签约比率仅为 57.86%。由此可知,新生代农民工的工作稳定性相对较低。

统计结果显示,仅有 3.8% 的新生代农民工对目前的工作表示满意,27.0% 的感到工作一般,而不满意的占了绝大多数 64.8%,且工作满意度的平均得分为 1.3618(工作满意度的分值范围为 1—3 分),这意味着新生代农民工对目前工作的满意度有待提高。

数据显示,心理契约[①]的达成比率为 42.77%,即有 42.77% 的新生代农民工对目前的工作岗位还是比较认同的。

从上述分析可得出结论,新生代农民工的就业质量偏低,无论客观物质条件的劳动回报还是主观感受的评价都不容乐观。

(三) 影响新生代农民工就业质量的多元回归分析

为进一步探究社会资本对就业质量的作用,我们将社会资本与就业质量进行回归分析。以工作收入、社会保险、劳动合同、工作满意度和心理契约为因变量,社会资本的三个维度为自变量,同时引入个体基本情况中的各变量,进行相应的逻辑回归或多元线性回归分析,以确定在控制了个体基本情况因素之后,社会资本各维度对新生代农民工就业质量的具体影响作用。得到的具体结果如表 7 所示。

表 7　社会资本及其他变量影响就业质量的回归分析结果(一)

自 变 量	社会保险 (二分 logistic 模型)		劳动合同 (二分 logistic 模型)		心理契约 (二分 logistic 模型)	
	模型一	模型二	模型三	模型四	模型五	模型六
constant	1.16	0.001	1.38	0.000	0.327**	0.000
网络规模	1.004	1.005	1.004	0.999	0.989	0.989
网络阶层差异	1.007	0.974	0.679	0.977	1.106**	1.092**
网络紧密度	0.456+	0.391+	1.017	0.636	1.35	1.541+
性别(女=0)		0.291***		0.322		0.645
年龄		1.569		3.257+		2.6
年龄平方		0.99		0.976+		0.982
在沪年数		1.127		0.953		0.945
教育年数		1.307***		1.374***		0.997

---

① 国外心理契约研究将契约分为关系型契约(Relational Contract)与交易型契约(Transactional Contract),前者表明在情感上与价值观上与雇主达成一致,而后者多指在报酬、利益上达成一致,而调查问卷中问题设计偏向于后者。

上海市社会科学界第八届学术年会文集(2010年度)政治·法律·社会学科卷

（续表）

自 变 量	社会保险 （二分 logistic 模型）		劳动合同 （二分 logistic 模型）		心理契约 （二分 logistic 模型）	
	模型一	模型二	模型三	模型四	模型五	模型六
Chi-quare	8.026	17.047*	9.538	12.769+	4.765	18.39+
−2LL	216.878	190.989	215.304	180.424	205.471	199.285
Neglkerke R^2	0.023	0.22	0.01	0.273	0.095	0.142

表8 社会资本及其他变量影响就业质量的回归分析结果（二）①

自 变 量	收入对数（多元 OLS）		模型九（多分类逻辑回归）		模型十（多分类逻辑回归）	
	模型七	模型八	工作满意度 （低）	工作满意度 （中）	工作满意度 （低）	工作满意度 （中）
截 距						
网络规模	0.006	−0.071	1.029	1.049+	1.043	1.602*
网络阶层差异	0.278***	0.139*	0.894*	0.895*	0.888*	0.894*
网络紧密度	−0.155*	−0.098	0.26	0.305	0.174	0.201
性别（女=0）		0.167**			2.682	1.16
年龄		3.336***			0.98	0.996
年龄平方		−3.166***			0.865	0.986
在沪年数		0.034			0.806	0.876
教育年数		0.294***			2.699	2.349
R^2	0.098	0.312				
F 检验	5.641***	9.288***				
Durbin-waston	1.756	1.756				
Chi-quare			12.461*	12.461*	20.872	20.872
−2LL			264.921	264.921	259.282	259.282
Neglkerke R^2			0.091	0.091	0.149	0.149

① 对表7、表8作如下说明：

(1) 模型一至六因变量为二分变量，采用二分逻辑回归，系数均为对数发生比（Odds Ratios）。

(2) 模型七、八因变量为收入对数，采用最小二乘（OLS）多元回归，系数均为标准化 β 系数。

(3) 模型九、十是（多分类逻辑回归）对数累进比率回归模型，系数均为对数发生比（Odds Ratios），因变量为工作满意度（很满意"3"、一般满意"2"、不太满意"1"），以很满意"3"为参照项。

(4) 显著度水平为 ***$p<0.001$ **$p<0.01$ *$p<0.05$ +$p<0.1$（双尾检验）。

(5) Chi-quare 为卡方检验值又叫 χ^2 检验，通常用来对率（总体率或样本率）进行检验。例如，模型二卡方值 17.047，$p<0.05$，可以认为总体上模型二各变量因素的不同对社会保险的参保率有显著性的差异，模型可靠。

(6) −2LL（−2Log Likelihood）为−2倍对数似然值，报告值越大，意味着回归方程的似然值越小，标志模型的拟合优度越差。在模型完全拟合观察值的情况下，有似然值等于1，那么似然值的对数等于0，这一统计报告值就是0。

(7) R^2 为多重判定系数，表示在用样本量和模型中自变量的个数进行调整后，因变量能被该多元回归方程解释的比例。

(8) F 检验则为对模型的线性关系的检验，如模型七检验结果 $F=5.641$，$P<0.001$，说明回归模型的线性关系是非常显著的。

(9) Durbin-Waston 为残差序列相关性检验的结果，该统计量取值在 0—4 之间，如果残差间互相独立，则取值在 2 附近，如模型七为 1.756，接近 2，可见残差间没有明显的相关性。

1. 对工作收入的影响

对工作收入进行最小二乘(OLS)多元回归分析。从回归模型中所得的标准化回归系数可以看出,在控制了个体基本情况下,网络阶层差异对新生代农民工月平均工作收入的影响是显著的,且是正向的($\beta = 0.278$, $P < 0.001$);网络紧密度对新生代农民工月平均工作收入的影响也是显著的,但是负向的($\beta = -0.155$, $P < 0.05$),而网络规模对新生代农民工月平均工作收入的影响是不显著的。由此,证明了本文提出的假设(3);同时,调查证伪了假设(2);而假设(1)没有得到证实或证伪。在加入了其他控制变量之后,网络阶层差异与工作收入的相关性减弱,而网络紧密度与工作收入的相关性消失了。

在个体情况中,性别、年龄、年龄平方及教育年数均对工作收入有显著影响。即男性新生代农民工要比女性收入高;年龄对收入的影响为正,年龄的平方对收入的影响为负,说明收入随年龄增大将出现先增后减的趋势;文化程度对新生代农民工的工作收入有正向显著影响,即教育年数越多的,其工作收入越高。从总体上看,自变量影响力由大到小依次为:年龄、教育年数、性别、网络阶层差异。未纳入控制变量前,该回归模型确定系数 R^2 为 0.098,表明用这些变量来预测新生代农民工的工作收入能削减 9.8% 的误差,综合解释力较低。引入控制变量后,该回归模型确定系数 R^2 为 0.312,表明用这些变量来预测新生代农民工的工作收入能削减 31.2% 的误差,有一定的综合解释力。

2. 对社会保险的影响

鉴于因变量社会保险(是否参保)是一个虚拟变量且变量本身具有两分特点,因此,使用二项逻辑回归(Binary Logistic)模型进行分析,并采用 Enter 回归法。从结果来看,在控制了个体的基本情况下,网络规模与网络阶层差异对社会保险不显著,而网络紧密度对社会保险的参保情况呈负相关。根据模型的中 Exp(B)值判断,在 $p < 0.1$ 的显著性水平上,网络紧密度每提高一个单位,新生代农民工的参保发生比将是原来的 0.456 倍。调查结果证伪了假设(5);而假设(4)和假设(6)没有得到证实或证伪。在加入了其他控制变量之后,网络紧密度的影响力有略微减小。

而在个体情况中,只有性别、教育年数对社保参保情况有显著的关系,具体情况为:与男性相比,女性的参保机会大;文化程度越高参保概率越高,且在 $p < 0.001$ 的显著性水平上,每增加 1 年的教育年数,参保概率将是原来的 1.307 倍。

3. 对劳动合同的影响

劳动合同签约情况采用二项逻辑回归(Binary Logistic)模型进行分析。根据分析结果可知,在控制了个体基本情况下,社会资本的三个维度均对劳动合同的签约情况不显著,即假设(7)、假设(8)、假设(9)均没有得到证实或证伪。在加入了其他控制变量之后,这样的显著结果并没有改变。

然而,在新生代农民工的个体情况中,只有年龄、年龄平方及教育年数对劳动合同的签约情况有显著影响。即在 $p < 0.1$ 的显著性水平上,年龄每增加 1 个单位,劳动合同的签约比将是原来的 3.257 倍;类似地,在 $p < 0.001$ 的显著性水平上,教育年数每增

加 1 年,劳动合同的签约比将是原来的 1.374 倍。

4. 对工作满意度的影响

对工作满意度进行多分类逻辑回归。统计结果表明,在控制了个体基本情况下,社会资本因素中网络质量和网络规模对新生代农民工的工作满意度有显著影响,具体地说,新生代农民工社会网络规模越大,网络阶层差异越大,分布越广,其工作满意度也就越高。其中,网络质量对工作满意度的影响力大于网络规模的影响力。具体可解释为:在 $p <$ 0.1 的显著性水平上,网络规模增加 1 个单位,工作满意度为一般的比率将是原来的 1.049 倍;在 $p < 0.05$ 的显著性水平上,网络阶层差异增加一个单位,工作满意度为不满意和一般的比率将分别减为原来的 0.894 倍和 0.895 倍。而网络紧密度对工作满意度没有表现出显著关系,即假设(10)、(12)得到了有力地证实,假设(11)未被证实或证伪。

在加入性别、年龄等个体基本情况控制变量之后,网络阶层差异对新生代农民工工作满意度的影响几乎没有发生变化,而网络规模的影响力略有增强,在 $p < 0.05$ 的显著性水平上,网络规模增加 1 个单位,工作满意度为一般的比率将是原来的 1.602 倍。除此之外,个体基本情况的其他变量均未表现出对新生代农民工工作满意度有显著关系。

5. 对心理契约状况的影响

从心理契约模型结果来看,在控制了个体基本情况下,只有网络阶层差异对心理契约达成状况有显著关系。根据模型的中 Exp(B) 值判断,在 $p < 0.01$ 的显著性水平上,网络阶层差异每提高一个单位,新生代农民工的心理契约达成发生比将是原来的 1.106 倍。调查结果证实了假设(15);而假设(13)和假设(14)没有得到证实或证伪。在加入了其他控制变量之后,网络阶层差异对心理契约达成的显著度变化不大,依然显著;而网络紧密度的影响力发生了较大改变,其对新生代农民工的心理契约达成状况的显著性由不显著变成了显著,且在 $p < 0.1$ 的显著性水平上,网络紧密度每提高一个单位,新生代农民工的心理契约达成比将是原来的 1.541 倍。

此外,数据表明,在个体情况中没有出现其他因素和新生代农民工的心理契约达成状况之间有表现出显著关系。

以上十个回归模型的解释力都不是很强,这说明还有很多重要的因素未纳入回归模型,这也是以后深入研究所应考虑和探究的。但正如郭志刚所说:"在社会科学中,多元回归确定系数值一般不是很高,故这一方法多用于进行分析,较少进行预测。"[①]因此,解释力较低并不影响对现有纳入模型因素的解释。

(四) 实证结果解释

总体而言,新生代农民工的社会资本与其就业质量之间存在着密切关系,与其他学

---

① 郭志刚主编:《社会统计分析方法——SPSS 软件应用》,中国人民大学出版社,1999:66。

者的研究相呼应,在本研究中也显示了社会资本的积极功能。中国社会科学院的赵延东(2001)探讨了职工社会资本对再就业机会获得以及对其下岗后所获得新工作的质量情况,从整体上看,下岗职工所用的社会资本对其新工作的工资收入有较明显的正向作用,本论文得出的总体结论与之相一致。

深入来看,在测量社会资本的三个方面中,网络质量(网络成员的阶层差异)的效应最突出。这与先前学者的研究类似:赵延东还发现在职工再就业过程中表现最显著的是"网络资源(网络成员的职业类别、职业地位、单位类别、单位地位等情况)效应",拥有更丰富网络资源的下岗职工无论在再就业的机会获得上还是在获得新工作的质量上都表现出了极明显的优势,"网络规模效应"和"网络密度效应"则表现不太明显。

具体地,网络质量对就业质量指标中的工作收入、工作满意度、心理契约达成三个方面均表现出显著的正向影响,即表明网络阶层分布得越广,网内成员阶层跨度越大,其就越可能获得更高的收入,更能与雇主达成心理契约,对所获得工作的满意度也越高。网络中处于较高地位的帮助者拥有较多的资源,能施加较大影响,更加有助于新生代农民工找到高质量的工作。社会资源理论认为,个体社会网络的异质性、网络成员的社会地位、很大程度上决定着个体所拥有的社会资源的数量和质量。

网络紧密度与就业质量中的工作收入、社会保险参保情况成负相关,证实了格兰诺维特的"弱关系"假设,而并非与一些学者如张其仔、曹子玮等对农民工的调查结果相符。但此结果印证了渠敬东的观点"为了生存就紧紧抓住强关系,为了发展就紧紧抓住弱关系。农民工在建构自身生活的世界的过程中,工具理性在社会行动中逐渐占据了主导地位,并由此建立了目的和动机相统一的完全的行动结构"。[1]这一生活轨迹的变化正表明了新生代农民工与第一代农民工的不同,预示着弱关系的力量将在求职中的作用逐渐凸显。

网络规模的大小在本研究中对就业质量的影响相对较小。从检验结果来看,网络规模仅与就业质量中的工作满意度呈正向显著相关。笔者认为,网络规模大,说明关系多,信息和人情桥梁也多,这对就业机会获得会很有帮助,但就业质量是一个评价就业行为结果的综合性指标,除了就业机会的获得,还包括其他许多因素,所以有关网络规模与就业质量之间的关系还需要进一步的论证。

综上所述,根据异质性原理(与相同或相似地位的但具有不同属性的人接触的趋势)和声望原理(与较高地位的人接触的趋势),如果求职者希望他们能从社会网络中获得最大的帮助,那么就必须使声望原理而非异质性原理发挥作用,即尽量接触较高地位者而不是相同地位却属性不同者(林南、恩赛尔、沃恩,1981)。

---

[1] 渠敬东:生活世界中的关系强度——农村外来人口的生活轨迹[A],载柯兰君,李汉林主编,都市里的村民[C],中央编译出版社,2001。

四、结 论 与 讨 论

(一) 基本结论

通过前面的分析以及对假设的检验,本文可以归纳出以下结论:

社会资本	就 业 质 量				
	工作收入	社会保险	劳动合同	工作满意度	心理契约
网络规模	(1)规模越大,收入越高。	(4)规模越大,参保可能越大。	(7)规模越大,签约机会越大。	★(10)规模越大,工作满意度越高。	(13)规模越大,与雇主的心理契约达成状况更佳。
网络紧密度	☆(2)紧密度越高,收入越高。	☆(5)紧密度越高,参保可能越大。	(8)紧密度越高,签约机会越大。	(11)紧密度越高,工作满意度越高。	(14)紧密度越高,与雇主的心理契约达成状况更佳。
网络质量	★(3)阶层分布越广,收入越高。	(6)阶层分布越广,参保可能越大。	(9)阶层分布越广,签约机会越大。	★(12)阶层分布越广,工作满意度越高。	★(15)阶层分布越广,与雇主的心理契约达成状况更佳。

注:表中标有☆的假设为被证伪的假设;标有★的假设为被证实的假设;没有标则为未被验证的假设。

(二) 讨论

1. 社会资本对就业质量的正功能

从以上结论可以看出,社会资本对新生代农民工的就业质量产生了一定的正向影响,拥有丰富的社会资本的新生代农民工更可能得到质量较好的工作。

笔者认为其直接原因首先是与就业有关的信息和机会并不只是通过劳动力市场来流动和传递,相反地,它们更多地是通过人们的社会关系网络来传递的。社会资本和社会网络有助于解决劳动力市场中的"信息不对称"问题,促进信息流动,帮助新生代农民工获得准确、可靠的就业信息和机会,更多地从事专业化的工作以提高工作满意度、工作收入。其次,社会资本有利于沟通人情,经过长期联系交往,建立诚信的合作、交易伙伴,在关系网络中建立口碑,形成声望,它的约束和激励功能,能调动人们的积极性和主动性,这样有助于与雇主达成良好的心理契约。究其深层原因,更多的是由于中国社会结构正处于从计划体制向市场体制转变的特殊时期,即旧的制度退出历史舞台和新的制度尚未完全成熟时,可能出现一个"制度真空"的阶段。这就为社会关系网络在就业中的作用生长提供了沃土。当然,笔者并无意预言社会资本将在未来的市场经济社会中失去效用,因为大量研究已经证明,即使在市场经济高度发达的社会中,人们在市场中的各种经济行为也无法脱离代表"特殊主义"的社会关系网络而存在。①②这些都预示着社会资本作为一种非正式制度所具有的生命力。

2. 社会资本对就业质量的约束性

在本研究中,我们还发现了社会资本对就业质量的"负面效应",即网络紧密度越高(通过越亲密的人找到工作)其工作收入并不会越高,参保可能也没有出现越大。这与一些学者对于农民工的调查结果不一致。笔者认为,这与本次研究对象的特殊性有一定关系。

农民工脱离熟人社会后到陌生的城市工作、生活,对于某些上一代的农民工来说,初级社会资本是他们能待在城里的唯一凭借。但是,新生代农民工他们对于初级社会资本的依赖强度要小于上一代,对次级社会资本的选择度要大于上一代。新生代接受教育的时间相对较长,他们除了地缘和亲缘型的社会资本外,还有比上一代更多的同学关系资本可以利用。由于新生代所受教育较多、更年轻,他们的思想一般来说更具有开放性、活跃性,其观念转换敏捷,与城市接轨更快,因而对城市的适应性会更强。他们能够更好地利用自己已有的文化资本和开放的心态与外群体进行相互交流,吸纳更多的社会资源,而不是全然局限在自己生活的小圈子里。此外,计算机、网络应用的普及,对于新生代农民工来说,也是一种不可忽略的信息来源途径,而上一代农民工很少会用到。

根据格兰诺维特的"强关系"和"弱关系"理论,往往是弱关系对人们的求职更有意义,因为"强关系"大多由同质群体构成,而"弱关系"大多由异质群体构成,而异质群体的交往面宽、差异大,能提供更多的信息。因而,就不难解释为什么新生代农民工网络紧密度越低,工作质量越高。

(三) 启示

基于以上考察,新生代农民工社会资本的总量较为贫乏,并通过进一步求证也得知社会资本的充实有助于就业质量水平的提高,其中网络质量的作用尤为突出。鉴于此,笔者对于如何提高新生代农民工个体社会资本存量,最大程度发挥社会资本的效用,给予以下尝试性的建议:

新生代农民工自身应注重个人能力的培养,重视与他人的交往互动中主观能动性的发挥,以加大社会资本的调用比率,促进社会资本的增值。俗话说"物以类聚,人以群分"。"大量的证据显示个体倾向于选择那些与他们类似的人做朋友。如果成功人士偏

---

① Mark Granovetter. Economic Action and Social Structure: The Problem of Embeddedness. 1985,AJS91: 481—510.

② 边燕杰:社会网络与求职过程[J]。国外社会学,1999.4。

爱于与其他成功人士交往,那么这种偏好将会使朋友之间的收入和职业地位发生交互作用,甚至是在对劳动力市场结果不起因果作用的情况下也是如此"。①新生代农民工应利用自己的年龄优势和已有的文化资本、开放的心态积极进行继续教育和职业技术学习。一方面,可以使自身获得更高的与他人沟通的平台,为交到综合素质更高的朋友创造条件;另一方面,个人能力的提高也是实现职业向上流动的有利前提。此外,社会资本最终所能发挥的效用有多大,除了与社会资本的存量有关外,在很大程度上还取决于个体调用社会资源的能力如何。因而,新生代农民工在日常的生活、工作中,要积极有意识主动地与同事、朋友、亲戚保持密切的联系。布迪厄认为,社会网络不是自然赋予的,社会资本的形成是一种有意识或无意识的投资策略的产物,即它必须通过投资于群体关系这种制度化的战略来建构。

　　除了新生代农民工的主观努力外,政府、单位和社会也要在这个过程中为之创造平台,以利于这一群体社会资本存量的增加,起到支持引导的作用。按照科尔曼的观点,拥有的社会资本存量的多少还与人们参加的社会团体数量有关。通过加入更多的社会团体有助于获得更丰富的集体社会资本。因而,笔者认为无论是社会、政府还是行业单位应有一致的理念,即为这一群体构建正规化的支持性组织。例如,农民工保护协会、农民工培训学校等。单位内部或单位与单位间可以组织员工联谊活动、集体生日派对等等。鼓励新生代农民工积极参与其中,这样一方面拓宽了这一群体在城市中的社会网络覆盖面,丰富了网络资源,也满足了新生代农民工较上一代农民工相比更强烈的交友欲望;另一方面,由于政府社会单位等外界组织化正式化的社会支持,有助于新生代农民工在城市中找到归属感,获得更有效地利益诉求渠道,及时化解社会矛盾。

参考文献

曹子玮:《农民工的再建构社会网与网内资源流向》,《社会学研究》2003 年第 3 期。

边燕杰:《社会网络与求职过程》,《国外社会学》1999 年第 4 期。

胡荣:《社会经济地位与网络资源》,《社会学研究》2003 年第 5 期。

林南、恩赛尔、沃恩:《社会资源和关系的力量:职业地位获得中的结构性因素》,张文宏译《国外社会学》1998 年第 2 期。

刘素华:《就业质量:概念、内容及其就业数量的影响》,《人口与计划生育》2005 年第 7 期。

渠敬东:《生活世界中的关系强度——农村外来人口的生活轨迹》,载柯兰君、李汉林主编:《都市里的村民》,中央编译出版社 2001 年版。

赵延东、凤笑天:《社会资本、人力资本与下岗职工的再就业》,《上海社会科学院学术季刊》2000 年第 2 期。

赵延东、罗家德:《如何测量社会资本:一个经验研究综述》,《国外社会科学》2005 年第 2 期。

---

① Mouw. Ted 2003. "Social Capital and Finding a Job: Do Contacts Matter?" American Sociolocal Review: 68.

Guest，D. E.："The psychology of the employment relationship：An analysis based on the psycho-logical contract"，*Applied Psychology：An International Review*，2004，53(4)：541—555.

Mark Granovetter，*Economic Action and Social Structure：The Problem of Embeddedness*，1985，AJS91：481—510.

Mouw. Ted："Social Capital and Finding a Job：Do Contacts Matter?"，*American Sociolocal Review*，2003：68.

（作者为华东理工大学社会与公共管理学院社会学系在读研究生）

试析党和国家领导制度改革 30 年的路径转换与完善党的领导制度的理论思考

Analyzing the Rout's Conversion of Reform of the Party and National
Leadership System for 30 Years and Pondering on Improving of
the Party's Leadership System

周敏凯

一、党政分工改革：20 世纪 80 年代党的领导制度
与政治体制改革的首要任务

(一) 党的一元化领导体制的弊端与政治体制改革动因

1980 年是中国改革开放起步之年，党的中心任务实现历史性转变，中国共产党需要深刻分析文革悲剧发生的政治制度原因，开创新的历史阶段。

邓小平以伟大政治家的气魄与深刻的政治洞察力，发表重要讲话《党和国家领导制度改革》。他指出，"文革"的发生固然有毛泽东的个人原因，但是首先是因为党和国家制度存在严重缺陷。"我们过去发生的各种错误，固然与某些领导人的思想、作风有关，但是组织制度、工作制度方面的问题更重要。"①党和国家领导体制的弊端根源于高度集权的党的一元化领导体制，就是在加强党的一元化领导的口号下，将一切权力集中于党委，"特别是集中于第一书记，什么事都要第一书记挂帅、拍板。党的一元化领导，往往因此而变成了个人领导。"②个别领导人集权的领导体制直接导致官僚主义现象，"权力过分集中的现象，家长制现象，干部领导职务终身制现象和形形色色的特权现象。"③高度

① 《邓小平文选》第 2 卷，人民出版社 1993 年版，第 333 页。
② 《邓小平文选》第 2 卷，人民出版社 1993 年版，第 329 页。
③ 《邓小平文选》第 2 卷，人民出版社 1993 年版，第 327 页。

集权的党的领导制度形成的主要原因是：以君主专权、君权至上为特征的中国数千年的封建传统文化影响，个人集权的斯大林政治模式的影响，以及党的民主集中制度不健全。

（二）党政分工改革成为 20 世纪 80 年代党的领导制度与政治体制改革的首要任务

邓小平《党和国家领导制度改革》的重要讲话，为 20 世纪 80 年代初的中国政治体制改革理清了思路。1986 年 9 月，邓小平在听取中央财经领导小组汇报时指出，政治体制改革的主要任务是："首先是党政要分开，解决党如何善于领导的问题。这是关键，要放在第一位。第二个内容是权力要下放，解决中央和地方的关系，同时地方各级也都有一个权力下放问题。第三个内容是精简机构，这和权力下放有关。"①1987 年党的十三大根据邓小平重要讲话精神，做出了政治体制改革的战略部署。"党中央认为，把政治体制改革提上全党日程的时机已经成熟。邓小平同志一九八〇年八月在中央政治局扩大会议上所作的《党和国家领导制度的改革》的讲话，是进行政治体制改革的指导性文件。"②

党的十三大报告强调政治体制改革的主要对象，不是社会主义基本政治制度，而是具体领导制度与组织机构存在的弊端，政治体制改革的关键首先是党政分开。这是"我们党的领导制度的一项重大改革"③。如果不能解决党政不分问题，"党的领导无法真正加强，其他改革措施也难以顺利实施。党政不分，"使党处在直接执行者的地位"，"实际上降低了党的领导地位，削弱了党的领导作用"，因为党对什么事都抓，结果党就处于"矛盾的焦点上"，必然"顾不上抓自身的建设"，党无法管党，更"无法行使监督职能克服官僚主义"④。

党的十三大报告进一步明确党政分开的基本目标，是"划清党组织和国家政权的职能，理顺党组织与人民代表大会、政府、司法机关、群众团体、企事业单位和其他各种社会组织之间的关系，做到各司其职，并且逐步走向制度化"。党组织的基本职能就是实行政治领导，即"政治原则、政治方向、重大决策的领导和向国家政权机关推荐重要干部"，"保证政权组织充分发挥职能"，"使党的主张经过法定程序变成国家意志，通过党组织的活动和党员的模范作用带动广大人民群众，实现党的路线、方针、政策"⑤。

二、加强党的全面领导成为 20 世纪 90 年代党的领导制度与政治体制改革主要任务

20 世纪 80 年代末 90 年代初发生苏东剧变和我国的政治风波，党政分开改革的路径选择面临挑战，调整政治体制改革的路径势在必行。

党政分工改革的初衷，是厘清党、政不同职能与分工，要求党只管大事与党务，不必

---

① 《邓小平文选》第 3 卷，人民出版社 1993 年版，第 177 页。
②③④⑤ 《沿着有中国特色的社会主义道路前进》，《人民日报》1987 年 10 月 26 日。

管具体政务与日常小事。实际上,党和国家领导制度的运作形式是党政双轨领导制度,各级党组织与政府,各自有一套相对独立的领导体系,在具体工作中党、政权限难以分清,结果党政部门相互推诿扯皮,或者党政部门互争事权的现象无法杜绝。

20 世纪 90 年代初,"党政分开"改革思想更多论述党与国家行政、司法机关的职能关系,对党与人大机构的职能关系没有更多的论述。有学者认为 1954 年宪法在确立国家政治体制方面,没有协调好人大与执政党这个国家权力主体的职能关系,党与人大关系上,存在更加明显的"党政不分"现象。①由于党与人大国家权力机构之间的关系长期不明确,人大职能没有得到真正发挥,结果政府行政部门只对党委负责,不对人大负责,党委代替人大行使国家权力机关的职能,于是"以党代政、党政不分"现象就不可避免地发生了。②

此外,党的十三大报告要求党的领导为"政治领导",包括实行"政治原则、政治方向、重大决策的领导和向国家政权机关推荐重要干部"。显然,仅仅强调党的政治领导,对于唯一的执政党的领导方式的表述还不够全面,因为执政党的政治领导需要思想领导与组织领导的配合与保障。

20 世纪 90 年代党的十四大报告在其中的政治体制改革方案部分,不再简单提党政分工改革。关于党的领导制度改革,则强调以党的全面领导代替党的政治领导。党不仅需要政治领导,而且需要在思想、政治、组织上实行全面领导;党的领导制度改革必须加强党对国家政权实行统一领导。在保证党的统一领导的前提下,国家政权各司其职,充分发挥政府管理职能与人大的立法、监督职能。③关于推进政治体制改革路径选择上,更加关注基本政治制度的完善、推进民主法制建设、深化行政管理体制改革与公务员制度建设,党和国家领导制度改革不再成为首要任务。④

20 世纪 90 年代政治体制改革路径的调整,是在一种特定的国内外背景下做出的重大抉择。进一步完善基本政治制度;推进行政管理体制改革,加强民主法制建设,以满足社会主义市场经济体制建设与经济持续高速发展的紧迫需求。在此背景下,党政分工改革的思路也做出了适当调整,提出了完善党的领导方式,坚持党的全面领导,在保证党的统一领导前提下,充分发挥政府管理职能与人大的立法、监督职能的改革新思路。

三、完善党的领导方式与执政方式成为 21 世纪党的领导制度改革的路径新选择

2001 年中国"入世",标志着中国的改革开放与发展进入了新的历史阶段,执政党面

---

① 林尚立:《当代中国政治形态研究》[M]天津:天津人民出版社,2000. p.191。
② 陈红太.《从党政关系的历史变迁看中国政治体制变革的阶段特征》《浙江学刊》2003(6)pp.79—89。
③ 《江泽民论有中国特色社会主义(专题摘编)》中央文献出版社,2002. pp.569—576。
④ 《加快改革开放和现代化建设步伐,夺取有中国特色社会主义事业的更大胜利》,《人民日报》1992 年 10 月 13 日。

临的挑战更加艰巨,中国的体制改革必须"从经济领域到其他各个领域,全面改革的进程势不可挡地展开了"。

21世纪中国共产党在党的领导体制改革问题上的思路已经超越20世纪80年代党政关系简单分开的改革思路,在90年代实现党的思想、政治、组织全面领导的改革思路基础上,进一步从发展民主政治建设和全面推进党的建设的高度,审视党的领导制度改革的路径选择,由此提出了加强与改进党的领导方式与执政方式的新思路。

党的十六大报告第一次提出"改革和完善党的领导方式和执政方式"的思想,指出这一改革对于"推进社会主义民主政治建设,具有全局性作用",而且是"全面推进党的建设新的伟大工程"的重要内容。①

20世纪90年代强调党的全面领导,是对80年代党政分工改革过分强调党的政治领导的一次超越。21世纪党的全面领导在理论与实践上又面临新的挑战,笼统地提党的全面领导,又容易与传统的党的一元化领导方式混淆,因此需要理论创新与思想超越。21世纪党的领导制度改革的重点转移到党的领导方式与执政方式的改革与完善上,突出执政党的执政方式的转变,强调"科学执政、民主执政、依法执政"的重要性,从而在思想认识上超越了党政分工带来的理论困境,也超越了党的全面领导与传统的党的一元化领导可能带来的干扰与含糊不清的局限。

2007年召开的党的十七大,提出了科学发展观的新思想,做出了全面体制全面改革的战略部署,体制改革涉及经济建设、政治建设、文化建设、社会建设、生态文明建设与党的建设各个领域。②在党的领导制度改革问题上,十七大报告提出"以改革创新精神全面推进党的建设新的伟大工程"的理论,全面深化了党的领导制度改革的思想内涵与任务目标的设定,值得一提的是,十七大报告在十六大报告关于完善党的领导方式和执政方式的理论基础上,进一步明确指出"必须把提高领导水平和执政能力作为各级领导班子建设的核心内容抓紧抓好",③从而使21世纪党的领导制度改革方向更加明确,路径更加清晰。

四、完善党的领导制度的理论思考

(一)评价党的领导制度改革成效应更关注其政治有效性

中国30年的体制改革,是以经济体制改革领先,逐步推进到与政治体制、文化体制、社会体制相协调的全面体制改革。中国的经济建设成就与社会减贫成绩举世瞩目,

---

① 《全面建设小康社会,开创中国特色社会主义事业新局面》,《人民日报》2002年11月8日。
②③ 《高举中国特色社会主义伟大旗帜,为夺取全面建设小康社会新胜利而奋斗》,《人民日报》2007年10月16日。

但是这些成果,也离不开政治体制改革,包括党和国家领导制度、政府行政管理体制、司法制度等政治体制内部各个方面体制改革的综合作用的保障。"我们的改革是全面的改革,包括经济体制改革、政治体制改革以及其他各领域的改革。没有政治体制改革,经济体制改革和现代化建设就不可能成功。"①

中国政治体制改革的有效性不仅体现为国家治理的有效性,社会的稳定团结,更是体现在经济持续高速发展的实效性上。

党的领导制度改革应关注其有效性,这种有效性体现在:重大政治、思想、组织问题上,能够科学决策与民主管理;党内全面贯彻民主集中制原则,党员主体地位与权利得到体现,党的领导权得到有效监督;党能够依法处理党的权力与其他国家公权力的关系;保障党的统一领导地位时,能够充分发挥政府、社会、企业、民众的作用,保障经济、社会的发展与稳定。显然,这些应该成为评价党的领导制度改革成效的基本标准。

(二) 完善党内民主集中制是深化党的领导制度改革的关键

邓小平在 30 年前的重要讲话《改革党和国家领导制度》中已经指出,党的领导方式存在问题,其主要原因之一就是党内民主集中制不够完善。党内过分强调集中,忽视必要的民主与对个人高度集权的制约。"我们历史上多次过分强调党的集中统一,过分强调反对分散主义、闹独立性,很少强调必要的分权和自主权,很少反对个人过分集权。"②在国家领导制度层面,执政党没有划清与国家、社会公权力的界限,党集中了过多的公权力。"过去在中央和地方之间,分过几次权,但每次都没有涉及党同政府、经济组织、群众团体等等之间如何划分职权范围的问题。"③

党的十七大修改的党章指出:"民主集中制是民主基础上的集中和集中指导下的民主相结合。"必须"严格实行民主集中制,健全集体领导与个人分工负责相结合的制度,反对和防止个人或少数人专断。"④

鉴于苏共垮台与中共"文革"的历史教训,科学全面的理解民主集中制,尤其是从制度层面全面完善民主集中制,已经成为新时期中共党建重要任务之一。新时期党内生活不应片面强调集中统一的问题,而应将党内民主建设摆在健全民主集中制的首位。加强党内民主建设,需要从制度层面保障党员群众的主体地位与党员的基本权利,从制度建设上保障党员的知情权、参与权、选举权和监督权。完善党内权力制约和监督机制与完善民主集中制的制度建设相辅相成。要"创造条件让人民批评政府、监督政府,同时充分发挥新闻舆论的监督作用,让权力在阳光下运行。"⑤完善党内权力监督制约机

---

① ⑤　温家宝:《政府工作报告》,《光明日报》2010 年 3 月 16 日。
②　《邓小平文选》第 2 卷,人民出版社 1993 年版,第 329 页。
③　《邓小平文选》第 2 卷,人民出版社 1994 年版,第 389 页。
④　《中国共产党章程》,人民出版社 2007 年版,第 9 页。

制,党内干部任用制度建设是基础。党内权力腐败的根子在于权力背后的寻租现象,要杜绝干部以权谋私,除了党内纪律约束与思想政治工作之外,关键就是要使党内干部任用制度与利益正面引导机制有机结合,在选人用人方面建构有效的监督保障机制。

中国政治体制改革 30 年的历程并不一帆风顺,面对国内外各种挑战,中国共产党不断调整政治体制改革目标任务与路径选择,中国政治体制改革的脚步始终没有停下,中国共产党领导中国人民已经走出了一条独特的政治发展道路。党的领导制度改革 30 年,从 20 世纪 80 年代党政分工改革、90 年代加强党的全面领导,到 21 世纪强调改革与完善党的领导方式与执政方式,走出了一条与全面改革相适应的与时俱进的改革路径,党的领导制度改革同样没有停止过,而是根据不同发展阶段面临的挑战与机遇,根据改革开放的中心任务的调整,不断调整党的领导制度改革的路径选择。近年来党中央在坚持与完善党的领导方式与执政方式方面,出台了一系列相关的政策与改革措施,取得了相当的成果。可以相信,在未来的岁月中,中国的政治体制改革与党的领导制度改革必定会更上一层楼,社会主义民主政治建设必定会不断结出更加丰硕的成果。

(作者为同济大学哲学社会科学基地首席教授、

政治与国际关系学院博导)

中国共产党政治伦理
思想及其分析维度

The Communist Party of China's Political Ethics Thought and
Its Analysing Angles

魏青松

一、中国共产党的产生及其政治伦理思想

中国近代政治史上最重大的事件是 1921 年 7 月成立了中国共产党。中国共产党的成立,也标志着新的政治力量的产生,由此,政治集团由两分变为三分,最后由三分归为一统。①政治是事实与价值的统一体。②伦理范畴的各项目,可按其性质、内涵、特点、功能,依逻辑层次安置,由内到外依次为人心、家庭、人际、社会、世界、自然③。"政治以伦理为基础,具有道德价值。"④"伦理道德不仅被视为政治的载体和基础,而且被视为政治的目的"⑤,是政治伦理化的核心理念和逻辑起点,而在政治实践中体现作为基本价值原则的伦理道德,就成为政治伦理化的表现。中国共产党的政治伦理,简而言之就是指由党的政治伦理理念、政治伦理关系、政治制度伦理、主体品德构成的相互联系、有机统一的伦理规范体系。它来源于我党长期的革命、建设及改革实践。

二、四个分析维度

党的伦理关系主要有:执政党与其他党派;执政党与政府;本国执政党与外国执政党;执政党与民众;党的领导与普通党员;党的上级组织与下级组织;党员与党员等。关

---

① 白寿彝总主编,王桧林、郭大钧、鲁振祥主编:《中国通史——近代后编(1919—1949)》(上)(第十二卷),上海人民出版社 2000 年版,第 136—141 页。
② 彭定光:《政治伦理的现代建构》,山东人民出版社 2007 年版,第 13 页。
③ 参见张立文:《中华伦理范畴与中华伦理精神的价值合理性》,《齐鲁学刊》2008 年第 2 期。
④ 李明辉:《论廉政的伦理内涵》,《伦理学研究》2005 年第 5 期。
⑤ 黄明哲:《关于中国共产党执政伦理建设的若干思考》,《武汉理工大学学报》(社会科版)2005 年第 4 期。

系类型不同,其伦理道德规范也不同。全心为民、权力制衡、民主集中、平等协商、廉政勤政、与时俱进,应成为我党在新的历史条件下主要的伦理规范。①从执政党涉及的各种政治伦理关系来讲,主要涉及其自身应当具备的政治伦理准则、与外部产生关联所涉及的政治伦理准则、在时间连续性上涉及的政治伦理准则,以及在地域空间上所涉及的政治伦理准则。从这一意义上,可以把中国共产党政治伦理思想的内在维度、外在维度、时间维度及空间维度作为分析的四个基本框架。内在维度主要可从执政党对政治主体的伦理关怀(党员、政党、阶级、国家与人类)、对政治关系的价值判断、对政治制度的正义追求共三个方面来进行分析;外在维度主要可从党群关系、党际关系、党与国关系以及党政关系共四个方面来进行分析;时间维度主要可从执政党的代内政治伦理和代际政治伦理两个方面来进行分析;空间维度主要可从不同层次党组织的政治伦理以及不同国家政党之间的政治伦理共两个方面来进行分析。上述四个方面所构成的分析框架和评估标准是一个完整、统一、动态变化的有机统一体,不应当简单地割裂彼此之间的相互联系。

三、内 在 维 度

中国共产党政治伦理思想的内在维度主要可从执政党对政治主体的伦理关怀(党员、政党、阶级、国家与人类)、对政治关系的价值判断、对政治制度的正义追求共三个方面来进行分析,它是党的政治伦理的根本评价标准。

其一,对政治主体的伦理关怀。党需要从伦理上进行关怀的政治主体主要体现在党员、政党、阶级、国家与人类等。把党员纳入到政党的伦理关怀视域并不意味着党员可以拥有超过群众或者超越法律之上的自由和权利。一个政党如同个人一样,具有相似的被时刻呵护的生命的需要,党的这种组织如同生命体征一样具有被时刻把脉并被注视的特征。我国是以工人阶级为领导的人民民主专政的社会主义国家,工人阶级和农民阶级、小资产阶级、一切拥护祖国统一的爱国者、一切拥护社会主义的爱国者都是执政党必须关照的对象。着眼于全人类的彻底解放是无产阶级的自我解放进而国家解放的固有内涵,是与无产阶级政党对人类解放的终极关怀密切联系在一起的。马克思主义把全人类作为政治伦理关怀的对象更提升了马克思主义道德水平和精神境界。

其二,对政治关系的价值判断。政治关系包涵着利益关系、政治权力关系、政治权利关系三个层次的递进关系。②政治关系涉及阶级之情感和传统,涉及阶级行为中的伦理价值判断和选择以及道德意义和道德选择。马克思主义尤为重视阶级关系以及由此所引发的价值判断和选择,如何在阶级行为中进行伦理审视和道德选择,是马克思主义必须首先面对的重大问题。

---

① 李建华等:《执政与善政——执政党伦理问题研究》,人民出版社 2006 年版,导论,第 19—20 页。
② 王浦劬主编:《政治学基础》,北京大学出版社 2005 年版,第 37 页。

其三,对政治制度的正义追求。对社会主义和共产主义政治制度的追求始终是马克思主义者最终的伦理追求和价值理想之所在。这种追求蕴含着人类正义的基本原则和道义精神。通过对包括党员、政党、阶级、国家乃至人类在内的政治主体进行伦理关怀的阐释,通过对建立在不同生产资料基础之上的政治权力关系和政治权利关系的分析,强调了生产资料公有制条件下的人的政治权利关系的自由、平等和民主特色,从而把握了中国共产党政治伦理思想的内在维度所具有的马克思主义性质,彰显了马克思主义的伦理追求与价值取向。

四、外 在 维 度

中国共产党政治伦理的外在维度主要涉及伦理的决策层面及其对外部的影响效果上。有必要设计一种可以解决伦理问题的行为方式。这一设计活动包括描述和建议,将描述和建议联系起来的思考包括几个重要的步骤,如描述任务、定义伦理问题、界分可替代的行为过程、设想可能的后果、寻找最合适的等,图 1 就表现了这些步骤所组成的模式①。该模式表达了通向裁决直至到达决策的框架。我党的伦理决策过程同样要经历上述几个阶段。在这一过程中,大致涉及党群关系、党际关系、党与国关系②以及党政关系等共四种关系。这四种关系的处理过程中所蕴含的伦理自主性体现了中国共产党的伦理观,也成为了衡量和评估中国共产党政治伦理的主要维度之一。

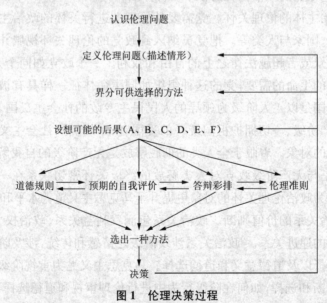

图 1　伦理决策过程

---

① 参见[美]特里·L.库珀著,张秀琴译:《行政伦理学:实现行政责任的途径》(第四版),中国人民大学出版社2002 年版,第 19 页。

② 庄锡福:《为民、尊法、推诚:中国共产党执政的基本伦理准则》,《马克思主义与现实》2005 年第 3 期。

其一，党群关系。为民是我党处理党群关系的重要政治伦理标准。"我们共产党人坚信这条颠扑不破的真理：任何聪明干练的领导者个人，都不可能超越群众的智慧；或者说，他们的聪明干练正是依靠群众的结果。①""共产党人的一切言论行动，必须以合乎最广大人民群众的最大利益，为广大人民群众所拥护为最高标准。"②

其二，党际关系。平等与合作是我党处理党际关系的重要政治伦理标准。

其三，党与国家的关系。中国共产党是各项事业的领导核心，如果放弃了这种领导，就谈不上执政地位。党是阶级组织的最高形式，指出这一点，在今天党已经在国家工作中居于领导地位的时候，特别重要。③同时，中国共产党"必须在全体党员中加强遵守党的纪律和国家纪律的教育，并加强纪律检查工作，"④必须使"工作人员对自己的国家应有责任感，这样才能涌现出成千成万具有积极性和创造性的工作人员。"⑤

其四，党政关系。自律是我党处理党政关系的重要政治伦理标准。党必须对政府加强政治领导、组织领导和思想领导，充分发挥党的领导核心作用。各级政权组织，包括人大、政府和司法机关，都必须接受共产党的领导。凡属方针政策的重大问题，都要经过党委讨论，然后分头执行。⑥但党和政府是不同的，处理好党政关系的关键，就在于党必须加强自律。

五、时 间 维 度

中国共产党政治伦理思想的时间维度主要是从"代"的角度来阐释的。"代"具有自然属性和社会文化属性，其自然属性主要是由同一年龄层即生理年龄来表征的，它构成了代的"自然框架"；其社会文化属性则是由同一年龄层的人所相对共享的相同或相近的价值观和生活方式所规定的。"代"和"代伦理"构成了代际伦理的基本要素，代际伦理就是人类代与代之间伦理关系和伦理规范的总称。⑦由此可见，可以从"代"的两个方面即代内与代际两个视角来分析代的伦理问题。中国共产党政治伦理思想的时间维度也可以主要从"代"的这两个视角来阐释，即从我党的代内政治伦理以及代际政治伦理的视角来分析。只有如此，才能更加全面探讨和分析我党政治伦理思想纵向上的取舍以及横向上的关联逻辑发展脉络。代内政治伦理就是指同一代中国共产党人关于政治的横向层面的伦理关系和伦理规范的总称。代际政治伦理就是指从政治伦理进化的视角来讲，不同代的中国共产党人之间纵向上的政治伦理存在着相当大程度的关联，既有

① 中共中央文献研究室编：《建国以来重要文献选编》(7)，中央文献出版社1993年版，第166—167页。
② 《毛泽东选集》第3卷，人民出版社1991年版，第1096页。
③ 《邓小平文选》第1卷，人民出版社1994年版，第236页。
④ 中共中央文献研究室编：《建国以来重要文献选编》(4)，中央文献出版社1993年版，第730页。
⑤ 中共中央文献研究室编：《建国以来重要文献选编》(1)，中央文献出版社1992年版，第72页。
⑥ 《江泽民文选》第1卷，人民出版社2006年版，第92页。
⑦ 廖小平：《伦理的代际之维——代际伦理研究》，人民出版社2004年版，序一，第3页。

可能存在继承的一面,也有可能存在创新的一面,前者表征为纵向上政治伦理之间的契合程度,后者表征为纵向上政治伦理之间的发展程度。这种政治伦理既有可能存在相同的一面,也有可能存在不同的一面,前者表征为一致和统一,有利于党的团结和统一,后者表征为差异与分歧,甚至某种程度的竞争,有可能导致党内的矛盾和分裂。从某种意义上讲,同一代中国共产党人的代内横向政治伦理达成共识的程度和概率要高于不同代人的纵向上政治伦理达成共识的程度,其原因主要在于同一代人一般来说具有比较相同或相近的社会背景、文化熏陶以及人生经历和情感等。当然,也不排除特定社会发展阶段和时期后者要高于前者情况的出现。理解好、把握好和发展好代际政治伦理既有利于不同代的中国共产党人之间纵向上的政治伦理的继承,又有利于不同代的中国共产党人之间纵向上的政治伦理的创新;既能提升纵向上政治伦理之间的契合程度,又能不断推进纵向上政治伦理之间的创新水平。

六、空间维度

从某种意义上讲,空间作为社会历史建构的产物,不能仅仅单纯理解为城市空间或化约为几何学的东西,而应较多地是被赋予了政治、经济、社会、文化上的意义。毛泽东也曾多次谈到时空的问题。毛泽东指出:"世界是无限的。世界在时间上、在空间上都是无穷无尽的。"[①]因此,研究党史要用全面的历史的方法,"就是要弄清楚所研究的问题发生的一定的时间和一定的空间,把问题当作一定历史条件下的历史过程去研究"[②]。邓小平提出了"一国两制"、"两个大局"等许多战略思想,这些思想蕴含着丰富的社会空间思想。科学发展观的思想也是关于社会空间的重大思想。从科学发展观的要义、核心、基本要求、根本方法等诸多方面看,其中最为突出和显著的就是强调社会空间的平衡和协调、社会空间资源的重新排列组合以及人的整体性和全面性发展。按照可持续发展的要求,人类主体中代内不同发展空间主体与代际不同时间主体间要具有平等的生存发展权;代内不同主体要重新发展发现和重视"类主体"的利益和价值,从类主体的高度来审视发展,具有整体的发展观念。实质上,这种多极立体主体不是抽象的实体,而是一种以当代人类主体为轴心的立体主体系统。[③]

空间伦理的主要目标是谨记人类在宇宙中的位置,通过一个客观、独立和透明的程序来响应公众关心的问题。[④]党的政治伦理思想的空间维度要求有一条符合其伦理准则和规范的界线存在,这种界线必须符合最广大人民群众的利益。党的政治伦理思想可从

---

①　《毛泽东文集》第 8 卷,人民出版社 1996 年版,第 389 页。

②　《毛泽东文集》第 2 卷,人民出版社 1993 年版,第 400 页。

③　董霞、王玉香:《可持续发展伦理建构现实困境的透视》,《山东社会科学》2007 年第 12 期。

④　Alain Pompidou. The Ethics of Space Policy [EB/OL]. 1999:12. 23. Available from: http://www.unesco.org.

包括空间等在内的多个视角来理解。中国共产党政治伦理思想的空间维度主要是基于其空间的正义性或公平性，也就是说，基于空间范围内的制度正义性视角。它主要涉及两个方面的制度正义性：一是中国共产党在国内空间由上到下的组织制度中所蕴含、所贯穿、所表征的政治伦理思想和准则，它包括基层党组织制度的正义、中层党组织制度的正义以及高层党组织制度的正义，其中比较关键的就是党的各级组织在消除城乡"空间差异性"上的伦理制度安排和政策导向；二是中国共产党作为本国执政党的政治伦理思想与其他政党的政治伦理思想在竞（争）合（作）关系中所体现的中国化、时代化和大众化特征。党的纯洁性和战斗力的保持与提高，不仅需要对于已有的基层组织加以整理，尤其需要健全党的支部的组织生活及经常的教育工作。[①]实现党的政治伦理空间的正义是党立于不败之地、赢得广大党员和人民群众支持的关键因素。可持续发展战略思想要求政党具有代内不同的空间主体和代际不同的时间主体所构成的立体主体谱（见图2）。

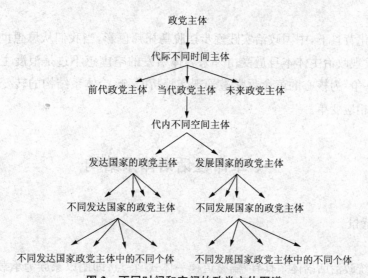

图 2　不同时间和空间的政党主体图谱

可持续发展是对当代政党主体提出了不同的时间和空间要求，要求当代政党能够很好地处理好立体主体之间的关系，符合可持续发展的伦理观念。我党代内不同的空间主体与代际不同的时间主体都要具有平等的发展空间，重视政党政治伦理的价值意蕴。我党必须不断拓展政治空间，充分体现党的政治伦理的优越性和先进性，这种优越性和先进性是在与其他党派不断竞争合作中、在比较中不断形成的。中国共产党的政治伦理思想在政治的各个空间领域和层面都表现了其公平性、民主性和正义性。

（作者为华东政法大学政治学与公共管理学院讲师、

同济大学 2008 级博士生）

---

① 中共中央文献研究室编：《建国以来重要文献选编》(2)，中央文献出版社 1992 年版，第 210 页。

中国政治话语体系:革命性与现代性的不同结构分析

China's Political Discourse Paradigms: Different Structural Analysis between Revolution and Modernity

丁长艳

在现代化背景下,中国政治实践逐步摆脱乌托邦色彩,当我们从思想世界转移到现实世界,会发现政治主体本身遭受由外来客体引发的空虚感不过是浪漫主义的昙花一现。当以"斗争"为核心的革命哲学遭受现实挫折时,政治体系结构的转变引发政治话语体系发生相应变革。

一、革命性话语体系结构

(一) 形成背景

中国传统政治话语体系具有"儒家道德一体式"特点,即用以家族为承载主体的道德话语体系作为政治体系媒介。费孝通认为,传统社会分为上下两层:下层社会处于自治状态,上层和下层的关系是一种无为而治的状态。下层对上层的呼应体现为半自治方式,对上层的渗透采取妥协的对话方式。古代的"自治"更多是行政行为,在思想道德和法律上的"治"则呈现出自上而下的一统性,同时,这种地方式的自治是以封建国家为一体的理念作为基础,它一直延续到20世纪50年代以后,也是转入革命性话语体系的假设前提,这种体系颠覆了国家控制和社会自主之间的弹性关系,遮蔽了社会史资源原有的地位和价值。"新社会史观"则要解决这种硬性规避,一是揭示过去不受破坏的乡村社会自治结构,二是解释一百多年来国家如何破坏社会的自组织能力。中国共产党革命过程中与建国后重构地方权力结构,党组织通过政权体系实现权力下沉,"在共产党员的帮助下,国家渗透到地方并动员了大量的地方资源,它削弱了以血统和地主为中心的等级制度"[1]。中国地方结

---

[1]　吉尔波特·罗兹曼:《中国的现代化》,江苏人民出版社2005年版,第439页。

构成型为"城市—乡村"的分离状态,纵向表现为集权状态。

　　新中国政权标志形式意义革命的完成,革命应该转向社会领域,因为"任何真正的革命都必然呈现出两种具有深刻内在联系的革命运动:一是政治革命,二是社会革命。"①中国特殊的历史背景决定政治革命直接转向社会革命条件并不成熟,应该有一个过渡形态,即新民主主义的政治形态,形成"国体——各革命阶级联合专政。政体——民主集中制。"②这种过渡理论与实践严重错位,革命③成为建国后政治体系常态,它不仅指一个政治体系针对另一政治体系,也涉及同一政治体系内的斗争。内外部因素的交织使中国的政治形势产生"混合刺激效应",领袖过度评估外部因素的消极影响。在内部,毛泽东批评官僚体系弊病,他给出的解决方式延续革命年代特点,对社会主义和共产主义性质、目标、内容、实现路径有特定理解,形成革命性话语体系。(见图1)

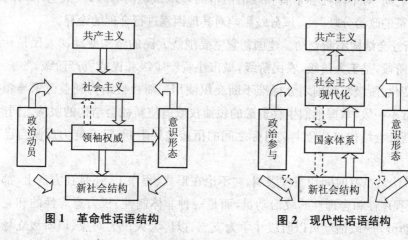

图1　革命性话语结构　　　　　　图2　现代性话语结构

(二) 体系结构

　　总目标是实现共产主义理想④;阶段目标是建立社会主义社会;过程是利用阶级划分和"左、中、右"的派别划分交织形成不断变动的新社会结构⑤;媒介:社会主义意识形

① 林尚立:《当代中国政治形态研究》,天津人民出版社2000年版,第57页。
② 《毛泽东选集》第2卷,人民出版社1991年版,第677页。
③ "革命"在当时政治体系语境下指阶级斗争,要对不断出现的阶级敌人进行解释。阶级敌人长期存在表明,正是革命确立的新秩序本身创造新的敌人。导致变革和实践是毛泽东思想中相互联系的两个中心内容,且更强调阶级地位的可变性而非不变性。参见约翰·布赖尔·斯塔尔:《毛泽东的政治哲学》,中央文献出版社1992年版,第114—120页。
④ "共产主义"的理想是要改变"一切社会的历史都是阶级斗争的历史"的人类状态,消灭人对人的剥削和民族对民族的剥削,形成无阶级差别的人类自由联合体,每个人的自由发展是一切人的自由发展的条件。共产主义社会并不剥夺任何人占有社会产品的权力,它只剥夺利用这种占有去奴役他人劳动的权力;公众的权力将失去政治性质;共产主义革命的过程是同传统的所有制关系实行最彻底的决裂。参见《马克思恩格斯选集》第1卷,人民出版社1972年版,第250—273页。
⑤ "新社会结构"不是指某一种确定的社会结构,指改革开放前不同阶段内对社会进行划分后形成的社会结构形态,其内容和形式不断发生变化,从而用此概念来反映不同阶段的社会结构的变化状态。

态体系。

(1) 领袖权威是实现社会主义目标的主导力量。建国早期,它体现为以毛泽东为首的集体领导形式,中后期逐渐转移到毛泽东个人身上,它是权力体系的领导核心。毛泽东延续革命年代的斗争哲学:阶级斗争学说构成毛泽东的社会观念框架,形成"阶级斗争、生产斗争和科学实验"结合的公式,但是在很长的时间内,阶级斗争压倒一切,后两者服从阶级斗争。以这种方式将阶级从生产中区分出来是为了强调阶级的非经济内涵。①20世纪50年代,领袖集体成员诠释的社会发展总目标没有根本分歧,分歧体现为:"中国社会到底是先通过发展社会生产力,然后改变旧的生产关系,确立新的生产关系;还是先确立新的生产关系来发展生产力,并在此基础上巩固生产关系。"②20世纪60年代,他们之间"对中国社会矛盾和政治国情的基本认识的分歧,发展为不同的治国理念、治国之策的政治分歧"③。该分歧影响对其他因素进行合理的诠释。

(2) 新社会结构不断变动。建国初它主要围绕人民的结构变动,"人民是什么? 在中国,在现阶段,是工人阶级,农民阶级,城市小资产阶级和民族资产阶级。"④随后阶级结构不断变化,阶级与派别划分标准不断交织使用。新社会结构利益诉求与领袖权威的目标经常不一致,掌握他们生存资源的领袖权威迫使新社会结构的服从。同时,随意性很强的新社会结构与社会主义目标之间的衔接途径阻断,没有能力反映自己的利益诉求。

(3) 政治动员有时间和条件限制。"不论在形式、程序上,还是在方法上,都不是一种体制性、程序性和合理性的政治动员,而是一种非体制性、权力意志性的和克里斯玛性的政治动员。"⑤政治动员以阶级斗争为支点、以广大人民为对象、以阶级立场和政治态度为基础、以"大民主"为表现形式,在特殊时期与解决特定问题时是有效的。压力源是领袖权威,原先社会结构既是执行主体,也是被解构对象,形成的新社会结构十分脆弱,进一步威胁体系稳定。

(4) 社会主义意识形态体系既从属于社会主义目标,又不断更改目标内容,它是政党实现社会主义现代化的重要媒介。政党掌控意识形态建构与诠释,通过党的思想建设——用无产阶级思想改造党员和群众,塑造"按照为人民服务的观点进行工作,运用马克思列宁主义的民主集中制方法和群众路线方法"⑥的革命接班人。新社会结构没有制度化途径对意识形态施加影响,领袖权威通过单线将意识形态传递给社会结构,促使新社会结构不断改造。

---

① 《中共中央关于目前农村工作中若干问题的决定草案(前十条)》(1963年5月20日和1964年3月毛泽东在情况汇报会上的谈话)。
② 林尚立:《当代中国政治形态研究》,天津人民出版社2000年版,第269页。
③ 胡鞍钢:《中国政治经济史论(1949—1979)》,清华大学出版社2007年版,第669页。
④ 《论人民民主专政》,《毛泽东选集》第4卷,人民出版社1991年版,第1475页。
⑤ 林尚立:《当代中国政治形态研究》,天津人民出版社2000年版,第286页。
⑥ 约翰·布赖尔·斯塔尔:《毛泽东的政治哲学》,中央文献出版社1992年版,第425页。

二、现代性话语体系结构

（一）形成背景

革命在中国转型过程中一直承担重要使命，它虽然突破向来与王朝的可变性、当权的法定性和天意民心的天然联系，结果产生另外一种史无前例的话语，通过不断更换政治主体构建乌托邦世界。这种理想一方面"包含着对既成世界秩序的反抗，也意味着从世界主义撤退。当反抗的革命精神缺乏外部条件所提供的宣泄渠道"①；随即"以自身作为革命对象，借以释放久遭压抑的叛逆性，证明自身革命主体存在的法定性。"②将革命由传统的外来者角色转变为政治主体的内在品格，也重塑政治主体的美好品性，其内在缺陷是结构性的。

首先，领袖权威是体系的核心。体系稳定取决于领袖权威结构的稳定。在领袖权威稳定的情况下，体系保持畅通，反之，体系容易失衡。其次，对发展目标、性质与内容的理解片面。将目标实现主体设定为一体的人民，认可并压抑中国社会的内部斗争。再次，过分强调意识形态的重要性。与以往的社会形态相比，"共产主义革命就是同传统的所有制关系实行最彻底的决裂。"③这种决裂通过革命来实现，建国后的意识形态革命是中国革命的一部分。国家内外部因素交织使毛泽东认为阶级敌人一直存在，他将这种状态视为"个人改造或社会化不彻底的结果……这种敌人的长期存在表明，正是革命所确立的新秩序本身创造了新的敌人。"④这种动态性导致体系的非均衡性和无序性，在政治动员过程中，每个阶段设定特定目标不断进行动员，阶级斗争是政治动员的支撑点。政治动员根本特点是直接通过思想和政治斗争进行政治运动，因此体系难以存续。"当一个权威性分配价值的系统受到极其沉重的压力，以至于再也不能承受时，该体系就会崩溃。"⑤新中国建立既是革命过程，也是追求现代化的过程。因此，"中国近代史研究中'革命'与'现代化'的模式根本不可能像自然科学那样存在范式转换的否定关系，而只有可能存在一种并列或重叠的解释关系，只不过各自突出诠释的是中国近代社会进程的不同侧面罢了。"⑥

毛泽东的去世使"原来的权威格局因失去了支撑点难以维系，政府必须寻找新的权力支点"。⑦因此，在国家范畴内寻找新的权力基点，通过国家作为现代化承担者来实现

---

①② 陈建华：《"革命"的现代性：中国革命话语考论》，上海古籍出版社 2000 年版，第 55 页。
③ 《马克思恩格斯选集》第 1 卷，人民出版社 1972 年版，第 271—272 页。
④ 《新民主主义论》，《毛泽东选集》第 2 卷，人民出版社 1991 年版，第 114 页。
⑤ 戴维·伊斯顿：《政治生活的系统分析》，华夏出版社 1989 年版，第 39 页。
⑥ 杨念群：《中层理论——东西方思想会通下的中国史研究》，江西教育出版社 2001 年版，第 198 页。
⑦ 张乐天：《告别理想——人民公社制度研究》，东方出版中心 1998 年版，第 516 页。

叙事功能。(见图 2)

(二) 体系结构

总目标:实现共产主义①;阶段目标:进行社会主义现代化建设②;过程:通过政治民主化、经济市场化和社会多元化等催生"新社会结构";方式:有序政治参与。媒介:以不断更新的"社会主义意识形态"构建开放体系。

(1) 社会主义国家体系③是社会主义现代化的载体。执政党是国家体系的核心因素,国家体系由政党体系和根本制度体系组成(体现为以人大为代表的公民权力体系)。政党体系包含双重因素:社会力量与国家力量。民主化和现代化要求政治体系建构现代制度、组织和价值体系,形成"以国家为主导,集社会资源,基稳定秩序,借后发优势,借持续发展,行跨越战略"④的现代化机理,要求在根本制度体系层面围绕民主化和法治化,构建"以宪法为核心,以人大为主导"的宪政体系,为新社会结构有序政治参与提供制度保障。

(2) 新社会结构与社会主义现代化目标具有一致性。它既是市场经济发展的产物,也是政治和社会结构形成基础,实现由"组织化社会的社会建构体系"到"社会组织化的社会建构体系"⑤转变。新社会结构更具均衡性,是国家体系的吸纳对象,新社会结构通过阶层来划分并且具有很强的"政党推动"特征。

(3) 开放式的意识形态体系引导国家体系的发展。它一方面在继承基础上理性地诠释社会主义目标增强社会成员认同感;并在社会主义价值体系基础上重构社会主义义利观。从现代社会精神生活角度来说,世俗化或权威观念瓦解导致两重结果,"一是行为动机的物质化,二是终极价值的多样化"⑥。意识形态体系的支配主体已由权威领袖分化为国家体系和新社会结构。在"'官方'舆论仍保持了一贯的统治地位"⑦的同时,社会权力要素在政治和社会领域之间发生转移。

(4) 有序政治参与既是国家体系的一部分,也是"新社会结构"向国家体系传递利益

---

① 由于历史经验和现实发展需要,现代性话语体系并不突出"共产主义"的具体内容和实现时限,而是将其作为政治体系大宏观的发展方向。

② 该体系已经解决"什么是社会主义"和"如何建设社会主义"两个基本论题,明确社会主义是现代化进程中的一个发展阶段,两者之间并不存在张力。社会主义现代化具有四重规定性:形式规定性——后发外生型,目标规定性——社会主义,结构规定性——特殊的经济、政治和文化结构,时代规定性——机遇与挑战并存。见林尚立:《中国共产党与国家建设》,天津人民出版社 2009 年版,第 34 页。

③ "国家体系"指以制度化形式体现的宪政理念以及将理念转化为实际行为的能力,它是国家目标和国家行为能力的集合体。最集中的表现是国家制度的现代化,它不仅是国家体系自身的目标,也是典型的国家性公共物品。见胡鞍钢:《第二次转型:以制度建设为中心》,《战略与管理》2002 年第 3 期。

④ 林尚立:《中国共产党与国家建设》,天津人民出版社 2009 年版,第 34 页。

⑤ 林尚立:《中国共产党与国家建设》,天津人民出版社 2009 年版,第 188 页。

⑥ 童世骏:《意识形态新论》,上海人民出版社 2006 年版,第 144 页。

⑦ 康晓光:《权力的转移——转型时期中国权力格局的变迁》,浙江人民出版社 1999 年版,第 135 页。

诉求的合法途径。与原有体系相比,民众参与公共事务目的、动力和行为方式发生根本转变,由革命性向利益推动性转变,由被动、盲目向主动、理性转变,为参与公共事务提供"相互理解,说服对方,与人为善"①的制度化途径,"所有的人都必须是一个'共同体'中一个平等、匿名的单位。在产生这种道德时,人们曾不厌其烦地探讨这个'单位'的性质:他被理解为'人'本身,理解为'同志',理解为'公民'。"①

　　总之,革命性开启中国构建新型国家的序幕,在纷繁芜杂的历史场景中,革命以一种主导性的状态支配中国的现代化进程。实际上,革命只能作为一种实现伟大目标的方式,不能成为目标本身,并且革命陷于这种自我强化而"难以自拔",现代性将国家和社会从革命性的桎梏中解放出来,实现革命性本身难以完成的"自我救赎"。

（作者为复旦大学国际关系与公共事务学院
中外政治制度专业 2009 级博士生）

---

① 托克维尔:《旧制度与大革命》,商务印书馆 1996 年版,第 35 页。
② 迈克尔·欧克肖特:《政治中的理性主义》,上海译文出版社 2004 年版,第 97 页。

民主遵约论及其逻辑缺陷

Democratic Compliance Theory and Its Logical Drawbacks

刘宏松 张笑天

国家对国际协议的遵守是国际关系和国际法学者共同关注的研究议题。在无政府的国际体系中,国家为什么会遵守国际协议? 已有的研究以声誉考量、规范引导和国内政治支持等因素对这一问题作出了解答。[1]随着遵约研究的推进,一部分学者开始关注政体类型对国家遵守行为的影响,提出了民主国家更加倾向于遵守国际协议的理论假说。[2]现有的研究主要是围绕这一假说进行经验检验,而对假说本身的因果逻辑却没有进行严格的检视。要判定政体属性(民主)与遵守行为(倾向于遵守)之间的因果关系是否存在,对因果逻辑的检视是无法绕开的研究环节。本文将进行这一工作,对民主遵约论的因果逻辑中存在的问题进行讨论。

一、民主遵约论及其因果逻辑

持民主遵约论观点的学者认为,民主国家比非民主国家更倾向于遵守国际承诺、承

---

[1] Kal Raustiala, "Compliance & Effectiveness in International Regulatory Cooperation", *Case Western Reserve Journal of International Law* Vol. 32, No. 2, Summer 2000, 387—440.

[2] 民主遵约论的文献主要有:Kurt Gaubatz, "Democratic States and Commitment in International Relations", *International Organization*, Vol. 50, No. 1, Winter 1996, pp. 109—139; William Reed, "Alliance Duration and Democracy: An Extension and Cross-Validation of 'Democratic States and Commitment in International Relations'", *American Journal of Political Science*, Vol. 41, No. 3, July 1997, pp. 1072—1078; Karen Remmer, "Does Democracy Promote Interstate Cooperation? Lessons from the Mercosur Region", *International Studies Quarterly*, Vol. 42, No. 1, March 1998, pp. 25—52; Ashley Leeds, "Democratic Political Institutions, Credible Commitments and International Cooperation", *American Journal of Political Science*, Vol. 43, No. 4, October 1999, pp. 979—1002; Edward Mansfield, Helen Milner and Peter Rossendorf, "Why Democracies Cooperate More: Electoral Control and International Trade Agreements", *International Organization*, Vol. 56, No. 3, Summer 2003 pp. 477—513; Beth Simmons, "International Law and State Behavior: Commitment and Compliance in International Monetary Affairs", *American Political Science Review*, Vol. 94, No. 4, December 2000, pp. 819—835; Fiona McGillivray and alastair Smith, "Trust and Cooperation Through Agent-Specific Punishments", *International Organization*, Vol. 54, No. 4, Autumn 2000, pp. 809—824; Xinyuan Dai, "Political Regimes and International Trade: The Democratic Difference Revisited", *American Political Science Review*, Vol. 96, No. 1, March 2002, pp. 159—165; Xinyuan Dai, "Why Comply? The Domestic Constituency Mechanism", *International Organization*, Vol. 59, No. 2, Spring 2005, pp. 363—398.

诺可信度更高、遵守记录也更好。他们通过对特定议题领域国家遵约行为的经验研究，来检验其理论假说。例如，利兹探讨了国家对联盟承诺的遵守状况。利兹认为，国家违反联盟承诺的主要原因是，国家在缔结联盟条约时就已经预期到自己或盟友不准备在援引条约时遵守承诺，缔约（承诺）主要是出于某种虚张声势（bluff）。由于其统治不是建立在定期选举的基础上，独裁国家的领导人不需要向广泛的选民负责，也不需要以政策稳定来表明其领导能力，缺乏权力制约也使其改变既有政策较为容易，因此，独裁国家更有可能出于虚张声势的考虑而缔结联盟条约。利兹的统计结果是，民主国家违反承诺的可能性比非民主国家要低16.5％。[1]又如，爱德华·曼斯菲尔德、海伦·米尔纳和彼得·罗森多夫对民主国家对贸易协议的遵守状况进行了研究。其结论是，政体类型影响国家缔结并遵守贸易协议的倾向。国家越是民主，就越可能缔结并遵守贸易协议。[2]

民主遵约论的基本逻辑是：由于民主国家的领导人相对于非民主国家的领导人面临着更高的"国内听众成本"，这促使他们更加忠实地履行国际承诺、遵守国际协议。民主国家的领导人由选举产生，如果他们违反国际承诺，作为"国内听众"的选民可以通过在国内大选时不向"背信弃义"的领导人投票来对其施加政治惩罚。民主国家的领导人为求得未来能够在竞选连任中获胜，不得不谨慎地对待已经作出的国际承诺，尽量不违反与其他国家签订的国际协议。非民主国家的领导人不是由选举产生，民众只能通过革命、暴动和内战等非常态的政治更迭方式才能实现他们更换领导人的意愿。而这些非常态的政治更迭方式在通常情况下都不会发生，这就使非民主国家的领导人在违反国际协议时不会受到国内民众的惩罚，因此，非民主国家的领导人不会在"国内听众"的推动下积极地履行国际承诺。

二、对因果逻辑的检视

在民主遵约论的理论假说中，"国内听众成本"是整个因果链条中至关重要的中介性变量。正是由于较高的"国内听众成本"的存在，民主国家的领导人倾向于遵守国际协议。在持民主遵约论的学者看来，民主国家的领导人之所以面临着较高的"国内听众成本"，是因为：第一，民主国家的政治制度使其决策更加透明，民众可以比较容易地获得关于国际协议的遵守状况的信息；第二，民主国家的政治领导人在决策时面临着由集团组织起来的民众制约，组织起来的民众可以通过选举或其他合法途径对领导人施加惩罚或限制。然而，"国内听众成本"的逻辑并不能保证民主国家有更高的遵约倾向。

---

[1] Brett Ashley Leeds, "Alliance Reliability in Times of War: Explaining State Decisions to Violate Treaties", *International Organization*, Vol. 57, No. 4, Autumn 2003, pp. 813—815, 821.

[2] Edward Mansfeild, Helen Milner and Peter Rosendorf, "Why Democracies Cooperate More: Electoral Control and International Trade Agreements", pp. 477—513.

上海市社会科学界第八届学术年会文集（2010年度）政治·法律·社会学科卷

因为上述这些因素并不一定引导国家决策向遵守倾斜而不是向违反倾斜,民主国家也并不一定比非民主国家在制度上有更强的制约。

(一) 偏好稳定性问题

民主国家"公众的政策观点总体上是稳定的并与外部紧急事态关联良好(well connected)",这是民众向领导人施加"国内听众成本"的前提。[1]事实上,很难断言民主国家与非民主国家在公众偏好上更稳定。一般而言,非民主国家公众可接触到的关于外部事务的信息往往由政府控制,因而公众偏好建立在政府政策偏好的基础上;民主国家公众可以获得较多的信息,这可能导致其偏好有较大的变动空间。公众对遵守偏好的稳定性有两个维度:强度(strength)和优势度(salience),前者指公众视遵守某一承诺事关国家和个人利害的程度,后者指公众在遵守该承诺与其他政策诉求之间的权衡。在考察公众对遵守国际环境机制的态度时,学者们发现,虽然民主国家公众支持的强度很高,但优势度则随经济状况和危机事件而经常变化。[2]考虑到公众总是在多种政策诉求之间进行权衡,经常变化的优势度表明在遵守问题上的公众偏好并不稳定。能够说明这一点的是直接民主制下的雅典,当以公民投票决定是否应处死背叛的密提林人(这个屠城决策涉及了威胁的可信性)时,公众面对多种考虑(防止背叛的"多米诺效应"、宽恕的美德、报复的正义、城邦利益等)进行权衡而作出的决定在一夜之间即发生逆转。[3]民主遵约论不能证明相对于非民主国家而言,民主国家公众的外交偏好更稳定,也未证明公众稳定的偏好一定是支持遵守国际承诺的;并且未能说明公众易受外部紧急事态的影响,在何种程度上是"关联良好的",在何种程度上是印证了偏好的不稳定性。这些无疑伤害了其立论的可信性。

(二) 公众影响力问题

在词源上,民主的原初意义是"人民统治",公众享有政策决定权。但至迟自熊彼特揭示"更忠实于生活"的民主内涵起,从理论上讲,公众在政治生活中可以发挥多大程度的作用这一问题就需要更细致的思考。现代民主理论认为,"人民的作用是产生政府"而不是作出决策。[4]公众可以被视为委托人而决策者成为代理人,这就产生了道德风险,即决策者凭借信息优势而机会主义地行事、且并不担心受到惩罚。这也就意味着,即使

---

① Kurt Taylor Gaubatz, "Democratic States and Commitment in International Relations", in Miles Kahler ed., *Liberalization and Foreign Policy*, New York: Columbia University Press, 1997, pp. 32—34.

② Edith Brown Weiss and Harold K. Jacobson eds., *Engaging Countries: Strengthening Compliance with International Environmental Accords*, Cambridge: The MIT Press, 2000, pp. 30—32.

③ 修昔底德:《伯罗奔尼撒战争史》,谢德风译,商务印书馆 1960 年版,第 203—216 页。

④ 熊彼特:《资本主义、社会主义与民主主义》,商务印书馆 1979 年版,第 336—337 页。

公众稳定的偏好倾向于遵守国际承诺，决策者也有可能背离公众要求而作出违反的决定，不能仅以公众在遵守问题上的偏好来推断国家的遵守行为。如何确保委托人按照代理人的利益、作出符合委托人偏好的决策，成为民主国家在制度设计中首先应该关注并解决的问题。选举被认为是制约代理人的最重要手段，有学者认为，公众可以通过选举杠杆惩罚违背国际承诺的领导人。[1]但选举杠杆依然不能有效解决遵守国际承诺上的道德风险难题，因为：(1)选举本身即产生了政治市场中的委托—代理关系，现代民主国家的选举仅是产生政府，很少通过公民投票的方式进行具体决策，这就给政治领导人的机会主义行为留下了空间；(2)民众在选举中更多关注的是国内议题，如就业、社会保险、医疗服务等，即使关注到国际议题，也往往体现了孤立主义倾向，如削减对外经济援助、避免卷入地区冲突。[2]偏向孤立主义的公众如何会施加压力要求政府遵守国际承诺？这一问题在民主遵约论中既没有被提出，也未获得解答。

(三) 集体行动问题

有限的影响力并不意味着公众在决策中无足轻重。自由主义国际关系理论认为：个人和私人集团是国际政治的首要行为者，[3]在政治市场上，民众既不可能形成铁板一块的观点，也不可能单枪匹马地试图影响决策；民众总是被社会集团动员、组织起来而发挥有限的作用。由于国家遵守或违背国际承诺的决定总是具有分配意义，会影响到几乎所有公民的福利，因而选民会试图结成"私人集团"以影响决策。一个完全合乎情理的假设是：在是否应遵守某一国际承诺的政策辩论中，预期从遵守中获益的公众结成"亲遵守集团"，而预期受损的公众结成"反遵守集团"；决策受到两个集团间议价能力的影响，议价能力由集团持有的选举杠杆和信息能力决定——"一方面，遵守决策往往向拥有重大选举影响的大的利益集团偏斜；另一方面，遵守决策也偏向特殊利益，如果这些集团拥有关于政策过程的更优信息"[4]。是"亲遵守集团"还是"反遵守集团"胜出，这需要视具体情况而定。

(四) 非民主国家的公众制约

非民主国家的决策者是否也面临着公众或利益集团的制约？这个问题很长时间内未受到民主理论的关注。传统观点认为，民主和非民主水火不容——一方面，夸大了民

① Xinyuan Dai, "Why Comply? The Domestic Constituency Mechanism," pp. 363—398.

② Benjamin I. Page, Jason Barabas, "Foreign Policy Gap between Citizens and Leaders," *International Studies Quarterly*, Vol. 44, No. 3, Sep. 2000, pp. 339—364.

③ Andrew Moravcsik, "Taking Preferences Seriously: A Liberal Theory of International Politics," *International Organization*, Vol. 51, No. 4, Autumn 1997, pp. 517—518.

④ Xinyuan Dai, "Why Comply? The Domestic Constituency Mechanism," p. 365.

主与非民主的差异；另一方面，对民主内部的差异关注较少，对非民主内部的差异几乎视而不见。[①]这一僵硬的两分法开始引起一些学者的怀疑。在西方，赫尔德发现：绝对制君主的权力常被夸大；绝对主义国家中不仅有绝对制宫廷，还有"大臣原型"国家；统治者与被统治者间存在"双向互动关系"，下层群体有影响统治者的机会。[②]非民主国家的决策者需要赢得公众和利益集团的支持，虽然这种支持并不是以选票表达出来的，决策者也就受到限制——一种"非正式的"、替代的限制。[③]本文无意主张民主国家与非民主国家的制度不存在区别，这里旨在说明的是，预设"民主特殊"的民主遵约论的逻辑推理过程尚不够细致入微，对制度差异导致行为差异的微观过程的解释大有可商榷之处。

三、结论及研究启示

本文对民主遵约论因果逻辑的检视表明：民主的政体类型与遵守行为之间并不存在确切的因果关系。民主遵约论的因果逻辑存在着缺陷，民主国家面临的决策限制不一定会有利于遵守。

事实上，民主意味着决策参与者是分散的，政治市场中的行为者又是有限理性的，所以"民主内生着不确定性"[④]。在某种特定条件下，民主可能会引致更高的遵约倾向。而在其他情况下，民主遵约论的因果逻辑失去了其作用条件，民主与遵约之间的因果关系也就无法成立。已有的经验研究支持民主遵约论的理论假说，很可能是因为其选取的样本数据正好符合其因果逻辑发生作用的特定条件。对于研究者而言，讨论并厘清其发生作用的特定条件，将是未来研究的方向。

（第一作者为上海外国语大学国际关系与外交事务研究院助理研究员，
第二作者为复旦大学国际关系与公共事务学院 2009 级博士研究生）

---

① 戈登·图洛克曾经评论过，在马基雅维里以后，对独裁政治的科学分析就付诸阙如。参见沈友军：《公共选择理论的新方向——独裁政治的经济学理论评述》，《江苏行政学院学报》2003 年第 1 期。

② 戴维·赫尔德：《民主的模式》，燕继荣译，中央编译出版社 2004 年版，第 92—93 页。

③ Jonanne Gowa, "Democratic States and International Disputes," in Miles Kahler ed., *Liberalization and Foreign Policy*, p. 111. Sebastian Rosato, "The Flawed Logic of Democratic Peace Theory," *American Political Science Review*, Vol. 97, No. 4, November 2004, pp. 596—597.

④ 亚当·普沃斯基：《民主与市场——东欧与拉丁美洲的政治经济改革》，包雅钧等译，北京大学出版社 2005 年版，第 2—3 页。

从政权到国家制度:中国现代国家建设的内涵与发展逻辑

From State to Institution: The Connotation and Develop Logic of Chinese State-building

汪仕凯

一、国家政权建设:西欧经验

国家政权建设(state-building)是由查尔斯·蒂利等人提出的。他们认为:"国家是这样一个组织,它占据着确定的疆域、并控制着疆域上的人口,从同一疆域上的其他组织中分化出来,它是自主的、中央集权的、结构分化的组织。"而国家政权建设则是获得这些特征的历史过程。①蒂利的陈述是简洁和抽象的,是对西欧一般经验的总结,所以对于国家政权建设规范性内涵的理解必须与西欧的历史经验结合起来,否则就会产生简单化的结论。西欧的国家政权建设主要是针对两个历史背景:以战争竞争为主要形式的国家竞争和政治单位林立的封建社会,国家政权建设正是在回应这两个历史背景的基础上启动的,其规范性内涵也正是在这个互动关系中逐步展现出来。

战争是强制性资源的比拼,故而强制性资源的国家垄断是必然的,至关重要的是,国家对军队、警察等暴力的垄断并将其组织化,正是国家政权的基石。在过去的一千年里,战争一直是欧洲国家的主要活动,统治者们一门心思致力于准备战争、支付战争费用和弥补战争损失。②为了生存下去就必须赢得战争,为了赢得战争就必须有充足的物质资源和兵员,为了保证物质资源和兵员的供给就必须有结构分化、运转高效的政权组织体系。如蒂利所言:"战争编织起欧洲民族国家之网,而准备战争则在国家内部创造出国家的内部结构。"③封建割据本身就是战争持续不断的渊薮,而战争的结果将逐渐消灭封建割据,即通过中央集权实现国家整合,也就是将多中心的政治权威整合成单一中

---

① Tilly Charles. The Formation of National States in Western Europe. New Jersey: Princeton University Press, 1975, p. 70.
② 查尔斯·蒂利:《强制、资本与欧洲国家(公元 990—1992)》,魏洪钟译,世纪出版集团 2007 年版,第 78—83 页。
③ 查尔斯·蒂利:《强制、资本与欧洲国家(公元 990—1992)》,魏洪钟译,世纪出版集团 2007 年版,第 84 页。

心的、以国家政权为形式的政治权威。"实际上,在欧洲大多数地方,建设实质性的国家都意味着吸纳大量已经公然提出主权要求的政治单位——自由城市、封邑、教区及其他众多实体。欧洲的国家缔造者们致力于纵横捭阖,操纵一个强大的、复杂的、牢固的政治关系网络等一系列工作。他们竭力营造一个空前强大的政治共同体。"①

由此可见,国家政权建设实质上是争夺和扩张政治权力的历史过程。国家政权的扩张实现了对疆域及其居民的有效控制,国家政权与居民的直接联系建立起来,进而居民获得了新的政治身份——公民,于是国家与公民关系成为政治共同体的基本政治关系。依据西欧经验,可以对国家政权建设的规范性内涵总结如下:国家政权建设是在国家与公民关系结构中,以政治权力争夺、扩张和规范为主线的,以民主和法治的国家制度发展为表现形态的历史过程。不难看出,以政治权力的争夺、扩张为内容的政权建设与以规范政治权力、构建国家与公民关系为内容的国家制度建设是同一历史过程。一方面,政治权力的扩张提出了国家制度发展的需要,因为没有国家制度对公民权利及相关关系的确认和保障,公民不会为政治权力的扩张提供政治支持,于是政治权力的扩张也难以为继;另一方面,国家制度的发展为政治权力的扩张提供了标准化和权威化的通道,同时也规范着政治权力,没有制度提供的保障,政治权力不仅会被滥用,而且会因为缺乏依据而被顽强抵抗。

二、政治权力:中国现代国家建设的起点

中国现代国家建设的历史过程有着不同于西欧的发展逻辑,本文认为政治权力在现代国家建设过程中突显出来并获得了优先性,也就是说以政治权力的争夺、扩张为内容的政权建设与以规范政治权力、构建国家与公民关系为内容的国家制度建设割裂开来,不是一个与西欧经验一样的同一过程。政权建设与国家制度建设的分离,不仅使中国现代国家建设的内涵呈现结构化特征,而且使得中国现代国家建设具有自身的发展逻辑,这就是政权建设先于国家制度建设从而成为中国现代国家建设的起点,只有当政权建设触及历史进程为其设定的限度之后,国家制度建设过程才真正展开。这个过程是通过国家制度建设来实现巩固和规范政权、构建国家与公民关系、实现在国家与社会分离基础上形成制度化有机联系的目标,于是政权建设与国家制度建设开始融合为一个同一的历史过程。

政权建设的优先性是多重因素交互作用的结果,其中现代化诱发的全面危机,以及清朝统治集团、国民党和共产党在危机之中围绕着政治权力的归属展开了剧烈的竞争,是决定性的因素。中国现代国家建设的历史进程是从晚清时期开始的,当统治危机四

---

① Tilly Charles. The Formation of National States in Western Europe. New Jersey: Princeton University Press, 1975, pp. 24—25.

伏之际,如何通过万全之策来保持政治权力进而维持异族征服者的统治地位,是清朝贵族最为关心的问题,但是清朝贵族的这个政治利益窒息了理性和有效的政权体系,所以在现代化危机冲击下清朝贵族的统治表现得极其腐败无能。事态发展的结果是以孙中山为代表的革命党人矢志推翻清朝政权,将政治权力为谁所有的问题推向了政治舞台的中心。革命党与清朝统治集团对政治权力的争夺,对中国现代国家建设历史过程产生了深远的影响:政治权力在争夺中被摆到了现代国家建设的突出位置,但是作为政治权力运行空间和政权表现形态的国家制度建设则被忽视,在敌对阵营的两方都是如此:清朝统治集团本身就满足于旧制度的优越,只是竭力保持政治权力;革命党人矢志夺取政治权力,尽管提出了"创建合众政府"的政治主张,但是辛亥革命并没有将政治权力转移到革命党手中,国家制度建设也就无从谈起。辛亥革命开启了一个新的为争夺政治权力而展开剧烈竞争的时期,因而更加强化了政治权力在中国现代国家建设中的突出位置,于是政权建设与国家制度建设的分离在政治竞争的推动下走得更远。

国共之间的较量是以阶级斗争的形式进行的:中国革命是新民主主义革命,无产阶级联合农民阶级、城市小资产阶级、民族资产阶级组成革命统一战线,对革命的敌人进行坚决的斗争。中国革命的敌人不是别的,"就是帝国主义和封建主义,就是帝国主义国家的资产阶级和本国的地主阶级"。无产阶级是"最有觉悟性和最有组织性的阶级",它在革命斗争中领导革命统一战线,因此,中国革命的前途就是各革命阶级在无产阶级领导下的统一战线的专政。[①]以激烈的阶级斗争为表现形式的政治竞争,要解决的问题就是哪个阶级是政权理所当然的所有者。毛泽东在 1949 年共产党开国建政前夕发表了《论人民民主专政》,在此文中他提纲挈领地概括了国共两党政治斗争的核心内容:"一九二四年,孙中山亲自领导的有共产党人参加的国民党的第一次全国代表大会,通过了一个著名的宣言。这个宣言上说:'近世各国所谓民权制度,往往为资产阶级所专有,适成为压迫一般平民之工具。若国民党之民权主义,则为一般平民所共有,非少数人所得而私也'。除了谁领导谁这一个问题以外,当作一般的政治纲领来说,这里所说的民权主义,是和我们所说的人民民主主义和新民主主义相适合的。只许为一般平民所共有、不许为资产阶级所私有的国家制度,如果加上工人阶级的领导,就是人民民主专政的国家制度了。"[②]毛泽东的这个比较充分说明了一个问题:中国革命的关键不是外在的制度形式,而是政治权力归属,也就是哪个阶级统治的问题。这就是政权建设的真意。

三、国家制度:中国现代国家建设的深化

共产党领导的革命的胜利锻造出全新的国家政权,结束了百年的政权危机和主权

---

① 《毛泽东选集》第 2 卷,人民出版社 1991 年版,第 632—650 页。
② 《毛泽东选集》第 4 卷,人民出版社 1991 年版,第 1477—1478 页。

危机。政权建立之后首要和迫切的任务就是巩固、扩张政治权力,共产党是通过社会革命来实现这一点的,社会革命建立了新的国家—社会关系,一般认为这个关系就是国家与社会一体化,社会被国家消解,进而将其组织为国家的一部分,进而形成了一种服务于政治权力渗透和控制社会的动员式的国家体制。

从共产党建立这个国家体制的出发点、形成过程中的互动力量和它实际功能来看,它是在社会缺位的基础上单方面为政权建设服务的,无法形成国家与社会相对分离基础上的政治关系、政治原则、治理结构,所以在本质上仍然属于政权建设的范围,甚至可以说这种性质的国家体制是政权建设的极限状态,所以共产党在 1978 年之前开展的国家制度建设依然没有走出政权建设的范畴,中国现代国家建设内涵中政权建设与国家制度建设的分离仍然没有得到解决。全面危机的再一次出现改变了这种状态,也彻底改变了长期以来中国现代国家建设中政权建设与国家制度建设分离的局面。

脱离现代国家制度建设的政权建设终于触及到其历史限度,国家制度建设开始提上政治议程,"领导制度、组织制度问题更带有根本性、全局性、稳定性和长期性。这种制度问题,关系到党和国家是否改变颜色,必须引起全党的高度重视","要保证人民民主,必须加强法制","要发展社会主义民主,健全社会主义法制","我们的民主制度还有不完善的地方,要制定一系列的法律、法令和条例,使民主制度化、法律化。社会主义民主和社会主义法制是不可分的"。①毋庸讳言,邓小平是在痛定思痛的基础上提出国家制度建设任务的,而且目的在于巩固政权,但是两个重要的变化应该重视:一是法制化的提出意味着国家制度对政治权力的规范意义被接纳,在逻辑上构成法治的基础。二是国家与社会关系发生了变化,随着改革开放的推进,国家与社会一体化的局面被国家与社会相对分离的状态所取代,特别是市场化改革的急遽推进,中国社会快速转型,法治的现实基础得以形成。所以,改革开放以来的国家制度建设是在国家与公民关系结构中进行的,受到政权与社会双重力量的影响,这就不难理解,在 20 世纪最后十年,中国共产党完整地接纳了以民主和法治为核心价值的现代政治文明。

以民主与法治为取向的现代国家制度的形成,是现代国家建设成功的标志。改革开放以来,现代国家制度建设的推进改变了政权建设与国家制度建设长期脱离的状况,二者融合进整体现代国家建设之中,至此,中国现代国家建设开始驶入全面发展的历史轨道。就政治制度而论,三十年来逐渐形成以人民代表大会制度、中国共产党领导的多党合作与政治协商制度、民族区域自治制度和基层群众自治制度为内容的政治制度体系,如何将这个制度体系完善,使之在巩固和规范政权的同时,有效地协调社会关系、整合现代社会,是未来中国现代国家建设的主要任务。

（作者为复旦大学国际关系与公共事务学院博士研究生）

---

① 《邓小平文选》第 2 卷,人民出版社 1994 年版,第 333、359 页。

对党的执政资源分类的再思考

Rethinking the Classification of CPC's Ruling Resources

周建勇

2004 年,胡锦涛总书记提出执政资源建设。将"执政"和"资源"相结合,表明执政党不仅意识到了加强执政资源的重要性,而且意识到了在新的形势下执政资源有流失的危险性。在中国期刊网,2004—2008 年,有关执政资源的文章 171 篇;1999—2010 年,有 180 篇①;其中综述有五篇②;几乎所有文献都对执政资源进行分类。问题是:大多数都没有提及分类的依据,这使得不同研究缺乏统一性和可比较性;严格看来,已有分类均不符合类型学(Classification)互斥性和穷尽性的原则③,这使得分类的科学性大打折扣。

一、执政资源的现有分类及其评析

现有分类缺乏统一的标准和依据,部分学者甚至未提及执政资源的分类依据,分类各不相同。王冠中用"财富论"、"元素论"和"总和论"将执政资源分成三类,并以两分法、三分法、四分法、五分法和多分法对进行归纳④。这种分法未必准确,却反映了学术界对这一问题的不同看法和分歧。分类的模糊和标准的不一致,给研究造成相当的混乱,不仅不利于学术进步,而且也给实际部门带来极大困扰。鉴于相关文献太过繁杂,本文分两分法、三分法、四分法及其以上,对目前有关执政资源的分类予以重新归纳,并作评析。

---

① 以"篇名"为检索项、"执政资源"为检索词,搜索日期:2010 年 8 月 16 日。如果以百度或谷哥搜索,结果更多。为了研究之便,本文以期刊网数据为依据。

② 赵中源:《问题与探索:党的执政资源问题研究综述》,《当代世界与社会主义》2009 年第 5 期;陈勇:《党的执政资源研究综述》,《理论前沿》2005 年第 17 期;胡祖凤、谢嘉梁、贺建军:《2001 年以来中国共产党"执政理念·执政资源"研究综述》,《胜利油田党校学报》2005 年第 18 卷第 3 期;蔡大勃、唐晓强:《关于党的执政资源建设的研究综述》,《中共贵州省委党校学报》2005 年总第 95 期;王冠中:《执政资源研究中的若干理论问题》,《理论与改革》2006 年第 3 期。

③ 有关类型的分析,可参考迪韦尔热著,雷竞璇译:《政党概论》,青文文化事业有限公司,1991 年;[意]G. 萨托利著,王明进译:《政党与政党体制》,商务印书馆 2006 年版。

④ 同注 2 中"王冠中"。

(一) 两分法及其评析

典型的两分法有：(1)合法性资源和运行性资源。吴文勤等分为执政的合法性资源和执政的运行资源；前者是执政党获得执政地位的合法性基础所需的资源，后者指执政党巩固执政地位、贯彻政治纲领、维持执行机构有效运作所需的资源[①]。中共无锡市委党校采纳了这种分法[②]。(2)体制内资源和体制外资源。施蕾指出："在执政资源中，一部分是政治体制和中国共产党的组织体系内中国共产党可以直接作用的相关执政因素构成的资源，主要包括意识形态、组织人力、政治权力和体制内的制度资源等；另一部分则是执政行为间接作用的可资利用的积极因素和有利条件，包括合法性资源、执政形象和经济、社会文化资源等。"[③]

总而言之，两分法相对其他分法而言，比较科学，但是还需要细细推敲和完善，特别是对每一类型所包含的执政资源的内容的界定。

(二) 三分法及其评析

刘宗洪划分为基础性资源、优势性资源和拓展性资源[④]；张立华分划为物质资源(如阶级基础与群众基础)、精神资源(如共同理想和共同信念)以及相关的组织机构和成员[⑤]；彭新杰划分为物质性资源、文化性资源和群众性资源[⑥]；李长印分为物质、政治、精神三大门类[⑦]；丁柏铨则分为物质资源、精神资源和物质—精神资源(包括群众资源、干部资源、权力资源和其他资源)三类[⑧]；齐卫平划分为权力资源(支撑因素)、组织资源(载体依托)、思想文化资源(精神软件)[⑨]；赵中源将执政资源划分为基础性资源、运行资源和保障性资源[⑩]；蒯正明将执政资源分为三个层次：基础性资源为第一层次；运行国家政治权力过程中产生的资源为第二层次；执政权力的拓展性资源为第三层次[⑪]。

① 吴文勤、杨长鑫：《中国共产党执政资源的变迁及其制度整合》，《唯实》2004 年第 1 期。
② 中共无锡市委党校课题组：《论中国共产党执政资源的整合能力》，《中共南京市委党校南京行政学报》2005 年第 5 期。
③ 施蕾：《试论中国共产党体制内外执政资源及其整合》，《学术论坛》2006 年第 9 期。该分类相对清晰，在一定程度上坚持了政党和国家二元划分的原则。
④ 刘宗洪：《开发党的执政资源，提高党的执政能力》，《广西社会科学》2007 年第 3 期。
⑤ 张立华：《对拓宽新时期执政资源的思考》，《党建与人才》2002 年第 3 期。
⑥ 彭新杰：《"三个代表"思想与党的执政资源》，《宁夏党校学报》2006 年第 6 期。
⑦ 李长印：《论加强党的执政资源建设——兼论党的精神资源建设》，《攀登》2005 年第 3 期。
⑧ 丁柏铨：《新闻传媒：特殊的执政资源》，《江海学刊》2007 年第 1 期。
⑨ 齐卫平：《有效运用中国共产党的执政资源》，《党政论坛》2002 年 5 月。
⑩ 赵中源：《论党的执政资源的特点及其体系架构》，《湖南社会科学》2006 年第 2 期；赵中源、李开屏《论党的执政资源体系构成及其要素变迁》，《学术论坛》2006 年第 8 期。
⑪ 蒯正明：《论我们党执政资源系统的层次架构与运作模式》，见《学习论坛》2009 年第 10 期。

三分法的问题在于：不同学者在将执政资源分为三大类毫无疑问，但是对每一类的内容几乎没有共识，而且这些分法，都不够科学和严谨。

(三) 四分法及其以上以及评析

季建林划分为意识形态资源、政治制度资源、统治绩效资源和领袖魅力资源[①]；朱兆中划分为政治资源、经济资源和意识形态资源，以及时间、机会、信心、环境等间接的能量资源[②]；陈小林划分为经济资源、政治资源、组织资源和思想文化资源[③]；谭吉华划分为意识形态资源、群众资源、执政党自身历史资源、文化资源和中外执政党的经验教训[④]。不同学者对执政资源的具体类别也没有达成共识，而且也缺乏一定的标准科研。

不少学者还进行了次级划分，试举几例。吴文勤、杨长鑫认为，合法性资源包括执政党的意识形态、执政纲领、历史功绩、执政能力和政绩、民主与法制以及领导的个人魅力等；运行资源最为关键的有政治权力、经济资源、文化资源、组织资源、制度资源和人力资源。刘宗洪认为，基础性资源包括物质、政治、文化和群众资源；优势资源包括制度（地位）、历史（政绩）、理论、组织、军事资源；拓展性资源包括网络、人才、传统文化、统一战线（新阶层）、国际资源（包含人类文明）。赵中源认为，基础性资源主要包括理论、阶级基础、组织和历史等党自身拥有的优于其他政党的资源；运行性资源包括政权、体制以及经济、文化和社会资源等；保障性资源包括合法性和人才。陈小林认为，经济资源即物质基础，包括经济总量、经济劳动、经济制度、经济体制和经济发展空间；政治资源包括公民的政治参与、政治制度、政治运行、政治决策、政治权力；组织资源包括组织规模、组织成员、组织基础、组织原则等；思想文化资源包括指导思想、道德观念、民族精神和教育文化发展水平。上述分类存在的问题是：

第一，分类不统一。至少就有两分法、三分法、四分法及更多；初次分类内容不相同，研究者想当然地认为某某资源应该是执政资源的内涵。

第二，初次分类和次级分类内容混乱；不同分类相互重叠，次级分类更是差异极大，某一个学者初级类型的内容在另一个学者那里则成为次类型。

第三，分类自相矛盾，如经济因素是否属于执政资源的内容，不同人看法不同。举例来说，大部分学者都认为经济资源是构成执政资源的内容，而齐卫平根据政党的政治特征以及执政党对经济支配的间接性，认为经济资源不构成执政资源的组成部分。

因此，必须提出一种科学的、合理的划分依据，对执政资源进行划分。

---

① 季建林：《执政资源的精心呵护与科学组合》，《中共福建省委党校学报》2007 年第 2 期。
② 朱兆中：《政党的执政资源与执政成本初探》，《上海行政学院学报》2003 年第 4 期。
③ 陈小林：《中国共产党开发执政资源问题研究》，《南昌大学学报（人社版）》2003 年第 4 期。
④ 谭吉华：《执政党扩充政治资源初探》，《湖南师范大学社会科学学报》2003 年第 3 期。

二、执政资源分类：依据及其划分

执政资源是一个多层次的范畴。本文认为，对执政资源进行划分的标准有两个层次：初次分类和次级分类。

以政党和国家的区分为依据，将执政资源初次划分为"政党资源"和"政权资源"。该分类的学理依据是：政党与国家，无论在概念还是在实体上，都是不同的。即党不同于政，政党不同于政权；这里遵循党政分开原则，前者强调政党自身的资源，后者强调政党运作国家权力的资源。

政党的目标在于夺取或者参与政权，但政党不是、也不能是国家①。政党只是国家体制外的一个特殊的政治组织，政党和国家、政党组织和国家政权机关之间既不具有包容或从属的关系，也不具有交叉或重叠的关系，无论在内涵上还是外延上，都是两个独立的概念②。

也有学者注意到了这一点，形成执政党领导国家所需要资源的领导说，如齐卫平、陈小林等；形成执政党在运行国家权力过程中需要资源的执政说，如吴文勤、杨长鑫，以及张吉清、张辉等。

这一划分的优点还在于，不仅执政党有执政资源，而且参政党、在野党也有执政资源，这样比较研究就有意义了（见表1）。

表 1　执政党执政资源的二分法及本文分类

	政党（组织本身的）资源	政权（公共权力）资源
吴文勤、杨长鑫	执政的合法性资源	执政的运行资源
施　蕾	体制外资源	体制内资源
赵中源	基础性资源↑、保障性资源	运行资源、保障性资源
刘宗洪	优势性资源、拓展性资源	基础性资源↑、拓展性资源
齐卫平	组织资源、思想文化资源	权力资源、思想文化资源
季建林	（政党）领袖魅力资源	意识形态资源、政治制度资源、统治绩效资源
谭吉华	群众资源、执政党自身历史资源	意识形态资源、文化资源、中外执政党经验教训
本文分类	组织资源、物质资源↑↑、文化资源↑↑	政治资源、物质资源↑↑、文化资源↑↑

说明：(1)↑在不同学者中，相同内容出现在不同分类中；(2)↑↑、↑↑物质资源、文化资源在不同的分类体系中同时出现，说明了这些资源在政党资源和政权资源均有存在，但表现形式不同。

---

① 《邓小平文选》第3卷，人民出版社1993年，第177页；林尚立：《党内民主：中国共产党的理论与实践》，上海社会科学院出版社2002年版，第246页。

② 陈明明：《现代化进程中政党的集权结构和领导体制的变迁》，载林尚立等编：《政治与人》，复旦大学出版社2005年版，第120页。

如果撇开次级分类，我们可以很好地用"政党资源"和"政权资源"将上述学者的初级分类涵盖。当然，上述分类也并不是绝对的，因为任何执政党都可以利用执政优势，来维护政党组织的发展，所以，在实践中，要完全分开来是不可能的，这表现为几组资源的重复出现。

接下来，我们对"政党组织资源"和"政治权力资源"的次级类型进行划分。

表 2 部分政党资源和政权资源的次级类型

初级分类		政党资源	二者(政党资源和政权资源)的重叠区域		政权资源
		组织资源	物质资源	文化资源	政治资源
次级分类	政党	政党组织、党群关系、领袖魅力	党产、党费、政党捐赠	群众资源(政治认同资源)；政党纲领和政党理念(理论或者文化)	—
	政权	领袖魅力	国有或集体企业	主流意识形态(理论或者文化)、合法化资源	政治权力、政治制度、政党制度等国家制度

从上述对执政资源的概念形成领导说和执政说，到执政资源分类为政党资源和政权资源，我们发现中国共产党的执政资源非常丰富，一种是政党本身的资源，另一种是将政党的意志转化为国家意志的能力时使用的资源。

三、结 论

本文以政党和国家的不同作为划分执政资源的初次标准，这一划分涵盖了中国共产党自身所具有的资源和因执政而产生的资源，从一定意义上看，执政带来的资源会更丰富。任何国家的政党都存在执政资源，而执政党掌握了最多的执政资源，这使得不同政党的比较成为可能。

但另一方面，由于政党与政权在现实中密不可分，有些执政资源既属于政权资源，也属于政党资源，并不能完全纳入某一类型中，这给执政资源的进一步划分带来了不少困难。但本文以政党和政权为依据，对执政资源进行的划分，遵循了分类互斥性和穷尽性原则，为进一步深入研究执政资源做了基础性工作。

参考文献

蔡大勃、唐晓强：《关于党的执政资源建设的研究综述》，《中共贵州省委党校学报》2005 年 1 月，总第 95 期。

陈小林：《中国共产党开发执政资源问题研究》，《南昌大学学报(人社版)》2003 年第 4 期。

陈勇：《党的执政资源研究综述》，《理论前沿》2005 年第 17 期。

刘宗洪：《开发党的执政资源，提高党的执政能力》，《广西社会科学》2007 年第 3 期。

齐卫平：《有效运用中国共产党的执政资源》，《党政论坛》2002 年 5 月。

施蕾：《史论中国共产党体制内外执政资源及其整合》，《学术论坛》2006 年第 9 期。

吴文勤、杨长鑫：《中国共产党执政资源的变迁及其制度整合》，《唯实》2004 年第 1 期。

周多刚、邵云瑞：《论党的执政资源》，《江西师范大学学报（哲学社会科学版）》2007 年第 1 期。

（作者为中共上海市委党校政党研究所讲师）

论民主党派的政治责任

On Political Responsibility of the Democratic Party

徐剑锋

一、凡是政党都是要承担政治责任的

政党的政治责任,是与政党在现代政治生活中的地位、作用以及所得到的特殊的保障相适应的。在现代政治生活中,政治职位往往是由政党提名和推荐的候选人经选举担任。政府的政策往往也是在政党的推动下决策制定的。政党在现代政治生活中有着支配性的影响和作用。为保障政党的这种作用的发挥,世界上几乎所有的国家都对合法承认的政党提供了一定形式的保障,如根据政党在大选中的得票多少或者其他条件向政党提供经费补助,有的甚至把政党机关的工作人员都统统纳入国家公务员的范畴,政党的活动经费也由政府的财政资金承担。

政党既然在国家的政治生活中拥有如此特殊的政治地位,享有如此特殊的物质保障,事实上也就等于被国家和社会赋予了一种特殊的政治权利,那么,相应地承担一定的政治责任,也就义不容辞了。这种责任,既有明示的,如在很多国家法律明文规定政党的内部组织必须与民主原则相符合,必须公开经费来源;也有默示的,也就是不言而喻的,即作为执政党有着努力实现向人民承诺的政策目标的责任,作为在野党有着对执政党严加监督的责任。在政党政治的发源地英国,反对党的主要工作就是挑政府的毛病,审查、批评政府的政策,揭露政府侵犯公民权利的行政行为。为使法律尽可能的完善、可行,它要竭力地对政府制定的议案进行认真的批驳。一个不负任何政治责任的政党,等于是只要权利不要义务的政党。这样的政党,除了在一党专制的国家,是一天也不能生存的。而在一党专制的国家,整个国家只有一个党,干与不干都一样,干好干坏都一样,人民根本没有选择的余地。

我国实行的是中国共产党领导的多党合作和政治协商制度。这种制度,既不是多党制,也不是一党专制,是具有中国特色社会主义的政党制度。这种制度的特点是,共产党执政、多党派参政,共产党领导、多党派合作。毫无疑问,坚持这种制度的关键是中共必须不断提高执政能力和治国理政水平,切实履行好执政党的政治责任。与此同时,各民主党派切实负起参政党应有的政治责任,即不断加强对中共的民主监督,也是这种制度得以长期坚持的重要保证。

众所周知,没有监督的权力必然导致腐败。一党专制的最大弊端是,执政党的权力根本不会受到其他政党的监督制约,从而导致无法克服的弥漫性腐败。为防止专制腐败,西方国家不仅实行了权力分立制衡的做法,同时也采取了多党竞争上岗的监督制约机制。固然,这种制度也有这样或那样的不足之处,更未必适合所有国家的具体国情,但是,不可否认的是,其政党之间相互监督制约的积极效果却是有目共睹的。在这种制度下,没有哪个政党的腐败可以躲过其他政党的眼睛和批评,也没有哪个政党以权谋私还能逃过最终下台和落选的命运。

二、民主党派的政治责任就是民主监督

我国不搞多党制。但是,这并不等于我国可以搞一党专制。新中国的开国领袖们亲眼目睹了旧中国的国民党一党专制的危害及其后果,深感共产党不能重蹈国民党的覆辙,必须摈弃一党专制,必须要有其他政党的监督。这也正是新中国建立后,各民主党派被中共挽留下来,并在中共的领导下,形成多党合作格局的主要原因。

1956 年社会主义改造基本完成后,中共中央即明确提出,要与民主党派实行"长期合作、互相监督"的方针。显然,中共要与各民主党派长期共存的目的,是为了互相监督,确切些说,是为了受到各民主党派的监督。那么,中共为什么要接受各民主党派的监督呢?

一是因为兼听则明,偏信则暗。"为什么要让民主党派监督共产党呢?这是因为一个党同一个人一样,耳边很需要听到不同的声音。"[①]然而,在毛泽东看来,"和党内同志在一起,听到的意见总是差不多,不同的意见就不容易听到。"[②]

二是要扩大民主,使权力受到制约。1957 年 4 月 24 日,周恩来在中共浙江省委扩大会议上说:"互相监督,首先应该由共产党请人家监督。因为共产党是领导的党",是执政党,容易"滋长官僚主义,脱离群众,甚至会出现个人野心家,背叛群众。这方面的危险是随时存在的,每个共产党员都要警惕。这个问题怎么解决?最好的办法是有人监督。""要其他党派来监督。"[③]

1957 年 4 月 8 日,邓小平在西安干部会议上作报告时说:"党要受监督,党员要受监督,八大强调了这个问题。毛主席最近特别强调要有一套章程,就是为了监督。毛主席说,要唱对台戏,唱对台戏比单干好。""我们党是执政党","如果我们不受监督,不注意扩大党和国家的民主生活,就一定要脱离群众,犯大错误。"[④]

---

① 《毛泽东选集》第 5 卷,人民出版社 1977 年版,第 394 页。
② 中共中央统战部、中共中央文献研究室:《周恩来统一战线文选》,人民出版社 1984 年版,第 204 页。
③ 中共中央统战部、中共中央文献研究室:《周恩来统一战线文选》,人民出版社 1984 年版,第 350—351 页。
④ 《邓小平文选》第 1 卷,人民出版社 1989 年版,第 270 页。

三是多党共存格局的必然现象。1957 年 1 月，毛泽东在省市自治区党委书记会议上说："无论什么地方，无论什么时候，都有对立的方面。"①因此，"对民主人士，我们要让他们唱对台戏，放手让他们批评。如果我们不这样做，就有点像国民党了。"②换言之，民主党派跟共产党唱对台戏，是民主党派的本色，是政党之间相互监督的本来面貌。民主党派如果不唱对台戏，或者，中共不让人家唱对台戏，那么，共产党跟国民党也就没有区别，多党合作的格局也就名存实亡。

事实上，多党制在我国绝非一个简单的要不要搞的问题，而是我国现行的政党制度能不能真正实现政党监督。一党专制肯定是行不通的了。多党制如果不能搞，那么，前提就必须是中国共产党领导的多党合作制下的政党监督成功实现。从这个意义上来说，我国现行的政党制度成功与否，就取决于民主党派能否对中共进行有效的政党监督。真正实现对中共的有效监督，是民主党派在我国现实存在的首要价值，也是民主党派与中共实现长期共存的立身之本，更是民主党派对社会和人民的义不容辞的政治责任。

必须指出，自从中共中央提出，各民主党派是参政党，要充分发挥和加强民主党派的参政作用后，民主党派的很多成员的兴趣似乎就集中到了如何实现参政议政的作用，相反，对于自身的天职即民主监督作用的发挥和加强，却有意无意地淡化与忽视了。殊不知参政的目的正在于民主监督。正是为了拓宽知情晓事的范围和深度，从而有利于发挥民主监督的作用，中共才需要各民主党派"一个参加，三个参与"。如果不以民主监督为目的，那么民主党派的参政也就失去了必要的意义。毕竟参政不是联合执政，参政党也不是联合执政的伙伴党。

三、民主监督的特点是唱对台戏

那么，作为政党监督的民主监督如何开展呢？显然，照章伯钧等人原来提出的办法，历史已经证明，既无可能，也不可行。西方多党制下的在野党或者说反对党对执政党的监督方式，我们可以借鉴，但是，完全照搬肯定不行。

实际上，在我国，民主党派要充分发挥民主监督的作用，说到底，方法既不难也很管用，无非是常常说些批评执政党的话而已。就如中共中央所指出的，民主监督是一种政治监督，是在坚持四项基本原则的基础上通过提出意见、批评、建议的方式进行的政治监督。要实现这种政治监督，对于民主党派来说，只要"做到知无不言、言无不尽，并勇于坚持正确的意见"，就算是尽职尽责了。试问，作为一个负有民主监督之责的政党，在执政党大力"鼓励和支持"的情况下，根据所了解的事实和民意，常常批评一下执政党及

---

① 《毛泽东选集》第 5 卷，人民出版社 1977 年版，第 352 页。
② 《毛泽东选集》第 5 卷，人民出版社 1977 年版，第 355 页。

其领导干部,难道还有什么为难和困难的吗?

批评无疑是跟执政党唱对台戏。但是,只要是对共同奋斗的中国特色社会主义事业有利,唱唱对台戏,对于执政党来说,不仅是允许的,而且也是欢迎的。"毛泽东同志曾经说过,哪里有唱对台戏的,哪里有'反对派',哪里的工作搞得就好,否则,工作就搞不好。"①所以,民主党派要履行民主监督的职责,就要勇于批评,勇于跟执政党唱唱对台戏。民主监督如果不重在批评,那么,监督也就真的变成"帮忙"了。批评之所以管用,是因为批评可以形成舆论。我们知道,舆论的力量是无穷的。一切有权力的人,别的不怕,就怕舆论。

批评可以面对面,也可以背对背。这要取决于被批评的对象是否真诚地接受批评。如果被批评的人是个叶公好龙式的人物,那么,批评的声音就不应该局限于斗室之中,厅堂之内。批评当然要有的放矢。但是,也不能不让人家一句错话也不说。如果只许说对,不许说错,那也就等于封住了人家的嘴巴。事实上,世上也从来无人能够永远正确。

如果说,民主党派的民主监督工作还不符合社会期待的话,根子上,还是民主党派愿不愿意监督或者说愿不愿意批评执政党的问题,而不是什么能不能监督的问题。究其原因,是思想上存在顾虑。殷鉴不远,在"反右"之时。对此,我想,对于中共来说,确实需要从这段历史中真正吸取教训,从此具备一种民主的雅量,既然表示要鼓励和支持人家实行民主监督,就要说到做到。而对于民主党派来说,则需要从这段历史中正确地吸取教训,学习老一辈民主党派的领导人,始终具备一种仁者的风骨,立身处世,只论是非,莫问利害。

众所周知,目前我国的反腐倡廉形势依然严峻,很多领域的腐败现象仍然易发多发。②如果我们的民主党派的民主监督作用发挥得好的话,执政党的反腐倡廉的形势又何至于如此严峻? 在美国,"一个政府公务人员一年不能接受吃请超过 100 美元,一个'厅级干部'可以因为公车私用而丢掉官职"。③之所以如此,不是因为别的,是因为在美国有政党监督。一旦发生这种情况,即使民众路过经过,懒得管他,反对党也不会放过饶过。

当然,我国的民主党派不是反对党,不必像西方国家的反对党那样为反对而反对。但是,民主党派的民主监督的政治责任却是一丝一毫也不能回避、推脱和松懈的。非但不能回避、推脱和松懈,而且还要积极探索和建立民主党派承担政治责任的制度形式。否则,干与不干一个样,干好干坏一个样,结果也会难堵天下讻讻之口。

---

① 《陈云文稿选编(1949—1956 年)》,人民出版社 1982 年版,第 297 页。
② 温家宝:《在国务院第三次廉政工作会议上的讲话》,《人民日报》2010 年 3 月 29 日。
③ 刘瑜:《民主的细节:美国当代政治观察随笔》,上海三联书店 2009 年版,第 14 页。

参考文献

《毛泽东选集》第 3 卷，人民出版社 1991 年版。

《毛泽东选集》第 5 卷，人民出版社 1977 年版。

《刘少奇选集》上卷，人民出版社 1981 年版。

《董必武选集》，人民出版社 1985 年版。

中共中央统战部政策研究室：《历次全国统战工作会议概况和文献》，档案出版社 1988 年版。

黄炎培：《八十年来》，文汇出版社 2000 年版。

李维汉：《回忆与研究》（下），中共党史资料出版社 1986 年版。

（作者为上海市社会主义学院研究室副主任）

论民主视野中的选举法修改

On the Electoral Law Modification in Democratic View

浦兴祖

现代意义上的"选举",乃权力所有者进行权力委托之行为、权力受托者(个体或组织)获取合法性之途径、民主政治得以展开之基础。协商民主论的兴起,或许能打破"民主即选举"的"熊彼特神话",但决不会改变选举在民主政治舞台上的不可或缺性。

一、两部选举法与六次修改述析

选举、民主离不开法制。选举法以及与其密切相关的选举制度跟任何法律与制度一样,都不是不劳永逸一成不变的。否则,当世态时势发生变化后,就难免会陷入杰弗逊所喻"成年人还穿幼时外衣"①之尴尬。易言之,适时修改法律与制度,在任何国家都是必需的。

建国以来,我们先后制定了两部选举法,进行过六次修改。

1953年2月诞生了新中国的第一部选举法。它贯彻"既发扬民主,又坚持从实际出发"的基本精神。例如,鉴于文盲众多的实情,规定选举县、乡两级人大代表"采用以举手代投票方法,亦得采用无记名投票方法"。随后开展的普选中,乡镇大都采用了举手方法选举代表,有的还沿用了"豆选"法。

由于历史的曲折,1978年前后,饱尝"文革"之苦的老一辈革命家深感,在过去一个时期内"民主太少",他们急切呼唤要"强调民主",要"使民主制度化、法律化"②。这当然也表达了绝大多数民众对民主法制的渴求。

鉴于此,在百废待兴的1979年,五届全国人大二次会议决定修改选举法。这是我国对这部法律的第一次修改,也是最全面,最重要的一次修改。主要涉及:将农村直接选举的范围扩大到县级;规定任何选民或代表都可以依法推荐代表候选人;规定一律采用无记名投票;规定一律实行差额选举;等等。凡此种种,适应了变化中的国情,为扩大

---

① 菲利普·方纳:《杰弗逊文选》,王华译,商务印书馆1963年版,第59页。
② 《中国共产党第十一届中央委员会第三次全体会议公报》,《三中全会以来——重要文献选编》,人民出版社1982年版,第10页。

选举的民主程度设置了法律与制度平台。这次修改,实际上制定了新中国的第二部选举法。

此后,我国又于 1982 年、1986 年、1995 年、2004 年四次修改 1979 年选举法。2010年 3 月则完成了改革开放以来对选举法的第六次修改,涉及内容 20 多项,修改幅度为第二部选举法制定后历次修改之最。

纵观 31 年六次修改选举法,可以如此判断:第一,修改之背景,都处在改革开放、社会转型,民主与法制(治)建设需要不断推进的大时代,尽管所处的具体阶段有所不同;第二,修改之动因,都是为了适应发展变化了的国情,总结与回应选举实践中的新经验与新问题,推进人大民主;第三,修改之主体,三、四、五次是全国人大常委会,一、二、六次则是全国人大全体会议;第四,修改之幅度,除 1979 年属全面修改外,其余五次均属于局部性修改;第五,修改之趋势,绝大多数修改内容呈现出分步积累、稳步渐进的正向前行轨迹,也有少数内容存在前后反复的情况(如"预选"、"法定当选票数"等);第六,修改之价值,大都在不同程度上扩大了民主选举的"普遍、平等、直接、差额、秘密"程度,促进了民主选举渐趋科学化简便化,进而也在不同程度上推进了我国人大制度乃至整个民主政治的发展。

二、"城乡同比"之影响力探析

2010 年修改选举法的直接动因,主要是中共十七大曾"建议逐步实行城乡按相同人口比例选举人大代表"。同时,也因为近年来全国人大代表提出了许多有关修改选举法的议案与建议。

无疑,此次修改最为夺目的亮点是"城乡同比"。

1953 年,全国绝大多数人口居住在农村,城镇人口仅占总人口的 13.26%,而城镇汇集着工人阶级以及知识分子、工商业者等多个阶层。为了体现多个阶层的代表性,更为了保障工人阶级在国家政治生活中的领导地位,第一部选举法对农村和城市选举每一代表所需的人口数作了不同的规定。比如,应选全国人大代表的名额,各省按人口每80 万人选代表 1 人,直辖市和人口在 50 万以上的省辖市每 10 万人选举 1 名代表加以分配,即 8∶1。改革开放之初,全国城镇人口占总人口的比重为 18.96%。因此,1979年修改选举法时仍沿续了"城乡不同比",规定农村与城市每一代表所代表的人口数之比为:全国 8∶1,省、自治区 5∶1,自治州、县、自治县 4∶1。1995 年,我国城镇人口占总人口的比重有了较大增长,达 29.04%。当年修改选举法时便将上述城乡比例统一改为 4∶1。所谓"4 个农民抵 1 个市民","同票不同权"。2009 年我国城镇人口占总人口的比重已达 46.6%,并呈继续提高的趋势。

鉴于国情之变化,2010 年修改选举法一步到位(而非"逐步")地规定了"城乡同比"。

终于实现了选票面前人人平等、城乡"同票同权"。这在公民权利人人平等意义上的进步是应当充分肯定的。它对选举实践的影响，则主要体现为分配代表名额的一项原则。是"一项"而非"唯一"。在当今许多国家，确定与分配代议机关名额时，往往会考虑到人口、地区、民族等多个要素（原则）。我国人大在分配代表名额时，除了"人口"原则外，一直还有"民族"原则等。值得重视的是，此次修改还引入了"地区"原则，规定分配代表名额时还应按照"保证各地区……都有适当数量代表的要求"。进而规定，省、自治区、直辖市应选全国人大代表名额，由"根据人口数计算确定的名额数"＋"相同的地区基本名额数"＋"其他应选名额数"而构成。其他各级行政区域应选上一级人大代表名额的构成也会基本如此。

可见，应选代表名额是一个多元结构，不能孤立地考虑"城乡同比"。不错，因为取消了"4∶1"限制，实行了"城乡同比"（人人平等），农村人口集中的地区或选区被分配到的代表名额肯定会较以往有所增长；但因为又规定了地区平等、民族平等等，这些地区或选区的代表名额就不会大幅度增长。一个变数是，法定的"相同的地区基本名额数"与"其他应选名额数"究竟在全部名额中占多大比重，这将影响到"城乡同比"带给农村地区、选区应选代表名额的实际增幅。

又可见，"城乡同比"并没有规定也不可能规定最后选出的代表必须"城乡同比"。因为民主选举中选谁不选谁，只能由选举人说了算，至少从理论上讲必须如此。有人以为"城乡同比"必然导致人大中来自城乡的代表各占一半。这是误解。

还需指出，以今天的"城乡同比"去全盘否定当年的"城乡不同比"，不可取。正如邓小平曾言，从当初特定情况看，"城乡不同比"规定"不但是很合理的，而且是过渡到更为平等和完全平等的选举所必需的"[①]。

三、修改后选举法诸多亮点解析

2010年修改后的选举法尚有诸多亮点，也值得关注。

一是"重视基层"。民主代议机关应当具有广泛的代表性。在代表非专职化的前提下，"广泛代表性"往往表现为各民族各阶层各方面均有自己的代表进入代议机关。我国选举法较早就有了这类规定。鉴于多年来人大代表中来自基层的比重偏低，2010年修改选举法时规定：各级人大中"应当有适当数量的基层代表，特别是工人、农民和知识分子代表"。这一规定的用意是值得充分肯定的。但如何把握"适当"，以及如何与能否"保证"这"适当数量"，均还需研究。

二是"应当见面"。民主选举中，选举人必须自由表达意愿。而选举人"意愿"的形

---

①　邓小平：《关于选举法的草案的说明》，载刘政、于友民等主编：《人民代表大会工作全书》，中国法制出版社1999年版，第108页。

成,很大程度上有赖于对候选人的"知情"。知情,才能鉴别、才能选择。选举法长期规定,"可以在选民小组或者代表小组会议上介绍"候选人情况。2004年则增加规定:"选举委员会可以组织代表候选人与选民见面,回答选民的问题"。此次又将"可以"修改为"应当",增强了法律的刚性,是好事。但同时增加了"根据选民的要求"这一前提。然而,如何准确理解与把握这一前提,仍有诸多细节需作进一步探索。

三是"秘密写票"。民主选举中,候选人的情况应当尽可能"透明",但选举人"意愿"的表达,一般认为,应当尽可能"秘密",以利于排除干扰,自由表达。为此,许多国家除规定无记名投票外,还规定秘密写票。我们有些人大"议事规则"也有这类条款。此次修改选举法则进一步规定,"各级"人大代表的选举"应当设有秘密写票处"。但未规定选举人"必须"进入秘密写票处写票。那么,结果很可能是谁都不敢进入,秘密写票处便形同虚设。看来,各省级人大的选举法实施细则应当细化规定"人人必须进入"。

四是"选举监督"。民主选举是极为庄重的权力委托行为,必须严格依法办事,高度尊重选举人的意愿。这就使得选举监督不可或缺。此次修改,为强化监督力度而增加了新规定。据此,除"个人"外,"任何组织"也都成了选举监督的客体。至于选举监督的主体,既包括"主持选举的机构",也包括有权"举报"的任何公民与任何合法组织。还有,"主持选举的机构"在选举监督中"应当"负有"调查处理"与"及时移送"的职责。这都是亮点。但需考虑:怎样界定与量化"贿选"? 当"主持选举的机构"本身被举报时,它能够"及时依法调查处理"自己吗? 当某些强势组织或其领导人被举报后,"主持选举的机构"有勇气有能力"及时依法调查处理"吗?

四、民主发展不可止步于选举法修改

应当承认,修改后的选举法也还存在不少有待完善的空间。除了前述若干细节可以通过"实施细则"解决外,关于流动人口参加现工作地直接选举的问题,此次仍未作出规定。笔者希望高层抓紧研究尽快求解,这关系到相当数量的农民工等能否切实行使选举权与被选举权。还有,如何分步稳步扩大直选,如何有序有效试行竞选,都需要认真研究与探索。

在民主的视野中,修改选举法无疑是重要的。但,民主发展不可止步于选举法的修改。

第一,民主发展需要落实修改后的选举法,推动选举实践逐步走向完善。

第二,民主发展需要在逐步完善选举实践的基础上,发挥好各级人大效能。

第三,民主发展需要全面推进党内民主、国家(人大)民主与社会民主。

第四,民主发展需要切实开展政治体制改革,理顺多方面的政治权力关系。

在笔者看来,当今中国比以往任何时候都更需要民主的发展。这同样是硬道理。

而当今中国民主发展的关键词是："当真"、"用足"。"民主不搞不行，真搞更不行"的观念，必须转换成"民主不搞不行，假搞更不行"的理念与行动。民主的未来制度走向，只能由未来的历史条件决定。置身于现有历史条件中的人们，应当当真用足现有的宏观制度框架。而要用足宏观制度框架，必须当真地推进中观微观制度（体制）的改革、创新与探索。

（作者为复旦大学国际关系与公共事务学院教授、博导，
选举与人大制度研究中心主任）

试论社会主义政治文明
视野中的公众参与

Study about Civil Political Participation

赵刚印

近年来我国公众参与社会生活的基础正在不断扩大,公众参与热情持续高涨,各种社会参与机制在不断健全,各地不断创造出许多公众参与形式,但透过热闹的表象,也要清醒地看到其中存在的突出问题,对其实际效果进行恰如其分的评估,在深入分析原因的基础上找寻实践路径。

一、公众参与社会治理中理论与实践脱节诸原因分析

目前我国公众参与社会治理中存在的一个突出问题,在于出现了理论设定同实践探索不合拍、不同步乃至相互背离的现象,这不能不影响到公民参与社会治理的实际效果。笔者认为,造成上述状况的原因主要有以下几个方面:

1. 程序缺失导致公民参与无序。当代中国社会正处在转型期,一方面,利益格局的变化和利益关系的大规模调整极大地激发了人们利益表达的愿望和政治参与的热情;另一方面,制度的民主性和开放性尚未达到能够容纳公众进行广泛政治参与的程度,存在着程序缺失问题,大多数都是建立在工作经验和习惯的基础上,带有很大的偶然性和随意性。在很多情况下,既非政府不让公众参与,也非公众不想参与,而是不完善的制度和淡漠的制度意识不能为公众提供积极参与的有效支撑。尤为突出的是,目前我国公众参与的法治化水平较低,公民缺乏对政府决策施加影响可依据的法律规则和程序。[①]制度程序的滞后使公民参与政治生活和社会管理缺乏规制和引导,公民参与达不到应有的目的而降低了参与积极性。

2. 长期积淀下来的历史文化因素带来的心理影响。在漫长历史中形成与发展的中国传统政治文化,经过历代政治社会化机制的传承,已深深积淀于民众的心理层面。中

---

① 李图强:《现代公共行政中的公民参与》,经济管理出版社 2006 年版,第 27 页。

国传统文化中过分强调统一和集中、过分强调对权威的服从、过分强调血缘关系等弊端,造成了民族心理缺乏原则性、独立性等一系列弱点。这些弱点和不足为党内特定文化的形成提供了文化心理背景。从总体上看,民众对自身公民角色的认知程度还比较低,一般民众缺乏参与政府行政决策的传统,政治能力感和效应感相对贫弱,尤其是在心灵深处还潜藏着不少保守和僵化的政治准则和政治情感,这些都成为公众参与政治生活和社会治理的桎梏。①

3. 社会组织化发育迟缓影响到参与的有效性。现实生活中,虽然目前我国非政府组织呈现出良好的发展态势,社会自主空间的扩展成为今后政治参与的一个"生长点",但其运作对政府的依赖性依然很大,缺乏组织整合应有的独立利益和自主权,一元化的、国家主宰的、自上而下的社会组织形态并未根本改观,而且组织本身的制度化程度也远远不够,制约了其整合功能的充分发挥。可以预见,如果不能迅速改变公民参与持续的低度组织化状态,并使民间组织成为党和政府所信任和依赖的、良性互动的社会力量,公民有序的实质性参与仍然难有较大起色。

二、当前推动公众参与社会治理的几个着力点

1. 将社会协商对话作为社会治理的重要手段。协商政治概念在一定程度上是作为竞争政治的对立面提出来的,协商民主有利于加强沟通、增进理解、形成共识,可以在一定程度上弥补选举民主的不足。基于历史和现实因素的协商性民主无疑是同中国公民参与政治生活的现实要求相适应的,同竞争性民主相比,协商民主的优势在于:有助于避免长期以来存在的事实上的动员型被动式政治参与的弊端,缩小社会利益群体因不同诉求而产生的政治偏见和极端行为,提升法律、制度和社会政策的合法性,改善社会治理的质量并有效降低治理成本。②协商民主是多层次的,既有宏观的,也有微观的;既有全国范围内的,也可以局限于特定区域;既有政治领域的,也涉及经济社会诸领域。针对当前社会政策化和政策社会化的发展趋势,首先要将发展协商民主的重点放在对各种社会政策的协商上面,建立健全以利益调节为核心的社会协商和对话机制,通过谈判、对话等形式,实现政党、政府、社会组织和民众等各个社会治理主体之间的衔接互动,通过积极有效的社会协商化解矛盾,消弭冲突,实现社会公正,使协商民主成为实现和谐社会的重要手段。

2. 推动民主化执政和民主化行政之间的互动。一种观点认为,目前我国是在通过以行政吸纳政治的方式来减轻社会对政治民主化的压力,即通过行政民主化、公开化把公众参与决策的民主诉求释放出来。③但更进一步的,如果缺少了来自政党执政理念和

---

① 邓伟志:《变革社会中的政治稳定》,上海人民出版社 1998 年版,第 137 页。
② 林尚立:《协商政治:对中国民主政治发展的一种思考》,《学术月刊》2003 年第 4 期。
③ 张紧跟:《论民主执政》,《岭南学刊》2005 年第 2 期。

执政体制层面的有力支持,所谓的民主化行政将遭遇诸多掣肘,行政对于政治的所谓吸纳效果将是极为有限的。实际上,民主化的执政和民主化的行政之间存在着一种互动关系,民主化的执政必然提高公众的政治认同度,而只有建立在高度政治认同基础上的社会治理才是高效的和低成本的。一方面,政党通过民主高效的执政将公民组织起来,将他们的政治意愿输入到公共管理机关,使公民的参与权、监督权渗透于行政权力运行的始终,达到控制和监督政府的目的。另一方面,执政民主化又是行政民主化的前提和保证,行政管理机关可以依托积极的政党活动所获取的公民支持,建立起具有合法性的政府,比较顺畅地制订和推行公共政策,实现有效的管理。

3. 不断提高公众参与社会治理的制度化、程序化水平。公正、公开、公平的程序是公众参与社会治理的基本条件,要在公共政策中体现公意,就必须注重程序正义。科学合理的决策程序可以最大限度地保证政策的合理性和可行性,并通过对公民的程序化训练,使民主程序慢慢地固化为公民的民主习惯,改变公民主体意识低、参政能力差的现状,使民主由少数精英的观念进入公民的日常生活,从而实现由程序民主向实体民主的转换。[1]当前,推动程序的民主化、科学化和法制化建设,充分体现程序正义,首要的是健全我国的民主代议制度。代议作为人类社会处理公共事务的一种程序性制度,属于人类政治文明的优秀成果,也是当前我国公民参与政治生活和社会治理的集中体现和主渠道。忽视"细节"是过去我们制度建设的一个通病,而细节往往决定结果,因此,要逐步完善代议机关微观层面的具体设计,将这一宏观性的根本政治制度落实于具体的行动细节当中。其次,要不断创新政务公开、社会公示、社会听证、社会评议等制度规范,使公众参与社会治理的权利在具体操作中得以实现,也使那些试图超越民主的行为在程序面前无从插手,让公民自觉自愿地参与到社会治理的活动中,并与政府真正建立起共同治理的协作关系。

4. 以社会组织化推动公众参与有序化。社会组织与执政党和政府的运行机制截然不同,它主要是通过自律、志愿服务等形式来实现的一种社会自治机制。社会组织在组织和推动公民政治参与方面的实际作用,即取决于自身作为一个利益共同体的结构及其内部治理情况,也取决于既有政治框架提供参与途径的情况。从这个意义上说,社会组织政治参与的有效性取决于其自身的能力状况,而社团的能力建设涉及其治理结构、治理过程及其同其他行为主体之间的关系。一方面,社会组织的结构是否科学稳定、组织自身治理过程的民主化是决定社团能力的首要条件。组织本身的民主化程度是其赢得公众信任,培养组织成员的民主意识,训练并提高公民的参与技能,以及增强组织内部活力的重要条件,它有助于在组织内部建立起透明、规范和科学的决策、组织和协调控制机制,获取最佳参与绩效。从这一角度来看,当前中国的许多社会组织都面临着一个提高自身治理水平的民主化再造问题。另一方面,处理好与执政党和政府的关系是

---

① 王英津:《论程序政治——对我国民主道路的新探索》,《中国人民大学学报》2002 年第 3 期。

社会组织能力建设的重要因素。社会组织是不是能够和善于运用各种渠道处理好与执政党和政府的关系,对社会组织政治参与的有效性具有直接的影响。如果执政党和政府对不同利益群体的需求具有良好的回应性,那么社会组织的发展往往就受到鼓励,社会组织对公共事务的参与也往往被纳入公共政策过程。在这种情况下,社会组织的政治参与就成为政治过程的必要环节,在公民参与社会治理中扮演重要角色。

5. 构建公开透明的社会治理环境。治理的公开透明程度直接影响着治理的效果,在一个信息严重不对称的社会里,不可能存在真正的社会治理。[1]因此,满足公众的知情权,为其提供足够的信息支持,是实现公众参与社会治理活动的基础条件。只有让公众充分了解制定法律法规与政策、做出各种重大问题决定的过程以及执行情况,才能缩短公众对政策的认知和接受过程,降低参与门槛,并对公共管理过程和政府官员实施有效的监督。这一方面有助于改善公共机关的形象,提高工作效率;另一方面,随着获取信息成本的下降,公民对政府行为的理解程度和信任程度也愈高,公民对社会治理的参与也就越有成效。

（作者为中共上海市委党校政党研究所副教授）

---

① 陈瑞华:《看得见的正义》,中国法制出版社 2000 年版,第 56 页。

"赐予"抑或"参与"：服务型政府建设的路径选择

Grant or Participation：Path Selection for a Service-government

陈保中

服务型政府建设中公众参与机制的不断完善以及政府与公民互动机制的建立,对于确保政府公共服务的合法性、提升政府公信力和公民政治认同感具有无可替代的重要作用。深入推进服务型政府建设,客观上需要我们进一步转变行政观念和行政模式,完善参与机制,创新参与平台,惟有如此,服务型政府才能得到持续、稳定的发展。

一、公众参与契合服务型政府建设的本质要求

当前,在我国服务型政府建设过程中,强调公众参与具有特别重要的意义:

第一,公众参与是确保服务型政府合法性的基础。

即便在我国现行法律制度框架下,很多行政领域中的公众参与程序,已非可有可无的自由选择,而越来越成为制度化的刚性要求,行政过程是否有公众参与,正逐步成为评判行政行为合法性的重要标准。我国《立法法》规定了公民参与立法的制度,《行政处罚法》、《行政许可法》等确立了行政相对人参与行政执法过程的制度,《价格法》、《环境影响评价法》、《规划法》确立了公众参与价格制定、环境影响评价、规划编制等制度。尽管这些制度尚存不足,但适合我国服务型政府建设的公众参与的制度体系已初步形成,这一制度体系既是服务型政府建设过程中推进公众参与的基本依据,也是政府行为合法性的基本要求。

第二,公众参与能将服务型政府可能带来的问题减少到最低限度。

从我国实际情况看,在公共服务领域,政府相应的自由裁量度很大,而司法又难以对此进行审查。同时,由于公众对政府活动的参与程度不高,难以实现对政府行为的有效监督。在此情形下,服务型政府建设同样存在形式化、滥用权力和挤压公民民主权利的现实可能。

因此,政府公共服务的提供,必须有严格的制度规范,尤其是程序制度的规范,在此

基础上完善相关监督制度,如是,服务型政府建设才能规范和持续演进,其可能伴生的诸多不利因素也可大大降低。

第三,公众参与推动服务型政府建设的持续、稳定发展。

服务型政府建设是一场深刻的政府革命,绝非权宜之计,涉及行政理念、发展目标、政策工具、治理模式等诸多领域的改革,它不是一个口号或者一种运动。"要使服务型政府建设避免走向'动员式'或'运动式'的形象工程,必须切实解决服务型政府建设的动力机制问题。"①

以改革的名义推进服务型政府建设是目前我国各地政府转型的一个重要特征,但是,服务型政府建设不可能一直在改革的名义和热情下得以稳定推进,必须有外在推力和内在动力机制持续存在,否则改革动力终将衰竭。公众参与无疑是服务型政府建设不断推进重要动力,公众参与公共服务的决策、供给、评估等过程对于服务型政府建设的持续、稳定推动具有重要意义。

第四,公众参与有助于减少服务型政府建设过程中的矛盾和对抗。

我国服务型政府建设所处的特殊历史阶段,决定了服务型政府建设必定伴随着比较复杂的社会矛盾。如果政府在行政决策、行政立法以及行政执法等各种活动中,都能广泛发动社区群众进行商议、讨论,将政府的设想和困难和盘托出,规划前广泛征求公众意见,取得公众的共识和理解,那么政府在提供这些服务过程遇到的矛盾和阻力将大大减少,服务型政府建设将更好地服务于和谐社会建设的大局。

二、公众参与观念与制度的双重缺失

我国在服务型政府建设中,公众参与有一定的实践探索成果,但总体上是形式意义大于实际价值。具体而言,我们推进服务型政府建设中的公众参与实践面临下列困境:

(一) 行政官员的公众参与理念滞后

相当多的行政官员对于服务型政府和公众参与的内在逻辑存在认识上的误区,如公众参与是否会提升行政成本、降低行政效率,是否会影响社会稳定和谐的大局? 因此,一些地方政府尽管也在服务型政府构建过程中设置了一些公众参与的程序,但是,仅将此作为权宜之计,甚至是一种点缀善政的工具。

一些官员认为,政府有良好的主观愿望,政府决策客观上是为了公民充分享受良好的公共产品和公共服务。于是,他们在实际工作中会有意无意放大公众参与客观存在

① 姜晓萍:《构建服务型政府进程中的公民参与》,《社会科学研究》2007 年第 4 期。

的局限性。

也有一些官员狭隘地将公共服务单纯地理解为服务输出，机械地理解公共行政的"顾客导向"理论，认为政府是公共服务和公共产品的提供者，公众只是"顾客"，政府是公共服务的主体，公众似乎只是公共服务的客体，是被动的接受者。于是，他们忽视现代公民应有的参与权、自主权、选择权。这种"赐予式服务"、"强制式服务"观念的存在说明部分公务员仍未脱离传统行政理念的窠臼。

(二) 公众参与的有效形式极为匮乏

营造公众参与的便利平台是公众参与实践的一个核心问题。正如有学者强调的那样，"问题的关键在于如何将公民积极参与的热情和行动与有效的公共管理过程有机平衡或集合起来，即如何将有序的公民参与纳入到公共管理过程中来，在公共政策制定与执行中融入积极、有效的公民参与。"[①]从实践情况看，也有很多官员对公众参与重要性有一定认识，但出于各种考虑大都不愿在公众参与方式等方面进行大胆创新。于是，公众参与老套路多，有效的新方式少，较多是专家意见、听证会、座谈会等方式。而在行政主导情况下，专家参与、听证会常常也只是形式，有人将此形容为：领导定"调子"——专家做"文章"——领导定"盘子"。[②]

(三) 公众参与的制度体系还不完善

参与理念滞后的背后有深刻的体制和制度原因，诚如蔡定剑教授强调的，我国目前"只部分具备这些条件"使我们推进公众参与存在相当困难和局限，公众参与"面临政府对公众意见不负责任的形式化和表演化的危险"。[③]

如前所述，我国各地政府发动公众参与大都是以改革的名义推动的，而在公共卫生领域，公众参与主要是由公共卫生事件引发和推动起来的。如果法律没有对公众参与的实现途径、程序保障、权利救济等做出体系化的规定，其推进仅靠领导的觉悟和认识，那么这种参与并无持续生命力，且非常容易蜕变为装饰门面的"花拳绣腿"。

三、公众参与机制的完善与创新

当前，推进服务型政府建设中的公众参与特别需要解决以下几个方面的问题：

---

① ［美］J. 约翰·克莱顿·托马斯：《公共决策中的公民参与：公共管理者的新技能与新策略》，中国人民大学出版社 2005 年版，第 3 页。
② 杨明生：《城市规划不要"过家家"》，《城乡建设》2009 年第 6 期。
③ 蔡定剑主编：《公众参与：风险社会的制度建设》，法律出版社 2009 年版，第 21 页。

(一) 完善公众参与机制，创新公众参与平台

公众参与范围的扩大、参与方式和程序的不断创新，是提高公众参与有效性的关键所在。公共服务过程本身就应该是双向互动、多方参与的过程，必须在实践中不断完善重大行政决策的既有规则和程序，使之更具操作性和实效性，同时，结合各地实际情况创新公众参与的平台，充分保障公众的知情权和表达权。

其实，无论是规划还是其他行政领域，国外发达国家已经积累了相当丰富的经验，值得我们认真研究与借鉴。意大利一些地方政府专门成立了公众参与局，专事沟通公众工作。法国、英国的社会参与也很有特色，如法国 1995 年 2 月的《加强环境保护法》规定所有对环境产生影响的大型项目必须开展"公众辩论"，并成立全国公众辩论委员会。在城市规划、环境保护等领域，1975 年法国政府规定，在修订或审批某些规划文件时需要进入公众调查程序。一些国家将公众参与是否充分参与作为议会讨论相关法案、提案的首要议程。

(二) 保证公众有效获取政府决策信息

政府决策信息公开既是公众有效参与行政过程的前提，也是服务型政府的内在要求。没有信息公开这一前提，公民无从了解政府决策的内容、依据、过程、基本目标、预期成本和效益等，也便难以对政府的决策进行评价，更无法有效参与到政府决策过程中。正如密尔指出的那样：政府应该把自己的信息"公布出来"，才能"对人们认为有问题的一切行为作出充分的说明和辩解"。①

2007 年 4 月 24 日，《中华人民共和国政府信息公开条例》公布。《条例》首次从法律层面对政府信息公开做出明确规定，保障了公众对行政机关的职责权限、办事程序、办事结果、监督方式等知情权，从而也保障了公众的参与权和监督权。这是"用法律打造透明政府"，加快推进服务型政府建设的一个重大举措。

但是，就全国而言，很多地方的政府对于信息公开还有各种各样的顾虑，有的政府部门则习惯以保密为借口将必须公开的信息不予公开，使信息公开制度在实践中大打折扣。

(三) 提高公民参与公共决策的能力

我国目前公众参与还不很平衡，相当一部分公民并没有参与到行政过程中来，尤其

---

① ［英］J. S. 密尔：《代议制政府》，商务印书馆 1997 年版，第 80 页。

是边远、农村地区以及城市的弱势群体,参与机会相对较少——而他们正是服务型政府需要特别加以关注的群体;由于参与途径和参与能力的限制,非理性化的参与时有发生,如抵制性参与、过激的参与甚至暴力的参与等等,这些都将对民主政治建设乃至政治稳定产生消极的影响。因此,随着社会主义政治文明的逐步发展,公民参与能力的进一步提高值得引起我们的重视。

公众参与既是一种制度,也是一种有效表达自己的能力。公众参与能力的培养取决于这样几个基本方面:一是公民意识的提高,即公众在民主意识、法律意识和责任意识的提高,整个社会必须树立人民当家作主和人民权利至上的意识、国家一切权力属于人民的意识、公共权力的行使必须受到人民和法律制约的意识等。在我国,这些意识的树立客观上需要一个漫长的过程。二是对于平台的构建,在实践中创新形式,营造民主参与的氛围,提高公众参与的积极性,本身就有利于公众参与能力的提高,目前公众参与能力不强,与传统体制未赋予公众足够的参与机会有关。三是参与辅助机制的存在,如对参与者物质鼓励机制、专业机构(社会团体等)和专家辅助机制等。专家本身为公众中的一分子,拥有信息、表达、专业理性等各方面的优势,政府立法和决策活动"所遭遇的议题日益向着复杂化、专业化、高技术含量的方向发展",因此"对于各方面专家的依赖程度日益加深"。[1]而社会利益团体则使个体意见组织化,这种代言制度可以大大提高表达的有效性。

综上所述,服务型政府的实质是人民政府为人民谋利益,政府必须确立以人为本、服务人民的治理理念,在服务型政府建设过程中,不断推进公众参与的机制、制度创新,提高公众参与的能力,积极引导公众对于公共服务积极的参与,努力建设"人民满意"的服务型政府。

(作者为中共上海市委党校公共管理教研部教授)

---

① 马怀德:《中国立法体制、程序与监督》,中国法制出版社 1999 年版,第 174 页。

改革开放:中国历史上政府治理模式的一次伟大变迁[*]

Reform and Open-up: One Great Transformation of Governmental Governance in Chinese History

赵红军

1978 年以来的 30 年改革开放及其对中国社会、经济所带来的巨大变迁,绝不应该仅仅放在中华人民共和国成立 60 年的历史当中来回顾,而更应该放在中国两千多年绵长历史长河中来回顾与思考。如果从这一角度来考察的话,我们就会发现,中国有文字记载的历史以来,已经历了两次政府治理模式的伟大变迁[①]。

一、中国历史上的第一次政府治理模式变迁

秦汉之前,国家存在一个在武力上具有一定比较优势的王室,由它分封土地给诸侯,相应地,各诸侯在王室需要的时候负有替王室出征、打仗的义务[②];在诸侯内部,诸侯贵族的职位世代相袭,而各诸侯之间的关系互相平等。王室与诸侯的关系更多地建基于封建宗法基础之上,经济上的联系较少,诸侯有进贡的义务,但并不负担太多缴纳田租、赋税的义务。

秦汉之后的政府治理模式非常不同于秦朝以前,最根本的一点就是出现了一个在武力上具有垄断优势的大一统国家,这个统一的国家为了维护自己的统治万古长存,于是就出台了一系列相关的政治、经济和行政管理制度。

---

[*] 本文是作者在上海财经大学博士后研究的部分成果,曾获得 2008 年上海市曙光计划项目"长三角六城市政府治理效率提升与经济协调发展研究"的资助,2009 年上海归国留学人员浦江人才计划"我国政府治理模式创新",2007 年中国博士后科学基金资助。

[①] 〔美〕李侃如:《治理中国:从革命到改革》,中国社会科学出版社 2010 年版。作者讨论了中国历史上的整个治理演变历程,但作者并没有对中国历史上的政府治理模式做本文的第一次和第二次伟大变迁式的论述与归纳,本文之所以如此做,是有助于把握中国政府治理模式变迁进程中的关键和转折点,从而能更加清楚地理解中国政府治理模式两次变迁的历史必然性。

[②] 参见侯家驹:《中国经济史》(上),新星出版社 2008 年版,第 128 页。

中国历史上这次伟大的政府治理模式变迁具有重大的理论和现实意义。首先,一个统一的中央集权国家的出现带来了政府治理模式的统一;其次,这种政府治理模式的统一大大提升了被统治臣民应对外部军事威胁的能力,但由此带来的必然结果是,被统治臣民的经济和财政负担大大加重。

二、鸦片战争以来政府治理模式的试验与探索

从秦汉开始,历经三国、两晋、南北朝、隋、唐、五代十国等多朝的国家治理实践,中央集权政府治理模式的顽强生命力得到了反复证明并成为中国主流的政府治理模式。但直到18世纪后半叶至19世纪上半叶的西欧工业革命、西方的经济、军事和科技实力得到大大提升并对中国形成一连串的军事入侵之后,这套政府治理模式的疲态才日益显露,并受到了日益激烈的冲击,一系列的政府治理模式实验和探索便从此展开。

(一)"洋务运动"和"戊戌变法"并未构成政府治理模式的伟大变迁

1860年开始的"洋务运动"主张,不进行相应的经济、政治和社会制度改革,而仅通过学习和建立建造枪炮、轮船、钢铁厂等国家急需的军事工业,仅仅在外交、财政、教育和军事领域实行变革而实现强国目的。这种由国家充当投资主体,不计成本、不讲效益,只学技术、不学制度的局部政府治理探索尽管能暂时提高军事工业水平,但由于不能很好地带动国内经济发展,从而难以长期支持国家的军事工业发展[①];而1898年的"戊戌变法",从形式上看是一种自上至下的涉及政府审议制度、分权和监察制度、内阁—国会式的管理制度、教育、军队、邮政、法律等各个方面的政府治理模式变迁,但它却完全不符合当时中国的历史现实,也调动不起来绝大多数中国农民、民族资产阶级、商人的积极性,结果,这种仅由少数改革派支持而绝大多数保守派反对的激进式、从上而下的全面政府治理模式改革早早就以失败收场,它对中国的社会、政治和经济等方方面面并未产生大的影响。

(二)辛亥革命也未构成对传统政府治理模式的伟大变迁

以孙中山为代表的革命派,正是看到了改良主义、维新运动在中国的不现实之后,才转而通过革命的手段实现整个国家的治理模式变迁。在孙中山的"三民主义"国家治理探索中,简单地学习和引进西方的技术,简单地学习和复制西方的君主立宪体制均行

---

① 王一江:《国家与经济:关于转型中的中国市场经济改革》,北京大学出版社2007年版,第404页。

不通。他主张通过革命的激烈形式,推翻腐朽的满清政府,建立共和体制,然后才能实现民生、民权和民主的理想。可惜的是,虽然清政府最终被孙领导的辛亥革命推翻,但"三民主义"国家治理模式却并未确立,握有强大军事实力的袁世凯趁机窃取了国家权力,此后整个国家便陷入了一个分裂、军阀混战、野心家和独裁者先后登场的动乱时代①。

(三) 1927—1949 年蒋介石政府治理模式的水土不服

孙中山去世后,蒋介石于 1927 年通过反革命政变逐步掌握了国民党政权。这个在"三民主义"旗帜下的国民党政权对国家的治理也没有一个完整的认识。开始它试图同时向西方政府治理模式和古代中国传统治理模式学习,但结果是,旧的政体和传统已经完全破产,蒋介石国民党政府难以找到一个有效的新的治理方式,此后国民党对国家的治理便全面转向了西方。由于蒋介石政府不能很好地治理农村,同时又难以使西方式的政府治理思路与中国现实很好地结合起来,结果,在日本侵华战争以及中国共产党人的不断成长壮大的背景下,走向了它的没落。

(四) 1921—1949 年中国共产党人有关政府治理模式的艰难探索

1921 年中国共产党一成立,就拥有一个建构国家的宏伟目标。然后在一系列的挫折和失败②之后,中国共产党人逐步认识到取得自身生存以及采取农村包围城市道路的极度正确性。此后,以共产党领导的弱小力量,通过土地改革,建立农村革命根据地,调动广大人民群众的积极性,团结一切能团结的力量,最终推翻了国民党的腐朽统治,实现了国家政治上的统一和独立,为此后的经济建设和整个政府治理模式的转型创造了良好的内部条件和外部条件。

三、1949—1977 年中国政府治理模式的继续摸索

1949 年,中华人民共和国的成立相比于长达 2 000 多年的封建社会而言,是一种历史性的飞跃。然而,中华人民共和国成立之后直至改革开放以前的政府治理模式仍然处于较长时间的探索当中,并且这种政府治理模式还远未定型,因而将这一时期定义为

---

① 王一江:《国家与经济》第 404 页有此说法。费正清:《中国:传统与变迁》一书第 490—509 页对 1912 年以后的不同野心家登场,军阀混战进行了详尽的描述。

② 这些挫折包括中国共产党领导的多次城市工人运动,1922 年 1—2 月的香港海员大罢工,1922 年 10 月的开滦煤矿工人罢工,1923 年 2 月的京汉铁路工人大罢工,1925 年的五卅运动,1927 年上海工人第三次武装起义,以及 1927 年的武昌起义。这些早期主要以城市为中心的斗争大多以失败告终。遵义会议以后,中国共产党才确立了以农村为中心的革命战略,并逐步走上成功的道路。

中国历史上政府治理模式的第二次伟大变迁并不完全准确,这可以从以下两个阶段的政府治理实践中看出来。

第一阶段(1949—1957 年)。在这一阶段,由于没有太多可供选择的政府治理模式作为参考,新生的人民共和国选择了完全追随苏联式城乡二元偏向型的政府治理模式①。第二个阶段(1958—1977 年),是逐步偏离苏联式城乡二元偏向型的政府治理模式,并陷入严重的反复和政治斗争之中。表 1 归纳了 1950 年以后相关的政治和群众性的运动。

表 1　1950—1977 年的主要政治和群众性运动

时　间	运动名称	目　标
1950—1952 年	土地改革; 镇压反革命	剥夺地主、乡绅的土地所有权,确立农民的土地所有权
1951—1952 年	三反运动; 五反运动; 思想改造运动	根除干部队伍中的"腐败、贪污、浪费";反对城市工商业阶级的"偷税、漏税、行贿、偷窃国家财产以及泄露国家经济秘密";对知识分子进行思想改造
1955—1956 年	农村经济集体化; 工商业的社会主义改造; 反胡风运动	通过农业集体化提高农业生产效率;将工商业阶级改造为社会主义组成部分
1957 年	"反右派"运动	政治运动
1958—1961 年	"大跃进"运动	政治运动
1963—1965 年	社会主义教育运动	政治运动
1966—1976 年	"文化大革命"	政治运动
1973—1974 年	"批林批孔"	政治运动
1976 年	"批判邓小平"	政治运动

注:表中的主要运动时间和名称参考康拉德·赛茨:《中国:一个世界强国的复兴》,第 115 页,后面的目标栏的内容为笔者补充。

从表 1 可见,1958 年以后,在经济内外交困的背景下,各种形式的政治斗争逐渐替代了相应的经济发展目标,并最终演变为这一时期政府治理的主要特征,这不仅脱离了政府治理经济、社会的主要目标,而且也给当时的经济发展带来了严重的后果。

四、要改革开放:中国政府治理模式的第二次伟大变迁

大多数的西方人倾向于认为,中国改革开放的 30 年,只是中国经济领域发生实质

---

① 类似的说法可参见[美]R. 麦克法夸尔,费正清编,谢亮生等译,《剑桥中华人民共和国史(上卷)》,中国社会科学出版社 1990 年版,第二章—第六章对 1949—1957 年中国之所以走上模仿苏联模式阶段的原因、状况等进行了详细的介绍。

性改革的30年,但在此期间中国的政治改革却毫无进展。其实这种说法根本就是不了解中国改革开放实践的表现。事实上,改革开放就始于邓小平1978年12月13日发表的"解放思想、实事求是,团结一致向前看"的讲话。这一讲话之后,中国共产党十一届三中全会召开,一系列涉及中国经济、政治、社会领域的改革得以启动,这些改革如果没有中国政府治理模式和中国共产党人领导作风的伟大转变,恐怕是绝对不可能做到的①。笔者以为,如果对改革开放前、后政府治理模式之间的差别进行一个比较也可以发现,改革开放的确是中国政府治理模式的一次伟大变迁。

从政治领导方式来看,改革开放以前的领导方式是民主集中制,主要是以毛泽东为领导的中国共产党第一代领导集体发挥在政治、经济、文化生活等各方面的领导作用。集中的体现就是"党政企不分,以党代政,以政代企"②。改革开放以来,民主集中制中的民主成分被给予更多的权重,成为在充分民主基础上的集中制。在邓小平的领导下,开始试行党政分开、政企分开③。村民委员会、县级以下人民代表开始实行直接选举,村民自治和居民自治逐渐推行。全国人大和各级地方人大的权力得到了很大增强、中国共产党领导的多党合作与政治协商制度的角色得到了较大提升、中央开始废除领导职务终身制,并开始试行干部任期制和党代会常任制等④。

从国家对私人经济、商业活动的态度来看,改革开放以前,国家延续了历史上对私人经济、商业活动的歧视政策,基本上实现了对私人商业、私营工业企业的社会主义改造。改革开放以后,这种对私营、民营工业企业活动的歧视政策得到很大程度上的改变,《物权法》标志性地颁布并开始实施,他们的合法经营活动已完全得到法律上的认可。

从国家有关农业、农村的政策来看,改革开放以前,国家对农产品实行统购统销,对农产品的价格实行人为压低,对土地和农业生产实行农业集体化经营,对土地实行集体经营;改革开放以后,国家改革了农产品收购制度,改革了农产品的价格形成制度,对土地实行家庭联产承包责任制改革,农民家庭从事农业生产的积极性和创造性得到充分调动,农业生产效率、产量大幅度提升。

从国家对人口的管理角度来看,改革开放以前,国家相信"人多力量大"的人口发展逻辑,鼓励较快的人口增长,以户籍制度的形式人为地阻碍人口在城乡之间的自由流

---

① 持有类似观点的人有很多,比如俞可平认为,"中国整个改革开放事业源自30年前的一场政治改革。被当作改革开放标志的中共十一届三中全会,实际上就是中共发动的一场政治改革。三中全会调整了中共的权力结构,重新确立了党的政治路线和工作重心。没有这一政治改革,就不可能有随后的经济体制改革"。参见俞可平主编:《中国治理变迁30年》,社会科学文献出版社2008年版。

② 《中国共产党第十一届中央委员会第三次全体会议公报》(1978年12月22日通过),载《三中全会以来重要文献选编》(上),人民出版社1982年版。

③ 比如,1980年8月,中共中央政治局召开会议,专门研究政治体制改革,着手解决党政不分和以党代政的问题。

④ 俞可平将改革开放以来30年的中国变革轨迹,总结为从一元治理到多元治理,从集权到分权,从人治到法治,从管制政府到服务型政府。参见俞可平:《中国治理变迁30年》。

动,降低城市就业的压力;改革开放以后,国家开始从惨痛的教训中吸取经验和教训,开始实行计划生育政策,限制人口的过快增长。此外,人口的城乡流动和户籍制度也有所松动。

从国际交往的对象和范围来看,改革开放以前,国家出于意识形态的考虑,新生的人民共和国只保持了和极少数社会主义国家的国际交往,和其他广大西方资本主义国家之间保持了隔绝状态,以美国为代表的西方国家对中国实行了长达 20 年的资产冻结和全面禁运。改革开放以来,国家逐步建立了与世界上 200 多个国家的对外经济交往,中国所面临的政治孤立状态完全消除,中国已成为国际经济中的重要一员。

以上这些方方面面的转变,并不是一个发展战略的转变所能概括,而恰恰表明了中国政府在治理经济、社会事务,对待经济、政治、对外交往活动,对待私人商业、经济和贸易活动,对待人口增长和迁移,对待人才和知识分子的政策,对如何发展经济,如何进行产业管理,如何发展与国际社会的关系以及政治领导方式等方面整体态度和处事方式的极大转变。依笔者的观点看,这些方方面面的转变用政府治理模式的转变才能给予更全面也更为精确的概括。

（作者为上海对外贸易学院国际经贸学院经济学系科研副院长）

危机沟通：公共危机中的政府与媒体

Crisis Communication：Government and Media in Public Crisis

黄德良　王兴盛

一、导　言

中国改革开放30多年以来，国民生产总值和人均国民生产总值逐年提高，国民经济和社会事业取得了巨大发展，人民生活水平得到显著改善。然而，也应看到，目前的中国仍处于"非稳定状态"频发的"关键阶段"。在此期间，人口与环境、效率与公平等矛盾比较突出，同时也是经济、社会和人民的心理都容易出现问题，政治思想和社会道德价值观念需要调整或重建的关键时期。伴随诸多社会矛盾的凸显，各种公共危机也频繁发生。如何提高应对公共危机的能力，也已成为衡量政府管理水平的一项重要指标。

二、公共危机与危机沟通

在此，我们将公共危机界定为这样一种紧急事件或紧急状态：它的出现或爆发严重影响社会的正常运作，对生命、财产、环境等造成威胁、损害，超出了政府和社会常态的管理能力，要求政府和社会采取特殊的措施加以应对①。

危机管理学者赫尔曼（Herman）指出，危机必须有三个条件：（1）管理阶层已经感受到威胁的存在，并意识到它会阻碍组织达成优先目标；（2）管理阶层了解到，如果不采取行动，情况将会恶化，终致无法挽回；（3）对组织或决策单位而言，危机是未曾意料的突发状况。②许多学者从不同角度描述和总结了危机的特征，尽管这些界定侧重危机的不同方面，但也从中总结出了危机的四大共有特征：突发（意外）性，紧急性，不确定性，破坏性。本文认为，符合上述四个特征的人为或自然事件即可称为危机。

---

① 张成福：《危机管理：全面整合的模式与中国的战略选择》，《中国行政管理》2003年第7期。
② 王茂涛：《政府危机管理》，合肥工业大学出版社2005年版，第2页。

基于公共危机的上述特征，我们认为，信息传递和交流在公共危机管理中有着关键作用。特别是在现代信息社会，对公共危机的有效管理离不开政府与媒体之间的信息沟通。沟通贯彻整个过程：无论是危机的早期诊断、识别还是危机中的各项处理与决策活动，乃至危机善后处理与评估环节，都要进行有效的沟通。正如罗伯特·希思（Robert J. Heath）所言："在危机管理中，沟通是最重要的工具。"①大量的实践活动表明，在时间紧、信息不充分的危机情况下，沟通成败往往事关危机管理成败。

从组织的观点来看，沟通是组织中成员之间观念、消息传达与了解的过程，它是完成组织使命及达成任务的必要手段，因为它可以促进共同了解，增强组织团结。对政府机构而言，沟通可说是民众或机关成员对机关的问题、目标、任务、做法等事项获得共识，使观念与想法趋向一致，精神与行动得以团结的方法与过程。因此，沟通是在政府的危机管理中无所不在的最重要、最频繁的社会互动机制。在危机管理过程中，危机沟通是提高危机管理效率的一种重要手段。沟通可以被看作是一个社会过程，是理解危机管理以及危机之前和危机自身的各种活动的基础。

三、媒体在危机沟通中的重要性

（一）政治传播视角的媒体再认识

在现代民主社会，任何国家要维护其政治统治，必须具有一定的政治合法性，而政治合法性的基础之一便是世俗化的法治权威。法治权威的获得需要公众的"同意"与支持，所以获得公众最广泛的支持与"同意"便是现代政治统治的基本任务。在信息时代的今天，"传统社会组织的政治教育、学习功能日渐式微，代之而起的是大众传播媒体无与伦比的社会穿透力，它将分散的社会整合为一体化的共同体，使得政治信息的传播成为可能，媒体超强的渗透力和独特的传播效果为民主社会公民的政治学习提供便利"②。总之，政治知识通过媒体的传播，有利于形成与建立公民稳定的政治信念，进而建立稳定的政治秩序。在应对公共危机时，政府能否与媒体建立良好的互信沟通机制，充分利用媒体的信息传播优势以保持正常的沟通，对于稳定暂时失序的社会系统至关重要。

在现代政治国家，国家与公众之间的信息交流可以看作是一个双向互动的过程。然而，由于代表国家的政府和公众在数量上的差异，导致这种过程不是二者之间的直接互动。此过程可以概述为：通过媒体，政府和公众相互影响。在公共危机中，作为主体，政府应直接（通过政府系统）或间接（通过媒体）向公众传播信息，同时要对信息传播效

---

① ［美］罗伯特·希思：《危机管理》，中信出版社 2004 年版，第 99 页。
② 谢岳：《大众传媒与民主政治》，上海交通大学出版社 2005 年版，第 5 页。

果的反馈进行监测。在此文中,我们将只讨论政府与公众之间危机沟通的间接方式(通过媒体或网络)。

(二) 媒体在危机沟通中的必要性

在现代社会,传媒被认为是除行政,立法和司法之外的"第四大权力"。作为一个"权力",它具有提供信息,表达舆情,监督政府和稳定社会等诸多职能。从另一个角度来看,公共危机本身就是新闻,一旦爆发,将成为媒体的"看点"。媒体的报道通常贯穿危机的整个过程,因此,在处理公共危机时,政府能否处理好与媒体的关系,并与其保持制度化的沟通是至关重要的。

1. 保障公民的知情权

在公共危机管理的过程中,政府应保障公民的知情权,及时将事件的状况、后果等告知公民。通过明智、及时的信息沟通,即使不能防止危机,我们也可以最大限度地控制危机的蔓延和影响,稳定民心,减少恐慌。

2. 维护社会公共安全

媒体作为公共信息传递平台,在公共危机中发挥着双向沟通的作用。一旦发生公共危机,政府要通过一定的渠道(媒体)向社会公布突发事件的情况,并告知政府已经在积极的处理应对中,以及公民应对的策略,消除社会恐慌,维护社会公共安全。

四、健全危机沟通机制

(一) 危机沟通中存在的问题

1. 地方政府封锁危机信息

虽然,历经几次比较重大的公共危机事件,我国政府在应对各种危机事件上积累了丰富的经验,也在不断完善处理危机事件的各种预案。但是,从整体上讲,我国地方政府在应对公共危机事件上,还存在严重瞒报、封锁信息的现象,从而也导致危机沟通方面存在一系列问题。这种缺乏与媒体沟通,瞒报等现象会导致危机越发严重,不良影响继续扩大。

2. 媒体不负责任的报道危机事件

进入 21 世纪以来,我国各种公共危机事件频发。在这些危机事件的报道中,部分媒体不能遵守新闻职业道德,片面追求新闻关注率、点击率,甚至歪曲危机事件的报道,造成社会舆论混乱,极大地影响了政府及时、快速、有效处理危机事件,同时也影响了社会的稳定。

3. 公民缺乏参与危机沟通的能力

在公共危机中,政府与媒体沟通的目标指向其实并不是媒体,而是借助媒体了解危机的公民。公民在公共危机沟通中的表现对于公共危机沟通效果具有很重要的影响。我们发现我国公民在公共危机发生时的表现还不够成熟。在公共危机中,当个人利益同危机管理这个集体利益发生冲突的时候,一些公民往往忽视了危机治理大局的整体利益。具体表现有:(1)危机中慌乱无措现象严重;(2)辨别真假信息的能力较弱,并参与谣言的传播;以及(3)不合作行为比较普遍。

(二) 危机沟通的原则

政府在与媒体沟通中还应注意遵循一些原则,这些原则都是政府在处理危机进行媒体沟通时需要注意的,如果处理不当,违反或者疏忽了某些原则,最终很可能导致我们整个危机沟通的失败。

1. 速度先行,争取舆论主动

为控制危机事态,稳定社会秩序、避免社会恐慌,政府首先必须快速应急,对危机事件有目的地选择信息源和信息传播渠道,有效地控制新闻传播的导向性,防止媒体为抢独家头条新闻或提高刊物的知名度,发表刺激危机局势的新闻消息,激化危机事态。同时,还要防止媒体传播不正确、不全面的消息,误导社会民众,加剧公众的社会恐惧心理,给危机的顺利解决增添障碍。

2. 言行一致,确立沟通主导

对于危机信息的发布,危机管理者必须掌握指导性原则,发挥媒体的信息传输和舆论导向功能,稳定民众心理,引导公众选择正确的行为,正确对待各种突发性危机事件。为尽快争取民众的支持和恢复政府的公信力,政府必须言行一致,用事实真相说明谣言的破坏作用和谣言散播者的不良用心,并用自身的行动证明自身传播信息的准确性。

3. 充分详细,占据信息主流

首先要求管理者就危机事务设置新闻发言人,不断向社会公众和新闻媒体说明危机发展的状况,唤起社会对危机管理行为的支持。同时,由于危机管理中的媒体政策涉及很强的信息传递功能,为确保信息的连续性和准确性,在向公众媒体沟通信息时,一定要及时向本组织内部和有关各方通报信息,以便对外界社会和媒体保持危机信息的一致和连续。另外,还应根据危机事态确定是否需要设置多个发言人或发言辅助成员,预防万一,保证信息的适时更新和危机信息的准确发布。

4. 加强合作,维持政府主见

在危机爆发后,个别地方政府、执法机关对危机事件遮遮掩掩,甚或滥用行政权力封杀媒体,不仅延误救援、无视民情,还造成社会上流言四起;在危机信息发布的时候也采取和媒体对峙的态度,或者经常使用"无可奉告"之类的外交辞令。实际上,无论政府是否表态,媒体都会报道危机事件。因此,政府应采取积极的态度与媒体合作沟通,尽快将真相和对事件的看法通过媒体清楚地呈现给公众,这才有利于危机事件的解决。

(三) 完善危机沟通机制的路径分析

1. 推进制度和沟通文化建设

(1) 完善相关法律、法规和制度建设。

要改善我国政府与媒体的危机沟通效果,保障人民群众的知情权,必须进一步完善我国相关的立法工作,细化那些规定过于笼统的条款。

(2) 培育有效沟通的管理文化。

首先,要建立负责与媒体进行沟通的专门组织机构。其次,要继续完善新闻发言制度,政府要通过制度规定在何种情况下需要召开新闻发布会,新闻发布会上提供何种信息等等。最后,要从思想上教育各级政府官员,不能遇到危机事件发生就想"堵"消息,而是要通过积极与媒体沟通,寻求媒体与公众帮助,形成处理公共危机事件的合力,最终有效应对公共危机事件。

2. 树立正确媒体观,加强媒体自身建设

(1) 引导社会对媒体进行再认识。

我们应该认识到:第一,媒体介入公共危机的必然性。著名传播学者韦伯·施拉姆(Weber Schramm)(1991)就曾指出:"媒体一经出现,就参与了一切意义重大的社会变革。"①第二,媒体的适当干预有助于维护公益。在公共危机中,政府要把媒体看做是天然的朋友,要相信媒体可以帮助自己积极沟通公众,能帮助政府创造一个有利于危机解决的社会环境。

(2) 积极有效地推进新闻体制改革。

要尽快形成新闻立法,要在新闻立法中明确新闻媒体的独立性,限制政府部门的不合理干预,逐步实现法治新闻管理。在扶持媒体发展方面,要放宽媒体的准入条件,要允许媒体在遵守新闻道德和新闻法规的前提下发出不同的声音,这样才能让公众听到各种不同的声音,增加媒体自身的公信力,让民众知道媒体不单单是政府的信使。

(3) 持续高效地加强媒体自身建设。

媒体要培养自身的责任感,学会如何正确引导社会舆论,学会在保持自身独立性情况下,知道在合适的时候报道合适的内容。媒体要加强自身公益意识,看清大局,具体问题具体分析,在遵守自身职业独立性的同时,积极配合政府有效处理危机。

3. 保障公众知情权,培养"合格的"公民

在公共危机中,无论是政府还是媒体的沟通最终对象都是社会公众,既然是沟通,

---

① ［美］韦尔伯·施拉姆:《大众传播媒介与社会发展》,华夏出版社 1991 年版,第 3 页。

就是相互的、双方的。所以，作为危机沟通中重要的因素，公众自身也要加强建设，有效增强自身参与政府与媒体危机沟通的能力。即培养具有成熟思想和意识的公民，培养具备实践资格能力的公民，培养担负责任与义务的公民。只有这样，政府与媒体的公共危机沟通才能发挥更大的效能。

（第一作者为东华大学公共管理系教授，
第二作者为中国人民银行西宁中心支行职员）

论转型期信息公开中的公私权平衡

Publication of Information on the Transition to Public Power and Private Right Balance

张林华

近年来,上海市透明化政府建设正逐步走上正轨,信息公开提高了行政机关权力运作透明度,公民拥有更多的知情权和参政权。《政府信息公开条例》(以下简称《条例》)实施后,已有大量公众实现了知情权利,取得了较好的社会反响。但还有许多公民的信息查询要求无法满足,甚至引起"民告官"事件。

信息公开是我国转型时期一项重要国策,但必须认识到,我国信息公开仍然处于探索阶段,尚有许多问题亟待研究解决。研究信息公开实践中出现的热点难点问题,剖析信息公开法制缺陷,对深化转型期信息公开理论与实践十分必要。

一、信息公开法制缺陷

(一) 公开时间问题

《条例》规定:"属于主动公开范围的政府信息,应当自该政府信息形成或者变更之日起 20 个工作日内予以公开。"文件是档案的前身,文件办理完毕之后归档成为档案,此时文件的现行效用趋向于消失。而档案信息的开放利用受《档案法》体系的调整:"国家档案馆保管的档案,一般应当自形成之日起满 30 年向社会开放。"这样,原本一些列入政府信息公开范围并已向公众公开的文件,归档后却又进入漫长的封闭期。

根据文件生命周期理论,文件的现行效用期很有限,依据规定通常在文件办理完毕之后于次年 6 月底前应归档。经立卷归档进入档案阶段后,该信息是发挥查考性的历史效用,适用对象从现行效用期的以原信息形成机关为主扩展为历史效用期的面向社会全体公民。可就在信息将要为服务全社会发挥作用之际却进入封闭期了。国家档案局规定档案的保存期限分为永久和定期,定期期限为 30 年以下。这意味着定期保存档案基本上无缘向公众开放——30 年封闭期满了,定期档案也该销毁了;即使对永久保存档案而言,等到封闭期满,也早已事过境迁、现实成为历史了。目前一个更不容乐观的现状是：由于已过封闭期档案为数巨大，受到开放前鉴定程序的限制，许多档案馆已提出申请要求延迟开放这部分档案。

同一个文件，仅仅由于从文件转化为档案便导致其公开规定上的巨大改变。即按照《条例》规定的公开期限仅为归档前的一小段时间，归档之后该信息就很难"再见天日"了。鉴于此，信息公开法专家周汉华一针见血地指出："《档案法》的规定不但不利于政府信息的公开，反而限制了信息的公开。如果制定政府信息公开法，必须解决《档案法》的这一问题，否则，政府信息公开法就只能适用于非档案文件，其范围将被大大限制。"①

(二) 依申请公开问题

虽然《档案法》等规定："公民凭身份证、工作证或者介绍信等合法证明就可以利用已经开放的档案"，但对利用长达 30 年漫长封闭期中的未开放档案，则规定要经过依申请公开程序，即"利用档案馆未开放的档案或者其他组织保存的档案，须经有关档案馆或者有关组织同意，并还需遵守国家保密等方面规定。"

由于上述规定本身缺乏清晰的界定，而各相关法律法规中也没有具体条款规定这些组织对所形成、保存档案的开放义务，这样就使上述组织对封闭期内的档案信息开放与否拥有生杀予夺的绝对权力。依申请开放信息一般直接关涉利用者权利主张的成立，并且常常与行政机关的权力发生矛盾。这就不难理解目前依申请公开信息令人遗憾的现状：公民即使履行了申请程序，通常也还是难以实现信息知情权。在履行依申请公开程序时，大多档案的形成和保存机关要依据上述规定千方百计给封闭期内档案信息的开放利用设置种种障碍，以避免其行政权力的运作过程被"晒"在公众特别是当事人面前。因此，档案馆未开放档案及其他组织保存档案的依申请公开始终是档案信息利用中的一大"瓶颈"问题。而各地有关信息公开的诉讼案，大都集中在未开放档案的依申请公开案例中。

依申请公开是转型时期我国政府满足公民知情权的一项积极举措，也是国际上信息公开制度的通行惯例。如果说《条例》中"主动公开"范围是政府"想要公民知情"的信息，那么"依申请公开"就是公民"想要得到"的信息，显然后者对公民的切身利益具有更直接、更重要的意义。如何使处于封闭期的档案信息"再见天日"，满足公民利用"想要得到信息"的知情权，成为信息公开中亟待解决的一个重要问题。当然，该问题的解决必须以保证国家安全、公共安全、经济安全和社会稳定以及国家秘密、商业秘密、个人隐私的安全为前提。

(三) 法律适用问题

除了国家和地方层面的《档案法》、《条例》等法律法规之外，有些信息的开放还受到

---

① 周汉华：《中国的政府信息化及其面临的实践问题》，《经济社会体制比较》2003 年第 2 期。

一系列相关法律法规的制约。以公民要求查阅房产档案信息被拒并诉诸法律的案件为例,此类案例在全国已有多起,但几乎都是以原告即请求查阅信息的公民败诉而告终。究竟应该适用《条例》还是《查阅暂行规定》或内部规定?这些法规的理念和规则大相径庭。《条例》要求"以公开为原则,不公开为例外",除法定情形外,只有法律、法规规定的免于公开的其他情形,才能免于公开。而根据《查阅暂行规定》,只有土地使用权和房屋所有权的权利人或其委托人才可以查阅与该房地产有关的所有原始凭证。照理《查阅暂行规定》不是法律法规,仅是位阶较低的政府规章,不能据此免于公开,但事实上法院却是以此为最终判决依据。根据不同法规得到截然相反的结果,使法律适用成为信息开放利用中争议的热点问题之一。

二、缺陷成因探析

保守的《档案法》体系与相对开放的《条例》之间的冲突,给信息公开实施埋下"脱轨"的隐患。笔者认为,下列方面是造成信息公开制度缺陷的主要原因。

(一) 社会转型彰显民主公平理念

2007年颁布《条例》之时,我国已处在改革开放的社会转型中,由以往的国家权力至上、行政透明度低下,向注重公民个人权利和国家公共权力平衡、注重行政透明和民主监督转化。滚滚向前的历史车轮,使广大老百姓在经济物质生活日渐富足的同时,知情权意识也逐渐觉醒。在经济市场化、政治民主化和国家法制化氛围日渐浓厚的背景下,相对而言考虑信息公开法规设置时较多地从公众需求出发。而由于《档案法》体系立法于20世纪80年代,当时我国信息公开理念与实践的发展程度远远无法与20年后的今天相比,《档案法》体系侧重于从保护行政部门自身权益的角度出发,将信息公开的大部分权力授予拥有和管理信息的机关。这样,从公民角度出发,档案信息公开必然比政府信息公开的法规设置严得多。《条例》与《档案法》体系不可避免地形成强烈的反差,而这正体现了社会的发展与进步。

(二) 法规体系内部冲突

在信息公开实施过程中,特别当遇到有争议的情况下,公民一方利用信息的权利保障往往成为无解的难题。分析房产档案查询案我们可以发现,案由都是为查询利用信息而起,判决结果全都是原告败诉,但依据的理由却相反,这实在令人感到迷惑。有的地区或部门往往制定出与中央政策精神不相符合、与国家法规相冲突的"土政策",它们所代表的部门与地方局部利益忽视了国家的整体利益。在信息公开过程中,特别当遇到有争议的情况下,利用信息的公民往往成为相对弱势一方。保守的《档案法》体系与相对开放的《条例》之间法律规定的冲突脱节,给信息公开的实施埋下"脱轨"的隐患。

（二）法规内涵诠释模糊

我国历来在保密问题上存有泛化倾向的传统,对国家安全和国家利益的理解太过宽泛,对信息的定密范围偏宽,密级偏高,解密期偏长,如此等等。《条例》中特意列出的"国家秘密"等"例外"条款内容粗略,无法分出应当公开和不公开的界限;一些概念如"国家安全、公共安全、经济安全和社会稳定"、"国家秘密、商业秘密、个人隐私"等本身就含糊不清、模棱两可,缺乏具体界定,上述种种已引起人们的广泛质疑。程序、规则等虽在信息公开中有规制作用,但规则是死的,它的适用可以在权力拥有者的运作下获得不同的解释。中国社会转型中信息公开的过程实际上也是各种力量在实践中博弈的过程。信息公开法律法规设置中将大部分的权力授予信息的形成和管理机关,使具备信息开放权力的机关和组织所拥有的解释余地太大,为其随意不公开信息提供了借口和机会。这种情况下,必然增加了公众行使信息利用权的难度,在信息公开法规制度上给予有关机关信息开放的权力空间越广阔,其结果必然是留给公民利用信息的权利空间越狭窄。

（四）机制设置不利于公开

尽管与《档案法》体系相比,《条例》已实现了公民权利的巨大进步,但毋庸讳言对照国外先进国家的信息公开法,我国相关法规中存在着许多问题。例如,立法模式属列举式而不是排除式,虽然涵盖广泛,但因无法列举穷尽而留下漏洞;在信息发布协调机制和保密审查机制的设立上,《条例》中诸多条款都规定了政府行政机关的决定性支配权力,如行政机关在公开政府信息前,应当依照《保守国家秘密法》以及其他法律、法规和国家有关规定对拟公开的信息进行审查等等,机制上的层层设防令人对公开慎之又慎。虽然这样的规定有其合理性的一面,但从另一角度看,在我国政府信息公开刚刚起步、行政机关中公务员信息公开意识和觉悟还有待加强的今天,这种信息发布和审查机制容易使有关行政机关和工作人员在掌握信息公开的尺度上宁紧勿松、明哲保身。不可否认,政府行政机关的权力在我国尚处于"学步"期的信息公开实践中发挥着举足轻重的重要作用。

信息公开为保障公民权益提供了现实途径,但离完善的制度建设以及公众的期望还有相当的距离,必须在实践中不断完善。目前信息公开实践中的法律矛盾是改革过程中一种暂时性、过渡性的冲突现象,随着我国法制建设和法治环境的进一步完善,这种冲突终将成为档案开放制度变迁的一种动力。

参考文献

戴志强等:《档案依申请提供利用问题研究》,上海市档案局研究课题,2007年。

《房地产档案公开有规矩》,《东方早报》2005年1月25日。

《查阅房产档案被拒于法无悖》,《解放日报》2005年1月25日。

郑言:《她为何看不到自家的房产档案》,《中国档案》2003年第4期。

(作者为上海大学图书情报档案学系副教授)

资源性治理的"反治理"绩效

Resource Management of Anti-governance Efficiency

朱静辉

税改取消了地方基层政权的主导治理职能——税费汲取,同时因为财权的削弱,地方基层政权的运转逻辑从原有的"汲取型"向"悬浮型"政权转变。虽然地方政权的财权扩张在某种程度上得到了遏制,然而,它所承担的任务和治理目标却并没有因此而消退。资源性治理体现了国家的社会结构转型,也隐含着中央政府为谋取政权合法性重整国家与农户关系的意图。但国家的意图却在实际的治理效果中大打折扣,反而形成了治理的"反治理"绩效。原因何在?是地方基层政权自我利益的维系和扩张的结果,还是向公共服务型政权转向的未完成所致,原因可能恰恰与地方基层组织力量的空虚化有关。在有限的资源掌控前提下,地方基层为了完成上级下达的目标和保持底层群众的满意度,就以塑造标杆的方式处理资源的分配,从而导致了有着朴素相对平均主义心态的群众以及在资源分配过程中失去利益的群众不满,进而这种情绪很快形成传染机制,于是在从汲取到扶持的转变中给农民的资源却成为治理中的分化器。

一、税费改革前后的治理结构转变

国家政权建设是中国近百年乡村社会变迁的主线,为了实现国家对下层资源的掌控和现代民族国家的建构,国家相继在基层地区建立了自己政权的末梢。但是税费改革之后,国家的基层政权建设却遭遇到了前所未有的危机,"悬浮型"政权正好恰当地概括了基层政权的治理能力。

1. 乡村治理强度的"软"化。国家的税费改革使得乡村基层处于极为被动的局面,在此过程中乡镇基层政权可谓两面都失去了信任。首先,是在税费加重负担下的农民对基层干部的不满和失信,对基层干部的税费改革造成的伤害仍然使得村民对基层干部心有余悸。其次,国家对税费改革的取消其实某种程度上也表达了对地方基层政权的不信任,中央很快从税费改革调整到税费全部取消,以至于基层政权干部在以后的执行力度中出现了种种阻力。

2. 村级集体组织力量的退化。村级集体组织的运转显然受到税费改革强有力的冲击,农村本身的集体经济力量在家庭承包制以来就有弱化,虽然农村实行的是家庭承包制为基础的统分结合的双层经营体制,但事实上农村经济"统"的力量愈趋弱化,以至于在有些村根本就没有集体经济,并且对分散的农户无法施加集体的力量。而税费改革则从治理方面减弱了村级组织的管制力量,使得村干部没有力量去应对村内事务的处理。基层村干部的不作为和力量空虚化造成了地方"混混"力量的上升,并且"混混"和相应的灰色社会性质的力量的介入成为村级治理结构的隐蔽性秩序。

3. 治理的空虚化、形式化。资源汲取的实质性治理消退之后,村级组织必须寻找合适的空间建立自己运转的合法性,于是就产生了"软指标"的"硬指标化"。所谓软指标的硬指标化是指乡村组织在原来的计划生育的刮宫引产,征收摊派的催粮要款等为代表的情况下,将原来的软指标如村务规范化管理、发放资料等当作当前的中心工作即硬指标来抓。可见,原先的硬性任务在国家力量的退化和制止下,乡村组织无法再有效的担当起管治的任务,不得已把原来处于边缘性的工作作为乡村组织的中心来抓,而很多这样的边缘性工作其实是政府的一种形式主义需要。

4. 乡村公共物品供给的缺失。如果说税费改革之前治理的强度一定程度上是以乡村公共服务的有效供给作为平衡的,那么税费改革之后,乡村公共物品的治理供给基本处于瘫痪的状态。村庄已经没有能力有效动员村内的民众力量进行村庄公共物品的建设,积累工、义务工和三提五统的取消造成村集体组织财政的困境,原有的群众基础的离失,使得村干部筹钱办事的时候明显得不到群众的信任,村干部要钱办事也被国家政策所制止。

二、资源下放的治理困境

税费改革所造成的乡村治理逻辑转变,客观后果是基层政权的有效治理不足。为了重建基层政权与底层群众关系的联系强度,国家在税改之后采取的是"减支、增收"的主导策略。由原先的管制型政权向公共服务型政权转变,但提供公共服务的前提是地方基层政权有财力支撑,而财政控制权却恰恰在中央。

1. 撒胡椒粉似的农业补贴与实际治理的脱节。国家不仅取消农业税,而且给予农民种植粮食以多种补贴,包括粮食补贴、农机补贴、良种补贴和农资补贴等等,补贴的范围不断扩大,现在农民种田每亩合计可以得到 100 多元的补贴。实际情况是很多农民并不看重补贴,出去打工的还是很多,抛荒在有些地区仍然不同程度存在。有学者指出,与其采用撒胡椒粉似的给予农民好处,还不如把这些钱统一起来办大事,可以帮助农村债务的减轻,帮助村庄的公共设施建设,尤其是水利方面的投入,可以达到事半功倍之效果。然而乡村这一级的呼声却被农民的道德高度和国家威望所掩盖,在这种情况下乡村一级组织即使在村民已经默许的情况下挪用补贴款来建设公共设施也会遭到上面的批评。

2. 合作医疗的刚性任务引起的干群两怨。农村基本实现了合作医疗的全覆盖体系,然而合作医疗作为国家对农民看病支出的保障措施,并不能解决农民看病难、看病贵的问题。许多农民抱怨合作医疗只能"看大病不能看小病"。由于村庄的流动性体制,村干部为此要投入很大的精力保证合作医疗的覆盖率。为了达到相应的上报率,村干部自己要拿出点钱先垫上,等着村里人过年回来再向他们要回,这其中村干部不知道为此要付出多少精力和时间成本。

3. 专项转移的支农政策脱离乡村社会的基础。基于税费改革之后农村财政的困境,国家建立了专项财政转移支持农村一些公共基础设施的建设,但是专项转移支付的前提是村级组织干部必须能向上面跑,所谓"会哭的孩子有奶吃",经常向上面跑关系的村干部就可以为村庄提供国家财政的支持,而有些不能跑的村干部自然引起了村民的不满。在同一地区的村民会有比较,看到别的村都建起一些东西,而本村的什么都没有,以至于公共基础设施损坏,水渠淤积,电站失修,道路泥泞不堪,自然把矛盾的集中点指向了村干部。

4. 低保等选择性补助措施不公所引起的治理困境。作为一种非常技术化的治理手段,农村低保以及一些社会福利救助需要详细制定出享受低保的生活标准,然后通过村内村民代表会议的提议同意达到程序的公平。乡村干部可以利用自己手中所掌握的低保名额实施相对较为私人化的网络治理。虽然这种私人网络化的治理方式给村干部一定的治理空间,但由于与公开宣称的公平性相冲突,在实践之中必然大打折扣。本来就已经不能平均分配选择性资源的乡村社会内部更因为私人关系网络治理的不公,产生干群关系的进一步貌合神离。

撒胡椒粉似的国家补贴方式与选择性的资源的下放体现了国家在乡村治理中的一个悖论,国家补贴的直补到户是国家不希望通过乡村组织直接下放到农户手中,其涵义是国家担心地方基层组织会截留农民的补贴,表现了对地方基层的不信任。另一方面国家给予乡村民众的资源性物品却又不得不依赖于乡村一级的组织和执行,乡村组织仍然担当着地方治理的主体任务,国家必须以其为支撑建构公共服务型政权的转型。

三、税费改革后反"治理"绩效的机制成因

地方政府因为面临着治理的转型所承担着的职责已经不能控制资源下放的社会配置,而造成这一现象的重要的原因恰恰本身就是税改以后形成的逻辑所导致。税改取消了乡村组织汲取力量和动员力量的合法性,钱集资不起来,又指挥不动农民,乡村组织就成为"悬浮型"的政权框架。所以,税费改革的自身演绎的逻辑导致了基层组织力量的散化,集体力量的实效使得原本已经分散、独立的农户更加陷入了集体行动的困

境。奥尔森认为要解决集体行动的困境最重要的是要保持小集团,不能让集团的规模过大,否则就会陷入"搭便车"的难题,而要解决大集团的行动逻辑就要通过国家的强制性力量,原来的村级组织正是承担了国家强制性力量的角色。

国家选择性资源的下放一定程度上给予了干部积极治理的激励性质,但是这种激励又会造成乡村社会平均主义心态的反弹,会产生"凭什么他有我没有"的质疑进而对村干部的治理产生怀疑,对干部国家资源的分配中只注重关系不注重公平的气愤,"低保都是与村干部有关系的人拿去了,我们哪有份呢","农机补贴那也是村干部给自己亲戚拉拢的,平白无故的人家会给你"等等,这些在乡村中散发的一种对干部以关系私分资源的方式充满着气愤的情绪,使得村干部成为某些村民中极为不欢迎的人物。地方公共事务的治理必须依赖于地方自己的组织和动员能力,地方在税费改革前可以通过税费并收的方式完成自己机构的运转和地方公共服务品的供给,税改以后已经失去其原有治理的合法性基础,只能陷入农民平均主义的心态纠结之中。

村内原有的治理模式和平均主义心态的打破,形成了村庄治理绩效的极低评价,在对乡村低评价的背景下却仍然保持着对中央政权的高度认同,原来的用词如"党中央是英明的,下面的人就是腐败","上面的经被下面的人念歪了",仍然是村民口中频繁表达的词汇。乡村干部形成相对稳定的利益共同体却与农民形成了利益的暂时性脱钩,其根本的原因在于乡村集体力量的退化和无力,现在加上科层化的吸纳机制,村干部主要的任务是完成上级的布置任务和考核目标,对群众的治理能力却严重下降,甚至把自身作为"虚化"处理,出了事情也是找上级。

四、结　语

原本理论上增强国家与社会之间关系的税费改革逻辑在具体的实践中却导致了相反的逻辑,国家与社会之间的治理整合引发的是"反治理"的绩效,其根本原因在于国家对基层政权的矛盾状态和基层治理公共规则的不确定。当前利用资源下乡的机遇修复原本缺失的基层政权与群众之间的疏离关系,最重要的是给予集体以治理公共设施的能力,以提供公共物品建设为契机,重新整合乡村社会的治理结构。在地方基层获得国家行政性力量和资源支配的同时,要积极发动群众组织起来,从而形成群众与治理的良性互动,以基层政权与农民之间的良性互动改善原有的管制型治理结构,所以群众的自我组织能力和自治能力是集体组织力量加强的前提。我们当前面临的是社会转型的关键时期,地方基层治理转型能否成功,国家对"三农"问题的投入能否取得成效,关键是要看地方治理能力的现代转型,以公共服务的公共规则确立资源的公开、公正、公平,以避免治理困境的进一步加深。

参考文献

周飞舟:《从汲取型政权到悬浮型政权》,《社会学研究》2006 年第 3 期。

陈柏峰:《乡村江湖——两湖平原"混混"研究(1980—2008)》,华中科技大学中国乡村治理中心博士论文。

申端锋:《软指标的硬指标化:关于税改后乡村组织职能转变的一个解释框架》,《甘肃社会科学》2007 年第 2 期。

刘勤:《农村低保实践的偏差与规范——基于陕南丘村个案的分析》,《调研世界》2009 年第 6 期。

奥尔森:《集体行动的逻辑》,上海三联书店 1995/2006 年版。

（作者为华东理工大学社会与公共管理学院博士）

关于党内领导干部任用的一个"技术问题"

——应当正确理解和规范使用《党章》第十三条第二款

As Per "Technical Problem" Which Is Used by Leaders within the Party
—Should Correctly Understand and Regulate the Use of Second
Paragraph of Article XIII in "Constitution"

曹予生

胡锦涛在 2006 年召开的中央纪律检查委员会第六次全体会议上的重要讲话中,强调要通过学习贯彻党章推进党风廉政建设,提出要"加强以党章为核心的党内法规制度体系建设"。①笔者认为,这是党的先进性建设中一项十分重要而又非常紧迫的基础工程。应该讲,相对于我们国家改革开放这 30 年来的法制建设,虽然党的制度建设也有很大的进步,但是总体来讲,我们执政党的党内法规制度体系建设明显起步晚了。

要加强以党章为核心的党内法规制度体系建设,首先应该正确解读《中国共产党党章》(以下简称《党章》)。本文想就《党章》第十三条"第二款"的理解与使用,提出一些值得进一步探讨的问题。这些问题常常被认为是"技术问题"而被忽略,但透过"技术问题",人们应该看到"理论问题"或"制度问题"。

党的十七大通过的《中国共产党党章》第十三条共有四款,具体内容如下:

凡是成立党的新组织,或是撤销党的原有组织,必须由上级党组织决定。

在党的地方各级代表大会和基层代表大会闭会期间,上级党的组织认为有必要时,可以调动或者指派下级党组织的负责人。

党的中央和地方各级委员会可以派出代表机关。

党的中央和省、自治区、直辖市委员会实行巡视制度。

中共十七大通过的《党章》第十三条的"第二款",在以往的《党章》中是"第三款",就

---

① 《人民日报》2006 年 1 月 6 日。

其行文内容而言没有改变。第四款则是新增的内容。《党章》第十三条的第一、三、四款与本文议题无关，本文只就"第二款"立论。

一

党的基层组织的"党委"或"常委会"应该怎样产生？《党章》及相关党内法规是有明确规定的。

《中国共产党党章》第五章"党的基层组织"第二十九条指出："党的基层组织，根据工作需要和党员人数，经上级党组织批准，分别设立党的基层委员会、总支部委员会、支部委员会。基层委员会由党员大会或代表大会选举产生，总支部委员会和支部委员会由党员大会选举产生。"

在《党章》第二章"党的组织制度"中，第十条阐述了"党的民主集中制的基本原则"，其中第二款是这样规定的："(二)……党的各级领导机关，除它们派出的代表机关和在非党组织中的党组外，都由选举产生。"

《中国共产党基层党组织选举工作的暂行条例》(1990年)第十七条规定："经批准设立常务委员会的党的基层委员会的常委候选人，由上届委员会按照比应选人数多一至二人的差额提出，报上级党组织审查同意后，在委员会全体会议上进行选举。"

同时，《中国共产党党章》第十三条"第二款"又规定："在党的地方各级代表大会和基层代表大会闭会期间，上级党的组织认为有必要时，可以调动或者指派下级党组织的负责人。"

根据上述所引的《党章》精神，如下结论是显而易见的：

(1) 按照《党章》的精神，党的基层委员会由"选举产生"应该是唯一的法定程序，除此以外，没有其他合法程序。

(2) 党的基层委员会的负责人由"选举产生"应该是基本的法定程序，而"指派产生"只应该是辅助的法定程序。

(3) 按照《党章》的精神与实际操作惯例，先期"指派产生"的"下级党组织的负责人"也应该在后期"进入"同级党的代表大会的"选举程序"。

二

什么是《党章》第十三条"第二款"的适用范围？这里涉及以下几个方面：

（1）"第二款"适用的时间范围？

"第二款"规定是"在党的地方各级代表大会和基层代表大会闭会期间"，而按照《党章》规定，党的地方各级代表大会和基层代表大会的"代表大会闭会期间"应该是"3 年至 5 年"的间隔。

（2）"第二款"适用的对象范围？

即什么是"第二款"所讲的"下级党组织的负责人"？笔者认为，应该指下级党组织的书记或副书记之类，而不应该指称常委（常委是"领导成员"，但不是"负责人"），更不包括委员。

（3）"第二款"的运行方式？

"第二款"的运行方式是"调动或者指派（下级党组织的负责人）"。

应该如何理解"调动"与"指派"？笔者认为，"调动"与"指派"是一个问题的"两个方面"。就"下级党组织"而言，"调动"是"出"、是"离开"，而"指派"是"进"、是"调入"。也就是说，被"调动"的只应该是下级党组织内的负责人，而被"指派"的只应该是下级党组织成员以外的其他人。

虽然在一定意义下，"调动"与"指派"都可以称为"调整"，但是"调动"≠"调整"，"指派"≠"指定"，它们都是"内"↔"外"之间的运作。

中国共产党第十一届中央委员会第五次全体会议通过的《关于党内政治生活的若干准则》"第八条"中有这样的规定："在各级党的代表大会闭会期间，上级党委可以根据工作需要，任免、调动下级党委的负责人。"

现行《党章》第十三条"第二款"与上述表述不同。

按照《关于党内政治生活的若干准则》的上述规定，"任免"下级党委的负责人，可以是"内"↔"外"关系的运作，也可以是"内部"运作。而按照《党章》第十三条"第二款"只能指"内"↔"外"关系的运作。同时，从逻辑上讲，与"调动"对应的是"指派"，而"任免"与"调动"则不是对应范畴。"调动"与"指派"都蕴涵"任免"。

因此，笔者认为现有《党章》第十三条"第二款"的表述是科学的，它排除了其他的一般"任免"运作，具体来说，关于下级党组织的"内部""任免"运作，都不是"第二款"的授权。

与此相关，下列党内文件的修改也值得注意：

原《党政领导干部选拔任用工作暂行条例》（1995 年 2 月 9 日）中的"第四十七条"关于"选拔任用党政领导干部，必须严格执行本条例的各项规定，并遵守以下纪律"的第四款是这样规定的：

（四）不准拒不执行上级派进、调出或者调动、交流领导干部的决定。

2002 年《党政领导干部选拔任用工作条例》中的"第六十三条""第五款"修改为：

（五）不准拒不执行上级调动、交流领导干部的决定。

笔者认为，这样的修改也是恰当的。因为"上级派进"（即"指派"）不是下级"执行"的问题，同时"交流"中必然包含着某种形式的"派进"；而"调出"与"调动"，在这里其语义所指是相同的,将其"并用"反而可能造成误读或误解。相反,"调动"与"交流"则不可相互替代,"调动"可以是"单向"的,而"交流"则是"双向"或"多向"的。

笔者认为,上级党组织仅在下级党组织内部进行的"运作",比如下列①—⑤,都不是《党章》第十三条"第二款"内容的逻辑演绎:

① 任命或"指定"下级党组织的某人为该党组织的"书记"、"副书记"、"常委"、"委员";

② 将"委员"、"常委"、"副书记"提拔为"书记"之类;

③ 将"书记"降为"副书记"、"常委"、"委员"之类;

④ 将原下级党组织的"书记"与"副书记"的任职互换之类;

⑤ 其他"内部运作"。

某大学曾发生过这样的情况:L在校党代会上没有被选上"党委委员",但是党代会后的不久,L却被上级党组织任命为该校的"党委副书记"。这样的做法,显然是对党的代表大会代表们整体选举意志的否定或嘲弄,更是滥用《党章》第十三条"第二款"的典型表现。

自然,根据《党章》与《中国共产党纪律处分条例》等其他党内法规,上级党组织可以作出对下级党组织干部的免职、降职等纪律处分,但这与《党章》第十三条"第二款"无关。

实际上,关于《党章》第十三条"第二款"还有一个"适用条件"问题:即怎样理解"第二款"中"上级党的组织认为有必要"的问题。什么是"第二款"启用的"必要条件"? 或者说,什么又不是"必要"的情况? 现有《党章》并没有作出具体的规定。具体情况当然比较复杂:就干部而言,就可能涉及为了培养、为了审查、为了整顿、为了优化配备……但《党章》没有具体规定,自然也可能留下制度"黑洞",需要并且应该综合制约。

三

当下级党委发生"缺员"时,应该如何"补缺"? 这样的"补缺"可否启用《党章》第十三条"第二款"?

笔者认为,如果"缺员"的是"负责人",则可以启用"第二款"从外部"指派"补缺;除此以外,都不可启用"第二款",或者说,都不是"第二款"名义下的合法使用。

笔者所谓"除此以外"的其他情况,具体说来大体有两种:

(1) 如"缺员"的是"非负责人"(委员或常委),则不论其"补缺"人员是否来自"内部"或"外部",启用"第二款"都不是合法使用;

(2) 如"缺员"的是"负责人"(正副书记),而其"补缺"人员又来自"内部",那么同样不可动用"第二款"。

根据《党章》精神,上述(1)、(2)情况下的"补缺"都应该启动相应的"补选程序",尽管现有《党章》并没有具体规定怎么进行"补选"。笔者认为,《党章》应该增加进行"补选"的要求与相应程序。

关于"补缺",有的《党建知识》读本有"在特殊情况下"可以通过上级党组织"任命"的方式由"内部"来进行"补缺"的说法。应该讲,这在现有的《党章》中是找不到法定依据的。因为根据《党章》第十条"第二款",通过"选举产生"党委成员是唯一合法程序与途径,除非有"第二款"的适用情况。

四

笔者认为,严格规定《党章》第十三条"第二款"的适用范围,澄清其固有的确定内涵,其意义就在于:第一,有利于真正发扬党内民主,尊重党员的主体地位,保障《党章》赋予党员或党代表的选举权;第二,有利于维护党的代表大会作为同级党组织的最高权威的地位,重视与发挥党的代表大会的作用,尊重下级党的代表大会的集体意志;第三,有利于规范上级党组织及其负责人的行为,在制度上杜绝滥用《党章》第十三条"第二款",破坏集体领导原则,以权谋私的行为。事实证明,那些"卖官者"常常就是通过绕开党的代表大会的集体监督,剥夺党员或党代表的选举权,滥用"第二款"来实现与"要官跑官者"的钱权交易的。

问题是:今天,我们认识到这是一种"滥用"了吗？我们认真对待这种"滥用"了吗？明天我们还会"滥用"吗？……

事实证明:只有认真学习党章,自觉遵守党章,切实贯彻党章,坚决维护党章,才能杜绝这类违法《党章》的事件的再次出现。

(作者为上海师范大学人文与传播学院教授)

职位型领导能力的研究

Demonstration Research on Functionary Leadership Capacity

申　林

一、研 究 背 景

我们今天的时代背景与过去有很大的不同,在静态社会中,我们 15 岁时就可以学会生活的所需全部技能,而且总有极少数人才有机会成为领导。在今天瞬息万变的环境中,就算我们活到 90 岁,领导技能也会像人口一样不断发展[1],领导的形成已大大不同于静态社会中个人魅力或世袭传统,领导已经成为一个普遍的现象,人与职位发生了分离,居于领导职位上的人未必就是领导人才,人与职位是否能够良好匹配也是人力资源管理中的基本命题[2]。所以笔者认为在研究领导时应该将人与职位分别,然后再将人—职系统放之于领导情景下来研究。

领导者与职位的匹配是中外历史上领导理论研究中不可忽视的内容,无论从何种角度对领导的研究,都不应该脱离特定的职位与任务要求,同样的领导者在不同的职位、环境背景下,其效能却可以相差甚远。反过来,领导职位的差异会改变领导者的行为甚至影响其生理结构。

本研究在文献分析和实证研究的基础上,提出了职位型领导理论的假设。关于职位型领导理论的研究散见于古今中外的各种相关理论之中,本研究通过对这些理论的整理发掘,形成职位型领导理论,并概括出它的理论模型。

为了验证职位型领导理论,首先需要确立研究的方法,通过对当前的量化研究方法的分析,本研究力图避免现有量化研究的不足,直接选取通用的领导能力测评量表,试图从中寻找具有普遍意义的领导能力测评结果。

本课题所研究的对象是在上海市委党校学习的各类人员,包括行政领导、企业领导、一般人员和教育及专业技术人员。因为参加党校培训的领导干部都是经过组织部

---

① ［美］约翰·科特(John P. Kotter),罗立彬译:《变革》(Leading Chang),机械工业出版社 2005 年版,第 183 页。

② 郭庆松、申林:《岗位分析和人力资源测评——人力资源管理的两块基石》,《中国人力资源开发》,2002 年第 5 期。

门选拔、胜任所在岗位的领导工作,或至少在过去的岗位上都表现出来比较优秀的个性特征和背景因素,这些因素对领导者的能力结构产生了直接的影响,是各种因素作用的结果。所以进行基于领导职位的领导能力的研究能够较好地反映领导者的个性特征,具有相对的客观性和真实性。

二、研 究 讨 论

根据统计结果,将性别、年龄、学历对领导能力的影响,行政级别、企业层级对领导能力的影响,职业类型不同的领导者所形成的领导能力差异,领导者与一般人员的差异可以形成如下讨论观点。

(1)采用现有通行的成熟量表进行研究,可以发现通行的量化研究上的局限性,这种构念人格或构念能力量表所包含的基于语义联想的指标设计包含有多种不同的人格或能力来源。

(2)影响领导能力的因素是不同的,这一研究证明了背景因素、职位因素、个性因素对领导能力的影响效果是不同的,从而证实了领导能力的职位型特征理论。研究表明,不同职业类别、不同行政级别和不同企业领导层级的领导在领导能力上有显著差异,可以证明职位、职业差异对领导能力有显著影响。

(3)在影响领导素质的性别、年龄和学历等成长背景因素方面,可以发现,在组织能力、控制能力、统筹能力、决策能力、主动性方面男性与女性具有显著性差异。女性在组织能力、统筹能力、主动性方面高于男性;而男性在控制能力、决策能力方面高于女性。

领导能力在年龄分组间具有显著差异的是统筹能力、决策能力、创新能力、主动性、适应能力、开拓能力。随着年龄的增长,统筹能力有逐渐下降的趋势,也就是处理各种问题和多种工作的能力方面,年轻人比老年人更有活力和精力。在决策能力方面,50岁前有一个逐渐上升的情况,而在50岁到54岁之间则出现了一个明显的下降,可以看出,在40岁到50岁之间的领导者具有较好地敢于负责、能够拍板的特征。创新能力最好的年龄是35岁到39岁之间,同时发现在55岁到60岁间创新能力又有一个高峰期,这一现象在开拓能力方面也有同样的表现。随着年龄的增长,工作的主动性也会增加。适应能力方面,35岁及以下的青年具有较好的适应能力,而50岁到55岁的老年适应能力则较低。

领导能力在学历方面的差异表现在决策能力、主动性方面。决策能力方面随着学历层次的提高而提高,而学历层次的提高反而降低了工作的主动性。

(4)在职位差异方面,研究发现:不同的行政级别的领导者、不同的企业层级的领导者其领导能力方面存在差异。在行政级别分组方面,文字表达能力、统筹能力、决策能力、主动性方面有显著差异。其中,文字表达、统筹能力方面,科级的表现好于处级;处级好于局级。决策能力方面,则从科级到局级逐渐提高;主动性方面处级表现最低,而科级最高,考虑到处级领导处于中间层,主动性表现较低。

在企业中层和高层领导者间在决策能力、开拓能力和灵活性方面存在显著差异。结合均数值来看,决策能力方面高层领导者高于中层领导者;开拓能力和灵活性方面中层领导者则高于高层领导者,说明企业高层领导者相对中层领导者而言在创新和灵活性方面反而较低。

(5)在职业类别方面,控制能力、文字表达、创新能力、主动性在各职业类别间有显著差异,同时发现不同职业类别的领导者在管理理念方面也有显著差异。

行政领导与党群领导的控制能力有显著差异,行政领导的控制能力表现上好于党群领导。

行政领导与教育科技人员的能力差异表现在多个能力指标上,包括控制能力、文字表达能力、创新能力、主动性、管理理念方面,其中在控制能力、文字表达能力、管理理念上行政领导的综合表现高于教育科技人员,而创新能力、主动性方面教育科技人员高于行政领导。

党群领导与教育科技人员在文字表达和主动性方面有显著差异,党群领导的文字表达能力整体表现高于教育科技人员,而主动方面教育科技人员的主动性表现则高于党群领导。

企业领导与教育科技人员在控制能力、创新能力和主动性方面有显著差异,其中,企业领导控制能力的表现优于教育科技人员,而创新能力和主动性方面教育科技人员的综合表现优于企业领导。

(6)那些领导者与一般人员的差异指标则代表了领导者的个性特征,它们是那些对领导素质具有关键影响的个性指标。

行政领导者与一般行政人员在领导能力和适应能力上有显著差异,其中,领导能力方面,领导者总体表现高于一般人员,但在适应能力方面却发现一般人员的总体表现高于领导者。

企业领导与一般人员在领导能力上的显著差异表现在决策能力、适应能力和开拓能力上,其中,企业领导者在决策能力和开拓能力上的表现好于企业一般人员,说明企业领导者要能够负责、敢于定夺的领导能力,面对外界环境和变化的形势要能够开拓创新新局面。但适应能力方面,和行政领导一样,企业一般人员的表现好于企业领导者。

在变革的时代下,领导者应该比一般行政人员具有更好的适应外界变化的能力,一般人员所面对的压力和变革并且加以适应的能力远远超过领导者。这说明今天的一般行政或企业工作人员面临的挑战和变革要大于领导者。

领导者和一般人员在领导能力上的显著差异表现在领导能力、决策能力和适应能力方面,其中,领导能力、决策能力方面领导者的表现高于一般人员,而在适应能力方面,一般人员的适应外界变化的能力要高于领导者。

领导者与教育科技人员在控制能力、文字表达能力、创新能力、主动性具有显著差异。结合均数值分析,控制能力和文字表达能力上,领导者的表现高于教育科技人员,考虑到领导者需要完成许多具体的工作,并把握工作的进展,这方面的能力高于教育科技人员,而在文字表达方面,领导者需要清楚而正确地阐述自己的观念和信息,这方面的能力也高于教育科技人员。在创新能力和主动性方面教育科技人员的表现高于领导者,这与他们的工作性质是分不开的。

(7)研究显示在14种领导能力评价方面,具有显著差异的只是部分能力,在很多能力指标上没有表现出显著差异,从而也证明了职位型领导能力的重要影响,即说明在今天的时代下,领导者与一般人员的能力差异并不明显,领导特征更多的是一种职位上的差异罢了。

三、研 究 结 论

(1)实证研究证明影响领导能力的因素包括背景因素、职位因素、情景因素、个性因素,这些因素对领导能力的影响效果是不同的,可以证明职位、职业差异对领导能力有显著影响,研究证实了领导能力的职位型特征理论。

(2)在影响领导素质的性别、年龄和学历等成长背景因素方面,可以发现,女性在组织能力、统筹能力、主动性方面高于男性;而男性在控制能力、决策能力方面高于女性。领导能力在年龄分组间具有显著差异的是统筹能力、决策能力、创新能力、主动性、适应能力、开拓能力。领导能力在学历方面的差异表现在决策能力、主动性方面。决策能力方面随着学历层次的提高而提高,而学历层次的提高反而降低了工作的主动性。

(3)研究表明,不同职业类别、不同行政级别和不同企业领导层级的领导在领导能力上有显著差异;在职位差异方面,研究发现:不同的行政级别的领导者、不同的企业层级的领导者其领导能力方面存在差异。在行政级别分组方面,文字表达能力、统筹能力、决策能力、主动性方面有显著差异。在企业中层和高层领导者间,在决策能力、开拓能力和灵活性方面存在显著差异。

(4)在职业类别方面,控制能力、文字表达、创新能力、主动性在各职业类别间有显著差异,同时发现不同职业类别的领导者在管理理念方面也有显著差异。

(5)通过领导与一般人员的差异寻找到了领导者的个性特征。行政领导者与一般行政人员在领导能力和适应能力上有显著差异,其中,领导能力方面领导者总体表现高于一般人员,但在适应能力方面却发现一般人员的总体表现高于领导者。

企业领导与一般人员在领导能力上的显著差异表现在决策能力、适应能力和开拓能力上,其中,企业领导者在决策能力和开拓能力上的表现好于企业一般人员,但在适应能力方面,企业一般人员的表现好于企业领导者。

领导和一般人员在领导能力上的显著差异表现在领导能力、决策能力和适应能力方面，其中，领导能力、决策能力方面领导者的表现高于一般人员，而在适应能力方面，一般人员的适应外界变化的能力要高于领导者。

　　领导者与教育科技人员在控制能力、文字表达能力、创新能力、主动性上具有显著差异。

　　（6）研究显示在14种领导能力评价方面，具有显著差异的只是部分能力，在很多能力指标上没有表现出显著差异，从而说明在今天的时代下，领导者与一般人员的能力差异并不明显，领导特征更多的是一种职位上的差异罢了。这也证明了职位型特征对领导能力的重要影响。

　　　　　　　（作者为中共上海市委党校人力资源测评研究中心副主任、副教授）

试论群众的政治面貌

The Political Affiliation of Mass in China

胡　勇

本文以"政治面貌"的含义和划分为切入点,以当代中国政治文化中的"群众"概念为着力点,以未来中国政治文明的建设为落脚点,试图从学术上初步厘清和还原群众的政治面貌。本文认为,从逻辑上讲,群众的政治面貌应当是最广大的无党派公民;从政治文化上讲,"群众"是臣民时代向公民时代转型过程中的特殊群体,是公民的未完成形态;从政治文明的发展趋势来看,随着公民意识的逐渐觉醒和公民社会的兴起,群众作为一种笼统的政治面貌将逐渐退出中国的历史舞台。

一、"政治面貌"的面貌

一般辞书对"政治面貌"的解释,是"意识形态、思想、人生观、社会关系等。在履历书中指的是属于哪个政党或政治团体"。[①]专业辞书对"政治面貌"解释,是"个人的社会政治属性、派别,即一个人参加政治党派与否和所属的政治党派组织。参加某种党派组织的,其政治面貌则为该党派组织的成员,如共产党员、共青团员、九三学社成员等。未参加任何党派团体的,则为一般群众"。[②]从以上两个概念可知,政治面貌主要反映公民的政治归属和身份,即公民个体是否参加政党组织,以及(如果参加的话)属于哪个政党组织。从形式逻辑上讲,划分公民的政治面貌可以分两步走:首先区分有党派公民和无党派公民,然后在有党派公民中再细分各个不同的政党组织的成员。

然而,在现实的社会政治生活中,对政治面貌的划分并不完全遵循形式逻辑对概念外延的"二分法"。以国家公务员为例,2006 年 4 月 9 日中共中央、国务院发出关于印发《〈中华人民共和国公务员法〉实施方案》的通知,其中在《公务员登记表》"政治面貌"一栏的填表说明中明确指出:"政治面貌"填写"中共党员"、"共青团员"、民主党派、"群众",填写"民主党派"要规范简称。如此一来,至少在逻辑上,似乎无党派和群众画上了等号。但是,根据现行的国家标准,无党派和群众在"政治面貌"中却属于不可兼容的两

---

① 现代汉语辞海编写组:《现代汉语辞海》,山西教育出版社 2002 年版,第 2092 页。
② 徐颂陶主编:《国家公务员制度全书》,吉林文史出版社 1994 年版,第 1128 页。

个类别。①

"目前,把没有参加任何党派、对社会有积极贡献和一定影响的人士称为无党派人士,其主体是知识分子。"②由此可见,在当下的中国社会政治生活的话语体系中,"无党派"的内涵远比其字面意义丰富,也就是说形式逻辑上的"无党派公民"还可以进一步区分为两个群体, 个是前面所说的"无党派人士",另 个就是虽然也满足"没有参加任何党派",但是其社会贡献度、影响力、受教育程度等有限或尚未得到认可,故不被作为统战工作对象的庞大群体。这个群体就是我们在"政治面貌"一栏中默认的"群众"选项,也就是今天绝大多数的中华人民共和国公民。

二、尴尬的"群众"

根据我国传统的定义,群众"泛指人民大众。在社会政治生活中,也指没有加入中国共产党、共青团的人。在人类社会存在和发展中,与领导者、管理者相对称的群体和个人亦可以称为群众"。③我们可以由此总结出"群众"概念的基本内涵:"与统治者、执政者相对而言,以劳动群众为主体的社会基本成员,也就是百姓或人民大众"。更简单地说,"群众"的基本含义就是"相对于执政者、领导者、统治者而言的多数普通人"。④

相对于主导和强势的政党(执政党)、政府、领袖和干部,在当代中国的政治语境中,"群众"明显处于追随和弱势的地位。或者用学者的话说,在中国这样一个有着特殊文化背景的国家,"群众"概念"已经在一定程度上被扭曲地理解,被赋予了等级的内涵"。⑤

从"强势者"的角度看,作为在上者,其对"群众"有意识或无意识地存在着某种优越感。"比如,群众需要教育,暗示着他们知识水平和判断能力低下;群众的意见需要集中和升华,暗示他们的意见包含着错误和处于较低的意识水平;群众需要引导,暗含他们的行为有盲目性,容易偏离正确轨道;群众需要组织,暗含他们的无序性,散漫性;群众需要动员,暗含他们有消极性被动性,但又容易追随领袖等。"⑥因此,"与先锋队和干部比,群众处于低位劣势状态"。⑦

从"弱势者"的角度看,作为在下者,"群众"在社会政治生活中的角色其实是很被动的。"在群众成为行为主体的场合,表面上群众成为主动的自主的政治角色,但是这些行为基本上属于动员性的。群众参政的主要方式是参加党和政府发起的政治运动,群

① 杜青莲:《信息分类与代码国家标准汇编》,中国标准出版社 1988 年版,第 169 页。
② 中华人民共和国国务院新闻办公室:《中国的政党制度(白皮书)》(2007 年)。
③ 李晖:《政治的根本问题——执政党的群众基础研究》,湖南人民出版社 2009 年版,第 2 页。
④ 李晖:《政治的根本问题——执政党的群众基础研究》,湖南人民出版社 2009 年版,第 3 页。
⑤ 衣芳等:《人民群众主体论——群众观、群群关系、群众工作理论研究》,人民出版社 2008 年版,第 20 页。
⑥⑦ 戴立兴:《政党与群众——中国共产党执政考量》,中央编译出版社 2009 年版,第 13 页。

众行为属于被动的、呼应性的和追随性的。参政的目的,主要是呼应党和政府的号召,而不是对政策施加影响。群众参政成了党和政府实现既定目标的手段"。①所以,"在理论上,群众也被笼统地承认为国家的主人,但由于具体的公民权利没有得到落实,群众是以在下者的身份进行的参与,是纳入在上者设计的轨道和方向的参与。这样,在具体操作层面上,群众仍是权力的客体,处于政治生活的边缘,成为政治动员的对象,甚至沦为消极被动的一群。"②

由此可见,"群众"的尴尬之处就在于在当代中国的政治文化中,"群众"虽然在形式上经常与"人民"绑定在一起("人民群众"成为一个不证自明的固定搭配),但就其本质而言,"群众"只是"臣民"向"公民"的过渡环节,也就是公民的未完成形态,并非真正意义上的公民。③

三、从"群众"到"公民"

与隐含等级观念和被支配地位的"群众"概念不同,以法律(国籍)为依托的现代公民拥有合法和平等的社会成员地位。"公民身份是一种积极而非消极的地位。简言之,公民身份与支配互不相容,不论这种支配的资源是来自国家、家庭、丈夫、教令、族群,还是来自其他试图否认我们是自主的个体和具有自治能力的力量。"④作为一个舶来品,"公民"概念落户中国并取得宪法地位还只是几十年前的事情。"但是,即使在这数十年之中,公民身份的实践也可谓经风历雨,命途多舛。"⑤即使在今天我们的日常政治生活中,"公民"一词还是很少使用,即使偶尔使用时,也显得勉强和生硬。"选民"这个更陌生的概念就更不用说了。"当选的公职人员的脑海里难以浮现'选民'概念,他们经常想到的是群众。想到群众时,总是产生居高临下的感觉和联想。"⑥由于长期以来将公民视同群众的群体本位的潜移默化,中国公民的主体意识总体来说仍然比较模糊,"公民的政治参与多是以群众身份进行,而并非以个体身份进行,缺乏个人独立思考的空间"。⑦再加上当前中国公民政治参与制度化渠道的匮乏,致使"我国目前大多数社会民众处于一种'有限参与'或'非参与'的状态之中,离真正的政治参与还存在一段距离"。⑧

---

① 戴立兴:《政党与群众——中国共产党执政考量》,第14页。
② 戴立兴:《政党与群众——中国共产党执政考量》,第15页。
③ 丛日云:《当代中国政治语境中的"群众"概念分析》,《政法论坛》(中国政法大学学报)2005年第2期。对于舆论通用的"人民群众"概念,丛日云教授做了细致的区分,主要体现在概念的外延、法理地位和道德评价上,本文对此不作详述。
④ 基恩·福克斯:《公民身份》,吉林出版集团有限责任公司2009年版,第4页。
⑤ 德里克·希特:《何谓公民身份》,吉林出版集团有限责任公司2007年版,译者序。
⑥ 戴立兴:《政党与群众——中国共产党执政考量》,第126页。
⑦ 蔡拓:《全球化与中国政治发展》,中国政法大学出版社2008年版,第336—337页。
⑧ 张明军:《当代中国政治社会分析》,中央编译出版社2008年版,第252页。

在中国逐步扩大公民有序的政治参与，建设社会主义政治文明的今天，公民意识的逐渐觉醒和公民社会的兴起越来越成为一个值得注意的现象。这就势必要求将公民从"群众"的束缚中解放出来，使面目模糊的群众逐步"进化"为个性清晰的公民。而这反过来又对政治文化提出了新的要求：使中国当代主流的群众政治文化完成向公民政治文化的转型。而按照阿尔蒙德等人的经典论述，公民文化对应的正是一种参与型的政治文化，这与依附型的臣民政治文化形成了鲜明的对比。①尽管在现实操作中仍有种种不足，但不可否认中国传统的群众式政治参与正在向现代公民的政治参与转变，比如浙江省在扩大公民有序的政治参与和制度创新方面就搞得有声有色。而过去长期不受重视的公民教育和公民文化的培育也已经被提上议事日程。

四、结　语

回到政治面貌这个本文的切入点，笔者以为应当去除人为附加在政治面貌上的政治文化装饰，还原政治面貌的本来面貌——公民的政治归属和身份。具体到"群众"这个当代中国最普遍的政治面貌，就是不再拘泥于统战的考量而人为分割"无党派人士"和"（无党派）群众"，也不再人为地制造和维持社会政治生活的不平等，而是承认和尊重"群众"作为无党派公民的独立、平等、自治的社会成员地位。如此一来，政治面貌就不再只是履历表上一个平常的填充项目，而是有可能成为中国政治文化转型和政治文明发展的一个重要标志。

（作者为复旦大学国际关系与公共事务学院博士研究生）

---

① 陈剩勇、钟冬生、吴兴智等：《让公民来当家——公民有序政治参与和制度创新的浙江经验》，中国社会科学出版社 2008 年版，第 408 页。

试论城市区级政区虚实转化及其政府职能转变之互动[*]

——以上海为例

The Functional Orientation of Borough Government in Shanghai Metropolis

马祖琦 熊 竞 刘君德

从历史上看,上海大都市的政区沿革经历了一个较为复杂、曲折的过程。其间城市的次级行政区划变动相对频繁,城市区级政区的性质虚实相间,呈现"或共时态并存,或历时态沿革"的特征。建国之后,上海城市次级政区的性质由虚变实,最终形成了现有的政区格局。

一、单一职能区的出现

上海最初的政区形态是秦代的县治,当时上海地区由若干县域"分而治之",元朝才设立上海县。1928年,国民党政府设立上海特别市,将其从上海县境内析出。可以说,历史上的上海县是如今上海市形成的最直接"母体"。

自清咸丰至民国元年,上海县境内先后进行了四次区划[①]。在咸丰十年(1860年),上海县为举办团练,曾经设置有"团练局"。光绪三十三年(1907年),上海县改"团练局"为"学区"。除城总局分为城厢、老闸两学区外,余就原局境设学区,共有24学区。各学区还下辖若干"图"。

根据光绪三十三年"全邑学务公会议决劝学所章程第二章学区录"之规定,"今地方行政区划[②]"的目的是为了"取办事之便利"[③]。可见,"学区"被作为地方行政区划建制的一种空间管理单元,并且已经部分地具备行政管理功能。

* 国家社科基金项目:《我国大中城市基层行政社区空间结构分析与组织制度创新》(项目号:05BZZ013);上海财经大学"211工程"三期重点学科建设项目资助课题。
① 上海民政志编纂委员会著:《上海民政志》,上海社会科学院出版社1999年版,第60页。
② 此处默认为学区——笔者注。
③ 上海县续志,卷一,第122—129页。

二、从单一职能区到自治型行政区

宣统元年（1909年），上海开始推行城镇乡自治。学区被合并为上海城、镇或改设为乡。上海县共计有1个城自治区、2个镇、12个乡。民国元年（1912年），实行市乡自治，全县共有4市15乡。

在这一时期，上海县的次级政区类型经历了由"单一职能区"向"自治型行政区"的重大转变。与之相应，前者或是维护治安的团练局，或是设立劝学人员推广学务的学区，均是以执行单一行政管理职能为主，还不是功能齐全的行政区；而后者主要指"城、镇、市、乡"，属于职能全面的自治型行政区划建制。

三、从行政区和警区并存到两者契合

民国15年（1926年），"淞沪商埠督办公署"成立，虽然并非正式的行政建制，但是却拥有总务、外交、政务、保安、工务六处及参议会等机构，下辖若干市、乡，在性质上已经接近正式的行政区。

民国16年（1927年），上海特别市成立。之后不久，原有次级政区建制——"市"、"乡"的名称一律改称为"区"，并实行市政委员会辖区制。上海共设有10个"市政委员会办事处"①，其余各区暂时保留警区制，上海市从此进入了一个"行政区和警区并存"的时代。

日伪时期，汪伪政权将原有的17个区调整为7个区。后来又开始在上海市区和郊区设置警察管区，此后区级政区经历过多次变动。

中华人民共和国建国初期，上海市的行政区划基本上是按照日伪时期的警察管区进行了整体接收，以警区作为城市的次级行政区，行政区和警区又从"并存"模式走向了"契合"模式。

在20世纪初期，警察厅的职能除了维持地方治安之外，其辖区还基本上与城镇的建成区保持一致。因此，警区"非正式地起到了城乡之间界限的作用，其内部的分区，也起到了市内基层行政区的作用"②。

四、从弱行政区到强行政区

在接管初期，上海市的区政工作较为简单，职能主要限于户政、调解、救济、优抚、后

---

①② 靳润成：《1927—1936：中国城市型行政区的类型和层级以及内部政区的划分》，《中国方域——行政区划与地名》1997年第7期。

勤等工作。根据 1956 年上海市区人民政府试行组织规定,区政府一般设有秘书室、民政科、工商科、文教科、卫生科、生产建设科(限郊区设)、公安分局、税务分局①。这一时期由于区级政区的职能相当有限,在此后 20 多年时间里,上海市保持着"强市弱区"的格局。

自党的十一届三中全会以来,上海在全国最早开展了城市管理体制改革的试点工作,逐步开创并建立以"两级政府、三级管理"为特征的城市管理新模式。具体可以分为三个阶段②:(1)从党的十一届三中全会到 1988 年,城市行政管理体制由单一的高度集中管理向"一级半政府、两级管理"模式过渡。(2)1988 年到 1995 年,城市管理体制由"一级半政府、两级管理"向"两级政府、两级管理"模式转变。(3)1995 年至今,该阶段增加并强化了街道一级的管理功能,实现了向"两级政府、三级管理"模式的转化。

五、浦东功能区域体制与开发区体制的探索

自 2004 年以来,浦东新区开始了"区镇联动"体制的探索,于同年 9 月首先成立了陆家嘴、金桥、张江、外高桥四大功能区域党工委、管委会,统筹协调以四大开发园区为核心的"陆家嘴、张江、金桥、外高桥"四大功能区域的经济与社会发展,2005 年 9 月又相继成立了川沙功能区域和三林世博功能区域。

浦东六大功能区域虽具有一定的共性,但是又具有各自的特色。从地域构成与空间形态来看,六个功能区域有的是园区和建制镇并存,有的是园区与街道并存,有的是"街、镇并存",有的则是"区镇合一"。从区域基础与发育水平来看,既有高度发达的中心城区,也有经济欠发达的广大农村地区,还有若干级别不低的各类开发区,区域差异明显。从功能定位与空间布局来看,六大功能区域的功能定位各有特色,是实现浦东"一轴三带六区"战略构想的重要抓手。从工作性质与管理重心来看,浦东六大功能区域可以大致划分为城市型和地域型两大类型。

从区域属性来看,功能区域兼有行政区和非行政区的双重性质。从职能定位来看,功能区域从新区政府层面获得的是"有限授权",条线管理权仍由职能部门承担,街镇仍为相关事务的操作主体。从区镇联动来看,功能区域重点突出功能开发、突出统筹协调、突出资源整合、突出联动发展,但在区镇的协调与联动机制方面仍然有待于进一步完善。从发展模式与未来走向来看,鉴于当时六大功能区域的发展特征和工作推进重点不同,在不同时期可能要尝试多种管理模式。

2009 年 5 月,国务院批复了上海市《关于撤销南汇区建制将原南汇区行政区域划入

---

① 上海市编制委员会办公室编著:《上海党政机构沿革(1949—1986)》,上海:上海人民出版社 1988 年版,第 22、26 页。

② 姚俭建、沈文玮、吴春林、孙小铭:《长效管理的公共政策保障——上海市"两级政府、三级管理"体制中公共政策体系的协调性研究》,《上海社会科学院学术季刊》1998 年第 2 期。

浦东新区的请示》，同意撤销上海市南汇区，将其行政区域并入上海市浦东新区。两区合并后，上海浦东新区管理体制开始了新一轮重大战略调整，在取消原有的六大功能区的同时，建立几大开发区管委会，以期实现扁平化的管理体制。由此，浦东进入了一个新的发展阶段。

从区划体制和管理体制的角度来看，在实际运行过程中，浦东新区各开发区管委会的职能定位仍然值得进一步探讨。究竟是以功能开发为主，还是以行政管理为主？从发展方向来看，如果实化，则朝着浦东新区次级行政辖区的方向演化；如果虚化，则继续履行区域功能开发的目标定位。未来开发区管委会体制的演化方向，需要在浦东新区、乃至于上海市未来的政区结构和体制格局、层级与规模的相互关系的大框架内，按照"减少层次、适度规模、因地制宜"的原则进行分析与思考，结合浦东新区的区域特点，随着改革的深入推进而逐步明晰。

六、结论与思考

（一）区划体制与管理体制的互动与契合呈现一定的客观规律

政区形态的形成和演变与管理体制改革密切相关。随着管理体制改革的每一次重大变动，区划体制也必然会或多或少地进行着相应的适时调整。反过来，区划的调整在顺应着管理体制改革步伐的同时，也对后者产生反作用。两者呈现相互契合、相互适应的特征。

当前，上海大都市的区划格局和管理体制存在许多不完善的地方，需要从战略高度重新审视整个大都市区的管理体制和区划格局，进行同步改革与创新。这对于理顺体制矛盾，提高上海大都市的竞争力和现代化治理水平，无疑将具有重大的现实意义。

（二）区级政区在城市管理体制和区划体制改革中具有重要地位

区级政区位于城市管理之中间层级，是大城市的基层行政区划单元，也是设置基层政府的主要空间载体，在城市治理领域有着相当的重要性。其表现在，区级政府上有市级政府，下有社区组织，既要处理好与上下级层面的关系，同时又要与周边其他市辖区保持协调。相应地，区级行政管理体制呈现出鲜明的双重属性，与之适应，市—区关系的处理也是城市行政管理体制改革的重要内容。从区划调整的实践来看，国内外许多大城市区划格局的变动也往往围绕着区级政区层面进行，主要表现在区级政区数量和幅度的重大变更之上[1]。

---

① 马祖琦、刘君德：《国外大城市中心城区区级政区职能定位研究》，《城市规划》2003 年第 3 期。

(三) 区级政区的虚实转化与政府权能的消长具有密切的关联性

上海城市区级政区的前身由"团练局"、"学区"、"警区"等"非行政区"演化而来。后来随着政治经济形势的需要而逐渐实化,开始承担起行政管理和社会管理职能,最终转化为正式的基层行政区。区划体制按照"非行政区(团练局、学区)——自治型行政区(城、镇、市、乡)——行政区和非行政区(警区)并存——(弱)行政区(半级政府)——(强)行政区(一级政府)"的时间序列演进,其间不乏多轮往复和反弹,但总体趋势仍是沿着由"非行政区"向"行政区"、由"行政区和管理区并存"向"行政区和管理区契合"的方向转变。可以说,"政区性质由虚到实,政府权能由弱到强"是贯穿上海大都市区级政区演化的基本主线。

(四) 区划体制和管理体制的演变体现出鲜明的历史继承特征

回顾历史历程,上海大都市区区级政区的演变体现了鲜明的继承性特征,后来的区划往往对先前的区划格局采取"先接管,后改造"的方式。随着政权的变动和区划的调整,行政区开始与管理区的联系逐渐密切。正如学者丁海秀所评价的那样,我国近代区乡行政区划类型"或为共时态并存,或为历时态沿革,或两者兼而有之"。这一点在上海县以及后来上海特别市、上海直辖市次级政区的形成过程中得到了充分体现。

(五) 尝试行政区与服务区适度分离、并行不悖的城市管理新模式

建国以后,我国城市的区划和管理体制逐渐走向单一。其表现在,行政区被作为组织经济、社会活动的基本单元,按照行政区组织生产、生活的做法渗透至社会经济的方方面面。随之产生的后果是:"行政区"演化为"利益区"、"行政边界"变成了利益边界,区域矛盾和恶性竞争现象十分突出,严重阻碍了城市和区域的可持续发展。为此,加快体制创新,构建有限权能政府,探讨"服务区与行政区分离"的双层管理模式,也就显得非常必要和迫切。

为此,可以在教育、市政建设、治安等某些服务领域先行试点,将原由行政区承担的业务性职能逐渐剥离出来,另行成立与行政区并行的特别服务区,行政区仅承担行政性职能。

(第一作者为上海财经大学公共经济与管理学院副教授,
第二作者为浦东改革与发展研究院助理研究员,
第三作者为华东师范大学中国行政区划研究中心主任、教授)

"十二五"期间上海区级政府构建"整体性政府"的路径选择分析

The Choice of Routes of How to Construct "Holistic Government" of Shanghai District Government during "12.5" Period

赵 勇

本文从梳理"整体性治理"(holistic governance)和"整体性政府"(holistic government)理论出发,以上海 A 区的政府改革和政府运行机制为例分析城市政府改革的现状,在此基础上提出构建"整体性政府"的路径选择。

一、"整体性政府"——区级政府改革的主要指向

(一) 大部门制的理论支撑——"整体性治理"和"整体性政府"

大部门制是现代社会公共服务型政府的制度产物,也是市场经济成熟国家普遍采用的政府体制模式。

大部门制改革背后反映的是什么,是整合和协同。大部门制改革需要找到背后的逻辑机理和理念基础。大部门制建立的基础是"公民导向"和"问题导向",核心是"整合"和"协同",目标是建立"整体性治理"结构和"整体性政府"。

"整合"和"协调"要求大部门制改革不是仅仅做"减法"——部门数字的减少;也不仅仅是做"加法"——政府部门职能的简单叠加;更为重要的是通过整合和协调做好"乘法"——公民的合理诉求得到满足、政府部门形成无缝隙组织、政府效率效能不断提升、良好的政府形象得以形成。

对于区级政府而言,大部门制背后所反映的"整体性政府"理念更为重要。可以说,由于区级政府管理的重要特点,从而决定了形成"整体性治理"结构,构建"整体性政府"是上海区级政府改革的重要方向。

(二)"整体性治理"、"整体性政府"的主要理论旨趣

"整体性治理"的思想是在对新公共管理的实践进行反思基础上提出来的。整体性治理着眼于政府内部机构和部门的整体性运作,主张管理从分散走向集中,从部门走向整体,从破碎走向整合。整体性治理针对的是在 20 世纪 80 年代和 90 年代初政府改革所强化的碎片化状况,整体主义的对立面是破碎化。整体主义是以公众的需要为基础的,它与新公共管理强调企业过程管理不同,把重点放在确定一个真正以公民为基础的、以服务为基础的、以需要为基础的组织基础。它的含义遍及所有相关的公共部门网络——确定新的宏观结构,组织重组,过程重新评价以及管理方式和信息系统的根本变革,对新问题灵活反应的新模式。①

二、与"整体性政府"相比,当前上海区级政府运行机制仍然存在差距

近年来,上海区级政府不断推进政府职能转变,社会管理和公共服务水平有所提高,政府效能不断提升。然而,与"整体性政府"的核心理念相对比,可以发现区级政府与"整体性政府"的要求仍然存在一定差距,以上海市 A 区政府为例分析,差距主要表现在:

(一)"整体性治理"结构尚未形成

通过与 A 区相关部门和街道的访谈发现,合理的政府、市场、社会的社会治理结构尚未形成。

(二)垂直方向上,"市—区—街道、镇"关系尚未完全理顺,"整体性政府"尚未形成

新一轮政府改革仍然和历次机构改革一样,是自上而下推进的,过于强调"上下对应",区级政府这个层面缺乏一定的自主性,不能够结合区级政府特点来设置相应机构。

从 A 区的政府改革可以发现,市级机关在改革中权力下放,往往不太考虑区政府的实际情况,事权下放没有配套的财权和人员编制的下放;区政府机关将相应职权下放到街道同样如此,没有做到财权、用人权和事权的同步下放。这就导致整个政府的纵向系

---

① 竺乾威:《从新公共管理到整体性治理》,《中国行政管理》2008 年第 10 期。

统存在缝隙，而作为上级的相关部门可以将职责明确到基层，从而导致基层特别是街道处于"繁忙、繁琐、繁重"的应付工作之中，缺乏时间了解一线公民和企业的需求，难以真正做到"穿百家门、知百家难、解百家愁"，缺乏精力去培育市场和社会。

(三) 水平方向上，"大部门制"改革尚未"形神具备"，"整体性政府"运行机制还不完善

大部门制的外形框架虽然已经初步形成，但是距离"形神具备"还有很大差距。新一轮改革前，A区政府机构26个，改革后24个，初步形成了大部门制的框架。然而，大部门制主要完成了物理空间的整合，而在功能整合、管理理念和文化的整合上离"整体性政府"要求还相距甚远。

更为重要的是，"整体性政府"所要求的以公民为中心的整合不够，有时甚至出现"碎片化"倾向，政府各个部门有时发生"齐抓共管、大家不管"，"联动，你动我不动，你不动我开始动"的状况，没有真正体现"整体性政府"所要求的整合和协同。

(四) 电子化方向上，电子政府建设尚未达到"整体性政府"的要求

政府的电子化改革要在网络技术的基础上进行三种类型的整合，即不同政府层级的整合、不同机构单位的整合和不同政府网站的整合。这三种类型的整合最后整合为一个单一的政府入口网站，同时这一入口网站能够提供的政府服务也达到了整合的程度。没有高度发展的电子化政府，就无法跨越政府的层级鸿沟，也无法将数量庞大的行政机构和单位用电脑连接起来，以便向民众提供整合性的服务。虽然，这几年A区政府在电子政府建设方面取得了长足进步，但是如何通过电子政府来更好为民众和企业提供服务方面还有待提高，并且以民众和企业的需求为基础整合电子化公共服务资源不够。

三、"十二五"期间，上海区级政府形成"整体性治理"格局、打造"整体性政府"的路径选择分析

区级政府要按照"大部门制"改革的要求进一步推进政府改革，要结合城市改革的特点重点推进政府机构、政府部门、政府公务员之间的整合和协同，形成政府、市场、社会良性互动的"整体性治理"格局，在政府内部努力打造"整体性政府"。

区级政府改革应当结合自身特点，坚持系统原则、因地制宜原则、循序渐进原则。系统原则要求从垂直方向、水平方向、电子化方向等方面全面考虑政府改革的战略和策

略,从合理职能定位——完善政府结构——改进工作机制——转变管理方式——促进队伍优化等方面系统思考;因地制宜原则要求结合自身特点推进改革;循序渐进原则要求不是片面追求跨越,要体现"摸着石头过河"的精神,逐步推进政府改革。

(一) 进一步明确区级政府职能定位,形成"整体性治理"格局

优化政府职能必须立足于实际情况,尤其在转型时期的政府职能转变,既不能抛弃对经济增长的推动作用,又要注意对市场经济的干预程度不可过大;既要提供充分优质的公共服务和产品,又要注意对市场和社会的垄断程度不可过高;既要充分运用市场运作实现社会福利最大化最优化,又要注意克服和弥补市场缺陷。因此,区级政府规模可根据一定时期政府工作中心和重心适当调整,根据社会发展状况和趋势划转、归并、拆分相应的政府职能,以此明确相应职能所应配备的机构、人员、资源等,形成合理的规模。

(二) 完善与"整体性政府"相匹配的结构

应当由相关部门牵头梳理法律、法规规定的各个区级政府部门的职责和权限,在此基础上厘清城市政府应当承担的职责和功能,并对社会公开,实现城市政府权力的"实体公开"。这样做,一方面可以推进"有限政府"的建设;另一方面,公开后有利于让公民了解政府的权限,有利于公民进行自我教育,了解自我管理的必要性。在此基础上,梳理各个部门的职能和工作流程并对社会公开,实现权力的"程序公开",用公开作为外部动力推进各个部门内部形成无缝隙组织,同时加强部门之间的协同和沟通,促进形成"整体性"政府。区级政府建设"整体性政府"可以考虑从水平方向、垂直方向和电子化方向上全面推进。

(三) 形成与"整体性政府"要求相适应的工作运行机制

第一,转变观念,塑造行为,形成习惯。应当通过教育和制度等相应措施,使政府公务员转变态度,塑造行为,形成习惯,形成"整体性政府"、"无缝隙组织"的文化。促使公务员认识到每一个政府机构、每一个政府公务员不是仅仅代表政府的一个点,也不仅仅是一个面,而是代表整个政府,特别是随着互联网时代的来临这种趋势越来越明显,内部有"边界",有"职能",有"权限",外部表现出整体性。

第二,再造流程,提高效能。合并相同的和相似的管理事务,摒弃传统的按条条设计的繁杂流程,按照区级政府公共管理事务的内在因果联系简化流程,合并相同环节,删除不必要和不合理的环节。

第三,整合人员,组建团队。在区级政府公共管理中,合并相同或相近的工作岗位,分类整合原有工作人员,探索以公民需求为中心的"项目组"公共服务团队;提倡团队协作配合,降低行政成本,减少人力资源浪费,解决权责交叉和职责不清等问题。

(四) 形成与"服务型政府"要求相适应的政府管理方式

促进城市政府的管理方式由"管"字当头的控制型管理方式向立足于服务和监督为主的服务型管理方式转变。"以人为本",以公民为中心进行流程再造。政府运行流程以方便企业和公民为原则和导向,从公民的实际需求出发,按照公民的需要改造流程,调整管理形式和工作方式,简化工作程序,压缩办事时间,提高服务质量。

(作者为上海行政学院公共管理教研部副教授、

南京大学公共管理学院博士生)

当前我国公务员权利诉求的
现实困境与理论争议

Practical Predicament and Theoretic Dilemma of Civil Servant's Rights in Contemporary China

李春成

与我们对于公民权利的一致强调形成鲜明对照的是,我国公务员的权利在现实中存在着明显的困境但并未提上议事日程,在理论上也颇受争议。本文以两则实例作为具体对象,一方面,通过对我国既有法律规定的梳理和现实政治生态的分析,说明我国公务员权利保障问题存在一定现实困境(公务员权利的逻辑[规范]两难);另一方面,将学界既有的各种不同甚至针锋相对的五种观点予以具象化和细致化(公务员权利的道德评价两难)。

一、两 则 实 例

贵州省黄平县有着秀美的自然风光和古朴浓郁的民族风情,但由于地处偏远,交通不便,经济发展相对滞后。政府为冲破区位瓶颈,通过举办风情展示会、出版外宣书籍、制作宣传光碟等手段,明显地促进了当地旅游经济的发展。为进一步加大宣传推介力度,做大做强旅游业,黄平县开展了主题为"热爱黄平、建设黄平、唱响黄平、展示黄平"的彩铃宣传活动。2006 年 6 月,黄平县县委办、县政府办联合发文(23 号文件)要求县副科以上机关干部手机开通宣传家乡的彩铃业务,并要进行督查;同时在全县范围内向移动、联通、电信用户倡导开通彩铃业务。彩铃由苗族歌手阿幼朵唱的一首赞美家乡的歌和一段介绍黄平的解说词组成,免费使用半年,半年后每月收费 3 元。截至 2006 年 8 月底,开通该彩铃的用户已达 400 多名,其中 300 多名是县副科级以上干部。①由于社会反响强烈,2006 年 8 月 29 日,黄平县发出通知废止了 23 号文件。

此外,不少地方政府在财政匮乏、银行贷款无门,而又急需大量资金办大事(如庆祝

---

① 材料来源:CCTV—中国法制报道之《变了调的彩铃》节目(2006 年 8 月 28 日)。据报道,被统一彩铃的大多数手机和固话并非由公款支付电话硬件和通讯费用。

建市十周年、修路、建电站等)时,经常动用的一招就是强制性地从靠财政供养的人员工资中扣款。其中,被媒体报道最多的就是仇和主政沭阳时的扣款修路。在仇和1996年底主政沭阳前,该县是江苏省的一个穷县,政府财政入不敷出、基础设施落后。常言道"要想富、先修路",然而,修路要花大价钱。为了摆脱"未能致富—无钱修路—难以致富"的困局,为地方经济与社会发展这一首要目标提供"血脉",沭阳县委和县政府发起了一场"全民战争":干部出钱,农民出力。具体做法是,直接扣留每个财政供养人员工资总额的10%(最高时达到20%),甚至离退休人员的工资也被扣除10%,用作交通建设……与上述彩铃事件不同的是,尽管仇和的扣款修路也引起了广泛争议,但并未中止,并由此创造了一个奇迹:沭阳一跃成为苏北交通最好的县。①

二、现 实 困 境

现实地看,公民也好,公务员也罢,总是存在被侵权的可能性。问题的关键是,当公务员的合法权益受到非法侵害后,他们是否具有充分的法律救济途径或其他充分可行的政治救济途径。答案基本上是否定的。

就法律救济途径而言,根据《中华人民共和国公务员法》以及《国家公务员申诉控告暂行规定》(1995年8月11日)的相关规定,我国公务员权利的法律救济机制包括:复核、申诉、控告、人事仲裁。这些救济制度安排存在以下几个方面的缺陷:一是行政救济机关独立性和权威性匮乏;二是行政救济的执行力度不够;三是行政救济的程序尚待完善。②我国公务员权利救济的法律途径司法救济的阙如以及行政救济的这些内在缺陷,将使得公务员的合法权利在受到侵害时并不能够得到充分的、公正的救济和保障。

从官僚政治的现实上看,公务员的权利在受到所在单位或上级政府侵害时似乎更难得到充分的、公正的救济。首先,中国的现实官场中非常强调忠诚和服从。在中国的"官文化"中,当个人权利主张与上级命令和集体利益相冲突时,现实的和道德的选择应该是静默。其次,由于复核机关为原处理机关,与公务员有直接利害关系甚至对立,把救济的希望寄托在原处理机关身上,也是不现实的。第三,处理申诉案件的同级公务员主管部门与原处理机关往往是"兄弟关系",很难保证处理结果公正。

综上所述,一方面,我国的相关法律赋予了公务员的一系列权利,并构筑了公务员权利的保障和救济途径;另一方面,由于法律救济途径的非充分性及其内在的不完全公正性,加之公务员对于官僚政治的现实体认和适应,使得我国公务员的合法权利诉求陷入现实困境之中。

---

① 材料来源:《最富争议的市委书记》,《南方周末》2004年2月5日。
② 卢芳霞:《公务员权利救济制度研究》,《中共浙江省委党校学报》2009年第3期。

三、理 论 争 议

　　总括性地讲,对于公务员权利的本质特征或属性,理论界存在至少九种不同的基本定义:资格说、主张说、自由说、利益说、法力说、可能说、规范说、选择说和正当说。概念上的观点纷呈和严重不一致,不仅常常导致理论争议对象的错位,而且给现实的公务员法律制定和执行带来困惑。

　　理论界关于公务员权利的分歧和争议主要围绕以下三个方面的问题:(1)内涵问题——公务员权利的本质属性是什么? 什么是公务员的权利? 公务员的权利是什么? (2)外延问题——公务员权利的内容包括哪些? 它们与普通的公民权利相比特殊性何在? (3)优先性问题——公务员的权利与义务何为第一位的? 义务本位还是权利本位,抑或两者并重? 极端地讲,公务员权利是不是个无意义的伪问题? 这三类问题的核心都是一个正当性问题。

　　对于公务员权利的内容及其保障问题,存在着支持和反对两类立场和四种不同的理论。概括性地讲,人们主要在以下问题上存在着很大的分歧:(1)公务员权利的基本要素或属性是什么,是资格、主张、自由、利益、可能性、法律规范还是选择? 抑或唯有“正当”或“正当的”才是权利内在本质的构成要素? (2)公务员是否可以“正当”地重视自己的权益? 理论界对于公务员的权利应当予以肯定还是否定、赞成还是反对、限制还是拓展? (3)公务员的权利诉求应否得到司法救济? (4)较前面三个问题更为根本的是,“公务员”身份的本质性规定是什么,是完全的去私化(祛除权利论的观点),彻底的成员化(特别权力关系理论或内部行政关系理论的观点),本质性的工具化(义务本位论的观点),还是部分甚至全部的公民化(深化发展论的观点)?

关于公务员权利正当性的四大理论比较

	祛除权利论	义务本位论	特别权力关系理论	深化发展论
“公务员”身份的本质性规定	唯有义务和责任,完全服从和服务于公共利益的实现	责任和义务是其根本,第一位的;权利只有工具性意义	失去其作为普通公民的权利,彻底成员化,只服从行政内部关系处理法则	获得公务员权利,并应遵守公务员义务;基本权利仍受法律和宪法的保护
公务员是否可以主张自己的权益	禁止;会危害公共利益和公民权利	不赞成;应把义务和责任视为根本	可以,但权利的内容由行政机关的特别规则规定	赞成;尤其是当基本权利和自由受到侵害时
公务员权利与公民权利间的关系	相互排斥;公务员的权利意识会损害公民权利,公民权利的实现要求祛除公务员权利	公民权利的保障与实现是公务员的义务,公务员权利最多具有工具性价值	处于特别权力关系中的公务员的权利与公民权利分别属于行政保留和法律保留两个不同的范畴	公务员权利的保障和实现有利于其促进公民权利的保障和实现

	祛除权利论	义务本位论	特别权力关系理论	深化发展论
公务员的权利诉求应否得到司法救济	不应该	倾向于不应该	不应该	应该
是否赞成拓展我国公务员权利	不但不赞成，反而主张减缩	不赞成，应重申义务本位	视特定行政目的的需要而定，可增可减	赞成

　　尽管逻辑上已昭然若揭，但出于文章结构的完整性需要，我们还有必要谈谈上述四种理论对于前述两则实例的看法和态度。案例材料表明，黄平县和沭阳县的政策都是为了促进地方经济发展，是由公务员所在地方政府部门所做出的决定；与此同时，它们又都侵害了当地公务员的合法权益。对于这两则实例，各方会持何种观点呢？（1）按照祛除权利论的逻辑，当地公务员应该心甘情愿地服从"统一彩铃"的规定或"扣款修路"的政策，公务员作为"公共人"的责任与义务决定了他们必须服从大局利益，任何个人权利受到侵害的意识都是不应当的。（2）义务本位论者会告诫当地公务员不要忘记公务员的义务和责任是增进人民的福利和公共利益的最大化，应优先考虑这些政策是否有利于百姓利益和地方经济发展，不要本末倒置地优先考虑个人利益得失和权利是否受到侵害。（3）特别权力关系理论的支持者会说，公务员与行政机关之间的关系属于特别权力关系，国家机关有权根据特定行政目的对公务员的权利与义务进行规定，并对不服从者进行惩戒。因此，除非公务员退出公务员队伍，否则，他们最多只能提请当地政府复议，或向有关行政机关提起申诉、控告；即使"扣款修路"违背了公务员的法定权益，"统一彩铃"侵害了公务员作为公民的自由权利，也不得对此进行行政诉讼；如果当地政府决意推行"统一彩铃"或"扣款修路"，当地公务员只能服从。（4）"深化发展论"不仅会认为，"扣款修路"、"统一彩铃"违背了公务员的法定权益、侵害了公务员的选择权利，属于违法规定[①]，应当允许司法审查、提起行政诉讼；而且还会指出，这样的违法决定如果得不到有效地纠正，将有损地方政府的"依法行政"形象，不利于公务员的法治意识和独立人格的培养。"统一彩铃"应该成为政府部门的"警铃"，"扣款修路"有损政府的"法治之路"。

参考文献

范进学：《权利概念论》，《中国法学》2003年第2期。

张康之：《公共行政拒绝权利》，《江海学刊》2001年第4期。

王美文：《从义务本位解读公务员权利义务关系》，《当代世界与社会主义》2008年第3期。

张千帆：《公务员权利的宪法保护——行政内部法律关系的比较研究》，《浙江学刊》2007年第3期。

胡建森：《特别权力关系理论与中国的行政立法》，《中国法学》2005年第5期。

（作者为复旦大学国际关系与公共事务学院公共行政系副教授）

---

①　《侵犯公务员选择权，"统一彩铃"背后摊派思维》，《海峡都市报》2006年8月31日。

我国公务员制度改革的行政范式趋向分析

The Trend Analysis of Administrative Paradigm on Civil Service System Reform in China

王一雄

一、引　言

公共行政学中"官僚制"是一个中性的概念,哈佛大学政府管理学院教科书将其定义为:"一种权力依职能和职位进行分工和分层,以规则为管理主体的组织体系和管理方式,它既是一种组织结构,又是一种管理方式。"[①]

建立在官僚制理论合理——合法性制度设计和论证基础上的现代公务员制度,由于其制度设计和实际运行缺陷的日益暴露,加上学者对官僚制理论的批判和对后官僚制理论的推崇,已被很多国家提到了改革的日程之上。与西方公务员制度上百年的发展历史相比,我国公务员制度的建立只有短短十多年的时间,正在逐步健全和完善之中,因此,充分关注西方官僚制到后官僚制行政范式的转变,将会对我国公务员制度的改革有所裨益。

本文的研究思路是通过对行政范式理论从官僚制到后官僚制转变的梳理,结合我国公务员制度改革的历程和方向,以此来考察我国公务员制度改革的实际行政范式趋向问题。

二、行政范式理论的历史转变和综合分析

(一)传统行政范式——官僚制理论

"组织理论之父"马克斯·韦伯系统提出的官僚制理论,对公共行政产生了重要影

[①] 转引自刘洁婷、王惠:《对马克斯·韦伯官僚制的反思与改革》,《红河学院学报》2007年第5卷第1期。

响。"在整个漫长的历史中,无论是否明显,传统的行政模式实际上是严格按韦伯的理论发展的。"①韦伯认为,"法理型支配的最纯粹形式"的理性官僚制是最合理,最有效的组织形式,其典型特征包括等级制、非人格性、延续性和专业化。②

官僚制以理性为价值取向,以效率为行政目标。这种建立在法理型支配基础上,处于严格层级节制中的非人格化组织制度正是韦伯认为其优越性的原因。然而,官僚制理论强调了工具理性,却忽视了价值理性,它本身就蕴涵着理性与人性、工具性与价值性、层级节制与组织互动等难以调和的矛盾。

(二) 现代行政范式——后官僚制理论

20 世纪 80 年代以来,传统官僚制运作下的西方各国政府面临严重的财政危机、管理危机和信任危机。与政府的改革实践相伴随,学者也纷纷开始突破官僚制的系统研究。

巴泽雷认为,"在人们努力改进政府运作过程中,越来越多地使用了诸如顾客、质量、服务、价值、鼓励、创新、授权和灵活性等词语"③。他把这些变革官僚制的思想比喻为一个"大家庭",指出"如何使政府运作更卓有成效的术语是后官僚制范式",从而首次系统提出了"后官僚制范式"这一概念。

戴维·奥斯本和特德·盖布勒主张建立"企业型政府",提出了改革政府十大原则:(1)起催化作用的政府;(2)社区拥有的政府;(3)竞争性政府;(4)有使命的政府;(5)讲求效果的政府;(6)受顾客驱使的政府;(7)有事业心的政府;(8)有预见的政府;(9)分权的政府;(10)以市场为导向的政府。④

戴维·奥斯本和彼德·普拉斯特里克又补充提出再造政府的五项战略:(1)核心战略:掌舵和划桨分离;(2)后果战略:为绩效设定后果;(3)顾客战略:对顾客负责;(4)控制战略:权力下放或移至社区;(5)文化战略:再造组织文化。⑤

(三) 行政范式转变的综合分析

美国行政学家盖伊·彼得斯对世界各国后官僚制的改革进行综合分析后,将其归

---

① [澳]欧文·E.休斯:《公共管理导论》,中国人民大学出版社 2001 年版,第 31 页。
② [英]戴维·米勒,韦农·波格丹诺:《布莱克维尔政治学百科全书(修订版)》,中国政法大学出版社 2002 年版,第 82 页。
③ [美]迈克尔·巴泽雷:《突破官僚制——政府管理的新愿景》,中国人民大学出版社 2002 年版,第 130 页。
④ [美]戴维·奥斯本,特德·盖布勒:《改革政府:企业精神如何改革着公共部门》,上海译文出版社 1996 年版,第 12—13 页。
⑤ [美]戴维·奥斯本,彼德·普拉斯特里克:《摒弃官僚制:政府再造的五项战略》,中国人民大学出版社 2002 年版,第 42—45 页。

纳为市场式政府、参与式政府、弹性化政府和解制式政府四种新治理模式。

盖伊·彼得斯十分关注四种治理模式下的西方国家公务员制度改革问题,他充分肯定了公务员制度的积极意义并指出:"在过去数十年中,公务员制度的发展已帮助解决了一些重要的政治和管理问题,……事实上,如果对官僚制还有批评的话,那就是公务员制度太过成功了,过度制度化的结果使公共管理者无需为人事问题操心。"①他认为公务员制度可以加以修正,但难以轻易废除,四种治理模式下的公务员改革要求不同的解决办法。②

	市场式政府	参与式政府	弹性化政府	解制式政府
公务员制度	以市场机制取而代之	减少层级节制	采用临时任用制度	解除管制

三、我国公务员制度改革的行政范式趋向

(一) 我国公务员制度的改革历程及其处境

我国公务员制度的前身是干部人事制度,而干部管理的规范化和法制化程度不高。改革开放直接推动了我国公务员制度的建立和完善。1987 年的中共十三大报告首次正式提出"国家公务员制度";1993 年颁布的《国家公务员暂行条例》标志着我国公务员制度正式确立;2006 年施行的《中华人民共和国公务员法》标志着公务员制度法制化进入了一个新阶段。

经历了由探索实施和不断健全完善的过程,我国公务员制度改革在制度法制化、管理科学化和队伍专业化方面取得明显进步,但"先天不足,后天不良"的问题仍然突出。

我国是社会主义发展中国家。一方面,我国的现实情况是公务员制度的理性设计不足,管理缺乏规范性,专业化的公务员队伍及配套管理制度都没有健全起来;另一方面,我国公务员制度还应该借鉴西方行政改革的经验成果,进行后官僚制改革的有益探索,力求用新行政范式的某些指导思想来克服官僚制模式的弊端。这就使我国公务员制度改革陷入了两难的境地:完善官僚制和走向后官僚制在方向上不一致,特殊国情会从两个方向都提出要求,即"在我们还没有体验到现代化的、严格依法行政、照章办事的政府管理的时候,已经被告知这是一颗有酸味的青苹果,这就是中国行政改革的处境"③。

① [美]B.盖伊·彼得斯:《政府未来的治理模式》,中国人民大学出版社 2001 年版,第 145—146 页。
② [美]B.盖伊·彼得斯:《政府未来的治理模式》,中国人民大学出版社 2001 年版,第 134 页。
③ 傅小随:《中国行政体制改革的制度分析》,国家行政学院出版社 1999 年版。

(二) 我国公务员制度改革的实际行政范式趋向

我国公务员制度具有与西方国家公务员制度相同的一些形式,但有一些重要的原则性区别。①

	西方公务员制度	我国公务员制度
动　　因	克服"政党分赃制",防止腐败,保持政策连续性	行政管理的科学化、法制化,促进社会主义经济的发展
原　　则	强调政治中立	参与政治生活
管理方式	独立于党派	坚持党管干部原则②
服务宗旨和利益关系	独立的利益集团	为人民服务

处于初级阶段的社会主义国家这一基本国情决定了我国的公务员制度建设不同于西方国家的公务员制度改革道路,国家行政学院徐理明教授将我国公务员制度改革与美国相比,发现两者竟朝着不同的方向发展。③

中　　国	美　　国
1. 加强制度建设,强调规范	1. 放松规制,打破僵化
2. 建章立制,不断补充和细化法规,目前已有近40个单项法规和实施细则	2. 取消繁琐的法律规则,将8 000页的人事手册减少为3页
3. 追求"凡进必考"、"凡晋必考"的境界	3. 公务员考试的范围越来越小
4. 以委任制为主	4. 大量采用聘任制
5. 强调依法管理,强调统一性	5. 人事权下放,强调灵活性
6. 严格考核程序,增加考核等级	6. 减少考核程序,减少考核等级
7. 职位分类趋于细化	7. 职位分类趋于简化、粗化

通过官僚制和后官僚制两种不同行政范式转变的视角,从我国公务员制度改革的历程和方向可以看出,西方国家公务员制度中公务员的政治中立原则在我国并不被采用,尽管我国公务员制度建设中也出现了一些诸如"交流制度"④、"聘

---

① 参见陈振明:《公共管理学——一种不同于传统行政学的研究途径》,中国人民大学出版社2003年版,第331—332页。

② "党管干部原则可以表述为:党对干部人事工作实施统一的领导,并直接管理一定层次的领导干部,保证党的路线、方针和政策在全国范围得到有效的贯彻。"刘俊生:《公共人事制度》,河南人民出版社2003年版,第16页。

③ 徐理明:《面向新世纪的公务员制度》,载晏智杰:《面向21世纪的中国现代化:课题与展望》,经济科学出版社1999年版。

④ 《公务员法》第六十三条规定:"国家实行公务员交流制度。公务员可以在公务员队伍内部交流,也可以与国有企业事业单位、人民团体和群众团体中从事公务的人员交流。交流的方式包括调任、转任和挂职锻炼。"

任制"①为代表的少量后官僚制举措,但以法制化、非人格性、职业化和层级节制为主要特征的官僚制行政范式仍是现实中我国公务员制度改革的主导性价值取向。

中国和以美国为代表的西方发达国家不同的公务员改革道路,都是基于不同的国情而做出的合理选择。西方发达国家公务员制度面临的主要问题是组织僵化、缺乏创新和应变能力,我国公务员制度面临的主要问题则是部分官员腐败、行政欠规范和效率低下;西方发达国家公务员制度改革出现的背景是过度官僚化与迅速变动的环境之间的冲突以及后工业社会与官僚制之间的价值冲突,而我国公务员制度改革的原因则指向效率低下、权力滥用、民主化程度较低、规章制度不健全、缺乏法治观念、竞争激励机制不健全等。因此,如何健全公务员法制,提高公务员的素质,建立一支专业化的公务员队伍,如何加强对公务员行为的有效控制和监督,这些在西方看来已经过时或遭到摒弃的问题,却仍然是健全我国公务员制度所面临的主要难题。

正如盖伊·彼得斯所说:"对于体制转换中国家和发展中国家而言,在追求政府部门最大化经济效益的同时,必须重视建立一个可被预测的、属于全民的、正直的韦伯式官僚政府。"②官僚制所强调的法制化、非人格性等核心价值观念正是当前我国公务员制度建设和实践运行中最为欠缺的。我国社会所处的发展阶段,以及我们面临的主要问题,决定了完善官僚制范式下的公务员制度,重视公务员制度的理性化、法制化和规范化建设将是我国在较长时间内难以跨越的改革之路。

参考文献

刘洁婷、王惠:《对马克斯·韦伯官僚制的反思与改革》,《红河学院学报》2007 年第 5 卷第 1 期。

[澳]欧文·E. 休斯:《公共管理导论》,中国人民大学出版社 2001 年版。

[美]迈克尔·巴泽雷:《突破官僚制——政府管理的新愿景》,中国人民大学出版社 2002 年版。

[英]戴维·米勒、韦农·波格丹诺:《布莱克维尔政治学百科全书(修订版)》,中国政法大学出版社 2002 年版。

[美]戴维·奥斯本、特德·盖布勒:《改革政府:企业精神如何改革着公共部门》,上海译文出版社 1996 年版。

[美]戴维·奥斯本、彼德·普拉斯特里克:《摒弃官僚制:政府再造的五项战略》,中国人民大学出版社 2002 年版。

[美]B. 盖伊·彼得斯:《政府未来的治理模式》,中国人民大学出版社 2001 年版。

刘俊生:《公共人事制度》,河南人民出版社 2003 年版。

傅小随:《中国行政体制改革的制度分析》,国家行政学院出版社 1999 年版。

陈振明:《公共管理学———种不同于传统行政学的研究途径》,中国人民大学出版社 2003 年版。

---

① 《公务员法》第九十五条规定:"机关可以工作需要,经省级以上公务员主管部门批准,可以对专业性较强的职位和辅助性职位实行聘任制。"
② [美]B·盖伊·彼得斯:《政府未来的治理模式》,中国人民大学出版社 2001 年版,第 8 页。

徐理明：《面向新世纪的公务员制度》，载晏智杰：《面向 21 世纪的中国现代化：课题与展望》，经济科学出版社 1999 年版。

《中华人民共和国公务员法》，法律出版社 2005 年版。

（作者为中共上海市委党校公共管理教研部研究生）

民主技术:辩论、投票、选举、媒介与网络

Democratic Technology: Debate, Voting, Elections, Media and Network

廖维晓

民主从一种政治理念发展至今,已经有几千年的历史,然而它真正在现代社会生活中发挥作用,还是经过了漫长历史的积淀,尤其是民主技术的进步,使民主制度与我们这个工业时代融合在一起。民主怎么被采纳认可并得到有效执行,已成为民主化问题的核心内容。只有通过有效的民主技术运行机制,才能够在现实社会领域发挥民主的功效。从政治制度出发,探寻在政治进程中的政治技术手段,用技术工具有效的建构民主制度,这一路径更贴近民主化进程的实质。当民主政治随着社会环境的变化而变革的时候,民主技术也相应的发生改变,体现出从简单化到复杂化的过程。

一、操作主义的民主

民主本身就是一个复杂的技术问题,随着时代的进步,民主也沉淀了岁月的痕迹,变得更加让人难以把握到其真意。故而掌握一整套民主的技术,以及实现民主的方法和手段也就要因地制宜,才能够让民主真正生根发芽。在这里,民主的技术包括民主实现的方式和手段,它是在长期的民主实践过程中的历史沉淀,也是在民主理论指引下的生成过程。

在这里,我们可以发现,尽管当代民主国家特别是发达国家把民主视为其政治意识形态的最高取向,然而就真正的民主而言,他们仍然是各执一词,没有统一的概念,只是把一些民主制度的表象归结为民主政治本身,而从未追问这些成就从何而来,为何而去? 而一旦我们把民主化进程转向民主衰败国家和地区的时候,就可以发现,民主制度到达时并没有解决那些国家迫切需要解决的民族生存和发展的问题,就这个意义上来说,现今发达国家的民主制度,不过是其历史进程的积累,是其政治制度发现至今的具体表现,如果一定要从中发现可以成就各个国家和地区的政治制度的话,那么,这些历史过程中的经验和教训才是真正值得人类反思的,而不是现存的政治制度本身。

民主技术的内涵包括民主实践中一切方法和手段的总和。它由一整套的价值目标、一系列的制度设计以及相应的政治技术构成的。当然,民主技术所指向的对象主要是实现民主的方式手段等方面的内容,是具体的、可操作的政治程序和规范,它是民主化进程的必然产物。

民主技术的演变痕迹无疑让我们可以从中窥视民主政治的历史,从一处处民主活动的遗迹到民主政治的记载再到民主思想的传播,民主的历程如同历史的尘埃一般经历了长久的洗礼,长久的积淀过程让民主技术不断产生着变化,每一个时代都在它身上留下了自己的烙印,通过这种历史的积累达到了民主技术的不断完善和进步,从而适应人类社会进步的要求。

民主选举制度在民主政治活动的早期只是政治过程中的一种制度安排,然而在今天却成为民主的象征,发展成为极具特色的代表选举、选区选举、议会选举、政治人的选举等等方面的政治安排,似乎只要诉诸于选举的方式就能达到民主的目的,然而,实质上,民主是一种政治的技术,而选举则可以认为是一种民主的技术。

民主技术随着人类文明的演进而产生变化,运用了当代最为先进的物质技术和政治技巧,使之能够适应社会政治形势发展的需要,当今世界,网络政治席卷全球,民主政治无疑将借助这一点再次产生新的变化,建立起无论是政治结构还是政治技术,都趋于后现代的特点,与虚拟网络紧密结合到一起。

二、辩 论 和 投 票

源于血缘部族的雅典民主,政治共同体的成员属于血缘上平等的公民,这种先赋的平等使一切代表行使代表权成为不可能,因为每一个人都可以成为别人的代表,而自身的权利也可以授权给每一个人,这种情况下,只能有赖于成员之间政治情感的共鸣,从而取得行动上的支持,这才使辩论成为民主制度的主流,成为政治领域凝聚共识的有效方式。

部族领袖地位的确立,主要还是依靠部族成员的认同,这样,辩论术的发达也就无可厚非了,这种技巧成为确立领袖地位的主要手段,连与雅典民主制相对立的斯巴达在这方面也不落人后,精英阶层的辩论知识成为一个高度发展的方面,可见这种政治技艺的影响。通过说服教育,取得民众内心的认同,这就形成了集体意志的体现。

辩论术的发达证明了古典时代的民主需要这种政治技术的辅助,通过相互争辩,政治观点在交互过程中趋于同一化,民众就能够方便的寻找到自身的利益共同体,而领导人物或者说古代的英雄人物,也能够通过这种公共的辩论成为群体的领导者,领袖的地位通过辩论得到确立和巩固。

投票技术从血缘部落时代就已经开始应用,不过,那时候还只是投票的初级形式,主要以口头、举手表决为主,并运用肢体动作表达公共意见,非常直观和形象的体现政治决策。后来由于文明的进步和国家规模的扩大,直观的肢体语言逐渐让位于用实物统计的投票方式,如贝壳等相应的物质体,投票技术也就开始从一种直接的技术演变成为一种民主政治活动中不可或缺的政治确认方式。

投票从民主制度诞生以来就存在,但是它真正进入政治制度领域是在资产阶级走上政治舞台的时候。从字面上我们可以发现,投票所投之物在早期并没有发展起来,替代物趋于普遍化,但是仍然被限制于很小的范围,只有当纸张成为普通物,并且成本趋于大众化的时候,投票技术才随之兴盛起来;从制度发展来看,投票是公民合意的形式,早期是以口头表达、肢体表达、替代物表达的形式流传下来的政治传统,在近代才发展成为大规模的投票制度。

投票解决的是重大政治决策问题,使政治共同体的重要事宜形成合意志,巩固共同体的政治权威,并且增强民众的认同,实现组织的团结。当然,这种情况只有在重大事项发生时才会应用,一般的日常事务完全没有必要。而且,投票所决定的事件越是重大,涉及人群越是庞大,其最终的投票结果也越趋于稳定。

三、选举、传播媒介与电子网络

选举最初是在进行公共事务的过程中产生的,是选择一个承担整体责任的人,所以最初的选举包含有推选、禅让等等方式。当进入近代特别是现代社会,代议政治发展起来以后,选举政治代表成为选举的主要功能,对于大多数人而言,选举成为围绕他们的政治议程的主要方面,取代了公共政治领域的体验,政治冷漠由此成为现代社会的普遍特点。

就目前选举制度的发展来看,选举制度已经从简单的选择利益一致的政治人物发展到复杂政治集团之间的利益博弈,选举已经成为关系到普通民众、政治组织、政治人物之间的联系和利益的关键因素,也是当前世界大多数国家的政治发展核心。专门的选举制度也不断的完善起来,通过对过往政治经验的总结,人们试图寻找更能代表自身利益的方式,选举因其内含的特殊政治意义而成为受到普遍关注的对象,其本身也逐渐演变为政治符号化的权利象征。

选举方式有效的适应了社会经济结构的变化,与现代文明的发展相适应,解决了民族国家政治合法性的来源,使政权得到了整个政治共同体的一致同意。在现代技术发达的情况下,同一时间、同一议程、同一政治舞台、同一权力运作方式都能够方便有效的建立,利用选举而不是暴力或其他方式来掌握公共权力成为一种经济实效的选择。选举因而成为一种解决政治竞争和分歧的有效方式,在稳定的政治体制中成为主流,特别是在成熟的社会体系中,成为消除和转移社会矛盾的主要手段。

传播媒介从扩散政治信息的工具转变为生产信息和控制信息的枢纽，体现了现代工业社会的同质化特点，这种趋同的社会化导致了人们普遍的通过信息传播取向广泛认同，同样的生活方式，同一的思想模式，相近的文化取向，构成了大范围的政治身份认同，这种认可度增长使社会政治集团不断的扩展和聚集其成员，形成现代政治运动的独特形态。而传媒在这一过程中也越来越专业化、小众化，成为现代生活的重要组成部分，适应了现代社会碎片化的趋势。民众对政治形象的认知越来越符号化、简单化，以左右、色彩、地域等等容易辨别的形象进入政治竞争领域，从而使传媒越来越处于关键的位置。

政治媒介的发达导致政治舞台从传统的议会、街头转向了全方位的信息传播，在现代社会，大量的资讯被制造，民众从信息贫乏到信息过度，从信息接受者到信息生成源，政治传播的方式和内涵都发生了翻天覆地的变化，媒介逐渐占据了当今政治舆论的主导地位，甚至被称之为影子政权，成为现代政治的有效监督力量，公共领域的扩张和完善与媒介的作用越来越不可分，私人领域则成为这种信息扩张的对象，个人的社会化进程不断加深，社会人的符号化也渐渐超越了个体的存在成为一种现实。

电子网络的诞生使我们进入了一个平行的世界，人与人的交流不再受到时间和空间的局限，而表现出点与网的特性，使政治参与的条件大幅提高，政治技术水平随着网络的兴起正在改变着自身的形态。网络带来了政治参与的实时进程，使平面交流成为一种必须，代表不再是高高在上，一人与众人的交流，而是成为了人与人之间的单独交流，网络形成了个体自身的独特空间，而每一个进入这一空间的个人都可以实现两者之间的单独互动，也可以进行群体的共同互动，这就是网络带来的深刻变化。

互联网的出现是一次社会形态的深刻变革，它使世界进入一种扁平化的状态，人与人的交流变得更加迅速和便捷。而民主政治活动也开始借助网络展现出新的形态，它使个人的作用不再是过去那种沉默的多数，个人经由网络成为活跃的少数，并通过网络的集聚效应和扩散效应使个体诉求走进社会公共议程。每一个人都成为自己的"国王"，每一个人都能够掌握自己的力量，并且能够寻找志同道合的群体。在这个万维网络中，人的社会属性得到了无限的放大，被无数的网纠缠在一起，展现出个人的不同特征，人的各个社会角色在网络的世界能够和谐的共存，并得到相应的发展。

参考文献

《马克思恩格斯选集》第 2 卷，人民出版社 1995 年版。

萨托利：《民主新论》，上海人民出版社 2009 年版。

芬伯格：《可选择的现代性》，中国社会科学出版社 2003 年版。

路易斯·亨利·摩尔根：《古代社会》，商务印书馆 1971 年版。

（作者为上海财经大学人文学院博士研究生）

行政问责的制度堕距与制度优化

Institutional Lag of Administrative Accountability and Its Improvement

李继力

一、引　言

行政问责制作为政治体制改革与行政体制改革的交合点,在推进责任政府建设的过程中,有着不容忽视的重要作用。任何一种制度都存在三种状态。制度的当然状态指称制度的文本或要义,制度的实然状态标示制度的运行状况,制度的应然状态暗示制度改进的目标。一般来说,这三种状态是分离的,如果按照增进社会福利的标准,往往是应然状态优于当然状态,而当然状态优于实然状态。理想的情况下三者统一于实然,但这往往是不可能的。因此制度的三种状态之间必然存在差距,即制度堕距。制度堕距又可分为两类,上向堕距是制度的应然状态和当然状态之间的差距,下向堕距是制度的当然状态和实然状态之间的差距。①行政问责制自实施以来,问责力度不断加大、问责成效不断扩大、已取得了一定的效果。但在实际运行过程中,由于存在着制度堕距,导致问责制没有取得应有的制度绩效。

二、制度堕距——行政问责制的现状

用制度堕距来描述行政问责制的现状,是说明通过研究分析发现现行的行政问责制度既未得到一体的执行,同时其本身在制度的当然状态和实然状态也存在改进的空间。

(一) 我国行政问责制度建设的制度堕距

1. 问责主体方面的制度堕距。由谁来启动问责,这是问责中的一个基本问题,也是决定问责制发展的一个关键问题。我国目前主要采用"同体问责"的方式,这种问责只

---

① 辛秋水等:《制度堕距与制度改进——对安徽省五县十二市 1 053 份村民自治问卷的研究报告》,《福建论坛》2004 年第 9 期。

是政府体制的自我监督和自我修正,更多具有组织管理层面上的反馈控制含义,而不具有宪政意义上的权力制衡的价值。从民主政治角度看,政府责任的落定不仅需要来自行政体制内部的等级问责,更需要包括立法机关、民主党派和公民或社会团体所广泛施加的民主监督。问责如果仅仅囿于等级问责,那么民主社会中的政府及其官员通过法治制度最终向全体公民负责的责任链条就被截断了,这就从根本上稀释了问责制的内在价值。

2. 问责客体方面的制度堕距。问责客体界定模糊。现行的问责制在确定责任客体时,几乎无一例外地将政府各部门的行政首长以及参照执行的部门副职、派出机构和直属机构的一把手作为问责的主要责任者,实行从诫勉、批评到停职反省、劝其辞职等一系列的追究责任的办法。这种制度文本,在我国现行政治实践中意味着被问责的公职人员在未来的仕途发展中提高了个人升迁的门槛。从机会成本角度来分析,问责对象必然考量查处成本与自己隐匿事件真相成本之间的差额,进而做出有利于自己的决定。因此,问责制在问责客体的制度设计上存在着制度堕距,这也导致了很多官员在事故发生后拒不承担责任,甚至逃避责任。这种制度设计不但有悖于实现责任政府的初衷,实践中也起不到监督和威慑的作用。

3. 问责程序方面的制度堕距。行政性问责多于程序性问责。行政性问责意味着问责的依据是行政性的,官员的责任比较模糊,缺少明确的法律依据,一般只有行政性文件依据,或者是行政首长的临时性决策。问责往往取决于领导人的意愿和意志。同时,问责要追究到哪一级为恰当,现有的各种规定无明显的解释,因此,制度堕距在问责程序上就表现为,缺少严格、统一的程序界定,增加了问责制度执行的难度。[①]

4. 问责范围方面的制度堕距。在问责范围问题上,从我国实施问责的实际状况来看,当前问责的范围尚限于重大事故的处理,政治官员主要是由于管理范围内发生重大责任事故而被迫道歉或辞职。从问责的实质来看,现代政府的官员问责制关键要解决的是,确保政府与官员在平时就充分承担责任,官员的言行如果违背了公共利益和人民的意志,受到应有的惩戒和制裁,甚至工作平庸者、无政绩者也必须承担相应的责任,而不应仅限于重大事故责任的追究。

(二) 行政问责制度运行机制的异化

在"行政问责风暴"中,由于缺乏必要的价值指引和具体制度的程序规范,行政问责在运行机制上有异化的倾向。

1. 行政问责方式的抽象化[②]。2003 年以来,行政问责开始作为一个显性的社会话题而被热议,但是它表现出来的方式就是"抽象问责"。具体表现为:(1)以空洞的集体

---

① 毛寿龙:《引咎辞职、问责制与治道变革》,《浙江学刊》2005 年第 1 期。

② 刘祖云:《责任政府:行政问责从学术、立法到机制的逻辑》,《学术界》2008 年第 5 期。

责任方式代替对个人责任的追究；(2)以党纪、政纪等较轻的责任追究取代较重的法律或政治责任；(3)以主观的"良好"愿望或"为公"动机为由代替对消极责任的追究；(4)以"总结经验、吸取教训"的模糊责任方式代替对具体责任的追究；(5)以教育方式代替各种形式的惩戒和处罚。[①]

2. 问责行为的非规范化(运动化)。在我国的党政领导干部问责中，媒体经常使用的一个词就是"问责风暴"。在实际的问责行为中，因为常态机制的缺乏，党政领导干部问责往往就是"风暴式的问责行政"。问责行为常常是在有重大社会事件突发时才展开，它成为社会紧急危机事件处理中对老百姓的临时交代与应付，应付完了就没了，等有事的时候再拿来应急，使得它缺乏持续性、稳定性与规范性。问责之所以被称作"风暴"，意在强调其严厉、果敢、迅猛，同时也反映了行政问责的开展机制上有运动化倾向，其背后隐藏的决定性力量都是人治的因子。

3. 行政问责类型的单一化。现实中，问责大都属于显性"灾难事故型"问责，而对于由于重大决策失误引发了大量半隐蔽性的社会冲突与矛盾问题却被忽略。社会关注的焦点在显性责任上，除了该类责任较易发现外，更重要的原因是目前行政问责的目的还停留在安抚民心这一潜层功能上，过于看重社会舆情和"维稳"指标，而没有真正的从权力控制和责任追究的本质上去看待问题和区分问题。

三、制度改进——行政问责制的发展

制度改进的目的，在于缩短制度堕距。好的制度改进能在缩短上向堕距的同时，缩短下向堕距。对于行政问责制的发展和改进，一方面要使制度逐渐完善合理，制度文本或要义真正能够促进行政问责的发展，另一方面，又要切合中国特点和实际情况，保证其实践操作能达到制度的本义。

(一) 制度建设的优化设计

1. 明确政府职能边界，合理界定政府责任。权责一致、权责对等是公共行政基本原理的要求。要明确以下三点：首先，合理划分执政党与政府之间的职责、权力和责任，只有把党的角色从行政部门中区分出来，才能真正避免问责过程中以党代政，以党纪代替法律的现象。其次，应该科学地划分中央政府与地方政府的权力，明确中央与地方的责任与义务，实现中央与地方关系法制化。最后，科学划分政府部门之间的职责权限。[②]

2. 在制定行政问责法规时，要克服重实体、轻程序的倾向。"程序正义"被称为是

---

① 刘祖云：《当代中国公共行政的伦理审视》，人民出版社 2006 年版，第 123 页。

② 林琰瑜：《政府官员问责：多维理论基础与制度建构探析》，《探求》2006 年第 5 期。

"看得见的正义"。我国的法律实践中缺少程序至上的传统,"重实体,轻程序"的观念与"全能政府"的模式以及"官本位"的文化观念相互纠缠在一起,这样产生的结果就是:政府、公众与社会舆论都比较普遍地采用实用主义的态度对待行政程序。也就是说,只要行政行为的实质性内容合理合法,不按程序办事是无关紧要的。

3. 建构异体多元行政问责格局。根据我国社会主义市场经济发展的现状和当前的政治体制改革的需要,政府行政行为要受到这五种力量的问责。第一种力量是我国的执政党——共产党;第二种力量是国家权力机关——人民代表大会;第三种力量是行政系统内的主管部门和专门机关;第四种力量是民主党派;第五种力量是来自新闻媒体、社会团体和公民等。这五种力量相互补充,共同构成我国行政问责主体的立体网络,形成多元主体问责的格局。

4. 扩大政务信息公开,保证群众的知情权和媒体的报道权。政务信息的公开和透明、使公民对政府的决策、措施、方案等知情权的实现是建设行政问责制的前提条件和重要信息保障。政府信息作为一种公共产品,公民有权对其进行查阅、引用和复制等。只有公民充分地了解政府信息,公民才能够更好地对政府实行问责,对不履行或者不正确履行法定职责的给予问责。①

5. 把行政问责制与开展绩效评估结合起来。绩效问责是在考察政府绩效水平的基础上启动问责程序的一种问责形式,它限定了政府的基本行为领域。②这对区分责任的"大"与"小"、"轻"与"重"起着至关重要的作用。

6. 构建官员复出机制。在当前我国行政主导的问责体系中,关于官员复出缺乏公开性、透明性,弱化了公众对政策的信任感,问责的制度性威慑大打折扣。构建官员复出机制成为问责制度化、常态化的当务之急。第一,分类对待承担各类责任的官员"复出"。对待道德责任,因违反职业道德和伦理道德失职的官员,不予"复出";因工作不力、失误或人民群众不满意引咎辞职的官员,应建立跟踪、考评机制,依据重视道德、关爱公民等标准以一年为"复出"基本年限;德才兼备的优秀人才按照群众意见、复出条件和法定程序(标准)等步骤公正公开地"复出"。第二,建立官员复出回应机制。就官员复出的事由、依据、程序等内容广泛征集群众意见,实行决策承诺制、决策公示制,通过社会调查、听证制度等完善复出制度的法制化,建立公众——回应载体——政府——公众的回应流程系统。③

(二) 制度运行的优化重构

制度的优化设计为实现行政问责奠定基础,制度文本能否切实得到落实,有待于运

---

① 王永生:《政府问责制建设的探索》,《学术论坛》2008 年第 1 期。
② 许元善、楚德江:《绩效管理:行政问责制的新发展》,《中国行政管理》2007 年第 11 期。
③ 谭琪、齐秀强:《官员问责制度化、常态化的路径探讨》,《理论前沿》2009 年第 1 期。

行机制的优化再造。本文借鉴王钦[①]、刘祖云[②]等学者的研究思路,提出行政问责机制优化再造的整合、衔接和联动三种机制。

1. 在机制形式上,"日常监督机制"与"应急处理机制"的整合。这是一个常态机制与非常态机制的关系与结合的问题。在问责机制形式的构成中,重点需要解决的是"日常机制",从机制功能的角度理解,日常机制具有监督与预防的效果,可以做到防微杜渐。因此,日常监督机制设计的思路是"小处着手"。另一方面,对各类突发事件与偶然事件进行应急处理也是政府的一项重要职责,而这一职责也需要相应的规范化的运行机制来保证。

2. 在机制展开上,"调查审核机制"与"问责执行机制"的衔接。建构调查审核机制来确认公务人员的过错行为,这是行政问责机制的"上游",而问责执行机制则是"下游",因此,机制设计中面临的第一个关键问题就是:这两种机制之间的过渡与衔接,它包括不同机构部门之间,机构与法律规范之间等的协调与统一。

3. 在机制完善上,"运行保障机制"与"问责救济机制"的联动。一方面,以上机制要充分发挥作用,还离不开相应的保障机制,它体现在两个方面:一是在建立各项保障和配套机制中,发挥各种专门技术领域的作用,以推动信息、通信、数据库、审计、会计等手段的有效作用;二是行政问责寻求政治民主制度的支持。另一方面,受各种主客观因素的限制,问责主体并不能保证其做出的问责处理决定是完全准确的,因此,有必要建立和完善对问责客体的救济机制,保障受处理人员的合法权益。

四、结　　语

行政问责(制)不仅仅是理论构建工作,更是一种技术工作和实践工作。行政问责建设与一个国家的历史、文化和政治紧密相连,在当下的我国,行政问责存在的问题与难点还有很多,如行政问责的过程如何实现公开化、透明化等。在整合与梳理我国行政问责已经积累起来的分散资源时,如何缓冲其间必然产生的多元冲突与排异,实现建制的软着陆也是行政问责制度优化进路的一个关键点。

（作者为中共上海青浦区委党校教研室讲师）

---

① 王钦、都永期:《行政问制的运行机制探析》,《海峡科学》2007年第10期。
② 刘祖云、王彬彬:《责任政府:行政问责从学术、立法到机制的逻辑》,《学术界》2008年第5期。

和谐社会法律文化构建途径研究

Thoughts on the Methods to Establish Legal Culture in Harmonious Society

魏淑君

一、法律文化的概念

法律文化的概念起源于 20 世纪 60、70 年代,美国学者弗里德曼和埃尔曼等人以"政治文化"的概念为摹本,提出了法律文化的概念,并围绕这一概念展开了学理探讨。这些探讨的目的在于重申法律的文化内涵,重视法律文化的不同模式,重建法律与文化的关系,以应对日益世俗化、理性化、官僚化和非道德化的法律。20 世纪 80 年代中后期,中国法学界开始关注并引入法律文化的概念,法律文化问题开始成为国内的一个新的法律研究论题。①

关于法律文化的概念,美国学者提出了许多解释,如弗里德曼认为"法律文化是指那些为某些公众或公众的某一部分所持有的针对法律和法律制度的观念、价值、期待和态度。"②也有人将法律文化视为一种"法律意识形态"、③法律传统④。在这些美国学者的解释中,法律文化基本上属于一种法律观念形态,具体表现为社会公众对于法律及法律现象的一系列的认识、看法、态度等,它对法律及法律制度的产生、发展、变化具有巨大的力量和作用。国内学者关于法律文化的概念基本上呈现出三类样态:第一类是把法律文化看作是法律现象的综合体现和产物,包括内在和外在、主观和客观、制度和观念等各个方面;第二类是把法律文化视为法律现象的主观方面,只要是法律意识形态和观念形态;第三类是把法律文化看作应用文化解释方法与法律研究的研究范式。⑤

笔者认为,法律文化是社会成员对法律、法律制度及其运作的传统性、普遍性的认识和态度,它主要体现为社会成员广泛认同和持有的法律观念、价值判断等。在

---

① [意]D. 奈尔肯编,高鸿钧、沈明等译:《比较法律文化论》,清华大学出版社 2003 年版,第 8 页;刘作翔:《法律文化理论》,商务印书馆 1999 年版,第 57 页。
② [意]D. 奈尔肯编,高鸿钧、沈明等译:《比较法律文化论》,清华大学出版社 2003 年版,第 53 页。
③ [意]D. 奈尔肯编,高鸿钧、沈明等译:《比较法律文化论》,清华大学出版社 2003 年版,第 36 页。
④ [美]H. W. 埃尔曼著,贺卫方、高鸿钧译:《比较法律文化》,清华大学出版社 2002 年版,第 12 页。
⑤ 参见刘作翔:《法律文化理论》,商务印书馆 1999 年版,第 65 页。

此,我们强调法律文化的观念形态,在于说明法律制度、法律组织机构等法律实在是建设法治国家的基础,而驱动一个国家民主法治进程的决定力量,是该国社会成员的法治意识,是人们对法律理性的认识和认真地思考,并最终表现为一种遵从法律的行为方式;强调法律文化的传统性和普遍性,在于说明法律文化具有建设法治国家"文化背景"的作用,在于法治的理念要转化成为一个国家社会成员的普遍的精神情感认同。

二、法律文化对构建和谐社会的重要意义

党的十六届六中全会通过的《中共中央关于构建社会主义和谐社会若干重大问题的决定》将社会主义和谐社会概括为"民主法治、公平正义、诚信友爱、充满活力、安定有序、人与自然和谐相处"等六个基本要素,其中,民主法治被认为是和谐社会的首要特征。而支撑着一个国家的民主法治的制度构建和运行的,是该国社会的法律文化。于是,法律文化对和谐社会的构建就具有了极其重要的意义。

法律的生命深藏于文化之中。学者们把法律和文化的关系比喻为"船舶"和"海洋",法律的船舶行使于文化之海,海洋决定船舶的沉浮。法治社会不仅需要完善的法律制度,还需要法治文化的生成。脱离了这种法治文化认可或支持的制度只能是一种简单的存在,而不能化为社会的行为方式。在我们进行法治建设的进程中,还存在着诸多与现代法治精神相违背的现象,分析其产生的深层次原因,关键在于现在还没有形成与现代法治要求相适应的法文化环境。正如钱穆所讲:"一切问题,由文化问题产生;一切问题,由文化问题解决。"因此,中国实现法治的过程,在本质上讲,是在一个缺乏法治传统的国度上重构法律文化的过程。

在党的十七大报告中,为全面落实依法治国的方略,提出了社会主义法治文化建设的重大课题,报告强调树立社会主义法治理念,弘扬法治精神,加强公民意识教育、法制观念教育等。无论是法治建设,还是社会主义文化的大发展和大繁荣,都要求重视和加强法文化建设。

三、构建和谐社会法律文化的有效途径

(一) 构建社会主义和谐社会的法律文化需要整合的法律文化资源

著名现代化问题专家金耀基先生认为,21 世纪将会是"中国现代性"的建立,"在全球化中,中国现代化的工作应该并必须借取外来的文化资源以丰富中国现代性的内涵,

但中国的现代性的建构始终不能离开，也不能没有文化传统的奥援。我曾说过，现代化可以多种，但没有'没有传统的现代化'。"①构建社会主义和谐社会理论是一个充满现代性的理论构建，是实现中国现代性的必由之路。因此，构建社会主义和谐社会法律文化离不开对西方现代法律制度移植借鉴，也必须吸收西方法律文化中诸如公平正义、自由、平等等基本的法律理念和价值观，但同时还要注重对本土传统法律文化中契合现代性的内容的整合、吸收，如传统法律文化中的人本观、义务观和自律观，以使和谐社会法律文化既有传统的承继和文化脉络的延续，同时又吸收合并了西方法律文化中最具现代性的理念和价值观，代表着最先进的法律文化。

(二) 构建社会主义和谐社会法律文化的有效途径

1. **途径一:政府主导**。西方发达国家法律文化的形成基本上是在缓慢的社会发展过程中逐步演进形成的，这种模式不适合我国的实际情况。中国作为后发型国家的法律文化的构建必须采取政府主导型的发展模式，强大的政府力量和权威应当是加速社会主义和谐社会法律文化构建的有力保障。国家应当积极引导和谐社会法律文化的构建，引导的方式主要有:以公平正义为核心价值目标建立和完善我国的法律制度和法律机构，为法治国家的建立创设制度性条件，并以此作为公众认知法律的基础;以依法行政来宣扬责任政府和法治政府的理念，倡导责任意识和义务观念;政府积极倡导和谐社会法律文化的核心内容，通过各种形式的普法宣传引领社会公众树立以法治为取向的法律文化观。

2. **途径二:社会组织的推进**。20世纪80年代以来，随着改革开放和社会主义市场经济的发展，我国从几乎为零的纪录发展到现在的800万个左右②。这些社会组织具有服务、协调、监督、公证等功能，同时这些社会组织还承担了启蒙和教育功能，使我国公民的法律意识有了较大的提高。如中国消费者维权意识的启蒙和深入人心就同消费者协会做出的努力密切相关。在构建社会主义和谐社会法律文化的进程中，必须发挥社会组织的作用，通过社会组织的宣扬、行动，使和谐社会法律文化倡导的价值观、基本理念和思维方式、行为方式深入社会成员精神世界中。其中尤其需要发挥社会组织引发公共议题讨论的功能。许多社会议题的解决首先需要人们的发现和讨论，尤其是和谐社会的公共议题，特别需要一个自由、充分和理性的讨论空间。在最近的十几年间，从消费者权益的维护到促进对艾滋病等公共卫生问题的关注，都可以看到社会组织所产生的影响。事实上，社会组织在引发对许多社会公共议题讨论的过程中，不仅能够形成和提供公共意见给政府机构，还在讨论的过程中唤醒了社会成员的社会公共意识、树立了公平正义的价值观念、依法维权的法治观念等。

---

① 金耀基:《中国的二十一世纪的想象》,《二十一世纪》2005年10月号总第91期。
② 朱健刚:《民间力量推动着中国社会的改革开放》,《南方都市报》2007年1月23日。

3. **途径三：多层面的教育**。具体分为教育引导和文化熏陶两个方面，这就需要政府、社会大力倡导社会主义和谐社会法律文化的核心价值观和其他主要内容，通过学校、家庭、新闻出版、广播电视、文学艺术、社会科学等途径形成以法治化为取向的文化氛围，教育和影响公众的观念、态度和行为取向。

4. **途径四：社会公众的广泛参与**。一个具有现代性的国家其公民从整体上讲也是具有现代性。社会主义和谐社会的构建离不开中国公民公共意识的提高。随着中国市场经济的发展和法律启蒙教育的基本完成，来自普通公民的维权意识和公共参与愿望逐步提高，越来越多的人们已经不再满足于只是依赖政府，除了关注自身利益以外，他们正通过一系列的集体行动和自我组织在环境保护、公共卫生、农民权益各个方面开展着广泛而丰富的志愿服务，中国的社会公众正在被组织起来，通过各种社会组织表达自己的诉求，推动政府改善公共卫生政策、社会救助管理政策等。在广泛社会参与的过程中，中国社会公众的公平正义的价值观、人本主义的观念、重视义务履行的观念等得以树立和巩固。在构建社会主义和谐社会法律文化的过程中，必须强调社会民众的广泛参与，民众的参与是法治社会和谐社会法律文化形成的动力，社会公众应当是和谐社会法律文化的缔造者，而不仅仅是法律文化内容的受众。

（作者为中国浦东干部学院教学研究部副教授、博士，
上海市中国特色社会主义理论体系创新研究基地专家）

律师眼中的上海法治建设
——上海法治建设的成就、瓶颈与对策
Rule of Law in Shanghai from Lawyers' Perspective

史建三　钱诗宇

一、律师的独特视角和本文的研究方法

律师是社会主义法治建设的捍卫者和实施者,其日常执业过程就是接触法治的过程,律师也是一个相对理性的群体,善于透过现象看本质,律师还是法学专业人员,深谙法治的含义,因此律师是一个观察法治建设的独特视角。本文从地方立法、行政执法、公正司法和守法意识四个方面展开以问卷调查为主的定量分析和以深度访谈、专题座谈和内刊参阅为主的定性分析。①

二、律师眼中上海法治建设的已有成就

律师们对于上海法治建设的总体评价较高②,分项评价都介于良好与偏好之间,并认为与过去相比,成绩显而易见,与全国平均水平相比,明显领先。③

(一) 地方立法:水准持续提升

地方立法基本遵循了"成熟几条搞几条,有几条搞几条"的原则,不片面追求数量的丰富和体例的完整;内容上具有一定的本地化和独有性,自主性、先天性立法多于实施

---

① 本文的问卷调查涉及"上海法治政府建设状况"(包括对上海法治政府的总体评价和对上海法治政府建设情况的评价 2 份问卷)、"上海市地方立法后评估"、"本市人民检察院法律监督工作"和"律师眼中的上海法治建设"5 份问卷,自 2008 年起通过东方律师网面向全体上海律师开展调查。参与人数均达到当时律师总数约三分之一。笔者将数据统计结果按照一定标准转化为了直观的评价。定性分析则是定量分析的深化,并对定量分析的结果进行印证、矫正和补充。
② 问卷问题:总体而言,您认为上海的法治建设情况如何? 数据统计结果:"较为理想"54.62%、"令人满意"7.79%、"一般"33.04%、"不甚理想"3.55%、"很不理想"0.67%、"其他"0.33%。
③ 问卷问题:您认为与全国平均水平相比,上海的法治建设水平如何? 数据统计结果:"较高"62.69%、"明显偏高"26.06%、"一般"10.08%、"偏低"0.87%、"过低"0.07%、"其他"0.23%。

性立法;效果上体现了拾遗补缺、保驾护航的功能;公众参与形式上日益丰富,范围上逐步扩大。可以说,法规的操作性、特色性和实施效果三项指标都较好,立法达到了较高水准。

(二) 行政执法:能力显著增强

行政执法比两年前获得了更高的评价,[1]最为突出的是执法行为的整体合法性较强:绝大部分执法行为都有法律依据;[2]行政许可大多符合法律规定;[3]违法的行政许可、行政处罚、行政强制措施和行政收费并不普遍;[4]信息公开工作进步明显。[5]

(三) 公正司法:基础相对良好

公正司法获得了中等偏好的整体评价,[6]且法官素质[7]、律师执业权保障[8]、司法独立[9]、司法廉洁[10]和司法救助[11]等主要项目得分较高。与上海的法治建设发展速度相比,

---

① 问卷问题:您对上海各级机关执法总体水平的评价? 数据统计结果:"较高"29.4%、"一般"58.3%、"较差"7.6%、"很差"1.4%、"说不清"3.3%(出自2008年"上海法治政府建设状况"问卷)。问卷问题:您个人对上海相关机关行政执法的满意度如何? 数据统计结果:"基本满意"37.55%、"十分满意"2.22%、"一般"47.13%、"不甚满意"10.82%、"非常不满意"1.68%、"其他"0.60%(出自2010年"律师眼中的上海法治建设"问卷)。

② 问卷问题:上海市各级行政机关及其工作人员的执法都有执法依据吗? 数据统计结果:"绝大部分有执法依据"59.2%、"很多时候没有执法依据"20.4%、"很难说清楚"20.4%。

③ 问卷问题:上海市正在实施的行政许可是否都符合法律规定? 数据统计结果:"绝大部分符合"70.3%、"说不清楚"15.6%、"都符合"8.2%、"很多不符合"5.9%。

④ 问卷问题:您认为上海行政机关超越规定权限、程序进行行政许可、行政处罚、行政强制措施和行政收费的现象是否严重? 数据统计结果:"一般"53.26%、"不很严重"23.96%、"基本没有"4.54%、"很严重"2.02%、"较严重"13.61%、"其他"2.61%。

⑤ 问卷问题:您对职能部门实行的政务公开制度的总体评价如何? 数据统计结果:"满意"6.0%、"较满意"43.0%、"一般"36.6%、"不太满意"10.8%、"说不清"3.6%。

⑥ 问卷问题:您认为上海在实现司法公平正义方面的情况如何? 数据统计结果:"一般"49.28%、"较为理想"36.09%、"令人满意"3.42%、"不甚理想"8.66%、"很不理想"2.18%、"其他"0.37%。

⑦ 问卷问题:您对您所接触过的上海法官的印象如何? 数据统计结果:"较好"55.12%、"很好"5.02%、"一般"35.57%、"较差"2.03%、"很差"0.60%、"其他"1.66%。问卷问题:令您对(您所接触过的上海)法官有良好评价的最主要原因是? 数据统计结果:"判决比较公正,于法有据"37.8%、"依法办事,让人有信任感"27.85%、"尊重当事人及其律师"17.31%、"言行举止大方、得体、专业"8.12%、"尊重律师行使其法定权利"5.79%、"法官诚实守信,能遵守约定的庭审时间/会见时间"2.36%、"其他"0.77%。

⑧ 问卷问题:您认为上海公、检、法、司等司法机关对您依法执行律师职务(如阅卷、复印案卷、了解案情、庭审发言等)是否给予方便? 数据统计结果:"多数给予方便"50.78%、"常常给予方便"9.39%、"一般"32.34%、"较多阻挠"5.11%、"常常阻挠"1.19%、"其他"1.19%。

⑨ 问卷问题:您认为上海检察系统、法院系统在办理案件时能否保持独立,不受行政机关、社会团体和个人的干扰? 数据统计结果:"一般"40.70%、"多数能"29.67%、"基本能"14.85%、"多数不能"10.13%、"基本不能"3.85%、"其他"0.80%。

⑩ 问卷问题:您认为司法腐败现象在上海司法系统中的程度如何? 数据统计结果:"一般"55.01%、"比较少见"29.27%、"十分少见"3.39%、"比较严重"9.21%、"非常严重"1.26%、"其他"1.86%。

⑪ 问卷问题:您认为上海司法系统对弱势、困难群体应当进行的司法救助工作进行得如何? 数据统计结果:"令人满意"6.26%、"较好"44.86%、"一般"40.29%、"不甚理想"5.86%、"很不理想"1.33%、"其他"1.40%。

司法队伍整体素质的提升速度基本相当；①与建国初期相比，整体和业务素质有了明显提高；②与全国水平相比，各项素质都更高；③队伍最大的优点在于注重程序、依法办事和专业素质过硬。④

（四）守法意识：自觉程度较高

上海市各级政府基本能够贯彻落实法律法规、国家政策，⑤并自觉履行司法裁判；⑥大多数市民的法制观念较强，⑦举止文明、遵守秩序；守法经营、可持续发展的企业数量越来越多。这些说明上海社会作为一个整体具有较强的规则意识和法律意识，遵法、守法的程度较高，在全国处于前列。

三、律师眼中上海法治建设的现有瓶颈

上海不仅是一个城市，更是中国的上海。因此，上海的法治建设立意要高，不能以全国的平均水平来要求。然而在现实中，与其他国际大都市相比，上海的差距很明显，⑧

---

① 问卷问题：您认为与上海的法治建设发展速度相比，上海公、检、法、司队伍整体素质的提升速度如何？数据统计结果："基本相当"42.48％、"较快"27.11％、"明显更快"4.81％、"较慢"22.29％、"过慢"2.71％、"其他"0.60％。

② 问卷问题：您认为与公、检、法、司队伍建立初期相比，如今上海公、检、法、司队伍的各方面素质提升状况如何？数据统计结果：对于"整体素质"，"明显提高，但未达质的飞跃"63.50％、"有质的提高"28.71％、"没有明显提高"7.79％；对于"业务素质"，"明显提高，但未达质的飞跃"60.94％、"有质的提高"32.41％、"没有明显提高"6.65％；对于"政治素质"，"明显提高，但未达质的飞跃"54.20％、"没有明显提高"23.86％、"有质的提高"21.94％；对于"道德素质"，"明显提高，但未达质的飞跃"53.96％、"没有明显提高"31.48％、"有质的提高"14.56％。

③ 问卷问题：您认为与我国公、检、法、司队伍的平均水平相比，上海公、检、法、司队伍的各方面素质如何？数据统计结果：对于"整体素质"，"略高一筹"51.97％、"高很多"37.60％、"差不多"8.98％、"略低一筹"1.15％、"低得多"0.30％；对于"业务素质"，"略高一筹"49.05％、"高很多"40.05％、"差不多"9.10％、"略低一筹"1.29％、"低得多"0.51％；对于"政治素质"，"略高一筹"50.19％、"高很多"27.04％、"差不多"21.10％、"略低一筹"1.30％、"低得多"0.37％；对于"道德素质"，"略高一筹"50.84％、"高很多"26.73％、"差不多"20.59％、"略低一筹"1.30％、"低得多"0.54％。

④ 问卷问题：您认为与我国其他地区公、检、法、司队伍相比，上海公、检、法、司队伍最大的优点是？数据统计结果："注重程序，按照法律规定办事"47.03％、"法律专业素质过硬，擅于以法服人"27.27％、"个人修养好，讲文明、懂礼貌、尊重人"8.96％、"职业道德水平高，尊重事实"6.32％、"工作方式灵活，注重人性化"4.54％、"思想觉悟高，政治立场坚定"3.74％、"其他"2.14％。

⑤ 问卷问题：您认为上海政府在贯彻落实国家或本市颁布的法律法规、遵守国家政策方面做得如何？数据统计结果："较好"53.36％、"令人满意"6.72％、"一般"33.00％、"不甚理想"4.36％、"很不理想"1.82％、"其他"0.74％。

⑥ 问卷问题：根据个人经历，您认为上海行政机关在行政复议或行政诉讼中对法律文书的自觉履行率如何？数据统计结果："较高"35.38％、"令人满意"4.53％、"一般"45.85％、"偏低"5.81％、"过低"1.75％、"其他"6.68％。

⑦ 问卷问题：您认为上海市民的整体法律意识水平如何？数据统计结果："较高"54.10％、"很高"3.51％、"一般"35.63％、"较低"5.65％、"过低"0.84％、"其他"0.27％。

⑧ 问卷问题：您认为与其他国际大都市（如伦敦、纽约、香港）的平均水平相比，上海的法治建设水平如何？数据统计结果："明显落后"37.62％、"略微落后"36.38％、"基本相当"14.02％、"略微超前"7.33％、"明显超前"2.31％、"其他"2.34％。

即使与自身的城市功能定位相比,法治建设水平也不相适应,①甚至成为国际大都市和"四个中心"建设中的一块"短板"。

(一) 地方立法:质量问题多于数量问题

目前的立法工作距离科学立法的目标还存在如下不足:

1. 民主化程度不够,部门利益化倾向干扰,前期调研力度不够。②利益各方的博弈和互动远非充分,削弱了法规的可操作性和公正性。③

2. 配套不利、执法不严,很多法规只是"纸老虎",④一些原本可以一步到位的法规却留待相关部门制定操作细则,拖延了时间,也浪费了立法资源。

3. 立法机关的修法供应能力已远远无法满足实际需求,而这一严重供需失衡在未来10年将更大,老账未清,新账又欠,积重难返。

(二) 行政执法:法治建设的薄弱环节

行政执法在上海法治建设的各主要项目中处于偏低水平,⑤这主要表现为:

1. 随意性强,利益链条错综复杂。"钓鱼执法"暴露出目前行政处罚中与业绩挂钩、随意性较大及存在腐败等主要问题,⑥私车牌照拍卖则明显违反上位法,全国仅此一家。这些都是以法律之名行违法之实,反映了违法执法的新动向。

2. 重实体、轻程序仍然明显。行政执法的程序合法性获得的不确定评价最多,⑦这主要是因为律师们对此持有一种无法言表的犹豫态度,以及不同领域、不同部门的执法水平差异很大,难以一概而论。

---

① 问卷问题:您认为从上海自身城市功能定位的角度看,上海的法治建设水平如何?数据统计结果:"基本相当"39.27%、"略微落后"30.37%、"明显落后"14.03%、"略微超前"12.25%、"明显超前"3.85%、"其他"0.23%。

② 问卷问题:上海地方立法质量不够理想的主要原因是什么?(多选)数据统计结果:"立法民主化、信息透明化程度不够"79.5%、"部门利益化倾向的干扰"69.1%、"前期立法调研的力度不够"60.4%、"社会成员法律意识薄弱"35.4%、"立法程序不完善"32.8%、"立法技术落后"15.4%。

③ 问卷问题:在上海地方性法规的质量指标中,最重要的是哪些?(多选)数据统计结果:"可操作性"89.9%、"公正性"73.7%、"稳定性"51.2%、"系统性"42.5%、"合宪性"40.7%。

④ 问卷问题:上海市部分法规实施效果不佳的原因是什么?(多选)数据统计结果:"相关配套制度、措施缺位"79.6%、"执行不到位"74.8%、"法规内容本身质量不高"39.2%。

⑤ "律师眼中的上海法治建设"问卷从各级党委依法执政、各级政府和行政机关依法行政、实现司法公平正义、保护公民和法人的合法权益、维护市场健康有序发展和公平竞争、构建各类监督体系、完善民主政治、提升全民素质、保障社会平安和谐9大方面对上海的法治现状进行了整体考察,结果是依法行政仅大致于第6位,属于较薄弱的环节。

⑥ 问卷问题:您认为目前我市行政处罚活动仍然存在哪些问题?数据统计结果:"把处罚和业绩挂钩的现象仍然存在"32.2%、"处罚随意性较大"29.8%、"处罚中的腐败现象存在"22.3%、"处罚不公"14.3%、"其他"1.4%。

⑦ 问卷问题:上海市各级行政机关及其工作人员执法时遵守法定程序吗?数据统计结果:"说不清楚"45.7%、"遵守"41.7%、"不遵守"12.6%。

3. 信息公开普遍存在选择公开、差别公开、水平不均,如某些部门做得比较好,个别部门做得比较差;表面公开的多,实质公开的少;小事、一般告知类事项公开的多,大事、涉及部门利益的事公开的少。

4. 有些监管部门还比较保守,监管措施不够放开,监管力度也不够大。如对招投标市场的监管、新兴领域的消费者保护、社会风尚的维护等,都是需要研究加强的领域。

(三) 公正司法:尚难以满足公众的较高要求

随着公众的期望日益增高,司法系统面临的困惑和矛盾集中显现,不少旧的矛盾还没有解决,新的困惑又此起彼伏。

1. 纵向上,司法队伍的政治和道德素质提升得不够快;横向上,还不够亲民,法律信仰短缺,素质参差不齐。

2. 法律信仰和司法体制的缺陷令办案容易因人而异、因案而异、因事而异,如遇较强的外部压力,则抗干扰能力常常疲软。①

3. 考核制度获得的评价较差。很多规范类文件实际被架空,实施效果很不理想;②群众观念体现得很不明显,闭门造车、收效甚微;③考核标准太机械,致使责任追究制严重变味,影响办案质量,还造成了立案难等问题。

4. 人民检察院专业知识跟不上,经验不够,监督力不从心,④与被监督机关之间千丝万缕的联系又降低了其独立性,加之有些被监督机关不配合,⑤法律监督在部分领域里集体"失语",⑥严重影响了司法权威。

---

① 问卷问题:您认为在上海司法系统内出现司法腐败的根本成因是? 数据统计结果:"社会缺失法律文化、法律信仰"29.38%、"司法体制不健全"22.52%、"法制不健全"16.30%、"几千年'人情社会'残留下行为意识弊端"15.04%、"个人定力、价值观、道德水准不佳"14.40%、"其他"2.36%。

② 问卷问题:您认为高院发布的"五个严禁"对规范律师与法官关系的效果如何? 数据统计结果:"起到了一定的作用和效果,但程度很有限"54.35%、"前后没有什么变化,形同虚设"22.24%、"不好说"12.31%、"作用大,效果显著,值得肯定"10.27%、"其他"0.83%。问卷问题:您认为高院与司法部联合颁布的《关于规范法官和律师相互关系维护司法公正的若干规定》对规范律师与法官关系的效果如何? 数据统计结果:"起到了一定的作用和效果,但程度很有限"53.79%、"前后没有什么变化,形同虚设"21.85%、"不好说"13.15%、"作用大,效果显著,值得肯定"10.61%、"其他"0.60%。

③ 问卷问题:您认为目前对上海法官的考核制度是否有效? 数据统计结果:"基本实现了'平时考核和年度考核相结合',但群众考核体现得很不明显"43.12%、"没有体现《法官法》中的标准要求,考核机制的约束力很有限"21.98%、"基本实现了'领导和群众相结合'、'平时考核和年度考核相结合'的原则,能够做到客观公正"15.96%、"基本实现了'领导和群众相结合'的原则,但没有做到'平时考核和年度考核相结合'"11.31%、"其他"7.63%。

④ 问卷问题:您认为人民检察院自身的法律监督能力如何? 数据统计结果:"一般"55.56%、"不强"17.13%、"很强"15.53%、"不清楚"11.78%。

⑤ 问卷问题:您认为以下各部门对人民检察院行使法律监督权的配合度如何? 数据统计结果:对于"公安机关","一般"49.40%、"很好"23.29%、"不好"9.91%、"不太清楚"17.40%;对于"人民法院","一般"50.20%、"很好"27.44%、"不好"6.83%、"不太清楚"15.53%;对于"监狱部门","一般"41.50%、"很好"27.84%、"不好"3.35%、"不太清楚"27.31%。

⑥ 问卷问题:您认为人民检察院对上海法院法官的法律监督最薄弱的环节在于? 数据统计结果:"判决执行"38.63%、"民事审判"32.43%、"行政审判"16.72%、"刑事审判"8.16%、"其他"4.06%。

5. 内部分工不均导致忙的忙、闲的闲,一线、主要业务部门和骨干司法工作者繁忙且压力大,司法资源分配不合理,不利于人才发展,更影响办案质量。

6. 司法体制距离真正实现司法公正的目标还很远,司法工作者自身的法律信仰还不高,造成司法队伍的社会声誉与社会地位不相匹配。①

7. 法律共同体内部远未达到和谐状态,彼此缺乏认同感,②"体制内"的排斥"体制外"的,重刑行轻民的司法传统依旧,相互监督不够,相互支持也不够。

8. 出现了为片面追求司法救助的效果而不注重事实情况和法律依据,一味偏向弱势群体的问题,反而招人反感。

(四) 守法意识:滞后于社会发展和城市定位

各级政府守法层级低,法律服务需求单一,相关财政投入不到位。对重大事项的事前防范、法律风险评估的意识还很淡薄。过分服从首长意志,"拍脑袋"决策后患无穷。

民众行使权利的法律意识明显高于履行义务的法律意识,尤其是过度维权、滥用权利的情况比较多见,守法的功利性较强。

企业运用专业法律服务的意识较之外资企业还很淡薄,支出成本也很低。金融、航运机构被动、补救式的法律服务需求明显多于主动、预防式的法律服务需求。国有银行和国企过于强势,对外购买法律服务时裙带关系极易滋生腐败。

四、律师对未来上海法治建设的若干建议

并非所有的问题都可以顺利解决,有些取决于制度基础和国家的整体环境,但通过充分发挥主观能动性,上海还是能更有作为。

(一) 地方立法:在原有的基础上,着力提高法规的可操作性和公正性

在原始积累的基础上,从粗放向集约过渡,从法规的立项、法规的质量、法规的实施

---

① 问卷问题:您认为与上海律师群体的社会地位相比,上海检察官、法官的社会地位如何? 数据统计结果:"高得多"49.60%、"略高一筹"26.95%、"基本相当"11.27%、"低得多"5.94%、"略低一筹"5.54%、"其他"0.70%。问卷问题:您认为与上海律师群体的社会声誉相比,上海检察官、法官的社会声誉如何? 数据统计结果:"基本相当"38.85%、"略高一筹"32.64%、"高得多"15.19%、"略低一筹"9.95%、"低得多"2.64%、"其他"0.73%。

② 问卷问题:您认为目前上海律师与"公、检、法、司"关系存在的最主要矛盾是? 数据统计结果:"对彼此缺乏应有的认同感"62.74%、"受制于人情关系网,身不由己"23.41%、"相互依存,串通逐利"8.58%、"对立抬杠,互相拆台"3.19%、"其他"2.08%。

效果和对法规的跟踪监控四个方面提高立法水平。

1. 均衡各类法规的比重。立法机关今后在法规立项时,要注意提高公民权益保障、社会保障和环境及资源保护类法规的占比。①

2. 深化公众参与和民主立法。要注意倾听外来人口的声音,改变形式听证、选择听证,克服重程序、轻实体的传统,真正吸纳、体现、代表公众的意见。

3. 凸显人大及人大代表的主导作用。加强人大在立法全过程中的主动性,建立对代表意见和建议的答复机制,提高非人大常委会委员的人大代表的立法议案的解决率。可以一步到位的法规,就不要留待政府部门解决后续事宜。

4. 实现从侧重对行政机关授权向强调对行政机关控权的转变。进一步体现权力与责任的紧密挂钩、权力与部门利益的彻底脱钩,避免部门利益对立法的染指。可适当引入第三方受托立法,并探索政府和第三方搞双轨模式。

5. 摆脱"法万能论"。要重视发挥其他社会规则的作用,使法规与公众普遍认可的社会规范产生互补与互动,保证法规的可操作性,降低执行成本。

6. 既要加强立法前调研,也要重视立法后评估,重点解决修法的供需矛盾。②定期开展大规模的法规梳理工作,编制修法排片表并适时更新,对生效超过 5 年的法规进行评估和修改,对超过 10 年的法规进行全面修改或直接废止。

(二) 行政执法:重点整顿薄弱环节,使各执法领域平衡发展

针对执法中存在的法律意识淡薄、重实体轻程序、执法随意性大、工作方式粗糙等主要问题,要进一步提高公务员素质、规范程序和人性化执法。③

1. 整体提高,重点整顿。尤其要注意解决因权力外派而产生的执法人员素质低下、不懂法律、粗暴执法、违法执法的突出问题。

2. 从外部推进程序规范。建议引入流水线操作思路,制作《上海市行政执法基本规范》并配套使用电子文档模板,将这项工作从行政审批平台拓展至其他执法领域,将全部执法行为都纳入信息化管理范畴。

3. 加强执法信息公开,提高政府公信力。信息公开是法定义务,而不是法外施恩;依法应当公开的是必然,不应选择性公开;应避免卷入商业色彩,变相有偿公开;不得侵

---

① 问卷问题:上海市人大未来应当加强哪些领域的立法?(多选)数据统计结果:"公民权益保障"78.4%、"社会保障"65.5%、"环境和资源保护"59.1%、"城市建设和管理"49.5%、"经济管理"37.4%、"教育科学文化卫生"32.3%。

② 问卷问题:对地方立法进行评估是否必要?数据统计结果:"很有必要"60.9%、"有必要"30.7%、"一般"6.3%、"没有必要"0.6%、"说不清"1.5%。

③ 问卷问题:上海市的行政执法还有哪些方面需要改进?(多选)数据统计结果:"提高公务员素质"76.8%、"程序更加规范"61.0%、"考虑当事人实际,'人性化'执法"51.5%、"改进执法方法,不粗暴执法"51.0%、"其他方面"4.1%。

犯相对人的合法权利;要特别重视突发事件的信息公开。

4. 将"钓鱼执法"等公共舆论事件作为重大事项和特定问题,纳入人大监督调查程序,就程序性的细节问题深入研究并建章立制。

5. 注重行政执法的长效性。执法成果应当长期保持,不应出现倒退。要避免依赖偶发性的专项整治、集中治理等手段进行社会治理,而要坚持法治。

(三) 公正司法:充分利用现有资源,强调司法的司法化而非行政化

公正司法中的体制保障和外部压力胜于内部制约和自我监督,社会公众监督和媒体曝光是目前促使上海司法系统依法公正办案的最有效途径。①

1. 司法工作者素质方面,司法工作者都应体现亲民、依法办事和遵守"三公"原则这三点。要进一步做好司法队伍的清理工作,提高其工作效率。

2. 司法独立性和廉洁性方面,根本的对策是极力营造良好的制度环境,去除腐败滋生的土壤。政府和司法都要正确处理群众信访,行政首长责任制不能变味,领导包案的做法要适可而止。法院要打破内部对审判事务的行政化管理模式,还权于合议庭和办案法官,并加强对其的监督。

3. 司法考核方面,既要保证制度的科学性、可操作性,也要注意克服形式主义的倾向。应将法官的年度结案率改为审限结案率,扭转年底立案难。要更深刻地理解案件调解制度,防止以调代判、调解变形的司法实践,更好地维护司法权威。与法官直接接触的律师应该加入考评。

4. 法律监督方面,人大推动、加强司法机关的相互配合和人民检察院的监督能力、完善法律法规和人民检察院的工作考核机制应多管齐下、合力为之。②检察机关也要统一认识,真正弄清不敢监督和不善监督的内容和原因,努力改变监督不力的局面。

5. 工作环境方面,要优化内部工作分配机制,减少部分非业务部门和管理层面的"闲人"编制,更多地关怀一线、业务庭室和骨干司法工作者,以提高工作效率并树立司法系统内部公平合理和积极向上的工作氛围。

6. 司法环境方面,司法工作者们应通过提高自身的职业素养和职业信仰来提高司

---

① 问卷问题:您认为目前促使上海司法系统依法公正办案的最有效途径是?(多选)数据统计结果:"社会公众监督"66.33%、"媒体曝光"60.03%、"司法系统内部的监督制约机制"50.77%、"司法工作人员的职业道德和专业知识"50.13%、"人大及其他监督机关的制约"47.20%、"人民检察院的法律监督"43.47%、"党的正确领导"31.00%、"办案律师的努力"28.20%、"其他"3.40%。

② 问卷问题:您认为是否需要通过以下方式加强人民检察院法律监督工作?数据统计结果:对于"人大推动","非常需要"55.29%、"需要"39.22%、"不需要"1.34%、"不清楚"4.15%;对于"完善司法机关相互配合工作机制","非常需要"47.39%、"需要"52.61%、"不需要"0%、"不清楚"0%;对于"加强人民检察院自身的监督能力","非常需要"42.04%、"需要"50.33%、"不需要"1.74%、"不清楚"5.89%;对于"完善法律法规","非常需要"45.51%、"需要"46.32%、"不需要"4.02%、"不清楚"4.15%;对于"完善人民检察院的工作考核机制","非常需要"40.43%、"需要"50.47%、"不需要"2.41%、"不清楚"6.69%。

法队伍的社会声誉。

7. 法律共同体建设方面,需要着力构建两份和谐,一是司法系统内部的和谐,即司法机关之间要加强协调,做到内外统一、上下统一。二是法律共同体的和谐,即通过各司其职和相互尊重实现良性互动。①(1)促进官方交流和意见交换,共同提高职业道德、培养法治信仰。(2)建立常态流动机制,扭转目前大量法官、检察官"倒流"到律师队伍的反常现象,推动优秀律师向大法官流动的司法制度。②(3)依靠法律构建底线,由司法行政机关牵头,进行必要管理。

8. 司法救助方面,必须牢牢把握住一个"度",否则很容易犯下过分强调最终结果而忽略实质正义的错误,使得好事变坏事,反而是对法治的破坏。

(四) 守法意识:由政府带头,进行自上而下的法治宣传教育

虽然"熟人社会"在上海已被逐渐打破,但其对各社会主体的影响还根深蒂固,因此守法的核心是要树立社会的法治精神,而这需要政府的言传身教。因此今后一段时期内,法制宣传和法治教育应更注重效果,③尤其要灌输权利义务对等意识,以政府尤其是行政首长、部门领导为主要对象,促使其首先学法、懂法、守法、讲法,然后引领各自所在的部门处处依法办事。大力推行"行政一把手"出庭应诉制度,并将其纳入对政府部门依法行政的考核。

总之,社会守法,政府先行;政府守法,领导先行。通过行政首长、部门领导的守法,带动政府及其职能部门的守法,最后推及整个社会的守法,滚动产生良性的"雪球效应"。

五、结 语

律师群体基于其特殊的职能和角色,更崇尚开放、阳光的法治取向。即便眼光比较挑剔,仍然对上海法治建设的未来信心满满。④从短期看,上海的法治发展取决于管理层的领导和决心;从长远看,关键是机制保障。未来的重点努力方向是打造"阳光政府",促进依法行政、落实社会保障制度,打造"大社会、小政府"格局,实现党政廉洁和加强各

---

① 问卷问题:您认为要建立律师与"公、检、法、司"之间的良性关系,最重要的一点是? 数据统计结果:"各自做好本职工作、恪守职业道德"41.54%、"相互尊重"34.68%、"相互监督"13.08%、"相互独立"9.87%、"其他"0.84%。

② 问卷问题:您如何看待美国实行的优秀律师向大法官流动的司法制度? 数据统计结果:"这种制度是法律职业发展的必然规律,上海早晚也要走这条路"40.26%、"这种制度有其优越性,值得上海采用,但未必适合所有地区"40.23%、"这种制度只是特定国家的一种特定制度,没有特别考察借鉴的必要"11.50%、"这种制度有其优越性,但未必适合所有地区,上海也不应该采用"6.13%、"其他"1.88%。

③ 问卷问题:您认为上海的普法教育开展得如何? 数据统计结果:"应更注重效果"35.64%、"力度一般,效果尚可"31.79%、"应加大力度"16.37%、"力度大,效果显著"9.91%、"力度和效果都不佳"5.35%、"其他"0.94%。

④ 问卷问题:您对未来10年上海有效推进法治建设的信心如何? 数据统计结果:"较有信心"54.57%、"充满信心"22.95%、"一般"18.01%、"缺乏信心"2.99%、"没有信心"0.87%、"其他"0.61%。

方监督,促进司法公正五大方面,①而这些又集中体现了"三公"原则、依法办事和完善社会保障制度。这三点贯穿于法治建设的各个具体环节之中,是上海法治建设之本。

参考文献

内部资料类:

《上海律师》(上海市律师协会期刊)2007年1月至2010年6月共41期。

上海市第七届律师代表大会第三次会议(2007年3月)以及第八届律师代表大会第一、第二、第三次会议(2008年4月—2010年3月)会议文件,上海市律师协会编。

《2009—2010年度上海律师参政、议政资料汇编》,上海市律师协会2010年3月编。

著作类:

中华全国律师协会编:《和谐社会与律师使命——第七届中国律师论坛优秀论文集》,北京大学出版社2007年版。

上海社会科学院法学研究所史建三、姚魏、许加喜等:《上海法治政府建设三十年回顾、现状与展望》(2008年上海市政府法制办公室委托课题)。

林荫茂等:《上海法治调研报告》,上海社会科学院出版社2008年版。

沈国明、史建三等:《上海法治建设与政治文明:实践与经验》,上海社会科学院出版社2008年版。

顾肖荣、史建三主编:《上海法治建设三十年专题研究》,上海社会科学院出版社2008年版。

梁治平:《法治十年观察》,上海人民出版社2009年版。

沈国明、史建三、吴天昊:《在规则与现实之间——上海市地方立法后评估报告》,上海人民出版社2009年版。

论文类:

袁曙宏、杨伟东:《我国法治建设三十年回顾与前瞻——关于中国法治历程、作用和发展趋势的思考》,《中国法学》2009年第1期。

杨雄、程福财:《依法治市与上海市民法律素质——对5000位市民的问卷调查》,《社会科学》2003年第5期。

黎明琳:《上海法治政府建设的现实问题与对策思考》,《法制与社会》2009年12月(下)。

马小芳:《从上海钓鱼执法案探讨传媒与司法互动下对社会主义法治建设的影响》,《金卡工程·经济与法》2010年第2期。

(第一作者为上海社会科学院法学研究所研究员,

第二作者为英国杜伦大学法学硕士)

---

① 问卷问题:您认为当前法治上海建设最需要加以努力的方面是? 数据统计结果:"打造'阳光政府',促进依法行政"28.54%、"落实针对各个群体的社会保障制度"17.56%、"优化社会秩序,逐渐向'大社会、小政府'格局过渡"14.61%、"实现党政廉洁"12.86%、"加强各方监督,促进司法公正"11.69%、"健全、优化法律服务市场,使之与城市地位相适应甚至适当超前"4.80%、"化解'民民纠纷'、'官民纠纷',解决社会内部矛盾"2.92%、"清理地方立法,提高立法效能"2.02%、"加强法制宣传,进一步提升全民法律素质"1.95%、"打击违法犯罪,持续增强社会安定"1.58%、"加强企业监管、行业监管,改善市场经济秩序"0.50%、"其他"0.97%。

论政府权力干预经济的法治意识

On Law Consciousness about Government Intervention of Economy

梁兴国

一、问题的提出

政府要不要干预经济？这是经济学家争论不休的一个话题。凯恩斯主义及其各种现代流派认为，政府干预经济是必不可少的。但新旧自由主义经济学家则坚决反对，其中尤以奥地利经济学派为代表。在当代中国，经济学界也在激辩这个问题，大多数人为政府干预经济出谋划策并不断叫好，但也有少数人提出不同看法。[①]本文并不就此问题展开讨论。本文的关注点在于：假定政府干预经济是现代社会所无法避免的，而且实践中政府也确实经常干预经济，那么重要的问题则是，在现代法治社会里，政府权力干预经济应如何法治化？

政府权力干预经济的法治化命题在中国尤显重要。尽管我们从 20 世纪 90 年代就提出了"市场经济是法治经济"的口号，但长期以来政府干预经济的实践却与认知之间存在不小差距。究其原因，与政府权力干预经济欠缺法治意识密切相关。权力法治意识指的是政府活动受宪法、法律约束，在社会管理中依法行使权力的意识，其实质是现代社会法律至上、依法行政的理念与精神。长期以来，我们多的是政府随意干预甚至包办经济的传统，缺乏的正是权力法治化的深层意识。权力法治意识是社会法治意识的重要构成部分，"一个国家实行依法治国的一个重要条件是本国绝大多数社会成员以及国家公职人员，尤其是立法、执法和司法部门公职人员具有适当的、较强的法律意识，没有这一条件，依法治国只是一句空话。"[②]因而，政府权力干预经济法治化命题的核心是权力法治意识的建构与养成。

---

① 如张维迎就坚决反对政府在这次国际金融危机中的"救市"行为，认为"是在延缓和恶化危机"。他在《彻底埋葬凯恩斯主义》中指出，"凯恩斯主义是政府最喜欢的策略，所有政策都不考虑长期的后果，只看到目前的利益"。张维迎：《彻底埋葬凯恩斯主义》，2009 年 2 月 8 日在《亚布力中国企业家论坛》上的演讲，《经济观察报》2009 年 2 月 17 日。

② 沈宗灵主编：《法理学》，北京大学出版社 2006 年版，第 221 页。

二、现代政府干预经济的权力

在人类政治生活的演进中，政府是一个客观且必要的存在①。对于现代社会而言，没有政府是不可想象的，美国建国时期的思想家杰伊就曾断言："再没有比政府的必不可少这件事情更加明确了。"②然而，政府的存在也非全是好事，政府拥有的强大权力令个体的生存和自由面临巨大危险。在过去时代，政府是少数掌权者维护自身利益而压迫大众的工具。在现代社会，尽管政府已成为民主的产物，但对于个体而言，政府依然是一个对自由的外在威胁。17世纪的思想家潘恩对此有过精辟的论述，他指出"政府是一种不得不有的恶"③，为了秩序人们需要政府，但政府的存在又会给人们的自由和幸福套上枷锁。

干预经济是现代政府的重要权力之一。在现代社会，即使是最为市场化的国家，政府也不完全限于"守夜人"的角色，总握有一些干预经济的权力。在这波金融危机爆发后，各国政府一致主张采取有效措施加以应对，"综合运用有效可行的经济和金融手段，恢复市场信心，稳定全球金融市场，促进全球经济增长。"④"第七届亚欧首脑会议"的共同宣言充分表明了现代政府所拥有的干预经济的权力。我国《宪法》也明确规定，中央政府有"领导和管理经济工作和城乡建设"的职能。《地方各级人民代表大会和地方各级人民政府组织法》规定县级以上人民政府有"执行国民经济和社会发展计划、预算，管理本行政区域内的经济……等行政工作"的职能。"管理经济"是非常原则的规定，实际上在我们这个行政传统浓厚的社会里，政府干预经济的权力是非常广泛的。

三、政府干预经济权力的行使要有"有限政府"的意识

在启蒙运动时期，英国的洛克首先提出了"有限政府"的思想，他认为人们之所以组建政府，是为了更好地"保卫社会一切成员的财产，限制社会各部分和各成员的权力并调节他们之间的统辖权。"⑤政府不是一个可以任意而为的怪物，它的存在受制于它的目的，当政府以一种绝对的权力来支配人们的生命、权利和产业时，人们有理由抛弃它。⑥

---

① 广义的政府是一定社会中掌握公权力的立法机构、行政机构和司法机构的总称，狭义的政府则专指行政机构，包括中央和地方各级行政机构以及它们的构成部门。
② [美]汉密尔顿、杰伊、麦迪逊：《联邦党人文集》，程逢如、在汉、舒逊等译，商务印书馆1997年版，第7页。
③ [美]托马斯·潘恩：《常识》，何实译，华夏出版社2004年版，第2页。
④ 《第七届亚欧首脑会议关于国际金融形势的声明》，2008年10月24日。
⑤ [英]洛克：《政府论》，叶启芳、瞿菊农译，商务印书馆1997年版，第133页。
⑥ [英]洛克：《政府论》，叶启芳、瞿菊农译，商务印书馆1997年版，第134页。

在现代社会,"有限政府"已成为一个事关宪政和法治的双重命题。首先,政府产生于人们的同意,因而可以逻辑地得出,政府不是全能的,它受到人民意志的约束。其次,现代国家的权力被"肢解"成若干部分,广义的政府缩小为狭义的政府,权力之间的牵制大大降低了行政权力的任意性。第三,"有限政府"体现了法律主治的法治精神。按照卢梭的观点,法律是"公意"的表达,政府也要受制于法律,富勒等人更是指出,政府模范地守法是法治社会的基本原则之一。①

"有限政府"的意识是对市场规律的尊重。市场经济有其自身的规律,亚当·斯密称之为"看不见的手",对之尊重有加;尽管凯恩斯主义强调政府对经济的干预,但并不否认市场经济的规律性,政府干预只是"市场失灵"后的选择和防止"市场失灵"的药方。市场经济的良性发展很大程度上赖于经济按照自身规律的运行。"有限政府"的意识表明:政府可以干预经济,但务要克制,能由市场解决的问题就应由市场解决,不能以政府意志代替市场;如果政府的干预必不可少,则政府务要尊重市场规律。2008年全国人大副委员长成思危针对政府的"救市"政策曾指出,政府的宏观调控不能违反市场经济的基本规律,包括价值规律、供求规律和竞争规律。他的看法就体现了"有限政府"的意识。②

四、政府干预经济权力的行使要有"权力法定"的意识

"权力法定"与"有限政府"之间存在密切关联性,"有限政府"的要义之一就是政府要服从法律,但在政府干预经济的问题上,权力法定的意识仍有单独强调的必要。

在专制社会,政府权力被认为是一种外在于民众或高于民众之上的东西,民众是受治者,权力则是治民的工具;权力要么被认为来自于上天和某种神灵,要么被认为是统治者从其先祖处获得的世袭之物,总之与普通人无关。在现代社会,权力的来源发生了变化,权力被认为源于公民的权利,政府也不再是一个超越于社会的神圣人格,政府乃是公民的代理人,是公民通过选举方式产生的社会公共管理组织。尽管权力依然是政府手中的"利器",但权力已不再是不系之舟而必须由法律加以规定。此处的法律并非泛指意义上的法律,首先指的是宪法。"宪法是一样先于政府的东西,政府只是宪法的产物"。③其次指的是代议机关制定的法律。在中国语境中,政府同权力机关一样享有一定的立法权,但权力法定中的"法"应仅指宪法和全国人大及其常委会制定的法律,不包括行政机构自己为自己设定权力的行政法规、部门规章和地方性规章,否则"权力法定"就无任何意义。

---

① 美国当代法学家富勒提出了现代法治八项原则,第八项是"官方行动应与宣布的法律保持一致",实质上就是政府要模范地遵守法律。
② 成思危:《政府的宏观调控不能违反市场经济的三个基本规律》,《北京日报》2008年6月16日。
③ [美]潘恩:《潘恩选集》,马清槐等译,商务印书馆1981年版,第146页。

　　政府干预经济要有权力法定的意识,这意味着:其一,政府干预经济的权力是法律所明确规定的。法律不作规定或规定不明确,留给行政权力自由裁量的空间就很大,过大的自由裁量是对法治的破坏,对政府干预经济的权力规定明确则是法治社会的特征。以税收为例,这是政府干预经济的一项重要权力,但法治社会的政府不可任意行使之。"有关租税的核课与征收,均必须有法律的根据。亦即国家非根据法律不得核课征收税捐,亦不得要求国民缴纳税捐,而且仅于具体的经济生活事件及行为,可以被涵摄于法律的抽象构成要件的前提之下时,国家的税捐债权始可成立。"①其二,行政权力干预经济的范围也要由法律加以明确规定。政府拥有干预经济的权力,并不意味着政府可以干预经济领域的所有事务,而且一定的政府部门拥有干预此类经济活动的权力也不意味着可以有权干预它类经济活动。权力要严守自己的界限,因而不得越权干预也是权力法定的内涵之一。在我们的经济活动中经常可见有些事情政府部门抢着干,有些事则没人管,这就是国家法治建设落后,权力法定化程度不高的表现。

　　权力法定还要求政府干预经济的方式要法治化。在实践中,政府干预经济的方式主要有两种,一种是行政方式,另一种是法律方式。②前者多表现为行政命令,这种干预方式更多只体现政府的意志,普通民众既不清楚政府权力运作的规律,亦无法预期政府的行为,因而只能被动参与到由政府主导的经济活动中。法律方式则包括促请权力机关立法、严格依法行政和诉诸司法等各种合于法律规定的形式。洛克曾指出,国家"应该以既定的、向全国人民公布周知的、经常有效的法律,而不是以临时的命令来实行统治。"③因而以法律方式干预经济,是国家法治化的重要表现。1999 年,美国司法部向法院起诉菲利普·莫里斯等六家主要烟草公司和美国烟草研究委员会等两家机构多年来采取欺骗手段,试图掩盖吸烟的危害并误导消费者。政府没有因为菲利普·莫里斯等六家烟草公司是大公司,是纳税大户,而对其损害消费者利益的行为不闻不问,也没有用行政命令强求这些公司停业或罚款,而是通过法律的方式是把这些公司告上法庭。④

五、结　语

　　理顺政府与经济间的关系一直是我们经济生活的一个重要课题。20 世纪八九十年代国家多次强调要政企分开,2004 年国务院《全面推进依法行政实施纲要》再次强调政企分开、政事分开。但被着力强调的事往往是普遍存在的事,在实践中,政府不当干预经济的情形屡见不鲜。如前些年,一些政府部门热衷于对企业进行各种名目的资格认

---

① 　陈清秀:《税法总论》,台湾翰芦图书出版有限公司 2001 年版,第 38 页。
② 　李昌麒:《经济法——国家干预经济的基本法律形式》,四川人民出版社 1999 年版,第 225 页。
③ 　[英]洛克:《政府论》,叶启芳、瞿菊农译,商务印书馆 1997 年版,第 80 页。
④ 　2009 年,美国华盛顿联邦上诉法院对这项长达十年的诉讼案做出重要判决,认定美国几大烟草业巨头数十年来使用"低焦油"、"清淡"、"超清淡"、"柔和"等虚假用词欺骗烟民,隐瞒吸烟对健康的负面影响。

定和排名，"市级名牌"、"省级名牌"、"重点扶持企业"等等，抛开其中权力的设租、寻租嫌疑不谈，政府的这些行为直接扰乱了正常的经济秩序。近年来，一些政府或政府部门更是强势介入经济活动，有的发文要求所在政辖区的公职人员帮助开发商完成拆迁任务，有的则要求全体公职人员购买某种农产品，而该种农产品又是政府之前强力推行种植的。综观中国社会，"全能政府"的想法其实一直存在于政府的深层意识，然而国内外的经验均表明，政府无法做到对社会事务的全部涉入，对于经济的干预亦是如此，政府要确立"有限政府"的意识，要下决心从参与经济、主导经济向宏观调控回归。

在我国，"权力法定"意识的淡薄也是政府干预经济中的一个突出问题。很多的时候，政府和政府部门首先考虑的不是自己干预经济的权力有无法律上的依据，而是考虑如何贯彻上级的意志、如何有效率和有政绩。从法治角度来看，政府凭借手中的权力，对经济生活想干预就干预，想怎么干预就怎么干预，实质上是人治社会的权力运作形态。18世纪英国的戴雪在讨论英国宪政的经验后对法治要义做了总结，其中重要的一条是，"任何人不得凌驾于法律之上，且所有人，不论地位条件如何，都要服从国家一般法律，服从一般法院的审判管辖权"。①"任何人"不仅仅包括自然人、法人及各种社会组织，也包括政府，我们应把"权力法定"作为现代政府干预经济的一个重要意识予以强调和培养。

（作者为上海财经大学法学院副教授、法学博士）

---

① Dicey, Introduction to the Law of the Constitution. London：Macmillan & Co, Limited, pp. 183—201.

宽严相济刑事政策与刑事诉讼法修改研究

Study on Criminal Policy of Temper Justice with Mercy and Revision of Criminal Procedural Law

田欢忠 万海富 李文军 杨宏亮

一、检察环节落实宽严相济刑事政策的实践探索

(一) 刑事和解制度的实践探索

2005 年以来,上海市杨浦、徐汇、长宁等区检察院在对相关的法律依据等进行充分论证后,开展了故意轻伤害案件刑事和解的试点工作。截至 2007 年 2 月,上海市检察机关公诉部门共对 10 余起故意轻伤害案件委托人民调解后对犯罪嫌疑人做了非罪化处理。杨浦等区检察院还探索故意轻伤害以外案件的委托人民调解制度。此外,上海市闵行、宝山、杨浦、青浦、徐汇等区检察院,也相继开展了对未成年人案件适用刑事和解的实践探索,取得了较好的法律效果和社会效果。

(二) 暂缓起诉制度的实践探索

在对未成年人案件实行非刑事化处置成为共识的大背景下,一些地区开始了暂缓起诉的实践探索。上海市长宁区、浦东新区等检察院和河北省石家庄长安区检察院、北京市海淀区检察院等先后通过个案办理,继而出台"诉前考察"制度、"暂缓起诉实施细则"等途径,积极探索暂缓起诉制度,取得较好效果。

(三) 简易程序及普通程序简化审的实践探索

上海市一些区县检察院扩大了普通程序简化审和公诉案件的简易程序适用范围,"两简"案件适用率达到 70% 以上。2005 年以来,静安、嘉定、普陀等一些区院先后建立

了简单案件快速处理机制,会同法院、公安分局、司法局签订了简单刑事案件快速办理的实施意见或办法,缩短了各个诉讼阶段的办理期限。

二、刑诉法在检察环节体现宽严相济刑事 政策存在的问题与不足

(一) 检察机关内部不立案监督机制存在欠缺

刑事立案监督能否适用于检察机关的自侦案件,在刑事诉讼法刚实施时这是一个有争议的问题。因为刑事诉讼法第八十七条的立法指向非常明确,单纯是针对公安机关的,其中并不包括检察机关。但根据《人民检察院刑事诉讼规则》和《人民检察院立案监督工作问题解答》,刑事立案监督可以适用于检察机关的自侦案件。至此,检察机关就自侦案件是否应纳入立案监督范围,检察机关自身有了定论。但从一些检察院调查统计的情况来看,检察机关内部的立案监督工作呈薄弱状态。①

(二) 公安机关捕后变更强制措施的监督机制不尽完善

分析我国刑事诉讼法第73条关于捕后变更强制措施的相关规定,主要存在以下问题:首先,该规定缺乏一定的操作性。例如其中规定的"强制措施不当",何谓不当? 在实践中缺少必要的司法解释,因此,即使发现了问题也难以进行有效的监督。其次,该规定尚未明确检察机关对公安机关变更逮捕措施进行监督的依据。最后,该规定弱化了检察机关的法律监督。由于法律赋予了公安机关视情变更检察机关逮捕决定的权力,并且可以在自由裁量的权限内灵活运用,而检察机关在发现变更不当后的制约机制缺乏,纠违力度不够。

(三) 社区矫正及其监督机制的立法亟需完善

目前上海市社区矫正存在的主要问题:一是交付执行工作脱节、不规范,造成监外执行罪犯的交付和执行脱节。二是逃避监管、脱管、漏管现象时有发生。三是社区矫正工作仅流于监控,矫正、教育及执行刑罚的严肃性不足,无法实现较高矫正水平的"教育"和"矫正"。四是监管不力,执法存在随意性、盲目性,刑罚执行机关与工作机关不统一,造成部门之间对某些问题相互推诿、无人负责,导致执法存在随意性。

---

① 陈娟娟:《内部立案监督应由上级检察机关监督部门行使》,《人民检察》2005年第23期。

上海市社会科学界第八届学术年会文集(2010年度)政治·法律·社会学科卷

(四) 刑事和解制度亟需立法上的充分依据

就目前情况来说,刑事和解存在一些问题:一是调解的适用范围过于狭窄,仅限于轻伤害案件和未成年人刑事案件。二是刑事和解缺乏程序性的规定,主要是检察机关能否作出和解暂缓起诉、和解不批准逮捕以及和解后建议公安机关退回另处等问题不明确。三是司法机关在调解与刑事和解程序运行中的地位作用不明确。检察机关在和解中的地位是主持人、监督者还是组织者等。

(五) 暂缓起诉制度缺乏法律依据,造成实践操作上的各行其是

一是关于适用对象及适用条件不尽一致。有的仅限于未成年犯罪嫌疑人,同时要求案件事实清楚,证据确实充分等。有的适用于犯罪情节轻微的犯罪嫌疑人,除一般条件外,还要求能够提出保证人或者足额交纳保证金等。还有的是将暂缓起诉的适用对象限定为未成年人、在校学生以及情节轻微、危害不大的犯罪嫌疑人(单位)。二是有关考察期限的规定不一致。各地对暂缓起诉最短考察期限的规定较为一致,多数规定为三个月以上,但是对最长考察期的规定则五花八门:有的为六个月;有的是九个月;还有的是一年。三是暂缓起诉的试点方案及实施细则缺乏犯罪嫌疑人、被害人的相关权利救济,公安机关对暂缓起诉的制约、上级检察院及其他形式的监督制约等必要的配套和制约措施。

(六) 简易程序和普通程序简化审的立法规定应予完善

一是对公诉案件适用简易程序的条件规定过严,由此造成许多可以适用简易程序的案件未被适用。二是配套制度不健全,造成简易程序庭审"简"而庭前"繁"的状况,增加了法官庭前预断的可能性。三是简易程序激励机制缺失。目前对认罪的被告人虽然一般也会酌情从轻处罚,但由于没有明确法律依据,存在着适用与否和从轻幅度上的随意性,影响了被告人选择适用简易程序的积极性。四是经实践探索效果良好的普通程序简化审制度,目前仅有司法解释依据,亟待在刑诉法修改时予以立法固定和完善。

三、完善与修改刑事诉讼法的若干建议

(一) 明确检察机关内部不立案监督的规定及操作原则

对于检察机关自身立案侦查的案件,检察机关应建立内外相结合的监督机制。应当实行不立案决定内部备案移送制度,并就复议、复查等相关程序和流程要求制定可操

作的规定。应明确复查要求及其程序。复查的范围应当根据不立案监督的实际作必要的扩大。对于人民监督员提出的不立案监督意见,经下级检察院复核反馈,人民监督员仍有异议的,下级检察院的侦查监督部门应当报上级检察院的侦查监督部门,由上级检察院的侦查监督部门进行复查,并向人民监督员反馈复查意见。

(二) 明确将变更逮捕措施的批准权归属检察机关

逮捕批准权与变更逮捕的批准权两者应当统一。执行逮捕后,公安机关不经检察机关批准变更逮捕措施,从某种意义上说,是部分剥夺了检察机关的批捕权,同时也影响了逮捕的严肃性,逮捕的批准权当然包括变更逮捕的批准权。同时,应进一步完善和明确变更逮捕措施的条件或标准。为有利于诉讼和监督,有关部门可以在现有立法及司法解释的基础上,对如何把握采取"强制措施不当"作出更为详尽的规定。对于一些轻微刑事案件逮捕后,犯罪嫌疑人作出一定经济赔偿而提出变更申请的,如何就体现宽严相济的刑事政策,也应当对逮捕后的适用问题作出可操作性的规定。

(三) 明确社区矫正制度及其"执法主体"和"工作主体"的法律地位

要在实践探索的同时,将社区矫正纳入刑事诉讼法,从而使执行部门和监督机关有法可依,并于其他法规相衔接。但是,目前根据刑法、刑诉法等有关司法解释精神,社会矫正执行主体应是公安机关或者罪犯所在单位或者基层组织,而"两院两部"《通知》规定的社区矫正工作主体有司法行政机关、街道、乡镇司法所、监狱管理机关。公安机关仅仅是配合司法行政机关做好社区矫正工作。这样矛盾就产生了,社区矫正工作小组不是执法主体,没有直接的处罚权和决定权,而不参加具体的矫正工作的公安机关,又是执法主体。因此,为了有利于明确责任,增强针对性,应确定司法行政部门为社区矫正的执法主体。

(四) 明确刑事和解的法律依据及相关内容

刑诉法修改应将刑事和解纳入其中,同时明确适用对象等内容。刑事和解的适用对象主要包括未成年犯罪嫌疑人以及成年犯罪嫌疑人中的过失犯、偶犯和初犯。案件适用范围,可以包括以下几类:一是各类过失犯罪案件,如交通肇事案,亲属邻里之间的盗窃、故意伤害、数额不大的诈骗、抢夺、敲诈勒索案件等。[1]二是刑诉法规定的自诉案件,包括告诉才处理案件以及既可自诉也可公诉的被害人有证据证明的轻微刑事案件。三是其他案件。主要是一些虽然可能被判处三年以上有期徒刑,但具有法定的从轻、减

---

① 王雄飞:《刑事和解视野中的检察调解构想》,《人民检察》2006 年第 14 期。

上海市社会科学界第八届学术年会文集(2010年度)政治・法律・社会学科卷

轻或者免予处罚情节,且犯罪行为同样主要侵犯了被害人的个人利益,对公共利益损害较小的案件。此外,应当明确将严重暴力犯罪和公害案件以及累犯、数罪并罚等案件排除在刑事和解的案件适用范围之外。

(五) 在刑诉法修改时给予暂缓起诉以应有的地位

一是明确案件适用范围和适用条件。笔者认为,从该制度设计的价值取向看,适用范围应该包括各类轻微犯罪案件而不应局限于未成年人案件,只要属于可能判处三年以下有期徒刑、拘役、管制或者单处附加刑的轻罪案件,都可以成为暂缓起诉的适用对象。①适用条件的设置,应当包括以下主要内容:案件符合起诉条件;犯罪嫌疑人主观上有悔改表现,客观上有改造可能,如对被害人作出赔偿、赔礼道歉或其他形式的精神慰藉,提供一定量的社区劳动,犯罪嫌疑人具备一定的监护或社会管理条件等。此外,适用条件还包括被害人和犯罪嫌疑人对适用暂缓起诉均无异议等。二是明确适用暂缓起诉的基本内容。包括确定适当的考察期;规定犯罪嫌疑人应当履行的义务及其违反的后果;规定暂缓起诉的审查和批准程序;规定暂缓起诉考察后的处理方式;等等。

(六) 重新构建刑事速决程序

一是适当扩大公诉案件适用简易程序的范围,明确普通程序简化审的适用范围。将刑诉法规定的可能判处三年以下有期徒刑刑罚的条件改为五年或七年有期徒刑以下刑罚的案件。对于适用普通程序简化审的案件,根据有关司法解释精神,明确"被告人自愿认罪"、"犯数罪的案件,部分认罪也可适用"等内容;明确盲、聋、哑人犯罪、可能判处死刑的案件、外国人犯罪、有重大社会影响的案件、被告人不同意适用的案件,作为普通程序简化审适用的例外。二是赋予被告人适用简易程序和普通程序简化审的选择权。将被告人、辩护人无异议,作为适用案件速决机制的前提条件之一,并赋予被告人适用速决机制可能产生的法律后果的知情权。三是建立配套机制,完善刑事速决程序。适当扩大检察官出席简易程序庭审的范围,改变目前检察官不出庭为常态的规定,减少法官庭前预判的发生;完善辩护制度,保证辩护人在庭前更多了解案情的权利;建立庭前证据展示制度,刑诉法修改要以将经实践探索相对成熟有效的做法予以法定化,以提高诉讼效率,维护司法公正。

(第一作者为上海市人民检察院法律政策研究室副主任,
第二作者为上海市人民检察院法律政策研究室专题调研科科长,
第三作者为上海市闵行区人民检察院法律政策研究室副主任,
第四作者为上海市宝山区人民检察院法律政策研究室主任)

---

① 张寒玉:《构建我国暂缓起诉制度的思考》,《人民检察》2006 年第 7 期。

论中国刑事司法实践中的民意影响

The Influence of Public Opinion on Criminal Justice in China

吕铁贞　　王文俊

近几年来,随着公民权利意识的高涨,社会传媒的日趋发达等多种因素的交互,民意①在社会中的影响力日渐凸显,渗透到社会的方方面面,包括刑事司法领域,彰显民意影响的案件不一而足,不仅体现在审判中,而且贯穿于司法的全过程。正确处理司法与民意的关系,是我国法治建设的当务之急。明晰民意对司法的具体影响以及产生的原因,无疑有助于这一难题的解决。

一、民意对刑事司法实践的颇多影响

刑事制裁是最严厉的法律制裁,民意对其关注程度相当高,尤其是对一些特殊案件,民众几乎欲穷尽每一个细节,给予相当高的兴趣,其产生的影响突出表现在以下四个方面:

第一,民意影响事实认定。民意对案件事实认定的影响首先表现为民众往往对某案件事实形成一种内心确信,一旦官方所调查的事实与民众所认为的"事实"不一致,往往就会激起"民愤"。有时在侦查机关展开调查之前,民众事先就已经对案件事实形成自己的判断。

第二,民意影响法院管辖。确定法院管辖的主要依据有案件的影响程度、社会危害性、犯人主观恶性,而对这些方面的判断,民众最具有发言权。

第三,民意影响法院判决。民意不仅能够杀人,还能够救人。在我国的刑事司法实践中,法院会将民众对犯罪分子的愤怒程度作为定罪量刑的依据。不过,一些罪犯得以轻判也是得益于民意。尤其是一些地方法院实施的"量刑听证",更是直接体现了民意的影响。②

---

① 目前学界对"民意"的定义有很大分歧,借鉴学界对民意的不同理解,本文将民意界定为:特定范围内的社会公众在自身价值判断的基础上对某一社会现象所形成的看法、观点和态度。

② 参见《徐州法院首次引入民意听证,20名代表讨论量刑》,http://res.21cn.com/news/domestic/difang/2009/09/08/6845865.shtml? from=gd_zs,2010年5月19日最后访问;"民意听证会——为杀人犯而开",http://www.jslegal.com/View.php? ID=66647,2010年3月30日最后访问;"湖北省高院试行'量刑听证'审判公开"http://bbs.sanxia.net.cn/thread-471740-1-1.html,2010年3月30日最后访问。

第四,民意影响裁判执行。民意影响裁判执行最生动的体现在刑罚的执行方式和地点上,其中以死刑的执行最为明显。进入近代后,多数酷刑已被废止,死刑的废除在多数国家已由争论进入实践中,民意发挥了重要作用。

总之,民意对刑事司法的影响体现在诸多方面,但是最突出的是两个方面:其一,民众对案件事实的认知与司法机关通过诉讼程序所确认的事实不一致,此时民意所施加的影响是试图让司法接受民众所认知的事实。其二,司法裁判的结果与民众对案件的预期相差太大。这种情形下,民意影响司法的目的主要在于让司法机关接受民众对于案件的判断。

二、民意影响司法的原因

(一) 民意为何关注司法

第一,公众对司法权的矛盾心理①。公众对于司法的态度是十分矛盾的:一方面人们追求、仰仗司法,希望有强有力的司法权来保护自己的权利,维护社会公平;另一方面他们又怀疑、痛恨司法,不愿意这种权力过于强大,以致反过来伤害整个社会。这种矛盾的心理使得公众对待司法十分谨慎,特别在一些典型的刑事案件中,他们会关注司法的每一个细节,希望司法能够公正处理。

第二,司法腐败与司法公开为民众关注司法提供了理由和条件。民众对司法腐败十分痛恨,所以对司法案件非常敏感,特别是那些涉及到公权力的案件,司法机关处理稍有不慎,就会群起而攻之。另外,司法公开则为民众关注司法创造了条件。近年来,随着我国司法改革进程的深化,司法的公开化程度不断提高,②为民众关注司法提供了可能。

第三,媒体报道的推动作用。媒体在民众了解司法的过程中有着不可替代的作用。媒体可以通过对案件的持续报道,将司法活动的有关资讯以及相关的评论性意见提供给公众,必然会推动人们的关注度。尤其是网络的出现和普及为民众了解司法提供了一个极佳的平台,使很多案件的关注度倍加提升。

此外,民众对司法的关注还源于同情弱者的朴素情怀、寻求与自身利益相关或相类似案件的司法解决路径。

---

① 这就是国家及其权力是"必要的恶"(necessary evil)理论,该理论认为包括司法权在内的国家权力具有双重性质:它能够满足人民对联合力量的要求,但同时也会给人民的自由带来巨大的威胁。认识到国家是"必要的恶"是现代民主国家的基本特征。

② 笔者随机挑选了 2009 年第 8 期的《浙江审判》,在这份总共 31 篇文章的刊物中,涉及司法公开的内容就有8 篇,详细介绍了浙江各地法院进行司法公开的实践及有关理论探讨。

(二) 民意为何能够影响司法

结合中国的国情、历史传统,笔者认为民意影响司法的原因主要有:

第一,人民主权的理论与实践。民意影响司法的理论原因主要是人民主权理论,它是民意介入司法的正当性基础。同时,人民主权理论也深刻地影响了我国的司法实践,新中国的司法活动从产生之初就深深地打上了"人民性"的烙印,并逐步深化。20世纪末开始的人民法院改革虽然努力向司法的职业化这一目标迈进,但是在这一过程中,司法与民意也越走越近。

第二,传统"民本"观念的影响。"民本"观念在中国有深厚的历史基础,对中国古代乃至当今的司法人员产生了一定的影响,他们在司法实践中会不自觉地受到民众情绪的感染。此外,有些案件表面上法官是严格按照法治的要求,依法判案,实际上只不过是换了一种花样:法官预先参考民意,形成对该案的模糊判断,然后再根据这个判断去寻找相关法条作为判决的依据。

第三,法律自身的局限性在客观上为民意介入司法也提供了可能,尤其我国是发展中国家,制定法的不足更为突出。

三、民意与司法关系的深思

(一) 客观公允看待刑事司法中民意的影响

1. 肯定司法中民意的积极效应

第一,有利于查明案件事实,保证案件的实质正义。

司法过程中法官要想查清案件事实真相,存在很大的难度。在认知、时间、精力、人力等有限的情况下,司法机关必须借助其他力量的支持才能迅速查清真相,避免案件成为"死案"、"冷案"。其中民众是不可忽视的力量。

第二,有利于监督司法,预防和杜绝腐败。

民意在预防司法腐败、推动我国的司法改革进程方面发挥了重要作用。最近最高人民法院为了回应民意,接连推出预防反腐措施:"五个严禁"规定出台、重新公布举报电话、开通举报网站、在审判执行部门设立廉政监察员、建立司法巡查制度等等,这些举措无不展示民意在预防司法腐败方面的作用。

第三,有利于提高民众的法律意识,促进立法的完善。

提高民众法律意识的任务,单纯的普法宣传毕竟有限。但是司法却能够很好的扮演这个普法角色,民众如果关注某个案件的审理,他就会不自觉的参与进来。从案件的调查到最后的判决,真真切切地感受到了法律的存在,提高了法律的认识。

民意对司法的积极影响还体现在它能够促进法律的完善。成文法必然存在局限和漏洞,这是不可避免的事实。无论是何种因素导致法律的局限性,使其在司法过程中发现和弥补是重要路径之一。

2. 不可忽视司法中民意的负面影响

第一,可能导致司法误判。

司法实践中民众并非基于法律上的逻辑思考,而是很大程度上从社会的道德情感、朴素的实质正义观、个体或自身群体的利益出发评价个案,难免存在偏差,具有一定的非理性化成分,特别是当民众突然面对大量信息时,由于缺乏专业的识别能力,加上信息本身在传播过程中的失真,他们很容易被某些虚假信息所蒙蔽,或在少数分子的煽动下,表达出一种在虚假事实基础上产生的"民意",甚至是"民愤"。这种情绪化的"民意"往往非常强烈,如果司法机关不能妥善化解这些"民愤",以"坚持司法独立"的名义固执己见,冤假错案不可避免。

第二,可能影响司法独立。

司法只有真正独立,法官才能对案件作出不偏不倚的裁判,才能使司法正义最终得以实现。从发生的很多民意纠结的案件中,可以看出民意的确对司法独立产生了或多或少的影响。特别是当前我国的司法机关还比较脆弱,容易受到其他权力部门的牵制,因此即使司法部门能够坚持不受民意的消极影响,其他权力部门也会在民意的推动下对司法机关施加压力。

第三,可能损害司法权威。

司法的权威是司法应当具有的威信和公信力。长期以来,由于受到地方保护主义、行政干预和司法腐败"三害"的影响,我国司法机关的公信力一直比较弱,而公众对司法的不满加剧了司法的权威性的下降,特别是在某些案件中,民众为了发泄自己的不满,通过各种渠道对司法机关进行过度贬损,甚至对法官的个人人格进行攻击,这种行为严重影响了法院的声誉,致使司法的公信力下降,损害了司法权威。

此外,我国的一些司法机关过分追求判决的社会效果,而一再向民意妥协。实际情况表明,这种做法也会严重损害司法的权威。比如 2009 年一系列的醉酒案,各地法院显然受到公众情绪的影响,判决也因此前后差别巨大,让人们感到迷茫。

(二) 司法应与民意保持适当距离

无论我们是否认可,民意已经成为我国司法过程中的一种客观现象,而且可以预见的是,随着我国社会的不断发展进步,民众对司法个案的关注度将进一步提高,司法活动也将受到民意更为广泛、更为直接的评价和影响。只有对民意在司法中进行正确的定位,才能够有效地发挥其积极功能,减少并避免其消极影响。

针对前述的第一种情形:民众要求司法机关接受他们所了解的案件事实。司法机关应当坚持通过诉讼程序所获得的事实进行判案,不能盲目顺从民意。当然司法机关也不能过于机械,也要与民意进行适度沟通,对民众认定的事实进行认真鉴别。至于第二种情形:民意对司法所施加的影响是要求司法机关的裁判结果满足公众的期待。法官裁判的首要依据应当是理性化的法律,只有在案件缺乏法律依据的情况下,法官才能在自由裁量权的范围内适当对民意进行考量。即使司法为了实质正义而以民意断案,但最后裁判的结果仍然要以法律形式出现。

总之,司法必须与民意保持距离,原因不仅在于民意的情绪化和非理性,更在于司法必须以法治为其根本,如果一味的随民意而动,也就失去了存在的价值。

参考文献

[意]贝卡利亚:《论犯罪与刑罚》,黄凤译,中国大百科全书出版社 1993 年版,第 12 页。

董磊,徐柯:《不完全酷刑档案》,法律出版社 2006 年版,前言。

[法]孟德斯鸠:《论法的精神》(上册),张雁深译,商务印书馆 1997 年版,第 154 页。

谭世贵:《司法腐败防治论》,法律出版社 2003 年版,第 59 页。

何永军:《断裂与延续——人民法院建设(1978—2005)》,中国社会科学出版社 2008 年,第 132 页。

朱苏力:《法条主义、民意与难办案件》,《中外法学》2009 年第 1 期。

苏力:《送法下乡》,中国政法大学出版社 2000 年版,第 279 页。

(第一作者为上海财经大学法学院副教授,
第二作者为中国农业银行芜湖市分行出口加工区支行干部)

论上海建设国际贸易中心
的法制基础*

On Legal System Basis of Building International Trade Center for Shanghai

刘宁元 贺小勇 李 泳

加快推进上海国际贸易中心建设,是党中央、国务院从我国现代化建设和改革开放全局出发作出的重要战略部署,是践行科学发展观、加快转变经济发展方式的必然选择。为了更好地贯彻落实这一国家战略,上海自身必须采取更加切实有效的措施,加快推进上海国际贸易中心建设。通过地方立法形式推进上海国际贸易中心建设,应是上海自觉落实国家战略的重要举措。

一、上海和国家围绕国际贸易中心建设的法制现状

1994 年上海市政府正式提出把上海建设成为国际贸易中心的目标,为此,上海市陆续出台了相关规范性文件。截至 2009 年,上海市已经出台的与促进国际贸易中心建设有关的规范性文件共有近 50 个。同期,国务院及其直属部门也以行政法规和部门规章的形式对加快发展上海现代服务业、高新技术园区、外高桥保税区等于建设国际贸易中心相关的问题进行了规定。截至 2009 年,与上海建设国际贸易中心相关的全国性法律文件不到 10 个。[①]

分析上述规范性文件,可以得出如下认识和结论:首先,无论是地方层面,还是国家层面,对上海建设国际贸易中心起全局性宏观指导的法律文件仍是空白。其次,关联性不够强。无论是地方层面,还是国家层面,其法律文件不能不说有利于上海建设国际贸易中心,但没有一个法律文件能够直接宣示在上海建设国际贸易中心。再次,规范范围不够全面,缺乏系统性。在上述国家和地方法律文件中,其所涉内容主要是服务贸易、制造业发展以及贸易便利化,这些内容只是国际贸易中心内涵的一部分,而国际贸易中

本论文为华东政法大学国际法学院课题组成果,课题组成员包括刘宁元、贺小勇、李泳、李伟芳、王勇、袁发强、魏红、李娟、刘俊。

① 相关数据来源于北大法宝网,http://vip.chinalawinfo.com/,访问日期:2009 年 9 月 25 日。

心内涵中的市场体制、货物贸易、零售商业等要素显然缺乏了相应的立法促进和指导。最后,法律文件的层次大多较低。从上海市政府发布的文件来看,除了 16 个政府规章之外,还有 23 个其他规范性文件,这些文件层次低,法律效力弱,权威性不足,对于上海市建设国际贸易中心的促进作用十分有限。

二、上海建设国际贸易中心法制环境的优势与不足

1. 上海国际贸易法制环境的优势。优势可从国际、国内两个层面来看:首先,从国际层面看。近年来,国际贸易法规范不断得到加强和完善。乌拉圭回合的圆满结束以及世界贸易组织的创建,为全球经济贸易的发展奠定了良好的基础。世界贸易组织法的构建和完善为中国和上海的对外经济贸易与合作的发展创造了更为广阔的前景。其次,从国内层面看。党中央和国务院对上海的政策倾斜与扶持,对上海国际贸易中心的建设起到了至关重要的作用。

上海是目前中国经济最发达、最具活力、开放水平最高的经济区域,也是新一轮国际资本在中国聚集的首选地[①]。上海有通江达海的地理位置,有吞吐量居世界第一的海港码头,有传统的外贸优势,有雄厚的工业基础,有足够的城市经济规模,有中国最具实力的长三角腹地依托以及对于长江沿线中西部的辐射影响力,有四通八达立体化的海陆空交通网络,有信息化的现代通讯手段,有一定水准的国际贸易服务体系和管理机构。这些都成为上海构建国际贸易中心强有力的法制环境和主客观基础。

2. 上海国际贸易法制环境的不足。不足主要表现在如下方面:其一,"内外贸一体化"尚存障碍。其二,政府监管和效率有待提高。其三,服务贸易等立法及配套措施有待完善。

上海市建设国际贸易中心,一个良好的法制环境既是充分条件也是必要条件。结合上海目前的立法实际和当今国际贸易的通行规则,以下几个领域的立法力度需要加强。第一,流通市场管理方面。进一步规范和协调流通市场主体(采购商、供应商、批发商、零售商、运输商、代理商)之间、流通市场主体和有关主管部门之间的关系,加强对市场秩序的管理和监测以及市场信用的建设。第二,上海电子口岸建设方面。制定口岸电子平台和电子数据管理规范,在现有法律框架下确认电子数据的法律效力,实现与口岸物流和电子商务平台联网,建设"安全、便捷、高效"口岸。第三,知识产权保护方面。在上海建立国际贸易中心的进程中,知识产权保护已经成为跨国公司进入上海的一个重要的评估要素。因此,应进一步规范知识产权的管理,明确对侵犯知识产权行为的处罚。

---

① 参见唐章红:《上海建成国际商务中心城市影响因素分析》,同济大学经济与管理学院硕士论文,2005 年 12 月。

上海市社会科学界第八届学术年会文集(2010年度)政治·法律·社会学科卷

三、国际贸易中心法制化应遵循的原则和政策

1. 统一协调、合力推进原则。根据此原则，应改革目前货物和服务贸易过程中商务、海关、外汇管理、质检、税务、金融等政府部门分头独立管理的平行模式，在国家部委体制难以做出大调整的前提下，率先探索地方综合协调机制。一是强化对上海国际贸易中心建设的组织领导，成立由市政府主要领导牵头的上海推进国际服务贸易中心建设领导小组。二是建立委办部门与中央商贸企业、本市大型商贸企业之间联系的协调机制，打破行业与地方交流的壁垒，鼓励中央在沪机构积极参与上海国际贸易中心建设。三是调整和完善相关部门的机构设置和职能定位，打破内外贸系统分立的格局。

2. 货物贸易高度自由化原则。根据此原则，上海应在适当时候向国务院建议，由全国人大常务会授权，在上海实施高度货物贸易自由化政策的试点。该试点包含两大块内容：一是"自由贸易区"的试点；二是"部门贸易自由化"的试点。"自由贸易区"是指在上海划定若干区域，在该区域内实行香港自由港政策：商品货物自由进出，进出口商品手续十分简单，人员、资本进出自由。"部门贸易自由化"是指上海在某些商品进出口方面选择免税措施，选择一些对上海建设国际贸易中心有重大影响的货物，实行进出口自由，将上海形成购买这些商品的商贸中心。

3. 服务贸易率先自由化原则。上海要建设国际贸易中心，高端专业服务业，尤其是与贸易相关的专业服务体系是充分必要条件，而形成国内高端专业服务集聚高地的关键是扩大服务业对外开放，提升服务业发展水平。一是要协调中央各部委对国内服务业管制制度进行适当调整和放松，至少给予上海先行先试的权利。二是要在上海率先改变若干服务行业内存在的市场垄断控制局面。三是上海争取中央政府的支持与同意，将中国内地在 CEPA 中有关服务业的具体开放承诺率先适用于 WTO 其他成员方。四是上海制定相应的扶持政策，鼓励相关服务业的对内对外开放，特别是允许外资更多参与法律、仲裁、评估、监测、咨询、金融、融资租赁、会计、电信等行业的竞争。甚至可以选择在浦东、大虹桥地区率先试点建立"服务型自由贸易区"，以发展金融、现代物流、信息等高端服务业，在服务贸易、资本、人员流动等方面优先开放，在加快承接服务业国际转移上大胆进行探索和创新。

4. 非歧视待遇原则。非歧视待遇原则在上海建设国际贸易中心过程中更深层次含义在于：消除内外贸分割情况，建设内外联动的统一大市场。为此，上海要尽快实行与国际规范一致的内外贸统一的政策：一是要深化流通体制改革，加快流通管理创新，商务委要尽快整合成一个有机整体，内部各部门要内外贸一起抓，将内贸变成外贸的基础、外贸变成内贸的延伸。二是抓紧流通领域的相关地方性法规的建设，尽快制定内外贸、内外资统一的公平竞争的规章与地方法规。三是加快内外贸一体化进程，通过市场

力量促进内外资源合理配置，内外贸市场相互补充，实行协调发展。四是发挥好行业协会和中介组织的作用，推动内外贸业务的融合与渗透。

5. 贸易便利化原则。上海要着力提高贸易便利化水平，营造与国际规则相接轨的商业环境：一是进一步理顺和强化口岸工作机制；二是要拓展上海口岸转口贸易功能；三是设立国际贸易"一门式"服务点，四是进一步深化行政审批制度改革；五是加强信息基础设施建设，推进信息服务便利化。

6. 透明度原则。上海在透明度方面应走在全国前列：一是政府应彻底清理现行的各种政策法规，特别是政府委办的对贸易有影响的各类通知、规定，凡需要实施的都必须在指定的公开刊物上发布；二是要率先设置科学的听证程序。上海可以率先完善立法草案听证的程序、标准，重点对听证会原则、范围、参加听证会主体的选择程序、听证会意见的效力等进行规定，不断提高自身贸易管理的透明度和民主性，保障相关利益团体参与地方立法的权利，避免立法及行政过程中可能出现的片面性和不合理性。

7. 公平贸易原则。上海在建设国际贸易中心过程中，要特别注重营造公平贸易环境。一是要加强上海公平竞争的国际形象，二是要切实和充分保护消费者的权利，三是要严格执行《反不正当竞争法》和《反垄断法》；要严格保护知识产权，同时也要防止知识产权滥用行为，四是要打造上海诚信体系，社会诚信系统的缺失会加大交易成本，当前要加强诚信系统建设的立法。要明确征信系统的主体、内容、责任等，改变目前信用体系混乱局面。

8. 前瞻性原则。上海地方立法要以现代国际贸易中心的发展趋势为重点，体现前瞻性原则。一是要建设反映国际贸易中心城市核心地位的要素市场，特别是打造大宗商品交易平台，是培育国际定价功能的基础。二是要重点吸引各类商贸类跨国服务企业以及跨国制造公司的采购和销售企业，重点扶持国内大型制造企业成为真正意义上的跨国公司。三是坚持以人为本、可持续发展的科学发展理念指导国际贸易中心的建设。

（第一作者为华东政法大学国际学院教授，
第二作者为华东政法大学国际学院教授，
第三作者为华东政法大学国际学院副教授）

气候变化的能源立法应对[*]

The Energy Legislation To Climate Change

张 勇

气候变化是当今国际社会普遍关注的问题。由于能源开发利用与气候变化之间不可分割的内在联系,各国都十分注重通过加强能源立法来应对气候变化,我国也正加紧制定和完善包括《能源法》在内的能源法律制度,积极寻求节能减排的法律对策。那么,我国应对气候变化的法律路径究竟如何选择? 能源立法对于应对气候变化的价值意义如何? 作为能源领域的"基本法"的《能源法》有何制度功能? 在《能源法》中如何安排设计应对气候变化的制度内容?

一、应对气候变化的国内外立法趋向

我国作为《京都议定书》缔约方,暂时不需要像多数发达国家那样承担具体的减排指标,但无论是从经济可持续发展的角度,还是从履行减排温室气体的国际责任角度考虑,都必须处理好能源、环境与经济发展的关系,加快发展低碳经济。但实际上,我国已开始自觉地承担该议定书规定的全球控排温室气体的所有缔约方都应承担的普遍性义务。如何从低碳经济理念出发,在遵守国际公约和借鉴国外立法的基础上,推进低碳制度创新与法制建设,形成应对气候变化法律制度体系,建立符合本国利益和现实需要的控排温室气体法律机制日显紧迫。

从国内政策及立法来看,我国已针对气候变化问题制定出台了《中国应对气候变化的政策与行动》、《中国应对气候变化国家方案》、《全国人大常委会关于积极应对气候变化的决议》等一系列相关政策文件。正在制定中的《能源法》(征求意见稿)第 5 条规定了"能源与生态环境保护协调发展"原则。有学者和人大代表建议,为了同应对气候变化的国际公约"接轨",我国应当制定出台专门的或特别的"应对气候变化法",以立法的形式确定我国的节能减排目标,并设定相应的法律责任。[①]这种观点显然是不妥当的。

---

  * 本文为作者主持的国家社会科学基金项目"我国能源法中生态环境保护的制度建构"(09BFX045)的阶段性成果。

① 翟勇:《正确认识我国应对气候变化的法治建设》,中国人大网,http://www.npc.gov.cn/npc/xinwen/rdlt/sd/2010-03/10/content_1559151.htm。

我国政府提出的控制温室气体排放的政策指标,是作为一个负责任的发展中国家对国际社会做出的道义上的承诺和具体行动方案,而不是具有强制性的法律义务。即使制定应对气候变化的专门法律,但这只能是一个与气候变化国际公约的基本原则相一致的"框架法",是体现"共同但有区别责任"的国内法,只具有法律引导性功能而无强制性功能。同时,我国已经出台了上述一系列具有宏观指导功能的应对气候变化的政策文件,而且在时机条件很不成熟的情况下,再制定出台具有宏观指导层面的立法文本而缺乏可操作性,其实际价值并不大。

二、能源立法应对气候变化的意义与功能

气候变化与能源发展之间似乎存在着不可回避的矛盾。但实际上,两者并非完全对立的,从能源发展的可持续性角度,其与生态环境保护和应对气候变化具有趋同性。为了摆脱对传统能源的严重依赖,各国都迫切需要发展新能源和可再生能源、同时加强节能降耗,而这种低碳经济模式转变与应对气候变化"不谋而合"。积极应对气候变化,既是顺应当今世界发展趋势的客观要求,也是实现可持续发展的内在需要。

能源立法也是整个能源制度的核心,它能够使国家在应对气候变化方面的战略和政策具备法律强制力而得到有效执行。以能源领域立法为重心,特别是以制定中的《能源法》为"重中之重",构建应对气候变化的能源法律制度体系,就是当前我国应对气候变化法制建设的重要任务。有关能源产业结构的优化、能源交易成本的降低、能源开发利用的高效、新能源资金技术的投入等方面的制度规则,既是能源立法的主要内容,同时也是应对气候变化立法的关键所在。

正如有学者指出,《能源法》直接决定我国能源法律及其制度的科学性、稳定性和前瞻性,现行的任何一部其他能源法律都不能替代《能源法》这一基础性作用。[①]《能源法》在应对气候变化能源立法中具有引领和主导、协调和衔接的基本功能:(1)引领和主导功能。在应对气候变化方面,确立一部能源基本法,明晰各能源法律之间的等级定位,这样才能充分发挥其"制度群"的体系功能。《能源法》作为基本法,是能源领域中所有法律规范集合的核心,是其他能源法律制度的"元制度"。在应对气候变化的能源法律制度结构中,《能源法》以基本法的形态在应对气候变化方面率先作出规定,可以起到统领引导的作用,使其形成一个有机的整体。因此,必须以《能源法》为中心,确定气候变化在能源法律制度中的基本原则,其他能源法律制度在《能源法》设立的总框架下,就各自相应的调整领域作具体规定,在能源法律制度体系内部形成一个上下关联的制度对应。(2)协调和衔接功能。法律制度结构的紧密性、逻辑性、相容性决定了整个法律秩

---

① 肖国兴:《论能源法律制度结构的功能与成因》,《中州学刊》2008 年第 7 期。

序是否能真正发挥制度功能。一个法律制度结构是否稳定、是否紧密、是否协调将直接影响到整个法律制度体系的好坏。《能源法》是能源法律统一理性与制度的来源,其理性与制度直接影响到单行能源法,在整个体系中起着制度间衔接与协调的功能。[①]《能源法》的制度理性为应对气候变化能源法律制度体系树立一个共同的价值目标,即"能源的生态化发展",在这个统一的目标原则框架下,各单行能源法才能据此设定应对气候变化的具体能源法律规则,这样才能更好地发挥各制度间的扩张性和延展性。

从目前来看,《能源法》(征求意见稿)第 5 条确立了"能源与生态环境保护协调发展"原则,虽然此原则性规定为整个应对气候变化的能源法律体系确立了基本理念,但该意见稿并未就应对气候变化问题作专门的具体规定,尽管在上述能源节约、能源开发、能源价格与财税、能源科技等相关制度中也有涉及,但对于应对气候变化的制度安排不具有针对性,也不利于在《能源法》应对气候变化制度内容的协调统一。有的学者建议,在《能源法》中设置环境保护和应对气候变化专章,将国家将单位 GDP 二氧化碳排放总量纳入经济和社会发展规划以及能源规划等内容规定其中。[②]当然,这涉及该"专章"其他章节相关制度内容协调统一的问题,在立法技术上是一个不小的难题,但在《能源法》的制度安排中体现和贯彻能源环境保护与应对气候变化的理念是十分必要的。

三、《能源法》应对气候变化的制度安排

在设计《能源法》中应对气候变化的法律规则方面,应将上述"能源与生态环境保护协调发展"原则中所确定的基本理念贯穿其中。《能源法》作为能源的基本法,不宜设定过于细致和操作性的法律规则,对后者应更多地交给单行能源法去制定完成,这样也更好地发挥《能源法》的主导作用。

(一)《能源法》应对气候变化的原则

《能源法》体现和实现"能源与生态环境保护协调发展"原则应首先具有以下原则性内容:第一,坚持可持续发展战略,从我国的基本国情和发展阶段性特征出发,采取应对气候变化的措施,既是国际社会达成的重要共识,也是各缔约方应对气候变化的基本选择。第二,坚持《联合国气候变化框架公约》以及《京都议定书》确定的应对气候变化基本框架,遵循"共同但有区别的责任"原则"。根据这一原则,发展中国家履行公约义务的程度取决于发达国家的减排承诺能否得到切实有效的执行。我国《能源法》不应该也

[①]　肖国兴:《我国能源法起草中应考虑的几个问题》,《法学》2007 年第 2 期。
[②]　叶荣泗:《应对气候变化与能源法立法》,法制网,http://www.legaldaily.com.cn/misc/2009-11/30/content_1188534.htm。

不可能为应对全球气候变化采取超出其责任和能力的措施，而应当在应对气候变化过程中促进可持续发展，努力实现发展经济和应对气候变化的双赢。第三，减缓与适应并重。减缓和适应气候变化是应对气候变化的两个有机组成部分。减缓全球气候变化是一项长期、艰巨的挑战，而适应气候变化则是一项现实、紧迫的任务，发展中国家尤为重要。因此，《能源法》对于减缓与适应必须统筹兼顾、协调平衡、同举并重。

(二)《能源法》应对气候变化的规则

《能源法》(征求意见稿)主要规定了企业环保义务以及能源开发利用中的清洁能源开发、主要污染物控制、生态保护与修复、财税激励与约束等具体规则。比如，国家鼓励在保护环境、生态的基础上发展清洁、低碳能源，提高清洁能源在能源结构中的比例。此外，确立了多元化价格机制，将社会和环境成本计入能源价格；规定了农村能源保障、能源消费结构优化和国家扶持；确立了从事民用燃气、热力和电力等供应业务的企业应依法履行的普遍服务义务；确立了国家能源科技发展方针等。

除了上述规定之外，在能源环境保护和应对气候变化方面，《能源法》还应当具备以下几个方面的制度规则：(1)促进能源法的生态化。如何以更有效率和更有利于气候的方式利用能源的问题也已经进入各国环境法的视野。[①]对于《能源法》来说，应将环境保护制度引入其中，使其最直观地体现环境价值和可持续发展思想。为实现《能源法》的深层生态化，应当引进生态补偿、环境影响评价和公众参与等生态化的制度。[②]其中，能源生态环境补偿机制主要针对能源开发和转换中对所在地的生态破坏、环境污染所做的补偿；环境影响评价文件中的预防和减轻对策和措施能够有效减少温室气体的排放；强化能源法中的公众参与可以确保各能源法主体通过一定的程序参与关涉其利益的活动，增加并疏通参与渠道，表达自己的诉求。(2)推进清洁发展机制(CDM)。站在可持续发展的高度，CDM本身又不仅仅只是商业交易，而是能够带给交易双方共同的环境利益。因此，可以考虑在法律层面提出对CDM技术转让的硬性要求，制定对技术转让的规定，明确CDM项目标准，建立合理透明的评估标准和批准程序等。(3)科技进步和科技创新。《能源法》应充分发挥科技进步在减缓和适应气候变化中的先导性和基础性作用，促进发展新能源、可再生能源技术和节能新技术，促进碳吸收技术和各种适应性技术的发展，加快科技创新和技术引进步伐，为应对气候变化、增强可持续发展能力提供强有力的科技支撑。(4)积极和广泛的国际合作。通过合作和对话、共同应对气候变化带来的挑战是国际社会的基本共识。应进一步通过《能源法》立法积极推进在清洁发展机制、技术转让等方面的国际合作，共同应对气候变化带来的挑战。

(作者为华东政法大学科学研究院副研究员)

---

① 马俊驹、龚向前：《论能源法的变革》，《中国法学》2007年第3期。
② 王欢欢：《迎接后京都时代中国能源法的生态化》，《节能与环保》2009年第2期。

基因犯罪及其刑事责任
理论与制度研究[*]

On the Theories as well as Systems of Gene Crimes and
Their Criminal Liability

刘长秋

　　基因研究是生命科学领域里的重要组成部分,也是生命科学最前沿的研究领域。1972 年重组 DNA 技术的问世宣告了现代基因科技的诞生,其诞生又"推动了生命科学基础研究的进程,使生命科学从单纯的基础理论与合理开发利用生物资源跃上了改造和创造生命的新阶段;跃上了单纯基础理论研究与合理开发利用生物资源相结合的新台阶。"[①]但另一方面,现代基因科技的诞生也带来了很多刑事法律问题,对传统刑事责任理论与制度带来了挑战。例如,刑法是否有必要介入对基因科技活动的调整和控制? 如果有必要介入,其应当在多大范围内介入? 刑法有无必要为基因犯罪设置相对于一般犯罪更为严厉的刑事责任制度,等等。在基因科技发展日新月异,而其负面效应又可能会构成对现代社会之巨大威胁的背景下,这些问题显然已经成为现代刑事立法发展过程中所必须要直面的基本问题,成为刑法理论工作者所理应肩负的重要时代课题。

一、基因犯罪及其刑事责任方面的焦点理论争议

　　总的来看,目前国内外关于基因科技刑法方面的论争主要集中在基因犯罪信号法规范的必要性及其刑事责任设置准线这两个方面。

(一) 基因犯罪刑法规范的必要性问题

　　基因犯罪刑罚规范的必要性问题是各国刑法学界在探讨基因刑事法律问题时所面

---

[*] 本文为笔者所承担的 2006 年国家社科基金项目"生命科技犯罪及现代刑事责任理论与制度研究"(项目批准号:06CFX024)的阶段性研究成果。

① 宋思扬、楼士林主编:《生物技术概论》,科学出版社 2000 年版,第 281—282 页。

对的一个首要问题。在该问题上，各国法学界出现了比较大的争议，存在两种截然不同的看法。

肯定说认为："科学研究一旦涉及人类的尊严和价值，往往受到诸多的限制"，[①]而来自刑法方面的限制就是其中之一。为了防范基因科技的滥用，保障生物技术的健康发展，就必须动用最富有强制性的刑法手段。以此为基点，肯定说认为，应当根据我国基因科技健康发展的实际需要，在刑法典中增设"非法使用基因资源罪"、"走私基因资源罪"等罪名，用刑罚手段打击这些性质恶劣、情节严重的违法行为。[②]否定说认为，法律应当介入对基因研究及基因技术应用活动的规范，但作为社会最后一道防线的刑法则具有谦抑性的要求，在包括伦理道德、一般法律手段等其他社会规制手段能够防范基因科技负面效应的情况下，刑法应当充当基因科技活动的"门外汉"。这是因为，"把刑法当作特效药考虑的立场是很简单但却很危险的，刑法绝不是万能的。"[③]

笔者以为，刑法谦抑的内在品性并不排斥刑法对以基因工程为核心的现代生命科技活动的介入，而只是要求刑法在介入时保持足够的容忍、克制与理性。而在刑法中增设有关基因犯罪及其刑事责任的规定并不违背刑法谦抑，反而是对刑法自身调整机能不足的一种有效弥补。这是因为，在罪刑法定原则已经被引入我国刑事立法及司法领域的宏观背景下，经济发展与科技进步所带来了的大量新型犯罪现象，已经给传统的刑法理论与制度带来了尖锐挑战。"法无明文规定不为罪，法无明文规定不处罚"，使得刑法对社会生活中出现的大量新的、尚未被其明确纳入自身调整体系的犯罪活动只能袖手旁观，这在很大程度上制约了刑法调整机能的充分发挥，使刑法"惩罚犯罪，保护人民"的庄严承诺很多时候都流于形式。长此以往，势必将影响人们对刑法乃至整个法律的信仰乃至信任。在这种情势下，保持对包括现代生命科技犯罪内在的各种新型犯罪现象的高度警觉，适时增设或修改相关条文，已成为刑法克服罪刑法定原则僵化性，发挥其自身机能的内在要求。而且，在刑法中增设基因犯罪及其刑事责任的规定客观上也并不违背刑法谦抑制，因为刑法谦抑实际上包含刑事立法谦抑、刑事司法谦抑与刑事执法谦抑三个方面的内容。刑事立法的扩张有时可以依赖刑事司法与刑事执法的敛缩来加以弥补和矫正。当前，在基因科技飞速发展而其风险又难以为科学所确定，一旦其被滥用将极有可能会给人类带来灭顶之灾的情势下，刑法完全有必要甚至是必须要介入到基因研究与基因技术应用的规范之中，并在必要时运用刑罚的力量来维护现代基因科技的健康发展。这是刑事法治的一个内在要求。

（二）基因犯罪刑事责任设置的准线

基因犯罪刑事责任设置的准线问题，亦即如何把握基因犯罪刑事责任设置的轻重

---

① 周琼：《论人类基因及基因信息的法律地位》，《科技与法律》2006年第3期。
② 尚志红：《人类基因提供者利益分享实现的构想》，《法学杂志》2005年第2期。
③ ［日］中山研一等：《经济刑法入门》，成文堂1994年版，第179页。

问题,也是学者们热议的一个基本基因科技法律问题。重罚主义论者认为,对于基因犯罪在定罪量刑上应当严厉且严格,一旦一种涉及基因研究的行为被确认为犯罪,就应处以相对较重的刑罚。"考虑到基因研究工作的特殊性及基因使用不当可能造成的毁灭性后果,对基因犯罪处以较重的刑罚是合情合理的。这样才能使人们慑于刑法的威严而不敢轻易以身试法,以保障基因研究沿着可持续发展的道路向前迈进。才能使人们慑于刑法的威严而不敢轻易以身试法,以保障基因研究沿着可持续发展的道路向前迈进。"①而刑法谦抑主义论者则认为,谦抑性是刑法的基本品性,刑法的谦抑性,要求立法者应当力求以最小的付出——少用甚至不用刑罚,获取最大的社会效益——有效地预防和抗制犯罪。这一原则同样适用于基因犯罪的刑法规制。刑法的谦抑性及其保障科技正常发展的功能应为基因犯罪刑事责任的设置提供指导。以此为基点,刑法不宜为基因犯罪这类新型犯罪设置过于严格的刑事责任。

笔者认为,从刑罚目的论的角度来说,刑罚的目的并不在于惩罚。以此为基点,对刑罚的设置应当以能够满足犯罪预防的需要为目的,而不宜过于强调刑罚的惩罚性或威慑性而对犯罪科以过重刑罚。刑法规制基因犯罪的目的显然也在于预防这类犯罪的发生而绝不在于单纯地惩罚这类犯罪的行为人。就此而言,刑法对基因犯罪刑事责任的设置不宜过重。此外,就基因犯罪的特性来看,基因犯罪是生命科技犯罪中的一类重要犯罪,而生命科技犯罪是一种具有明显的两面性特征的犯罪,即它既具有严重危害社会的一面,又具有一定的利他性甚或公益性。基因犯罪作为一种现代型的生命科技犯罪,显然也具有明显的两面性特征。而基因犯罪的这种两面性特征决定了刑事立法者在设计其刑事责任制度时必须充分考量基因犯罪的利他性,否则就可能会导致出现罪责不相适应的情况。以此为立足点,笔者以为,对于基因犯罪刑事责任的设置不宜过重,尤其是不宜设置死刑这类只适用于罪大恶极者的刑罚方式。在把握这一准线的基础上,应当根据不同基因犯罪所显现出来的不同社会危害性,分别配设轻重不同的刑事责任。例如,对于研制基因武器、制造人兽怪物、利用基因技术制造种族灭绝的行为等社会危害极为严重的基因犯罪,可以给予相对较重的刑罚处罚,而对于普通的基因犯罪,如非法泄露他人基因隐私的行为、在 DNA 重组实验中过失导致携带病毒的细菌质粒逸出实验室的行为等,则可以从刑法谦抑的立场出发,考虑给予相对较轻的刑罚。

二、国外基因犯罪及其刑事责任制度

面对基因科技发展所潜生、引生或催生的犯罪现象,各国纷纷加强了本国的相关立法建设,比较有效地防范基因科技发展所带来的各种负面效应。在基因研究与基因技

---

① 代薇、祁婧、朱霞:《对 HGP 的伦理和法律规范——拟从可持续发展角度探析》,《科技进步与对策》2001 年第 2 期。

术应用的刑法规范问题上,各个国家和地区的立法态度是相对明确的,即基本上都不排斥刑法对基因研究与基因技术应用的规范。然而,由于对基因科技负面效应在认识上存在差别,加之各个国家和地区在基因研究与基因技术规范方面所显现出来的不同利益取向以及各个国家和地区立法模式上的差异,各国在对基因犯罪刑法规范的力度以及立法模式等诸方面都存在比较大的差别。

就目前来看,在刑法典中对基因犯罪作出专门规范的国家仅有法国、西班牙、芬兰等在内的少数几个国家,绝大多数国家和地区对基因犯罪的规范都是通过单行刑法来进行的。在法国,立法者在人体基因研究与基因技术应用方面是持一种较为谨慎的态度的,其"目标是建立一种能控制风险的政策"。[①]以此目标为基点,法国对基因研究以及基因技术操作给予了相对比较全面的刑法规范。在《法国新刑法典》中,专门为规范基因研究与基因技术操作而设置了包括"采用遗传基因进行人之特征或鉴别研究产生的人身伤害罪"、"实施、组织旨在对人进行选择安排之优生学操作罪"等多种基因犯罪,对包括基因泄密、利用基因即使实施种族灭绝或优生操作、非法产前基因诊断等在内的多项犯罪进行了明文规范。西班牙也是较为重视基因犯罪刑法规制的国家之一,在《西班牙刑法典》中,专门设置了"与基因操作相关的犯罪"一节,对包括生殖性克隆人犯罪、改变人类基因罪、研制基因武器罪等进行了明确规范。而《芬兰刑法典》则在其"侵害保护健康和安全的规定"一章中专门规定了"基因技术罪"。有些国家和地区则在其单行刑法中规定了基因犯罪及其刑事责任问题,如日本、澳大利亚、德国、美国、英国等。就各国对基因犯罪刑事责任制度的设置来看,有关的基因犯罪的刑事责任存在较大差异,有些国家规定了相对较重的刑罚处罚,如澳大利亚、法国,也有些国家(如西班牙)则仅规定了较轻的刑罚处罚。这与各国对基因犯罪社会危害性的认识以及各国的生命科技发展战略有着直接的关系。

三、我国应对基因科技发展的刑法策略

对于基因科技发展背后所潜藏的各种负面效应,理论上存在三种立法应对模式,即:事前防范、事时制止以及事后惩戒。古人云:"先其未然谓之防,发而止之之谓之救,行而责之谓之戒",而"防为上,救次之,戒为下"(《申言·杂志》);换言之,事先防范是避免风险发生并进而避免或减少损害或损失的最有效策略。以此为立足点,制定专门规范基因研究与基因技术应用的立法,无疑应当成为我国在防范基因科技进步所引发的社会风险方面所应肩负的一项基本使命。

---

① Christian BYK:《遗传基因:魔鬼工程? 或是对欧盟政策的怀疑?》,韩小鹰译,倪正茂、刘长秋主编:《生命法学论要——2007 年"生命科技发展与法制建设"国际研讨会论文集》,黑龙江人民出版社 2008 年版,第 153—169 页。

（一）我国现行立法对基因犯罪的应对

自 20 世纪 70 年代以来，基因技术在我国获得了飞速发展。我国自 20 世纪 70 年代末即已开始了重组 DNA 方面的研究工作，截至 20 世纪末已有多种基因工程药品进入了中试阶段；有的兽用基因工程疫苗和抗病毒转移基因烟草已经大面积推广。然而，另一方面，我国基因立法的步伐却极为滞后，一直到 1993 年 12 月国家科委颁布的《基因工程安全管理办法》出台，我国才正式迈出了基因科技管理方面的立法步伐。之后一直到 2008 年底，我国相继制定了《人类遗传资源管理暂行办法》、《农业转基因生物安全管理条例》等多部行政法规与部委规章，将基因科技活动纳入了法治化管理的轨道。

从犯罪产生与控制的机理来看，犯罪作为一种严重危害社会的反社会行为，其产生是受多种因素影响的，伦理道德规范的失灵、行政手段的欠缺与一般法律手段的失位、刑法规范空缺等都可能会促发犯罪的产生。正是由于这一原因，伦理道德规范、行政手段、一般法律手段以及刑法规范都是防控犯罪的防线，都在犯罪预防方面发挥着不可或缺的重要作用。就此而言，客观一点来说，以上我国基因立法的出台对于规范我国基因研究和基因技术应用，防范基因科技在我国的滥用尤其是防范基因犯罪的发生方面，都是发挥了相当作用的。

然而，另一方面，基因犯罪的防控体系显然是一个需要运用包括伦理道德手段、一般法律手段以及刑法手段等在内的众多手段共同作用才能奏效的体系。在这一体系中，一般法律手段的必要性是不容忽视的，但刑法的作用更是不可替代的。很显然，目前我国对基因犯罪的防控还更多地依赖于一般法律手段，刑法手段的作用还没有真正受到重视。体现在立法中，我国刑法目前还没有专门设立基因犯罪及其刑事责任方面的制度，这样一来，即便基因犯罪真的在我国发生，刑法也会因为受罪刑法定原则的制约而无法发挥其应有作用。

（二）我国基因犯罪的刑法应对策略

首先，要将那些具体从事上述基因技术滥用或有助于基因技术滥用的行为明文规定为犯罪，并配以适当的刑罚。为此，需要在我国现行刑法分则中增设"基因犯罪"这类犯罪及其刑事责任，并根据基因犯罪在实践中的不同表现形式而分别在刑法中增设"非法从事生殖性克隆人（转基因造人）研究罪"、"非法研制、取得、存储及转让基因武器罪"、"利用基因或基因技术破坏人类及动植物生存罪"、"利用基因技术选择人种罪"以及"擅自从事生殖细胞基因治疗罪"等等。

其次，对于某些与基因技术滥用有关但却无需通过增设新罪名加以应对和防范的基因犯罪活动，可以直接依照现行刑法规定的某些具体犯罪加以定罪处刑。例如，对于个别医疗机构或司法鉴定机构违法泄露公民个人基因信息,造成严重后果的,则应当依照刑法第 253 条关于"非法出售或提供公民个人信息罪"的规定对相关行为人包括单位处以刑责;而对于获取、持有国家所掌握的某一特定或特殊种群的遗传物质资料或其他基因科技秘密的行为,则可以比照刑法第 282 条关于"非法获取国家秘密罪"及"非法持有国家绝密、机密文件、资料、物品罪"的规定加以定罪和处刑。笔者以为,这作为找国刑法应对和防范基因犯罪的具体策略,既是预防和惩治基因犯罪的客观需要,也是完善我国现行刑法以协调刑法与基因科技法关系的理性选择。

(作者为上海社会科学院法学研究所副研究员、法学博士)

成就与挑战:关于台胞投资权益保护的法制现状与完善

Achievement and Challenge: The Current State and Improvement of the Laws Protecting the Interest of Taiwan Investment

陈　融

《海峡两岸经济合作框架协议》[①]的成功签署标志着两岸经贸合作已进入制度化轨道。中国政府对台湾同胞投资权益的保护法制建设不仅关系到海峡两岸经贸交流与合作的积极推进,更承载了促进民族融合与复兴的神圣使命。中国政府在该领域的法制建设已经有一定成就,但也面临诸多新的课题。

一、专门法制的创立,基本实现有法可依

(一) 现行法规体系构成

中国政府从 20 世纪 80 年代开始关于台商投资的法律创建。1988 年 6 月,国务院颁布了《国务院关于鼓励台湾同胞投资的规定》,这是为保护台湾同胞来大陆投资制定的第一部专门的行政法规。1994 年 3 月,八届全国人大常委会通过《中华人民共和国台湾同胞投资保护法》[②]进一步提升了台胞投资及其权益保护的法律层级。1999 年 12 月,国务院颁布了《中华人民共和国台湾同胞投资保护法实施细则》[③]。2005 年 3 月 14 日,全国人民代表大会第三次会议通过的《反分裂国家法》明确规定:"国家依法保护台湾同胞的权利和利益",再次以法律的形式宣示保障台胞权益。

经过 30 年的努力,中国政府已为台胞投资权益形成国家法与地方法并存的、多层次的专门法制保障体系,其渊源包括由全国人大常委会制定的法律、国务院制定和发布

---

① Economic Cooperation Framework Agreement,简称为 ECFA,是两岸达成的地区经济合作协议,由海协会与海基会于 2010 年 6 月 29 日下午在重庆签署,并于 2010 年 9 月 12 日生效。
② 下文简称《投资保护法》。
③ 下文简称《实施细则》。

的行政法规、国务院各部委发布的部门规章、地方人大及地方政府颁布的地方法规及地方政府规章。

（二）现行法律体系对台胞投资权益的保护范畴

第一，对"台胞投资"或"台湾同胞投资者"进行概念界定。法律法规都从投资主体及投资比例等角度来确认适用法律的主体身份。第二，对台商投资予以法律定位：外资待遇外加专门优惠。第三，宣布对台湾同胞投资企业进行管理和咨询服务的工作部门及其职责。第四，明确企业设立程序。该项内容为台胞来大陆投资提供程序指导。第五，明确投资形式、投资的行业及项目类型。第六，规定投诉及争议解决方式：行政调解——仲裁——司法。第七，确立台企在设立及经营过程中的收费标准。第八，明确对台湾投资者权益保护的具体内容。在特殊情况下，根据社会公共利益的需要，中国政府对台湾同胞投资者的投资可以依照法律程序实行征收，并给予相应的补偿。但补偿相当于该投资在征收决定前一刻的价值，包括从征收之日起至支付之日止按合理利率计算的利息。

二、台商维权机构的健全及解纷机制的创新

（一）行政协调和投诉机制

2006年9月，商务部颁布了《外商投资企业投诉工作暂行办法》，专门设立工作办公室和外商投资企业投诉中心。台商投资集中地区的商务主管部门在其外商投诉中心设立了专门的台商投诉受理机构，加强了台商投诉协调工作。

根据《实施细则》第27条的规定，各级人民政府台湾事务办事机构应当做好台湾同胞投资的法律宣传与咨询、投诉受理和纠纷解决等工作。2000年5月，国务院台办经济局设立了台商投诉协调处。当年7月国务院台办又设立投诉协调局。国务院还致力于为台商权益保护建章立制。目前，国务院台办正在进一步修订《台商投诉协调工作办法》，规范涉台投诉工作。

（二）司法机制及其创新

司法保护按其纠纷所涉的法律关系可以分为行政诉讼、民事诉讼及刑事诉讼。司法体制的创新主要体现为专门审判机构的设立以及诉讼程序上的特殊设计。比如，2007年7月，福建省漳州市中级人民法院针对该市系台胞主要聚集地、台商投资集中、在漳州生活的台胞多等实际情况，在台商较为集中的基层法院设立了"维护台商合法权

益合议庭"。2009年3月,漳州市中级法院成立首家独立建制的"涉台案件审判庭"。该庭还聘任台商担任涉台案件调解员、监督员、人民陪审员,引入多元纠纷解决力量。①

(三) 仲裁机制及其创新

由于其本身具备的快捷、保密、成本较低等独特优势,仲裁作为解决平等主体之间民商事纠纷的重要手段,已被越来越多的台湾同胞所认同。中国国际经济贸易仲裁委员会的仲裁员名册上技术专家供当事人选择,其中还包括若干台湾地区的知名人士。自1998年至今,大陆已有16家仲裁机构聘请了台湾地区专业人士担任仲裁员。②目前,这16家仲裁委员会共聘任台湾仲裁员48名,据不完全统计,受理涉台案件1 000多件。另外,2009年2月17日,第一家专门的涉台仲裁中心在上海成立。

(四) 司法考试向台湾人士开放

根据司法部于2008年12月颁布的《取得国家法律资格的台湾居民在大陆从事职业管理办法》的规定,获准在大陆律师事务所执业台湾居民,可以担任法律顾问、代理、咨询、代书等方式从事大陆非诉讼法律事务,也可以担任诉讼代理人的方式从事涉台婚姻、继承的诉讼法律事务,甚至可以成为大陆律师事务所的合伙人。很明显,现行法律对取得职业资格的台胞的业务范围有所限制,但是,大陆的国家司法考试向台湾居民开放,彰显了大陆的法律自信,表明了大陆的法制正在走向成熟,是两岸法律交流的新起点,也有利于在大陆的台商权益的维护。

(五) 民间维权组织的壮大

中华全国台湾同胞联谊会(简称全国台联)成立于1981年12月22日,是台湾同胞在祖国大陆的爱国民众团体,被称作"台胞之家"。"台湾同胞投资企业协会"是以在祖国大陆各地登记注册的台资企业为主体、依法自愿组成的社会团体。自1990年3月第一家台资企业协会在北京市成立以来,在祖国大陆台资企业协会及会员数量都在持续增加。2007年12月16日,"全国台湾同胞投资企业联谊会"在人民大会堂举行成立大会。"台企联"的宗旨同样是服务台资企业,增强会员间联谊以及会员与政府间联系,维护会员合法权益,推动两岸经济交流与合作,促进两岸关系和平发展。

---

① 资料来源:中国台湾网,http://www.chinataiwan.org.题名:首创涉台审判庭 台商维权"通道"更宽广,登陆时间:2010年3月15日。
② 中国国际经济贸易仲裁委员会、中国海事仲裁委员会,以及北京、上海、重庆、广州、厦门、深圳、青岛、大连、武汉、长沙、西安、成都、苏州、宁波仲裁委员会。

三、现行法制的不足与完善

中国政府于 2007 年提出对《台胞投资保护法》及其《实施细则》进行适时修订。[①] 2009 年 10 月,国务院宣布启动对《中华人民共和国台湾同胞投资保护法实施细则》的修订工作,并作为两案商签投资保护协议的基础性工作加以研究。对现行法制的完善应该遵循以下原则:致力于反映两岸人民的要求、针对台商在大陆投资经营所面临的突出问题[②]。

(一) 对"台湾同胞投资"的界定

现实中存在许多未被《台胞投资保护法》及其《实施细则》的规定包括的复杂投资情况。首先是投资者身份上的复杂,不少台湾同胞不仅有台湾地区身份,同时还有美国居住者身份,他们在大陆的投资是以美国居住者身份进行的。第二点是"转投资"现象普遍。台商自己认为这些情形应当属于台胞投资,应该享受相应的待遇。实践中对其认定的不统一反映在国家对台资企业的统计数据上的差别。

(二) 对台胞投资的外资定位问题

中国现行法律法规都将台胞投资定位为外资待遇。对此,很多台商提出他们应当享有国民待遇,因为对台胞投资的外资定位影响到台胞投资的方向和范围。台湾同胞希望大陆对台商投资进行特殊管理,建议把"比照外商投资管理"的规定变成:除法律禁止的,台商投资和内资享同等待遇。台商希望扩大台胞投资范围,比如可以投资金融、办教育、办医院、法律服务业务等。[③]

(三) 关于征收程序及补偿标准

由于大陆近年来城市化进程加快,大型交通项目的兴建在个别情况下会涉及对台

---

① 陈云林:《国务院关于台湾同胞投资合法权益保护工作情况的报告》,第十届全国人民代表大会常务委员会第二十七次会议,2007 年 4 月 24 日。

② 台商在大陆投资经营所面临的问题很多,比如,融资问题、土地取得问题、劳资争议问题、人身安全问题、投资权益保障问题、避免双重课税问题、子女教育问题、信息提供问题、司法协助问题、知识产权保护等。参见姜志俊:《如何加强台胞的投资权益保护——从台湾同胞投资保护法实施细则的修订说起》,上海海峡两岸法学研究中心成立大会暨学术研讨会论文集,2010 年 3 月编辑。

③ 法制网 www.legaldaily.com.cn. 题名:台胞投资保护法应尽快修订——访全国人大代表、江苏省台联会会长胡永清。登陆时间:2010 年 3 月 25 日。

商厂地的征用,对征用程序及补偿标准的纠纷较多。第一,台商对于政府提出的"社会公共利益目的"存有争议。第二,对于补偿款的数目,双方也常有争议。所以,《实施细则》应该规定对社会公共利益进行认定的权限机构。另外,《实施细则》还应该规范对被征收资产的评估问题,明确由谁来评估。

(四) 执法力度及管理机制的法制化

现行的《投资保护法》及其《实施细则》在涉及执法问题上还有明显不足。第一,没有规定执法主体的问题,政府相关部门权责不够明确,影响了台商权益的维护。第二,没有关于执行过程中的行政问责制的规定,使其对于不执行法律规定的单位和个人缺乏约束力。另外,要让台胞投资权益得到稳定的、充分的保护,仅靠各职能部门的热情和主动是不够的。法律法规应该把实践中一些有效机制进行规范,让行政管理和扶助机制常态化、制度化。

(五) 加快法律清理,增强法律协调

第一,中国政府对台胞投资权益保障的规范渊源多样,有法律、行政法规、地方法规、行政规章、司法解释及政策性文件。国家应确保涉台法律的统一性、严肃性和权威性。第二,《投资保护法》及其《实施细则》颁布生效以后,中国政府又修订和颁布了系列与投资活动紧密相关的法律,如《中小企业促进法》、《公司法》、《物权法》、《劳动合同法》、《企业破产法》、《反垄断法》及《侵权责任法》等,上述法律应该对台胞投资权益保护规范带来新的变化。

(六) 对台胞投资权益保护与 WTO 机制的协调

中华人民共和国与台湾地区都已加入 WTO,随着外资管理体系的完善,在海峡两岸没有建立任何经济合作协议的情况下,大陆单独给予台资优惠政策的做法,容易引发WTO 其他成员的质疑甚至申诉。有鉴于此,中国政府一方面要注重法律修订中与WTO 规则的协调,也可以《海峡两岸经济合作框架协议》的成功签署和实施为契机,积极推进海峡两岸投资保护协议的商谈。

（作者为华东师范大学法律系副教授）

农民工社会保障权立法保护研究

——基于经济分析法学的考察视角

Research on the Protection of the Right of Migrant Workers' Social Security in Legislation: Based on the Perspective of Economic Analysis of Law

刘金祥　高建东

自党的十六届六中全会提出"建立覆盖城乡的社会保障体系"以来,农民工社会保障权日益引起相关部门的重视,成为学界热议的话题。本文尝试从经济分析法学的视角,运用制度的成本和法律均衡等相关理论,分析农民工社会保障权的立法保护问题。

一、农民工社会保障权的立法保护的现状

(一) 社会保障法律法规赋予劳动者的社会保障权难以适用农民工

《劳动法》、《社会保险费征缴暂行条例》、《工伤保险条例》等一系列法律法规构成了我国现有社会保障制度的基础。农民工作为合法的劳动关系主体,具有与城镇劳动者同等机会获得社会保障的权利。但是现实中,其社会保障权的实现却需要相关部门或者地方对此发布"特殊待遇"的法规、政策来区别对待。这从某种程度表明,社会保障法律法规赋予全体劳动者的社会保障权,在法律适用的层面对农民工难以起到作用。

(二) 现有社会保障规范性法律文件操作性不强、效力位阶低

有关农民工社会保障权的立法原则性的规定居多,责任划分模糊,在实践中较难执行。当前国内尚无社会保障基本法的前提下,作为社会保障法核心的《社会保险法(草案)》也迟迟未能通过,各种有关农民工社会保障的规范性法律文件多为部门规章、地方规章以及各级政府部门发布的"通知"、"意见",较低的法律位阶也使其难以具备法律规范的效力。

(三) 社会保障权地方立法差异性较大

由于地方"各自为政",社会保险的适用主体、缴纳险种、缴费基数、缴费年限等内容

千差万别,导致企业负担不均衡、地方负担不平等,阻碍农民工社会保障制度的统一。在上述立法现状下,农民工的工伤保险参保率低、养老保险参保率低和退保率高,失业、生育保险和社会救助基本上处在"零启动"的状态。社会保障权难以实现或者仅仅在某个层面部分有条件地实现则是当前农民工社会保障权的法律现状。

二、农民工社会保障权立法保护的理念

法律是一种应然规范,是立法者根据社会经济生活的需要,基于一定的理想,把某一领域的实际运行秩序置于法律规范之下的愿望,因此是"一个较好世界的建设方案"①理念是人们对于理想的法律目标的模式及其实现的基本途径和方式的一种信仰、期待和追求。笔者认为,针对上述当前农民工社会保障权的立法现状,在探讨立法构建的制度之前,以经济分析法学的视角来确定和审视法律理念具有积极的现实意义。

(一) 个人自由

一个正义的社会必须是人们能在其中享有充分自由的社会,一种被称为良好的法律必然包含着对个人自由的促进和追求。②农民工社会保障权"经历了一个由济贫式的恩惠、施舍到道德权利(即人权层面的权利,表现为国际组织和区域性组织制定的各种宣言和国家公约)最后到法律权利的过程"③。自由是法律上的权利,在农民工社会保障立法中理应将个人自由作为先验理念。

(二) 效率和公正

农民工同样为经济社会的发展作出了贡献,却要受到无端的制度歧视,其社会保障权常常不能实现或者无端的被剥夺,难以获得城镇居民习以为常的社会保障。这对他们显然是不公平的。毋庸置疑,对农民工社会保障权的立法保护不能离开公正的导向。

党的十六大报告提出"初次分配注重效率,再次分配注重公平"的分配原则,而某些法学家提出对农民工这样弱势群体保护的法律措施应适用"公平优先,兼顾效率"的原则④,在某种程度上讲它们都有其正确适用的合理性。但是笔者在此强调的是,对农民工社会保障权立法保护对公正理念的追求不能无视追求的代价——效率,而且公正的

---

① 拉德布鲁赫:《法学导论》,米健、朱林译,中国大百科全书出版社 1997 年版,第 1 页。
② 刘大伟、康健:《迁徙自由的法经济学分析》,《辽宁大学学报(哲学社会科学版)》2008 年第 9 期。
③ 杨华:《中国城乡一体化进程中的社会保障法律制度研究》,中国劳动社会保障出版社 2008 年版,第 76—77 页。
④ 李昌麒:《弱势群体保护法律问题研究——基于经济法与社会法的考察视角》,《中国法学》2004 年第 2 期。

本身就包含了对效率的追求。

(三) 法律均衡

法律均衡是法律资源在社会生活中均衡配置的持续状态和目标模式。除法律资源供求的均衡、社会主体的法律行为均衡、法律收益均衡外,在当前农民工社会保障立法体系极为不健全的现状下,农民工社会保障立法应当更加注重法律结构与功能的均衡。

我国尚未形成全国统一的农民工社会保障法律体系,诸多规范性法律文件分散在中央和地方的劳动行政部门之间。对于构建和谐的农民工社会保障法律体系而言,法律均衡的理念为我们提供了模式和实践理念,构成了其他一系列法律制度的基础。

三、农民工社会保障权的立法思路

(一) 建立全国统一的社会保障法律体系

上文已经分析了各地区农民工社会保障立法的不统一、效力位阶低、操作性差的现状和原因。基于法律均衡的理念,《社会保险法》立法应当以此为核心有条件的统一农民工社会保障立法,构建一系列有利于农民工生存发展的社会保障法律法规。

1. 构建全国统一的社会保障法律体系

由于农民工的职业特点、流动程度和当前的法律实践,现有的城镇社会保障法律体系已经不能简单地适用于农民工。国家和地方均在不同程度上通过立法来解决农民工的社会保障问题。按照公共物品服务对象愈多,效益愈高,这一"零边际成本规律",在我们这样一个大国实行统一的法制所产生的规模效益,高于法制不统一所产生的单一经济效益,而且从市场经济要求建立统一的市场规则之经济规律的要求上看,法律不统一会导致市场部分规则的不平等,进而破坏不平等竞争。[①]因此,应通过立法明确农民工的社会保障权,不仅要加快《社会保险法》的立法进程,而且要针对农民工社会保障权立法的现状着手启动《社会保障法》、《农民工权益保护法》、《就业促进法》的立法工作,形成一个全国统一的保护农民工社会保障权的社会保障法律体系。

2. 综合运用统一的实体法和"冲突规范",建立地区差异的协调机制

"冲突规范"是国际私法中的法律适用规范,在此我们将这一概念引入国内农民工社会保障权立法中。根据构建全国统一社会保障法律体系的要求,在实体法的制定上,"全国人大和中央政府可以制定与"冲突规范"有相似作用的地方性法规选择规范,来指

明农民工应适用哪一地区的社会保障制度"[1]。在冲突规范的立法中,以工作地为联结点并建立适当的社会保险转移机制,将农民工纳入统一的社会保障立法之中。这样的地方法规选择规范在全国范围内都具有约束力,而且在当前社会保障各地区立法差异性较大的状态下,能够优化法律法规在社会生活中的资源配置,起到协调地区差异的作用。

3. 及时清理不合理的法律法规和其他规范性法律文件

农民工社会保障权缺失的现状,在很大程度上是思想观念和经济体制造成的。在现有《宪法》和《劳动法》等法律并未涉及这一新兴阶层的情况下,很多影响农民工社会保障权的法律规范性文件仍在潜意识的发挥作用。因此,在制定和实施法律过程中,应当及时清理和修改现行法律法规规章中合理性不足、操作性差以及造成农民工社会保障权利受遭受不平等待遇的规定。对于违宪的规范性法律文件,要通过违宪审查机制,予以修改或者废止,特别是地方立法中那些差异性大、保障内容不健全、形式大于实质、缴费率和缴费年限等不符合农民工收入水平和流动性特点的规定。这样才能保证法律的统一和法制的均衡,促进社会的和谐发展。近年来,诸多地区废止了一些歧视性较强的法规规章,就是一个很好的事例。

(二) 通过差异性安排巩固完善农民工补充性社会保障

2009 年 9 月《国务院关于开展新型农村社会养老保险试点的指导意见》中已经将农村养老保险作为区别于城镇养老保险的社会保障制度,从某种程度来讲,这种保障制度比城镇的社会保障更具有实用性。农民工对此当然有自由选择的权利。这种制度的构建表明法律对于农民工的养老保险应当区别对待。而对于医疗保险、工伤保险和生育保险,将农民工纳入城镇社会保险体系,使其享受市民待遇,则符合城市生活的特点和农民工的现实需求。

因此笔者认为,对于农民工社会保障立法的思路,一方面,应当将农民工与城镇社会保障制度有所区别,各种社会保险项目根据农民工的特点制定。另一方面,应当通过立法加强其补充性社会保障,主要是土地保障。土地保障是城镇居民所无法享有的非正规的社会保障方式,是现在中国农民最可靠的生活保障。《农村土地承包法》规定,通过家庭承包取得的土地承包经营权可以依法采取转包、出租、互换、转让或者其他方式流转。农民工尽管外出务工或者即使无力耕作,其土地保障仍然能够通过转包、出租等流转方式为其带来一定的收益,在某种程度上实现社会保险的功能。

(三) 强化劳动行政部门职能,降低农民工的维权成本,加大企业违法成本

根据制度经济学的观点,当保护产权的成本大于产权的收益时,对产权的保护是无

---

① 谢建社:《中国农民工权利保障》,社会科学文献出版社 2009 年版,第 136—137 页。

效的,通过上文的分析得知农民工通过维权救济的途径基本很难受益。而依职权的行政行为则具有主动性,是积极主动的干预社会经济生活。而且在法律实践中,行政成本要远远小于司法成本。因此,在立法层面上,应当通过合理的制度设计强化劳动行政部门的职能,加强其与其他部门的协调体系,打破"官商勾结"的局面。这不仅仅是效率,也是对公平的追求。

根据上文,当违反法律的收益大于违法成本时,人们就会选择违反法律。在立法中将企业的违法责任加重,则会使得违法行为成为一种"不划算"的行为。以用人单位与农民工签订劳动合同为例,原《劳动法》实际上规定的是行政责任,对用人单位不签订书面劳动合同的违法行为由劳动行政部门责令改正,这就必须由劳动者向劳动行政部门提出请求,通过行政部门这一中介才能制止用人单位违法行为的持续,这就在劳动者与用人单位之间的交易关系之外,又增加了一层劳动者与劳动行政部门之间的交易,交易环节增加,必然增大交易成本。现《劳动合同法》直接规定了用人单位的违法成本,可以预期,通过这一制度设计,在书面合同签订方面将会有重大改观。[①]对此,农民工社会保障权的立法制度设计,通过责任形式的改变使得企业的违法成本加大,是应当借鉴的。

(第一作者为华东理工大学法学院教授,
第二作者为华东理工大学经济法硕士研究生)

---

① 陈国文:《〈劳动合同法〉的立法技艺———一个法律经济学的分析》,《西北师大学报(社会科学版)》2009年第1期。

房地产领域违法犯罪情况专题调研

The Special Investigation and Study of the
Crimes in the Field of Real Estate

万海富　王宇明　管益胜

近年来,上海的房地产业得到了前所未有的迅猛发展,但由于相关法律法规的尚不完善等原因,房地产领域的违法犯罪现象屡有发生。我们在基层检察院研究室的配合下,对 2002 年以来本市检察机关办理的涉及房地产领域违法犯罪案件进行了一次专题调研,通过对犯罪手法的剖析,从中发现薄弱环节,并提出相应的对策建议。

一、涉及房地产领域违法犯罪的主要类型

(一) 变换手法,贪污公款

1. 抬高动迁费用,私分差价

因动迁政策的伸缩幅度较大,向被动迁者收取的"手续费"、"层次费"、"朝向费"等费用全市没有统一标准,客观上为犯罪提供了便利条件。

2. 改变产权属性,损公肥私

在新旧体制转换过程中,企业的产权和租赁凭证趋于复杂,给不法之徒变幻手法、从中渔利留下了可乘之机。

3. 利用管理疏漏,窃取公款

一些建筑和施工单位违反法律规定,暗地交易、私下串标,有的提供假资质,结盟投标,哄抬或压低标价;有的则将已承包的工程项目全部转包或肢解分包,在施工中偷工减料、粗制滥造。

4. 利用企业改制,侵吞公款

企业改制在给房地产业注入了生机和活力的同时,改制中的漏洞却被不法分子利用,从中隐匿、侵吞国有资产。

(二) 利用权力,收受贿赂

1. 违规多付发包费用,中饱私囊

为规范土地征用,政府相继出台了一系列政策,保障被征地人员在土地征用时得到补偿。但是反映征地补偿资金的管理、使用中违规操作现象的信访案件依然在农村中占有很大比例。

2. 利用拆房环节漏洞,牟取私利

作为基本建设项目之一的拆房工程,由于其工程量较小、工程期较短、工程费较少,有关部门至今没有作出相应的规定。这一环节的监管频频出现漏洞,给职务犯罪留下了较大空间。

3. 滥用职权徇私枉法,索取贿赂

因统一有序的建筑市场尚未形成,我们对违法违规案件查处的力度也存在疲软的问题,导致建筑领域仍是腐败案件易发、高发、频发的重点领域。领导干部职务犯罪的手段更趋隐蔽,由此深入开展反腐败斗争的任务也更为艰巨。

(三) 巧设圈套,诈骗钱款

1. 签订虚假合同,骗取客户资金

一些房地产公司在注册成立时没有足额的注册资金,采取虚报注册资本、验资后抽逃出资的形式空壳运转。而犯罪嫌疑人则谎称具有用于房地产开发的土地使用权进行诈骗,或利用销售环节的漏洞骗取客户保证金。当出现资金链断裂时,公司的有效资产即严重不足,给银行等被害人造成巨额的经济损失。

2. 利用制度漏洞,骗取银行贷款

规章制度形同虚设,违规操作比比皆是。

3. 伪造相关证件,骗取购房钱款

由于目前房地产买卖、租赁手续极不规范,一些不法分子通过伪造身份证、房屋交易委托手续和交易合同等,骗取被害人的钱款。

4. 中介设置圈套,诱骗客户上当

个别中介公司在从事中介服务的过程中常常以"意向金"、"订金"等名义收取买方的钱款,借口用于同卖方协商有关事宜,实际是利用买卖双方急于脱手或购置二手房的迫切心理,当一方出现反悔,中介公司就可乘机从中坐享渔利。

5. 虚构工程项目,产权重复出售

随着建筑市场的发展及法规、制度的完善,建筑市场秩序正在逐步走向规范,但建筑市场中虚构工程项目、牟取暴利以及产权重复出售、骗取钱款的现象仍屡屡发生。

二、房地产领域违法犯罪的原因分析

（一）动迁费的测算、使用情况复杂，自由裁量权大

动迁费的评估价与最终达成的协议价之间有很大的调整空间，作为房屋管理机关的房管局，它既是主管拆迁的行政机构，又是拆迁活动的监督机构，还是动迁过程政策的解释部门。在实施动迁过程中，作为拆迁当事人一方的房管局委托动迁单位与被拆迁者对动迁问题意见不一时，房管局作出的裁决即为生效决定，即可依裁决强制执行，由于自由裁量权大，客观上为违法犯罪留下了作案空间。

（二）房地产与建筑行业关系紧密，投资回报率高

许多建筑商挂靠房地产公司或者建筑公司出资承揽工程，为承包建筑工程，拉拢、腐蚀工程发包单位负责人、招投标代理机构负责人，以致形成建筑领域相对固定的行贿"行情"。一方利用行贿的手法换取超标准住房；而另一方则违背政策收受贿赂。如此"投桃报李"，既解决了行贿人的非分之想，又满足了自己的敛财欲望。

（三）资金使用缺乏监督，透明度尚不够

根据有关法律规定，征地补偿费应该专款专用，并向村民公布。实践中该项费用往往是由区财政部门拨付到所在乡镇，绕开了房屋土地主管部门对下级部门的监管，使专款专用徒有虚名。虽然公布土地征用补偿的各项金额数据，但对补偿费的使用情况、具体分配方案一般不予公开，也不确定专人对数据产生的真实性实施监督，造成只知道结果不知道过程的现象。

（四）权力过于集中，缺乏有效制约

我国体制转轨时期腐败现象的表现形式多种多样，有利用职权对市场活动进行干预而牟利，有利用转轨时期财政关系的调整和变化，将公共财产据为己有，还有利用市场体制的不完善采取各种违法违规的手段牟取暴利。特别是一些农村基层组织党支部书记，集党务、行政、经济大权于一身，党政不分，缺少内部监督制约机制，以致造成工程发包过程中恣意妄为，私自许诺，收受承包人贿赂的现象频频发生。

（五）注重经济指标，忽视监督管理

有的行政机关公务员眼里只有经营数据、利润指标，漠视干部思想的现实状况以及行政行为的依法程度。乡镇土地管理部门较为关心征地补偿费用是否到位，对补偿费用具体如何管理使用缺乏关注了解，既不定期去村里检查指导，也不敦促村里将补偿金的使用情况向乡镇政府有关职能部门反馈。

（六）"二手房"买卖市场不规范，从业人员责任意识不强

一是补办房产证手续过于简单。在补办房产手续时，只需申请人持身份证填写申请即可，未对申请主体、申请事实进行必要审核。二是管理设备不健全。目前房地产市场还没有形成完善的信息资源共享网络，查验证件无先进设备，仅凭工作人员肉眼核对，对假证难以识别。三是物业公司对业主的私人信息保密不严。物业公司除存有小区房产档案资料外，还保管有业主的私人信息，由于疏于管理、工作人员信息安全意识不强，导致业主的私人信息外泄。

三、房地产领域违法犯罪的防范对策

（一）规范房产经营行为，监督贯穿整个过程

事前监督，实行严格的工程招标。一是规范工程招标，让工程招标市场化、公开化，取消暗箱操作；二是审计提前介入，重大或重点工程，审计部门应派专人进行跟踪审计；三是材料择优采购，由财政、审计、建设部门共同把关，做到现场查看、网上调研、综合分析、专家评定、好中择优。

事中监督，实行严格的全程审计。坚持对建设工程项目进行全过程审计，把工程概预算审计和工程跟踪审计列为工作重点，规定重点项目在立项前，工程概算必须报审计部门审核，并将审定数额作为工程立项和招投标的主要依据。

事后监管，实行严格的决算审计。坚持对政府投资建设的工程项目进行竣工决算审计，不仅要对工程的竣工图纸、验收资料、结算资料、施工签证进行审核，还要到施工现场对已竣工项目的用材、用量进行复检，对照国家相关工程造价定额、收费的规定，并结合市场调查、网上查询等手段，对工程的总造价进行全面的最终审计。

(二) 建立行业诚信档案,健全配套法律体系

建设部已于 2002 年 9 月开通一级房地产开发企业、中介服务机构和物业管理机构及相关人员的网上公示系统,上海也应加快这方面的工作。建立诚信档案,除了公示各类企业的经营业绩外,把那些有违法违规行为、有劣迹的企业也在网上公示,甚至可以公示相关的房产经纪人。并根据不断变化的情况,制定和修订政务公开、办事公开的制度和各项"阳光"措施(包括信用档案措施、不良记录、黑名单记录等措施);与"三审、两交易、一服务"以及落实"责任制"和"两同时"的要求相结合,有针对性地开展专项稽查和联合执法等治理工作。

(三) 发挥信访举报作用,加大财务稽查力度

一是按照"分级负责,对口办理"的原则落实工作责任制。在进一步推进会计委派制的基础上,应实行定期开展财务稽查工作制度,通过群众信访及时发现并严肃处理企业内部违规操作和财务人员不履行监督职责等情况,对不适合继续担任财务的人员,要坚决予以调离,对协助违法犯罪的财务人员应依法追究刑事责任。二是积极参与市场整顿,主动发现线索。建设系统纪检监察部门要积极、主动参与建筑市场检查、房地产市场检查和城乡规划检查活动,在检查过程中要主动发现线索、查找漏洞。三是加强协作,整合查办案件的力量。加强同检察机关联合开展的"预防职务犯罪"活动,联系审计部门开展专项审计案件的工程审计,注意向信访部门了解相关的线索和情况,紧密配合,优势互补,从而达到协同作战、整合办案力量的目的。

(四) 改进组织管理模式,完善动迁评估机制

当单个动迁基地达到一定规模或动迁费用达到一定数额时,应对其作专案处理。动迁方在委托动迁公司前,应对动迁基地先自行或委托他人进行详细的调查,组织专门工作小组实施。委托方应派专人对动迁过程进行实地跟踪了解。此外,动迁方在委托动迁公司时,应将评估报告作为其最主要补偿费用依据,不应预设底线。动迁中如对评估报告有异议的,应作专门报告,由评估公司重新评估后作出相应的补充、更正。需要另追加补偿费的,应经过专门的审核程序。一是在选择评估人时,建立起动迁方与被动迁方协商一致的原则,改变目前由动迁方独家确定评估人的状况;二是及时调整评估价格政策依据,使其更贴近市场,避免过大的人为调整空间,建立其评估的权威性。

（五）加强软件硬件建设，确保交易透明公正

在软件上，应严格规范补证手续，补发房产证由物业公司出具证明，并直接联系房东，并对房东进行办证回访。作为房地产市场监管部门之一的工商部门，也应在执法过程中不断探索应对措施。同时，还应继续规范房展会，严惩房地产业中的不正当竞争行为，继续整顿房地产中介。在硬件上，设置身份证等证件的真伪检验设备、建立相关部门间的公共信息共享网络平台。同时还可以要求房产证持有者在房产证上设置密码，采取技术手段在房产交易中心验证环节上添置辨别技术设备。

（第一组作者为上海市人民检察院研究室调研科科长，

第二作者为上海市普陀区人民检察预防科科长，

第三作者为上海市杨浦区人民检察院政治部检察官）

我国《合同法》、《物权法》租赁权相关条款应当修改

The Relevant Articles regarding Leasehold of the Contract Law and the Property Law should be Amended

翟新辉

我国《合同法》229 条有关"买卖不破租赁"的规定确立了租赁权具有部分物权的特征,租赁权也应该与其他物权一样须遵循诸如"物权法定"、"公示公信"的基本原则。实践中,由于我国有关租赁权公示配套规则的缺失,已经对交易安全造成损害,并危及抵押权制度,存在明显法律漏洞。本文梳理了其他物权化之债权的交易安全制度安排,利用法律经济分析方法分析了现"买卖不破租赁"规则存在的公平、秩序与效率之间的冲突,并结合比较法,就该法律漏洞的补充,对我国《合同法》及《物权法》的修改提出了建议。

一、我国《合同法》"买卖不破租赁"规则缺乏 "公示公信"的配套制度安排

(一) 租赁权的物权化:《合同法》229 条与《物权法》190 条

我国《合同法》(1999)229 条从《经济合同》第 23 条第 2 款修改而来。凭此,承租人可对抗租赁物新的买受人。此即所谓"买卖不破租赁"规则①。也据此,租赁权从债权性质而突破其相对性,被"物权化"了。

《物权法》190 条是《合同法》229 条的自然逻辑延伸,因为抵押权实现时会涉及与抵押物上存在的租赁权的冲突问题②。《物权法》190 条的规定体现了租赁权明显的"物

---

① 实际上,我国《合同法》该条规定不限于买卖,其他如赠与、互易、遗赠、继承、公司投资等亦适用,因此称为"让与不破租赁"更为合适,但以下为习惯计仍沿旧版。另参见苏永钦:《走入新世纪的私法自治》,中国政法大学出版社 2002 年版,第 336 页;陈卫佐译注:《德国民法典》,法律出版社 2006 年版,第 203 页注 153。

② 《最高人民法院关于适用〈中华人民共和国担保法〉若干问题的解释》(法释〔2000〕44 号)65 及 66 条有类似规定,2007 年的《物权法》190 条吸取了该成果。

权"特征,在先成立的权利优先于后成立的权利——物权的优先效力。

但我国《合同法》及《物权法》在赋予租赁权物权特征的同时,却均未考虑公示公信原则的配套,一方面有违《物权法》基本原理,另一方面也在实践中损害交易安全,危及抵押权制度①。

(二) 其他物权化债权关于交易安全的制度安排

梳理我国民商事法律体系,存在一系列物权化之债权,如租赁权、船舶优先权、民用航空器优先权、建设工程款的优先权、《物权法》20 条规定的经预告登记之不动产买受人的债权等。

考察该等"物权化"之债权,符合"物权法定"原则,自不待言②;除租赁权外,均有有关交易安全的制度安排。比如关于建设工程款的优先权,民用航空器优先权,光船租赁权③等。

二、"买卖不破租赁"与"公示公信"的法律经济分析——公平、秩序与效率的平衡

"买卖不破租赁"原则,目的在于保护出租人的利益,是基于不动产承租人通常处于经济及社会弱势地位,出于"公平"的考虑④。同时,对于持续占有租赁物的承租人而言,"买卖不破租赁"亦有维护现有占有秩序的意义。

但租赁权物权化的制度设计,不可避免地影响到第三人(主要是新的买受人或租赁物的他物权人,比如抵押权人)和交易安全。

古典经济学发现了自由交易可以达到资源的最佳配置(帕累托最优),但无视现实中交易成本的存在。依据"科斯定理",假设不存在交易成本,则无论产权或制度如何安排,均能通过自由交易达致资源的最佳配置,但由于现实中存在大量的交易成本,所以不同的产权安排就会影响资源配置的效率。

对于第三人而言(他可能是房地产买卖中潜在的买方,或者贷款合同中的贷款人以

---

① 参见翟新辉:《我国立法应明确不动产租赁登记的效力——兼论物权化之债权及其公示》,《学术交流》2008年第 7 期;以及翟新辉:《租赁权公示是取得物权对抗效力的要件》,《法律适用》2007 年第 9 期。

② 依法理,《合同法》229 条关于"买卖不破租赁"的规定可由当事人约定排除,似与"物权法定"不符,但从预先放弃权利的角度理解,与其他物权化债权并无不同。另参见苏永钦:《走入新世纪的私法自治》,第 345 页注 19。

③ 参见"最高人民法院关于建设工程价款优先受偿权问题的批复"(法释〔2002〕16 号)第 4 条;《民用航空法》第 33 条;《船舶登记条例》第 6 条。

④ 但对动产不动产、商业地产和住宅不加以区分的适用,值得争议;笔者同意,以目前中国的社会情况,除住宅外,承租人的弱势地位应存争议。

上海市社会科学界第八届学术年会文集(2010年度)政治·法律·社会学科卷

及房地产抵押中的抵押权人），为避免可能存在的租赁权的对抗，需要获取一个不动产是否已经租赁的信息。由于可能存在欺诈，第三人的交易对手（原所有权人或抵押人）的告知不能信任，那么，第三人为达成交易，剩下的选择可能就是实地验看或深入调查并留存证据。这样一来，必然增加第三人的交易成本。考虑到社会中不动产买卖及抵押交易的频繁及大量存在，可以想见其将造成巨大的社会交易成本。

如何节省该交易成本呢？当然，废除"买卖不破租赁"是一个制度选择，但会对承租人的利益造成巨大影响，出于"公平"或"秩序"考虑似乎不可行。但租赁权的物权化又影响到效率、增加交易成本。使租赁权登记后才获得对抗效力，是一个可以考虑的选择，这可以使第三人非常方便地获取某不动产是否租赁的信息。然而，租赁登记无疑将增加出租人或承租人的成本，因为登记是要花时间和金钱的。

由此可见，"买卖不破租赁"的"公平"及"秩序"的政策考虑，与公示公信、交易安全的"效率"考虑需要法律的平衡。问题是，采取何种制度安排可以最合理地降低整个社会的交易成本。

三、我国台湾地区"民法"债编 1999 年的修订及其他比较法的经验

（一）我国台湾地区"民法"债编 1999 年修订前的规定

我国台湾地区"民法"1999 年修订前的 425 条，与我国大陆《合同法》229 条大致相当[1]。就租赁权与他物权（比如抵押权）可能存在的冲突，台湾地区"民法"的做法是直接规定在"买卖不破租赁"之后的 426 条，而不似我国大陆在《物权法》190 条规定租赁权与抵押权的冲突。就台湾地区"民法"425 条，在修订之前台湾学界已有讨论[2]。

（二）我国台湾地区"民法"债编 1999 年的相关修订

我国台湾地区"民法"债编 1999 年进行了重大修订，删除、增订、修正之处几乎涉及债编（台湾"民法"153 条至 759 条之 9）的约三分之一条文（约 200 处），其中，425 及 426 条进行了修正，增订了 425 条之 1、426 条之 1、426 条之 2。修正后的 425 及 426 条如下：

---

[1] 应该说《合同法》229 条"不影响租赁合同的效力"的表述会有歧义，苏永钦批评其"完全混淆契约效力、履行及移转问题"，颇值赞同，参见前引苏永钦：《走入新世纪的私法自治》，第 341 页注 11。

[2] 王泽鉴：《民法学说与判例研究》第六册，中国政法大学出版社 1998 年版，第 217 页。王泽鉴在其书中注释参阅吴光陆：《租赁与强制执行之买卖》，《法学丛刊》第 134 期。另外，王泽鉴该书的最早版本应为 1989 年版，据前引苏永钦：《走入新世纪的私法自治》，第 339 页注 7。

"第四百二十五条(租赁物所有权之让与)　出租人于租赁物交付后,承租人占有中,纵将其所有权让与第三人,其租赁契约,对于受让人仍继续存在。

前项规定,于未经公证之不动产租赁契约,其期限逾五年或未定期限者,不适用之。

第四百二十六条(就租赁物设定物权之效力)　出租人就租赁物设定物权,致妨碍承租人之使用收益者,准用第四百二十五条之规定。"

其修正之425条第一款,增列了六个字"承租人占有中";增加了一项,"前项规定,于未经公证之不动产租赁契约,其期限逾五年或未定期限者,不适用之"。该修正增加了"承租人占有中"的要件,并且排除了租期过长或不定的未经公证之不动产租约的"买卖不破租赁"的适用,可以说一定程度上降低了租赁权缺乏公示的风险。但该修正仍受到抨击①。

(三) 其他立法例的经验

德国民法典中,买卖不破租赁适用于住房、土地和除住房以外的房屋以及已登记于船舶登记簿的使用租赁②。

法国民法典1743条规定:"(1945年10月7日命令;1946年4月13日法律)如出租人出卖租赁物时,买受人不得辞退经公证作成或有确定日期的租赁契约的土地承租人、佃农或房屋的承租人。但买受人根据租赁契约有此权利者,得辞退非乡村财产的承租人。"③可见,法国民法就买卖不破租赁仅适用于不动产。

日本民法典605条(承租权的对抗力)规定:"不动产租赁实行登记后,对以后就该不动产取得物权者,亦发生效力。"④

(四) 国内其他立法及地方法规、规章

我国《城市房地产管理法》(1994年颁布,2007年修订)54条虽规定了房屋租赁应当登记,但未规定租赁登记的效力。其后建设部及各地方纷纷颁布相应的地方法规或行政规章,但少见涉及租赁登记效力的规定⑤。

值得一提的是,《上海市房屋租赁条例》(上海市人大常委会,1999)第15条规定:"房屋租赁合同及其变更合同由租赁当事人到房屋所在地的区、县房地产登记机构办理

---

① 苏永钦认为,"本条不能不说是本次债编修正的败笔",见前引《走入新世纪的私法自治》,第337页及以下。

② 德国民法分为使用租赁、用益租赁及使用借贷(无偿),见前引陈卫佐译注:《德国民法典》,第203页注154;就买卖不破租赁对住房、土地、住房以外房屋及船舶的使用租赁的适用,分别见566、578及578a条。

③ 马育民译:《法国民法典》,北京大学出版社1982年版,第416页。其较1804年的最早条文略有修正,见李浩培等译:《拿破仑法典》,商务印书馆1979年版,第243页。

④ 见王书江译:《日本民法典》,中国法制出版社2000年版,第110页。

⑤ 依据立法法,行政规章应无权就租赁登记发效力作出规定。

登记备案手续。房屋租赁合同未经登记备案的,不得对抗第三人。"可以说在国内较为先进,但其规定略显僵化,且笔者认为其作为地方法规在民事审判中的适用、效力值得讨论。

四、对我国《合同法》及《物权法》相关
条款的修改建议及理由

(一) 我国《合同法》及《物权法》相关条款可考虑修改

(1)《合同法》229 条可考虑修改为:"出租人于租赁物交付后,承租人占有中,纵将其所有权让与第三人,其租赁合同,对于受让人仍继续存在。法律另有规定的,依照其规定。

租期逾三年或未定租期的租赁合同,如未经登记,则不适用前款规定。"

(2)增加一条,作为《合同法》229 条之 1:"出租人就租赁物设定物权,致妨碍承租人对租赁物使用收益的,准用本法第二百二十九条之规定。"

(3)就《物权法》,删除 190 条[1]。

(二) 相关立法理由

"让与不破租赁"对动产的适用,不致有太大不妥。对于已经取得动产租赁物占有的承租人而言,使物权变动的租赁物上的租赁权继续存在,对于维持现存占有秩序、避免社会矛盾而言,不无意义。而且一般动产价值不大、即时交易居多,即使交付延后,但由于价值不大,对于第三人而言,出卖人(出租人)违约的风险也属正常交易风险,第三人也可承受,不致有过大影响(一般不存在他物权与租赁权冲突的问题);对价值较大的交通工具(如汽车、船舶、航空器),均有登记制度;对于价值较大而且可能出租的动产(如珍贵动物或艺术品),由于市场较小及交易各方的专业身份,其对交易风险应有充分了解;最后,实践中就动产租赁权与其他物权的冲突案例较为罕见[2]。

对于期限较长或不定期限且未登记的租赁合同,排除"让与不破租赁"的适用。这样规定一方面可补足租赁权仅以租赁物占有或交付作为公示手段的不足;另一方面,也

---

[1] 需指出的是,依苏永钦,如"让与不破租赁"适用于动产,则存在动产租赁权"善意取得"的问题(即承租人从非所有人的占有人处租得租赁物),因此,我国《物权法》106 条"当事人善意取得其他物权的,参照前两款规定"一句,应进行修改或解释为准用于租赁权的善意取得。参见苏永钦:《走入新世纪的国家强制》,第 348—352 页。

[2] 依笔者经验,未见到有关动产(交通工具除外)租赁与物权冲突的案例。另见前引王泽鉴:《民法学说与判例研究》(第六册),第 187 页;买卖不破租赁的立法政策"惟实务上以不动产为常见,就历年判例及判决分析之,尚未发现涉及动产之案例。"

兼顾了短期租赁的承租人（特别是弱势地位的住房承租人）的利益。依笔者在上海的经验，住房租赁呈短期化倾向（公有住房租赁和廉租房除外），长期租赁以商业物业居多。《上海市房屋租赁条例》15 条要求所有租赁合同登记才能对抗的规定略显僵化，且对一般住房租赁的承租人不太公平①。对于租期短于 3 年的租赁合同，无需登记即有对抗效力，虽增加了第二人（新的买受人或可能的抵押权人）的交易成本和风险，但出于期限较短，（即使第三人未能发现未登记之短期租赁权）也不至于对其利益影响过大；同时，对于租期较长（比如 3 年以上）的不动产租赁合同，为获取租赁权的对抗效力，以租赁合同登记为要件并不过分②。这一制度安排对节省社会的交易成本会作出巨大贡献，兼顾"公平"、"秩序"及"效率"。

"让与不破租赁"的排除未区分动产与不动产。在我国，除不动产及交通工具，一般动产租赁并无登记制度，但对于租期较长的动产租赁合同排除"让与不破租赁的适用"，并无太大不妥；对于汽车租赁，可能需考虑健全租赁登记制度；对于船舶及民用航空器，由于其市场较小（应该比不动产交易市场小很多）③，现海商法及民用航空法的规则问题不是很大。

租赁权与他物权的对抗规则规定于《合同法》租赁合同章较为合理。在理论上，租赁权还可能与除抵押权外的其他用益物权相冲突④，因此《合同法》增设 229 条之 1 的规定较为简约、合理，优于随后在《物权法》各物权章节分别规定与租赁权的冲突。

综上所述，我国《合同法》及《物权法》对有关租赁权的规则存在法律漏洞，需借鉴其他立法经验，作出相应修改，对租期较长的租赁合同，要求以租赁登记作为租赁权对抗效力的要件，以兼顾公平、秩序和效率。

（作者为上海政法学院法律系副教授）

---

① 实际上也难于执行。如果排除私力救济情形，通过诉讼、执行程序要求未登记之承租人搬离（短期住房租赁合同极少登记），时间上租赁合同也差不多履行完毕了。因此，要求所有住房租赁合同，不论期限长短一律登记才对抗并不可取。

② 以上海为例，目前租赁合同的文件备案登记，每件仅收取人民币 50 元，见上海市住房保障和服务管理局官方网站，http://www.shfg.gov.cn/fgdoc/djxgsf/200910/t20091023_329476.html，"房地产交易登记收费一览表"，2010 年 7 月 9 日。

③ 从法律经济分析的角度，市场较小，获取交易对手信息的成本会相对较低；对于成熟市场（比如国际规则较完善的海运及空运市场），市场的透明度也一定程度降低了交易成本，租赁登记规则即使不完善也不致像不动产市场那样后果严重。

④ 比如租赁权与其后设立的土地承包经营权、建设用地使用权、地役权及宅基地使用权等的冲突。

浦东新区公共财政体制改革的若干思考

Pudong New Area Public Finance Reform in China

董瑞华

浦东新区构建地方公共财政体制已取得一定的进展①今后在完善公共财政体制方面,提出如下对策措施与理论思考。

一、突出民生改善,打造民生财政

1. 建设服务型政府必须加大财政对公共服务投入的力度。面对新形势新任务,浦东新区要围绕推进基本公共服务均等化和主体功能区建设,加快构建有利于科学发展的财税体制机制。要加快完善税收制度,坚持简税制、宽税基、低税率、严征管的原则,优化税制结构,公平税收负担,规范收入分配秩序,促进经济健康发展。要按照调动区和镇两个积极性的原则,健全区和镇财力与事权相匹配的财政体制,完善财政转移支付制度,加大一般性转移支付力度,规范专项转移支付,提高镇政府提供基本公共服务能力,加快建立基本财力保障机制,增强基层政府提供基本公共服务能力。要健全预算制度体系,逐步形成由公共财政预算、国有资本经营预算、政府性基金预算、社会保障预算组成的有机衔接、完整的政府预算制度体系,提高预算编制的科学性和准确性。

2. 公共财政要为促进就业事业发展增加投入。浦东新区应该根据中央和市政府的指示精神,结合本地区实际,推出一系列促进就业的政策,确立本区积极就业政策的基本框架,设立专门促进就业的专项资金。为了促进就业专项资金有效率地运作,财政部门应该把促进就业专项资金项目绩效评价纳入改革内容。为此应该做好以下工作。

积极探索培养高技能人才的资金投入模式。建立高技能人才奖励机制,用于全区高技能人才政府津贴和高技能人才培训费补贴以及高技能人才突出贡献奖;提升开业

---

① 胡锦涛:《高举中国特色社会主义伟大旗帜　为夺取全面建设小康社会新胜利而奋斗》,人民出版社 2007 年版,第 26 页。

指导水平,促进劳动组织长效发展。促进非正规就业的劳动组织的转制是创业成功与否、是否能够得到社会认可的重要措施。要进一步提升公共开业指导服务水平,按照"政府搭台,企业运作"的原则,细化创业资金和场地扶持政策努力让创业资金扶持覆盖到创业的各个方面。要培养和扶持就业带头人,建立和健全非正规就业的劳动组织长效机制;要优化就业补贴流程,建立合理的分配机制。

3. 公共财政应该支持教育事业的进一步发展。浦东新区应该切实把教育放在优先发展的战略地位,重视财政对教育的投入,并且一直保持稳定增长趋势,使得优质教育资源迅速聚集,成为浦东社会现代化的一大特点。

因此公共财政仍然需要进一步加大政府对教育的投入,培育"浦东教育"品牌效应,为率先基本实现教育现代化提供财力保障;要加大财政转移支付力度,促进义务教育均衡发展;改革教育经费管理模式,逐步引入绩效拨款;进一步改革和完善教育财政体制,不断提高教育财政管理的规范化和透明化;把握教育财政改革的方向,充分发挥财政的调控作用,加强对本区重大教育项目投入的监督管理,进一步提高教育经费的使用和效益,构筑激励、预警与政策调节相统一的新机制。

4. 公共财政需要支持建设健康城市,把生态环保工作进一步推进。浦东新区应该严格遵循 WHO 提出的"建设健康城市项目总的原则和策略适用于各个城市,重要的是在实践中应根据自身城市不同的情况进行必要的调整,形成适合本地区需要的项目规划和行动方案"的原则,力求做到在"市民有需求、政府有能力、目标可量化、评估有标准"的基础上确立相应的建设内容与重点,在实施的过程中,要运用科学方法,融合先进理念,整合各方力量,加快改善区域卫生状况,提高居民健康水平。要努力应对城市化进程中危及市民健康、进而影响到区域现代化建设的各类因素,积极构筑健康城区,进一步提升区域的综合竞争力。

5. 公共财政应该支持现代农业的进一步发展。随着浦东新区开发开放进程的加快,浦东新区的孙桥现代农业园区都市型现代农业的特征越来越明显。今后,该园区应该充分利用两港(航空港—浦东国际机场、深水海港—洋山港)的优势,抓住办世博的机遇,进一步明确发展方向,找准新的发展定位,更好地利用财政扶持资金,加快现代农业的发展,增强浦东农业的国际竞争力。

二、深化绩效预算改革,打造绩效财政

1. 进一步推进浦东新区绩效预算改革的基本思路。针对新区政府职能定位规范性较差、公共预算信息匮乏、制衡机制不健全等瓶颈制约的现实,当前推进绩效预算改革应该从两方面入手:一方面,继续深化预算管理改革,通过有力控制以解决财务规范性问题,加快建立现代政府预算管理制度;另一方面,在预算管理改革的基础上,采取渐进

有序的策略,构建绩效管理框架,逐步向更高层次的绩效目标发展。

2. 进一步推进浦东新区绩效预算管理改革的初步打算。先以部分项目试点,积累经验,然后再逐步扩大范围。规范项目绩效预算管理分为以下四个阶段:

第一阶段,由各部门依据新区发展规划,制定中长期发展战略目标、年度绩效计划,并据此填报项目申报文本。具体说,就是政府各部门首先要依据新区经济和社会发展的总体目标,拟订部门的中长期发展战略目标和年度绩效计划,并据此填报项目申报文本。在制定中长期发展目标之前,要对部门的发展方向及其安排进行广泛的讨论,避免在项目执行过程中发生交叉和争执。同时,财政部门需要建立绩效预算信息体系,以提高部门编制绩效计划和申报项目的可操作性。

第二阶段,财政部门加强与发改委、项目主管部门之间的协调,建立滚动项目库。建立发改委、财政部门和主管部门共同负责项目建设管理实施协调的决策机制。主管部门制定的中长期发展战略目标在报送发改委的同时,要连同年度绩效计划一并抄送财政部门。对备选项目各方论证意见一致的,发改委可以批复项目,进入财政的滚动项目库。对各方论证意见不一的项目,由各方继续论证。如果仍不能取得一致意见,不能进入财政的滚动项目库。

第三阶段,财政部门和项目主管部门对预算项目进行绩效考评。

通过项目绩效考评,主要是使管理者或政策制定者达到以下几个目的:一是检查项目的目标是否具有持续性,项目执行的结果是否达到了预期的目标,是否有更简洁、有效的途径达到预期的目标。二是决定是否有必要设立一个新的项目,或继续扩大项目的规模。三是决定是否继续增加、减少或维持项目的投入水平。

撰写绩效考评报告。对预算项目的绩效考评要依据绩效考评指标来衡量,并将考核结果编写成绩效考评报告。绩效考评报告由项目的主管部门、项目管理者和专业人士共同撰写,主要说明评价的结果、主要问题等。

第四阶段,加强对预算项目绩效考评的控制和回顾,充分利用绩效评价的结果。

根据评价的规模和复杂程度,可以采取不同的控制方式。一是可以建立定期检查机制,采取每月召开分析会,分析绩效评价的进展情况。二是可以召开定期会议,每季度向政府报告评价取得的成绩,收到的信息反馈意见及相关建议。三是经政府批准后,向项目管理者和部门管理者定期提供项目进展报告。四是采取有效措施,保证评价按规定的时间完成工作任务,尤其对一些大型的评价活动,要在评价的不同阶段,分别对预算项目的执行情况及进展情况进行回顾。五是要设立质量标准体系,并采取监督和再评价的方式,保证绩效评价的质量。

在绩效评价的最后阶段,或评价即将结束时,要对评价行为本身进行系统的检查。对评价的检查与回顾,要结合评价的目标以及相关需求,完成以下内容:一是评价完成比较好的方面及其原因;二是评价完成不理想的方面及原因;下次评价需要注意的问题及操作办法。通过检查回顾,总结评价的经验和教训,并提出引起注意的问题。

三、均衡公共服务，强化街、镇、社区建设

1. 街道职能转变需要明确的问题。浦东新区街道职能转变还存在机制性的瓶颈问题，需要通过深化改革加以突破，为此要明确以下几个问题：

（1）要准确定位。要准确地把握街道职能定位，明确街道不是经济实体，而是一级政府的派出机构，主要职能和任务不是抓经济，而是搞好社区管理。我们要在推进街道管理体制改革过程中，加强社区建设和管理工作，以优良的环境、优惠的政策、优质的服务，努力营造良好的经济环境。

（2）要职权统一。社区建设任务日益繁重，街道职能在不断增加，街道因为缺乏相应的行政指挥权、执法权、协调权，使许多工作不能落实到位。因此，哪些属于区里的工作职责，哪些属于街道的工作职责，必须分清。为了切实履行街道的各项职能，政府必须保证街道有职有权，权利与义务对等。

（3）要保证财力。街道作为政府的派出机关，理应将全部精力投入到履行街道职能上，必须完善财政保障机制，加强公共财政保障。通过建立规范统一的街道经费基本保障标准和支出范围，完善转移支付制度等措施，着力提高财力薄弱地区基本保障水平，实现街道基本公共服务的均等化，促进经济社会和谐发展。

2. 积极推进街道民主理财管理。按照"听计于民、问计于民"的理念和要求，结合当前街道转变职能，全面推进社区管理与服务的新形势，从增加社会公众参与度、提高社区居民自治水平，提升依法民主理财水平角度，明确街道预算听取社区居民意见和公开透明的管理规定。

其重点有以下方面：一是街道预算有关社区管理与服务基础设施项目和社区公共服务、为民办实事等支出事项（简称实事项目预算），应该通过召开社区居民代表会议、社区事务协商会议等方式听取社区居民意见；二是街道预算执行中调整实事项目预算，应该通过社区事务协商会议，说明情况和听取社区居民意见；三是街道预算及相关支出项目定期向社区居民公布，相关支出项目的绩效评价应该有居民代表参加并听取社区居民意见，相关项目竣工验收结果、绩效评价结果向社区居民公布。通过增强社会公众参与度和推进公开透明，推进街道预算精细化管理，规范收支行为，节约行政成本，加大为民办实事投入。

3. 努力理顺镇级财政体制。浦东新区各个镇的社区管理与服务经费支出，由镇级财政予以保障。财政按照镇财政管理体制，落实好镇财力结算和资金拨付工作，确保各个镇行使一级财政的能力。浦东新区在"镇管社区"模式方面做了积极有益的探索，进一步强化了镇对社区公共财政的保障度。区级财政也通过转移支付手段，对一些薄弱镇实施差别政策和专项补贴，有效提升镇级财政保障能力，促进地区均衡发展和新郊

区、新农村建设,以及社区管理服务水平的提高。

　　浦东新区将结合自身实际进行探索,主要考虑是在镇财政法律主体地位不变、资金所有权和使用权不变的前提下,通过加强区域统筹管理,加大对薄弱镇的财力倾斜和转移支付,稳步提高镇公共服务和社区管理水平。浦东新区将进一步启动乡财县管试点工作,通过加强对镇财政在预算编制、账户设置、集中支付、政府采购、票据管理等方面的监管,切实提高镇财政精细化管理水平,促进镇转变政府职能,强化社区管理和公共服务职能。

（作者为中共上海市委党校教授）

大学学术伦理规制：现实问题与实施框架

University Academic Ethics Regulation：
The Actual Problems and Operational Framework

罗志敏

大学是社会开展学术活动最主要的、最集中的机构与场所。但 20 世纪末以来，大学校园内屡屡发生的学术失范事件，削弱了大学对年青一代的教育，也损伤了大学作为社会存在的能量根基。为此，防治学术不端，促进学术事业发展也就成了如今我国大学学术管理中的重要课题。但令人困惑的是，不管是"制度的"、"技术的"甚或"法律的"三管齐下，还是泛泛意义上的道德说教，都未能有效地唤起大学教师这些学术人①的"羞耻心"和"敬畏心理"，也未能达到人们所希望的"他律"与"自律"的良性互动。在目前倡导创建创新型国家的大背景下，更未能有效地激发他们的创新意识和激情。如此等等，都在促使人们开始转换思考与解决问题的角度，留意大学学术活动中更基础、本原性的东西，即采取学术伦理规制②的方法，增强大学学术人的自我伦理意识以及由此带来的自我纠错意识和学术创新意识，从而带动整个大学学术的良性发展，而不应仅仅诉诸于外在的规章管理模式和技术模式。

在一些规制理论学家看来，一切有可能发生个人利益与公共利益冲突的活动，都有必要严格规制。大学的学术活动亦是如此，如学术中的弄虚作假实质上就是学术人为捞取个人利益而去损害公共利益的行为。根据规制所采用的主要手段不同，对大学学

---

① 本文认为学术人主要是指大学教师，主要基于以下原因：第一，从欧洲的中世纪大学开始，学术人一般指的就是大学教师（或大学教授）。第二，虽然大学教师并不能代表学术人群体中的全部，但不可否认的是，凭借着大学这个社会开展学术活动最主要、最集中的机构与场所，大学教师以学术为本位开展教学、科研和社会服务工作，并对其他学术人进行培养、培训和颁证，这些已让他们事实上成为一国学术发展的主体性力量和学术人群体的最集中代表。第三，即便在大学如此社会化、大众化的今天，大学教师仍然是大学这个领域中最重要的组成部分。如就目前大学人员的生存分布样态来讲，不管是"校长、学部部长、院长、系主任、研究所所长"，还是"专家、学者、教授、硕士（博士）生导师、研究员、科学家、院士、知识分子"，其身份首先应是一位"大学教师"，然后才是具有某个行政或学术职位头衔的专业人士。第四，大学生、研究生虽然也从事学术活动，但其主要任务是学习，充其量只能算是"准学术人"。

② 本文认为，但凡学术机构所具有的每一特征，大学也都具备。大学学术伦理作为学术伦理体系中的一个分支，除了在规制的具体对象方面有所不同之外，二者在本质上并没有什么区别。本文对学术伦理规制所做的探讨，同样适用于大学学术伦理规制。

术活动的规制可以分为学术法律规制、学术行政规制、学术经济规制等等。而学术伦理规制从字面上理解则是从伦理层面上对学术人的行为进行规制，即运用伦理的手段使学术活动得到矫正或保持好的状态的一种大学学术管理活动。

一、大学学术伦理规制所要解决的问题

大学学术伦理规制之所以有存在的必要，就在于有它需要解决的现实问题。这个问题就是学术伦理失范。学术伦理失范不是一般意义上的那种"造假"、"篡改"、"剽窃"等学术违规行为，而是指学术人在学术活动中以学术论文、著作、科研项目申请书、结题报告、学历学位证书、科研申明或鉴定等为媒介，为获取不正当个人利益而发生的一切背离学术价值与追求的态度和行为。它不仅包括外在的学术行为的失范，还包括内在的学术创新意识的不足。

（一）外在的学术行为失范

外在的学术行为的失范其实就是"显性的"学术伦理失范，是可以看得到、查处得到的学术违规现象。但是，要想把全部的学术失范的现象都一一列举出来，却是一件非常艰难的事情，这也正是目前大学学术管理部门在处理学术伦理问题时经常会遇到的一个难题。以下本文仅从个人、组织、社会这三个层面对这一学术伦理失范的形式作一简要描述。

（1）个人层面：剽窃（直接或间接剽窃），篡改（主观取舍数据、篡改原始数据、编造实验数据、拼凑数据等），弄虚作假（编造虚假学术经历、伪造申请者或签名、学术创作请人代劳），学术评审有偏见，项目申报中突出个人利益、失实夸大，等等。

（2）组织层面：在某一学术共同体内缺乏合作，互相吹捧，学术霸权，纵容、袒护、包庇本部门的学术失范行为，侵占他人科研成果，等等。

（3）社会层面：学术不端延伸到社会的公共层面，即我们常提及的"学术腐败"。主要是指在学术活动过程中发生的"学"与"权"、"学"与"钱"等不正当交易，在社会场合为企业或其他社会团体进行违背科学事实的宣传，等等。

（二）内在的学术创新意识不足

内在的学术创新意识不足其实就是"隐性的"学术伦理失范，体现在学术人对待学术的态度上，即学术人在科研工作中缺乏严谨意识或创新动力。"隐性的"学术伦理失范处于学术人个人的价值观念层面，具有很大的隐蔽性，一般很难察觉，但也可从其外在的学术行为表现上得到一定程度的反映。此外,"隐性的"学术伦理失范也时时预示着"显性的"学术伦理失范的方向和结果。本文仅从两个层面对"隐性的"学术伦理失范作一简要描述。

(1) 轻微的:缺乏学术创造动力,缺乏精心钻研精神,重数量轻质量,重眼前轻长远,重经济利益轻社会贡献。在学术研究中,深入学习和研究不够,东拼西凑,粗制滥造,低水平重复。这种"隐性的"学术伦理失范是目前学术行为规范无法"规范"的地方。

(2) 严重的:抱着狭隘的学术利益观,没有学术良知,立志于投机钻营、捞取金钱与荣誉。这种"隐性的"学术伦理失范在行为人没有进行行为操作或已付诸实施但没有暴露之前,也是目前学术行为规范无法"规范"的地方。

以上发生在大学中的种种学术伦理失范现象,不仅是一种行为上的违规,更是一种对学术价值与追求的背离;不仅是对作为一个学术人应有的个人品质的偏离,更是对学术共同体由此才能立足之根本以及社会为此支持之理由的背叛。换句话说,学术伦理失范不单单是学术人在行为上和道德上背叛了学术的价值与追求,而从最根本的意义上讲则是学术人学术伦理意识缺失后对作为学术人应该遵循的价值规范的违反。学术伦理失范,无疑都将从源头上破坏大学赖以存在的公信力和学术创新力,腐蚀了学术风气,动摇高等教育发展的根基,也阻碍国家竞争力提升的步伐。所以,大学必须对学术伦理失范采取与之相对应的治理措施,即采取学术伦理规制的方法,增强大学学术人的自我伦理意识以及由此带来的自我纠错意识和学术创新意识,从而带动整个大学学术的良性发展。

二、大学学术伦理规制的实施框架

大学学术伦理规制框架的建立应该以学术伦理的理论特质为依据和支撑。具体来说,在学术伦理的规制实践过程中,一方面要在大学这个学术组织内确立具有普遍共识性的学术伦理价值观,另一方面,要围绕这一基本的伦理价值规范建立一套外在的组织制度约束体系。

(一) 确立内在的学术伦理价值观

作为学术伦理的基础与核心,学术伦理价值观是符合学术伦理关系要求的价值观,在大学学术伦理规制中起着灵魂的统帅作用。一个人在社会上追求什么,信仰什么,遵循什么样的道德原则和行为准则,都与其如何确认和选择价值观有关。目前,一些企业、新闻媒体、军队等社会组织都把"确立价值观"提到了与自身发展相匹配的战略高度,在实施"价值观驱动式"的管理或规制模式方面走在了前面,也的确收到了很好的效果。例如 IBM 公司把"成就客户,创新为要,诚信负责"作为自己的价值观,联想公司把"成就客户,创业创新,精准求实,诚信正直"作为自己的价值观,路透社把"准确,独立,可靠和开放,及时,创新和以客户为本"作为自己的价值观,美国军队把"忠诚,负责,尊严,无私服务,荣誉感,正直诚实,个人精神"作为自己的价值观,等等。为此,要在大学学术管理活动中实施伦理规制,首先要做的就是确立一套符合学术伦理关系要求的价值观体系,即学术伦理价值观。但需注意的是,在确立学术伦理价值观的过程中,既要吸取传统民族精神和人类思想史的积极成果,又要倾听来自学术实践的呼声,顺应当代学术道德生活的客观要求。此外,还需在学术活动利益各方之间积极互动中把各学术主体成员的道德差异和整个学术共同体的学术道德和理想结合起来。如此这样,才是建构一个完整的、分层次的、具有时代价值的、立足本土与面向世界相结合的学术伦理规制体系所需要的。

(二) 建立外在的组织、制度约束体系

任何一套学术伦理价值观不管多么合理、多么完善,其最终的落脚点必须是内化到大学教师这些学术人的"血液"和"灵魂"中,进而落实到其具体的学术实践中,否则这套学术伦理价值观只能是一堆抽象的价值符号,而无任何实际意义。为此,就必须通过外在的组织、制度约束体系来为促进和保障学术伦理价值观在大学学术人中的内化提供实践的依据和保障。只有这样,学术伦理才能内化于心,才能成为大学学术人在学术活动中的自觉力量,学术伦理规制也才能由此达到目的。为此,就要围绕学术伦理价值观建立配套的组织、制度约束体系。一是建立专门的学术伦理规制的组织机构,如大学学术伦理委员会;二是把学术伦理价值观制度化,形成"明示的价值规范",即把相对抽象的学术伦理价值观不断具体化为大学学术人必须遵循的学术操作规范;三是建立一系列有关学术伦理规制的操作方法,如学术伦理的宣传与教育方法、学术伦理的评估方法、学术伦理的审查方法等等。

总之,在这个大学学术伦理规制的实施框架中,内在的伦理价值观与外在的组织、制度相互连接,统一发挥效力,即其规制的手段是以其内在的伦理理念和精神为基础,以其外在的组织、制度约束为保障,并在二者的统一过程中达到对行为主体(学术人)进行规制的目的。

参考文献

周奋进:《转型期的行政伦理》,中国审计出版社 2000 年版,第 54 页。

(作者为上海师范大学高等教育研究所助理研究员)

"社会"范畴何以终结？

——鲍德里亚后现代社会理论述评

Why Come to End of the Social?
—A Survey on Postmodern Social Theory of Baudrillard

张劲松

后现代主义在对现代性进行批判的基础上,质疑社会学理论得以建构的基本预设,并对其元话语提出彻底的消解。在后现代主义者看来,作为社会学研究对象的"社会"范畴是一种抽象的、过时的、随意的话语构建,是特定的社会学理论、政治和意识形态理论和文化理论的产物,并最终把这种理论建构强加于复杂多变的社会与文化现象之上。因此,许多思想家主张放弃"社会"范畴。利奥塔(J. F. Lyotard)就认为"社会"范畴已经分裂成为原子,"成为有弹性的语言游戏规则网络"①,吉登斯(A. Giddens)也曾指出:"尽管使用'社会'已非常普遍,但'社会'一词在社会学话语中是难以确定的"②。后现代理论家们试图把"社会"范畴从社会学理论中排除出去,是为了表明由现代性话语构建的社会学理论已经不合时宜,传统意义上的"社会"已经消失在新时代的信息世界和全球网络之中了,因此迫切需要一个新的"社会之外的社会学"。在这个意义上,鲍德里亚提出的拟真与超现实概念,成为后现代主义最具鲜明特色的社会理论之一,也启发了我们更好地解读后现代主义对社会理论的质疑和挑战。

一

作为当代西方重要的社会批判家之一,鲍德里亚的学术研究涉及哲学、政治经济学、社会学、符号学、媒介批判、艺术等诸多领域。在 20 世纪 70 年代末,鲍德里亚提出了"拟像"、"拟真"、"超现实"等一系列崭新概念,"发展出了迄今为止最引人注目也是最极端的后现代性理论",在西方社会学和媒介批判等领域产生了广泛的影响,被尊奉为后现代"新纪元的高级牧师"③。

---

① 〔法〕让-弗朗索瓦·利奥塔:《后现代状况:关于知识的报告》,岛子译,湖南美术出版社 1996 年版,第 69 页。
② 〔英〕安东尼·吉登斯:《社会理论与现代社会学》,文军、赵勇译,社会科学文献出版社 2003 年版,第 26—27 页。
③ 〔美〕道格拉斯·凯尔纳、斯蒂文·贝斯特:《后现代理论》,中央编译出版社 1999 年版,第 143 页。

　　鲍德里亚认为后现代社会的典型特征就是"超现实"。首先,"超现实"反映对技术革新对于社会的深刻影响,由数字信息技术和生物 DNA 技术所构造的新的经验事实广泛地渗透到生活的每一个角落,这些新的拟真之物对传统的真实、客观等观念形成了尖锐的质疑。虚拟世界、人造物、合成物、拟像物与现实事物无法区分,拟真比现实更为真实、更加生动。其次,"超现实"概念集中地体现了当代媒介所形成的社会性后果。鲍德里亚把媒介看成是超现实世界形成的主要机器,媒介通过拼贴和再造生活场景和事件,在剧场和娱乐节目中再生产出大众的口味、兴趣,再生产出他们的梦想和生活方式。不难看出,鲍德里亚的超现实概念是"对大众媒体、信息系统以及技术等这些彻底改变了政治、主体性和日常生活之性质的新型统治方式的理论阐述"①。

　　超现实是后现代理论中的一个重要术语,同时又对社会科学领域的"现实"概念提出了强烈的质疑。大卫·莱昂(D. Lyon)认为,对于现实的理解和重构成为了后现代理论与传统理论最重要的区别,"后现代争论最基本的主题之一是围绕着现实性、或者现实性的缺失、或者多元现实性而展开"②。事实上,后现代主义就是对"现实"的质疑和重构中不断发展起来的,尼采的虚无主义是对流动不羁的"现实"产生的最直接的反应,德里达则以不同"话语"再现多元的现实,而鲍德里亚在技术高度发达的语境中重构了一种"超现实"。这种超现实的建构遵循着符号的任意性原则,把能指与其指涉物分离开来,失去原本和指涉物的拟像充斥于人类生活中,符号与符码被大量地复制,成为了超现实构成的主要元素。在后现代主义者眼里,"有形的'现实'……实质上是一种社会的和语言学的建构"③,这种观念解构了传统社会学赖于生存了客观物质现实,并最终使那些试图在形形色色的社会现实背后寻找终极真理的愿望成为一种幻想,因为"现实只能以解释或叙事的方式被感知,没有任何一个权威能够宣称自己知道现实",揭示客观事实与真理的努力只是"剥开一个拟像层面去得到另一个拟像层面",最终后现代"社会理论的任务就是要揭露社会世界的拟像特征。④"

二

　　对于"社会范畴的终结"这一命题,鲍德里亚通过三个假设进行着论证:

　　第一,"社会从根本上从来没出现过"。从来不存在任何的"社会关系",社会"只是一个拟像的实体化"。事物也从来没有社会性地发挥作用,而是象征性的、魔法般地、非理性地发挥作用。早期的鲍德里亚倡导一种原始社会的象征交换,并把它看作是支撑

---

① 　[美]道格拉斯·凯尔纳、斯蒂文·贝斯特:《后现代理论》,张志斌译,中央编译出版社 1999 年版,第 337 页。
② 　[加]大卫·莱昂:《后现代性》,郭为桂译,吉林人民出版社 2004 年版,第 15 页。
③ 　[美]约瑟夫·纳托利:《后现代性导论》,杨道等译,江苏人民出版社 2005 年版,第 188 页。
④ 　[美]乔治·瑞泽尔:《后现代社会理论》,谢立中等译,华夏大学出版社 2003 年版,第 287—288 页。

其全部社会生活的基础性结构。在象征交换主导的社会形态中，人与自然、人与人之间通过礼物或仪式进行着一种持续的、相互的、平等的交流循环，耗费、浪费、牺牲、挥霍、游戏和象征主义等活动成为人类主要的行为方式。在这个未被理性化的国度里，现代意义上的"社会"从未出现，对于努力在建设、生产出"社会"概念的人来说，社会的存在只是一个错觉，社会总体理念、社会的消耗和内卷，这些都非常突然而毫无理由，似乎社会作为一个精确定义、内涵严格的理念从未出现过。

第二，"社会确实出现过，而且它将越来越多地出现，社会遍布（invest）于所有事物之上"。传统的观念把社会纳入人类发展的客观性进步之中，与之相反，脱离了这一线性发展过程的一切事物都被排斥为残余（residue 剩余物）。社会的进步和发展既带来物质和精神的丰盛，同时也伴随着残余物、排泄物的堆积，我们既处在社会的文明之中，同时处于不可降解的、不可毁坏的残余物之中，这些残余物随着社会的扩展而不断地堆积起来。可以说，社会的形成和发展就是残余物的生产和管理的过程。从 1544 年巴黎设立的世界上第一个流浪者、精神病人的收容院，到 19 世纪延伸到国家救助，再到 20 世纪的社会保障体系，与不断增长的社会理性相对应的，是整个社会共同体都变成了残余物的集合。"当残余物上升到了整个社会的维度，我们就有一个完美的社会化（social-isation）"①。

从对残余物管理的角度看，今天的社会呈现它真正的面目：一种权利、需要、公共设施、纯粹和单一的功利价值。社会不再是一种冲突的、政治的结构，而是一种广受欢迎的管理制度。社会是作为个体与环境之间交换平衡的一种方式，是作为物种的功能性的生态系统、自我平衡的群落，它是一种有助于解决生活困境的安全空间，为大众提供有品质生活的、全方位的保障机制。然而，作为一种整合机制，社会在对每一个个体进行着归类整理、分别管理，它使生活于其中的每一个个体都受到了完全的规训和监管，受到了彻底的社会化和整合。个体注定要在不断扩张的社会性中寻找他们的位置，而一旦追赶不上社会的步伐，它就被残酷地认定为一种残余。当社会的进步剔除掉所有的剩余物之后，它本身也变成是剩余物。一旦个体全部被社会化，残余物被消灭殆尽，那么社会也开始走向终结了。

第三，"社会曾经真实地存在过，但现在已经不再出现了"。社会作为一种黏合性的空间，作为现实性原则而在历史上长久地存在过。这种现实性原则包括：社会关系、物质的生产、价值的抽象、政治和历史冲突的场景、结构和风险、策略和理念等等。这些现实性原则是整个现代社会存在的基础，是权力、资本、劳动等意义产生的透视（perspective）空间。鲍德里亚看来，建立在现实性原则之上的社会形态处于拟像的第二秩序，即处于以资本主义工业生产为主导的历史时代。在这一阶段里，社会的真实存在是以理性契约为前提的，社会充满了国家与市民社会、公共与私人、社会与个体之间的辩证关

① Jean Baudrillard, *In the Shadow of the Silent Majorities*, New York：Semiotext(e). 2007, p. 85.

系。然而一旦社会进入拟像第三秩序即拟真时代里,这种契约、辩证的社会性现在被交往(contact)所替代,社会的透视空间被循环性、电子化的网络所代替。拟真的交往空间是一种总体维度,是作为信息终端的个体之间的沟通与交流转换。拟真的空间使现实与模型之间变得模糊,现实既不是客观地存在,也不是被理想化:而是被超现实化,"只能在透视空间中存在的社会,将在拟真的空间中死亡"①。

三

对"社会"范畴的质疑是后现代主义批判精神延续的必然结果。从尼采宣告"上帝之死"并质疑了理性所设置的虚幻世界,到福柯提出"人之死",剖析了人文科学如何虚构了"人"这一客体对象,再到鲍德里亚声称"社会之死",揭示了"社会"范畴在超现实中的消解。后现代的批判谱系从对绝对真理的强烈批判,到对主体概念的解构,最终揭示了社会本身也是理论话语的产物。鲍德里亚的后现代社会理论受到了许多学者的高度肯定。布赖恩·特纳(B. Turner)赞赏鲍德里亚的观点,表明我们需要一种新的理论框架:"一种新的话语以探讨后现代性这一领域内的复杂问题。"②爱泼斯坦认为鲍德里亚提出了一种激进的社会学,有力地解释了上世纪末发生的社会学理论的后现代转变。"他详尽地阐述了后现代社会学可以发展的形式理论的方向。他的术语可以被看成是提供了一种框架,就好像马克思主义的术语为早期社会学分析提供了框架一样。"③

鲍德里亚的后现代理论对于社会学基本范畴的理解与建构提供了有益的启示。然而,我们还是要看到这些理论自身存在的一些缺陷。首先,鲍德里亚的理论表现出了在社会研究方法中极为狭隘的视角。他把技术与媒介领域的拟真推及到整个社会理论的分析中,从而认为当下的社会已经被"拟像化"、成为一种超现实的存在。这种视角过多地强调了文化、技术对社会形成的作用,却忽视了物质生产和人类活动对社会生成的本源性意义,最终导致一种文化、技术决定论。其次,从理论的性质看,鲍德里亚的思想具有强烈的虚无主义和反社会理论的色彩。在他描述的后现代超现实世界里,现实的世界只是一个幻觉,在那里"表征与实在之间的区别瓦解了,人现在生存于一个一切皆为'拟像'的世界。这就意味着,现在没有任何能够领会的世俗根基,可供个体和集体的不满中求得救赎,因为所有的希望,所有的乌托邦,都已经证明只是幻象"④。传统社会理论以社会现实为分析对象,力图实现表征、反映现实,或批判性地参与现实的目标,而对

① Jean Baudrillard, *In the Shadow of the Silent Majorities*, New York: Semiotext(e). 2007, p. 92.
② [英]尼格尔·多德:《社会理论与现代性》,陶传进译,社会科学文献出版社 2002 年版,第 190 页。
③ [美]道格拉斯·凯尔纳:《波德里亚:批判性的读本》,陈维振等译,江苏人民出版社 2005 年版,第 201 页。
④ [美]道格拉斯·凯尔纳:《波德里亚:批判性的读本》,陈维振等译,江苏人民出版社 2005 年版,第 240 页。

此鲍德里亚——予以拒绝。因此，鲍德里亚的观点可以看作是反社会理论的一种代表，他自己也承认："如果一定要说我是什么的话，那么可以说我是一个形而上学者，或许是一个道德主义者，但肯定不是一个社会学家。我可以宣称的惟一的'社会学'工作就是努力让社会终结，让社会这个概念终结。"①

（作者为上海财经大学人文学院博士研究生）

---

① Gane Mike(ed)，*Baudrillard live*：*Selected Interviwes*，Routledge，1993，p. 106.

文化资本视角下的阶级
阶层研究述评[*]

Review on the Study of Class by the Perspective of Culture Capital

肖日葵　刘　博

一、阶级分析的文化资本转向

20世纪八九十年代以后,在西方蓬勃的理论发展中,出现了一种"文化转向",文化视域的研究越来越成为显势(周怡,2003)。在分层领域,文化资本是一项重要的分层指标,它要么与经济资本、社会资本一起作为综合变量,如布迪厄的社会空间理论,甘斯的品味大众,汤普森的《英国工人阶级的形成》等,要么成为主导性的分层指标去分析社会结构,如古尔德纳的新阶级,塞勒尼的第四波"新阶级"计划。

具体地,阶级研究的文化转向先驱是法国社会学家皮埃尔布迪厄。布迪厄以三个维度,即资本总量、资本的构成比例以及资本在时间上延续状况,来标定人们的阶级定位。在这个分析中引入了文化资本的维度,推动阶级分析的文化转向;同时,在解析文化资本与阶级结构之间的关系时,使用了符号支配的概念,率先探讨了文化领域的支配结构与阶级结构之间的关系(刘欣,2003)。进一步说,布迪厄是通过文化品位和生活方式的象征差异来揭示阶级结构的,而这些象征性的差异实际上是由"家庭出身"和"教育程度"所造成的。社会位置决定文化区隔,它"传递一种'自身位置感',即对某人自身的可能性和限制的一种感觉。感知就此进一步巩固了客观的约束"(马尔科姆·沃特斯,2000)。在迪马吉奥(Paul Dimaggio)借鉴布迪厄文化资本分析美国社会后,美国学者埃里克森又进一步推动了文化资本研究在美国的发展。她指出文化资本具有质(阶级性)和量(跨阶级性)的区别,认为文化是由多个领域构成的,在这些领域中,有的是存在阶层分化的,体现着不同阶层间不同的文化趣味和偏好。因此,她认为文化资本不仅包括对社会上层文化运用自如,还包括另外一种她称之为"文化多样性"的表现形式(Erickson,1991;1996)。随后的文化资本研究基本上都受他们三人的影响。

　* 本文受教育部人文社会科学研究一般项目(08JA840020)和上海教委创新项目(07ZS19)资助。

二、文化资本视角下的阶级阶层研究

文化资本的阶级阶层研究主要围绕理论和经验研究两个维度展开：第一，从理论上探讨文化资本在分层理论中的应用，主要是介绍和分析布迪厄的文化资本理论和社会空间理论（刘欣，2003，朱伟珏，2006；朱国华，2004；周鸿，2003 等）。第二，用文化资本的视角指导和分析经验研究。这又可分为两个方面：一方面是在社会流动和地位获得领域，侧重于从教育程度、家庭文化资本、家庭文化资源来界定文化资本，并探讨其对阶层地位流动与获得影响（刘精明，2001；李春玲，2003；钱民辉，2004；方长春，2005；迪马吉奥，1985等）。该类分析经常将文化资本内置于家庭背景，研究阶级阶层地位获得（有时也是职业地位获得）。另一方面是在消费、生活方式等领域，侧重于强调文化品位差异而产生的社会区隔，如住房分层，各种休闲活动如读书、看报、音乐等的差异（wangshaoguang，et al，2007，chan and goldthorpe，2007）。

（一）教育文化资本与阶级阶层地位获得

教育往往是阶级阶层研究的关键变量，已有研究在不同程度上证明了阶层差异和教育获得差异之间存在较为密切的关系。但需要指出的是，在实际研究过程中，教育是作为人力资本还是文化资本的表现形式，研究者是比较模糊的或者说是没有明确区分说明的。同时，布迪厄的文化资本概念，学界较经常将其操作化为教育这一变量，如教育程度如学历、受教育年限等，并探讨其在阶层继承和地位获得等方面影响。

已有研究普遍认为教育一般受到家庭背景即如父辈职业、家庭文化资本等影响，但对家庭背景或者家庭文化资本没有进一步的操作化说明。同时研究也表明教育文化资本对个人阶级地位获得具有重要的影响。但教育是作为人力资本还是作为文化资本，以及教育资本的作用机制是什么没有相信的阐释。

（二）品位、文化消费、生活方式与阶级阶层

布迪厄尽管保留了经济的最终决定作用，将行动者的阶级意识与其存在条件联系起来，但是，他还是强调了符号资源的独立性和重要意义，认为除了职业、收入等指数外，还不应该忽视对生活方式、艺术趣味、消费习性、教育水平乃至年龄、性别的考虑（朱国华，2004）。因此，生活方式、艺术趣味、消费习性和品位等文化因素逐渐纳入了阶级阶层分析的视野之中。

当代社会学家们认为在建构阶级与阶层过程中，文化同样起到决定性作用。为此，

他们将教育程度、生活方式、阶级习惯、消费模式和兴趣爱好等文化因素视为社会分层的独立性变量(朱伟珏,2006)。"资本"不再局限于经济资本一种,而是一个由多重因素组合而成的复合型概念,由经济资本、文化资本和社会关系资本所构成,并在一定条件下相互转换。正是在此基础上,布迪厄构建了文化的阶级理论。他试图用二维空间——将资本总量作为纵轴,而将资本的结构作为横轴来表现资本的分配状况,"社会空间"便是一个包含由不同资本总量和资本结构所决定的各种位置的多元空间,"阶级"则指社会空间内各行动者之间的位置差异。在此,"阶级"显然已成为一个表示社会空间内各行动者相对位置之差异,反映等级秩序的概念,他把阶级具体划分成"支配阶级"(或"上流阶级")、"中间阶级"和"普通阶级",并将文化趣味与相对应的阶层联系起来,分为"合法趣味"、"中等品位的趣味"和"大众趣味"(Bourdieu, 1984)。

从总体上看,国内关于文化消费、生活方式与社会阶层之间的关系的研究还比较少,正如王绍光、边燕杰(2006)指出社会不平等既然是一个多重因素作用的结果,文化维度引入社会分层也是必要的,但目前国内几乎没有相关研究。

(三) 文化资本与阶级阶层再生产研究

教育是阶级阶层地位获得的重要中介,也是实现阶级再生产的有效手段,国内有关阶层差异对教育及其获得的影响的实证研究,都在不同程度上证明了阶层差异和教育获得差异之间存在着关联性。实际上,再生产理论视角下的教育获得研究,在教育学和教育社会学方面的研究相对较多,许多实证研究发现阶级背景对子女学业成就、高等教育入学机会、初职地位获得、就业收入均有明显差异。与上述教育对阶层地位获得影响研究不同,该类研究则是从逆向的角度,分析阶级差异对教育获得的影响,进而探讨社会再生产问题。

三、进一步研究的方向

文化资本在阶级阶层研究中主要体现为两个方面:第一,文化资本尤其是教育文化资本是影响个人阶级阶层地位获得的关键变量。第二,以品位和生活方式等形式的文化资本对阶级阶层自我塑造、阶级分割具有重要作用。文化资本是阶级阶层研究的重要视角,这对今后研究具有重要的启示。

首先,教育对于阶级阶层地位的影响,源自于布劳、邓肯地位获得模型中关于教育是影响职业地位重要变量的发现。但在已有阶级阶层研究中,教育是作为人力资本还是作为文化资本很少有明确说明,并且对教育发挥作用的机制是什么也没有进一步阐释。实际上,教育影响阶级阶层地位获得机制存在着不同理论解释:人力资本理论和文化资本理论。人力资本是基于功能主义，而文化资本则偏重于冲突论视角，即认为教育是扮演一种生产的社会关系的代代承袭角色，是一种间接再生产的手段。在具体的研究中，两种理论都各有缺点，互相补充。

第二，家庭背景对职业地位或者说阶层地位获得影响可以分为直接影响和间接影响，其中直接影响体现为家庭的社会资源（资本）、政治资源（资本）、经济资源（资本）直接作用于劳动力市场的机会分配，并对职业地位产生影响；间接影响则更倾向于通过文化资本的投资，即包括家庭文化氛围，家庭修养、学校等教育形式，提升劳动力竞争力，获得较高职业和社会地位。因而，文化资本投资具有更强的隐蔽性和间接性。因此，家庭被认为是再生产理论或者是循环理论研究中的重要中间变量。另一方面，家庭背景是一种结构性资源，家庭背景对阶级阶层地位获得影响的已有研究忽视了个体的能动性即个体对家庭资源的应用程度和动机等方面。个体能动性视角的缺乏较难解释文化资本拥有量相同的同一阶级却出现了文化资本的不同传递效果。因此，对家庭背景这一变量测量必须坚持结构和主体能动性相结合的视角。

第三，在已有研究中，文化资本对于阶级阶层的认同影响鲜有涉及，阶级认同是客观阶级地位、教育、生活方式和消费品位等综合因素的影响，其中，教育文化资本对阶级阶层认同的影响具有复杂性，其内在关系没有得到详细的说明。同样地，生活方式、消费品位与阶级阶层认同内在关系也没有得到说明，而且其中的过程或者说机制是什么没有得到说明。

第四，对于文化资本的测量，集中于体制性文化资本即教育文凭。而在布迪厄的研究中，对于文化资本的界定是较为广泛的。因此，需要进一步拓宽文化资本测量的维度，同时对文化资本存量的测量需要进一步的量化，文化资本有质与量上的区别，包括了布迪厄式的狭义的与阶级相关的文化资本，也包括了广义的文化资本的多样性。文化资本质的区别体现为接近统治阶级的高雅文化资本，而量的测量则体现为拥有文化资本种类数目的多少。需要指出的是，文化资本差异来源于早期的家庭（包括父母、家庭文化资源）、学校教育、工作场所以及消费、休闲等生活方面，这也将构成了文化资本测量的主要向度。

参考文献

方长春、风笑天：《阶层差异与教育获得——一项关于教育分流的实证研究》，《清华大学教育研究》2005 年第 5 期。

丁小浩：《规模扩大与高等教育入学机会均等化》，《北京大学教育评论》2006 年第 2 期。

高虹远：《文化资本与地位获得——对浙江某市私营企业主子女上向流动的个案分析》，《社会》2007 年第 1 期。

刘精明：《高等教育扩展与入学机会差异：1978—2003》，《社会》2006 年第 2 期。

刘欣：《阶级惯习与品位：布迪厄的阶级理论》，《社会学研究》2003 年第 6 期。

李春玲：《社会政治变迁与教育机会不平等——家庭背景及制度因素对教育获得的影响（1940—

2001)》,《中国社会科学》2003 年第 3 期。

李煜:《制度变迁与教育不平等的产生机制——中国城市子女的教育获得(1966—2003)》,《中国社会科学》2006 年第 4 期。

Bourdieu, 1984, Distinction: A Social Critique of The Judgment of Taste. Cambridge: Harvard University.

（第一作者、第二作者均为上海大学文学院社会学系博士研究生）

环境与社会发展:西方环境 社会学延续的传统*

The Environment and the Social Development: The Lasting Tradition in Western Environmental Sociology

孙莉莉

环境问题作为一个重要议题一直是学术研究和公众讨论的中心。随着环境社会学学科的成长,不同的流派在理论争辩中逐渐形成。"生产的脚踏车"理论和生态现代化理论是其中核心的对话力量。双方在环境与社会的互动、环境问题与生产和消费、环境退化与现代性等方面呈现了自己的理论见解,同时也提出了社会革新的主张。当前,民族国家在经济发展中,如何将可持续发展的原则贯彻到治理和日常实践中去,将影响着全球资源和环境的状况,决定社会的进一步发展。

一、环境在社会理论中的涵义

梳理社会科学对环境的论述,可以概括出"环境"在社会理论中的四个纬度。[1]荒野环境。"荒野"这一说法是相对于"文明的"或"文化的"而言。乡村环境。同荒野环境相比,乡村环境是园林式的、被驯服的和人性化的自然环境。它按照人类的需要和目的被塑造,并服务于人类,它位于未被人类触及和创造的环境(荒野环境)与人造的环境(都市环境)之间。都市环境不同于荒野环境(鲜有或没有人类的足迹)和乡村环境(人类管理而不是创造了的自然环境及其过程)。都市环境是人造空间,楼房等所有可以在城镇和城市看到的创造物和结构。这个人造环境是迄今为止人类最现代的居住环境,它影响着人类看待自然环境的态度。随着越来越多的人移居城市,人们与自然(荒野环境和乡村环境)的直接接触越来越少,自然的符号力量变得越来越强大。全球环境。这是环境概念的最新维度,它源于 20 世纪六七十年代关于环境危机的辩

* 本研究论文得到国家留学基金资助,特此致谢。感谢美国田纳西大学社会学系 Robert E. Jones 教授和 Damayanti N. Banerjee 教授的研讨课,让作者受益匪浅。感谢 R. Scott Frey 教授给予的宝贵意见。

① WCED 1987. *Our Common Future*, Oxford: OUP.

论,环境威胁和风险是其时代背景。在全球化的推动下,全球环境问题成为社会理论的一个新议题。它传达了三个信息:面对全球环境的威胁,人类是普遍受影响的,这体现了一种内部相连性;全球环境的威胁来自于人类,而不是其他;人类全部难辞其咎,而且应该为此承担责任。

二、环境与社会关系的古典社会学论述

文献研究发现,在 19 世纪,社会思想家马克思、杜尔克姆和韦伯已经将环境因素纳入他们的分析框架中,并从多方面对其进行了论述。杜尔克姆运用生物学概念来呈现它关于社会进化和团结的理论。在他最著名的《社会分工论》中,在解释人类从机械团结社会向有机团结社会转型时,他使用了人口密度、资源缺乏和生存竞争,这些是后来被称为人类生态学理论视角的主要变量。他认为,没有约束的人口增长给生态资源带来越来越大的压力,导致了一种特别的劳动分工。①韦伯的历史和比较方法亦考虑到了环境因素在历史进程中的作用,这些因素"通过挑选一定的阶层并使他们生存下来,以影响复杂的社会"。②他在强调社会行动者和价值的同时,也主张"文化根源于自然(如果不是被自然决定),若是把社会的发展从自然界的因果关系中脱离出来,将会导致理想类型与理论知识同经验现实的不相对照"。③因此,"理解人类行动的意图也需要关注自然和生态系统对社会行动的影响。"④马克思则通过对资本主义社会的考察,发展出了较为系统的关于环境议题的社会思想。社会生态代谢作为马克思环境思想的核心概念,源于马克思对劳动过程的剖析。

从学科发展来看,沿袭韦伯的生态思想,有学者提出了新韦伯主义环境社会学,为后来发展出来的环境社会学理论流派(如生态现代化理论)提供了理论来源和基础。而马克思的生态代谢概念则为环境社会学的创立者杜拉普(Dunlap)、卡顿(Catton)和史耐伯格(Schnaiberg)提供了一个突破学科困境的出口,使得他们能够解析社会与自然之间的复杂互动。⑤

① Durkheim, Emile(1893) 1984. *The Division of Labor in Society*. , New York: Free Press.

② West, P. C. 1984 "Max Weber's Human Ecology of Historical Societies." In Theory of Liberty, Legitimacy and Power, ed. V. Murvar. Boston: Routledge and Kegan Paul, p. 232.

③ Albrow, M 1990. *Max Weber's Construction of Social Theory*. , London: Macmillan, p. 57.

④ Murphy, Raymond 2002. "Ecological Materialism and the Sociology of Max Weber" In(eds) Dunlap, Riley E. , Frdrick H. Peter Dickens, and August Gijswijt. *Sociological Theory and the Environment: Classical Foundations, Contemporary Insights*. Lanham: Rowman & Littlefield Publishers, p. 75.

⑤ Fischer-Kowalski, Marina. 1997. "Society's Metabolism." In *International Handbook of Environmental Sociology*, (eds.) Michael Redclift and Fisher, Dana R. and Gramwoodgate. Cheltenham: Edward Elgar, p. 122.

三、"生产的脚踏车"与"生态现代化"：
环境社会学中的核心理论主张

(一)"生产的脚踏车"理论

带有强烈马克思主义社会学色彩的"生产的脚踏车"理论，出现于20世纪70年代，于80年代慢慢形成一个理论体系，是环境社会学领域中较早发展出来的理论。这个流派的关键人物——史奈伯格（Schnaiberg）的研究奠定了"生产的脚踏车"理论在整个社会学理论中的地位。

史奈伯格的理论工作是为了陈述为什么二战后美国的环境退化状况如此迅速。从本质上来看，这个"脚踏车"的隐喻指出，为了维持一定的社会福利水平，资本的投资导致对自然资源越来越高的需求，每一轮的生产和投资只会从生态系统中索取更多的资源和向生态系统输入更多的污染（withdraws from and additions to ecosystems），每一轮投资都会使产业工人的就业情况变得更糟，同时导致环境状况的恶化，吊诡的是，利润是增长的。

"生产的脚踏车"逻辑对工业社会生产的主导，决定了资本主义社会结构与环境的非友好关系。"生产的脚踏车"理论将社会关怀集中在利益相关者（工人和社区居民）的社会、经济和环境状况上。这个理论的出发点在对生产过程的分析，它强调生产领域的社会行动者的行为。尽管消费者是一些新科技产品的最终购买者，但是技术分配的决定却是在生产领域做出。

(二)"生态现代化"理论

鉴于20世纪80年代政府处理环境危机的失败，以及环境运动在西欧国家的盛行和由20世纪80年代中期提出的可持续发展所引起的对环境的关注，[①]环境社会学理论中诞生了一个新的理论流派——生态现代化理论。德国学者胡博尔（Huber）和嘉尼可（Jänicke）是这个理论的奠基者。生态现代化理论的核心观点为：可以而且应该通过现代社会工业化的更高发展和现存制度的进一步现代化来解决环境危机。它"把环境视为一个新的基本子系统"，试图发展出一个容纳社会、经济和科学观念的社会设置使环境问题变得可计算，经由此，促使"生态理性成为社会政策制定的一个关键变量"。[②]

---

① WCED 1987. *Our Common Future*, Oxford：OUP.

② Hajer, M. A. 1996. "Ecological Modernisation as Cultural Politics."In S. Lash, B. Szerszynski and B. Wynne (eds.), *Risk, Environment and Modernity：Towards a New Ecology*. London：Sage, p. 252.

生态现代化理论从两个方面将消费者的作用融合进其理论主张中,认为消费行为不是单独由行动者或者系统驱使的,而是二者同时作用的结果。全球化和自反性现代性之间的关系是生态现代化理论研究环境问题的重要理论借鉴。贝克和吉登斯的社会理论为讨论这个问题提供了起点。贝克认为,现代人们生活在一个风险社会中,生活在这个社会的人们既有政治上和日常生活上的恐惧,也有对失控的环境问题的焦虑。基于此,斯帕阿葛仁将现代性理论融合进生态现代化思想中,发展了胡博尔的生态现代化理论,弥补了其在现代性社会理论争论中的脆弱性。

生态现代化理论将技术革新、制度发展视为解决环境问题的决定性因素。[①]生态现代化理论的关键文献都强调在私有部门,特别是制造工业及相关部门(如垃圾循环)的环境改善行为,如减少污染和垃圾。另外,生态现代化理论注重研究政治现代化中政治干预的新形式,[②]因此,生态现代化理论常常被视为有关环境策略管理的政治研究项目。[③]

(三) 两个理论主张之间的区别与相似之处

1. 区别

"生产的脚踏车"理论的关注点是资本主义生产对自然资源的持续开采利用,它并不看好环境的改善,同时,它批判生态现代化理论没有看到"环境危机的根源"。[④]生态现代化理论的关注点在环境改革的推进,它批判新马克思主义对社会变迁所持的旧观点。系统地看,这两个理论流派在起源、分析思路(逻辑起点、自变量、与经验的联系)、分析对象和革新路径方面存在差别(见表1)。

表 1　两个理论主张的区别

	生产的脚踏车理论	生态现代化理论
理论渊源	新马克思主义社会学传统	新韦伯主义政治社会学传统
逻辑起点	资本主义/工业主义生产过程	国家—社会的协同作用
自变量	绝对可持续性	相对可持续性
对环境改善的评价	表面装饰	真正的变化
分析性和规范性之间的联系	弱联系	强联系
评估的对象	高风险性环境问题	传统的环境问题
解决路径	资本主义生产方式的根本变革	环境关切的制度化

---

① Buttle 2000. Spaargaren 2000. Fisher and Freudenberg 2001, Mol, A. P. J. 2000a. "The Environmental Movement in an Era of Ecological Modernization". *GeoForum* 31, pp. 45—56.

② Spaargaren, Gert 1997. The Ecological Modernization of Production and Consumption: Essays in Environmental Sociology. Wageningen, the Netherlands: Wageningen University, p. 15.

③ Buttle, F. H. 2000. "Ecological Modernization as a Social Theory." *Geoforum* 31, pp. 57—65.

④ Pepper, D. 1984. *The Roots of Modern Environmentalism*, London etc: Croom Helm.

2. 相似之处

生产的脚踏车理论和生态现代化理论除了都是建立在社会学的视野和理论之上，并且核心论述点都是环境与社会的互动关系之外，还有三个相似之处。

第一，两个理论都将生产和消费过程以及与这些经济活动相伴随的环境问题作为研究的重心。

第二，这两个视角都不赞同强建构主义者将环境问题看做仅仅是建构出来的。新马克思主义视角和生态现代化理论都批判强社会建构主义对环境的定义，他们主张环境问题是真实的存在，同时他们也并没有忽视环境问题的社会维度。

第三，这两个理论视角都清晰地可以被划到现代性工程中去，而与各种关于环境问题及其解决路径的后现代分析不同。

四、余　论

从以上对生产的脚踏车理论和生态现代化理论的分析可以看出，要改善环境与社会的关系，实现社会的可持续发展，需要政府、市场和社会这三方行动者的合作。从"生产的脚踏车"理论出发，如果要使这个"脚踏车生产"体系的运转慢下来或者掉转方向，那么政府应该是带来这个改变的中枢社会机构。但是，只有对"脚踏车"逻辑有足够的信任危机、并且对"脚踏车"之外的生产方式有足够的政治支持同时成立的前提下，政府才能够实现这个改变。

生态现代化理论对三者之间的合作达成则显得更为积极乐观一些。生态现代化理论的支持者认为，对环境问题的分析和处理需要结合历史发展来描述社会现实，同时也需要发展出具体社会—政治情境下的解决路径。正如生态现代化理论所指出的，制度化是现代社会理性地处理环境问题的表现。制度建设需要政府、市场和社会的共同参与，来进行政策制定和规范经济行为，以使环境的改善在经济上是可行的。在持续的经济增长中，需要政治领域的行动者建立新的不同的联盟来使环境保护在政治上可行。从逻辑上看，与经济领域的行动者相呼应，政府应该有积极的环境行为，同时，非政府组织的作用也应该得到加强。它们处于政府和市场的逻辑之外，是市民社会中环境保护的代表，它们利用生态理性积极地参与到环境利益的表达和集体认同的形成中。

（作者为上海大学社会学系在读博士）

上海市社会科学界第八届学术年会文集（2010年度）政治·法律·社会学科卷

农民工群体行动的类型及其意义
——基于群体形成视角的分析*

A Typology of Collective Action of Migrant Workers and Its Significance
—An Analysis from Perspective of Collective Formation

刘建洲

一、结社力量的困境与农民工的群体
行动:一个分析框架

西尔弗在《劳工的力量》一书中指出:"埃里克·奥林·赖特关于结社力量(associa-tional power)和结构力量(structural power)的区分,为辨别工人谈判力量的不同类型,提供了一个有用的出发点。所谓结社力量,是由于工人集体组织的形成而产生的各种形式的力量,其中最重要的是工会和政党;与之相对应的所谓结构力量,简单说就是由工人在经济系统中所处的位置所产生的力量。"①作为一个流变中的群体,农民工行动,深受自身结构力量与结社力量发育现实的制约,尤其是国家的劳工政策、法团主义的干预措施,对于其群体行动的表现形式与类型等,具有深刻影响:首先,在农民工的群体过程中,结社力量的形成面临着其特殊的体制与制度困境。其具体表现为:劳工的自由结社权被严格限制;资本与劳工关系还难以真正通过市场机制和劳资博弈的方式来解决。其次,在农民工群体形成过程中,结构力量与结社力量的展现并非是同步的。与结构力量的展现方式相比,农民工这样一个处于成长中且正在展现出结构力量的群体("民工荒"是其中的一种表现形式,尽管这种结构力量的展现通过消极的方式进行),②其结社力量的浮现遭遇到了更为严峻的制约,其充分发育要经历更为漫长的历史进程;其具体

---

* 本论文是笔者主持的上海社科规划相关课题的部分成果。

① 赖特进一步将结构力量划分为两种亚类型:第一种亚类型谓之市场谈判力量(marketplace bargaining power),它直接源于工人在劳动力市场中的力量;第二种亚类型谓之工作场所谈判力量(workplace bargaining power),来源于在关键性工业部门工作的特定工人群体的战略性地位。参见 Beverly J. Silver, *Forces of labour:Workers' movements and globalization since 1870*, Cambridge University Press, 2003,序言部分第三节"世界史视角的劳工抗争:概念与理论架构"。

② 关于农民工的结构力量,学界关注甚少。事实上,随着农民工的分化,"结构力量"已经成为农民工群体中技术工人抗争的基础,并展示出了较强的抗争力量。参见华正新《"结构力量"与私营企业技术工人的日常抗争》,华东师范大学社会学系硕士论文,2009年5月。

表现形态,与国家的民主化进程、公民社会空间的拓展以及劳工抗争的历程等,有着密切关联。最后,执政党所颁布的巩固党的群众基础的各种劳工政策,尤其是工会组织对农民工的吸纳与维权功能的介入,对内生的农民工组织(各种 NGO)的发育,产生了巨大的影响。①

　　基于上述分析,笔者根据组织化程度(细分为个体与集体两个维度)和抗争的性质(细分为积极抗争与消极抗争两个维度),将这些初步萌发并可能迈向现代劳工集体行动的群体行动,划分为四个类型(参见表1)。值得说明的是:这一分析框架,并非理想类型的划分,目的仅仅是运用该框架将见诸报刊、网络媒体及学术调查研究中的各种农民工"抗争"行动进行区分;同时,通过对具体抗争事件的分析,透视制约其群体行动的结构性因素,分析农民工不同抗争行动对其群体形成的可能意义和发展趋势。②

表1　农民工群体行动的类型

组织程度 抗争性质	个　　体	集　　体
消　　极	自杀式抗争,指向自身 (典型案例:富士康连环跳楼自杀事件)	"弱者的武器"式的抗争 (典型案例:"太太讨薪队"的维权行动,隐藏文本性质的日常抗争)
积　　极	暴力抗争,指向资本(雇主)一方 (典型案例:劳资冲突中的极端事件,如刘汉黄杀人案)	现代意义的劳工抗争 (典型案例:南海本田汽车工人罢工)

二、农民工群体行动的不同类型及其对群体形成的意义

(一) 消极的个体抗争

　　从 20 世纪 90 年代中期特别是 2000 年以来,农民工被拖欠工资的现象普遍,讨薪难成为社会热点,部分农民工诉诸以自残甚至跳楼、跳塔吊、服毒、自焚、剖腹等自杀手段。这一现象被学者称为转型期中国农民工的"以死抗争"。③为权利而自杀作为一种抗争策略,对抗争的主体而言,实际上是一种维权的策略行为。其主要表现通过自杀姿态

---

① 参见和经纬、黄培茹、黄慧:《在资源与制度之间:农民工草根 NGO 的生存策略——以珠三角农民工维权 NGO 为例》,《社会》2009 年第 6 期。

② 这里关于抗争类型的划分,并非李连江等的"基于政策的反抗"或"合法抗争"(rightful resistance)的概念(参见 Lianjiang Li and Kevin J. O'Brien, "Villagers and Popular Resistance in Contemporary China," Modern China, Vol. 22, No. 1(Jan. , 1996), pp. 28—61),也没有采用于建嵘关于农民"以法抗争"和工人"依理维权"的分析框架(参见于建嵘:《当代农民维权抗争活动的一个解释框架》,《社会学研究》2004 年第 2 期)。

③ 较全面的研究,参见徐昕:《为权利而自杀——转型中国农民工的"以死抗争"》,载张曙光主编:《中国制度变迁的案例研究(广东卷)(第六集)》,中国财政经济出版社 2008 年版。

及其实践,为获得自身的权利和尊严,以不惜以身体和生命为赌注来对资方进行威慑。为权利而自杀的现象之所以频繁发生,并非简单的个人心理调适问题,而源于在"强资本、弱劳工"的严峻现实下,农民工作为正在崛起的劳工的各种权利,受到了极度的侵害。这种消极的个体抗争行为,对资方而言,指向自身的自杀行为尤其是连环自杀行为(其中的典型个案,是富士康员工连环跳楼事件),会激发社会各方关于劳工权利、"血汗工厂"的声讨;对劳工群体尤其是觉醒的大学生群体而言,则会产生一种"物伤其类、心有戚戚"的意识,尤其是在大学生成为"蚁族"和农民工失业问题叠加之际。

以富士康员工连环跳楼事件为代表的消极抗争行为,是否具有像全泰壹的员工自焚那样引发劳工团结和劳工运动的效应,①是否具有警醒资方正视农民工群体意识通过自杀抗争的形式进行表达的严峻现实,有待于进一步观察。但有一点是无疑的:这些消极的个体抗争行为,一旦被置于一系列"事件"之中,就具备了与"原子化抗争"②不同的裂变式社会效应和历史意义。从潜功能的角度来看,某些重大的、指向自身的消极抗争"事件",在特定的历史时刻能够为农民工的群体形成,提供某种社会反思与资源动员的契机。

(二) 积极的个体抗争

与消极的个体抗争不同,积极的个体抗争往往指向资方的代理人,带有"以血还血"的原始道义色彩,尽管这些抗争在本质上不过是劳资冲突的一种畸变形式:其一,这类案例促使人们反思这样一个问题:为什么劳工抗争的正常表达——集体的罢工或者是劳工的正常维权——在当下的阶级形成过程中,却演变成为"一个工人对另一个资本家的战争"? 其二,这些抗争的主人公的最终命运往往带有极强烈的悲剧感(譬如刘汉黄事件③),引发了社会各界的强烈反应,尤其是对实施积极个体抗争的劳工命运的声援与支持。最后,这些积极的个体抗争,虽并未导致其所在群体命运的结构性改变,个人命运与社会结构之间的张力(社会苦痛)依然存在,但个体生命的消逝或命运的沉浮,面对劳工的结构性问题的汪洋大海,不仅仅是片片涟漪,也意味着死水微澜。和消极的个体抗争一样,积极的个体抗争虽具有其悲剧性的一面,却能够激发工人对共同处境与命运的思考。从各地工友以及劳工 NGO 的声援话语来看,他们的群体意识在这些事件中得到了萌生的契机。

积极的个体抗争典型折射出社会主义国家中劳工抗争的困境与两难:抗争的一方,是台资厂商;另一方,则是从农村到工厂的、缺乏抗争组织、手段与资源的"原子化"的劳

---

① 全泰壹的自焚对韩国劳工运动的深远影响,参见刘开明:《全泰壹的抗争》,《南风窗》2005 年第 23 期。

② 潘毅:《开创一种抗争的次文体:工厂里一位女工的尖叫、梦魇和叛离》,《社会学研究》1999 年第 5 期。

③ 值得关注的是,刘汉黄案件并非孤立的个案,在此前的 2009 年 3 月 12 日,在杀死公司的一名人事总监和一名人事经理之后,24 岁的广州番禺区嘉衡珠宝公司起版部工人何金喜抛下怀孕 7 个月的妻子,从公司顶楼跳下身亡。相关报道参见李军:《珠宝厂血案背后的劳资困局》,《南方都市报》2009 年 3 月 31 日。

工。在各方的压力下,且出于对社会道义与"依法治国"逻辑的考量,比方政府有关方面通过处理刑事案件的手段,来对该事件加以处理。这本是无可厚非的,但显然也是捉襟见肘的。因为这种做法,是对劳工结构性力量成长与结社力量生成要求的漠视,更是对劳资结构性冲突生成根源的漠视。这和富士康劳工连环跳楼事件中,公司方希望通过心理干预机制乃至"不问苍生问鬼神"的祈愿活动来防止劳工的自杀一样,实际上是对劳工问题的遮蔽而非直面劳工问题。

(三) 消极的集体抗争

弱者之所以具有抗争的可能,是因为他们至少具有以下几方面的力量:第一,从弱者身份来看,弱者具有强大的社会力量;第二,在弱者的身份上,弱者还蕴含着道德潜力;第三,从弱者抗争的行为来看,弱者抗争暗含着反抗不平等,其抗争行为带有某种伸张正义的意味;第四,从弱者抗争的安全性来看,弱者能够享受制度性或政策性庇护。[1] 避免直接地、象征性地对抗权威,是作为"弱者的武器"的斗争形式的重要特点。[2]从功能上来看,这些消极的集体抗争,能够悄无声息地向资方传达出劳方的不满并形成压力,迫使资方调整管理策略,从而成为看似波澜不惊的工场政治中不时泛起的微微涟漪。[3]

之所以出现消极的集体抗争,是因为就农民工目前的结社力量而言,就抗争的制度空间与政治格局而言,公开的、有组织的积极抗争行动对于他们来说即使不是自取灭亡,也是过于危险的。这里所谓的集体抗争,乃是就抗争的普遍性而言,而不是就抗争的组织形式而言。而所谓消极抗争,并非说它们是无力的或没有功效(恰恰相反,大量的微不足道的小行动的聚集就像成百上千万的珊瑚虫日积月累地造就的珊瑚礁,最终可能导致航船的搁浅或倾覆),而是说在资方总体占优的劳动环境中,经济地位和社会身份处于双重弱势的农民工同斯科特研究的马来西亚农民一样,面对支配性的社会结构和权力关系显得无能为力,他们通常只能在个人层面、在日常生活中对资方控制做出"防御性反应",[4]以确保在严密的管理规训中维持基本权益和尊严。与有纲领的、正式的反抗相比,这种"防御性反应"反抗是潜在的、个体性的,避免了高昂组织成本,被称为"隐藏的文本"。"隐藏的文本"虽然为他们创造并维持一个社会空间,在这一空间中权

① 董海军:《"作为武器的弱者身份":农民维权抗争的底层政治》,《社会》2008 年第 4 期。

② 郭于华:《"弱者的武器"与"隐藏的文本"——研究农民反抗的底层视角》,《读书》2002 年第 7 期。

③ 对餐饮业青年女性农民工研究表明,集体行动的缺场并不等于逆来顺受,她们依然能够以一种看似温和的日常化形式彰显出新生代独特的个性,表达中有反抗,反抗中有妥协,妥协中有寄望。参见何明洁、古筝:《工场表现与主体性表达——以城市服务业青年女性农民工为例》,《学理论》2009 年 30 期。

④ 斯科特将这种不以提升自己在社会分层中的地位、旨在恢复其原有生存位置和公平理想的反抗称之为农民的"防御性反应"。参见 James C. Scott, *Domination and the Arts of Resistance:Hidden Transcripts*, New Haven:Yale University Press, 1990。

力关系表达的官方文本被从后台加以反对。但是,这种抗争并不足以改变劳工结社力量缺位的既有格局,而仅仅是集体性的劳工问题转化为个人或某一群体的问题。①

(四) 积极的集体抗争

农民工积极的集体抗争行动尚多停留在自己的工厂,斗争指向公司老板;抗争的原因,主要集中在工资过低、超时劳动以及工厂克扣工资等,其抗争诉求也限于"增加工资"、"改善伙食"等层面,且仅仅停留在车间政治的范围内,带有"基于利益的或阶级取向的"(interest-based or class-oriented)抗争的特点。②虽然工人的反抗意识完全可以借助于任何一个偶然事件而引爆其共同的不满情绪而爆发,③虽然这种无意识的集体行动能够爆发出惊人的能量,但这并不意味着其整个群体所面临的结构性问题能获得有效的解决。此外,工人在集体行动中的联合、他们的斗争经验以及在斗争中形成的传统,还没有成长为"团结的文化"或"战斗的语言",④还不能够通过一种阶级联盟形式传承下来。高度的流动性和地域差异所造成的分裂,严重影响了他们在斗争中的团结。即使有团结存在的话,这种团结是十分脆弱的。⑤

三、结　语

按照查理斯·蒂利关于抗议台本的历史类型,农民工在现有阶段的抗争行动,尚处于从"反应性抗议"到"主动性抗议"的发展阶段。⑥尽管如此,上述各种抗争行动,无论其组织程度是集体性抑或个体性的,无论是指向自身的消极抗争抑是指向资本的积极抗

---

① 其中的典型者,是"太太讨薪队"的维权行动。参见王伦刚:《农民工的非正式利益抗争及其运行机制——基于"太太讨薪队的故事"的分析》,《天府新论》2009 年第 5 期。

② 相关研究,参见 Chan Wai Ling, Jenny, The Labor Politics of Market Socialism: A Collective Action in a Global Workplace in South China, A thesis submitted in partial fulfillment of the requirements for the Degree of Master of Philosophy in Sociology at The University of Hong Kong, May 2006。

③ 在女工们的语言中,"忍"是经常挂在嘴边的。而"忍"是一个蓄积过程,是一个底线;在忍的一侧,是生存的文化＋反抗的隐藏文本;超过了这个底线的另一侧,就可能是反抗的公开文本。参见谭深:《弱者的反抗——围绕一次搜身事件中女工集体行动的分析》,http://www. sachina. edu. cn/Htmldata/article/2005/10/368. html。

④ 参见 Marc W. Steinberg, *Fighting Words: Working-Class Formation, Collective Action, and Discourse in Early Nineteenth-Century England*, Cornell University Press, 1999。

⑤ 参见黄岩:《脆弱的团结:对台兴工厂连锁骚乱事件的分析》,《社会》,2010 年第 2 期。

⑥ 蒂利指出,在西欧现代历史上有三种不同种类的集体行动:"竞争性"、"反应性"和"主动性"抗议。"主动性抗议"在 19 和 20 世纪工业化完成不久后发展起来,主要的抗议者不再是农民而变成了工厂中的工人。工人们并不简单地试图保护他们的传统资源不受国家和市场的侵害。相反,他们积极地举行罢工来要求新的权利——包括每日 8 小时工作制、福利、普选权等等。转引自裴宜理(阎小骏译):《底层社会与抗争性政治》,《东南学术》2008 年第 3 期。

争,都有助于该群体意识的成长,有助于社会各界关注这一群体的命运。尤其是那些具有强烈社会效应的劳工抗争"事件",尤其能够吸引更多的有机知识分子和大学生,投身到劳工研究和劳工自救的各项活动中去。

当然,从目前的形势而言,这些抗争在很大程度上还带有道德抗争和捍卫底线正义的色彩。①面对政府的各种安抚措施,面对市民社会的缺位,面对"团结的文化"、"战斗的语言"的缺席,面对自身作为一个庞大的异质群体的不断分化,面对因职业流动、地域分割、行业分工与工厂控制等因素而造成的分裂,这些抗争行动,更多的是离散性的、个体性的和没有组织的群体行动,往往局限于个别工厂之中,很难引发结构性的劳资变革。不过,正如汤普森在其经典之作《英国工人阶级的形成》中所指出:阶级的形成是"一个动态的过程",结构性力量和主体的能动性同时造就了这个过程。世界劳工史表明,工人阶级的形成和成熟往往是在进城工作的农村工人的第二代和第三代身上发生。随着工人阶级化的过程深入,农民工群体的形成路径将变得更加明朗化。那时,人们或许会发现:在特定历史阶段,结构性力量(如"世界工厂"、"乡镇企业")打造了中国这一特殊的"新兴工人阶级"的一个群体,反过来,这一群体也终将通过自身具有结社力量的群体行动,来参与和推动这种不合理、不公正无法赋予他们体面和有尊严的劳动的结构性变革。

(作者为上海行政学院副教授、上海大学社会学系博士研究生)

上海市社会科学界第八届学术年会文集(2010年度)政治·法律·社会学科卷

---

① 黄振辉、王金红:《捍卫底线正义:农民工维权抗争行动的道义政治学解释》,《华南师范大学学报(社会科学版)》2010年第1期。

上海城市更新中利益冲突与博弈的分析

Study On Conflicts and Gaming in Urban Regeneration of Shanghai

王春兰

改革开放以来,中国社会开始了剧烈的利益格局调整过程,随之而来的是日益凸显的以利益诉求为主的社会矛盾与冲突。利益冲突与博弈的主体各方利益表达以及诉求手段、利益群体之间的联盟与对抗等也日臻清晰。随着城市化进程的加快,以房屋拆迁和居民安置为中心的城市拆迁冲突成为城市规划领域的一大焦点问题。上海作为中国特大城市,在快速融入全球化进程中,经济社会剧烈变迁使得城市更新进程中各行为主体的利益冲突与博弈更为突出。本研究拟分析上海城市更新过程中的利益冲突与博弈主体各方的行为特征、博弈策略,思考中国城市规划领域的利益冲突与博弈行为特征,及其对社会稳定、社会变革的意义,对未来城市管理和规划建设具有一定参考价值。

一、冲突主体各方行为范式分析

(一) 政府行为范式分析

政府是拥有政治权力的重要城市管理主体。政府行为指各级政府及其所属机关(包括一些依法享有公共管理职能的组织)以公法人名义实施的,能对其他主体的权利义务产生影响的各种活动。从本质上来说,政府也是一类社会组织,区别于其他一般社会组织的是,通常情况下政府拥有合法的强制权力,人们可以在各种社会组织之间进行选择,一般情况下个人难以选择政府。在中国现行政治体制下,城市政府的权力(起码从表面上看)来自居民的授权,任何决策、执行行为都必须以居民的实际利益为起点和归宿。但公共选择理论提示人们,政府并不是专门为了所谓的公共利益而存在的。正如"诺思悖论"所描述的,政府行为的作用是双重的,它既可能增进社会公共福利,也可能损害公众利益,具有非公共利益指向。在特定情势下,城市政府为追求效率而牺牲公众利益有时显得"无法避免"。政府的权力都是由活生生的个人占有和行使的,在行使权力的过程中,不能完全排除权力阶层因个人的利益导致的权钱交易。随着中央政府放权让利,地方政府的自主权更大,自身任意活动的空间有所扩大,对部门利益、个人利益的追求也更为显性化,政府的行为范式也发生变化(见图1)。

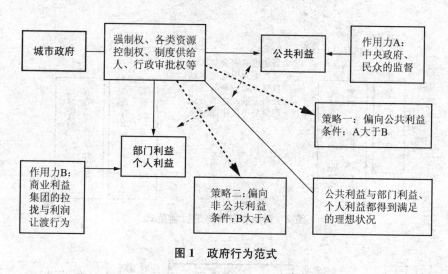

图1　政府行为范式

(二) 商业利益群体行为范式分析

商业利益群体是城市管理中的重要参与主体,对政府决策往往有重大影响。商业利益群体是"有限理性经济人",追求自身利益是其行为的根本动机,同时他又能根据市场状况、自身处境和自身利益做出判断,经常性地调整行为与目标,使自己的经济行为适应于经验中学到的东西。根据亚当·斯密的观点,"理性经济人"并不等同于一味追求私利且毫无道德感的人,虽然个人并没有自觉地使个人利益与社会利益相一致,但"看不见的手"的作用带来了这种一致性,这实质上意味着其道德取向有赖于外力约束作用。固然,很少有人能够按照自己的意愿随心所欲地支配自己的行为,人们有时被迫尊重他人、服从社会规则。但商业利益群体在对待利己、利他两者之间关系时难免会存在目光短浅、难以全面把握所需信息等问题,而社会规范的调节、引导机制也不完善,导致现实中商业利益群体的侵权行为时有发生。商业利益群体的行为具有利己与利他两种指向。在与政府的互动中,商业利益群体主要采用两种策略(见图2)。

(三) 居民行为范式分析

城市居民尤其是那些在城市中相对稳定居留的人,他们也是城市管理中的参与主体之一,其参与城市事务的程度主要取决于自身对政策实质、决策程序的认知能力,以及基于共同情感和利益追求的意向等因素。居民行为通常具有"自利"倾向,以追求自身或家庭利益为主。在当前的社会发展阶段,大多数的人仍以满足自身生存基本需要

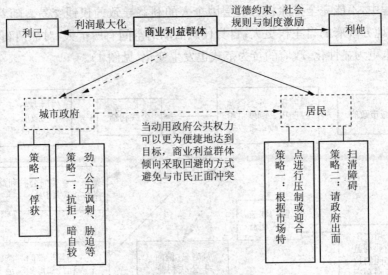

图 2　商业利益群体的行为范式

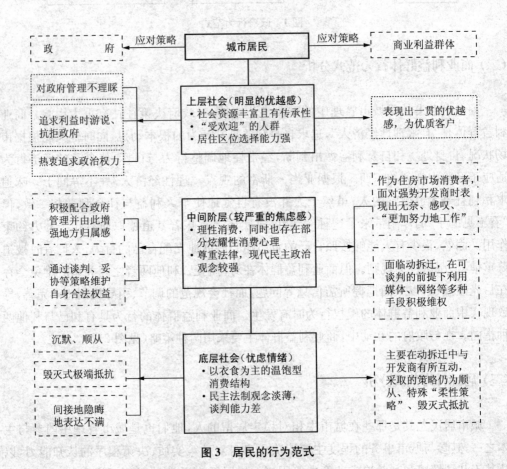

图 3　居民的行为范式

为主要行为目的,人们的总体道德水平尚处于相对较低的水平,不道德行为、失范行为、损人利己的现象也时常出现。城市居民内部社会分层的形成乃至固化现象导致各社会阶层在生活方式、消费方式、价值观、对具体事件的感知等方面差异明显,各社会阶层的博弈策略也呈现分化特征,分属于不同社会地位(社会阶层)的大城市居民在应对政府与开发商方面都有自己的一套策略(见图3)。

二、上海城市更新中的行为主体利益冲突与博弈

(一) 政府与商业利益群体间的冲突与博弈

就上海的城市更新而言,政府与商业利益群体之间是合作基础上的冲突关系,其中政府是主导方,政府对城市更新倾注极大热情并非完全出自对社会公共利益的考虑,对局部利益(政绩考核、官员升迁、物质利益)的渴求也是政府高度干预城市化发展的重要动力。在这种双方均有自身利益诉求而形成的合作联盟中,两者之间的冲突不可避免地浮现出来。在政府与商业利益群体的博弈中,虽然政府是城市更新的主导方,但其采取的行动策略却大多数是"迎合"多于"对抗"。政府的迎合心理典型地表现在政府为吸引开发商而出台的各类优惠政策。政府对商业利益群体的迎合策略不仅表现在以上所列出的一些积极行动中,也表现在政府的"不作为",有时表现出不应有的沉默。商业利益群体善于从政府规划文件以及相关优惠政策中发现商机,他们采取的是理性回应策略。主要表现在以下几个方面:参与旧区改造的开发商大都回避政策文件中的"居民回迁"问题,尽量减少增加成本的可能性;通常都优先选取那些获利前景比较看好的热点地段进行开发;在中心城区进行高密度、高容积率的再开发。据统计,20 世纪 90 年代后期开始,上海大动迁就是致力于动迁黄金地段的房子。

(二) 政府与居民间的冲突与博弈

政府与民众之间是相互依赖基础上的冲突关系,其中主导方依然是政府。在博弈当中,政府采取的策略大体上是"柔性手段"与"强制手段"并存。"劝说"是城市动拆迁前期最常见的政府策略。政府组织张贴各类鼓舞人心的宣传标语,试图让民众理解旧城改造、动拆迁对整个城市未来发展的重要性,以及对改善民众住房条件的益处,营造一种大家共同努力、牺牲小我、为城市发展做贡献的氛围。拥有强制力的政府当然也会考虑充分利用强制手段更快地推进旧城改造进程。城市居民对政府的行动策略也带有中下阶层的"有限抗争"、"顺从"或者"毁灭式抗争"的特点。"顺从"是居民面对政府常采用的策略之一,这时的顺从策略应该实质上是消极退出策略。居民常见的抗争策略

是"有限抗争"。有限抗争的"有限性"表现在,采纳抗争策略的人所占比例有限(尽管这一比例似乎有上升趋势);单个家庭的谈判能力有限,他们最终能够争取到的利益也十分有限;绝大多数情况下抗争的最终结果都是他们最终迁出,城市规划建设照常进行,不论对最终补偿标准是否满意,也不论他们是否存在故土难离的情结。另一种以"钉子户"形式存在的抗争可以被视为一类极端的抗争策略。但总的来说,采取极端策略对抗政府(或政府与开发商联盟)的居民毕竟是极少见的情况。

(三) 商业利益群体与居民之间的利益冲突与博弈

随着中国住房市场化改革的深入,目前城镇地区80%以上的住房交易都通过市场进行配置[①],开发商与居民之间的互动日益频繁,双方之间的利益冲突也逐渐凸显出来。开发商与居民之间的互动过程都是在互不信任的基础之上展开的。总体上开发商在这对关系中是主导方。开发商的策略总体而言是"强势出击、随机应变"。开发商在住房结构定位方面具有决定权,倾向于在中心城区开发大户型、高档次的住房,这种开发行为不断积累的结果是中心城区的地段优势更显突出,城市房价也因此出现显著的区位差异,从而对各社会阶层迁居的区位选择造成直接影响。房价的区位差异格局使得旧城改造成为名副其实的"驱贫引富"运动,成为"消灭贫民而非消灭贫穷"的工程。开发商的强势出击还显示在住房价格博弈方面的主动性。开发商抬高房价的方式数不胜数,正当手段与非正当手段、合理涨价与不合理涨价搀杂在一起,购房人很难绝对加以区分,往往只能被动接受。同时,开发商能够比较灵活机动地采取各类措施应对市场运行中出现的种种变数。面对强势而灵活的开发商,居民的选择一般是被动接受或采取"退出"策略:其一放弃原本中意的高房价区位,选择到同一城市中虽然区位不太让人满意但房价可以接受的地点安家;其二,通过租赁住房来解决居住问题;其三,选择到别的生活成本较低的城市生活。不论怎样,购房人采取的具体措施都只能是对房地产商的"有限抗争"。

三、结 语 与 讨 论

在本质上,城市规划领域的冲突实质上是各方博弈的动态过程。本研究着重剖析了城市更新领域利益冲突与博弈行为,思考了其对社会发展与变革的意义。事实上,研究中所提出的观点和得到的结论大体也适用于其他城市事务。在同一经济、社会、政治背景下,政府、商业利益群体、居民在各类事务中追求的利益指向大致相同,表现出的行

---

① 住房和城乡建设部:《房改坚持市场化方向》,《京华时报》,2008年3月27日。

为范式基本类似,采取的博弈策略也雷同,对社会变革产生同样的影响。几乎每天都在发生的各种冲突与博弈行为看似杂乱、细碎、微小,其对城市发展的影响力也非常小,无法与那些刚性强而且显性化的城市管理行为相比较,但是前者正持续地、悄无声息地渗透到城市日常管理与决策过程中,改变着城市发展进程。

参考文献

孙立平:《博弈—断裂社会的利益冲突与和谐》,社会科学文献出版社 2006 年版。

彭姝:《政府行为的目标——对政府行为的利益取向分析》,《内蒙古农业大学学报(社会科学版)》2005 年第 4 期。

黄小晶:《城市化进程中的政府行为》,中国财经经济出版社 2006 年版。

徐明前:《城市的文脉——上海中心城旧住区发展方式新论》,学林出版社 2004 年版。

康燕:《解读上海》,上海人民出版社 2001 年版。

(作者为上海市人口与发展研究中心博士、助理研究员)

社会建设中基层民主自治组织的研究

——对上海城市社区 235 位居委会主任现状的调查分析及对策建议

Social Construction of Self-organization of Grassroots Democracy
—235 Urban Communities Resident Committee in Shanghai
Situation Survey and Suggestions

陈天仁　宋大杰　王雅珍　蒋　葵

一、调查研究背景和目的

在全面建设小康社会的新进程中,党中央明确提出了经济、政治、文化、社会"四位一体"建设的基本目标和总体格局,并强调在经济发展的基础上,要更加注重以改善民生为重点的社会建设的新要求。上海市委、市政府提出了用五年到十年时间,探索社会建设六大体系目标任务和基本框架。

社会建设的重心在基层社区。城市社区中的居民委员会既是基层政权的延伸,更是居民广泛参与社区民主管理、民主决策与民主监督的社区自治组织和重要载体。居委会主任,当年曾被党和国家领导人誉称为"小巷总理"。改革开放以来,居委会的职责和工作范围也有所扩展。上海市现有 3 590 个社区居民委员会,如何更好地发挥居委会的基层民主自治作用,已成为社会建设中必须进一步研究的课题。

本文试图从城市社区居委会主任和居委会多方面现状的调查入手,在对相关的主要问题进行分析研究的基础上,提出若干对策建议。

二、调研时间、对象和方法

于 2009 年 10 月起至 2010 年 4 月,对上海市中心城区地域为东西南北中的杨浦、普陀、长宁、徐汇、闸北、静安等六个区的 12 个街道 235 位居委会主任进行《上海城市社区居委会主任的现状调查问卷》的问卷调查和部分人员访谈。查阅文献资料,并对回收的调查问卷进行分类分项统计运算和分析。

三、调查结果与分析

(1) 对 235 位现任居委会主任的问卷调查中,男性占 25.53%,女性占 74.9%。平均年龄女性为 52.15 岁,男性为 57.10 岁。

(2) 现任居委主任的学历多数为高中,初中、大专和本科学历均为少数。其健康状况半数以上是好和比较好的。

(3) 现任居委主任原先多数为企事业单位的干部和职工,大多数系退休人员。任现职年份,因刚换届,故一年者为多数,超过 1/5 者任现职 4—6 年。多数是一支具有长期居委会工作经验的骨干力量。

(4) 现任居委会主任对任职学历,半数人认为应以大专学历为好。在年龄方面半数以上的人认为 50 岁左右为好,也有人表示,应在 40 岁左右为宜。与我们对现任部分居委主任的访谈时看法是一致的。在性别方面,有 1/4 的现任居委主任认为应以女性为好。这与现任职者的女性居多是一致的。主要原因是女性的性格特点更适宜在社区基层与居民群众交往和处理繁琐事务。

(5) 居委主任对其任现职的满意度较高;认为不满意的主要原因多数是感到工作太辛苦,收入太低和工作没有受到应有尊重。

(6) 居委主任中部分人表示会参加下一轮的竞聘,少数人不会参加竞聘,有人表示到时再说和服从组织安排。这与上海市居委会换届刚一年有关,也与收入低、工作太辛苦等因素相关。

(7) 居委主任家人对其工作的支持率很高。这是长期以来,上海市居委主任工作积极性较高,队伍比较稳定的重要因素之一。

(8) 居委主任工作时间长,工作条线多,负荷较重,难度较大。近半数人每天实际平均工作时间超过 8 小时,工作中的最主要精力多数投入于街道各条线布置的工作,感到没有时间去做居民想要他们做的事。

(9) 居委主任工作中最困难的是外来务工人员的管理与服务、小区清洁卫生和小区治安这三大主要方面。它们涉及当前城市社区管理机制和如何充分有效发挥各类社会组织的作用等有待进一步解决和探索的新问题。

(10) 居委会承担了物业公司的部分工作。由于一些物业公司工作责任性不强或资金缺少等因素,使业主遇到问题只好找居委会,更增加了居委会的工作量,也成为居委主任最烦心的事之一。

（11）居民小区的住房类型与居民素质以及居委主任工作难度是密切相关的。还有一定数量的人住在老旧待拆迁房，部分市民和大量外来务工人员多数居住条件较差。这些现状给居委主任工作增加了难度，也给社区管理带来许多新的矛盾和难点。

（12）居委主任与同事关系是融洽和团结协作的，是一支可以信赖的骨干队伍，是上海市基层和谐社区建设中的重要保证。居民区中的居委会、业主委员会和物业公司三者及小区其他机构也基本保持着经常沟通的良好关系。

（13）居民对居委会主任工作的支持率较高，反映出居委主任们在超时间工作、收入不高、任劳任怨地在基层第一线勤劳工作的精神使居民群众感到敬佩和尊重，进而增强其为民解难、多做实事的精神动力。

（14）居民最乐意参加居委会组织的活动。绝大多数离退休人员成为参与和支持居委会工作的主体对象。

（15）社区党政部门对居委主任的工作的支持形式是多样和有效的，包括经常组织工作交流、定期进行培训和外出学习考察活动等。此外，党政部门对居委主任的工作多数采用居民代表评议、党政部门评议和部分采用居委干部互评方式进行考核，体现了行政管理与基层群众自治有效衔接和良性互动。

（16）居委会每年的办公经费，多数居委会认为基本够用，也有部分表示不够用。居民活动经费半数以上居委会表示不够用，够用的是极少数。

（17）居委会主任认为，在新形势下应具备的基本素质是有较好的为民服务思想和奉献精神，通过上海世博会，居委干部从中进一步提高了自身素质。

（18）大多数居委会主任对党政部门的要求和期望首先是减轻工作负荷，有更多的精力和时间为民多做实事；其次是增加居委干部的收入和居民活动经费，第三是党政部门能促进社区其他非政府组织担当起其各自职责。

四、对策建议

（1）进一步加强和推进居委会干部队伍的建设。在继续实施包括居委主任在内的居委干部民主推举的同时，街道党政部门应有计划地采取多种方法与形式考察、选拔和培养居委会主任的后备队伍，并注重女性人选。可在辖区内各居民区接近退休年龄的在职人员中选拔一定数量的合适人选，作为居民区业余志愿者身份参与居委会的一些工作，成为居委会后备干部。探索和解决部分居委干部年轻化、职业化、专业化问题，形成以50岁左右的中年人为主，配有部分40岁左右的中青年和30岁左右的青年作为居委会后备干部梯队。还可以建立居委会大学生实习点，作为他们到第一线锻炼的重要基地。

（2）组建各类以在职人员为主参加的志愿者队伍，并成为居委会的顾问组，协助居委会处理急、难、烦事务。

（3）充分发挥在职人员、特别是党员干部在居民区的作用。建立党员干部所在单位的党组织与居民区党组织的联系手册，反映在职党员干部参与居民区活动和服务工作情况，并作为本单位组织了解党员干部特别是负责干部8小时以外活动的考察、监督内容之一。同时，把贯彻执行中共上海市委正在实施的市、区县党代表、人大代表和各级党员领导干部联系居（村）委会的制度紧密结合，确保落实两种代表联系全市每个居（村）委会的全覆盖要求，并贯彻落实中央最近提出的扎实深入开展街道社区基层党组织"创先争优"的各项工作。

（4）修订《中华人民共和国居民委员会组织法》，重新制订《上海市城市居民委员会工作条例》和现实性、操作性较强的相关政策、法规和实施细则，进一步明确基层民主政治建设中体现"自我管理、自我服务、自我教育、自我监督"的目标和具体措施。

（5）民政部门和社团管理、社会建设工作部门要用行政的和非行政的手段，着力加强各类非政府组织的建设。采取切实有效的措施，推动各相关社会组织在社区基层各尽其责、发挥更大作用，以减少目前居委会承担的许多职责以外的工作，改变居委主任忙于应对街道各条线布置的诸多事务的繁杂局面。特别是要切实改变现在的居委会处于"上面千条线，下面一根针"、"居委会是个筐，什么东西都往里装"的不正常状况。要进一步加强上海市社区事务受理中心、社区文化活动中心和社区卫生服务中心的服务工作，并向居民小区延伸，使居委主任和其他居委干部能把主要精力投入居民想要做的实事和好事上。

（6）增加居委会办公经费和居民活动经费。在全市有基本标准的前提下，各区各街道可根据辖区内的居住条件、常住人口数量和人员构成等情况以及居委会工作环境、难度、居民区范围大小等实际情况，支拨居委会办公经费和居民活动经费，也可以由各居委会制订办公经费和居民开展活动项目所需经费的年度预算，报街道审批，按需支拨。

（7）完善对居委会工作的激励机制，提高居委会主任和居委其他干部的津贴费，改善他们的物质生活待遇。市级规定基本统一的居委会干部津贴费标准外，区、主要是街道一级可根据辖区内居委会上述的工作环境、服务对象等不同情况给居委会干部定出不同的津贴费标准，使在工作环境和工作条件较差、工作成绩出色的居委干部在享受津贴费方面有所差别。可以进一步完善工作津贴＋绩效考核津贴＋加班津贴三大部分组成的收入标准。

（8）党政领导部门特别是负责"两新组织"的主管部门，要进一步发动和鼓励这些组织，尤其是民营企业参与和支持社区基层自治组织活动的主动性，与所在地的街道、居委会共建文明社区和谐小区。在活动场地、设施和经费等方面给居委会提供方便和支持。居委会也应主动争取"两新组织"对居民区工作的经常关心和帮助。

（9）市、区、街道定期召开先进居委会和优秀居委干部表彰大会。对居委会的工作在媒体上予以宣传报导，提高居委会干部的荣誉感和责任感。建议市、区党政主要领导和政府主管部门,适时召开全市、全区性的居委会主任和居委干部代表参加的座谈会。在直接倾听他们心声的同时,进一步形成全社会关心、参与、支持、理解、尊重居委会干部工作的良好氛围。

(10) 编写出版城市社区居委会工作的相关丛书和刊物,以指导居委会干部的工作能更好地适应新形势的需要,不断开拓新思路创新好方法。

(11) 建立市、区、街道三级的居委会工作协调指导委员会或协会,作为指导协调基层居委会工作的社会组织。这个非政府的社会管理的群众机构,在各级民政部门的相关职能部门指导下开展工作。它是政府的助手,居委会的参谋和居委干部的帮手。

(12) 进一步理顺居民区党组织、居委会、业主委员会、物业公司几者的关系。政府相关主管部门要加强对小区物业公司的监管,强化物业公司的主体意识、责任意识和服务意识,主动为业主排忧解难,杜绝推诿失责,使居民解除后顾之忧,也减轻居委会的工作负担。

(13) 政府在加大旧区改造力度,加快老旧住宅改建速度的同时,要考虑居民区的公共用房。新建的小区要把居民区活动用房和公共设施以及居委会办公用房的建设纳入规划。要有利于居民开展丰富多样的文体活动和社区基层的管理。

(14) 政府要加大对外来务工人员及其子女的管理、服务和教育的力度,引导他们尽快融入城市生活。建议在居民区建立党组织领导下的外来务工人员中的骨干分子组成的外来务工者协会或联谊会,作为他们自我管理,自我服务、自我教育、自我监督的群众民主自治组织,引导和组织外来人员参加文体和学习等社区活动。建议根据城市建设需要,市、区政府可与外省市政府有关部门签订协议,有计划地将有一定技能和思想道德素质符合要求的农村劳动力吸纳到本市就业;大胆试行外来务工人员的有序准入制度。对不办理居住证的外来务工人员要有一定的制约措施;对有严重违反上海市社区有关规定行为的外来务工人员,可以及时与原所在地的政府联系,强制遣返并列入遣返人员名单,在网上予以公布。

参考文献

胡锦涛:《高举中国特色社会主义伟大旗帜为夺取全面建设小康社会新胜利而奋斗——在中国共产党第十七次代表大会上的报告》,人民出版社 2007 年版。

温家宝:《政府工作报告》,人民出版社 2010 年版。

《中华人民共和国城市居民委员会组织法》,1989 年 12 月 26 日主席令,第 21 号公布,1989 年 12 月,人民网法律法规库。

《上海市城市居民委员会工作条例(试行)》,1986 年 2 月 2 日上海市人民政府批准,人民网法律法规库。

《关于基层民主动员与参与方式问题的调研》,2008 年 12 月,上海市民政局学习实践科学发展观调研报告集。

佘坚博:《当前上海社会建设工作的几点思考》,《文汇报》2010 年 5 月 5 日。

马伊里:《探索政府与社会组织合作的新模式》,《解放日报》2010 年 1 月 18 日。

《上海市行政区划情况统计表》,2009 年 1 月,上海市民政局资料。

（第一作者为复旦大学社会学系教授、

上海社会学学会常务理事兼调查研究部主任,

第二作者为上海市闸北区共和新路社区［街道］党工委书记,

第三作者为上海市社会学学会社会学专业委员会常务副秘书长,

第四作者为中国工商银行上海市长阳支行行长）

大中型城市经济领域群体性事件的类型与特征分析

Analysis on Classifications and Characteristics of Group Accidents on Economic Area of City

袁新华

大中型城市经济领域的群体性事件属于经济型群体性事件,而经济型群体性事件属于经济型的直接冲突,是我国现阶段两种主要的冲突类型之一。[①]依据目的、特征和行动指向等指标,可将大中型城市经济领域的群体性事件主要划分为维权事件和社会骚乱两种类型,其中维权事件占大多数,维权事件中又以工人维权抗争为主要内容和形式。

一、维 权 事 件

维权事件是大中型城市经济领域最主要的群体性事件,包括工人维权及市民维权两类。维权事件事关民众权利和利益纠纷,如提升劳动福利待遇、提高移民补偿标准、抗议企业污染环境、追索医疗责任、要求查明亲属死因、抗议客车涨价等等。经过研究和分析初步确定,目前维权事件约占全国群体性事件的 80% 以上,[②]其中工人维权占30%,市民维权占15%。[③]

(一) 维权事件的类型

1. 工人维权

工人维权事件主要由企业改制、劳资纠纷等引发。1992 年到 1997 年间,每年卷入

---

① 现阶段我国存在两种主要的冲突类型,一种是经济型的直接冲突,另一种是社会型的间接冲突。转引自朱力:《中国社会风险分析——群体性事件的社会冲突性质》,《社会学》2009 年第 5 期。
② 于建嵘:《中国的社会泄愤事件与管制困境》,《当代世界与社会主义》(双月刊),2008 年第 1 期。
③ 参见于建嵘 2008 年 10 月在北大学习班的讲课。

劳动纠纷的工人数大约在 126 万。1998 年,参加示威的工人数迅速增至 360 万。1999 年后基本上在 400 万左右。2004 年全国共发生职工群体性事件 24 000 多起,2005 年近 3 万起。①近几年来,部分地区和行业职工队伍中的不稳定因素在增加。各地职工群体性事件有逐年上升趋势,总体呈现以下特点:参与人数增多,规模扩大;行为过激,对抗性加强,处理难度加大;事件的重发率高,择机性强;职工群体性事件的内容具有趋同性;地区和行业性特点突出,困难职工群体是事件的主体;组织倾向明显,一些地方出现非法组织。②

有社会学家将工人维权称之为"以理维权"③。此处的"理",并非道义经济学中的"生存伦理"④,而主要是一种"政治伦理"。这种"政治伦理"最直接的精神资源来自传统的意识形态。由工人维权引发的群体性事件主要表现在企业改制、劳资纠纷等方面。

2. 市民维权

据专家判断,市民维权活动引发的群体性事件将会增加。从现有研究成果来看,市民维权可称为"理性维权"⑤。市民维权由于社会阶层复杂,维权的问题主要在物权、环境权及消费权等方面,基本上是个体的,群体联系有限,运用法律和关系网解决的可能性较多,显得相对理性,引发群体性事件相对的比例较少。目前,由市民维权引发的群体性事件的基本类型主要有房屋拆迁、社区物业管理、环境污染、消费侵权、公共设施等方面,其中房屋拆迁问题是市民维权的关键问题。

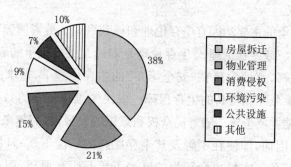

图 1　市民维权的基本类型

资料来源:于建嵘 2008 年 10 月在北大学习班的讲课材料。

---

① 于建嵘:《当代中国工人的以理维权》,中国改革网,http://www.chinareform.net/2010/0116/10312.html。
② 参见全国总工会 2001 年的报告。
③ 参见于建嵘:《中国的社会泄愤事件与管制困境》,《当代世界与社会主义》(双月刊)2008 年第 1 期。
④ 参见詹姆斯·C.斯科特:《农民的道义经济学:东南亚的反叛与生存》,译林出版社 2001 年版。
⑤ 当前对公民"理性维权"的研究,还多停留在"理性维权"的呼唤上,人们更多提出的是对当前"有效及时的公共维权机制"缺失现状的反思及其重构上。这方面的代表性研究,请参见蔡方华:《民间维权的软肋》,《社区》2005 年第 4 期;刘武俊:《人们急需有效及时的公共维权机制》,《北京观察》2005 年第 1 期;张磊:《业主维权运动:产生原因及动员机制》,《社会学研究》2005 年第 6 期。

近年来,城市房屋拆迁问题愈益突出,因拆迁而导致的冲突逐渐升级,暴力拆迁事件屡有发生。2009 年暴力拆迁事件引起广泛关注,如成都唐福珍自焚抗拆迁事件、贵阳暴力野蛮拆迁引发违法堵路[1]事件等等,最典型的案例莫过于唐福珍自焚抗拆迁事件。据专家判断,暴力拆迁问题短期内尚难终结。[2]在房屋拆迁引发的市民维权事件中,业主维权的主要手段包括:拒交物业费;贴大字报、绝食、堵门断路、召开维权大会、征集签名、上街游行,发展成群体性事件;通过业主委员会解聘原物业、聘任新物业;通过诉讼手段要求降低物业费,要求物业公司返还公共部位经营收益,要求原物业公司办理交接等。

除房屋拆迁引发的市民维权事件外,近年来因环境污染而引发的市民维权事件逐渐增多,过去 10 年间,全国因环境问题引发的群体性事件上升 11.6 倍,年均递增28.8%。[3]环境群体事件的对抗程度明显高于一般群体性事件,如 2005 年发生的环境群体事件中,有围堵、冲击党政机关及其要害部门,聚众阻塞交通和聚众滋事、打砸抢烧等过激行为的占 30%以上。[4]

与工人维权的形式相比,市民维权多采取"散步"、"购物"、"集体喝茶"、"集体休息"等现代形式,[5]如厦门 PX 项目事件、上海沪杭磁悬浮事件等。市民维权的许多事务是个体的,群体联系有限,而且大中城市公民素质较高,民主意识、法制意识较强,运用法律和关系网解决的可能性较多,因而参与和表达利益的方式也较理性,引发群体性事件的比例较少。

3. 农民工维权

农民工维权抗争的主要动因有生存伦理和权利意识。劳资博弈下农民工集体行动的动因是"生存理性"或生存伦理。[6]生存伦理是农民工维权抗争的底线,集体维权抗争是农民工的最优选择,意即农民在"安全第一"的生存伦理下,追求的不是收入的最大化,而是较低的风险分配和较高的生存保障。农民工维权抗争的另一个重要动因是权利意识,且日益占据主要位置。随着民众权利意识的发展,他们越来越多地关注自己权利的维护和实现。因而,即使在不触及其生存底线的情况下,一旦民众的权利遭受侵犯,他们也会起而抗争。主导民众行为的已经不再是生存愿望,而有了更高层次的追求,即对于自身权利的重视。

---

① 李劲峰:《贵阳:暴力拆迁引发群体性事件,住户用液化气罐堵路》,新华网 2009 年 11 月 30 日。
② 于建嵘:《暴力拆迁,一时尚难终结》,参见《2010 年中国人最关心的十大问题》,《南方周末》2010 年 1 月 7 日。
③ 朱力:《中国社会风险解析——群体性事件的社会冲突性质》,《社会学》2009 年第 5 期。
④ 汝信、陆学艺、李培林:《2006 年:中国社会形势分析与预测》,社会科学文献出版社 2005 年版,第 184 页。
⑤ 覃爱玲:《"散步"是为了避免暴力》,《南方周末》2009 年 1 月 15 日。
⑥ "生存伦理"首先在詹姆斯·斯科特那里得到最全面的解释。斯科特认为,"生存伦理就是根植于农民社会的经济实践和社会交易之中的道德原则和生存权利",因而,支配小农经济行为的主导动机原则是"安全第一"、"极力避免风险",以及"在同一共同体中,尊重人人都有维持生计的基本权利和道德观念"。参见斯科特著,陈立显译:《农民的道义经济学:东南亚的反叛与生存》,译林出版社 2001 年版,第 8、226 页。

(二) 维权事件的特征

无论是工人的"以理维权",还是市民的"理性维权",维权事件在性质上表现出如下四方面特征：①

其一,维权事件主要是利益之争,不是权力之争,经济性大于政治性。

从目前的情况来看,工人维权的主要问题是国有企业改制、拖欠工资、社会保险、破产安置、劳动时间、殴打工人等方面。市民维权房屋拆迁是主要问题。无论是工人还是市民,都把具体的利益诉求作为行动的目标,没有明确的政治目的。

其二,规则意识大于权利意识,但随着从个案维权向共同议题转变,权利意识有所加强。在具体的维权活动中,支配抗争行为的是民众的规则意识。在中国,权利往往被理解为是由国家认可的、旨在增进国家统一和繁荣的手段,而非由自然赋予的旨在对抗国家干预的保护机制。在此情景下,民众对行使自身权利的诉求很可能是对国家权力的强化而不是挑战。在这种意义上,当代中国抗议活动的框架模式称为"规则意识"而不是"权利意识"②。在此基础上,虽然民众在具体的利益表达中表现出一些非理智的行为,如"自救式犯罪维权";但总体而言,他们仍希望在现有的体制框架内维护和实现自身的利益。

其三,反应性大于进取性,具有明显的被动性。目前城市的维权行动,大都是处于社会弱势地位的工人或市民的合法利益受损而引发的,它是一种反应性的抗争行动。而且,维权者一般都会以现行的法律和法规作为其行为框架和底线,都企求政府公平公正调处,行为相对克制。但是,某些事件由于争议的经济利益巨大,侵权方不仅不会轻易让步,甚至动用黑恶势力对付维权者;而地方政府和官员则有时站在强势的侵权者一方,以"经济发展"和"维护社会秩序"为由,动用警力对维权者进行压制,由此,也容易引发恶性暴力事件。

其四,目标的合法性与行为的非法性共存。维权群体的目标是合法的,但在具体的行为上,也可能出现一些非法现象,比如砸破窗户、打人等。这种群体性事件的行为处于一种灰色地带,即合法与非法之间,若说合法,它有可能游行示威、堵塞交通,但一般很少有打砸抢烧的行为;但也非完全不合法。

就工人维权事件而言,除上述四点共性特征外,工人维权事件有着自身独特的特征。

第一,原因复杂。

导致工人维权事件的原因较为复杂,其诱因较为分散,有国有企业改制、拖欠工

---

① 这部分内容转引自于建嵘：《当前我国群体性事件的主要类型及其基本特征》,《中国政法大学学报》2009年第6期(总第14期);于建嵘：《中国的社会泄愤事件与管制困境》,《当代世界与社会主义》(双月刊)2008年第1期。

② 于建嵘、裴宜理：《中国的政治传统与发展》,《南风窗》2008年第20期。

资等,其中因国有企业改制过程中存在的问题和拖欠工人工资等问题所引发的群体性事件占了非常大的比例。国有企业改革过程中存在的问题主要有如下几个方面:不经过职工代表大会等法定程序、违背工人意愿强行改制;改制安置不合理,工人不同意买断工龄方案或工厂没有代工人交纳社会保险;原来拖欠工人的集资款、工资或其他福利待遇没有退发给工人;改制过程中对企业资产的评估不合理而导致国家资产流失;等等。国有企业改制、劳资冲突将是工人维权事件的关键,而包括农民工在内的劳资冲突将是未来工人维权事件的主要动因。表1归纳了导致工人维权抗争的主要原因。

表1　2003年6月以来200起工人维权抗争事件的原因

原　　因	国企改制	拖欠工资	社会保险	破产安置	税费问题	劳动时间	贪污腐败	殴打工人
数　　量	75	47	21	18	13	12	10	4
总数的%	37.5	23.5	10.5	9.0	6.5	6.0	5.0	2.0

资料来源:于建嵘2008年10月在北大学习班的讲课材料。

第二,维权的主要形式将为劳资冲突。

随着国有企业改制的推进,一些传统意义上的工人将逐渐转变成为雇佣工人,尽管他们同那些失业待岗的工人在一定的时期内会采取多种形式的反抗,但却是大势已去,无可奈何。因此,工人的维权抗争的主体将转变为包括农民工在内的雇佣劳动者与资本方之间的冲突。2007年4月,因国营重庆棉纺一厂破产清算和维权女工被治安拘留引发群体性抗议事件。

第三,抗争方式创新。

根据统计分析和典型调查,工人抗争的传统方式主要有上访、静坐、罢工、游行示威、堵塞交通要道、占领工厂等。上述200起工人抗争事件中,因工人行动堵塞交通要道而影响到公共安全的事件有57起,其中,工人直接到国道或省道等公路上静坐的11起,到铁路上静坐的5起。除传统方式外,近几年工人抗争又出现了"散步"、"旅游"等两种新的方式。如2009年4月3日,河北省保定市依棉集团6 000名工人因被无限期放假,遂沿107国道集体散步进京"旅游"。2010年5月10日,保定保百集团欺骗股东、侵犯股东利益,引发该集团数百职工统一着装集体"散步"。

第四,警民冲突突出。

工人在维权抗争中与警察的冲突十分突出。200起工人抗争的事件中,有28起事件最终导致工人与警察的冲突,在其中9起事件中地方政府动用了武警和特警,数十名工人在这些冲突中受伤或被捕。

第五,暴力化趋势增加。

专家判断,工人暴力化趋势在一个阶段可能会明显,原来似乎已经解决了的问题将会重新出现。例如,几年前,江西安源煤矿 2 万名工人曾到萍乡市的马路上"散步",问题当时已经解决,但现在安源煤矿工人又开始了抗争,抗争的方式有"散步"有"旅游",原有的历史问题被重新提起。

第六,维权抗争走向联合。

工人的维权抗争开始突破了单位、走向行业或地区性的联合。在前述 200 起工人抗争事件中,有 11 起是出租车司机因不满政府乱收税费而举行的全行业罢工。辽宁省辽阳市宏伟区 69 家集体和国有企业的职工共同发出了一份控告材料,题为"如此转制:不利国,不利民"。材料不仅列举了这些企业共同的问题,而且还分企业列举了各个企业的特殊的问题。在材料后面又分别列出了每个企业派出的职工代表。这说明,这里的工人已经突破了单个企业的抗争界线,走向了区域性的联合行动。①

二、社会骚乱事件

城市经济领域的第二类群体性事件是由经济领域犯罪引起的,如非法金融集资、传销等引起的群体性事件,如 2008 年 9 月底的湖南湘西吉首事件,2010 年 3 月的陕西渭南 77 名传销者暴力抗法事件等。这类群体性事件不同于维权事件,具有骚乱的性质,②需密切关注。这类事件的起因一般是经济纠纷,利益受损一方因不满政府的不作为或乱作为而要求政府承担相应的责任,并最终演变为对政府机关、无关商店和无关民用设施进行打、砸、抢、烧的骚乱行为。这类事件在目前经济增长减缓的背景下正以多种形式爆发,在一定程度上表现出维权事件与社会泄愤事件的双重特征。2008 年 11 月的甘肃陇南事件也经历了由维权到骚乱过程的发展。

社会骚乱最大的特点就在于其针对的目标无关性。如在湘西吉首非法集资案中,骚乱的人群不仅把县政府的招牌砸了,还把与案件根本无关的商店抢了。③这与瓮安、瑞安、池州、万州事件有很大的不同。在后面这些事件中,砸和抢的都是与这些事件相关的商店。在湘西事件中,被砸被抢的商店与事件本身没有关系,致使该城市的商店在国庆节期间不敢开门。因此,骚乱最大的特点是其针对的目标是无辜的。这说明,社会骚乱不同于社会泄愤事件,也不同于维权事件。维权可能走向泄愤,泄愤也可能走向骚乱。怎样界定泄愤和骚乱,有一个最重要的指标,就是攻击的目标是不是具有相关性,这需要进行深入研究。骚乱可能是有组织的,也有可能没有组织,但泄愤事件是无组织的,是集群行为。

---

① 于建嵘:《当代中国工人的以理维权》,中国改革网,http://www. chinareform. net/2010/0116/10312. html。
② 于建嵘:《理智对待不同性质的群体性事件》,《南方日报》2009 年 4 月 9 日。
③ 《吉首非法集资案再爆骚乱,民众围堵州政府》,http://www. singtaonet. com/china/200809/t20080926_
870793. html,最后访问:2009 年 9 月 24 日。

表2 维权事件、社会泄愤事件和骚乱事件的异同比较

类型 特征	维权事件	泄愤事件	骚乱事件
行动者目的	具体的利益	无明确的利益诉求	可能有具体利益也可能没有
行为特征	不一定有暴力行为	有暴力行为	有暴力行为
行为指向	公权机关和侵权者	公权机关和侵权者	公权机关、侵权者、无关者
组织性	弱组织性(非正式组织)	无组织	有组织,也可能没有
理性程度	较强	较弱	较弱
持续时间	较长	短	短

综上所述,大中型城市经济领域发生的群体性事件,无论是因利益冲突引发的维权事件,还是经济纠纷引发的社会骚乱(和因民间纠纷引发的社会泄愤事件),都不具有明确的政治诉求。民众抗议政府腐败、不作为、乱作为等都是为了解决自己的具体利益问题,目的不是推翻政府并取而代之。尽管有某些参与者想通过政治化的手段来解决他们的具体问题,但并没有明确的政治目标,也没有组织化的政治力量在其中运作。因此,大中型城市的维权事件、社会骚乱事件不会在特定的形势下相互关联,以至形成全国范围性的态势。虽然引发群体性事件的根源如社会分配不公、经济剥夺、司法不公、权力腐败等问题的存在具有普遍性,且因偶然因素引发的群体性事件在一定地域内具有较强的传染性,但它在目前尚没有跨地区的传染性。从目前的情况来看,在今后相当长的一段时间内,大中型城市的群体性事件仍然会以有限范围的孤立事件形式而存在,很难形成一个统一的、维持很长时间、影响全国和全局的社会运动。而且在现行政治体制下,群体性事件只是一种民众表达利益诉求或情绪的方式,不是针对政权的政治性活动,虽然会对社会治理结构带来一定的影响,但不会带来政治结构的重大变化,不会影响到中国社会政治的完整性。

(作者为中共上海市委党校马克思主义研究中心副教授)

社区民间组织成长中的精英捕获:问题与对策*

——以社会管理为视角的分析

Elite Capture in the Community Civil Organizations:
Problem and Countermeasures
—A Perspective on Society Administration

吴新叶

在我国的民间组织发展过程中,具有儒教特征的臣民文化渗透并决定着组织的集体行动逻辑。民间组织内的精英化现象就一个典型。由于精英是"能够制定和影响决策的人",因此社区民间组织的精英成为社区公共生活的焦点和核心,往往成为被捕获的对象。社区精英具有同其他精英人物的共性,他们在能力、财产、地位等方面非常出众,并具有很强的决策影响力;与此同时,民间组织精英的个性特征也非常明显,他们能够决定民间组织的发展现状和未来走向。

一、社区民间组织的精英结构及其特征

在我国,民间组织的发育带有典型的"外生型"特征,即很多民间组织不是自发形成于社区进步的需要,而是外力推动的结果。这种外生型特征对于民间组织的精英结构产生了根本的影响,形成了三类不同的民间组织精英类型:一是以退休干部为主体的精英,主要以街道、居委会等基层退休人员为主;二是职业精英,多活动于具有非营利组织特征的民间组织中,在社区公共服务、维权等领域发挥作用;三是兼职精英,不负责具体事务,多为挂名。

从我国社区民间组织的精英结构,能够发现社区层面的社会管理具有以下特征:

第一,社区民间组织的发展缺少足够的资源支撑,其中管理精英匮乏是一个普遍现

* 本文为国家社科基金项目"城市化进程中的农村社会管理研究"(批准号 09BZZ021)的阶段性成果。感谢张克文、汪丹、解蕾、黄晓春等人在调研和数据分析上的贡献,特别是大家的不同角度的理解为本课题的研究拓展了思路。

象。事实上,发现和利用精英也是国外社区公民社会发展的共同经验:在英国,没有精英参与社区公共事务管理的情况非常多,管理的方式因为缺少本社区的精英作用而形成了巨大落差。精英资源匮乏在一定程度上也是抑制我国社区发展的主要原因。

第二,精英参与的动机并不单纯是志愿精神的支撑。尽管社区民间组织的行为动机是提供公共服务和满足社区成员的需要,并不以营利为目的,但其领导成员却可以从中获得精神上的奖励。比如,工商界精英的参与,最初就是为了经济发展与利润追求的结果,是志愿机制改变了固有的机制。在我国,兼职的精英多能够得到无形的激励,如声誉、尊敬、满足感等,提升了他们的社会地位,扩大了社会影响力,为他们日后的发展奠定了基础。

第三,对政府的依赖很大。其中,经费支持是政府约束民间组织的筹码,并在两个方面产生了影响:一是对民间组织活动内容和活动方式的干预;二是借经费管理而强化对民间组织的控制。精英们为了组织活动,只有被动地接受。比如,政府投入资源的方式是"分业务条线投入",要求民间组织也要对应设立,政府的科层制与行政化的工作作风已经影响到社区民间组织。

二、精英捕获:社区民间组织的发展困境及其表现

在国外的文献中,精英捕获(elite capture)多指精英控制或破坏了社区治理,影响社区决策与发展的现象。在社会管理的角度,我国的精英捕获现象有所拓展,表现有二:一是类似于国外研究观点,指精英控制了民间组织并影响民间组织发展的现象;二是外生型资源对精英的控制,进而影响民间组织运行的现象。前者主要表现为精英的过度活跃,客观上抑制了成员的参与,成员也多为被动的服从而不是主动的参与。后者的影响更有深远性,表现在以下几个方面:

首先,社区民间组织的行政化倾向日益明显。在社区的社会管理层面,行政化趋势因为政府财政与人力资源的支持而进一步得到强化。政府的财政经费是跟科室"条线"走的,而社区民间组织的运作是根据需要而展开,如果没有这种行政化的机制,精英们便成为"无米之巧妇"。

其次,干预精英产生。在社区,由民间组织推举的精英多具有动员和组织行动的能力,能够创造社区范围内的信任的社会资本(social capital)基础。但外生型特征多有精英被捕获的风险。比如,政府的财政拨款项目,其动机和绩效指向比较明确,希望精英领导下的社区民间组织能够效率、公平而彻底地完成"任务"。否则,政府等捐助者就会指责、甚至干预组织精英的产生,如强制社区"选举"产生能够负责项目的领导者出来。毕竟,自主性是社区民间组织的价值所归,也是社会管理的价值旨趣。

再次,以外生型方式塑造民间组织。政府社会管理的模式表明,行政力量并非仅仅利用精英的资源和能力,还对他们进行比较职业化的培训,比如政策教育、组织管理、情

感沟通等,以培养这些精英能够具备行政需要的责任、权利和目标等意识与能力。为了实现社会动员,政府通过这些精英建立起一个公共权力的关系网,反过来,这些被捕获的精英也正是借助这些途径实现对组织成员的领导,包括使用政府等外在资源提供的管理技术治理民间组织。

最后,影响精英决策。社会管理需要分权,需要授权社区自主处理公共事务,干预决策是一种消极现象,可能会引发的改变民间组织属性的改变,不利于社区层面的社会管理的顺利推进。

三、几点思考

第一,社区民间组织中的精英捕获是社区治理中的一个普遍现象,其根本原因是由于社区层面的公民社会发育不足,即内生型社区成长的成分有限,而外生型的动力太强使然。对于这种现象的认识应该有所区别,在剔除精英捕获的消极影响的前提下,应该肯定精英在当前我国社区发展中的角色是示范带动作用和动力机制。正如萨托利所指出的那样:"贬低能人统治,我们只会得到低能儿的统治;贬低择优,我们只会得到不加选择;贬低基于功绩的平等,我们只会获得基于缺点的平等,这是不会错的。"为了治理绩效的提高,有效消弭精英捕获的消极性,应该从发育社会着眼,着力发掘社区层面的公民社会发展的内生性动力源泉。这是社会管理的根本性环节。

第二,在社区公共事务管理与社区民主的角度,精英捕获现象制约了居民参与社区公共事务,参与居民区自治决策的进程。我们的民间组织发育程度较低,甚至尚未达到民间组织的"互助互益"的发展层次。尽管社区精英对于拓展民间组织的活动方式、发掘资源与社区动员等方面具有不可替代的作用,但在构造社区公共空间方面所发挥的作用仍相对有限。在将来的发展中,社区民间组织应该着力于从兴趣、情感交流,到对社区公共事务的关注和参与方面转型,多渠道地促进绝大多数社团进入社区议事层面。

第三,拓展社区民间组织的功能,以抵消因精英捕获带来的自主性弱化等现象。精英捕获的存在一定程度上削弱了民间组织自我服务、自我管理、自我教育的属性,一定程度上强化了对于外力资源的依赖。在现有条件下,有效拓展民间组织的功能是一个正确的选择。在国外的民间组织中,其服务性、互助性、压力性、公益性特征就是组织功能多元化的表现,因此参与主体多元化是一种必然。比较而言,我国的差距非常明显,民间组织应该从原来的小范围的、服务特定对象的小圈子实现突破,向大众化、公益化发展,特别是以社区民生为取向的,不同类型的民间组织应该得到政府的鼓励。

第四,回归社区民间组织的运作机制,以社会管理机制替代因精英捕获带来的官僚制等负面效应。民间组织的官僚化倾向绝不是发展方向,也不符合社区治理的理论逻辑。这是因为,社区民间组织一般是以小规模、活动自由、组织灵活见长,官僚制的组织及其运

作是其弱项,更不利于实现组织间的共享、参与和合作,因为官僚制是"金字塔"式的命令
—执行的管理模式,不是社区治理"圆桌会议"的协商—议决管理模式,这显然不是以社区
为基础的公共服务的组织发展特征。从长态发展的角度,社区民间组织应该摒弃政府科
层制的捕获,应该着力培育民间组织的社区治理功能,丰富社区的共享、参与和合作的机
制;应最大化地发挥民间组织在社区公共服务供给体系中的作用,尤其要尽可能弱化社会
性功能因官僚制钳制的现象;要使民间组织的形式有别于政府官僚制,以利于民间组织更
好地贴近居民需求,以及汲取社区公共服务需求信息,更好满足社区发展需要;应发挥民
间组织在培育社区公共意识上的积极作用,创造公共精神,促进公民社会的发育进程。

第五,加强对精英的监督与制约。民间组织发展需要加强监管,这是一个不争的事
实,对于被捕获精英的监管更是如此。民间组织精英绝非圣贤,剔除种种精英被捕获的
客观原因,精英自身的主观因素更加值得反思。当前,在社区发展的转轨时期,单纯靠
精英的自我约束尚难以奏效,在社区多边信誉机制(multilateral reputation mechanisms)一时难以建立的前提下,有效的监督就是管理透明,实现社区内的共享、参与与
合作的发展目标。

参考文献

C. Painter,(1997), "Managing change in the public sector", in Isaac-Henry, K. , Painter, C. ,
Barnes, C.(Eds), *Management in the Public Sector*, Thompson International Business Press, London, pp. 45—72.

Rie Makita,(2009). "New NGO-Elite Relations in Business Development for the Poor in Rural
Bangladesh". *Voluntas*, Vol. 20, No. 1, pp. 50—70.

Aniruddha Dasgupta, Victoria A. Beard(2007), "Community Driven Development, Collective Actionand Elite Capture in Indonesia", *Development and Change*, 38(2): 229—249.

H. Englund,(2001) 'The politics of multiple identities: the making of a Home Villagers' Association in Lilongwe, Malawi' in A. Tostensen, I. Tvedten and M. Vaa(eds), *Associational Life in African Cities: popular responses to the urban crisis*. Stockholm: Nordiska Afrikainstitutet.

Milton J. Esman, Norman T. Uphoff(1984), *Local Organizations: Intermediaries in Rural Development*. Ithaca, NY: Cornell University Press, P249.

[美]乔·萨托利:《民主新论》,冯克利、阎克文译,上海人民出版社 2009 年版,第 184 页。

吴新叶:《城市社区民间组织中的非法人化现象:问题与应对》,《城市问题》2008 年第 4 期。

徐祖荣:《社会组织与公共服务主体多元化——基于浙江的研究》,《理论与改革》2009 年第 1 期。

Rein Ahas, Ülar Mark,(2005), "Location based services-new challenges for planning and public
administration?" *Futures*, 37(6), pp. 547—561.

孙涛:《社会组织监管问题分析及对策建议》,《中共青岛市委党校·青岛行政学院学报》2009 年第
5 期。

(作者为华东政法大学政治学与公共管理学院副教授)

上海国际化社区治理进程中的
公众参与及其路径选择

The Path of Public Participation in the International Community of Shanghai in the Process of Community Governance

刘中起

党的十七大提出的"要健全党委领导、政府负责、社会协同、公众参与的社会管理格局,健全基层社会管理体制"①等重要论断科学揭示了城市社区治理机制建设的基本方向、主要途径和最终目的,为完善城市社区治理提供了科学依据。当代中国社区发展主要由政府推动与主导,在社区建设的发展目标、结构构造、功能设计与运作机制等方面,都呈现出"行政性推进"与"社会化参与"两个基本方向的互动。由此,政府主导推动社区建设的过程,并不单纯是一个孤立的"自上而下"的行政性过程,同时也是一个有意识的探索性的发育社区的客观过程,包括社区各类社会化组织的逐步发育和形成、公众对社区活动参与的不断扩大、社区公共服务供给主体的多样化以及社区成员的社会化联系和组织化程度不断提高等。②社区自治平台的逐步发育与形成,是上海国际化社区发展中政府主导和推进社区建设的一个重要成果,志愿者服务队等草根性社群是构建新型社区结构、社区功能、社区组织发展的基本要素,也是公众和各类社区成员参与社区活动、培育社区认同和归属感的根本性基础。

与社区建设相对应,当前我国城市社区自治亦具有鲜明的"行政色彩",社区的功能定位于承接政府下放和单位剥离出来的社会职能,社区成为城市社会调控体系的最基层单元。从一般意义而言,城市社区建设兴起的初始路径和功能定位从总体上规制着社区自治和基层民主的发展走向。然而,国际化社区建设的实践却日益突破其规划者的功能定位和目标设定,朝着自主自治的方向艰难探索,不管是在社区的组织体系架构方面,还是在社区的具体运行机制和价值导向方面都取得了相当的成效。上海国际化社区自治平台的形成与运行,实际上暗示了两个相互贯通的过程,一个是社区公众的组织化过程,另一个是社区公众、社区工作者、政府及其职能部门三个行动主体的公共协

---

① 胡锦涛:《高举中国特色社会主义伟大旗帜为夺取全面建设小康社会新胜利而奋斗——在中国共产党第十七次全国代表大会上的报告》,人民出版社 2007 年版。

② 徐中振、徐珂:《走向社区治理》,《上海行政学院学报》2004 年第 1 期。

商过程,这两个过程分别在不同层面作用于其产生与演进过程,并刻画了社区公共空间的特征与性状。①

社区治理视社区为各种组织实现其组织目标的行动场域。在这个行动场域中,政府组织和其他组织的关系将不再是单纯的管理和被管理关系,而是通过建立合作的关系来实现社区的公共目标。许多经验表明,单靠政府的行政手段来解决社区公共事务往往既大大增加了政府的负担,也常常因为无法对社区的各种复杂情况做出灵活和及时的反应而导致政府在实际管理上的低效甚至无效。所以,社区治理的理念意味着政府如果要实现其社区管理的目标,必须和当地社区的各种组织特别是强调自主自理的第三域组织相互信任、相互支持、相互合作。②为此,必须加大制度创新力度,通过完善公众参与机制、破除体制障碍不断推进上海国际化社区治理的新格局。

首先,在完善公众参与机制方面,其最根本体现就是公民对国际化社区的认同感和归属感,而提高公民对国际化社区的认同感和归属感最直接的方法就是社区服务多元化。目前,我国许多社区都呈现出公民参与热情不高的情况,许多人将这个现象归结于公民素质参差不齐,参与意识低下。其实,社区服务单一化才是症结所在。公民素质参差不齐这固然是客观原因,但是作为服务的提供者,社区应该对不同的人群提供不同的服务,不同国家和地区的人群对于社区的需求千差万别,一些人群更看重的是社区文化、政治生活或者是一些绿化环境的建设。而另外一些人群也许根本不清楚社区和公民参与为何物,因此,对于这部分公民,社区更多的是提供给他们一种学习教育的服务,如开办社区学校,通过这种方式,来提高社区公民的素质。由此通过多元化的手段来提高社区公民对于国际化社区的认同度和归属感,藉以从内在激发公众参与意识。③

社区非政府组织,尤其是志愿性、自治性组织的发展,为扩大居民参与、推进社区管理中民主政治的发展提供了现实途径。大力培育和发展非政府组织,建立在社会主体权利基础上的社会自我管理机制,将成为中国政府管理模式演变的重要实践取向。④非政府组织进社区与公民社会的结合将有力推动中国的社会改革,两者相辅相成,互相促进。中国的政治民主化进程只能从社会底层开始,农村中的村委会和城市中的社区居委会的民主建设,是中国特色的"草根民主"和"草根政治",对中国的社会发展具有深远意义。公民广泛的社会参与,既是公民社会和和谐社区建设能否成功的关键,也是其终极目标之一。以培育社区认同感为指向的国际化社区建设,将极大地调动广大社区居民的参与热情,通过社区公众的广泛参与,实现社区自治,而社区自治反过来又将促进国际化社区建设,并逐渐推动上海社区文化与公民社会的建立和发展,进而对中国的社会改革起到积极的作用。

① 李海金:《城市社区治理中的公共参与——以武汉市 W 社区论坛为例》,《中州学刊》,2009 年第 4 期。
② 徐中振、徐坷:《走向社区治理》,《上海行政学院学报》2004 年第 1 期。
③ 姜晓萍、衡霞:《社区治理中的公共参与》,《湖南社会科学》2007 年第 1 期。
④ 刘中起:《和谐社区建设语境下的非政府组织与公民社会:中国的实践与反思》,人大复印资料《体制改革》2007 年第 1 期。

其次,在参与的制度创新方面,需要完善居民代表会议等原有参与制度。通过定期例会,代表社区居民议决社区的重大事项,行使民主决策权、民主管理权和民主监督权。同时积极拓宽居民参与的渠道和途径。如建立听证会、协调会和评议会制度,制定社区自治章程和居民公约,实行居民公决等。确定社区四个主要组织(社区党支部不是自治组织,但是社区中一个主要的组织)间的相互关系。即以社区党支部为领导层,社区居民会议(或社区居民代表大会)为权力层,社区协商议事会为监督层,社区居民委员会为执行层,形成结构优化、功能完善的组织系统,为新型居民委员会的建设及其工作的开展创造良好的条件,同时也为广大社区居民广泛而持久地参与社区建设提供良好的制度环境。充分发挥社区居民会议(或社区居民代表大会)的作用,对于关系本社区居民切身利益的社区建设和社区重大事务的决策都应该召开社区居民会议(或社区居民代表大会),由社区全体居民通过法定程序进行决策,逐步实现社区建设和社区事务管理的规范化和制度化。[①]另外将现行的人民代表大会制度与社区建设相互衔接、相互配合。例如,改变现行市区人大代表的产生方式,取消单位选区、国籍和户籍选区,一律以常年居住地为作为选民的选区。居委会成员选举程序的完善对调动新型居委会建设,培育社区居民的民主意识、社区意识和参与意识具有极其重要的意义。此外,搭建网络参与平台。在上海社区治理中引入网络信息技术已经成为今后加强社区建设与管理的必然趋势。在社区建立起属于本社区的网页,重点做好社区内资源信息、社区居民自治管理参与系统、社区政务及社区监督等几方面的工作。[②]

最后,在体制环境创新方面,必须突破传统的街居制体制障碍,真正构建起社区公众平等自由参与基层社会管理的平台。随着改革开放的进行和市场经济体制改革的深入,高度一元化的社会体制逐渐解体,"单位制"走向瓦解,一方面"单位制"原来承担的许多功能逐渐外溢,从而转向原本具有一定管理功能但处于边缘地位的"街居体制";另一方面,城市基层管理出现许多新情况新问题,解决这些新问题的任务也落到了街居这两级组织的身上,"街居体制"开始占据主导地位,但是,街居制在运转过程中面临的诸如职能超载、职权有限和角色尴尬等诸多现实难题和种种困境,也使得人们开始思考社区建设和发展的新思路。[③]传统的街居体制日前成为现代社区自治中的体制性障碍,如何突破这一障碍,是目前上海社区改革的一个重要问题,它关系到公民参与是否能真正实现社区自治。

正如有的学者所指出的,我国现行的社区建设体制始终具有内在的结构性缺陷,即只有行政性而无社会性。或者说,现在的社区建设体制只是政府内部的行政管理体制,仅仅梳理了在社区建设上政府各个部门的关系,而未能建构起政府与社会的新型关系,故只有政府一个积极性,而无法生成各类社会组织参与社区建设的能力和积极性。[④]从

① 温淑春:《关于城市居民社区参与的制度建设的思考》,《理论与现代化》2008 年第 3 期。
② 赖非:《多中心视角下的城市和谐社区治理模式研究》,西南交通大学生硕士论文,2007 年。
③ 周红云:《通过治理创新构建和谐社区》,《甘肃行政学院学报》2007 年第 4 期。
④ 徐永祥:《政社分工与合作:社区建设体制改革与创新研究》,《东南学术》2006 年第 6 期。

某种意义上来说,撤销街道办事处,建立起党的领导、政府主导、社会参与、多元合作的新型社区治理体制,将标志着公民参与社区自治的平台正式形成。但由北京鲁谷的经验看来,居委会的"居民自治"定位确定后,街道一级面临一个问题:如何对接作为"居民自治组织"的居委会的工作? 鲁谷的做法是以"自治"对"自治",成立了街道一级的居民自治组织。街道层面上的居民自治机制还处于探索阶段,但是基本方向已定:民主是不可逆的,从基层开始的民主,只可能逐步推向更高一层,而不可能在某一层次停止。同理,街道的定位发生转化后,区级、市级政府如何应对? 中国行政体制结构的基本特征——"条块关系"最终如何梳理? 无论是 20 世纪 70 年代以前的"以条为主,块做配合",80 年代的"条块结合",还是 90 年代的"条专块统,以块为主",这些条块关系的布局,在城市基层管理体制改革向着"社区制"方向发展后,都面临着彻底革新的任务。鲁谷模式给我们勾画出的"社区制"雏形已定:由"街居制"到"社区制"的转换不是简单的挂牌或翻牌,应在"精简机构,缩减人员"的基础上,重点进行职能转变、整合社会资源,建立高效的行政管理机制、社区民主自治机制、市场配置机制,将政府、市场、第三部门的力量整合起来,共同参与城市基层治理工作。但是,从目前上海城市基层运转状况来看,如何真正消减、转化行政机构不必要的职能,强化应有的行政职能及公共服务职能;完善的市场机制、成熟的公民社会力量何时形成,以解决政府职能调整后的社会有效接管问题;如何培育高质量的居民自治、民主生活等这些问题都是从"行政化"的街居制转向"治理化"的社区制、"社区制"真正运转起来必须解决的问题。①

(作者为中共上海市委党校助理研究员、
华东理工大学社会与公共管理学院博士)

① 陈雪莲:《从街居制到社区制:城市基层治理模式的转变》,《华东经济管理》2009 年第 9 期。

中国人口知识结构的转型与不平衡效应:模型建构与经验分析

Transconformation and Non-equilibrium Effect of Population Knowledge Structure in China: The Construction of Modeling and Empirical Analysis

李正东

一、人口知识结构:转型与不平衡

随着经济与社会的不断发展,社会的整体结构也发生着变化。这种变化不仅表现在社会经济结构上,也表现在知识结构的转变上。换句话说,当前中国正处于社会转型的加速时期,中国现阶段人口的知识结构从某种意义上来说也处于转型阶段。在社会转型的过程中,中国人口知识结构正发生着从传统类型向现代类型的转变。这一转变,可以简单的概括为以下两个方面:从传统的人文艺术知识领域主导转向现代的科学技术领域主导、从传统的私塾科举等级主导转向现代的学校职业教育主导。这一转变有其特殊性,主要体现在人口知识结构与社会经济结构的不平衡之上,可由人口知识结构与社会经济结构不平衡模型图略见一斑。

从传统程度和现代程度两个维度上看,人口知识结构与社会经济结构的关系可以分为 ABCD 四个区(见图 1)。其中,A 区和 D 区属于平衡区域。中国的人口知识结构转型正处于从 A 向 D 的转变过程之中。这一转变,则衍生出 B 区和 C 区两个不平衡区域。B 区和 C 区正是所谓的转型阶段,在中国人口知识结构转型的过程中,B 区和 C 区同时并存。本文对于人口知识结构传统而社会经济结构现代的区域理解为人口知识结构失衡(C 区)。而对于人口知识结构现代而社会经济结构传统的区域理解为人口知识结构均衡(B 区)。贯穿 A 区和 D 区的直线,是人口知识结构与社会经济结构的平衡线。在现实生活中,人们常常把人口知识结构的均衡理解为平衡。而事实上均衡与平衡不是同一个概念,均衡只是在形式上的平衡,而不是实质上的平衡。

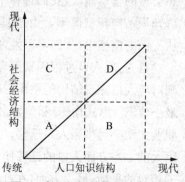

图 1　人口知识结构与社会经济结构不平衡模型

人口知识结构均衡是指人口知识结构在形式上的平衡状态,隐含了引领社会发展趋势,这种超平衡的状态掩盖了社会经济结构上的现实滞后状况。人口知识结构失衡是指人口在知识领域与知识水平上产生的结构性失调与不确定性转变的状态,受制于社会发展趋势。这种人口的知识结构失衡与均衡是由转型社会中人口知识结构转变所导致的。在某种或多种因素的作用下,人口的知识结构由一种状态向另一种状态发展和转化。在当前社会转型中,人口知识结构发生了均衡与失衡状态的并存。均衡与失衡反映在多方面的人口结构特征上,比如教育水平和职业结构、知识领域与产业类型等等。总之,人口知识结构平衡就是界于失衡与均衡之间的能适应社会经济结构与社会发展需要的状态。

二、人口知识结构转型的因素:过程因素与结构因素

如何理解当前中国人口知识结构的转型呢? 理想类型法不失为一种比较好的方法。因为利用一维或多维因素构建理想类型的分析方法比较富有解释力。特别有价值的是,只要选择的分析因素恰当,理想类型的分析方法不仅不会形成僵化的分析模式,而且可以建立起灵活的具有未来预期能力的分析模式。所谓理想类型,就是指在日常生活中并不存在的某种抽象的社会形式或社会存在方式。以分析因素构造的极端维度为两极,我们可以在这两极间可以划分出若干理想等级类型。理想社会状态往往是某个支点,然而实际的社会状态就是位于这两极间的某一个区域上。

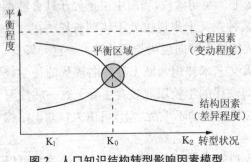

图2　人口知识结构转型影响因素模型

我们所做的就是判断我们自己的现实社会位于这两极中的哪一个区域上。根据理想类型的基本做法,我们选择平衡程度与转型状况,分别作为横、纵标,构建如图2的人口知识结构转型模型。由于具体的函数模型比较复杂,在此只提供相关的曲线模型。从上面的模型中,我们可以发现人口知识结构平衡程度是社会转型状况的函数。

首先,就人口过程因素而言,在理论上人口过程变动程度越大,意味着社会越开放,则对应人口知识结构的平衡程度越高。这可以看作增函数。然而,在现实社会中,变动最小值 K_1(形式均衡)和差异最大值 K_2(结构失衡)却都被视为人口知识结构的不平衡。职业流动必然带来人口迁移。人口迁移给人口知识结构的失衡与均衡所带来的影响是巨大的。一方面人口的迁移使得具有一定知识结构的人口在不同地区、不同领域失去了相对的平衡;另一方面,在社会的政治、经济和文化等的外力作用下,人口知识结构自身要求达到均衡(这种要求表现为处于相对弱势的人群要求形成一种整体上的知识结

构的平均状态)的趋向力加强,从而导致了不适应社会整体要求的均衡。

现代人口的迁移往往会生成相对于城市的边缘社区,形成特定的边缘社区的人口知识结构,它客观上又构成了造成人口知识结构的失衡与均衡的力量。这正是中国"孔雀东南飞"现象的隐喻,也正是当今中国"长三角人才高地"和"珠三角劳工高地"给予的最生动经验写照。

其次,就人口结构因素而言,在理论上人口结构差异程度越大,意味着社会越不对称,则对应人口知识结构的平衡程度越低。这可以看作减函数。然而,在现实社会中,差异最小值 K_1(形式均衡)和差异最大值 K_2(结构失衡)依然也都被视为人口知识结构的不平衡。人口的空间结构变动表现为人口分布的变化和人口的城市化的过程。人口分布的变化和人口的城市化造成了人口知识结构在空间分布上的差异,这种差异达到一定程度就会人口知识结构在分布上的不平衡。中国人口的分布是一种东南部和西北部的不平衡状态,在人口城市化的过程是一种农村和城市的二元结构。这本身已经构成了中国人口知识结构的不平衡。如果人口在分布上的差异或者是农村人口流向城市的数量超过一定程度,人口的知识结构就会在不同区域或是城乡间失去平衡。如果这种差异过度缩小或者是超过一定程度的逆向流动,则会朝均衡的一方发展。

简而言之,异质性人口结构因素,对于人口知识结构不平衡的影响力不容忽视,这里存在潜在的预期。中国的老龄化、贫富分化、区域不平衡、单亲家庭扩大、男性化思维传统等等正是这种潜在的不平衡预期。中国城乡人口接受大学教育比例的倒金字塔和金字塔结构,正是这种现象的最好经验说明。

最后,理想的平衡状态既不是失衡的极端更不是均衡的极端,而是某一个交汇的临界点。事实上,人口知识结构平衡就是界于失衡与均衡之间的能适应社会经济结构与社会发展需要的状态。这一平衡状态,我们可以理解为现实社会中临界值(K_0)辐射的区域。无论是转型中变动状况还是差异状况,当 $K > K_0$ 时,人口知识结构处于结构失衡状态,而在 $K < K_0$ 时,人口知识结构则处于形式均衡状态。从上述模型图示可以看出,该模型近似为逻辑斯蒂曲线,有着类似生态平衡的规律性。过程因素曲线可以看作向上累计频次分布曲线,而结构因素曲线则可以看作向下累计频次分布曲线。变动状况的最小范围和最大范围对应的并非平衡,平衡的临界点正是两个曲线斜率最大的地方。也就是说,K_0 是变动程度和差异程度的平均水平。在这样的水平或近似水平上,转型中的人口知识结构与社会经济结构则处于平衡水平。

三、人口知识结构的不平衡效应:人口知识
结构与社会经济结构的转变

人口知识结构的失衡,匹配的双向关系是知识结构滞后于社会发展,而人口知识结

上海市社会科学界第八届学术年会文集(2010年度)政治·法律·社会学科卷

构的均衡则是社会发展滞后于知识结构。中国的社会转型,也正在形成一种人口知识结构的平衡状态。然而,在人口的结构因素与过程因素的影响下,原有的人口知识结构相对平衡状态被打破,产生了人口知识结构的不平衡,这种不平衡或者偏向失衡,或者偏向均衡。对于人口知识结构不平衡,中国从传统向现代社会转型过程中是无法逾越的。并且,人口知识结构结构的失衡与均衡,也带来了无法克服的不平衡效应。比如,阶层贫富分化、区域不平衡、城乡分立等等,这构成了社会运行的风险或潜在风险。简而言之,人口知识结构不平衡效应,就是成为促使社会转型中发生社会风险的一大因子。这种不平衡效应,就是人口知识结构与社会经济结构转变的潜在或预期后果,我们主要用未预期社会风险发生概率予以呈现。我们假设社会风险与人口知识结构平衡状况成负相关关系,用 S 表示社会风险,则有下列函数:$S = S(T)$,如图 3 所示。

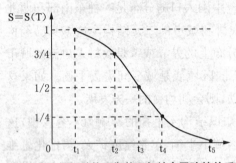

图 3 人口知识结构平衡状况与社会风险的关系

当 $t < t_1$ 时,$S(T) = 1$,表示人口知识结构平衡程度达不到一定程度时,社会不能良性运行。当 $t_1 < t < t_5$ 时,表示随着人口知识结构平衡程度的增加,社会风险的发生减少。当 t 充分大时或者当 t 达到或超过某一值 t_5 时,$S(T) = 0$,表示当人口知识结构平衡程度足够大时,将无社会风险发生。其中,临界点 t_1 代表人口知识结构的形式均衡与结构失衡同时存在,对应的是完全不平衡

效应。临界点 t_2 代表人口知识结构的形式均衡,对应的是均衡效应。临界点 t_3 代表人口知识结构的结构失衡,对应的是失衡效应。临界点 t_4 代表人口知识结构既无形式均衡与又无结构失衡的平衡状况,对应的是相对现实平衡效应。临界点 t_5 代表人口知识结构的平衡,对应的是绝对理论平衡效应。

事实上,人口知识结构平衡不可能达到绝对平衡的状态。若存在,$t_5 < t$ 区间发生社会风险的概率几乎为 0。$t_4 < t < t_5$ 区间,则被理解为现实平衡状态,在这一区间,发生社会风险的概率小于 1/4。人口知识结构也不可能达到绝对不平衡的状态,若存在,$0 < t < t_1$ 区间发生社会风险的概率必然为 1。在 $t_1 < t < t_5$ 时,我们通常称之为人口知识结构不平衡。然而,结构失衡的破坏性远远大于形式均衡,结构失衡(t_3)发生社会风险的概率接近 1/2,形式均衡(t_2)发生社会风险的概率则近似为 3/4。根据模型和中国现实,中国既处于农业社会向工业社会的转变阶段,又处在工业社会向知识社会转变的大环境中,人口知识结构与社会经济结构不平衡的潜在风险在加大。一定意义上,人口知识结构与社会经济结构的转变不仅是后果而且也是举措。或者说,在产生的失衡与均衡中实现临界值(t_4)平衡。

经过上文的分析,我们可以清晰地辨清,人口知识结构结构平衡不是单向度的,而是双向度的。因为它要求与社会发展相适应,与社会经济结构相平衡。上文中关于

人口知识结构和社会经济结构的线性关系建构，是一种理想类型分析，这种线性关系仅仅属于理想状态而已。事实上，中国的市场社会转型，带来了社会经济结构的巨变，人口知识结构也出现了前所未有的不平衡。那么，人口知识结构的不平衡则表现在两个相对应的概念上，即人口知识结构的失衡和人口知识结构的均衡。

参考文献

蔡昉、王德文等：《中国经济增长：劳动力、人力资本与就业结构》，载王小鲁、樊纲主编：《中国经济增长的可持续性》，经济科学出版社 2000 年版。

朱宝树：《城乡人口结构差别和城市化的差别效应》，《华东师范大学学报》（哲学社会科学版）2009年第 4 期。

张立：《论我国人口结构转变与城市化第二次转型》，《城市规划》2009 年第 10 期。

张翼：《我国人口结构几个新的重要变化》，《中国经贸导刊》2007 年第 3 期。

李福柱：《人力资本结构刍议》，《山东师范大学学报》（人文社科版）2005 年第 6 期。

李英：《人力资本结构对经济增长作用的实证分析》，《商业经济》2010 年第 5 期。

郭香俊、杭斌：《教育偏好、教育价格、人口结构与城镇居民预防性储蓄动机》，《中北大学学报》（社科版）2009 年第 1 期。

杨先明、陶小龙：《人力资本结构与经济增长关系研究新进展》，《社会科学院管理与评论》2009 年第 4 期。

李强：《中国社会变迁 30 年》，社会科学文献出版社 2008 年版。

曾毅：《中国人口分析》，北京大学出版社 2004 年版。

（作者为上海应用技术学院人文学院社会工作系主任、讲师【副教授岗位】）

中产阶层"稳定器"理论在民主改革进程呈现的特点与矛盾

The "Stabilizer" Theory of Middle stratification full of Contradiction and Fantasy which Presented during the Process of Democratic Reforms

马丹丹

中产阶层被称为"政治后卫,消费前卫",其中"稳定器"、"缓冲阀"的功能较为重要。稳定器的讨论出现于 20 世纪 90 年代,经过了稳定器功能的辨析和重新认识,稳定器理论渐趋集中,同时也暗示社会运动进入低潮。稳定器理论扮演了威权主义、民族主义与民粹主义之间复杂的妥协关系,促成了中产阶层的多元化现实,由此衍生的文化转向正在协同稳定器理论构建中产阶层的意识形态,虽然还在起步中,无法完全适应理论对中产阶层"新人"的理想主义追求。与文化转向相较,中产阶层理论的探讨又是在社会经济出现新的所有制成分、收入分化以及新兴职业等市场经济现实才开始谨慎地"放开",因此,理论又无法完全适应现实的变化。尽管如此,中产阶层理论的"松动"以及文化对中产阶层身份意识的培养还是成功地"内化"了中产阶层现实与幻象的交织。对于这一虚假的中产阶层繁荣,刚刚止步而又在底层艰难喘息的社会运动潜流虽然前景暗淡,不过也昭示了中产阶层内心深处的焦虑与危机。

迄今为止,关于中产阶层的研究现状的回顾,不少学者都抱有兴趣。有的学者分析中产阶层研究阶段的变化:从社会结构与政治意义的阶层到文化和消费的延伸,有的学者强化了没有真实意义上的舞台表征的实践性,突出了中产阶层学术话语的政治性。通常中产阶层的进步主义思潮为政权服务,但是并不意味着改革与革命之间必然协调的声音。城乡关系分割是中产阶级理论潜伏的张力,不少学者提出加快城市化进程,但还是无法回避基本的事实。

马克思在《路易·波拿巴的雾月十八日》描写了山岳党和后来的社会民主党的摇摆、软弱和叛变革命。①对于中间阶级反动的面貌,包括米尔斯所描述的中产阶级"骑墙"

---

① 在马克思对中间阶级的反讽中,中间阶级又包括小资产阶级。马克思正在社会运动的斗争过程中观察中间阶级立场的变化,不同于"稳定器"的理论视角,反而可以使我们看到两套相反的中间阶级的修辞手法。正如马克思所说:社会民主派的特殊性质表现在它要求民主共和制度并不是为了消灭两极——资本和雇佣劳动,而是为了缓和资本和雇佣劳动间的对抗并使之变得协调起来。中共中央马克思恩格斯列宁斯大林著作编译局编:《马克思恩格斯选集》(第 1 卷),人民出版社 1972 年版,第 631 页。

的政治性格,要保护社会转型涌现的中产阶层萌芽,且将其转化为民主政治和现代化的中坚力量,不能不说同样是一个意识形态的挑战。这里略过学者对马克思阶级理论适应社会转型的修正,中国当前的中产阶层并不等同马克思当年作出分析与论断的时代背景和具体情况。分析中产阶层,我们看到,主要回顾中产阶层与民主政治的关系,从中多少能够感受到中产阶层理论气候出现于 20 世纪 90 年代末打上的社会背景烙印:高度重视社会稳定,社会运动退潮的信号。①学者在中产阶层的政治态度讨论中流露出了区隔的保守主义取向,以及政府干预的期待,中产阶层是有自身的问题,但是学者普遍认识到中产阶层并非自身能够解决的,政府对有利于中产阶层成长的制度、政策、环境的改变是必要的。从中,笔者能够感受到学者试图从政府的角度应对中产阶层遭遇的挑战和实质的脆弱,尝试以政府为主导通过培育与区隔"圈出"一个客观的中产阶层,但是又无法和异质化的利益群体现实有力地结合起来,政策导向虽然全面却不乏空洞,实践性反而由于多元化的意识形态以及大众消费领域的草根性抗衡而削弱。在稳定器文献的梳理过程中,已然发现中产阶层的意识有离散化的趋势,遏制社会运动的改革着眼点又使其涣散为"一盘散沙",而"碎片化"的事实恰恰支持了中产阶层作为"稳定器"的中坚力量。以人力资本为标志的阶层意识、随时可能被收入扩大消解的"离散化"的阶级意识、"结构性分离"的边缘地位同样发挥了稳定器的支持条件,即使是社会批判意识较强、改革愿望较为迫切的新中产阶层,因为是改革的受益者,也能够保持对政府的期待和信心。所谓密切关注中产阶层的职业动向、定义新中产阶层的学术贡献竟然传达了"新人"的理想,继社会主义十七年教育的理想主义崩溃之后在改革开放又一次扬起了中产阶层的理论建构。不过"新人"的话语系统和蹒跚成长的中产阶层一样显然正在起步过程,虽然稳定器的学说占据了主要的安全阀门,并且作了"东亚式"的改造:增加了渐进改革的润滑剂、推动器和政治弹性空间,切合了中国传统的改革思想:穷则生变,但还是不得不承认:中产阶层意识形态的成熟对于社会转型过程激烈的阶级结构变动而言是全新的实验与挑战,它在全力保持自身的封闭叙事系统的过程中,还无法驾驭理论与现实的反差,同样力不从心地"暴露"出诸多自相矛盾之处,这也是国外学者对中国中产阶层研究的批评之一。

稳定器理论是在贫富差距和收入分化的社会结构变化带动中产阶层进入理论视野,恰如社会运动的气候低迷,预示着改革在稳定的前提下以市场化导向转移民主政治改革的注意力,市场化导向在中产阶层话语中占据了重要分量,由知识分子引领,与政府引导的渐进改革相呼应。笔者以为,中产阶层研究的定位与中国政治体制改革和经济增长模式有密切关系,经过了政治资本与经济资本的制度交易,实现了以财产为基础的再分配体制,稳定器的热点讨论过去之后,中产阶层的概念、特征、功能、问题与对策等中产阶层语言系统也逐渐定型。当然中产阶层的语言系统借助稳定器的政治性工

上海市社会科学界第八届学术年会文集(2010年度)政治·法律·社会学科卷

---

① 当然,中产阶层社会现象的研究也正在补充进来,而且有待进一步的观察和厘清。

具,成为小康社会或和谐社会的结构性工具,得到了充分的历练和理论"改良"机会,使得他们的理想和"橄榄形社会"期待朝向了未来的开放性,这一点恰恰是中产阶层语言系统能够超越诸多自相矛盾之处以"客观现实"的方式缔造中产阶层完整幻象,重要的是,中产阶层研究在自身的局限中把握政治与市场形成的话语权分工的默契,是它的清醒所在。

　　中产阶层的历史主体问题如何解决?面对中产阶层的未来,"理想型"并非仅仅是中产阶层概念或标准、身份的理论特征,在任何时代、任何政体的需求下国民性、阶级属性以及文明的概念会再度塑造以及主动"寻找"。从革命到改革,从乡村到城市,阶级主体、文化领导权正在发生激烈的意识形态的变革,从合法性危机的角度来看,中产阶层的道路的确任重而道远。

(作者为上海大学社会学系讲师)

协商合作:乡村治理的现实趋向和理性选择

——浙江温岭案例启示

Negotiation and Cooperation: The Real Trend and Rational Choice of Rural Governance —Case Implications from Wenling

陈　朋

温岭民主恳谈以其丰富而又生动的内涵向人们展示了生长在中国乡村场域的协商合作式治理实践。在这场实践中,国家与社会在互动中促成了实践的发展,反过来,国家与社会也在互动中实现了双赢。乡村协商合作式治理实践有力的优化了乡村治理格局,稳妥缓和了长期困扰乡村治理的国家与社会之间的紧张关系,从而进一步启示人们:构建协商合作式的乡村治理模式既是乡村治理的未来趋向,也是推动乡村发展的理性选择。

一、温岭案例的简要描述

温岭民主恳谈实践萌发于 1999 年。当年 6 月 15 日,以"社会治安综合治理与现代化建设"为主题的首期松门镇"农业农村现代化教育"论坛正式召开。100 多名自发赶来的群众与镇领导进行了平等对话。恳谈的内容涉及方方面面,大到镇村规划、投资环境改善,小到邻里纠纷、生活琐事。镇领导对群众提出的问题予以了现场周详的答复和耐心讲解。有的问题当场予以解决,当场不能解决的则给出了具体的解决时间和措施。这是温岭第一次推行的相当成功的农业农村现代化建设论坛。这种不花大钱就能把事情办好的活动深受群众欢迎。

随后,温岭市委迅速总结了松门的做法,要求全市推广,并将恳谈的范围由镇、村两级向企业、社区、事业单位、政府部门延伸。紧接着,在 2000 年下半年,温岭市委将各地开展的"民情恳谈"、"农民讲台"等活动形式统一命名为"民主恳谈"。自此,民主恳谈开始在乡村迈出成长发展的步伐。民主恳谈实践在乡村萌发以后,逐渐成长起来。参与式预算试验即是其深化推进的直接体现。温岭参与式预算试验萌发于 2005 年，至今运行了 5 年，每年都有提升。总体上看，温岭参与式预算试验是在两种模式和两个层面上有序展开。两种模式即泽国模式和新河模式，两个层面即乡镇层面和市级政府部门层面。总体上看，温岭参与式预算试验暗含着一系列内在运作逻辑就是：回归公共预算；确保信息公开；力求细化周详；组织规范有序。

相比较参与式预算试验在纵向上不断深化着协商合作实践而言，行业工资集体协商则在一定程度上从横向上积极拓展了协商合作实践。它以化解劳资矛盾为切入口，通过面对面的协商，工人和老板实现坦诚交流和理性谈判，就工资达成一致性意见，并签订具有法律效力的协议，从而保证双方的合法权益，有力地促进了政府、老板和工人的"三赢"。

二、协商合作：国家与社会在互动中实现双赢

(一) 从压力型体制向合作型体制转变：乡村治理的现实需求

压力型体制是当前政府运作系统中的一大突出问题。在压力型体制下，原来仅存在于政府系列之间的压力型体制通过乡镇政府的巧妙运作，延伸到乡土社会之中，政府与民众之间的紧张关系因此如剑拔弩张，一触即发。这正是温岭民主恳谈实践最初是以"农业农村现代化教育论坛"的名义出场的重要原因——当地政府急需借用一种行之有效的方法来缓和高度紧张的干群关系，进而促进社会和谐。

对于这种紧张和脆弱的关系，政府和民众都希望能改变，希望能寻找到一个突破点改变这种紧张的体制关系，从而在和谐交往的氛围中互动、合作。在这个过程中，不少地方政府与民众的共同努力，终致使得二者寻找到了一种新的交往方式，合作式治理体制因此出现，并成为政府与民众之间的主要交往模式和策略选择方式。

温岭民主恳谈实践表现出来的乡村协商合作模式可以看作是这种合作式治理体制的鲜明体现。在这种乡村民主模式下，政府不再运用曾经使用过的"通不通三分钟"的暴力式行为方式，民众也不是持"惹不起我躲得起"的消极对抗态度。二者在互信和交流的框架下走到一起来，共同行动，在合作中实现互利双赢。在合作式治理体制下，政府与民众之间不再是玩猫和老鼠的游戏，而是一种合作的关系。

(二) 国家与社会的互动促进治理创新

从国家层面来看，温岭民主恳谈是在国家的积极推动下诞生出来的一种乡村治理实践模式。正如兴起于松门的"焦点访谈"一样，当时温岭面临的乡村治理困境不是个

案,全国其他地方都不同程度的存在类似的问题。为挽救乡村民主发展困局及其引发的诸多问题,中央在多个场合强调要加快乡村治理改革。这是反观温岭民主恳谈实践最直接的一个入口。与此同时,国家积极推动政治文明建设也是一个重要的不可忽视的因素。在思考如何推动政治文明建设的过程中,中央政府和地方政府都将扩展公共参与看作是一个非常重要的着力点。任何有利于扩充公共参与的民主实践都得到关注和推动。在国家层面的积极主导下,温岭地方政府果断而又智慧的作出了深入探索。无论是其初期的议题确定,还是讨论过程的安排、意见决策意见的落实,无论是其初期的民意沟通,还是逐渐发展到民主决策、参与式预算、行业工资协商,乃至以后的新发展等等,都可以体现政府创新的推动作用。

从社会层面看,社会基础的具备和发育是民主恳谈实践这一制度创新的重要推动力量。在这里,社会基础来自发达的民营经济、民众日益增长的民主意识、外来的学者和媒介资源等方面。民营经济的发展促使民众不仅关注自身的利益,而且还迫切了解公共资源的分配及其使用情况,越来越关心取"众人之财"的公共支出是否行"众人之事",从而成为民主实践的源动力。伴随着民营经济的发展和社会资源自由流动空间的增大,具有独立利益和自由、平等、参与意识的多元利益主体在温岭市场化过程中逐渐形成,并且不断增长其民主意识,民众因此渴望有机会参与公共事务的决策和落实中来。可以说,日益增长的民主意识成为实践的"内驱力"。与此同时,学者、专家也在积极关注着民主恳谈实践,他们帮助实践的组织者出谋划策,提供意见咨询,甚至是亲自参与实践的具体活动过程。媒体的关注与学者专家的研讨之间逐渐形成了一条有机互动、相互促进的逻辑关联。

三、协商合作:乡村治理模式的理性构建

(一) 协商合作式实践对乡村治理格局的优化

其一,它是思考如何破解乡村"选择性治理"难题的一个切入口。所谓选择性治理就是以农村基层政府为本位,对那些于己有利的事就去管、去做,对那些于己不利或者吃力不讨好的事就尽量不去管、不去做。[①]从实践来看,当前绝大部分乡村都面临着这些问题。之所以出现这些问题,主要症结正在于既有的乡村治理格局中,乡村民众参与公共事务的机会和渠道没有得到相应的开发和畅通。在这种情况下,即使中央一再鼓励和要求乡村治理体制和机制的完善,也是难以取得实际效果的。但是,此时如果拓展视角,将乡村民众的公共参与纳入到思考如何建构合理的乡村治理体制之中,问题可能会

---

① 吴理财:《以民众参与破解选择性治理》,《探索与争鸣》2009 年第 4 期。

有很大改变。从温岭的乡村协商民主实践看，通过参与，乡村民众之间、民众与政府之间可以就共同关心的乡村治理议题展开讨论和交流，进而达成共识。这种参与还配套了相应的民主参与机制和渠道，并将政府与民众之间的有效互动看作参与的重要出发点，它既能吸纳民意，又能促进相互理解，因而可以成为人们思考如何破解当前乡村"选择性治理"难题的一个重要参照系。

其二，有益于乡村公共参与机制、渠道的完善和健全。从理论上讲，代表国家政权的乡镇政府，直接接触乡村民众，具备扩充乡村民众公共参与的便利条件。但事实上，除了村（居）选举和乡镇人大会制度以外，其他的体制内参与渠道并不多。再加上农业税取消以后，很多地方出于节约行政成本的考虑，对村庄和乡镇进行了大幅度的合并。在这种情况下，原本就不充裕的公共参与渠道变得更加狭窄，民众更难以见到乡村干部，办事更不方便了。面对规模和半径迅速递增的村庄，以及日益不方便的生活，乡村的公共生活日益式微。对于这些问题，乡村协商实践可以作出回应：乡村公共参与的渠道不仅仅在于选举，而是可以很宽泛的延伸至乡村选举之外的民主决策、民主管理和民主监督等方面。通过这些真实而又富有实际意义层面的参与，既可以为乡镇公共事务的管理提供意见和建议，而且还可以亲身参与到政府重大公共事务的决策上来，从而实现公共利益与个体利益的有机融合。

其三，契合现代国家建构"秩序和稳定"的乡村治理目标。乡村社会秩序的稳定成为国家与社会共同关注的话题。从宏观的背景来看，"中国基于政治制度和经济基础的规定性以及中国政治面临的现代市场经济体系与既定体制为应对社会发展和分化必须增强调控之间的张力的存在，其在民主程序价值偏好的抉择上会更注重稳健、实效与适用，决不会贸然地在一个可见的时期内建立高度竞争性的国家和社会关系架构。据此，中国未来民主政治建设在民主程序的选择上，会用协商性的方法处理前进中的社会矛盾，启动利益协调机制，将内涵利益表达、利益协调、利益实现的协商性民主作为首选项。"①具体到微观领域的乡村治理而言，情况同样如此。运用协商合作式治理的办法，实现社会秩序的巩固是国家与社会的理性选择。

（二）构建协商合作式的乡村治理模式

从温岭实践来看，民主合作式治理强调的是合作，它希图通过政府与乡村民众的合作交流，共同讨论彼此关切点和共同指向，以及面临的问题的症结之所在，以寻求问题的解决之道，并提升治理绩效。在这种体制框架下，所有的参与者都是平等的行动主体，政府不再是单纯的压制和命令，而是在与其它参与者的积极协商和相互支持的过程中达成一致，其间应该允许讨价还价、妥协让步。其他参与者的职责也是积极参与，根

---

① 王道坤：《协商民主在中国的适用性条件及其前景》，《华中师范大学学报（人文社会科学版）》2006年第4期。

据自身的利益偏好选择行动策略,并且还会获得政府提供的各种物质资源和支持。

结合温岭乡村协商民主实践,民主合作式的乡村治理模式的基本框架要考虑以下五个方面的基本因素:

其一,明晰乡村公共生活主体的权力来源及其彼此边界。根据"谁授权就对谁负责"的政治学原理,在乡镇政府权力源于上级政府任命和授予的情况下,很难想像它会对乡村民众负责。因此,在民主合作式的乡村治理体制下,乡镇公共权力应该源于乡村民众的授予。除此之外,按照荣敬本等人的民主合作制范式,还要提升乡镇人大的权力地位,尤其是其民主决策权和监督权等,以此完善权力制衡和约束机制,将乡村公共权力主体的权力边界纳入到法制化、制度化轨道上,防止乡镇党政权力的扩张和滥用。

其二,主体多元。无论是乡村重大公共事务的参与、决策还是乡村公共服务方面,政府不再是唯一的参与者,社会力量将是与政府共同参与乡村公共事务的重要行动者。其间,普通的乡村民众、人大代表、政协委员,甚至包含外来人口都可以参与到与其切身利益密切相关的公共事务的商谈和决策之中。

其三,寻求积极合作和共同协商。乡村社会生活同其他共同体的生活状态的一个明显区别就是其主体之间的交往网络空间相对狭小,交往密度紧凑,可以通过合作实现利益共赢。"在利益的体现和达成上,协商的过程是遵从民主政治的设计程序,强调社会多元主体在公共利益的框架下通过有效地协调体制与协商过程,进行利益的协调与表达,最终达成实现利益的目的。"①

其四,参与结构不断健全。对公共参与结构产生直接影响的是乡村民众参与公共事务的方式和权力运行模式。对于乡村民众参与公共事务的方式而言,要看到公共参与不仅仅限于乡村选举,而应该扩展至选举之外的民主决策、民主管理和民主监督之中。唯有坚持四大民主齐头并进才能推动乡村公共参与的健康发展。对于乡村权力运行模式来说,最重要的莫过于要积极改变乡村权力过分集中的现象,努力推动权力分化,形成权力制约。

其五,在互动中达成共识。在乡村公共生活中,主张通过合作互动实现意见一致,进而在此基础上作出合适的决策和相应的安排。这明显的不同于传统的乡村管理模式:政府独大,它独自作出决策,民众只能被动的接受,而没有任何讨价还价的机会和余地。

四、结　论

温岭民主恳谈实践的案例清晰的证实:传统的政府一统格局的治理模式是不符合

---

① 张富、吴新叶:《农村基层治理:困境与出路——兼论农村自治性政治空间的生成和发育》,《兰州学刊》2004年第3期。

现代社会发展需求的,而单纯的将治理的希望寄托于乡村民众显然在当前情势下也不具备充足的可能。基于此,将政府与民众的力量有机融合在一起,让二者在协商合作的互动中促进各自目标的实现似乎是不错的选择。事实证明,协商合作式的乡村治理格局不仅可以解决当前单靠某一方都难以解决问题的困境,比较符合中国乡村发展的客观现实,而且还契合当前基层民主发展、构建合理乡村治理格局的客观需要。无论是对乡村民众还是对国家政权而言,都是必须而又合理的取向。

当然,鉴于既有乡村治理格局的某种惯性作用,在当前推动建立协商合作式的治理模式无疑需要一个不断磨合、不断试错的过程。其间也许会出现不少困难,但这不应该成为回避和否认这种模式之合理性的理由。

（作者为华东政法大学大都市基层政治研究中心兼职研究员）

工会何以"独立自主地开展工作"

How Trade Unions Work Independently

肖　巍

我国《工会法》(2001 年修订)和《中国工会章程(修正案)》(2008 年)都要求工会"独立自主地开展工作"。但由于众所周知的原因,我国工会实际"定位"仍然是(半)行政化的,普遍存在这样的情况,资方害怕组建工会组形成对抗力量,地方政府热衷招商引资虚与委蛇,而劳动者则对工会缺乏认同和信任感。尽管我国工会早已不再提无产阶级专政的"齿轮"性质,突出了维权功能,但工会维权似乎大量地停留在口号上,特别是在最近各地接连发生的劳工事件中表现不佳,理所当然地遭到了舆论的质疑和批评。

改革开放三十多年,我们越来越感到平衡劳动(劳资)关系的重要性和迫切性。当年,面对百孔千疮的国民经济,举国上下都意识到即使有再多的劳动力,没有资本和技术,就无法释放能量创造财富;所以要解放思想,招商引资,对资本采取倾斜政策,优惠待遇,想方设法把资本请进来。现在,随着体制改革、结构调整与社会转型,劳动(劳资)关系出现了许多新情况新问题,产权变革使劳动关系日益走向雇佣制,并在市场条件下运行,我国积极融入全球化,也要求劳动关系与国际劳工运动格局相衔接,因此,从迁就资本到劳资平衡,这无论从经济发展、社会和谐,还是政治稳定、意识形态的角度看,都是十分必要的。

近年来,劳资矛盾激化,劳动纠纷剧增,劳动者维权困难,全国各级法院受理的劳动争议案件年年攀升。有关职工权益保护、农民工待遇、清欠工资、工会不作为的报道时有与闻,这些劳动争议绝大多数是权益争议,进而引发许多罢工性质的集体行动和群体性事件。其主要原因:一是国家在法律制度方面对劳动者权益没有足够重视;二是一些地方政府在 GDP 指标刺激下,偏袒投资者;三是一些国企改制,廉价变卖国有资产,侵害广大职工的权益;四是工会未能发挥应有作用,相当一部分企业没有建立工会组织,劳资谈判机制徒有其名。

劳动(劳资)关系是构成现代社会最主要的社会关系,劳动(劳资)关系的平衡是社会公平的最重要事项,并扩展为劳动者及其组织(工会)、企业组织与各级政府三方关系,内容包括确定与维护就业、工资、社会保障、职业安全与卫生等劳动者权益。没有和谐稳定的劳动关系,就谈不上和谐稳定的社会关系;而和谐稳定的劳动关系取决于劳资双方力量的大致平衡。任何一个社会,受到排斥的群体都可能因为绝望而铤而走险,对社会稳定和安全构成威胁。因此,劳动者维权既是劳资关系问题,也是社会公正问题、政治安全问题。新《工会法》规定"维护职工合法权益是工会的基本职责"。全总确立了"组织起来、切实维权"的工作方针(2004年),还规定了工会在新形势下加强维权工作的指导思想、主要原则、基本任务、制度机制和组织保障等,提出"以职工为本,主动依法科学维权"维权观(2005年);并进一步强调以发展和谐劳动关系为着力点,以解决职工群众最关心、最直接、最现实的利益问题为重点进行维权(2006年)。《中国工会章程(修正案)》把以上内容写入总则,反映了我国工会发展改革的新要求和广大劳动者的殷殷期盼。

全总近年也屡屡发布支持鼓励各级工会积极维权的文件,但这些文件的落实效果均不被看好,大抵因为我国工会职责名不副实,作用模糊,没有"独立自主地开展工作"。一般而言,在市场经济条件下,工会因劳动关系矛盾和冲突而产生,并作为与资本相抗衡的组织力量而存在,作用在于平衡劳资关系,并使劳资冲突解决制度化;工会的首要职能是维护会员权益,包括为会员谋求工资、就业和安全保障等经济权益,通过集体谈判、民主参与等途径促进权利实现的政治权益,通过三方机制等对话方式建立伙伴关系的社会权益等等。工会以集体谈判为基本手段,这也是现代社会协调劳动关系的核心运行机制。工会的日常运作,"组织"和"谈判"是两个关键词,如果组织不起来,就不可能提出响亮的利益诉求,更谈不上有效的谈判——现代社会的大量劳资冲突,主要还是通过谈判来解决的。

我国劳动者数量巨大,普遍缺乏讨价还价能力。特别是作为个体的劳动者凭一己之力根本无法与资方进行事关自己切身利益的谈判,而有关利益协调机制和维权手段又非常缺乏,或者有机制手段却无法行使,广大劳动者对工会"组织起来,切实维权"有强烈预期。早在1990年,我国政府就批准了国际劳动组织(ILO)《三方协商促进履行国际劳工标准公约》(第144号公约),承诺实施三方协调机制的义务;2001年,国家协调劳动关系三方会议成立,各级地方及产业工会也纷纷建立三方协调机制,这个机制的核心就是集体谈判。集体谈判为平衡劳资关系提供了一个制度性框架。国际劳工运动的经验也表明,集体谈判弥补了劳动者的分散劣势,是改变劳资关系"失衡",增进劳资合作的有效途径。

问题是,我国有关集体谈判的游戏规则很不健全,出现许多"(资方)不愿谈"、"(职工)不敢谈"、"(工会)不会谈"的尴尬。我们传统的工会体制,运行依据是劳动者利益与国家、企业的利益至少在理论上一致。但当我国经济体制越来越深入到产权关系转变时,劳动者权益保障就是一个大问题,新《工会法》之明确规定工会的基本职能是维护职工合法权益,就是促使工会身份和立场与市场经济体制的要求衔接起来。以往的看法,国家(政府)"代表"劳动者的利益(权益),当然也负责监督和惩罚侵权者,无须劳动者另行维权;但是劳动(劳资)关系今非昔比,政府再难担当那样的角色了,而必须通过行政和法律手段(包括规制、政策)为平衡劳资利益(权益)进行干预、调节和监督。在劳资关系中,资强劳弱,权利援助就应倾向保护弱者。对此,政府必须监督《劳动法》的执行,在劳动者权益遭到侵害时,公权力应提供及时、有力和低成本的援助,而且这些援助必须具体化、明确化并具有可操作性。政府除了还利于民(增加社会投入)和让利于企(减轻企业负担),更应该做的就是赋权(empowering),赋予劳动者"组织起来,切实维权"的权利,引导维权行动有序化规范化,特别是支持劳动者通过自主选举产生有代表性的工会,并在此基础上强化已经建立起来的三方机制。

在缺乏有效利益协调机制的情况下,劳资矛盾激化就会外部化,本来属于劳资之间的冲突,会转变成劳动者与政府、与社会的冲突,处置这些冲突不仅时效滞后,成本也非常高昂,还将引起连锁反应,陷入"不闹不解决,小闹小解决,大闹大解决"的恶性循环,越来越被动。这就是为什么劳动者在遭受侵权的大多数情况下,只能忍气吞声;而一旦忍无可忍,就会恼羞成怒,采取过激行为,甚至走向极端。未来一段时间,劳动者维权行动将经常化集体化扩大化,对此切不可讳疾忌医,也不能头疼医脚。我们提出工会要主动依法科学维权。主动维权,就是要积极有为,主动了解职工的实际困难和问题,反映诉求、化解矛盾,变事后介入为提前维护,建立健全维权机制,落实维权措施;依法维权,就是适应经济社会发展和劳动关系的深刻变化,运用法律手段,通过合法途径规范维权行为,还要参与涉及职工利益的法律法规和政策措施的研究制定;科学维权,就是以科学的态度、科学的方法确立劳动权,维护劳动权,把推进改革开放、促进企业发展和实现职工利益统一起来,使工会组织独立自主、堂堂正正地开展维权工作。事实上,在政府支持和合法组织形式下,劳动者也比较容易达到维权目的,避免混乱和无序。这就要求对我国工会的组织制度、干部产生、会员权利以及工会与政府的关系等方面进行符合我国国情又与国际接轨的配套性改革。

邓小平早在 1978 年就提出工会组织必须密切联系群众,"使广大工人都感到工会确实是工人自己的组织,是工人信得过的、能替工人说话和办事的组织……"[①]胡锦涛总书记也要求最广泛地把职工群众组织到工会中来,最充分地把工会组织的活力激发出来。工会"独立自主地开展工作",不是接受任命的"二政府",更不是看老板眼色的附庸,工会的独立性应包括劳动者有加入(或不加入)工会的自由和选举工会代表的权利,工会有权参与集体谈判游戏规则的制定和实现,工会代表不受恐吓骚扰和打击报复并有法律保障。这样组建起来的工会,才能表达自己的权益,维护自己的权益,并免除因为维权而导致的后顾之忧。

在我国,没有一个强势政府,许多事情就做不成;但再强势的政府也不可能包打天下,作为协调劳资关系的第三方,政府不必直接介入谈判,而是促进工会"独立自主地开展工作"及集体谈判机制的落实。那么,为什么政府对于支持劳动者"组织起来,切实维权"犹疑不决呢? 一种可能是政府与资本沆瀣一气,结成了利益共同体,压根就不愿意

---

① 《邓小平文选》第 2 卷,人民出版社 1994 年版,第 138 页。

那么做，一些地方劳资矛盾尖锐化，与当地政府不作为，甚至反作为脱不了干系，但这与执政党宗旨背离得太离谱，毕竟是极少数，官商勾结对付劳动者，最终将危及政权，危及整个社会。另一种可能是政府有理由担心，独立自主的工会组织及其维权行动，闹将起来破坏社会稳定，甚至对现行政治体制构成威胁，因此宁愿稳妥些，压一压，哪怕代价再高昂。在这个问题上必须明确，无论劳资双方还是政府都不能把维权往政治化动机上牵引，工会在成熟市场经济环境中，就是一种有能力与资本进行对等谈判，通过博弈、妥协方式避免劳资冲突激化的社会力量，它也没有必要动不动就采取罢工行动来表达劳动者的意愿。一定要破除工会行动就是向政府示威、破坏社会稳定的成见，是什么性质的维权就以什么性质论处，没有必要神经过敏，更不应该作茧自缚。

特别值得警惕的是，如果合法的工会组建不起来，非法的或带有"颜色"性质的组织就可能乘虚而入，兴风作浪，浑水摸鱼，这才是危害社会稳定国家安全的心腹之患。我国正在走向法治社会，任何组织的建立和运作都必须纳入法制轨道，工会当然也不例外，《劳动法》《工会法》都是衡平法，不是偏袒法，不可心血来潮、朝三暮四。我们还要未雨绸缪，防止工会组织的腐败和异化，或成为特殊利益集团，甚至演变为反体制的力量。

（作者为复旦大学社会科学基础部教授）

高学历女性职业发展中被放大的性别负效应及对策研究

——以上海的系列调查为例

A Study on the Status Quo and Solution to the Magnified Negative Effects of
Gender Upon Women With High Education During Their Career Development
—Take Serial Researches in Shanghai as Examples

陆建民

积 60 年之努力,我国基本实现教育上的性别平等。然而要使越来越多受过高等教育的女性成长为人才,需要一个两性平等参与经济社会发展的社会环境。

一、系列调查概述

2004 年 4 月,上海市妇联开展了"上海部分高校应届本科毕业生就业状况调查"①;2005 年 5 月与 10 月,分别开展了"1990—2000 年全日制高校本科及以上学历毕业生就业、成才和社会参与状况调查"②和"青年高学历者在新经济组织中职业发展状况调查"③;2009 年 8 月,开展了"关于女性成才问题调查"④。这四项调查分别以高学历女性

---

① 该调查以复旦大学、上海交通大学、同济大学、华东师范大学、东华大学、华东政法学院、上海大学、上海师范大学、上海第二医科大学、上海电力学院等 10 所高校为样本,每校随机抽取 100 名已签约的应届本科毕业生,共回收有效问卷 967 份,其中女生占 54.5%,男生占 45.5%。

② 该调查以 1990 年至 2000 年间全日制高校本科毕业、目前具有本科及以上学历者为调查对象,发放问卷 1 100 份,回收有效问卷 996 份。调查对象分布于本市的科技系统、卫生系统、金融系统、法院、检察院系统,以及文广集团,复旦、华师大、上师大等部分高校,黄浦、杨浦、闸北等部分区的党政机关,其中女性占 50.4%,男性占 49.6%。

③ 该调查以静安、卢湾、黄浦、长宁、浦东、闵行等 11 个区内非公经济组织中具有大专及以上学历的创业、就业者为调查对象,除企业主、董事长及高级管理人员的年龄可以放宽至 45 岁之外,其余被调查对象均要求在 40 岁及以下。发放问卷 1 100 份,回收有效问卷 947 份,其中女性占 52.9%,男性占 47.1%。

④ 该调查共发放单位统计问卷 130 份,回收有效问卷 84 份;发放个人调查问卷 1 150 份,回收有效问卷 978 份。个人问卷调查对象以科技系统、高教系统、卫生系统、统战系统的专业技术人员,以及部分市、区级机关的党政领导干部和事业单位管理人员为主,其中女性占 78.1%,作为参照对象的男性占 21.9%。由于历史原因,目前四五十岁的专业技术人员和领导干部中有极少数尚未达到本科学历,故而调查对象的最低学历为大专。

初次求职时的经历,以及青年期、中年期与退出职场前的职业生涯为主要内容。调查数据汇集在一起,不仅展现了高学历职业女性的基本特征——注重自身学习,拥有相对较强的自信心与成就欲,以不懈努力追求事业与生活双赢,而且也揭示一个事实——被放大的性别负效应阻碍着高学历女性的职业发展。

(一) 大学生就业:高学历女性初入职场即遭歧视

各种研究表明,就业中是否存在性别歧视可以从男女双方是否拥有同等的就业机会以及在获得就业机会时,是否得到与其能力相符的工作岗位与工资报酬来判断。从2004 年的调查看,大学生就业中的性别歧视一是在就业收入上。试用期与转正之后的月均收入,女生分别为男生的 95% 和 90.2%。二是在就业岗位上。需要关怀性技能的职业如教师,强调服从性的职业如企业一般员工,女生比例分别比男生高 11.3 个和 6.1 个百分点;相对而言拥有更多社会资源和更多发展机遇的职业如公务员、专业技术人员,男生比例分别比女生高 2.8 个和 15.6 个百分点。三是在学生的实际感受上。55.8% 的女生认为自己求职时遭遇了性别歧视,63.7% 的女生和 47.6% 的男生认为用人单位存在着歧视女生现象。

(二) 青年高学历者的职场经历[①]:职业地位上的性别差异开始显现

2005 年的调查发现,经过十几年的职业发展,青年高学历群体的性别分化已趋明朗。一是在职称与职位上。已获得专业技术职称的人群中,高、中、初级职称在男性中的分布比例分别为 20%、52.2% 和 27.8%,女性中的分布比例分别为 13.1%、61% 和 25.9%。与此相类似,女性中担任基层管理人员的比例高出男性近 10 个百分点,但从中层管理人员开始,女性比例就一路下降。二是在就业收入上,调查前一年的平均收入女性为男性的88.8%。三是在职业满意度上。无论是对经济收入、劳动强度、工作的自主性、职业的稳定性等具体指标的评价,还是对发挥自己能力的状况、职业的社会地位等抽象指标的感受,男性满意度均高于女性,所以对自己的职业/事业发展,男性满意度也高于女性。同时,分别有 31.8% 和 19% 的女性自诉在求职与晋升时"经常"或"有时"遭遇性别歧视。

(三) 从青年到中年:两性之间、女性内部的分化加快

2009 年的调查发现,与男性相比,第一,女性高层次人才无论在总量还是比例上都

---

① 为了聚焦青年高学历者的社会发展,以最初就业时具有全日制高校本科及以上学历、2001 年前毕业为入选标准,将 2005 年的调查数据库合二为一,共抽取调查对象 1 313 人,其中男性占 53.2%,女性占 46.8%;就业单位属国有的占 63.7%,非公经济的占 36.3%;平均年龄 32.02 岁,81.2% 的人年龄在 35 岁及以下。

明显偏低,而且越到高层女性比例越低,呈现"金字塔形"结构。比如对 32 个科研机构的统计发现,专业技术人员中女性占 33.7%,但在正高、副高职称中,女性比例分别为 14.5%和 30.6%;对 52 个市、区级党政机关的统计发现,公务员中女性占 24.6%,但在处级干部中女性占 19.4%,局级干部中女性占 14%。

第二,生儿育女使女性职业发展呈现出周期性特点。从数据看,已育女性每天用于家务劳动的平均时间与孩子年龄密切相关——孩子 0—5 岁时为 149.4 分钟,6—11 岁时为 155.4 分钟,12—14 岁时为 138 分钟①……也就是说,孩子 6—11 岁时,女性家务负荷最重,其后就会下降。然而此时女性的平均年龄已达 37.79 岁。36—40 岁,正是调查中公认的女科研人员出成果、女干部成长的最佳年龄段。当家务负荷高峰和成才高峰同时降临时,能否迎难而上,对女性的职业发展至关重要,因为调查表明,正是在这一年龄段,两性之间、女性内部的分化加快。

第三,现行退休制度对高学历女性职业生涯的挤压,扩大了发展机遇上的两性差异。仅以参加境外相关活动、担任一把手、以及担当重大课题负责人的机会而言,被调查女性中 50.7%的人从未获得过,男性中为 43.1%。而在获得上述机会的人群中,参加过境外学习、考察、工作和国际活动的,男性中占 64.4%,女性中占 55.8%;担任过单位或部门一把手的,男性中占 27.5%,女性中占 16.9%;承担过单位或以上级别重大课题负责人的,男性中占 19%,女性中占 10.3%。究其原因,除了男性的职称、职级高于女性之外,职业生涯长于女性也是重要因素。因为在部分单位,女性 50 岁、甚至更早时已经失去进修与晋升机会。

二、调查中值得关注的几个发现

(一) 就业与晋升中的不同遭遇促成职业地位上的性别分化

目前的就业格局中,女性大量集中于技术含量偏低、就业收入较少、偏重于体力付出的行业,比如农业、加工制造业与传统服务业。女大学生就业时遭遇的性别歧视,不仅将其挤向教师、文秘等"女性岗位",加剧这些岗位女性竞争的激烈性,也将就业中原本存在的性别隔离推向了新的职业层面。至于职位晋升中的"玻璃天花板"②现象,则使"男将女兵"现象延续下来。同一单位,女性更多是在一线岗位与基层管理岗位从事着事务性、辅助性工作,男性更多从事管理性、权威性工作;即使同为专业技术人员,男性

---

① 在孩子的这三个年龄段,男性每天用于家务劳动的平均时间分别为 111.6 分钟、69 分钟和 73.8 分钟。

② 按照美国劳动部"联邦玻璃天花板委员会"的定义,"玻璃天花板"是指"看不见的,然而却是使少数民族和女性无法登上公司阶梯上层的不可逾越的障碍——不管他们的资格或成就如何"。参见[美]D. A. 科特等:《玻璃天花板的影响》,《国外社会科学》2002 年第 4 期。

更多的是学科带头人、学术权威,女性更多的是干具体工作的……这种状况必然导致社会资源拥有量上的性别差异。因为在"官本位"思想渗透下,眼下即使在科技界,行政资源与学术资源交换已不是个别现象①。而女性当官的少,想当官的也少,那么拿到科研课题、攻关项目等展示自己才华机会的概率、进入各级决策层的概率肯定低于男性。

(二) 女性若要成功必须付出更多努力的说法可以用数据来证实

2009 年的调查发现,就业之初的受教育年限,在高级专业技术人员和局、处级干部中是女性略多于男性,在中级、初级职称和科级干部中也是如此(见表 1)。不过一段时间过后,女性受教育年限上的优势就会逐步削减。这一现象说明,女性若要获得众人青睐的岗位,求职时必须拥有比男性更高的学历,若要跻身领导岗位、获得专业技术职称,也必须拥有较高的学历;然而因为培训、进修以及晋升等机遇的获取上存在性别差异,所以最终结果仍然是男性比女性更有可能在职业/事业的发展中获得成功。

表 1　部分被调查者受教育年限的变化　　　　　　　　单位:年

	初受教育年限		现受教育年限			初受教育年限		现受教育年限	
	男	女	男	女		男	女	男	女
高级职称	15.6	15.76	18.49	18.03	局、处级干部	14.3	14.34	17.15	16.85
中级职称	14.66	15.11	16.65	16.84	科级干部	14.53	14.71	16.53	16.44
初级职称	14.03	14.96	16.08	16.45					

(三) 男女有别的退休制度在一定程度上强化了"男强女弱"、"男尊女卑"的社会性别格局

这一退休制度的不合理处,不仅仅在于女性的平均预期寿命已经从半个多世纪前的 50 多岁延长至 80 岁左右②、且生育数锐减,也不仅仅在于高学历女性的社会价值实现期因此而缩短、养老金因此而减少,更重要的是它将延续数千年的"男强女弱"、"男尊女卑"的社会性别格局以制度的形式凝固下来。

具体而言,一是造成高学历群体在职称、职级与就业收入上男高女低的必然性。统计发现,55 岁及以上年龄段的男性专业技术人员中,18% 的人拥有正高职称,35.8% 的人拥有副高职称;同一年龄段的男性公务员中,56.2% 的人拥有副处及以上职级。也就是说,除了局级女干部和少数单位中的女正高职称者之外,当绝大多数高学历女性因为性别而不得不退出职场时,同龄的男性却在晋升中达到其职称、职级及就业收入的顶

---

① 赵亚辉:《科学家为什么想当官》,《人民日报》2010 年 8 月 9 日。
② 2009 年上海女性平均预期寿命已达 84.06 岁。参见 www.stats-sh.gov.cn,2010 年 9 月。

峰,职业地位上的性别差异因此而以新的形式被"拷贝"下来。依据社会学家观点,今日中国,人们的社会地位更多是由其职业地位所决定。

二是造成职业发展中性别歧视的合法化。因为女性比男性早 5—10 年退休,一些需要知识和经验积累的岗位,一些需要经过专业培训、且有较大上升空间的岗位,诸如高级管理人才、复合型专业人才等,部分用人单位便名正言顺地将女性从候选人中剔除。有的企业甚至强行要求女管理人员、女专业技术人员 50 岁时即以工人身份退休,如果工作需要,就以返聘方式回到原岗位①。

(四) 家庭的理性选择使女性的发展需求常常被置于丈夫之后

与父母对独生子女的教育投资可以不计成本的现象不同,结婚之后,在实施对夫或对妻的教育投资、职业投资时人们往往会权衡得失,做出功利性判断。一方面因为此时的投资成本已不仅限于求学经费,还包括时间、精力以及对家庭事务、子女教育所应承担的部分职责;另一方面因为无论是就业、参政还是谋求发展,男性在社会上的成功概率都大于女性;而传统婚配习俗造成的成婚之时丈夫的年龄、学历、职业地位和收入均高于妻子的普遍现象,决定了夫妻相比丈夫在资源占有上更有优势,因而也就更易于从家庭中获得继续教育的投资机会,或者全身心投入工作的机会,并因此强化其优势地位。

已婚女性的家务劳动时间大大多于男性,便是家庭理性选择的一种最常见表现形式。现实似乎也证明了这种选择的合理性:同样是学历高于配偶,男性有 53.7% 的人就业收入也高于配偶,女性中这一比例仅为 10.4%;另有 43.8% 的学历高于配偶的女性,其收入低于配偶②。

三、结论与对策建议

职业生涯中两性之间最大差异就是女性须承担人类自身再生产重任。绝大多数高学历女性的这一生命过程发生在走出校门、步入职场之后。2009 年的调查发现,尽管女性因此承担了更多家庭责任,但与男性相比,调查前一个工作日的平均工作时间仅比男性少 4.8 分钟,为 510.6 分钟;分年龄段看,35—49 岁时女性工作时间虽然少于男性,但也在 8.5 小时左右,而在生育高峰期与接近退休期,工作时间则多于男性。这说明大多数高学历女性拥有较强的事业心和敬业精神。这印证了美国社会学家的实验室研究结

---

① 为了制止这类侵犯女性合法权益的行为,1998 年上海市妇联曾向市"两会"提交了"请关注企业女干部、女专业技术人员提前退休问题"的提案;从 2008 年起,上海市总工会也已连续三年提交相关的书面意见与提案。

② 此为 2005 年对青年高学历者的调查数据。

果:"当女性同时承担工作角色和家庭角色之后,她们产生了必要的精力,以满足这两方面活动的需要。""如果其他因素不变,女性比男性可望分配更多的精力到工作活动之中。"①

本文的结论是,就业歧视、职业晋升中的"玻璃天花板效应"、男女有别的退休制度以及家庭的性别分工模式等,正是这一切以及隐藏在背后的社会文化和制度性因素的综合作用,放大了生育这一与性别有关的生命过程在女性职业生涯中的负面效应,从而不仅制约了女性的职业发展,造成社会资源占有上女性的弱势地位,而且营造了一个不利于女性人才脱颖而出的社会环境。

本文的对策是,为了赋予女性与男性同等的发展机会与发展权利,第一建议制定上海女性高层次人才发展目标,列入"上海妇女发展十二五规划"和上海人才规划,并适时建立女性人才发展基金。第二建议完善相关政策措施,为高学历女性成才提供更多社会资源的支撑。第三建议以弹性退休方式适时解决男女同龄退休问题,使高学历女性拥有与男性同等的社会价值实现期。第四建议政府相关部门和社会组织完善保育服务、养老服务、家政服务等家庭服务业,解决女性职业发展的后顾之忧。

参考文献

[美]戴维·格伦斯基主编:《社会分层》,华夏出版社 2005 年版。

彭希哲主编:《亚洲社会可持续发展的策略与实践:人口、性别与城市研究》,上海人民出版社 2008 年版。

李友梅主编:《上海社会结构变迁十五年》,上海大学出版社 2008 年版。

(作者为上海市婚姻家庭研究会副秘书长)

---

① 比尔贝(William T. Bielby):《性别隔离的结构与过程》,[美]戴维·格伦斯基主编:《社会分层》,华夏出版社 2005 年版,第 621 页。

上海吕巷镇党代会常任制试点的调研报告

Research Report on Experiments of Standing System for Party Congress of Lvxiang Town in Shanghai

郜工农

中共十七大提出实行党的代表大会代表任期制,继续"选择一些县(市、区)试行党代表大会常任制"。怎样看待乡镇基层党代会常任制实践? 上海金山区吕巷镇党代会常任制试点正在给人们提供诸多启示。

一、基 本 实 践

吕巷镇位于上海金山区中西部,总面积 59.74 平方公里,辖 17 个村委会和 2 个居委会,13 074 户,人口 42 511 人,基层党组织 61 个,党员 2 746 名,党代表 161 名。吕巷镇(原干巷镇)党代会常任制试点发端于 2000 年 1 月,成为上海最早推行党代会常任制的基层乡镇单位,"十年磨一剑"。其基本做法主要有:

1. 开辟党代表与党委"绿色通道",保障知情权。镇党代会常任制办公室为镇党代表发特制"党代表信封",建立党代会闭会期间党代表建议登记受理机制,做到小事当天回复,大事 30 天内答复,其中 10 名以上党代表联名要求党委及时回复。党代表们说,"绿色通道"是贯通党委与党员群众的"连心桥"。

2. 搭建多种载体平台,增强代表履职意识。一是试行党代表每月"信访接待日"做法。近年来镇党委制定了《党代表参与信访接待办法》,安排党代表参与每月领导接访日。2009 年,党代表共接待来访群众 49 批次,123 人次。二是直选产生增补党代表。2009 年,镇党委在党代表年度会议上表决通过了《吕巷镇党代表届中增补办法》,明确增补党代表直选产生办法并进行增补,搭建了一个让党代表有序流动的平台,也为后续党代表直接选举积累了经验。三是实行党代表述职和接受党员群众评议制度。

3. 提高代表咨政能力,彰显参与决策作用。为迅速扭转实践中党建工作"小循环"的状况,在试点的第三年,镇党代会常任制工作领导小组决定在建立 10 个党代表日常活动小组的基础上,成立了党的建设、精神文明、工业经济、农口工作、城镇建设、社会稳定等 6 个代表专题工作小组并定期调研。2009 年该镇引进的基本投资将超过 14 亿元的中国机械工业集团公司投资的蓝滨三期项目顺利落户镇工业整合点,对于吕巷加速发展具有里程碑意义。该项目成功引进,首先源于党代表经过深入调研,建议镇党委把镇工业整合点放在白漾村的长远眼光。截至 2009 年 12 月,30 多家企业落户工业园,预计年产值将超过 40 亿元。

4. 构建"2055 工程",强化民主监督。镇党委在以往探索"党委成员联系党代表、党代表联系党员、党员联系群众"的"一链四环"工作机制基础上,规定每位党委委员联系 20 名党代表、每位党代表联系 5 名党员、每位党员联系 5 名普通群众。"2055 工程"编织着党委、党代表、党员、群众三级"双向"联系网,覆盖了全镇近 13 000 名群众。

二、存 在 困 惑

吕巷党代会常任制实践的困惑,主要体现在以下几个方面:

(一) 党代表结构不够合理

2000 年吕巷(原干巷)镇党代会代表年龄与 2006 年新一届党代表年龄相比,35 周岁以下代表比例由 10.20%(15 人)下降到 6.50%(10 人);40 周岁以下代表比例由 25.30%(37 人)下降到 16.34%(25 人);50 周岁以上代表比例由 19.8%(29 人)上升到 26.80%(41 人)。这是吕巷党代表构成的一个不利的变化趋向。

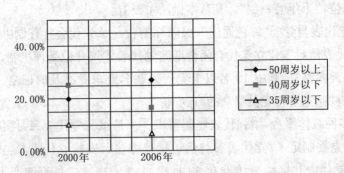

图 1　2000 年与 2006 年两届党代表年龄结构对比

2000 年吕巷(原干巷)镇第十一次党代会共选举产生党代表共 146 名,2006 年第十三次党代会共选举产生党代表 153 名。镇第十一次党代会中,基层干部(这里定义为基层党组织委员成员和镇属职能部门干部)占党代表总数的 66.01%;第十三次党代会上,基层干部的比例为 59.89%,基层群众代表分别占代表总数的 23.50%和 31.50%,见图 2、图 3。

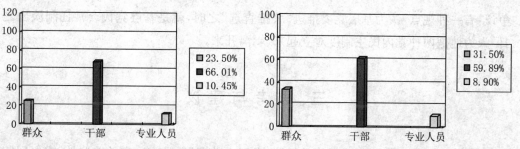

图 2　2000 年十一次党代会二次会议代表成分　　图 3　2006 年十三次党代会一次会议代表成分

通过分析得出，吕巷党代表构成中基层党员干部比例为 60％左右。

在经济成分多元化、经济形式多样化的市场经济条件下，在党代表名额分配上，如何使代表分布与经济比重和在社会中的影响力相适应，是试点应探索的课题。

（二）党代表参与党内决策能力有待进一步提高

吕巷（原干巷）2000 年十一次党代会二次会议党代表中专家型代表为 13 人，占代表总数的 8.9％；2006 年十三次党代会一次会议时，专业型代表为 16 名，占代表总数的 10.45％。前后对比，专业型代表有上升趋势，但增幅不大。专业型代表这里指农村个体专业户、企业、文教卫单位非党组织委员成员的代表。

农村专业型代表比例，直接影响党代表参与党内决策能力。据吕巷镇党委近期一项调研显示，38.26％的被调查者认为常任制实际效果一般，对常任制实际效果不清楚的占了 11.68％，有 51.91％的被调查者认为党代表作用和普通党员一样，有 33.64％的被调查者认为党代表威信不高。

基层党代表人数偏多也是一个值得关注的具有普遍性现象。根据选举工作条例规定，现在金山区各镇的党代表数一般都在 150 人以上，而镇人大代表数只在 50—60 人之间，党代表数是人大代表的好几倍！偏高的党代表数，对于实行常任制的党代会来说，体现了代表的广泛代表性，客观上也增大了年会成本。

（三）党代会常任制领导机构职能有待进一步清晰

2000 年 3 月吕巷（原干巷）镇第十一次党代会明确"党代会的常设机构"是代表资格审查委员会。2003 年起开始增设常任制领导小组，从其人员构成，镇党代会常任制领导小组成员与镇党委成员具有较高的组织同构性。组织同构易于造成功能趋同性，使党代会常任制领导小组的职能产生模糊。

此外，试点目标上，吕巷一度出现党代会常任制"红旗能举多久"的疑惑。有人建议将党代会常任制降格为党代表常任制。这主要反映在 2007 年十七大前后。虽然在实践中，镇党委逐步统一继续推进党代会常任制实践的思想认识，但当今理论上尚存较大争议:有一种观点,认为基层党委推进"公推直选"之时,就是基层党代会常任制淡出之日,人为地把两种党内民主制度对立起来、剥离开来。

三、思考与建议

吕巷实践中的困惑,是成长中的烦恼,发展中的课题,具有一定的普遍性,需要回归到理论和政策层面来思考。

(一) 指导思想上,切实提高对基层乡镇党代会常任制实践的认识水平

党代会常任制的价值取向是实践同级党代会在党内的最高决策、监督作用,党代表(常任制)任期制的价值目标则是让党代表在任期内代表职能始终有效。前者主要以党代会为主要着眼点,更带有根本性、长远性,也更难操作。后者主要以党代表行权为着眼点。

当今,有一种认识倾向,以基层党内民主发展目标是直接民主为由,轻视乃至否定基层尤其是乡镇党代会常任制实践。这主要是没有廓清基层党内民主目标与党内代议制民主形式的关系。实际上,只要存在党代会制度的组织内,就无法回避党代会职能常态的问题。政治民主化进程从村镇等基层逐渐向上扩展,很大程度上符合利益驱动民主的内在逻辑,基层乡镇党代会常任制更易于受到民众的关注。从一定意义上,基层党代会常任制实践,是政党在国家层面进行政治民主化实践的根底。

乡镇党代会常任制实践的伟力在民众,但动力引擎在党委。实行党代会常任制、发展党内民主肯定会对地方党委和党委领导成员的行为起到一定的制约作用,为自己套上"紧箍咒"。在这种情况下,党委领导对推行党代会常任制的认识态度,将直接决定党代会常任制的进度。

历史经验表明,大凡在权力比较集中的国家和组织范围内,改革一般都是自上而下的,自下而上的更多的是革命。自上而下的改革动力一般来自上层,而上层经常会出于其权力格局和利益考虑,往往使改革浅尝辄止。党代会制度是全体党员当家作主的制度安排。把推进党内民主发展的希望寄托于党代会非常任制的模式上是不明智的,甚至是危险的。

(二) 在理论与实践的结合上,加强对基层乡镇党代会常任制试点的探索与指导

一是创新选举模式。首先,适当减少代表名额。代表名额分配、年龄结构、文化结构和行业分布等都需要认真审视和研究。其次,适当划小选举单位,增强选区党员对候

选人的了解。代表候选人可采取组织推荐、党员自愿报名等多种方式,按照报名、公示和竞选的程序公开、公正选举。第三,积极稳妥试行党代表直选。根据调查,党员群众对党代表不是直选有意见的占35.49%。因此,积极稳妥推进党代表直选,有助于增加党员群众对党代表的认可度。

二是加强代表培训。通过各种形式,经常或定期对党代表进行党内民主和制度方面常识的教育和培训,特别是加强对党代表履职技能培训,包括如何撰写代表提案、调研报告等。在活动方式上,党代会应更多地借鉴人代会在代表产生、会议议题、议案、表决、选举等方面的一些成熟做法,做到制度化、规范化、程序化。

三是引入激励机制。一方面,建立评比表彰制度。鼓励党代表每年为党委决策提一条好建议,为党支部出一条好主意,为经济发展献一条好信息,为解决群众普遍关心的问题想一个好办法,与困难党员结一个好对子,为群众办一件好实事。同时,对于表现突出的党代表和代表活动小组,予以表彰。另一方面,建立惩戒制度。进一步明确代表资格终止和罢免的规定。对于优秀党代表,在组织人事工作中应优先选拔、录用、晋级。

(三) 在组织构架上,推进基层乡镇党代会常任制试点系统化

一是党委负责制。推进基层党代会常任制,其目的,是通过制度化方式加强党委决策的民意基础,使之科学化,而非分散乃至动摇党委的核心领导。同时,党代会常任制实践,是同级党代会意志的常态化体现,对党委及其部门、成员的监督具有权威性。作为党代会日常执行机构的党委,理应把科学领导党代会常任制实践作为一项义不容辞的职责。

二是决策票决制。进一步建立和完善党委会议事和决策机制。对一些重大事项和干部人事任免,严格坚持会前充分酝酿、会上充分讨论、当场投票表决的程序,以无记名投票的方式,一人一票,当场统计票数,按照少数服从多数的原则,一旦形成决议,必须严格执行。

三是实绩评议制。党委和党委成员的工作实绩接受党代表的评议。在方式上,可以于每年的年底或年初召开党代会,先由党委与党委成员向全体党代表报告履职情况,党代表根据党委工作情况,进行公开质询和民主测评,并与年度考核和职务的晋升挂钩。

四、试 点 意 义

当今,人们更多地关注浙江椒江、四川雅安等市(区、县)级党代会常任制试点,上海

金山区吕巷镇级党代会常任制试点更具有另一番意义,体现某种特殊性、开拓性。客观地说,吕巷试点还有待规范化、体系化,还存在众多问题与困扰,探索还处于初级阶段,但正因为如此,它真实地提供了一个发展乡镇党内民主的原型,提供了乡镇党代会常任制实践的一个标本。其探索意义可能超越探索本身。

(作者为中共金山区委党校副教授、政治学与公共管理专业博士)

支出型贫困家庭致贫因素的微观视角分析和救助机制研究[*]

An Analysis of Expenditure-based Poverty Factors from the Micro Perspective and Its Relief Mechanism

曹艳春　戴建兵

一、贫困衡量视角的转变与支出型贫困的提出

从理论上来说,贫困可以区分为建立在收入基础上的贫困概念或衡量标准,或者建立在消费基础上的贫困概念或衡量标准。因此,我们可以将贫困划分为收入型贫困和支出型贫困。传统的贫困类型主要是指收入型贫困。随着国家逐步实施"应保尽保"政策,这一类家庭已经基本被最低生活保障制度所覆盖。然而,随着社会主义市场经济的发展,新的贫困类型出现,主要是"消费大于支出"的贫困家庭。因此,本文界定支出型贫困为:因大重病、子女上学、突发事件等原因造成家庭刚性支出过大,远远超出家庭的承受能力,实际生活水平处于绝对贫困状态的困难群体。支出型贫困家庭包括两类:一种是经过各种救助帮困后仍有突出困难的群体;另一种是现行救助政策未覆盖到的群体。本文拟建立一个能覆盖所有贫困家庭的救助制度,对刚性支出大于收入的家庭进行救助。

二、支出型贫困家庭致贫原因的微观视角分析

(一) 基于鲍威尔非均衡增长模型的单位成本增长分析

鲍威尔的非均衡增长模型从支出的角度在理论上分析家庭致贫的因素。鲍威尔认为:经济分为进步部门和非进步部门,服务性行业可以视为非进步部门,生产部门可以

---

* 本文为 2009 年国家社会科学基金课题"我国适度普惠型社会福利制度发展研究"(09CZZ034)的阶段性成果。

视为进步部门。鲍威尔模型假定：进步部门劳动生产率的提高与小时工资率是一致的，为了防止劳动力从非进步部门流向进步部门，非进步部门不得不把工资提高到与进步部门相当的水平。作为非进步部门的服务部门单位成本将随私人部门的生产率提高而提高，私人部门的单位成本则保持不变。如果非进步部门的产出保持增长，则其总成本必然会上升。

鲍威尔非均衡增长模型表明，由于社会经济效率提高，作为提供服务的教育部门和医疗部门的成本将逐步提高。面对越来越多的教育需求和医疗需求，各级各类学校和医院需要提供更多更好的教育服务和医疗服务，导致各个家庭的教育支出、大病医疗支出、基本医疗支出、老年人护理支出等不断增长，超出某些家庭的支付能力，形成支出型贫困。

（二）基于公共支出微观增长模型的支出型贫困原因分析

公共支出微观增长模型构建的目的是寻求引起公共产品需求的因素，并检验该需求对公共服务供给所产生的影响。由模型可以得出几种解释公共支出增长的因素：首先，教育作为准公共产品，个人接受更高的教育，进而在未来取得较高的社会地位和获得较高收入的预期，使得个人对教育的需求不断增长。医疗服务作为具有正外部性的准公共产品，随着社会的发展，预期寿命不断提高，人们接受医疗服务的需求也不断增加。其次，医疗技术水平和教育水平的提高，导致医疗和教育物质技术投入、人员数量质量投入不断增长，进一步导致医疗和教育成本的增加。再次，生产要素价格的提高、通货膨胀等引起医疗和教育成本的提高，制度变迁与体制改革效应将会拉动医疗教育生产要素的供求曲线。我国私立医院和私立学校的增加，从公费看病和上学到个人自费看病和上学的变化，都导致医疗和教育支出增加，导致支出型贫困。

三、基于支出法的贫困家庭评估与救助模型设计

（一）评估指标体系及其核算

支出型贫困家庭困难程度评估指标体系可分为三大类：根据实际收入与支出计算得到的直接衡量家庭困难度的数量指标；能够在一定程度上反映家庭困难程度的质量指标；减少或不给予救助的否定性指标，一旦发现被评估家庭符合一项否定性指标，则停止评估，不予救助。

1. 数量评估指标体系的选取及核算

数量评估指标体系分为按照标准化计算的基本支出指标和按照实际支出计算的特殊支出指标。基本支出指标的计算参照上海市统计局发布的数据，确定各类人均标准

化支出。特殊支出指标按家庭实际支出计算。

根据基本支出指标和特殊支出指标对家庭的支出进行核算后，结合家庭收入的情况，可以计算出家庭的贫困程度并将该家庭分入不同的贫困类别。计算公式为：

家庭贫困程度系数＝（申请日前一年内家庭基本支出＋特殊支出 i－申请日前一年内家庭实际收入）/申请日前一年内家庭实际收入×100％

如果申请者的家庭困难程度系数大于 0，表明申请者通过了评估系统的初次筛选，可以进行贫困分类，接受进一步的评估与审核。当 i 为 0 时，表明没有特殊支出，该家庭被认定为基本生活类贫困；当 i 为 1、2、3、4、5、6 时，分别表示该家庭为医疗类贫困、教育类贫困，突发事件类贫困、住房类贫困和其他类贫困，分别接受该类贫困对应的救助套餐。进行贫困分类后，必须对家庭所处的贫困状况进行分层评估，根据家庭贫困程度系数划分家庭贫困程度等级，分别为轻度贫困、中度贫困、严重贫困、极度贫困。

2. 质量评估指标体系的选取、赋值与权重的确定

质量评估指标体系主要用于衡量家庭的实际脱贫能力。在同样等级的贫困家庭中，脱贫能力较差的家庭可以获得更多的救助，而脱贫能力较强的家庭则应获得相对较少的救助。本文分别从收入类、支出类、家庭状况类和特殊照顾类四个方面选取定量和定性两类指标。对定量指标，采用支出与收入的比例或家庭劳动力与总人口的比例来确保赋值范围为[0，1]，对于定性指标，则采用"是为1，否为0"的两分法来确保赋值范围为[0，1]之内。

在对质量评估指标进行权重确定时，本文主要使用 AHP 方法（Analytic Hierarchy Process，即层次分析法）来计算。AHP 方法的基本步骤是：首先，将质量评估指标分为若干个层次，对应每个层次设置一定数量的质量评估指标。其次，设定每个层次中各指标的重要程度。最后，计算各指标的权重。

指标权重的获取方法主要运用德尔菲法，即专家打分法，要求专家在相互之间不讨论、只和课题组沟通的情况下进行独立的打分，再由课题组汇总所有专家的打分作为评价结果。专家对子层 C 中的各指标的相对重要性进行打分，取值参考 T. L. Saaty 设定的"1—9 值法"。其中，标度 1、3、5、7、9 分别表示两个因素相比，前者比后者同样重要、稍重要、明显重要、强烈重要和极端重要，而 2、4、6、8 分别表示 1、3、5、7、9 之间相邻判断的中间值。本文作者邀请了 30 位专家进行相关质量评估指标的打分。专家对每两个指标都给予相对重要性的比值。在运用 AHP 方法进行计算时，必须进行一致性检验，结果表明，专家评分具有较大的一致性，最终计算结果可以接受。将专家评分意见输入 AHP 方法的专用分析软件 Expert Choice，可以得出各质量评估指标的权重。最后算出每个家庭的质量评估指标的值。

（二）救助套餐和救助力度

根据家庭贫困类别、贫困程度等级和实际脱贫能力，可以设定对应的救助套餐和救

助力度。家庭可以根据进入的贫困类别,享受套餐中的一类或几类。以极度贫困且脱贫能力较弱家庭的救助金额为标准金额,救助力度依据贫困程度的减轻以及脱贫能力的增强而逐渐降低。根据对家庭的分档和分级救助,实现了对每个贫困家庭的个性化救助。每个家庭可以根据家庭的实际困难情况享受救助套餐中的几类救助。

针对不同困难的人口进行救助的计算公式为:

救助标准 = k×[基本生活救助金额＋救助套餐]

用字母表示为:$A(i) = B(i) + C(i) = k[D + Fi]$

其中,$A(i)$为针对不同类别救助对象而制定的标准,$B(i)$为针对不同类别救助对象的救助金,$C(i)$为救助对象的实际收入。$B(i) = A(i) - C(i)$ 表示差额救助。D 为基本生活救助金额。Fi 为救助套餐中的某项专项救助,$i = 1,2,3,4,5,6$,针对特殊困难对象和需要特别救助的对象而设定。例如,$F1$ 为医疗救助金额,$F2$ 为教育救助金额,$F3$ 为突发事件救助金额,$F4$ 为住房救助金额,$F5$ 为其他专项救助金额。贫困家庭可以享受其中的一项救助,也可以因为家庭的多种贫困原因而享受其中的多项救助。k 为总体调节系数,以保证救助对象所获得的救助金额的总数不超过财政支出能力。

四、结论与政策建议

要完善支出型贫困家庭困难程度评估与救助机制,还必须做好以下几个方面的工作:(1)救助资金整合。在民政部门的领导下,各级部门要做好资金的筹集、发放与监控工作,确保资金安全使用。(2)支出型贫困家庭救助管理体制建设。包括管理机制的协调与统一、救助项目的整合、信息网络化管理和工作队伍建设。(3)支出型贫困家庭救助实施效果监测。首先,绩效管理方面,包括绩效评价指标体系建构、绩效管理实施过程和救助工作的监督与评估。其次,支出型贫困家庭救助要兼顾物质救助和精神、心理救助,对接受救助者的当代和后代的影响要进行评价,动态掌握救助效果并不断提高救助的经济和社会效益。(4)在对支出型贫困家庭进行货币与实物救助的基础上,逐步建立完善精神和心理方面的救助。

参考文献

杨志勇:《公共经济学》,清华大学出版社 2008 年版,第 30 页。

高颖、张欢:《城市家庭贫困程度判定模型的构建——基于北京西城区社会救助工作实践的研究》,《北京社会科学》2008 年第 4 期。

(第一作者为华东师范大学公共管理学院社会保障学研究所讲师,

第二作者为上海市商业学校旅游管理专业教师)

大型活动社会影响的实证研究：
以上海世博会为例[*]

An Empirical Study on Major-type Activity Social Impact：
Take the Shanghai Expo as the Example

杨顺勇   李竹宁

一、研 究 方 法

本研究主要借鉴了国外大型活动的影响感知研究已采用的量表,再结合上海世博会的特点进行修订设计。问卷内容的第一部分是有关被访问者的人口统计学和社会属性变量,包括性别、年龄、教育程度、职业、人均月收入、居住时间、产业依赖;第二部分是上海居民对世博会影响的感知,由正负社会文化影响、经济影响和环境影响 6 个维度共 38 个感知题项构成。问卷要求被访者在"很不同意"到"很同意"的 Likert 五点式量表中作出程度判断。

调研采用随机抽样的方法,所涉及的对象均是上海居民。于 2010 年 8 月 1 日至 14 日上海世博会举办期间共分发 400 份问卷,回收问卷 340 份,有效问卷 299 份。问卷回收率和有效率分别为 85.0% 和 87.9%。

二、统 计 分 析

(一) 样本结构分析

本研究有效问卷的次数分配及百分比统计如表 1 所示。

(二) 因子分析

按照因子分析的前提要求,首先采用 Bartlett 球形检验及 KMO 取样适当性量数检

＊ 本文获得上海市教委科研创新重点项目(11ZS181)和上海应用技术学院社科重点项目(SJ2010-13)资助。

验各变量观测值之间的相关性。利用 SPSS16.0 软件进行处理，KMO 的检验值为 0.941，Bartlett 球形检验显著性概率为 0。说明相关系数矩阵不是单位矩阵，统计数据适合做因子分析，检验结果见表 2。

表 1　样本基本资料

项　　目		人　　次	百分比
性　别	男	137	45.8
	女	162	54.2
年　龄	≤17 岁	4	1.3
	18—24 岁	194	64.9
	25—44 岁	79	26.4
	45—64 岁	21	7.0
	65 岁及以上	1	0.3
文化程度	初中及以下	0	0
	高中、中专	10	3.3
	大专、本科	262	87.6
	研究生及以上	27	9.0
月收入	2 000 元以下	54	18.1
	2 000—3 500 元	90	30.1
	3 500—5 000 元	74	24.7
	5 000—6 500 元	25	8.4
	6 500 元以上	56	18.7
居住时间	3 年或以下	65	21.7
	4—10 年	46	15.4
	11—20 年	43	14.4
	20 年以上	145	48.5

表 2　Bartlett 球形及 KMO 检验结果

KMO 样本测度		0.941
Bartlett 球形检验	Approx, Chi-Square	10 427.605
	自由度 df	703
	显著性概率 Sig.	

与理论分析相匹配，共提取 6 个公因子，方差累积贡献率达到 73.549%，涵盖了大部分变量信息，具体如表 3 所示。

表 3　累计方差解释

成　分	初始特征值			旋转后的因子特征值		
	特征值	方差贡献率（%）	累计方差贡献率（%）	特征值	方差贡献率（%）	累计方差贡献率（%）
1	15.827	41.651	41.651	10.932	28.768	28.768
2	5.771	15.187	56.838	4.893	12.877	41.644
3	2.387	6.282	63.121	3.556	9.358	51.002
4	1.662	4.373	67.493	2.933	7.717	58.719
5	1.418	3.731	71.224	2.928	7.706	66.426
6	.883	2.324	73.549	2.707	7.123	73.549

再采用方差最大正交旋转法，旋转后的子载荷见表 4。

表 4　因子载荷正交旋转表

	Component					
	1	2	3	4	5	6
让世界更多了解中国	.849	.224	.002	.153	.007	−.047
体验国外不同的资源	.847	.203	.043	.223	−.026	.025
体验各地/各国的不同风俗与文化	.847	.195	−.004	.235	.055	−.042
促进科技文化交流	.831	.262	.013	.233	.066	.006
了解世博会的丰富资源	.827	.234	−.060	.156	.055	.003
增加对各地/各国的文化知识	.825	.110	−.004	.270	.098	−.025
享受新奇的体验	.805	.274	−.078	.131	−.022	.136
打造会展之都的形象	.798	.295	−.018	.118	−.012	.016
有助于保护和促进中国文化	.796	.316	−.064	.058	−.123	.065
有机会欣赏世博会中的各种表演	.793	.157	−.040	.111	−.014	.166
提高上海的世界知名度	.760	.235	.065	.229	.139	−.058
增进居民和参展者、旅游者的关系	.740	.349	−.068	−.005	−.176	.138
对当地居民具有教育作用	.719	.352	−.123	.100	−.043	.123
居民经济意识增强	.384	.749	−.014	.217	−.095	.080
引领全国会展产业发展	.452	.688	.039	.191	−.039	−.018
提高居民生活水平	.336	.672	−.082	.267	−.204	.116
提高会展服务水平	.486	.664	.012	.210	−.016	−.109
增强居民环保意识	.493	.646	−.218	.072	.134	−.117
增加就业机会	.403	.606	.036	.251	.023	.030
增强政府环保意识	.538	.551	−.199	.202	.154	−.136
提高旅游服务水平	.438	.532	.091	.250	−.034	.014
加剧两极分化	−.097	−.079	.809	−.106	.153	.253
只对少数人有利	−.177	−.100	.773	−.139	.154	.273
导致高消费	.026	.042	.770	.163	.239	.050
物价上涨（服务、房产等）	.134	.015	.750	.274	.233	−.051

（续表）

	Component					
	1	2	3	4	5	6
政府投资过大	−.091	.002	.748	.060	.231	.076
改善基础设施建设	.264	.400	−.005	.714	.042	−.062
带动旅游业	.422	.224	.242	.650	.033	−.051
增加当地财政收入	.418	.322	.098	.618	−.066	.035
增加更多商业机会	.426	.426	.090	.600	.041	−.057
促进经济发展	.442	.454	−.005	.577	−.068	.018
增加城市服务设施压力	.042	−.056	.243	.057	.805	.178
打扰居民正常生活	−.100	−.090	.257	−.092	.771	.260
增加污染	−.077	.060	.256	−.062	.769	.307
交通堵塞人口拥挤	.169	−.029	.313	.084	.736	.046
居民与外来者的冲突	.015	−.069	.139	.047	.271	.863
冲击传统文化	.113	.035	.181	−.057	.166	.851
增加犯罪	.119	.036	.152	−.041	.203	.850

（三）聚类分析

采用欧式平方距离,利用阶层分析(Hierarchical analysis)的沃德法(Ward's Method)得出最佳分群数目,聚类分析结果见表 5。

表 5　居民的聚类分析结果

感知变量	热情支持 11.71%	理性支持 10.03%	矛盾支持 35.12%	消极支持 6.35%	中立支持 36.79%
增加就业机会	4.485 7	4.333 3	3.695 2	2.000 0	3.254 5
提高居民生活水平	4.114 3	3.800 0	3.457 1	1.736 8	2.481 8
促进经济发展	4.514 3	4.400 0	4.028 6	1.736 8	3.309 1
增加当地财政收入	4.542 9	4.433 3	4.095 2	1.736 8	3.290 9
改善基础设施建设	4.657 1	4.233 3	4.238 1	2.368 4	3.654 5
增加更多商业机会	4.628 6	4.533 3	4.228 6	2.157 9	3.672 7
居民经济意识增强	4.371 4	4.133 3	3.619 0	1.947 4	2.863 6
引领全国会展产业发展	4.542 9	4.400 0	4.009 5	2.000 0	3.272 7
提高会展服务水平	4.800 0	4.300 0	4.038 1	1.842 1	3.381 8
带动旅游业	4.857 1	4.633 3	4.409 5	2.736 8	4.027 3
提高旅游服务水平	4.600 0	4.433 3	4.038 1	2.157 9	3.354 5
物价上涨(服务、房产等)	3.800 0	4.500 0	4.104 8	3.315 8	4.190 9
导致高消费	3.342 9	4.433 3	3.866 7	3.421 1	4.054 5
政府投资过大	3.085 7	4.400 0	3.857 1	3.789 5	4.218 2
只对少数人有利	2.257 1	4.133 3	3.276 2	4.052 6	3.963 6

感知变量	热情支持 11.71%	理性支持 10.03%	矛盾支持 35.12%	消极支持 6.35%	中立支持 36.79%
加剧两极分化	2.485 7	4.366 7	3.257 1	3.842 1	3.981 8
增强居民环保意识	4.628 6	4.300 0	3.800 0	1.842 1	3.190 9
增强政府环保意识	4.714 3	4.433 3	4.000 0	1.578 9	3.327 3
交通堵塞人口拥挤	3.685 7	4.666 7	3.942 9	3.421 1	4.127 3
增加污染	2.771 4	4.300 0	3.114 3	3.263 2	3.809 1
打扰居民正常生活	2.457 1	4.166 7	3.066 7	3.473 7	3.836 4
增加城市服务设施压力	3.114 3	4.566 7	3.628 6	3.631 6	3.990 9
提高上海的世界知名度	4.914 3	5.000 0	4.371 4	2.000 0	3.854 5
促进科技文化交流	5.000 0	5.000 0	4.228 6	1.947 4	3.536 4
打造会展之都的形象	4.885 7	4.966 7	3.942 9	1.789 5	3.327 3
增加对各地/各国的文化知识	4.914 3	4.933 3	4.209 5	2.263 2	3.609 1
了解世博会的丰富资源	4.914 3	4.966 7	4.009 5	1.894 7	3.372 7
让世界更多了解中国	4.971 4	4.966 7	4.285 7	1.842 1	3.436 4
体验各地/各国的不同风俗与文化	4.942 9	4.966 7	4.161 9	1.947 4	3.536 4
体验国外不同的资源	4.914 3	4.900 0	4.038 1	1.631 6	3.445 5
对当地居民具有教育作用	4.771 4	4.800 0	3.800 0	1.684 2	3.145 5
有助于保护和促进中国文化	4.800 0	4.733 3	3.904 8	1.421 1	3.145 5
增进居民和参展者、旅游者的关系	4.771 4	4.833 3	3.714 3	1.631 6	2.972 7
享受新奇的体验	4.857 1	4.933 3	3.914 3	1.842 1	3.354 5
有机会欣赏世博会中的各种表演	4.828 6	4.933 3	3.847 6	2.105 3	3.472 7
增加犯罪	2.114 3	4.633 3	2.476 2	2.842 1	2.818 2
居民与外来者的冲突	2.028 6	4.666 7	2.590 5	3.052 6	3.172 7
冲击传统文化	2.314 3	4.566 7	2.533 3	2.789 5	2.954 5

三、结　　论

（1）上海的社会环境在世博会的流动力和城市本身应力的共同作用下，进行自组织作用，不断发生演化，是一个不断失衡、平衡的过程。引发上海社会文化环境变迁的动因是介入世博会的城市系统的各种"流"。不同因素组合而形成的"流"对城市社会文化环境的影响不同。上海在没有世博会的活动介入以前，相对而言是一个以自循环、自流通、超稳定为基本特征的地域空间系统。在世博会举办期间，伴随着大量观展者的流入，上海的社会环境系统便在外界各种"流"的注入和影响下，从相对均衡的状态转向失衡状态，对上海居民的生活产生了一定的影响，并产生了一些社会问题，如犯罪率上升、交通拥挤、基础设施破坏、环境恶化等。

（2）上海居民对世博会总体上是持积极态度的，他们既看到了世博会对经济发展、文化、社会、城市发展等方面带来的积极影响,也考虑了世博会所带来的基础设施、交通、环境、利益分配等方面的问题。上海居民是世博会的关键利益相关者,他们对世博会的社会影响的感知,特别是对世博会及观展者的态度,直接影响主办城市的整体形象以及观众的满意度,其友好程度和文明程度也将反映到上海世博会的总体评价中,这也应当是政府相关部门特别注意的方面。因此,努力控制世博会举办期间物价、房价的过快上涨,努力提高居民的生活质量,实现更多的人文关怀,增强城市的凝聚力和居民的归属感,是缓解居民对世博会的负面情绪的必要举措。

（3）上海居民对举办世博会的整体支持度,受到公共服务、环境、利益分配和文化等感知的影响,尤其是关注经济发展、社会进步、城市形象的改进和精神面貌的提高,一旦他们能感知到这些方面的进步,便倾向于承担世博会可能的负面影响,而感知到的公共服务问题和社会成本问题凸显的话,便不愿意承担世博会可能的负面影响。因此,如何最大程度上发挥世博会的正面影响,消除其负面影响,即实现世博会的积极社会影响的最大化与将世博会的消极社会影响控制到最小程度;如何选择适宜的世博会的社会影响控制措施,协调世博会的活动相关利益者行为,通过其行为控制世博会的社会影响,从而达到世博会的社会影响控制的目标,使世博会的社会影响效应从低级阶段演化为高级阶段,不断优化,并达到最佳状态,都是值得进一步深入研究的问题。

参考文献

戴光全:《重大事件对城市发展及城市旅游对影响研究—以'99昆明世界园艺博览会为例》,中国旅游出版社2005年版,第30页。

郭英之等:《社区居民对2010年上海世博会影响感知的实证研究》,《旅游科学》2009年第3期。

罗秋菊:《东莞厚街镇会展业影响的社区感知研究》,《旅游学刊》2006年第3期。

王静:《论如何规避通过大型活动提升城市形象的陷阱》,《市场周刊》2004年第7期。

许春晓等:《城市居民对重大事件的感知变化研究——2006杭州世界休闲博览会期间的纵向研究》,《旅游学刊》2007年第11期。

尤建新等:《关于上海市民对上海世博会的认知与期望的调查分析》,《上海管理科学》2005年第1期。

（第一作者为上海应用技术学院经济与管理学院教授,
第二作者为上海应用技术学院经济与管理学院副教授）

艾滋病污名形成过程中的媒体作用分析

The Content Analysis of Reports of HIV/AIDS: A Case from The People's Daily

王　沛　杨金花

自 1985 年中国发现首例艾滋病以来,艾滋病已经成为一个非常严峻的社会安全问题。预计到 2010 年,中国艾滋病病毒感染者将超过 1 000 万人。中国正处于艾滋病大面积爆发的前夜,必须马上行动,才能在整个国家遭到致命性打击之前,遏制艾滋病的蔓延。在艾滋病的防治和遏制的过程中,许多国家都发现,艾滋病污名是艾滋病预防和控制的最大障碍,它对艾滋病的干预、预防和治疗以及艾滋病患者的生活造成了严重的不良影响。

从全球社会科学关于艾滋病研究的内容来看,艾滋病污名的形成和大众媒体的关系是一个非常重要的话题。现代社会中,大众传媒拥有大量的公众,最为引人注目。媒体的宣传报道对公众态度和行为具有非常大的影响力。媒体既是艾滋病信息的传播者,也是沟通政府与公众的桥梁。同时,在艾滋病的预防和控制上,媒体又是一把双刃剑:媒体既在努力改善着公众对艾滋病患者的态度,也可能非故意地起到了误导、进而形成艾滋病污名的作用。比如,如果媒体总是报道那种因为卖淫嫖娼而染上艾滋病的人,那么就让人很自然地把艾滋病和卖淫嫖娼自动地联系在一起,形成一种僵化的印象,进而诱发艾滋病污名。

为此,本研究采用内容分析法,以我国权威性大众媒介的代表——《人民日报》作为分析对象,时间跨度自 1988 年至 2008 年,对《人民日报》涉及艾滋病的报道进行内容分析,旨在初步探讨我国的大众媒介与公众艾滋病污名产生及其消除的可能关系,以期为未来大众传媒采取怎样的宣传策略提供一定的参考意见。

由于涉及年代较多,对报纸进行了具体的抽样,抽取了每年 11 月 30 日、12 月 1 日和 12 月 2 日三天作为艾滋病报道分析的日期,重点分析这三天《人民日报》艾滋病的相关报道,分析单位为《人民日报》在研究年份中艾滋病报道的全部内容,包括报道和图片。要求整篇报道应以艾滋病为最主要的报道议题。对于所搜集到的样本,每一则新闻(或每一篇文章)视为一个分析单位,配发的新闻照片和图表不做单列,视为一个分析单位。

从总体分布来看,本研究选择的《人民日报》从 1988 年至 2008 年这 21 年间 11 月 30 日、12 月 1 日和 12 月 2 日艾滋病的相关报道和图片共达 126 篇,其中报道 108 篇,占到了总数的 85.7%,图片 18 篇,占总数的 14.3%。总体而言,艾滋病的相关报道在这 21 年间在版面上的变化呈现出由国际到国内,由次要到主要的趋势。即由国际版逐步转到国内新闻的相应版面(如要闻版、视点新闻版和头版);由其他版面转到头版,且多次出现在头版位置上。按各类议题内容在总体中所占比例由高到低排列,前三位依次是防治工作、宣传活动和艾滋病相关研究。以三年为一个单位,将 1988 年至 2008 年的 21 年间分为 7 个年代段,分析艾滋病报道在《人民日报》版面上的变化。随着时间的推进,各种内容报道的数量均有增多,报道的主要内容依然是防治工作和宣传活动。但在 2003 年至 2005 年这个时间段出现了有关艾滋病患者态度和艾滋病患者的权益的报道。这也体现出《人们日报》对艾滋病报道的内容发生了重要的变化。值得注意的是,在报道类型中,消息占到了相当大的比重。从 1988 年至 2008 年,消息一直都是艾滋病报道的主要类型。然而,随着时间的推进,报道类型日趋丰富。自 2001 年起,通讯、评论或述评类的报道增多,科普信息和照片、图表类的报道也有增多的趋势,增加了艾滋病报道的生动性,对读者产生了重要的影响。在 126 篇艾滋病报道中,没有一篇是"负面"语气。正面和中性的语气分别占到了 55.6% 和 44.4%。这在一定程度上表明《人民日报》作为国家机关报纸,代表了中国政府的立场,对艾滋病的报道持续用正面和中性的语气特点也表达了中国政府抗击艾滋病的决心。《人民日报》关于艾滋病报道的篇幅以"200—800 字"范围所占比例最高(49.2%)。按照一般新闻写作规范,"200—800 字"的篇幅大多为"消息"类的报道,这与前文分析报道类型以"消息"为主的结果吻合。"800—2 500 字"和"200 字以下"篇幅的分别占到了 24.6% 和 20.6%,而"2 500—5 000 字"篇幅的报道占到了 5.6%。虽然对艾滋病的报道主要以小篇幅的消息为主,但随着国家对艾滋病重视程度的加强,报道类型的日渐丰富,大篇幅报道也随即出现,2000 年以后,"800—2 500 字"与"2 500—5 000 字"的报道较为集中出现,这在一定程度上体现出我国《人民日报》对于艾滋病的报道的力度加大。

艾滋病报道各个方面的变化透露出的深层信息是什么呢? 研究者依据我国艾滋病报道趋势图和每年的具体报道,发现《人民日报》对艾滋病的报道分为以下三个时期:

第一阶段:污名化时期(1988 年至 1998 年),是艾滋病污名形成的时期。在这个时期,艾滋病初受重视,有关疾病传染的信息成了报道内容的重心。艾滋病的报道侧重于将艾滋病看作是"世纪瘟疫",是"洪水猛兽",人们"谈艾色变"。此阶段的特征就是猎奇化和污名化,过度渲染"艾滋病村"、"艾滋女"等事件,在一定程度上促发了艾滋病污名的形成。

这一时期的报道中提到一些国家制定法律来控制艾滋病的蔓延,如日本禁止艾滋病患者和那些被疑为有可能带艾滋病病毒的外国人入境;印度要求外国留学生必须接受艾滋病检查才能继续就学,并禁止印度人与外国人发生性关系。抵御艾滋病蔓延的唯一屏障只能是预防,教育人们树立性道德,保持洁身自好的行为,养成良好的性行为,以此来控制艾滋病的蔓延。1998年12月1日《人民日报》题为《对付艾滋病,预防是关键》的报道中甚至提到了"加强对入境的外国人或出国人员的艾滋病检疫工作,已感染艾滋病病毒的人要坚决隔离"。《人民日报》早期对于艾滋病的这些报道引发了人们对艾滋病的恐惧,将艾滋病与特定的人群和生活方式联系在一起,影响人们的态度和行为,使人们产生了艾滋病污名。

第二阶段:人性化时期(1999年至2002年)。这个时期的艾滋病报道重视对艾滋病患者的尊重,给予他们生存的权利。这个时期,媒体开始关注深层次社会问题,因为艾滋病不仅仅是一个公共卫生问题,更是社会问题。艾滋病人和感染者受到来自社会的歧视和偏见,往往存在消极对抗或报复社会的心理和行为,给社会带来不安定因素。

1999年12月2日,《人民日报》在题为《世界艾滋病日——关注青少年、预防艾滋病》的报道中首次提到"要求人们不歧视感染艾滋病病毒的儿童和青年人"。这是国内媒体第一次将不歧视艾滋病患者作为预防艾滋病的手段。首次出现卫生部的领导官员对艾滋病患者的关怀,如2001年12月2日的一篇报道《部长来到艾滋病患者中》,以卫生部部长张文康探望艾滋病患者刘子亮为报道内容,这是《人民日报》首次出现政府官员关爱艾滋病患者的报道。虽然只有600字左右的一篇报道,却给了大众一个全新的视角去了解艾滋病和艾滋病患者。"我代表卫生部来看望你们。现在全社会都在关心艾滋病人,关注艾滋病的防治工作,希望你树立信心,积极配合治疗,让我们一起战胜艾滋病魔。",这一句话使得很多艾滋病患者看到了希望,感受到了温暖。同时,也让更多的大众感动。这种人性化的报道让人们感受到了人间真情,带来的感染力和冲击力远比冷冰冰的数字更让人感动。同时,政府官员主动与艾滋病患者接触,也为社会公众做出了表率。这些都体现出政府开始尝试新的方式抵制艾滋病蔓延,在一定程度上试图去缓解了公众对于艾滋病的污名。

尽管如此,社会公众对于艾滋病的污名依然存在,人们依然对艾滋病患者有歧视。如2000年11月30日一篇题为《防患于未然》的报道中提到"艾滋病人和感染者受到来自社会的歧视和偏见,往往存在消极对抗或报复社会的心理和行为,给社会带来不安定因素"。因为媒体报道提醒公众,不要歧视艾滋病感染者或病人,否则他们会产生逆反心理,产生绝望心情,从而故意传播,以报复社会。似乎尊重关爱艾滋病感染者或病人成为保护我们自己的策略。这种报道的负面影响之一,是强化了艾滋病感染者或病人的"另类"形象。因此,这个阶段人们对艾滋病依然存在很强的污名,将艾滋病患者看做是"他们",与"我们"不一样。

第三阶段:人文关怀与政治时期(2003年至2008年)。2003年可以算是中国艾滋病报道具有里程碑性质的年份,无论从报道数量还和报道内容等方面都发生了较大变化。媒体报道开始以易于让人接受的故事细节感染和打动大众,以人性化的方式报道艾滋病,尤其是国家领导人胡锦涛主席和温家宝总理看望艾滋病患者的报道,充分体现出我国政府对艾滋病患者的人文关怀,给大众前所未有的冲击力,也为社会大众提供了榜样示范作用,对缓解公众艾滋病污名起到了重要的作用。与此同时,2003年11月30日,《人民日报》首次提出:"胡锦涛总书记、温家宝总理等中央领导同志对做好艾滋病防治工作作出了重要指示,我国政府提出了'四免一关怀'政策。"中央也加大了艾滋病治疗和科研经费的投入。这些政策的推出,切实保障了艾滋病患者的治疗。

总之,随着艾滋病疫情在中国的加剧,《人民日报》对艾滋病的报道呈现出一些不同的时期,在一定程度上能够反映出我国政府对于艾滋病防治的态度和反应,在一定程度上表明了《人民日报》作为官方媒体,艾滋病报道对于艾滋病污名的影响。

目前,艾滋病污名仍是防治艾滋病的重点障碍。艾滋病污名在其本质上是态度,而态度有其稳定的结构,一经形成,很难改变。在预防艾滋病的道路上,《人民日报》为代表的大众传媒做出了努力,但这是一场持久战,还要继续打下去。随着医疗水平和科研水平的提高,艾滋病的防治工作一定会取得突破性的进展。

参考文献

《遏制艾滋病迅速蔓延》,《人民日报》1988年,12月2日。

《中国艾滋病现状》,《全民健康网》2009年,4月16日。

卜卫、刘晓红:《中国大众媒介种的艾滋病报道研究》,清华大学AIDS研究网。

李现红、何国平、王红红:《艾滋病羞辱和歧视的概念及研究工具发展状况》,《心理科学进展》,2009年17(2),414—420。

戴志澄:《防患于未然》,《人民日报》2000年,11月30日。

丁伟:《相互关爱,共享生命》,《人民日报》2002年,12月2日。

黄培昭,《协力控制艾滋病》,《人民日报》2007年,12月1日。

(第一作者为上海师范大学教育学院心理学教授、社会心理学博士生导师,

第二作者为北京师范大学心理学院社会心理学博士生)

安 全 需 求

——从众:中国房价上涨的深层原因[*]

Safety Requirements—Conformity: The Underlying
Causes of Price Increase in China

居阅时　杨丽丽

　　房价上涨是当今社会的一个热点问题,当下大家分析房价持续上涨的原因时,多从经济学角度和社会现象进行分析,如住房的刚性需求,投机者的炒作,官商勾结的推动,价格垄断,城市化的助力,土地供应、开发、管理和资金供应的问题,以及病态社会所导致的资源集中等等。其实,中国房价上涨不仅仅是一个经济学问题,除了以上因素外,还应从中国特殊的历史文化角度进行分析。文化是一个民族价值判断的依据。本文认为只有从历史文化角度去分析中国房价上涨问题,才能找到该问题的深层原因,进而寻求有效的解决方式。

　　由于历史上中国封建专制制度对人身进行长期的严厉控制,导致中国人把家——私有住房看作躲避危险的最后安全之所。中国人视私有住房等同于拥有安全,这种特殊的历史文化心理表现为对住房的刚性需求。社会心理学研究表明,弱小动物在危机四伏的环境中,往往选择群居,在行动时,则选择从众以提高安全度。同理,严酷的封建专制制度造成中国人选择从众以规避祸害,因此,中国人的个体心理具有很强的从众倾向。在各路利益追逐者的合力下,节节攀升的房价引发民众怕失去人身安全庇护所——住房的恐慌心理,对私有住房内在的刚性需求连锁反应地引发为带有感染性、盲目性、传播性和冲动性的抢购住房的从众心理,如火如荼的群体购房热潮开始掀起。可见,基于安全需求对住房的刚性需求和从众心理乃是造成当下全民抢购住房的深层原因。所以,房价暴涨是由以下因果链造成的:安全需求——住房刚性需求——从众——抢购。

一、中国人的住房具有安全意义

　　中国古代残暴的专制政治制度剥夺了个人在公共场所全面自由活动的权利,特

---

*　本文受到 2010 年国家社科基金项目(10BZ083)支持。

别是涉及政治生活时,稍有不慎,就会招致杀身之祸,甚至诛灭九族的横祸。西周末年厉王在位,百姓路上相遇,不敢停步交谈,只好"道路以目",传递一个眼色擦肩而过。中国长期的封建专制,造成百姓普遍缺乏安全感,把私有住房的家作为最后的安全庇护所。为了增加安全感,住房外还增加围墙,以此与外界隔绝,躲避窥视,增加安全感。"中国房子的本质是私人性的,封闭的不为外人所见"。①中国几千年农业社会,住房性质是私有的,这也造成了很强的历史传统习惯,这就是为什么中国家庭对拥有自己产权的住房有着强烈的愿望。改革开放前,农村一家人节衣缩食辛苦一辈子,就为了给后代造间房子,这种心理在当下城市变为一家人凑钱为待婚后代买房子。现代没有封建专制造成的不安全感,但完备的法制社会形成之前,尚存的各种不稳定因素转化成民众能感受到的不安全感,还是坚定选择凑钱购买属于自己的住房——买一份安全,买一份稳定。

二、中国人从众购房的其他原因

如果我们从中国独特的历史文化的角度来说,中国人从众购房的原因除了追求安全和稳定外,还有以下两点:

(1) 对政府权威的依赖。根据社会心理学的研究表明,权威会影响人们的从众行为,有机构作背景的权威更容易发挥社会权力。德国社会学家马克思·韦伯曾出指,"权力是强迫性的服从,权威则系自愿性的服从"。由于历史上国家对个人管得很严格,所有问题解决必须由政府决定,造成个人服从政府权威的习惯,人们潜意识中存在着这样一种观念"有问题找政府",当事情出现时,人们第一个想到的就是政府。所以,当房价问题成为一个大众普遍关注的问题时,会把所有焦点都放在关注政府的行为上。

(2) 社会转型与文化堕距。我国正处于从传统社会向现代社会的转型过程中,在改革前,我国实行"统一管理,统一分配,以租养房"的公有住房实物分配制度。这种制度适应了当时较低的消费水平。20 世纪 90 年代,住房改革初期并没有出现房价突涨的状况,随着城市化进程加速发展时,进城购房人数激增,"炒房团"趁机哄抬房价,增加了房价市场的虚假繁荣,激发百姓从众购房。

中国人的从众行为还是"文化堕距"(cultural lag)现象的一种表现。美国社会学家奥格本首先使用这个概念,用来指称物质文化和非物质的适应性文化在变迁速度上所发生的时差。由于租房法规严重缺失,导致租房安全的缺失,迟滞了租房观念的形成,全民购房导致了房价问题在短时间内忽然爆发。

---

① 林语堂:《中国人的生活智慧》,陕西师范大学出版社 2005 年版,第 77 页。

三、中国从众现象产生的特殊历史文化原因

根据社会心理学家的实验，从众现象普遍存在于各种社会文化中，中国发生的从众事件无不与历史文化有着密切关联，大致体现在以下五个方面：

（1）长期的封建专制统治。社会心理学研究表明，同质性社会中，人们的行动趋向于相似性、一致性，每个人都害怕成为"越轨者"。"枪打出头鸟"，暗喻如果偏离群体，会受到特别打击。美国社会心理学家沙赫特（S. Schachater，1951）的研究发现，群体成员会更喜欢与群体保持一致性的成员，对于偏离的个人往往会厌恶、拒绝和制裁，当群体出现不稳定状态时，首先被排挤的往往是先行偏离的成员。中国人的从众心理，与中国长达几千年的封建专制体制有密切关系。中国历代的"文字狱"，刑罚中采用"株连九族"等对个体的控制方式，更加重了中国人的从众心理。

（2）乡土社会。由于地理环境的原因，中国传统文化表现出更多的是相对封闭的农业社会文化。农业文化强调的是传统和遵从。按费孝通的观点，中国乡土社会是"差序格局"的社会，同质性社会中人们是以血缘、地缘关系为纽带来维持社会关系的互动，就造成了人们行动的一致性和相似性。这也是法国社会学家迪尔凯姆所论述的"机械团结"的社会。在这种团结所主宰的社会。个人之间还没有分化，人与人之间彼此相似或近似。在这种社会里，人的行动受群体意志支配，个人淹没在集体意识中。考虑到中国长久以来是一个农民国家，在许多时候其"国民性"基本上就是"农民性"。①农业文明条件下的农民终生被封闭在家庭、村庄等天然共同体中，这是他们熟悉的、安全的世界。生活在日常生活世界中，人们不必思索，不必困惑，人们通过言传身教把传统、风俗等内化到人们意识中。因而，乡土社会中的人总是相互参照而行动。

（3）集体主义文化。在跨文化研究中表明，集体主义文化下的个体更容易从众。中国曾有过30多年的集体化经历，集体主义文化强调的是个体与社会群体保持联系的重要性。不与群体规范保持一致就会受到排斥或惩罚。正如当今的人们无法理解在"大跃进"期间为什么有人相信一亩地里能够产出上万斤乃至10万斤20万斤的稻谷。②事实上，村里干部和农民都知道亩产多少，只是受到群体压力，不得不改变自己的看法，而采取随大流的方式。罗德·邦德（Rod Bond）和彼得史密斯（Peter Smith）对来自17个国家采用阿希方法所做的大约133个实验所做的分析中，他们发现与个体主义社会（例如，美国和法国）相比，从众现象在集群主义社会（如日本、挪威和中国）更为盛行③。

---

① 秦晖等：《田园诗与狂想曲》，中央编译出版社1996年版，第238页。
② 刘方炜：《信息的权利》，《老照版》（第一辑），山东画报出版社1996年版，第38页。
③ Bond, R, & Smith, P. (1996). Culture and conformity: A meat-analysis of studies using Asch's(1952, 1956) line judgment task. Psychological Bulletin, 119, 111—137.
  Frager, R. (1970). Conformity and anticonformity in Japan Journal of Personality and social Psychology, 15, 203—210.

（4）"平均主义"思想。不患寡而患不均,让中国人的潜意识中,在利益问题上自己必须和他人一样才安心。历代农民革命的理想社会便是"平等、富裕"。我们可以从农民革命的口号中看出中国人对平均主义的向往。秦末陈胜、吴广起义大呼"王侯将相,宁有种乎?";北宋王小波、李顺起义时提出"均贫富";南宋钟相、杨幺起义口号是"等贵贱,均贫富";明末李自成提出"均田免粮";太平天国实行"天朝田亩制度"。在城市化进程中,大批人口涌进大城市,如果没有属于自己的住房,外来人口没办法和城市居民一样享受各种福利待遇,深层的平均主义思想就无法实现。

（5）面子文化。中国比世界上任何一个民族都重视面子,具有独特的面子文化。"面子"是中国人普遍面临的压力。中国人的"面子文化"实际是以中国人独特的"羞耻感文化"为基石的,德国社会学家齐美尔在对羞耻感进行论述时认为"我们能够觉察出一般由于其他人的注意面在我们身上形成的内心状况,并使我们自己对自己感到羞耻"。[1]美国社会学家戈夫曼曾提到"印象管理",即在人与人的社会互动中,为了让别人产生好的印象,互动的双方运用各种互动的技巧而对自己的行为进行控制和管理。实际这就是我们经常说的"面子",是为了让别人对自己有个好印象。林语堂先生指出,"面子、命运和人情"是统治中国的三女神。[2]其中"面子"是最有力量的一个,中国人正是为它而活着。马克斯·韦伯在《儒教和道教》中指出:儒家所强调的面子会导致人们缺乏普遍的信任感。[3]中国人之所以如此重视脸面,实质是由儒家文化和中国现实文化之间的差距造成的。在翟学伟看来,"中国人脸面观中所体现出的这种紧张性也许可以更真实的反映出中国人的社会心理和行为的类型、价值和现实层面的差异及其变动方向"[4]。黄光国在《人情与面子:中国人的权力游戏》一文中指出:"在中国社会,'做面子'是个人炫耀其权力的一种手段,以'面子功夫'影响资源支配者,使其按照自己的意思改变资源分配方式,则是中国人常玩的一种权力游戏。"现实生活中之所以有那么多中国人"打肿脸充胖子",紧衣缩食也要去买房,实际上与中国的"面子文化"有着密切的联系。

参考文献

时蓉华:《社会心理学》,浙江教育出版社 2005 年版。

[英]鲍曼:《现代性与大屠杀》,杨渝东、史建华译,译林出版社 2002 年版。

杨国枢:《中国人的心理》,江苏教育出版社 2006 年版。

E. 阿伦森:《社会性动物》,刑占军译,华东师范大学出版社 2007 年版。

翟学伟:《人情、面子与权力的再生产》,北京大学出版社 2005 年版。

齐美尔:《社会是如何可能的》,林荣远译,广西师范大学出版社 2002 年版。

---

[1]　齐美尔:《社会是如何可能的》,林荣远译,广西师范大学出版社 2002 年版,第 162 页。
[2]　杨国枢:《中国人的心理》,江苏教育出版社 2006 年版,第 121 页。
[3]　M. Weber, The Religion of China, New York: Free Press, 1951.
[4]　翟学伟:《人情、面子与权力的再生产》,北京大学出版社 2005 年版,第 140 页。

周晓虹:《传统与变迁》,生活.读书.新知三联书店 1998 年版。

费孝通:《江村经济》,上海人民出版社 2007 年版。

詹姆斯·C.斯科特:《弱者的武器》,何江穗等译,译林出版社 2007 年版。

孙立平:《博弈:断裂社会的利益冲突与和谐》,社会科学文献出版社 2006 年版。

汉娜·阿伦特:《〈耶路撒冷的艾希曼〉:伦理的现代困境》,孙传钊译,吉林人民出版社 2003 年版。

（第一作者为华东理工大学人文科学研究院教授，
第二作者为华东理工大学人文科学研究院在读硕士研究生）

住房保障的国家责任[*]

Government's Responsibility in Housing Security

凌维慈

一、问题的提起

　　1988年住房体制改革所启动的"住房商品化"逐步瓦解了计划经济体制下的"公有租赁住房分配制度",基于对"自由市场模式"优势的认同,国家放弃了住房建设和供给的职权与责任。然而,20年后今天,住房高度市场化所带来的一系列经济、社会的负面效应,国家面对住房自由市场与人的基本居住需求之间的尖锐矛盾,又不得不重新拾回自己对住房市场进行干预和保障公民居住权利所应尽的责任,逐步开始在住房全面商品化的基础上重新建立我国的住房保障制度。

　　问题是,新时期的国家保障责任决不是回到计划经济时代国家、单位、个人一元化的保障体系,而是必须面对保障市场活力、维护公民自由权的法治国家的要求,平等而有效率地承担保障公民享有有尊严的、可负担的居住条件的责任。因此,国家必须重新审视自己保障责任的边界。为了解答这一问题,文章首先以住房保障的措施为中心展开对我国住宅政策总体的系统性认识,然后试图以"基本住房需要"为界线,尝试对不同层次保障政策所应受到的法的拘束进行具体探讨,并回答以上的问题。

二、住宅政策的体系和内容

　　1988年国务院开始推行的住房制度改革是"按照社会主义有计划的商品经济的要求,实现住房商品化。从改革公房低租金制度着手,将现在的实物分配逐步改变为货币分配,由住户通过商品交换,取得住房的所有权或使用权,使住房这个大商品进入消费品市场,实现住房资金投入产出的良性循环,从而走出一条既有利于解决城镇住房问

---

[*] 本文内容仅是作者《论国家住房保障义务》一文的摘要,原文更详细的论证内容还未正式公开发表,在此予以说明。

题，又能够促进房地产业、建筑业和建材工业发展的新路子。"①这场市场化改革正是为了释放住房建设的产业动力而打破了福利分房体制，其核心在于"住房商品化"，由此带来的计划经济体制下的"公有租赁住房实物福利分配制度"在改革过程中被逐步瓦解，到 2000 年，各地福利分房制度已基本被停止，②尽管各地方仍有部分原有公有租赁住房未私有产权化，③但作为一项福利制度早已取消。为了解决住房商品化后，中低收入者的居住需求，国务院逐步确立了针对不同收入群体的居住保障体系（不同层次的住房供应体系）：廉租房、经济适用房二级保障，以及其他中低价位、中小套型普通住房的供应保障。

廉租房、经济适用房以上，针对商品住房价格上涨过快，供应结构不合理的情况，2005 年 4 月建设部等部委发布《关于做好稳定住房价格工作的意见》中首次提出："为了合理引导住房建设与消费，大力发展省地型住房，在规划审批、土地供应以及信贷、税收等方面，对中小套型、中低价位普通住房给予优惠政策支持。"并在其后 2006 年《国务院办公厅转发建设部等部门关于调整住房供应结构稳定住房价格意见的通知》中对各个领域的优惠政策进行了具体化，从而基本形成了三个层次的住房保障体系：廉租房、经济适用房、中低价位、中小套型普通住房。

在逐步根据社会需要建立积极的住房供给和补助的住房保障政策以外，国家在不同的历史时期采取了不同的手段来促进或抑制住房的建设和交易。例如在 20 世纪 90 年代为了促进住房的商品化，国家建立了公积金制度以使职工利用工资收入消费住房、建立了商品房预售制度促进房地产商开发建设、建立购买住房落实户籍制度促进住房的消费等，而进入 2005 年、2010 年住房价格高涨可能带来经济泡沫、中低收入居民无法负担住房支出的情况下，国家又通过禁止商品房预购人将购买的未竣工的预售商品房再行转让、调整住房转让环节营业税、严格房地产开发信贷条件、有区别地调整住房信贷等政策对普通和自住住房以外的建设和交易进行限制。国家通过税收、贷款等方式限制住房交易同样起到了保障公民享有可负担住房的功能。

然而，值得注意的是，以上的规制手段在不同的经济背景下，经常性服从于经济发展需要而发生调整。例如仅就个人信贷政策来看，2008 年国际金融危机背景下，中国人民银行又放松了 2006 年的限制条件，扩大商业性个人住房贷款利率下浮幅度，调整最低首付款比例。

---

① 1988 年《国务院住房制度改革领导小组关于在全国城镇分期分批推行住房制度改革的实施方案》文件中所确立的住房制度改革目标。

② 1998 年国务院发布的《关于进一步深化城镇住房制度改革加快住房建设的通知》中明确提出"停止住房实物分配"。至 2000 年，根据当时建设部部长俞正声在国务院新闻办公室举办的记者招待会上的通报，他认为以《在京中央和国家机关进一步深化住房制度改革实施方案》8 月出台为标志，几十年的住房实物分配制度被画上了句号。

③ 以上海为例，到 2008 年，根据上海统计局年鉴的数据，每百户城市居民家庭房屋产权构成中，尽管有 37.8% 的住房属于"房改私房"，但仍有 17.4% 的住房为"租赁公房"。

　　这种调整尽管服务了防范金融危机、促进经济发展的作用,然而从居民可负担住宅的可得性上来看,却产生了较 2005 年更为严峻的民生问题。①不可否认,当今世界经济的依赖程度和住房市场金融的复杂化决定了住宅政策设计是高度经济专业化的政策领域,所以往往赋予立法和行政机关广泛的裁量权。但是因为住宅政策要应对复杂经济形势,所以国家的居住保障义务就可以不受法的拘束? 如何处理好这种经济政策和人权保障义务之间的平衡和共赢? 为了实现公民的居住保障,国家必须采取措施,作出一定的行为,在我国的制度上对国家必须履行何种保障义务有没有约束性的机制?

三、保障"基本住房需要"的责任

　　要求国家承担全面的保障义务是不现实的,那样只会重新回到低效率的计划分配时代中去。但是完全对国家如何承担义务没有约束机制的制度,也是不符合现代福利国家理念的。因此必须找到一种方法,在符合住房市场本身规律、又与其他相关制度相匹配的条件下,来界定国家义务的边界。首先,在以上多层次的住房供应体系和规制措施中,必须划定国家所必需严格履行的保障义务,而我国的最低生活保障制度中提供了一种划定界限的启示。

　　建立在宪法第 45 条物质帮助权基础上的《城市居民最低生活条例》(以下简称《条例》),在立法政策上,赋予任何一位"持有非农业户口的城市居民,凡共同生活的家庭成员人均收入低于当地城市居民最低生活保障标准的,均有从当地人民政府获得基本生活物质帮助的权利。"(第 2 条)即国家对于低于"城市居民最低生活保障标准"的城市居民,必须提供基本生活物质帮助,是一项羁束性的法律义务。可见,尽管宪法上没有明示,但在具体化宪法第 45 条物质帮助权的立法上,已经确立了国家保障城市居民实现"基本生活"的法定义务。

　　国家有义务保障这种最低限度的"基本生活",因为现代立宪主义国家已经对应由国家来保障公民最低限度具有尊严的生活这一基本价值达成了共识。"住"作为"基本生活"的内容之一,国家当然应当对此承担相应的保障义务,《条例》的最低生活保障待遇中就包含了"住"的保障。该条例第 6 条规定城市居民最低生活保障标准,按照当地维持城市居民基本生活所必需的衣、食、住费用,并适当考虑水电燃煤(燃气)费用以及未成年人的义务教育费用确定,从其标准确定的依据上来看,其待遇包含了居民基本生活所必需的"住"的费用的支出。

　　廉租房作为对最低收入家庭基本住房需要的保障,应与最低生活保障一样被作

---

① 中国社会科学院 2010 年《房地产蓝皮书》指出,2009 年商品房价格增长 23.6%,商品住宅的价格增长 25.1%,远远超过了城镇居民人均可支配收入 9.8%的增长速度。

为一项羁束性的法律义务乃至宪法义务由国家来承担。因为，首先廉租房是最低生活保障内容之一，是对基本住房生活的单项性救助，它应与最低生活保障的性质相同，既然立法已经确认低于最低生活保障标准（基本生活标准）的城市居民均有权获得国家的保障，那么低于基本生活中住房标准的城市居民也应均有权获得国家廉租住房的补助，是一项羁束性的义务。这种羁束性体现在，国家履行住房保障义务所要达到的"基本生活"保障的水平应是客观的，而不应由履行该任务的行政机关任意决定。首先，廉租住房的申请资格应与未达到"基本生活"标准相符，只要未实现"基本生活"住房困难者，就应具备廉租住房的申请资格。其次，所有符合申请资格的低收入者，均可无条件地获得廉租住房的补助，以达到"基本生活"的标准，给付决定不存在行政机关裁量的空间。

四、保障"基本住房需要之上"住房的责任

所谓的"基本住房需要"之上的补助，指的是国家对收入超过最低生活保障标准的住房困难家庭的居住保障。从 1994 年迄今，经济适用房、普通商品住房、住房信贷与税收政策三方面住房保障制度和其他的市场规制措施承担着这一功能。

这些住房政策往往目的非常复杂，除了保障中低收入群体可以在市场中购买到自己可负担的住房外，更多还包含了对围绕住房所产生的各种产业经济效益的考虑，例如针对低收入群体的经济适用住房坚持采取购买产权的方式就包含了国家希望住房消费带动经济发展的目的。而在个人住房按揭贷款和营业税征收政策中，伴随国家经济起伏，按揭贷款的条件和营业税征缴对象不断发生调整。

住房既具有商品的属性，又具有公共物品的属性，决定了国家在住房政策中，要兼而考虑经济发展与权利保障双重的因素。因此，正如《国务院办公厅关于促进房地产市场平稳健康发展的通知》（国办发〔2010〕4 号）文中所总结的那样，我国现阶段住房政策是为了"实现保增长、扩内需、惠民生"的目标，一方面要考虑维持住房产业的繁荣，拉动经济增长，保持内需；另一方面要避免住房市场过度膨胀带来公民居住生活的侵害，进行适当的干预，在保障的同时还寄希望于保障房建设也能拉动产业的发展。同一项手段中往往包含着多重的政策目标。这种多元目标指导下的住宅政策，如何衡量手段选择和政策目的之间的匹配，就成为非常专业的经济学、社会政策研究的问题，需要进行严格的分析和评估，在政策设计上必须依赖专业的政策评估以实现专业性的经济目标，在制度形成过程中必须依靠多元的利益表达机制，来赋予"目的"正当性、合理性，并使多元的目的得到均衡的实现。

五、结　语

　　"基本住房需要"的概念打通了住宅政策设计的裁量性与住房权利保障的隔阂,确立国家最低限度的保障义务,而政策决策过程中民主要素是解决基本住房需要之上中低收入群体住房保障问题的根本途径。

（作者为华东师范大学法律系讲师）

居家养老之老年人宜居模式研究

The Research of the Strategy of Aging in Home in Shanghai

彭 亮 周 笕 倪成才

一、研究背景、意义

（一）人们对宜居的时代要求

宜居，顾名思义，是适宜居住的意思。1996 年联合国第二次人居大会提出"城市应当是适宜居住的人类聚集地"。2005 年 7 月，曾培炎在全国城市规划工作会议上要求"要把宜居城市作为城市规划的重要内容"。

（二）上海人口老龄化、高龄化发展的严峻现实

上海在 20 世纪 70 年代末期就已步入老龄化社会的行列，并且一直是我国老龄化程度最高的地区。上海人口老龄化、高龄化发展的严峻现实，使得政府和社会必须高度重视老年人的问题，其中就包括老年人居住问题。而这必然涉及老年人宜居的问题。

（三）居家养老模式必须关注老年人宜居问题

人口老龄化的迅速发展，对养老事业的发展形成了巨大压力。从国际经验来看，在相当长的时期内，居家养老将是老年人的基本养老模式。在居家养老的背景下，探索适合老年人的宜居模式，满足老人的住房需求，是政府和社会迫切需要考虑解决的问题，这对老龄事业发展和老年住宅发展具有重要意义。

二、老年宜居的内涵

宜居有狭义和广义之分。狭义的宜居指气候条件宜人，生态景观和谐，适宜人们居

住的地区。广义的宜居地区是一个全方位的概念,强调地区在经济、社会、文化、环境等各个方面都能协调发展,人们在此工作、生活和居住都感到满意,并愿意长期继续居住下去,达到人与人、人与自然、经济与社会和谐发展。

从空间范围划分,宜居大可为宜居城市,小可为宜居社区。如果把老年人的宜居要素纳入其中,该社区可称之为老年宜居社区。老年宜居的基本内涵包含居住舒适、活动便捷、设施齐全、服务完善、和谐安康等方面。同时,老年宜居的内容和指标不是常态的,而是动态的,随着社会的发展进步,其内涵和要素不断充实与深化。

三、老年人宜居模式的构成要素

当前老年人宜居必须具备以下二大类共六项基本要素。

(一) 居住舒适

1. 适当的居住类型和套内面积

住宅类型:老年住宅要满足不同老年人群对住宅类型的选择,但基本类型应该是普通多、高层公寓。

住宅户型:31%的老年人最满意二室一厅的户型,16%的老年人最满意二室两厅的户型,这应成为今后住宅建设逐步实现的目标。

住宅套内总面积:从上海老年人的经济收入看,总面积控制在 51—90 平方米比较符合实际。

住宅套内功能空间的面积:从老年人居住舒适度出发,卧室、起居室、卫生间、厨房间面积分别应大于 12 平方米,15 平方米,4 平方米和 5 平方米。

2. 灵活的住宅套内空间组合

从中长期看,利用非承重墙的可变性,综合考虑各非主要功能空间与卧室、起居室、厨房等主要功能空间的组合,完成在不同健康状态和生活方式下的空间整合变化,有助于延长居家养老时间,提高居家养老质量。

3. 安全通达的住宅公共通道

住宅公共通道的宽度应大于 1.5 米,出入口应有 1.5 米乘 1.5 米的轮椅回转面积;安装双侧扶手;公共通道、室内过道与各室之间地面不应有高度差,以便轮椅行驶;楼梯宽度应大于 1.2 米,台阶踏步大于 0.30 米,踏步高度小于 0.15 米,楼梯起终点应有照明;电梯内部应可以放置担架,以备病重老年人救治。

4. 舒适、便利的内部环境设计

视觉环境设计:建筑外观、公共部位和住宅内部的大面积背景色应采用柔和、淡雅的底色,逐步应用推广可调控住宅综合照明系统,灵活组合一般照明、局部照明,以及应急照明合理、安全的使用。

听觉环境设计:通过采用新技术、新材料,加强分户墙、楼板、门窗的隔声性能,通过视觉、振动组合应用设备辅助解决老年人因听觉下降,在平时及紧急状况下信息收听的不便。

热工环境设计:保证老年住宅在采光和自然通风、夏季隔热和冬季保温等方面的热环境质量,降低室内湿度及厨房、卫生间的油烟和异味,调整室内小气候的质量,保证在恶劣气候下老年人居住的舒适与健康。

智能化环境设计:将智能化室温调控系统、灯光调控系统等纳入一个易于老年人使用的综合智能化系统中,并与小区物业管理中心、社区为老服务信息平台相连接,保证多方位、多层次的照护介入。

标识导向环境设计:在住宅并延伸至社区各功能区域,如各类公共用房的出入口、电梯厅、走廊、通道等应设立视觉、听觉、嗅觉、触觉组合应用的地点识别系统和流线导向系统。

(二) 社区环境优越

环境优美:包括卫生清洁、绿化景观、整体布局。

设施齐全:包括外部设施、基础设施、卫生机构、信息平台、老年设施。

服务完善:包括物业服务、退管服务、生活照料、医疗护理、精神关爱、救助援助、探望巡视。

文明和谐:包括社区文化、社区治安、老年参与。

组织健全:包括加强领导、服务机构、制度完善、队伍建设。

四、上海老年居住现状及存在的主要问题

本文重点从住宅是否宜居,即"居住舒适"这一要素,分析上海老年人的宜居现状及存在的主要问题。

2003 年国家建设部颁布了《老年人居住建筑设计标准》(以下简称《标准》)。该标准应视为当前老年住宅是否"宜居"的量化指标。本文作者对部分旧住宅及新建住宅进行了入户测量,调查范围涉及全市 11 个区 18 个街镇,共 22 个居住小区,334 栋楼,15 152 套住房。以《标准》为尺度衡量,这些新老住宅适老功能不足之处主要有:

(1) 多层旧住宅无电梯,小高层、高层及新建住宅有电梯但能平放担架的比例低。

在所调查的住宅中,有 10 601 套装有电梯,占总数的 2/3,但其中只有 3 923 套住宅

的电梯可以平放担架,占有电梯总数的 36.9%,占所调查住宅总数的 25.89%,另有三分之一的住宅未安装电梯,极不利于老年人上下楼及突发疾病时的抢救。

(2) 室外台阶、室内公用走廊、过道、坐便器扶手、楼梯扶手安装的比例较低。

新老住宅上述部位扶手安装率分别为 46.44%、4.63%、6.65%、6.9%、80.48%,且相当一部分是单侧安装。

(3) 安全报警装置安装率低。

厨房燃气自动关闭装置,居室、浴室、厨房报警装置的安装比例分别为 19.01%、86.46%、6.18%、18.97%,给老年人的安全留下了隐患。

(4) 潜伏设计普遍不到位。

调查发现,旧住宅基本未做潜伏设计,新建住宅做潜伏设计的比例也很低,极不利于老年人口高峰期的住宅适老改造,给未来的老年人留下了不便。

(5) 室内轮椅通行效率尚需提升。

调查显示,住房入口内外要有 1.5 米乘 1.5 米的轮椅回转面积,厨房面积应大于 6 平方米,门内外及过道与各室地面无高度差等这些指标的达标数和比例分别为:8 150 套,占 53.79%;4 518 套,占 29.82%;1 1 691 套,占 77.16%;11 713 套,占 77.30%,表明有些住宅轮椅通行还有一定难度。

五、提高老年宜居水平的建议

(1) 建造普通住宅应认真"参照"《标准》做"潜伏设计",以利今后适老改造。

从老龄化发展态势讲,这应该作为一个硬性要求,在今后新建住宅里贯彻实施,并根据新科技、新工艺、新材料的发展,不断更新"潜伏设计"的项目和水准。

(2) 新建商品房、大型居住区和保障性住房应安排一定比例的老年住宅。

新建商品房,特别是大型居住区,按一定比例建造老年住宅,应该列入商品房建设规划之中。老年群体中,相当一部分是中低收入者,对经适房的需求远高于商品房。新建经适房,按一定比例建老年住宅,能有效改变住宅适老功能低下的现状,为现在的老年人解忧,也为将来的老年人造福。

(3) 旧居住区综合改造适当增加适老改造项目。

上海老年人对老旧住宅进行适老改造有强烈的愿望。北京市、广东省、福建省、杭州市、温州市已经出台和正在研究制定老旧住宅加装电梯的指导性文件,上海亦应加快步伐,出台旧住宅适老改造指导性文件和可操作性的实施细则,建立旧住宅适老改造长效机制,纳入旧住宅综合改造系列。当前,可根据先易后难的原则,抓好试点,总结经验,逐步推广。

(4) 进一步贯彻实施《城市居住区老年公建配套设施设置标准》,创造良好的老年人社区宜居环境。

该标准实施以来,上海居住区老年公建配套设施设置建设长足发展,老年人满意度很高。但一部分旧住宅区人口密集,房源紧张,落实难度大。这些社区老年人要求改善公建配套设施设置的呼声很高,应引起政府和社会更多的关注,适当给予财力支持,使这里的老年人更多的享受到和谐社会的幸福。

(5)政府要制定相关政策,加大旧住宅适老改造支持力度。

在商品房、大型居住区、经适房建造中,建议政府研究制定优惠政策、法规,支持老年住宅的营造及普通住宅的适老"潜伏设计"。旧住宅改造中对于适老改造这一块,政府可以在旧区改造专项资金中拨出一部分,并可动员社会力量出资出力,支持这项利民、利和谐、利稳定的工作开展。

(6)认真抓好老年人宜居社区创建试点。

2009年全国老龄工作委员会办公室确定在辽宁省、上海市等五个省市的省辖市或区开展建立老年人友好城市的试点,其内涵是"和谐生态,老人宜居"。上海已在黄浦区进行创建老年宜居社区试点,在杨浦区、长宁区进行创建"老年友好城市"试点。政府有关部门和社会各界应该大力扶持试点工作,为在全市推行老年宜居社区建设,提供典型示范。

参考文献

上海市民政局、上海市老龄工作委员会办公室、上海市统计局:《2009年上海市老年人口和老龄事业外侧统计信息》,2010年3月发布。

由翌、明立波:《从"宜居城市"到"宜居区域"》,《上海城市规划》2008年第4期。

张文忠:《宜居城市的内涵及评价指标体系探讨》,《城市规划学刊》2007年第3期。

杨西文:《老年宜居型城市环境探析——以西安市为例》,《城市问题》2009年第8期。

崔亚楠、郑潇蓉:《国内外宜居城市研究进展与展望》,《山西建筑》2009年第5期。

(第一作者为上海市老龄科学研究中心助理研究员,
第二作者为同济大学建筑城规学院讲师,
第三作者为上海建科老年用房研究中心副主任)

社会排斥:农村剩余劳动力就业问题分析的一个路径

Social Exclusion: An Analysis of Rural Surplus Labor
Obtain Employment Problem

孙 峰

一、社会排斥:概念及其特征

近年来,"社会排斥"已成为一个经常使用的概念,人们越来越倾向于从这个角度来探讨一些社会问题的深层根源。社会排斥(social exclusion)概念由法国学者勒内·勒努瓦(Rene Lenoir)首次提出,是一个与贫穷、剥夺、困苦等有关的多维概念,但研究者和实践者们往往根据不同的研究需要对"社会排斥"进行不同的界定。尽管有如此多各种不同的定义,但概括来看,文献中主要存在三类社会排斥定义。在第一种定义中,社会排斥被理解为公民缺乏对社会制度的参与;而在第二种定义中,社会排斥则被理解为公民权利被否定或未能实现;在第三种定义中,社会排斥被理解为人群间的距离。[①]虽然"社会排斥"具有不同含义,但这些不同的定义具有一些共同的特征:第一,强调社会排斥是一个多维度的概念。根据"排斥于何处"和"谁被排斥"两条线索,社会排斥可以分为经济排斥、政治排斥、社会关系排斥、文化排斥和福利制度排斥五个维度(排斥于何处),以及个人排斥、团体排斥和空间排斥三个维度(谁被排斥)。第二,强调社会排斥是由不同的社会推动者和施动者导致的。第三,强调社会排斥是一个动态的过程,也就是说,社会排斥研究强调是"谁"(推动者和施动者)通过怎样的制度过程将他人排斥于一定的社会领域,重在揭示其中的机制和过程。[②]基于以上分析,可将社会排斥简单地定义为其主体与客体相互作用的过程,也就是社会排斥涉及多元的变化和变化着的因素,这些因素把人从现代社会的正常的交换、实践和权利中排斥出去。[③]

除探讨社会排斥之外,我们还要明确农村剩余劳动力的涵义:农村剩余劳动力是一

---

① 丁开杰:《"社会排斥"概念研究:语义考察和话语转变》,《晋阳学刊》2009年第1期。
② 曹群、魏雁滨:《失业与社会排斥:一个分析框架》,《社会学研究》2004年第3期。
③ 杨伟民:《社会政策导论》,中国人民大学出版社2004年版,第124页。

个相对的概念,是相对于特定国家、特定历史条件下和特定的生产力水平而言,即农村劳动力的供给超过需求的多余。具体地说,是指边际收益为零甚至为负数的那部分劳动力。这部分劳动力从农业中转移出来,即使不增减投入也不至于影响哪个农业产品的总量。农村剩余劳动力的转移和就业问题,是世界各国经济社会发展过程中遇到的共同问题。而中国作为一个拥有 9 亿农民的发展中国家,解决好农村剩余劳动力就业将面临更大的困难和挑战。20 世纪 80 年代以来,随着农村改革的不断深入,特别是家庭联产承包责任制的稳定和完善,极大地调动了广大农民的积极性,社会生产力得到了进一步的解放,农民生活水平有了显著的提高,但是,与此同时,农村劳动力剩余的问题也渐渐显现出来。进入 20 世纪 90 年代,"民工潮"的出现,反映了解决农村剩余劳动力就业的必然性和迫切性。随着我国城镇化进程的加快,农村剩余劳动力就业问题已成为关系城乡统筹发展、全面建设小康社会、推动中国社会发展的全局性问题。

二、群体性事件与社会排斥:一个分析路径

社会排斥是一个动态过程,主要体现在社会排斥各维度之间的互相影响。农村剩余劳动力就业过程中伴随着不同纬度的社会排斥,加快农村剩余劳动力的非农就业的主要原则是尽量维护公民的合法权益及促进社会公平公正。虽然近年来,国家制定一系列政策,取消对农村劳动力进入城镇就业的不合理限制,农村剩余劳动力转移的制度环境得到初步改善,但是事实上很多农村剩余劳动力无法就业的很大一部分原因就是社会排斥各维度之间互相影响、互相作用的结果,这不得不引发我们的深思。鉴于这种情况,笔者试图围绕社会排斥的三种主要形式制度排斥、经济排斥、社会关系排斥来讨论农村剩余劳动力的非农就业与社会排斥之间的关系。

(一) 制度排斥

社会资源总是稀缺和有限的,不同的阶级或利益集团都试图使本阶级或利益集团的利益最大化,其结果使各阶级、利益集团对有限的稀缺资源的争夺日趋白热化。就业权是最基本、最重要的权利之一,是保障公民的生存权和发展权的最主要的因素。完整的就业制度应当具有规范、激励、配置和保障的功能,包括就业者的劳动力市场进入制度、就业者与企业的劳动契约制度和就业的保障制度。[①]由于保证城市人口的就业率要以排斥农村人口转移为前提,城市政府首先代表本地居民的利益,因此在中国,农村剩余劳动力从开始进入劳动力市场面对的就是一个制度性的分隔市场,不仅缺乏对农民

---

① 甘露、潘怀明:《公共政策与社会排斥问题研究—农村剩余劳动力转移过程中的社会排斥问题探析》,《华东经济管理》2007 年第 8 期。

工的就业权益保障,还因为体制性隔离导致了城乡劳动者之间就业权利的不平等,就业政策和制度方面的限制直接侵害其就业权益。同时,那些雇用农村剩余劳动力的企业也会利用这些制度性的条件和机会不签订劳动合同、压低工资、拖欠工资,工作环境恶劣、工作时间长、工伤事故得不到解决、随意解雇农民工等问题都与现有的就业制度和政策的排斥密切相关。政策的目标群体就是城市居民的保障,外来农村剩余劳动力的保障则在视野之外。这些农村剩余劳动力处在城市与农村的断裂地带,增加了遭受社会排斥的可能性。

(二) 经济排斥

经济排斥表现为某一群体被隔离于参与就业和劳动力市场、无家可归、被排斥于普遍认可的消费模式之外等等。[①]由于制度排斥的影响,农村剩余劳动力就业无法保障自身的具体利益,正遭遇着经济排斥。就业制度的限制和工资收入水平的长期得不到提高,没有正式职工的资格,就意味着不可能享受国家有关保险、单位福利等待遇,导致了农村剩余劳动力就业过程中只能先顾眼前的生活,不具备缴纳社会保险费的经济承受能力,也缺乏主动缴纳保险费的意识。应该说工作和生活的不稳定,以及收入水平的低下是促进农村剩余劳动力非农就业的最大障碍。经济排斥现象已不仅仅局限于劳动力市场的排斥,在其他生活中,人们也遭遇着排斥,在消费领域尤其明显。娱乐、文化消费就是一个明显的例证,对于这些低收入人群,每个月的生活费已花去大部分,无法更多地享受到娱乐、文化的相关商品和服务,而长期被排斥在正常的社会经济生活之外。

正是基于此,贫富分化加剧给社会带来的"多米诺骨牌"效应,已经日渐凸显,特别是其在农村剩余劳动力就业问题难以解决背后的推手作用,在今后的国家发展中必须受到重视。生存权是最基本的人权,假若一个人连吃饭的权利都没有了,他被社会推到了死亡的边缘,那么他的行为,尽管是不合法的,也应得到社会的谅解。如果任凭这种"社会排斥"继续存在,农村剩余劳动力就业问题所引发的社会矛盾将不可避免。

(三) 社会关系排斥

社会排斥是一个"关系"概念,意味着个人和群体在社会地位上被排斥出其他个人、群体和整个社会。因此,结构性过程通过建立种种障碍的方式影响到社会整体,那些障碍阻止特定的群体和其他群体形成对于充分实现人类潜能极为重要的社会关系。Littlewood 和 Herkommer 用"由疏离造成的排斥"来表述社会排斥的关系面向,认为这个

---

① 马良灿:《贫困解释的两个维度》,《贵州社会科学》2007年第1期。

面向包括人们由于受到社会接触、社会关系和群体身份的限定和限制而成为边缘性的和被打上耻辱烙印。[①]农村剩余劳动力转移到城镇就业，对他们来说，就是告别熟悉的乡土社会来到陌生的城市社会寻找新的生活机会。而要获得这些机会，他们的人力资本并不处于优势，而其已有的和重新建构的社会关系作为一种社会资本，或许可以弥补人力资本不足所带来的缺憾。"社会关系对他们的重要性无论怎么估计都不过分"。[②]

社会关系排斥又是一个趋向垄断的过程，这不仅是社会生活的垄断，同时也是心理需求的垄断。农村剩余劳动力转移城镇就业不仅是身体、生活上的城镇化，更是一种融入主流社会意愿的表达，但现实生活中他们再非农就业过程中受多面性"排斥"的影响，常为某一社会团体或他人所排斥或拒绝，一个人的归属需求和关系需求受到阻碍，无法被某些社会团体接纳，和他人形成积极、稳定、持久的社会关系。这是一种被抛弃被隔离和边缘化的一种情感状态，久而久之，形成了相对封闭的社会关系，从而导致农村剩余劳动力非农就业的意愿降低，这也是影响农村剩余劳动力就业的主要原因之一。

三、结 束 语

通过上述对农村剩余劳动力就业与社会排斥维度之间关系的分析，我们可以得出三个结论。第一，社会排斥的维度之间互相影响，并有累积性的特点。也就是说，一个人遭受某一维度的排斥后，会继续遭受相关维度的排斥。第二，政府政策可能影响社会排斥。第三，经济地位和社会地位在现实中是很难截然分开的，农村剩余劳动力总体上对自己的社会地位评价较低，可能是受到一些经济因素的影响。

我们以社会排斥为概念工具来研究农村剩余劳动力非农就业问题及其社会后果是一个值得考虑的选择，它具有三方面的优势。第一，社会排斥是一个多维度的概念，可以从不同的侧面描述和概括农村剩余劳动力非农就业困难形成的深层次原因及其社会后果。第二，社会排斥是一个积累性的过程，遭受某一维度的社会排斥可能引发另一维度的社会排斥，以社会排斥为概念工具进行分析对于制定促进农村剩余劳动力非农就业的相应社会政策提供新的思路和视角。第三，社会排斥概念强调施动者的作用，以社会排斥为概念工具可以使我们关注是"谁"将农村剩余劳动力排斥于社会各个领域。

因此，以社会排斥为概念工具，有利于对农村剩余劳动力非农就业问题及其后果进行全面和动态的描述；有利于建立有关农村剩余劳动力非农就业与社会排斥其他维度之间关系及其联系过程或机制的理论；有利于有的放矢地制定相应的社会政策。在大力提倡构建和谐社会的今天，在理论探讨的基础上，政府应积极调整工作思路，充分发挥主导作用，调动社会组织的力量，在全国范围内深化改革、消除社会排斥，以最大程度

上海市社会科学界第八届学术年会文集（2010年度）政治·法律·社会学科卷

---

① 陈树强：《社会排斥：对社会弱势群体重新概念化》，http://www.sociology.cass.cn。

② 王毅杰、童星：《流动农民社会支持网探析》，《社会学研究》2004年第2期。

地保护公民权利,促进和谐社会的建设。

参考文献

丁开杰:《"社会排斥"概念研究:语义考察和话语转变》,《晋阳学刊》2009 年第 1 期。

曹群、魏雁滨:《失业与社会排斥:一个分析框架》,《社会学研究》,2004 年第 3 期。

甘露、潘怀明:《公共政策与社会排斥问题研究——农村剩余劳动力转移过程中的社会排斥问题探析》,《华东经济管理》2007 年第 8 期。

王毅杰、童星:《流动农民社会支持网探析》,《社会学研究》2004 第 2 期。

(作者为中共崇明县委党校教师)

我国城市互联网信息差距现状及缩减策略

An Analysis on the Current Situation of Internet Divides in Chinese Cities and the Countermeasures

李　勇

群体层面的信息差距是一国内部不同群体间,在互联网、电脑、电话、电视等信息资源传播工具的获取与利用方面的差距。我国同一城市中的不同群体间存在显著的互联网信息差距,需要从差距的成因与现状出发,以促进就业与社会和谐发展为目标,提出分阶段的缩减对策。

一、互联网信息差距的层次、成因与缩减政策

(一) 互联网信息差距的三个层次

群体间互联网信息差距涉及接入、使用、获益能力差距三个层次。

互联网接入差距:以创新传播理论为基础的国外研究发现,一国的不同社会群体对互联网的采用时刻、饱和率水平都有显著差异,可以用图1所示的分层模型来表述。群体 A 属于信息富有者,是最先采用互联网的群体,而且该群体中的个体采用互联网的比例最高;群体 C 是晚期采用者,起始采用时间晚、群体中仅有较低比例采用互联网之后就不再有新增的采用者,这一群体是信息贫弱群体。

互联网使用能力差距:不同群体间即便在互联网接入水平等同时,其使用能力也存在差异。使用能力包括基础性技能、结构性技能两个方面。基础性技能是对网上文献的阅读理解能力,主要是通过基础教育取得的;结构性技能是使用互联网收集信息、加工数据等方面的能力,是在基础性技能之上通过信息技术培训与学习形成的。

互联网获益能力差距:互联网使用能力在经济资

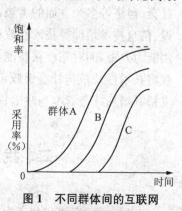

图1　不同群体间的互联网采用分层模型

本、社会资本的辅助下，产生获益能力，即运用互联网支持工作、改善个人生活等方面的战略性能力。本文认为互联网使用能力、获益能力与社会资本、经济资本之间的关系如图2所示。由于掌握的经济资本和社会资本较少，即便在使用能力等同时，图1中的群体C从信息资源运用中获得的收益也低于群体A和B，这一层次的差距最难以缩减。

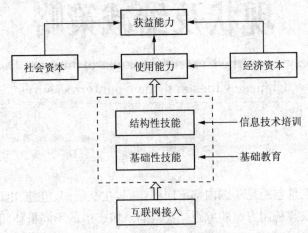

图2　互联网获益能力的构建

（二）互联网信息差距的成因与缩减政策

群体间信息差距的成因包括政治经济因素、社会文化因素，以及个体认知因素三个方面。在社会层面，经济发展水平、信息基础设施建设状况、信息政策、社会文化是引发差距的主要外部因素；在群体层面，有七个因素与信息差距的产生显著相关，分别是收入、教育程度、性别、年龄、职业、种族、家庭结构，但还不能确定哪些因素最为关键。教育程度、职业状况和收入水平是影响互联网接入率的主要因素；对互联网功能的了解、个人对信息传播媒介的使用习惯及技能等因素，是导致使用能力差距的主要原因；社会资本和经济资本对产生互联网获益能力具有重要的影响。

群体间互联网信息差距会与既有的多种社会分化相互渗透，加剧信息贫弱群体在社会、经济等多个方面的劣势，导致这一群体难以融入社会发展。采用信息基础设施建设、信息技术培训等技术性政策措施，能够有效地降低互联网采用差距、短期内缩小使用能力差距，而对缩小获益能力差距的效果很有限。自2005年以后，相关政策开始重视将技术性政策与社会性政策相结合，在提高信息贫弱群体接入率和使用能力的同时，支持其增加社会资本与政治资本，向这一群体赋权以缩小获益差距。

二、我国城市互联网信息差距现状

在以上海、广州和北京为代表的大城市及其周边城市中，同一城市中的不同群体之间存在明显的互联网信息差距。城市信息贫弱群体主要包括城市户籍的无业与失业人员、在业低收入人员等,以及农民工两类。由于在教育程度、职业状况、收入、对互联网的认知方面都处于较低水平,我国对这一群体信息资源供给的制度设计缺陷、现行社会结构下的群体政治资本与社会资本短缺,这一群体与城市其他群体间在互联网领域的信息差距较大。

(二) 接入差距

根据互联网信息中心(CNNIC)对 2008—2010 年互联网发展状况的调查报告,我国已成为人口最多的网民国家,互联网接入率在持续增加,但网民城乡结构比基本没有变化;城市信息贫弱群体的互联网接入率远低于平均普及率,而且变动很小,其中农民工的接入率明显低于城市户籍信息贫弱群体的接入水平,见表1。

表 1　2008—2010 年我国城市信息贫弱群体互联网接入率

	中国互联网发展报告	第 21 次	第 22 次	第 23 次	第 24 次	第 25 次
总体接入状况	世界平均水平(%)	19.1	21.1	21.9	23.8	25.6
	我国互联网普及率(%)	16	19.1	22.6	25.5	28.9
	网民城乡结构对比	74.9/25.1	无	71.6/28.4	71.4/28.3	72.2/27.8
信息贫弱群体接入率	城市无业/下岗/失业人员(%)	11.9(无业)	5.2(无业)	5.5	7.4	9.8
	农村外出务工人员(%)	无	无	2.6	2.2	2.4

(二) 应用差距

以互联网发展领先的北京市为例,部分地反映信息贫弱群体的数量及其互联网应用状况。北京市各群体之间在电脑拥有率、互联网接入、上网时间长度、网络应用方式与频度等方面差距较大,可分为高、中、低端三个层次,占人口比例分别是 9%、37.6%、53.4%。高端群体网络接入率近 100%,在工作和生活中都广泛使用电脑和网络,平均每周上网时间超过 30 小时,网络应用水平与频度高;中端群体电脑拥有率超过五成,网络接入率近 50%,平均每周上网时间 13 小时;包括城郊农民、下岗与无业人员、残疾人、家庭妇女,以及农民工在内的低端群体电脑拥有率低,几乎不能上网、没有邮箱,传统媒体仍是他们获取信息的主要渠道。

(三) 获益差距

城市信息贫弱群体的信息服务需求主要涉及就业、社会保障、子女教育、生活服务等方面。我国的互联网发展建立在政府推进和外来技术的基础上,关于就业、教育、行业发展等方面的网络信息服务仍然处于初始阶段。从 CNNIC 的历次调查中发现,城市信息贫弱群体的互联网应用产生的价值很有限,因回避社会现实而上网的倾向,超出主动的互联网应用。

三、缩减我国城市互联网信息差距的对策

缩减信息差距涉及教育、信息社会政策、就业政策等多个领域,需要根据《2006—2020 年国家信息化发展战略》,建立一个社会矫正机制,改善信息贫弱群体的就业与生活状况,促进社会和谐发展。

(一) 战略目标

我国缩减城市互联网信息差距应以提高接入率为基础,设定近期和长期目标,见表 2。

表 2　缩减我国城市互联网信息差距的战略目标

目　　标		措　　施
① 提高接入率		经济支持、普遍服务政策等
② 提高使用能力	近期:去除现有的信息资源获取障碍	提高互联网信息资源获取意识
		改善信息资源的可获得性
		通过培训提高使用水平
	长期:避免产生新的差距	提供多样性的信息资源获取途径
		增强信息资源的适用性
		优化知识结构
③ 获得利益	近期利益	促进就业
		减少参与社会事务的限制
	长期利益——赋权	增加社会资本
		提高自主发展能力与社会参与能力

(二) 对策措施

近期的措施包括:(1)改善互联网信息服务的可获得性。在提高接入率方面,应整合社区信息化建设、社区学习中心的资源,加强公共网络端口建设,探索将城市公共信

息资源向农民工开放的模式,使不能通过市场化手段上网的群体获得网络服务;融合网络与传统媒体,构建一体化的公共信息服务体系,向信息贫弱群体提供多样性的信息获取渠道。(2)提高互联网使用技能与收益。重点是设计以促进就业为目标的教学内容,发动信息服务机构、企业和非政府组织与开展就业支持计划的政府部门合作,提高面向信息贫弱群体的信息化培训与职业培训的成效。

长期的措施包括:(1)加强信息化基础建设。政府应增强竞争政策的有效性,设立普遍服务基金,降低互联网接入与信息服务资费;通过本土产业的技术创新,强化信息服务的技术基础;借鉴国外经验,将信息技术教育纳入基础教育阶段,避免信息差距的代际传递。(2)提高信息服务质量。建立自下而上的服务模式,从内容建设、传播渠道选择等多个方面,提供符合信息贫弱群体需求的信息内容;重点是加强电子政务建设,提高公共服务的用户导向性。(3)形成长效信息培训运行机制。信息技术培训应吸引多方参与、进行科学的评估,注重平台建设,吸引政府、企业、非政府组织的投入,推广在实践中形成的可资借鉴的社区学习模式,实现可持续发展。(4)增强城市信息贫弱群体的社会参与能力。城市信息贫弱群体就业以蓝领职业为主,我国目前的教育准备和就业选择、社会资源分配不利于蓝领人员。国家应提高职业教育的成效,让蓝领人员在社会、经济与文化资源分配中获得更为公平的机会。

参考文献

Norris,P:《The Bridging and Bonding role of Online Communities》,《Harvard International Journal of Press/Politics》,2002(3).

于良芝:《理解信息资源的贫富分化:国外"信息分化"与"数字鸿沟"研究综述》,《图书馆杂志》2005年第12期。

Kvasny L.,Keil M:《The challenges of redressing the digital divide:a tale of two US cities》,《Information Systems Journal》,2006(16).

Blau,A:《Access isn't enough:merely connecting people and computers won't close the digital divide》,《American Libraries》,2002(6).

北京市信息化工作办公室:《北京市数字鸿沟研究报告(2005)》,中国发展出版社2005年版,第58页。

周宏仁:《国家信息化优先领域和推进策略》,《中国信息界》2009年第1期。

(作者为上海社会科学院信息研究所知识管理研究中心
博士,助理研究员)

附　录

政治·法律·社会学科专场
优秀论文（未收入文集）目录

　　本届年会鼓励作者多渠道发表论文，以下是作者选择不收入年会文集，拟在 CSSCI 期刊上发表的入选优秀论文名单：

题　目	作　者	单　位
1. 浦东综改中政府职能转变的动力、路径与借鉴	罗　峰	上海行政学院公共管理教研部
2. 网络政治舆论的极端情绪化与民众的政治认同	徐家林	华东政法大学人文学院
3. "央强地弱"的政治信任结构：阐释与解析	叶　敏	华东理工大学人文科学研究院
4. 西方政党类型学研究：历史主义与整合主义的新发展	高奇琦	华东政法大学政治学研究院
5. 论中国语境下的地方自主权	徐　键	上海财经大学法学院
6. "双轨政治"——对当代中国政治形态的一种尝试性解释	黄　杰	复旦大学国际关系与公共事务学院
7. 我国行政诉讼调解制度之构建：合法性视角的分析	吴　展	上海海关学院法律系
8. 据于宪法文本的宪法解释权归属分析	姚岳绒	华东政法大学法律学院
9. 基于扩展型资产概念的社会政策模式及其来自中国的经验	赵德余	复旦大学社会发展与公共政策学院

图书在版编目（CIP）数据

中国的实践与展望　社会转型与制度建设:上海市
社会科学界第八届学术年会文集(2010 年度)政治·法律·
社会学科卷/上海市社会科学界联合会编. —上海:
上海人民出版社,2010
（东方学术文库;31）
ISBN 978 - 7 - 208 - 09641 - 7

Ⅰ. ①中... Ⅱ. ①上... Ⅲ. ①社会科学–中国–学术
会议–文集 Ⅳ. ①C53

中国版本图书馆 CIP 数据核字(2010)第 215038 号

责任编辑　林　青
封面设计　王小阳

·东方学术文库·
中国的实践与展望　社会转型与制度建设
——上海市社会科学界第八届学术年会文集(2010 年度)
政治·法律·社会学科卷
上海市社会科学界联合会 编
世纪出版集团
上海人民出版社出版
（200001　上海福建中路193 号　www.ewen.cc）
世纪出版集团发行中心发行
上海商务联西印刷有限公司印刷
开本 787×1092　1/16　印张 34.5　插页 4　字数 690,000
2010 年 11 月第 1 版　2010 年 11 月第 1 次印刷
ISBN 978 - 7 - 208 - 09641 - 7/D · 1814
定价 69.00 元